KB261973

초보자도 쉽게 배우는
Mac OS X 엘 캐피탄 길라잡이
이현준(쑤머) 지음
정보문화사
Information Publishing Group

초보자도 쉽게 배우는
Mac OS X
엘 캐피탄 길라잡이

초판 1쇄 인쇄 | 2016년 1월 10일
초판 1쇄 발행 | 2016년 1월 15일

지 은 이 | 이현준
발 행 인 | 이상만
발 행 처 | 정보문화사

책임편집 | 최동진
편집진행 | 오운용, 노미라, 이보윤

주　　소 | 서울시 종로구 대학로 12길 38 (정보빌딩)
전　　화 | (02)3673-0037(편집부) / (02)3673-0114(代)
팩　　스 | (02)3673-0260
등　　록 | 1993년 8월 20일 제1-1013호
홈페이지 | www.infopub.co.kr

I S B N | 978-89-5674-654-8

'트렌드'를 쫓아 '나도 이번 기회에 Mac 한 대 장만해 볼까'라는 생각에, 여기 저기 Mac을 사용하는 사람들에게 자문을 구하고, 인터넷을 검색합니다. TV나 영화를 보면 스마트한 역할 또는 디자이너·예술가다 싶으면 모두 예외 없이 맥북을 들고 나오거나 iMac에서 작업하는 장면이 연출됩니다. 도대체 Mac이 뭐길래, 많은 사람들의 '드림 컴퓨터'로, 또한 컴퓨터 콘텐츠 제작·디자인 분야에서는 아예 필수품으로 '대우'를 받고 있을까요?

요즘에는 Mac/PC의 하드웨어와 소프트웨어 구분이 모호해져서 어떤 것으로 구입을 하던 상관없이 원하는 목적은 달성할 수 있습니다. 그냥 취향과 익숙함의 정도에 따라 Mac/PC 선택하면 됩니다. 국내 인터넷 커뮤니티, 포털 사이트에서의 나름 '전문가'들이 'PC가 좋다', 'Mac이 좋다'고 개인 경험을 바탕으로 각자의 컴퓨터가 우월하다고 주장하지만, PC가 좋다고 하는 사람은 Mac을 제대로 모르는 사람이고, Mac이 좋다고 하는 사람은 PC 세계를 제대로 모르는 사람입니다. 그냥 둘 다 모두 좋습니다.

'Mac'하면 자동으로 연결되는 콘텐츠 제작·디자인 분야의 결과물은 100% 제작자의 창작력+소프트웨어 이용 스킬에 달려 있는 것이지, 하드웨어·운영체제에 따라 결정되는 것은 아닙니다. 예를 들어, 겉 멋만 든 Mac 사용자가 블랙매직의 DaVinci Resolve 또는 Autodesk Smoke 등 값 비싼 S/W를 총 동원한다 해도, MS 윈도·공짜 무비플레이어를 사용한 실력 있는 비디오 에디터를 당해 낼 재간이 없습니다.

이러한 예는 반드시 콘텐츠 제작 분야에만 한정된 것은 아닙니다. Mac 컴퓨터 역시 사용자의 활용 수준에 따라 비싼 Mac 컴퓨터를 한낮 '저가형 조립 PC'로 전락시킬 수도 있습니다. 특히, 당장 급한 마음에 Mac OS X를 버리고, 'Mac 비즈니스맨'들의 달콤한 속삭임에 넘어가 부트캠프 마니아(Mac 컴퓨터에서 MS 윈도를 메인 운영체제로 설치한 사용자)가 되었다면 이미 Mac을 불안정한 PC로 전락시킨 것입니다.

이 책은 바로 이러한 부트캠프 마니아를 비롯하여 국내 컴퓨팅 환경에서 호환성 문제로 고민하는 Mac 사용자를 위해 집필된 책입니다. 좋고, 값 비싼 Mac 컴퓨터를 제대로 활용할 수 있는 기본 지식과 활용 방법, 더 나아가 가상 머신을 통하여 꿩(Mac) 먹고 알(Windows)도 먹는 방법에 대해 상세히 다루었습니다. 처음 Mac을 입문하는 사용자에게는 정확하고 제대로 된 길잡이 역할을, 부트캠프 마니아에게는 다시 '명품 Mac 사용자'로 돌아올 수 있는 계기가 되길 바라는 마음으로 이 책을 집필하였습니다.

끝으로 이 책을 기획하고 제작하신 정보문화사 관계자 분들께 깊은 감사함을 전하며 머리말을 맺습니다.

2016년 1월

이현준(닉네임 : 쑤머)

이 책은 OS X 10.11.x El Capitan(엘 캐피탄) 버전을 기반으로 집필된 서적입니다. 추후에 업데이트 버전에 대한 상세한 내용은 필자가 운영하고 있는 사이트에서 확인해 주시기 바랍니다.

◉ **자료 다운로드**(http://www.ssumer.com)

섹션 제목 및 발문

각 섹션에서 학습할 제목과 배울 내용을
간결하고 쉽게 설명합니다.

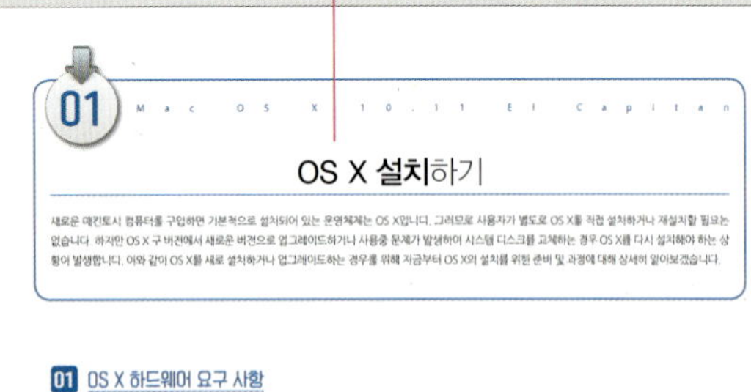

Note

본문에 미처 담지 못한 내용과
꼭 필요한 핵심 내용을 정리했으며,
저자의 노하우를 소개합니다.

- 이 책은 총 5 Chapter로 구성되어 있습니다. 구성도 초보자가 쉽게 따라할 수 있도록 각 작업에 대한 내용을 빠짐없이 설명하고 있으며, 각 단계별로 예제, Note, Tip 등을 추가하여 보다 폭넓은 학습을 할 수 있도록 구성하였습니다.

- 국내 컴퓨터 환경 및 인터넷 환경에서 Mac 컴퓨터를 가장 효율적으로 사용할 수 있는 방법에 초점을 맞추어 모든 기능을 설명했습니다.

- 이 책은 Mac 초ㆍ중급자들이 Mac 컴퓨터와 Mac OS X 운영체제에 대해 좀 더 폭넓게 이해하고, 국내 컴퓨터/인터넷 환경에서도 문제 없이 Mac 컴퓨터를 활용하는 방법에 대해 초점을 맞추었습니다. 좋고, 값 비싼 Mac 컴퓨터를 제대로 활용할 수 있는 기본 지식과 활용 방법, 더 나아가 가상 머신을 통하여 Mac과 Windows를 동시 사용하는 방법에 대해 상세히 다루었습니다. 처음 Mac을 입문하는 사용자에게는 정확하고 제대로 된 길잡이 역할을, 부트캠프 마니아에게는 다시 '명품 Mac 사용자'로 돌아올 수 있게 해주는 'Mac 길라잡이' 책입니다.

Tip

Mac OS X를 사용하면서
작업의 효율을 향상시킬 때 알아두면 좋을
유용한 내용과 저자의 풍부한 실전 경험을 바탕으로 한
알짜 노하우를 정리했습니다.

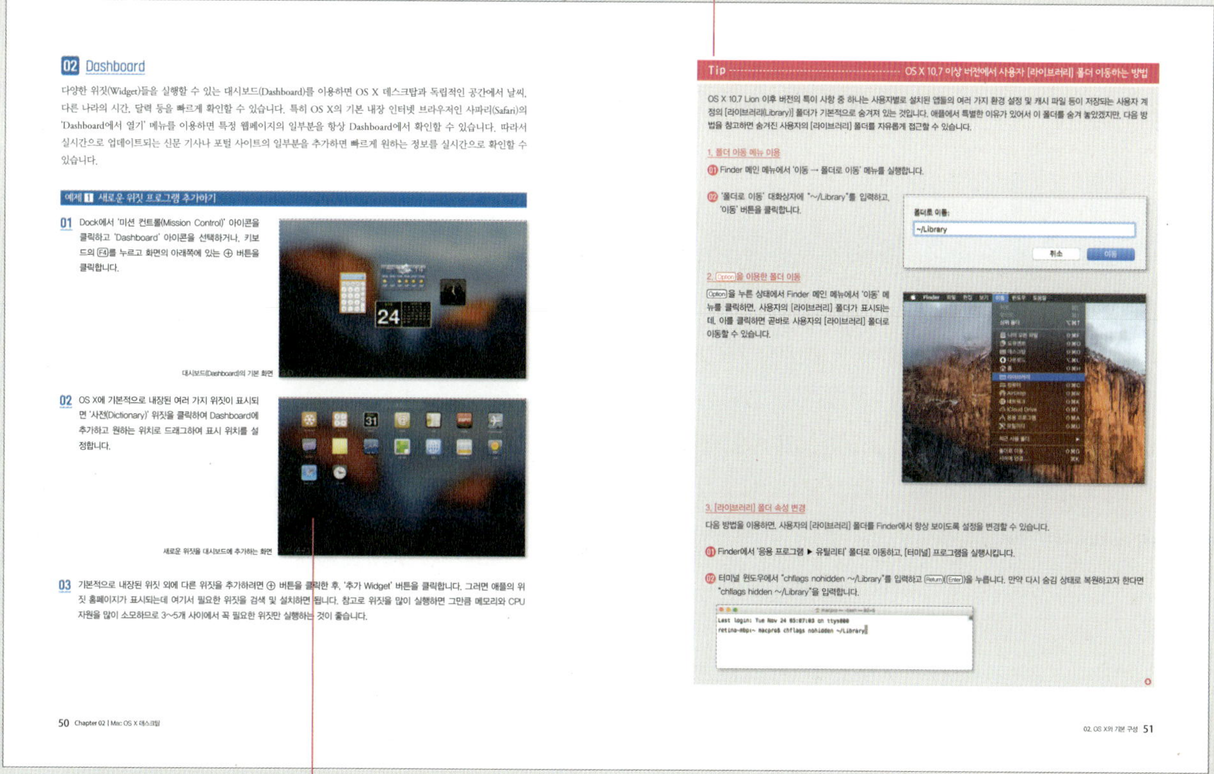

따라하기

예제를 직접 활용하여 익히는 과정으로,
따라하기 형식을 바탕으로 구성했습니다.

◉ 이 책의 특징

- 이 책의 모든 내용 및 삽입 그림은 OS X 10.11.x El Capitan(엘 캐피탄) 버전을 기반으로 제작하였습니다.
- 클라우드 컴퓨터 시대를 맞이하여 애플의 클라우드 서비스인 iCloud를 Mac, MS 윈도 PC, iOS 기기(아이폰, 아이패드, 아이팟 터치)에서 설정하고 활용하는 방법에 대해 자세하게 다루었습니다(Chapter 5).
- 매킨토시 사용자라면 거의 대부분 사용하고 있는 가상 머신 앱인 VMware Fusion과 Parallels Desktop에 대한 매뉴얼과 활용 방법을 포함했습니다(MS 윈도 10, Ubuntu 리눅스, CentOS, Max OS X 설치 방법 등).
- 부트캠프에 MS 윈도를 설치하는 방법과 Mac OS X와의 호환성에 대해 자세히 다루었습니다(Mac OS X에서 NTFS 볼륨을 사용하는 방법, Mac용 하드디스크를 부트캠프의 MS 윈도에서 사용하는 방법 등).
- Mac 컴퓨터 구입을 계획하고 있는 독자들을 위해 각 모델에 대한 장 · 단점을 쉽게 파악할 수 있는 'Mac Buyer's 가이드'를 포함시켰습니다.
- 주요 기능 및 메뉴에 초보자들도 쉽게 따라해 볼 수 있는 예제들을 포함시켰습니다.
- 독자들이 쉽게 이해할 수 있도록 삽입 그림을 많이 첨부했으며, 각 그림마다 별도의 설명을 추가했습니다.

◉ 이 책을 통해 배울 수 있는 내용

- Mac 사용자가 국내 컴퓨터 및 인터넷 환경에서 가장 최선의 방법으로 Mac 컴퓨터를 활용하는 방법
- Mac OS X의 전체적인 기능과 각 메뉴의 기능(OS X 10.11.x El Capitan 버전 기준)
- Mac OS X의 시스템 환경 설정과 저장 장치를 관리하는 방법
- 새로운 앱을 설치하고 제거하는 방법
- Mac OS X의 주요 기본 앱(Finder, 디스크 유틸리티, 캘린더, 연락처, 메일 등)
- 애플의 클라우드 서비스인 iCloud를 Mac, iOS 기기(아이폰, 아이패드, 아이팟 터치), MS 윈도에서 설정하고 활용하는 방법
- 가상 머신 앱인 VMware Fusion, Parallels Desktop의 메뉴와 기능, 활용 방법
- Mac 컴퓨터의 종류와 장 · 단점

Q&A

필자와 온라인 터치를 원한다면

- **웹사이트** : http://ssumer.com   • **트위터** : @holyworld   • **E-mail** : ssumer@naver.com

Contents

Chapter 01

Mac
바로 알기

Chapter 02

Mac OS X
데스크탑

Chapter 03

OS X의
설치와
환경 설정

Chapter 04

가상 머신

Chapter 05

iCloud

Mac
바로 알기

Mac OS X 10.11 El Capitan

매킨토시(Macintosh, Mac) 컴퓨터의 운영체제인 Mac OS X에 대한 각 기능 및 사용 방법 등을 자세하게 다루기 전에 이 책에서 처음부터 끝까지 반복해서 사용할 용어 및 기초 지식에 대해 먼저 살펴보겠습니다. Mac OS X의 경우 국내에서는 마이크로소프트(Microsoft, 이하 MS)의 윈도(Windows)보다 사용자가 상대적으로 적어서 매우 한정된 정보만 몇몇 국내 인터넷 웹사이트를 통해 공유되고 있습니다. 그러나 이것도 비전문가가 생산한 부정확한 많은 정보가 아무런 여과 없이 일반 Mac 사용자에게 전달되고 있습니다. 그러므로 이 장에서는 본격적으로 Mac OS X 운영체제에 대한 내용을 기술하기 전에 Mac과 관련된 하드웨어 및 소프트웨어에 대한 기초 상식을 정리해 보겠습니다.

Mac OS X 살펴보기

최근 국내에서는 애플의 아이폰 열기와 함께 매킨토시 컴퓨터에 대한 관심이 폭발적으로 증가하고 있습니다. 그러나 국내에서는 매킨토시 컴퓨터 사용자가 MS 윈도 호환 PC에 비해 상대적으로 적고, 그나마 활발하게 공유되는 각종 매킨토시 관련 정보도 특정 분야(에 페이지 디자인 또는 동영상 편집)에 한해서만 공유되고 있어서 '매킨토시 컴퓨터는 특정 분야에서만 한정적으로 사용되는 컴퓨터'라고 오해하는 사용자들이 많습니다. 이번 장에서는 Mac과 관련된 기본 컴퓨터 용어와 Q&A를 통하여 Mac에 대한 기본적인 상식에 대해 알아보겠습니다.

01 Mac 관련 용어 정리

2006년부터 애플에서 판매하는 인텔 CPU 기반의 모든 Mac 컴퓨터는 일반 PC의 하드웨어 구조와 큰 차이가 없습니다. 하지만 Mac 컴퓨터를 비롯하여 관련 제품들은 독특한 이름이 많으므로 이러한 용어에 대해 알아보겠습니다.

| Mac 관련 기본 용어 |

용어	권장 한글 표기	설명
Macintosh	매킨토시	미국 애플에서 독창적으로 개발하여 판매하고 있는 컴퓨터들의 총칭으로서 자사의 독자적인 Mac OS 운영체제가 기본적으로 설치되어 있습니다. 2006년부터는 일반 PC와 마찬가지로 인텔(Intel)사의 CPU를 기반한 하드웨어를 사용하고 있기 때문에, Mac OS와 더불어 MS 사의 윈도 운영체제도 동시에 설치하여 사용할 수 있습니다.
Mac	맥	매킨토시(Macintosh)의 약자 및 애칭으로서, 매킨토시를 줄여서 부를 때 단순히 "맥(Mac)"이라고 부릅니다. 애플에는 매킨토시의 애칭인 Mac 만을 이용하여 자사의 다양한 제품에 이름을 부여하고 있습니다. 에 Mac OS X, MacBook, iMac 등
Intel Mac	인텔 맥	2006년부터 애플에서 인텔(Intel)사의 CPU를 기반한 매킨토시 컴퓨터(하드웨어)를 판매하기 시작했는데, 인텔 CPU를 기반한 모든 매킨토시 컴퓨터의 총칭입니다. 인텔 맥부터는 운영체제를 Mac OS X와 더불어 MS사의 윈도 계열(7, 8, 10 등), 리눅스 계열도 동시에 설치할 수 있음은 물론, 매킨토시 하드웨어의 모든 자원을 그대로 지원받을 수 있습니다.
Power Mac	파워 맥	인텔 맥 이전에 PowerPC CPU를 기반한 모든 매킨토시 컴퓨터의 총칭입니다. PowerPC(Power Performance Computing, PPC) CPU는 RISC(Reduce Instruction Set Computer) 구조의 CPU로, 1991년에 애플, IBM, 모토롤라가 합작하여 개발한 32비트/64비트 CPU입니다. Mac OS 7.12(System 7) 버전부터 Mac OS X 10.5.8 레퍼드 버전까지만 PowerPC CPU 기반의 Mac 컴퓨터에 설치할 수 있으며, Mac OS X 10.6 스노 레퍼드 버전부터는 오직 인텔 맥에만 설치할 수 있습니다.
Mac OS Classic	클래식 맥 OS (오에스)	유닉스(Unix) 기반의 Mac OS X 이전의 모든 매킨토시 운영체제 버전(Mac OS 7~9)을 말합니다. 인텔 맥 이전의 PowerPC CPU 기반의 맥 또는 모토롤라의 68000 계열의 CPU를 기반한 맥 컴퓨터에서 사용되었던 운영체제이며, 국내에서는 지금도 많은 출판 관련 회사가 클래식 Mac OS 환경에서 디자인 작업을 하고 있습니다.
Mac OS X	맥 OS X(오에스 텐, "엑스" 아닌 로마 숫자 10을 영어(텐)로 읽음	2001년 Mac OS 9(클래식 Mac OS)의 업그레이드 버전으로, 기존 클래식 버전과는 달리 내부 구조가 Unix 체제입니다. 버전명인 X는 로마식 숫자 표기의 10(텐)을 의미함과 동시에 Unix 체제를 기반하고 있음을 상징합니다(uniX–like 운영체제).

Finder	파인더	Mac OS의 핵심적인 기본 응용 프로그램으로, 파일 및 하드디스크, 네트워크 등을 관리할 수 있습니다. Mac OS가 시작되면 가장 먼저 자동으로 실행되는 프로그램이기도 하며, 편리한 GUI(Graphic User Interface, 그래픽 유저 인터페이스)를 지원합니다. Unix 기반의 운영 체제에서 터미널(Terminal)을 실행시키면 자동으로 쉘(Shell)이 실행되는 것과 유사합니다.
Volume	볼륨	Mac OS의 저장 장치(Storage Device)의 구분 단위로, 저장 장치(하드디스크 또는 CD/ DVD-ROM 미디어 등)의 전체 또는 일부분을 개별 볼륨으로 설정할 수 있습니다. 시스템 볼륨(System Volume)이란, Mac OS가 설치된 하드디스크 또는 파티션을 말합니다.
HFS+ (Mac OS Extended)	HFS+ (맥 OS 익스텐디드)	Hierarchical File System Plus의 약자로, 애플에서 독자적으로 개발한 저장 장치의 포맷 유형입니다. 대용량 저장 장치를 지원하며, 대소문자를 구분하여 파일 및 폴더의 이름을 지정해 줄 수 있습니다. 현재 판매되고 있는 모든 Mac 컴퓨터 또는 iOS 기기(아이폰/아이패드/아이팟 터치)의 기본 포맷은 HFS+ 방식입니다. 참고로 Mac 컴퓨터에서 시동(Startup)이 가능한 하드디스크 볼륨을 생성하기 위해서는, 반드시 HFS 또는 HFS+ 방식으로 포맷해야만 합니다. 또한 UFS(Unix File System) 방식으로 포맷된 하드디스크 볼륨에서도 Mac OS X를 설치 및 시동할 수 있지만, 클래식 Mac용 프로그램은 실행되지 않습니다.
iCloud	아이클라우드	애플의 클라우드 서비스이며 애플 제품(Mac 및 iOS 기기)을 비롯하여 MS 윈도에서 여러 데 이터들(참 이메일, 연락처, 사진 등)을 동기화할 수 있습니다. 네이버 또는 드랍박스의 클라 우드 서비스와 달리 애플 제품 사용자에 한하여 제공되는 클라우드 서비스이며(5GB 무료 용량), 일반 사용자가 애플 홈페이지를 통하여 가입하면 기본적으로 1GB 용량과 iWork 클라 우드 서비스를 이용할 수 있습니다.
Mac OS X 10.6 Snow Leopard	맥 OS X 10.6 스노 레퍼드	2009년 9월에 선보인 Mac OS X 10.6 Snow Leopard(스노 레퍼드)는 기존 버전의 내부 구조 및 기본 프로그램들을 32비트 체제에서 완벽한 64비트 체제로 업그레이드하고, 전체 적인 속도를 크게 개선시킨 버전입니다. 비록 10.4에서 10.5로 업그레이드되면서 보여주었 던 획기적인 변화는 없지만, 더 빠른 속도와 보다 강화된 안정성 때문에 일반 사용자부터 전 문가 그룹까지 많은 호응을 얻었습니다.
OS X 10.7 Lion	OS X 10.7 라이언	2011년 7월에 선보인 10.7 Lion 버전은 외부 사용자 인터페이스 및 사용방식 등을 iOS(참 아이폰, 아이패드 등)와 같이 더욱더 직관적이고, 편리하게 개선시킨 버전입니다. 특히 iOS 기 기 사용자들 중 Mac 컴퓨터를 처음 접하는 사용자들에게는 훨씬 더 친숙하게 느껴질 수 있도 록, 여러 부분에서 iOS 사용방식과 유사하게 사용자 인터페이스가 업그레이드 되었습니다.
OS X 10.8 Mountain Lion	OS X 10.8 마운틴 라이언 (국내 인터넷 Mac 관련 커뮤니티 에서는 간혹 '산사자'라고 표기)	외형적으로는 라이언 버전과 큰 차이는 없지만, 이번 버전부터 오직 64비트 커널만 지원하 며(EFI 64비트 칩 장착 모델에만 설치 가능, 2008년 이후에 생산된 거의 대부분의 모델에 설치 가능), iOS의 여러 가지 편의 기능 추가 및 iCloud를 통한 클라우드 기반 작업을 보다 효과적으로 지원합니다.
OS X 10.9 Mavericks	OS X 10.9 매버릭스	OS X 10.0(치타)부터 10.8(마운틴 라이언) 버전에 이르기까지 상품명으로 사용되었던 고양 이과 동물 이름 대신, 애플 회사가 위치한 미국 캘리포니아 주에 위치한 특정 지역을 상품명 으로 사용한 최초의 '지역명' 버전입니다. 상품명이 고양이과 동물에서 미국 지역명으로 '큰 변화'가 있었지만, 외형적으로는 이전 버전과 비교했을 때 큰 변화가 없으며 일부 편의 기능 들이 새롭게 추가된 수준입니다. (참 Finder의 Tab 브라우징, 한글/한영 사전, iBooks, 지 도 앱 등이 새로이 추가) 내부적으로는 여러 개의 신기술이 적용되었는데 대표적인 예로 App Nap, 메모리 압축 기술 등으로 성능 향상 및 에너지 사용을 보다 효율적으로 관리해 줍니다.
OS X 10.10 Yosemite	OS X 10.10 요세미티	2014년 10월에 출시된 OS X 메이저 업데이트로서, 10.9 매버릭스 버전에 이어 미국 캘리 포니아주의 요세미티 공원 이름을 버전명으로 사용하였습니다. iOS7의 간결한 사용자 인터 페이스 디자인과 더욱 가깝게 전체적인 디자인이 변화되었으며, iOS 기기와의 연동이 더욱 강화되었습니다. 연동된 아이폰으로 Mac 컴퓨터에서 전화 및 SMS를 수신/발신할 수 있는 Handoff 기능이 새롭게 추가되었습니다.
OS X 10.11 El Capitan	OS X 10.11 엘 캐피탄	메이저 업그레이드에서 기대되는 '겉모습의 혁신적인 변화'는 없지만 내부적으로 성능과 효 율성 개선에 초점을 맞춘 'OS X 10.10 요세미티 버전의 교정 업그레이드'라고 할 수 있습니 다. 해커의 잠재적인 공격을 원천적으로 차단할 수 있는 '시스템 무결성 보호', 그래픽 카드의 성능을 최대한 활용할 수 있는 Metal 등이 새롭게 지원됩니다.

필자 주 컴퓨터에 문제가 발생하여 인터넷이나 애플 서비스센터에 문의할 경우 권장 한글 표기를 사용하면 상대방에게 좀 더 정확하게 내용을 전달할 수 있습니다.

OS X 10.11 El Capitan의 한글 표기 관련

OS X 10.11 엘 캐피탄 베타 버전이 지난 6월 WWDC 2015에서 개발자 대상으로 배포된 이후, 현재 정식 버전이 출시된 지금에 이르기까지 인터넷상에서 'El Capitan' 버전명(제품명)에 대한 한글 표기는 다양하게 이루어지고 있습니다. 아직까지 애플에서 OS X El Capitan 제품명의 한글 표기법에 대한 공식적인 가이드는 없는 상태이고, 애플 코리아 홈페이지에서도 El Capitan은 별도로 한글 표기하지 않고 영문으로 표기하고 있습니다. 그렇기 때문에 지난 기간 동안 다양한 백그라운드를 가진 국내의 개인, 언론사 등이 제각각 조금씩 다르게 El Capitan을 한글 표기해 왔습니다. 단순히 캘리포니아 주의 요세미티 공원에 있는 'El Capitan' 지명에 대한 한글 표기라면 현지 발음을 중시해서 '앨 캐피탠'으로 하던, 지명의 역사적 유례를 쫓아 스페인어의 외래어 표기법을 따른 '엘 카피탄'으로 하던 국내 Mac 사용자에게 있어서 별 상관이 없을 겁니다.

그러나 Mac 사용자에게 있어서 앞으로 최소 1년간은 자주 보게 되고 검색 키워드로 자주 사용될 'El Capitan'이 중구난방으로 한글 표기가 이루어지게 된다면 국내 Mac 사용자들의 정보 수집에 많은 장애가 될 수 있을 겁니다. 예를 들어, Mac 초보자들이 애용하는 국내 포털 사이트는 아직까지 생각만큼 그렇게 똑똑하지 않아서 '엘캐피탠'으로 검색했을 때와 '엘카피탄'으로 검색했을 때의 결과가 다르게 표시됩니다. 물론, 모두 'OS X 10.11 El Capitan' 관련 콘텐츠가 결과 목록에 표시되지만, 검색 키워드에 정확하게 매칭되는 콘텐츠 목록만 표시되므로 하나의 검색어로 모든 관련 콘텐츠를 검색할 수는 없게 됩니다. 앞으로 검색 엔진 차원에서 모든 관련 콘텐츠를 통합 표시해 줄 수도 있겠지만, 기본적으로 콘텐츠 생산자 입장에서 가능한 통일된 한글 표기법으로 OS X El Capitan을 한글 표기하는 것이 바람직하다고 생각합니다. 이것은 그나마 국내에 얼마 되지 않는 Mac 사용자간에, 그리고 이러한 국내 포탈 검색은 Mac 초보자들이 주사용자인 점을 감안한 '배려'이기도 할 겁니다.

'엘 카피탄' 또는 '엘 캐피탄' 등으로 작성된 콘텐츠는 검색되지 않는다.

이에 필자의 생각은 OS X의 'El Capitan'은 단순히 독립적인 '지명'으로 사용된 단어가 아니고, 애플의 OS X 버전명(제품명)으로 사용된 단어이기에, 말하는 사람과 듣는 사람의 백그라운드에 따라 제각각 다를 수 있는 현지 발음 또는 국립 국어원의 '지명'에 대한 표준 외래어 표기 방식 보다는 OS X El Capitan의 제품명을 직접 짓고, 이 제품에 대한 모든 소유권을 가진 '애플의 한글 표기'를 우선적으로 따라주는 것이 합당하다고 생각합니다.

애플의 'El Capitan'에 대한 '한글 표기'는 우연찮게 눈에 띈 시스템 환경 설정의 데스크탑 그림 목록에서 찾아 볼 수 있었습니다. 그것은 '엘 캐피탄' 또는 '엘 카피탄'도 아닌 '엘 캐피탄'이었습니다. 이로써 'OS X El Capitan'의 한글 표기 방식의 헷갈림은 종지부를 찍은 것입니다. 언어학적, 외래어 표기법의 부합 여부, 현지 발음 등은 더 이상 중요하지 않게 된 것입니다. 'OS X El Capitan 주인'이 자기 제품명에 사용한 'El Capitan'을 '엘 캐피탄'으로 한글 표기하겠다는데 어느 누가 시비를 걸 수 있겠습니까? 엿장수가 자기가 파는 엿의 마케팅용 '제품명'이 '이것'이라고 하는데 '저것'이 맞는다고는 할 수 없는 노릇입니다. OS X El Capitan 역시 실제 '지명'과는 무관한 단순한 애플 OS X 의 마케팅용 '제품명'에 불과하므로, 큰 차이가 없다면 '주인'이 어떻게 한글 표기를 하던, 맞고 틀리고의 문제는 아닌 것입니다. 사실 El Capitan 산과 OS X가 무슨 연관이 있겠습니까? 그냥 고양이 시리즈에서 더 이상 쓸만한 고양이 이름이 없으니까 캘리포니아 주의 관광 명소 지명을 매버릭스부터 하나씩 사용하고 있는 것입니다.

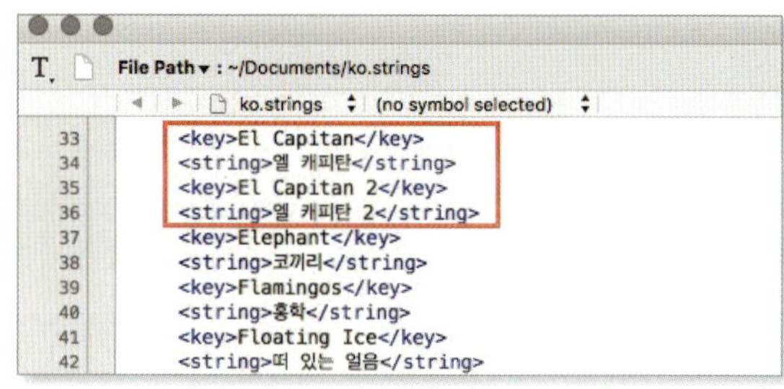

OS X 10.11 엘 캐피탄의 한국어에 소스 파일

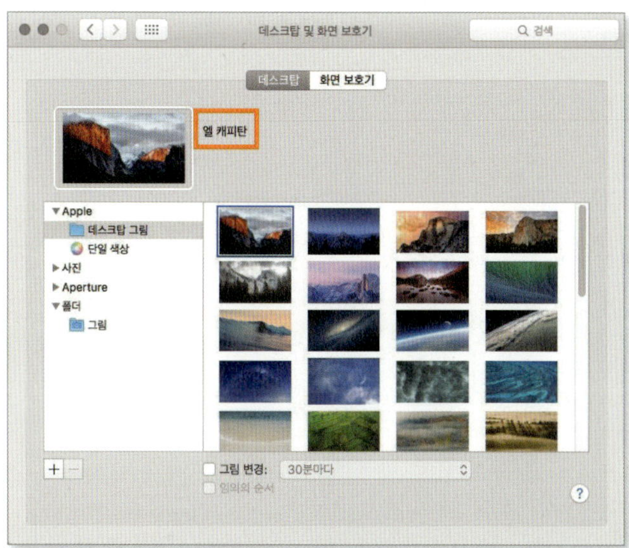

OS X 10.11 엘 캐피탄 환경 설정에 표시된 '엘 캐피탄'

결론적으로, El Capitan을 독립적인 '지명'이 아닌 OS X El Capitan '제품명'으로 한글 표기할 때는 애플에서 직접 한글 표기한대로 따라주는 것이 가장 적합하다 생각하며, 이에 이 책 전체에 걸쳐 계속적으로 사용하게 될 'El Capitan'은 '엘 캐피탄'으로 한글 표기하도록 하겠습니다.

국내 인터넷 포털 사이트의 Mac 관련 질문과 답변 게시판에 등록되는 질문의 내용을 자세히 살펴보면 국내의 많은 컴퓨터 사용자가 Mac에 대한 오해와 편견을 가지고 있는 것 같습니다. 특히 Mac은 디자이너들만의 전유물이고, 특수한 목적을 위해서만 사용하는 컴퓨터로 오해하는 경우가 많습니다. 그러므로 이번에는 Mac과 관련되어 필자가 그동안 가장 많이 받았던 질문을 기초로 Mac의 실질적인 모습에 대해 알아보겠습니다.

Q 매킨토시는 일본 OS인가요?

A '매킨토시'라는 이름 자체가 일본스러워서 이처럼 오해하는 사용자가 있는데, 매킨토시는 미국 애플이 제조 및 판매하는 모든 컴퓨터 모델의 총칭입니다. 매킨토시 이름의 유례를 살펴보면 1979년에 애플에서는 일반인을 대상으로 가격이 저렴하면서도 쉽게 사용할 수 있는 컴퓨터 개발 프로젝트를 진행했습니다. 그 당시 이 프로젝트에 주도적으로 참여한 제프 라스킨(Jef Raskin) 애플 직원이 자신이 좋아하는 사과 이름 McIntosh(매킨토시, 미국산 사과, Macintosh와 같게 발음되지만 처음 부분인 Mc의 철자가 원래의 Mac의 철자와 다름)를 개발한 컴퓨터에 처음으로 붙이면서 'Macintosh'라는 이름이 생겼습니다. McIntosh는 미국에서 이름 사용에 대한 법률 문제 때문에 처음 'Mc' 부분을 'Mac'으로 변경하여 애플의 초기 컴퓨터 모델에 붙였는데, 이 이름을 현재까지 사용하고 있습니다. 오늘날에는 매킨토시의 애칭이나 줄임말을 '맥(Mac)'이라고 합니다.

Q 아이폰, 아이패드, 아이팟 터치도 매킨토시 컴퓨터인가요?

A 간혹 애플의 아이폰(iPhone)이나 아이패드(iPad), 아이팟 터치(iPod touch) 등도 매킨토시 컴퓨터 제품군에 포함되는 것으로 생각하는 사용자가 있는데, 이와 같은 특정한 목적의 휴대용 기기는 매킨토시 컴퓨터 제품군에 속하지 않습니다. 매킨토시 제품군에 속하는 제품들은 2015년 하반기 시점을 기준으로 맥미니(MacMini), 아이맥(iMac), 맥프로(MacPro) 등의 데스크탑형 컴퓨터와 맥북(MacBook), 맥북에어(MacBook Air), 맥북프로(MacBook Pro, 레티나 모델 포함) 노트북 제품군 등의 컴퓨터만 속합니다. 이 모든 제품들은 기본적으로 Mac OS X 운영체제가 설치되어 있고, 컴퓨터 그래픽 디자인이나 문서 작성, 웹 서핑 등 다양한 목적으로 사용할 수 있으며, 다른 PC와 유사한 하드웨어 구조(CPU, RAM, HDD(SSD), I/O 포트 등)로 구성되어 있습니다.

Q Mac에 기본적으로 설치되어 있는 운영체제는 무엇인가요?

A 매킨토시 컴퓨터에 기본적으로 설치되어 있는 운영체제는 Mac OS이며, 2015년 하반기를 시점으로 OS X 10.11 티 Capitan(엘 캐피탄)이 가장 최신 버전입니다. 국내의 다양한 인터넷 쇼핑몰에서 국내의 특수한 PC 환경, 곧 MS의 윈도 기반 PC가 독보적으로 전체 PC 시장을 점유하는 환경을 고려하여 Mac 컴퓨터 구입자들에게 번들로 MS 윈도 8 또는 10을 부트캠프 볼륨에 설치해서 판매하기도 합니다. 그러나 애플에서 공식적으로 판매하는 모든 Mac 컴퓨터 제품에는 기본적으로 Mac OS X 운영체제만 설치되어 있으며, MS 윈도나 리눅스 등의 운영체제는 사용자가 별도로 직접 설치해야 합니다.

Q Mac으로 웹 서핑하고 인터넷에서 음악 및 동영상 시청 등을 하는 데 문제가 있나요?

A Mac OS X에서 국내의 인터넷 웹 서핑 및 음악, 동영상 시청은 MS 윈도 기반의 PC보다 호환성이 많이 떨어집니다. 이것은 Mac 자체의 문제라기보다 국내의 대부분의 유명 웹사이트들이 국제 웹 표준을 따르지 않고 MS 윈도만 지원하도록 개발했기 때문입니다. 즉 호환성에 문제가 있는 것은 Mac이 아니라 국제 웹 표준을 따르지 않는 웹사이트의 문제라고 할 수 있습니다. 그러나 다행히 최근에는 많은 국내 유명 웹사이트들이 아이폰의 영향으로 국제 웹 표준에 맞게 디자인을 변경하고 있으므로 조만간 Mac에서도 호환성 문제 없이 마음껏 국내 인터넷 환경을 누릴 수 있게 될 것입니다. 참고로 부트캠프나 가상 머신에 MS 윈도를 설치하면 현재의 상태에서도 모든 국내 및 해외 사이트들을 문제 없이 사용할 수 있습니다.

PowerPC CPU 기반의 파워 맥에서도 가상 머신 소프트웨어를 이용하면 인텔 맥과 같이 MS 윈도 또는 다른 운영체제를 하나의 응용 소프트웨어를 실행하는 것처럼 Mac OS에서 사용할 수 있습니다. 단 부트캠프를 통한 독립 파티션 구성 및 설치는 할 수 없습니다.

Q Mac을 사용할 때 속도가 느리거나 사용할 수 없는 응용 프로그램들이 많은가요?

A 2006년부터 현재까지 애플에서 판매하는 모든 인텔 Mac 컴퓨터는 자체적인 Mac OS X와 MS 윈도를 모두 설치할 수 있고, 또한 가상 머신 앱을 이용하면 각 운영체제로 독립적인 부팅을 하지 않고도 Mac OS X에서 MS 윈도를 마치 하나의 응용 소프트웨어를 실행하는 것처럼 사용할 수 있습니다. 그러므로 기술적인 관점에서 본다면 Mac OS X 전용 응용 프로그램뿐만 아니라 MS 윈도용으로 제작된 모든 응용 소프트웨어를 인텔 Mac에서 사용할 수 있습니다(파워 맥은 위의 'Note' 참고). 특히 Mac OS X 10.6 Snow Leopard 버전부터는 완벽한 64비트 내부 구조와 향상된 CPU 작업 관리 기능(Grand Central Dispatch)이 추가되어 응용 소프트웨어들의 실행 속도가 더욱 빠르게 개선되었습니다. 운영체제별로 개발 및 판매되는 응용 프로그램들의 개수는 MS 윈도용이 훨씬 많지만 Adobe, Autodesk, Quark과 같은 대부분의 유명 소프트웨어 개발사들이 Mac OS X용을 별도로 판매하고 있습니다. 그리고 각 분야에서 Mac 컴퓨터를 활용할 수 있는 수많은 Mac 전용 소프트웨어들이 개발되어 있으므로 실질적인 Mac 활용 분야에서 응용 소프트웨어의 부재는 전혀 없습니다.

현재 대부분의 Mac용 가상 머신 소프트웨어(예 VMware Fusion, Parallels Desktop, Virtual Box)는 MS 윈도에서 3D 그래픽 가속 기능을 지원합니다. 하지만 이러한 기능은 매우 한정적으로 지원되므로 Mac에 설치된 실제 그래픽카드의 성능을 제대로 지원받을 수 없습니다. 대부분의 PC용 3D 게임이 가상 머신의 윈도우에서 실행되지 않거나, 실행되어도 저품질의 그래픽을 지원하므로 실감나는 3D 게임을 즐길 수 없습니다. 다만 3D 온라인 게임에서 단순한 채팅이나 메일 확인은 문제 없습니다. 그러므로 이러한 PC 3D 게임은 부트캠프 볼륨으로 MS 윈도를 시동해서 사용하는 것이 좋습니다. 부트캠프 볼륨으로 MS 윈도를 시동하면 모든 Mac 하드웨어의 자원을 MS 윈도가 독점하므로 모든 프로그램들을 매끄럽게 실행시킬 수 있습니다.

Q Mac에서도 모든 온라인 및 PC 게임을 실행할 수 있나요?

A 대부분의 국내 온라인 및 PC용 게임은 Mac OS X에서 실행되지 않으며, 블리자드의 월드오브워크래프트와 같은 몇몇 3D 온라인 게임과 Mac OS X용을 동시에 판매하는 PC 게임만 실행할 수 있습니다. 그러나 인텔 맥의 경우는 부트캠프 볼륨에 MS 윈도를 설치하고 독립적으로 시동할 수 있습니다. 따라서 기술적인 관점에서 본다면 모든 PC/Mac용 게임을 실행할 수 있습니다(가상 머신에서의 게임 실행은 위의 'Note' 참고). 하지만 PC 게임을 할 때마다 매번 부트캠프 볼륨으로 재시동해야 하는 번거로움이 있으므로, 게임용으로 Mac을 구입하는 것은 현명한 선택이 아닙니다. Mac 사용자에게 부트캠프를 통한 MS 윈도 사용은 가끔 하는 선택이어야지, 이것을 주 사용 운영체제로 삼아 Mac OS X와 거리를 둔다면 상대적으로 더 비싼 비용을 지불하고 구입한 Mac을 일반 조립 PC로 전락시키는 것과 같습니다.

Q Mac 컴퓨터의 업그레이드가 복잡한가요?

A Mac OS X 운영체제, 즉 소프트웨어적인 측면의 메이저 업그레이드(20쪽 'Note' 참고)는 윈도보다 훨씬 더 편리하고 간단합니다. 레지스트리 데이터베이스를 기반으로 하는 윈도를 새로운 버전으로 업그레이드하면(예 윈도 비스타에서 윈도 7로 업그레이드) 기존에 설치된 많은 응용 프로그램들이 제대로 실행되지 않는 경우가 발생합니다. 그러나 Mac OS X에 설치된 응용 프로그램들은 운영체제와는 독립적으로 설치 및 취급되기 때문에 기존 버전에서 설치한 대부분의 응용 소프트웨어들을 재설

치하지 않고 곧바로 사용할 수 있습니다. 내부적으로 32비트에서 64비트로 시스템 구조가 대폭 변경된 Mac OS X 10.6 Snow Leopard로의 업그레이드에서도 기존에 설치된 대부분의 응용 프로그램들을 재설치하지 않고 곧바로 사용할 수 있었습니다.

하드웨어 업그레이드는 최근 애플이 출시하는 대부분의 제품들이 케이스를 개봉하는 것이 까다롭고, CPU/그래픽카드/램(RAM)/내부 저장 장치(플래시 메모리) 등이 아예 로직보드에 부착되어 있으므로 사용자가 직접 일부 하드웨어를 교체하거나 증설하는 것은 매우 어렵습니다. 아직까지 일부 제품에 한하여 메모리 또는 내부 저장 장치의 교체 및 증설이 가능하지만, 애플 제품의 추세가 사용자에 의한 하드웨어 업그레이드는 외장기기(떼 썬더볼트 포트를 이용한 외장기기 연결)를 통해 가능하도록 설계하고 있으므로, 향후 출시될 제품들 역시 사용자에 의한 하드웨어 업그레이드는 더욱 어려워질 것입니다. 그러므로 현시점에서 Mac 컴퓨터를 구입한다면 사용 분야에 적합한 제품으로 선택하되 메모리와 내장 디스크 용량은 넉넉한 제품으로 구입하는 것이 좋습니다.

> **Note**
> 소프트웨어 업데이트는 크게 '마이너(minor) 업데이트'와 '메이저(major) 업데이트'로 나눌 수 있습니다. 마이너 업데이트는 메이저 버전에서 문제가 발견되었을 때 이것을 수정 및 개선하는 차원에서 이루어지므로 무료입니다. 그러나 메이저 업데이트는 새로운 기능이 많이 추가되거나 내부 구조가 크게 변경 또는 개선되는 업데이트로, 대부분 유료이며 사용자의 필요에 따라 구입한 후 설치해야 합니다(애플에서는 OS X 10.9 매버릭스 버전부터 메이저 업데이트를 무료 배포하고 있습니다).

Q 인텔 맥의 부트캠프에 MS 윈도를 설치하면 속도가 느리거나 호환성에 문제가 있나요?

A 인텔 맥의 모든 부품은 애플에서 인증한 부품들만 사용한 완제품이며, 애플에서 MS 윈도를 위한 모든 시스템 드라이버를 제공하므로 다른 브랜드 PC 및 조립 PC와 비교했을 때 성능 및 호환성 면에서 전혀 뒤처지지 않습니다. 애플에서는 공식적으로 MS의 윈도 비스타/7/8/8.1/10의 64비트 시스템 드라이버를 제공하고 있습니다. 이 밖에도 윈도 서버 제품군의 경우 MS에서 기본적으로 제공하는 시스템 드라이버만 이용해도 Mac의 모든 하드웨어 자원을 정상적으로 사용할 수 있습니다. 참고로 미국의 한 PC 매거진 사이트에서 MS 윈도를 가장 빠르고 최적으로 지원하는 브랜드 PC에 대한 설문 조사를 했는데, 여기에 흥미롭게도 인텔 맥이 'One of the Best'로 선정되었습니다. 일반적으로 컴퓨터를 분류할 때는 Mac과 윈도 PC를 분리해서 취급하는데, 2006년부터 출시된 인텔 맥부터는 이와 같은 경계가 없어졌습니다. 인텔 맥에는 기본적으로 Mac OS X 운영체제가 설치되어 있지만, Mac은 사용자의 필요에 따라 MS 윈도 또는 리눅스도 선택적으로 동시에 사용할 수 있는 '최대의 호환성'을 갖춘 컴퓨터입니다.

Q Mac OS X의 장점에 대해 요약해 주세요.

A Mac OS X는 내부적인 구조 및 기본 소프트웨어들이 모두 64비트로 구성되어 있으며 하드웨어를 보다 효율적으로 관리 및 사용할 수 있는 다양한 핵심 기술(OpenCL, Metal, GCD 등 21쪽의 'Note' 참고)을 지원합니다. 또한 10.9 매버릭스 버전부터는 앱 냅(App Nap) 및 메모리 압축 기술이 새롭게 추가되어 보다 효율적으로 시스템 자원을 관리해 줍니다. 이 밖에 사용자 인터페이스는 10.7 라이언 버전부터 iOS 기기 사용자에게 친숙한 방식으로 업데이트 되었으며, 여러 가지 편의 기능(자동 저장, 연속 작업, 클라우드 기반 작업 등)도 지원합니다.

Q 해킨토시(Hackintosh)는 무엇인가요?

A 해킨토시(Hackintosh)는 'Hack(핵)'+'Macintosh(매킨토시)'의 합성어로, Mac OS X를 애플의 컴퓨터가 아닌 x86 컴퓨터(일반적으로 인텔 CPU나 AMD의 x86 호환 CPU 기반의 PC)에 설치하여 사용하는 것을 말합니다. 2006년 애플에서 처음으로 인텔 CPU 기반의 맥을 선보이고, 자사의 운영체제제인 Mac OS X(10.4.4 타이거 버전)가 인텔 CPU 기반에서도 실행 가능하도록 만든 버전을 출시했습니다. 이때 인터넷을 기반으로 하는 해커들이 일반 PC에서도 Mac OS X를 설치 및 실행할 수 있는 변형

판(일명 "해킨토시")을 등장시켰습니다. 이후 이러한 변형판 개발은 OSx86(Mac OS X+X86의 합성어) 프로젝트 이름으로 더 많은 해커 및 개발자들이 참여하게 되었습니다.

현재는 다양한 그룹에서 Mac OS X를 일반 PC에서도 설치 및 실행할 수 있게 변형한 해킨토시 버전이 배포되고 있습니다. 최근에는 이러한 변형판이 아닌 Mac OS X 정품을 직접 PC에 설치할 수 있는 부트로더 유틸리티들도 선보이고 있습니다. 그러나 Mac OS X를 애플의 컴퓨터가 아닌 일반 PC에 설치하는 것은 애플의 소프트웨어 이용 약관을 위반하는 것으로, 국내외 저작권법을 위반하는 행위입니다.

> **Note**
>
> Mac OS X 10.6 Snow Leopard부터 새롭게 추가된 대표적인 내부 기술은 OpenCL(Open Computer Language)과 GCD(Grand Central Dispatch)입니다. OpenCL은 그래픽카드에 내장된 GPU(Graphic Processing Unit)를 그래픽 관련 응용 프로그램 뿐만 아니라 일반 응용 프로그램에서도 사용할 수 있는 기능입니다. 이 기술을 이용하면 CPU에만 할당되던 작업을 GPU에도 할당할 수 있기 때문에 훨씬 더 빠르게 데이터를 처리하고 결과값을 얻을 수 있습니다. 단 OpenCL을 기반으로 개발된 응용 프로그램에 한해서만 이러한 혜택을 지원받을 수 있습니다. GCD는 Mac OS X가 좀 더 효율적으로 CPU에 작업(task, thread)을 할당하고 관리하는 기술로, 단일 코어(single core) CPU보다 다중 코어(multi core) CPU에서 진가를 발휘합니다. 사용자 측면에서는 각 응용 프로그램을 좀 더 빠르게 실행한다는 장점이 있으며, 개발자 입장에서는 복잡한 CPU 작업 할당을 GCD에 전담시킬 수 있습니다.

Q Mac OS X 정품과 OSx86 해킨토시의 차이점은 무엇인가요?

A 일반 PC에 정상적으로 설치한 OSx86 해킨토시는 배포판에 따라 약간씩 다를 수 있지만, 외관 및 내부가 완전히 같습니다. 얼마 전까지만 해도 OSx86 배포판은 애플의 공식 업데이트 채널을 이용하는 것이 매우 까다로웠지만, 최근에 나오는 배포판들은 이러한 업데이트도 문제 없이 할 수 있게 개선되었습니다. 그러므로 현재의 시점에서는 Mac OS X 정품이 설치된 애플의 컴퓨터와 OSx86 배포판이 설치된 일반 PC와 소프트웨어적인 측면에서는 전혀 차이가 없습니다.

Q Mac은 바이러스로부터 안전한가요?

A 2015년 12월을 기준으로, 실질적으로 Mac OS X의 파일 구조를 훼손하거나 심각한 피해를 주는 바이러스는 지금까지 발견된 바 없습니다. 모두가 단순한 눈속임 악성코드들이 전부이고, 쉽게 복구 가능한 것들뿐입니다.

대개 Mac을 사용하다가 바이러스에 걸렸다고 주장하는 사례를 보면, Mac OS X 상에서 직접 감염된 것이 아니라, 부트캠프의 MS 윈도 또는 가상 머신에서의 MS 윈도, MS 윈도와 네트워크에 공유된 폴더/디스크 등이 MS 윈도에 의해 감염된 것들입니다. Mac OS X는 자체적으로 방화벽, 디스크 암호화, 시스템 무결성 보호 등을 지원하므로 해커 및 바이러스 공격을 효과적으로 방어할 수 있습니다. 그러므로 별도의 안티 바이러스 앱을 설치하지 않고 그냥 사용해도 됩니다.

지금까지 11개의 Mac과 관련된 대표적인 질문과 답변을 살펴보았습니다. 이 질문들은 필자가 활동하는 인터넷 블로그와 카페를 통해 가장 많이 접해왔던 것으로, Mac에 대한 오해와 편견이 어느 정도인지 가늠할 수 있는 질문과 실제 Mac 구입을 계획하고 있는 사용자에게 도움이 될 만한 질문만 선별한 것입니다. 결론적으로 2006년부터 애플에서 판매되는 모든 인텔 맥은 호환성 및 사용의 편리성, 업그레이드의 용이성 등 모든 부분에 뛰어난 컴퓨터 완제품(하드웨어+소프트웨어)입니다.

한때 2D 그래픽 및 출판 편집은 Mac, 3D 그래픽은 SGI 워크스테이션 컴퓨터, 데이터베이스 및 파일 시버는 Sun Sparc이나 IBM의 Power 계열 서버 컴퓨터 등이 각 분야별 대명사급 컴퓨터 기종으로 통했던 시절이 있었습니다. 하지만 현재는 인텔 및 AMD CPU 기반의 하드웨어로도 모든 컴퓨터 분야의 작업을 충분히 수행할 수 있으므로 각 분야별로 특정한 컴퓨터 하드웨어 기종을 나누어서 취급했던 시대는 이미 지나갔습니다.

시대가 변하면서 애플은 자사의 Mac 하드웨어를 2006년부터 PowerPC CPU 기반에서 인텔 CPU 기반으로, SGI는 MIPS CPU를 기반으로 하는 3D 워크스테이션 컴퓨터를 단종시키고 오직 인텔의 CPU를 기반으로 하는 서버 제품만 판매하고 있습니다. 선(Sun)과 IBM도 이전의 Sparc이나 Power 계열 CPU 기반의 서버 제품이 주축을 이루었지만, 현재 IBM은 하드웨어 판매 사업을 완전히 중단하였고 선(Sun)의 경우 기존에 Sparc CPU만 고집해 왔던 전통을 버리고 인텔 CPU를 장착한 서버 제품군을 늘려가고 있습니다.

이와 같이 대표적인 컴퓨터 업계의 하드웨어 기종의 변화는 더 이상 Mac 컴퓨터를 하드웨어 기준으로 차별화할 수 없게 만들었습니다. Mac이 PowerPC CPU를 채용했을 때만 해도 애플에서는 일반 PC(인텔 또는 AMD CPU 기반)보다 훨씬 강력한 처리 능력을 가졌다고 홍보했었습니다. 그러나 현재는 일반 PC와 동일한 하드웨어 구조로 되어 있기 때문에 하드웨어만 본다면 일반 PC와 차별되는 부분은 아예 없다고 할 수 있습니다. 여기서 흥미로운 사실은 하드웨어만 따지고 보면 타사의 제품과 차별성이 없음에도 불구하고, 지금까지 전 세계의 수많은 Mac 사용자가 다른 컴퓨터 기종으로 변경하지 않고 꾸준히 Mac을 사랑하는 것은 참으로 미스터리한 수수께끼입니다('Note' 참고).

많은 IT 전문가들의 분석에 의하면 애플이 발표하는 제품마다 크게 성공하고, 계속해서 충성도 높은 사용자층을 유지할 수 있는 비결은 품질 우선주의와 명품 브랜드 마케팅이 주된 요인이라고 합니다. 이 책에서 집중적으로 다룰 Mac OS X 운영체제의 경우도, 사용해 본 사람만이 '그 맛'을 아는 높은 수준의 기술과 서비스가 지원되는 '명품 운영체제'라고 할 수 있습니다.

Note

일명 Apple Fan boy(국내에서는 "애플빠", 나쁜 표현으로는 "앱등이" 등으로 통용됨)라 불리우는 열광적인 애플 제품 사용자들은 Mac 컴퓨터 제품을 비롯하여 애플이 제작하는 모든 하드웨어 및 소프트웨어 제품들이 타사의 제품보다 월등히 앞선다고 생각합니다. 해외 애플 제품 관련 인터넷 사이트를 검색해 보면 애플에서 신제품을 출시할 때마다 항상 업계 최고라고 치켜세우며 열광하는 "애플빠"들을 흔히 접할 수 있습니다.

Tip -- Mac은 그래픽 디자이너용? (True or False)

컴퓨터 기종에 대해 어느 정도 지식이 있는 윈도 PC 사용자에게 "Mac 하면 처음 생각나는 것이 무엇인가요?"라고 물어보면 아마도 "예술가의 전유물!"이라고 대답할 것입니다. 하지만 이것은 Mac에 대한 대표적인 편견 중 하나입니다. 이러한 답변은 MS 윈도 3.1 버전(1992년) 이전에 일반 PC가 DOS 환경(지금의 명령 프롬프트와 같은 환경)일 때는 정답이 될 수도 있겠지만, 이후부터는 정답이 될 수 없습니다. 왜냐하면 어도비 포토샵(Adobe Photoshop)이나 퀵(Quark)과 같은 수많은 Mac 전용 그래픽 디자인 프로그램들이 MS 윈도 3.1 버전부터 윈도용으로 출시된 후 오히려 Mac용 사용자 수를 앞질렀기 때문입니다. 그래픽 사용자 인터페이스의 대명사였던 Mac은 MS 윈도 3.1 이후 전체 PC 시장 점유율이 계속 떨어져서 한때는 2%대까지 추락하기도 했습니다. 실례로 해외의 유명 그래픽 디자인 소프트웨어 개발사들이 지금도 윈도용을 먼저 출시하고 나중에 Mac용을 출시하거나, 윈도용만을 개발하는 사례를 보면(⒠ 오토데스크의 3DS MAX) 결코 Mac이 '그래픽 디자인 전용 컴퓨터'의 대명사가 될 수 없다는 것을 알 수 있습니다.

Mac 컴퓨터의 종류(Buyer's 가이드)

애플에서 판매하는 Mac 컴퓨터는 '데스크탑 제품'과 '노트북 제품'으로 나눌 수 있습니다. 데스크탑 제품에는 맥미니(Mac Mini), 아이맥(iMac), 맥프로(MacPro), xServe(현재는 단종됨) 등이 있으며, 노트북 제품에는 맥북에어(MacBook Air), 맥북프로(MacBook Pro) 모델 등이 있습니다.

모든 Mac 컴퓨터에는 기본적으로 인텔 CPU와 외장 그래픽카드가 장착된 제품의 경우 nVidia 또는 AMD 그래픽카드를 내장하고 있으며 운영체제는 OS X가 설치되어 있습니다. 애플에서는 Mac 컴퓨터(하드웨어)의 관련 소프트웨어 및 주변 기기 등은 Mac Family(맥 패밀리)로, iOS 휴대용 기기(아이폰, 아이패드, 아이팟 터치) 관련 소프트웨어 및 주변기기 등은 iOS Family(아이오에스 패밀리)로 각각 분류하고 있습니다.

| Mac 컴퓨터 제품별 활용 분야 및 장·단점 |

* 2015년 하반기 기준

유형	모델명	활용 분야	장점	단점
데스크탑형	Mac Mini	일반적인 인터넷 및 오피스 관련 컴퓨팅에 적합하며, 음악 및 동영상 재생을 위한 홈 엔터테인먼트용으로 적합	• 상대적으로 작은 공간 차지 • 작업 장소 변경할 때 이동이 편리	하드웨어 업그레이드(램, 하드디스크) 복잡
	iMac (4K/5K 레티나)	일반적인 컴퓨팅을 비롯하여 음악 및 사진/동영상 편집, 페이지 레이아웃 디자인과 같은 전문 분야에서도 활용 가능한 다목적 모델	• 본체, 모니터 일체형 • 세련된 외관 디자인, 상대적으로 적은 공간 차지 • 21인치 레티나 모델은 4K(4096×2304 픽셀), 27인치 레티나 모델은 5K(5120×2880 픽셀)의 초고화질 스크린 지원	레티나 모델은 오직 내장 디스크만 업그레이드 가능(메모리 불가)하며, 사용자가 직접 업그레이드 하는 것은 매우 어려움
	Mac Pro	전문가를 위한 모델이며, 일반적인 컴퓨팅을 비롯하여 모든 전문 분야(음악, 동영상, 2D, 3D 그래픽 등)에서 활용 가능	• 2013년 이전 제품은 하드웨어 업그레이드가 용이 • 2013년 하반기 제품은 맥미니처럼 공간을 적게 차지하면서도 매우 강력한 하드웨어 성능 지원	• 2013년 이전 모델 : 소모 전력이 상대적으로 많고, 외관 부피가 커서 공간을 많이 차지함 • 2013년 하반기 모델: 메모리를 제외한 나머지 하드웨어는 사용자가 직접 업그레이드할 수 없음
	xServe (단종됨)	Mac 서버 모델로, 일반 개인을 대상으로 하기보다 중소 규모의 회사에서 파일 서버, 웹 서버, 메일 서버 등으로 사용하기 적합하게 디자인된 모델	• 하드웨어 업그레이드 용이 • 상대적으로 적은 공간 차지(Rack 마운트 가능)	제한된 하드디스크 증설 공간(오직 3대의 하드디스크만 설치 가능)

유형	모델명	활용 분야	장점	단점
노트북형	MacBook	일반적인 휴대용 컴퓨팅(인터넷 및 오피스 관련 작업)에 적합한 모델	• 상대적으로 가격이 저렴 • 세련된 외관 디자인 • 휴대성이 좋음 • 레티나급 고해상도 디스플레이 지원 (2304×1440 픽셀, 2015/early 이상 제품에 한함)	• 전문가용 3D 그래픽 및 영상 편집용으로는 그래픽카드 성능이 상대적으로 부족함 • 2015/early 모델은 외부 연결 포트를 USB-C 하나만 지원(USB 및 디스플레이 포트를 제외한 다른 외부 장치는 별도의 어댑터를 구입해야 함) • 사용자에 의한 하드웨어 업그레이드 불가
	MacBook Pro (단종됨)	• 전문가를 위한 휴대용 컴퓨터 모델 • MacBook보다 빠른 CPU와 그래픽 카드 내장 • 휴대용이면서도 데스크탑에 버금가는 성능으로 음악, 동영상 편집 및 2D/3D 그래픽 작업용으로 사용	메모리 및 하드디스크 교체가 용이, CD/DVD 드라이브 자체 내장, 다양한 연결 포트(이더넷, USB, 썬더볼트, 파이어와이어, ExpressCard/34 슬롯 등)	레티나 모델에 비해 상대적으로 무게가 무겁고 해상도가 낮음
	레티나 MacBook Pro	• 고해상도 디스플레이(CD 15인치 : 2880×1800 픽셀)가 장착된 모델로, 전문 사진 및 동영상 편집에 적합 • 휴대성이 뛰어나고 데스크탑 컴퓨터에 버금가는 성능으로 2D/3D 그래픽 및 동영상 편집용으로 적합	일반 맥북프로 보다 더 가볍고 날렵하게 디자인되었으며, 고해상도 디스플레이 지원 및 속도가 하드디스크에 비해 훨씬 빠른 플래시 메모리를 기본 내장 저장 장치로 장착	사용자에 의한 내부 하드웨어 업그레이드 불가
	MacBook Air	• 휴대성을 크게 강화한 모델 • 일반적인 휴대용 컴퓨팅(인터넷, 오피스 관련 작업 등)에 적합한 모델	• 세련된 외관 디자인 • Mac 노트북 제품 중 가장 휴대성이 좋음	사용자에 의한 내부 하드웨어 업그레이드 불가

01 맥미니(Mac Mini)

작고 세련된 디자인의 맥미니

맥미니는 데스크탑형 모델이지만, 본체 무게(약 1.22Kg)는 맥 노트북의 무게와 비슷한 모델로, 가격은 맥패밀리 중에서 가장 저렴합니다. 세련된 외형 디자인과 작은 크기가 주요 특징이며, 차지하는 공간이 적고, 필요에 따라 작업 장소를 편리하게 이동할 수 있습니다. 예를 들어 회사와 집 또는 제3의 장소에서 모니터, 키보드, 마우스 등만 준비하면 얼마든지 작업 장소를 옮겨가면서 지속적으로 작업할 수 있습니다. 이 제품은 데스크탑형 모델이면서도 휴대 및 이동이 편리한 제품을 선호하는 사용자에게 적합합니다.

참고로 맥미니 모델은 많은 해외 인터넷 호스팅 서비스 회사에서 Mac OS X Server를 위한 하드웨어로 사용하고 있습니다. 그러나 일반 회사에서 파일/데이터베이스 서버 등으로 사용하기에는 확장성이 떨어져서 적합하지 않습니다. 만약 하드디스크의 용량을 증설하려면 외장 하드디스크를 사용하거나 기본적으로 장착된 하드디스크를 제거하고 새로운 하드디스크로 교체해야 합니다. 램의 경우도 16GB 램으로 증설하려면 기존에 설치된 모든 램을 제거하고 새로운 램(8GB 2개)을 설치해야 합니다.

초소형 데스크탑 컴퓨터

맥미니(Mac Mini)는 일반적인 컴퓨팅, 예를 들어 인터넷, 오피스 관련 작업, 동영상 및 음악 재생 등의 가정 오락용으로 충분한 하드웨어 성능을 지원합니다. 물론 영상 편집, 음악 관련 작업, 2D와 3D 그래픽 등의 전문 분야에서도 사용할 수 있지만, 기본적으로 CPU 내장 그래픽카드를 사용하므로 원활한 작업을 진행하는 데 다소 부족합니다. 부트캠프에 MS 윈도를 설치하면 국내 3D 온라인 게임 및 일반적인 PC용 게임도 중급 화질에서 무난하게 즐길 수 있습니다(3D 게임의 텍스처 및 지오메트리를 고품질로 설정하면 화면이 매끄럽지 못합니다). 제품은 애플코리아의 공식 홈페이지나 공인 딜러로부터 구입해야 혹시라도 있을 수 있는 불미스러운 일을 당하지 않습니다. 메모리와 하드디스크는 처음 구입할 때 최소 사양으로 구입하고 사용하다가 증설이 필요할 경우 애플에서 공식 인증한 타사의 제품을 구입하여 교체하는 것이 좀 더 경제적입니다.

02 아이맥(iMac)

아이맥은 모니터와 본체가 일체형으로, 애플만의 독특하고 세련된 디자인이 더욱 돋보이는 제품입니다. 이 제품은 애플의 노트북과 함께 가장 인기가 높은 히트 상품이고, 많은 젊은 사용자에게 사랑받고 있습니다. 화면 크기별로 기본적인 CPU 속도 및 그래픽카드가 다르며, 집이나 회사에서 실내 인테리어를 더욱 돋보이게 할 때 적합한 모델입니다. 전문가 수준의 초고화질 스크린(21인치 레티나 모델은 4K(4096×2304 픽셀), 27인치 레티나 모델은 5K(5120×2880 픽셀)을 탑재하고 있어서 전문 사진/영상 편집에서 그 진가를 발휘하는 제품이기도 합니다. 그러나 일반적인 일체형 PC처럼 메모리와 하드디스크의 교체 및 업그레이드가 쉽지 않고(레티나 모델은 오직 내장 디스크만 업그레이드 가능), CPU 및 그래픽카드는 다른 제품으로 업그레이드할 수 없습니다.

세련된 디자인의 아이맥

아이맥은 맥미니 제품처럼 CPU, 그래픽카드, 메모리, 하드디스크 등의 업그레이드가 쉽지 않으므로 처음 구입할 때 이용 목적에 따라 CPU 속도 및 그래픽카드 등을 신중하게 선택해야 합니다('Note' 참고). 메모리와 하드디스크를 나중에 업그레이드하려면 기본적으로 설치된 메모리나 하드디스크를 먼저 제거한 후 교체해야 하며(레티나 모델은 내장 디스크만 업그레이드 가능), CPU 및 그래픽카드는 사용자가 임의로 교체하거나 변경할 수 없습니다. 일반적인 가정 오락용, 오피스 관련 업무용, 2D 및 3D 그래픽용 등 다양한 분야에서 활용할 수 있지만, UHD(Ultra-High-Definition)급 비디오 편집 및 비주얼 이펙트 분야에서는 하드웨어적으로 다소 부족한 부분이 있습니다. 이 모델은 실내 인테리어를 중시하면서 다용도의 데스크탑 컴퓨터를 원하는 사용자 또는 초고화질 스크린에서 콘텐츠 제작이 필요한 사진/예술 분야 종사자들에게 적합합니다.

Note

일반적인 분야(가정 오락용 오피스 관련 기타 유틸리티 프로그램 등)에서 아이맥의 최소 하드웨어 사양(21.5인치형)과 최대 사양(27인치형)의 체감적 성능 차이는 거의 없으며, 일부 3D 그래픽 및 게임에만 차이가 있습니다. 그러므로 화면 크기 및 메모리 용량 이외에 다른 사양은 전문적인 콘텐츠 제작자 또는 게이머가 아니라면 특별하게 고려하지 않아도 됩니다.

맥프로는 애플에서 판매하는 데스크탑형 컴퓨터 중 가장 높은 사양의 전문가용 컴퓨터로, 2013년 하반기 이전과 이후 제품으로 나눌 수 있습니다. 2013년 하반기 이전 제품의 시스템 구조는 일반 조립 PC처럼 마더 보드에 2개의 CPU와 메모리, 그래픽카드, 확장 슬롯 등이 있으며, 일반 크기(3.5인치)의 하드디스크를 최대 4대까지 설치할 수 있습니다. 타사의 호환 제품으로 램과 하드디스크를 추가할 수 있으므로 필요에 따라 경제적인 비용으로 업그레이드할 수 있습니다. 그래픽카드는 Mac 호환 제품으로 교체해야만 정상적으로 Mac OS X에서 사용할 수 있습니다. 만약 Mac과 호환되지 않는 PC 전용 그래픽카드를 설치하면 부트캠프 볼륨의 윈도에서는 정상적으로 사용할 수 있지만, Mac OS X로는 아예 시동되지 않거나 시동디스크를 선택하는 화면이 표시되지 않을 수 있습니다. 그러므로 가능하면 Mac과 호환되는 제품으로 교체하거나 업그레이드하는 것이 좋습니다. 맥프로는 전 분야에 걸쳐서 활용할 수 있으며, 특히 2D/3D 그래픽 및 HD급 비디오 편집, 비주얼 이펙트 부분에서 뛰어난 성능을 발휘합니다.

애플의 최상위 컴퓨터 모델, 맥프로

2013년 하반기 및 이후에 새로 출시된 맥프로 제품은 기존의 일반적인 데스크탑 컴퓨터의 외관 및 내부 하드웨어 디자인과 상당한 차이가 있습니다. 외관은 높이 9.9인치(약 25cm), 지름 6.6인치(약 17cm)의 원통형이며 내부적으로는 최신 컴퓨터 하드웨어 신기술이 모두 집약되어 있다고 해도 과언이 아닐 정도로 강력한 성능의 하드웨어로 구성되어 있습니다. 최대 12개의 CPU 코어(Intel Xeon), 초당 60GB 전송을 지원하는 4채널 ECC-DDR3 메모리, 듀얼 그래픽카드(AMD의 전문가용 FirePro), 플래시 메모리 저장 장치(PCIe 인터페이스, 일반 SATA 인터페이스에 비해 약 2.4배 빠름, 초당 1200MB 전송 지원) 등을 내장하고 있습니다. 강력한 하드웨어 성능이 요구되는 복잡한 과학 연산 및 시뮬레이션, 2D/3D 그래픽 및 사진, UHD급 이상의 동영상 편집, 비주얼 이펙트 작업에 적합한 전문가용 제품입니다.

Tip
2013년 하반기 이전의 맥프로는 사용자에 의한 하드웨어 확장성이 애플의 컴퓨터 중 가장 뛰어난 제품이었지만, 최근 출시된 2013년 하반기 모델은 사용자에 의한 내부 하드웨어 업그레이드는 메모리와 PCIe 플래시 저장 장치만 할 수 있습니다. 하드디스크는 아예 설치할 수 없으며, 플래시 메모리 저장 장치와 메모리(램)는 오직 교체(기존에 설치된 제품을 제거하고 새로운 제품으로 교체)만 가능합니다. 그러므로 최신 맥프로를 구입할 때는 사용 목적에 따라 CPU 코어/속도 및 플래시 메모리 저장 장치 용량 등을 신중하게 결정하는 것이 좋습니다. 참고로 대부분의 애플 제품이 사용자에 의한 내부 하드웨어 업그레이드는 제한하고, 외부 연결을 통한 기능 확장이 가능하도록 제품을 설계하고 있습니다.

04 엑스서브(xServe), 단종 제품

현재는 판매실적 부진으로 단종된 모델이며, 맥프로, 맥미니 서버 에디션이 한동안 xServe 대신 서버용 제품으로 판매되었지만, 이마저도 현재는 단종된 상태입니다. 엑스서브는 랙 마운트(rack mount)가 가능하도록 디자인된 제품으로, 주로 IDC(Internet Data Center)에 설치하여 인터넷 서버용(웹, 메일, FTP 서버 등)으로 사용하거나 중소 규모 회사에서 파일 서버 및 데이터베이스 서버로 사용할 수 있는 모델이었습니다. 맥미니, 아이맥, 맥프로 모델들도 서버의 역할을 충분히 하지만('Note' 참고), 하드디스크의 확장성과 공간의 효율성은 엑스서브 보다 많이 뒤떨어집니다. 엑스서브의 메모리와 하드디스크의 업그레이드는 맥프로 모델처럼 편리하며, 그래픽카드의 성능이 일반 데스크탑용 소프트웨어를 실행하기에도 충분하므로 서버 용도가 아니라 일반 데스크탑용으로도 전환할 수 있습니다.

서버형 모델, 엑스서브(xServe)

랙 마운트한 엑스서브

Note

외국의 여러 인터넷 서버 호스팅 회사들이 맥미니(Mac Mini) 모델을 iOS/Mac 개발을 위한 클라우드 서버 플랫폼으로 채택하고 있습니다. 맥미니는 본체 이외의 다른 주변기기(키보드, 마우스 등)들이 포함되지 않은 제품이며(KVM 스위치를 사용하는 IDC 환경에 적합), 차지하는 공간이 적으므로 국외 IDC(Internet Data Center)에서 Mac 전용 서버로 선호하는 제품입니다. 국내에서도 일부 호스팅 회사에서 iOS 개발자를 위한 맥미니 서버 호스팅 서비스를 하고 있습니다.

Tip

현재는 단종된 모델이기 때문에, 만약 구입을 원한다면 중고 제품을 구입해야만 합니다. 맥프로 서버 에디션이 엑스서브 대용으로 잠시 판매된 적이 있지만, 랙 마운트가 되지 않고, 공간도 많이 차지하기 때문에, 분산 렌더링 또는 동영상 인코딩을 위한 서버 세팅으로는 적합하지 않습니다. 만약 Final Cut Pro 또는 Compressor 등의 동영상 분산 처리를 위한 Server Farm을 구축하고자 한다면, 현재로서는 다수의 맥미니 제품으로 구성하는 것이 경제적이고, 또한 효과적입니다.

맥북은 디자인이 세련되어 학생 및 젊은 층에게 크게 인기를 누리고 있는 애플의 노트북 제품입니다. 이 제품은 필자가 국내 인터넷 포털 사이트에서 성능 및 활용 분야에 대해 가장 많은 문의를 받는 제품 중 하나로, 문의하는 네티즌들은 대부분 학생이거나 젊은 층이었습니다. 이들이 맥북에 관심을 두는 첫 번째 이유는 외형 디자인 때문인데, 요즘에는 성능보다 외형 디자인을 노트북 구입 조건의 중요한 부분으로 여기고 있습니다. 맥북은 애플의 전체 노트북 제품군 중 가장 저렴한 모델로, Mac OS X 및 응용 프로그램들을 전체적으로 무난하게 실행할 수 있는 하드웨어의 성능을 지원합니다. 이 제품은 학생 및 일반인들에게 적합한 제품으로, 집이나 직장, 학교 등에서 다목적으로 사용할 수 있습니다.

세련된 디자인의 맥북

Note

맥북은 국내에서도 인기가 많은 제품으로, 애플코리아의 공식 홈페이지를 비롯하여 많은 인터넷 쇼핑몰에서 서로 다른 가격으로 판매하고 있습니다. 구입자 입장에서는 같은 맥북인데도 각 쇼핑몰마다 가격이 다른 것이 혼란스럽겠지만, 하드웨어의 사양을 세심하게 살펴보면 신형과 구형에 따라 가격이 다른 것을 확인할 수 있습니다. 일부 국내 인터넷 쇼핑몰은 최신형이 아닌데도 마치 최신인 것처럼 생산 연도를 표기하지 않고 판매하는 경우가 있으므로 구입자는 세심하게 주의해야 합니다. 최신형의 유무는 애플코리아의 공식 홈페이지(http://www.apple.com/kr)를 통해 언제나 확인할 수 있으므로 구입 전 공식 가격과 하드웨어 사양을 먼저 확인해야 합니다. 2015/early 맥북은 사용자에 의한 메모리, 내장 디스크 업그레이드를 할 수 없으므로 처음 주문할 때 넉넉한 용량으로 업그레이드하여 구입하는 것이 좋습니다.

06 일반 및 레티나 맥북프로(MacBook Pro)

맥북프로는 전문가를 위한 노트북으로, 장소를 이동하면서 비디오 편집 및 2D/3D 그래픽 작업, 사운드 편집 등을 주로 하는 사용자에게 권장할 만한 제품입니다. 일반형(2012/mid 이전 제품)과 레티나 제품으로 나뉘며, 레티나 제품은 일반형에 비해 높은 해상도의 디스플레이를 지원하며(13인치 : 2560×1600 픽셀 / 15인치 : 2880×1800 픽셀), 속도가 빠른 플래시 메모리 저장 장치가 기본 장착되어 있습니다. 맥북프로는 애플에서 판매하는 전체 컴퓨터 제품 중 맥북에어와 함께 가장 많이 판매되는 제품으로, 해외에서는 많은 미디어 프로덕션 및 아티스트들의 필드용 노트북(실시간으로 영상/음원 모니터링용, 디지털 리코딩용, 가편집용 등)으로 사용하고 있습니다.

맥북보다 성능이 뛰어난 맥북프로

> **Note**
>
> 맥북프로는 신형과 구형의 구분 없이 국내 인터넷 쇼핑몰에서 서로 다른 가격으로 판매되는 경우가 많으므로, 구입 전 애플코리아의 공식 홈페이지(http://www.apple.com/kr)에서 먼저 확인할 것을 추천합니다. 맥북프로의 13인치 모델은 별도의 외장 그래픽 프로세서가 없으므로 만약 미디어 제작용(2D/3D 그래픽 및 영상, 사운드 관련)으로 사용할 예정이라면 그래픽 프로세서가 별도로 장착된 15인치 모델로 선택하는 것이 좋습니다. 램과 내장 저장 장치의 업그레이드는 일반형 모델(2012/mid 이전 제품)에 한해서만 교체(추가 증설은 할 수 없음)할 수 있으므로, 만약 레티나 제품을 구입한다면 사용 목적에 따라 메모리 및 저장 장치 용량을 주문할 때 신중하게 선택해야 합니다. 참고로, Mac OS X 10.6.8 버전부터 애플에서 공급하는 SSD(Solid State Drive) 및 PCIe 플래시 디스크에 한하여 Trim 기능이 지원되며, 타사의 SSD를 설치했을 경우, 별도의 패치 앱 또는 OS X 터미널 명령을 이용하여 Trim 기능을 활성화시킬 수 있습니다.

07 맥북에어(MacBook Air)

맥북에어는 휴대성이 가장 강조된 노트북 모델로, 애플은 처음 발표할 당시만 해도 '전 세계에서 가장 얇은 노트북'이라는 마케팅 문구를 사용했습니다. 이 제품은 그만큼 가볍고(11인치 모델 약 1.08Kg), 서류가방에 집어넣어도 크게 공간을 차지하지 않으므로 이동이 많은 비즈니스맨들에게 적합한 모델입니다. 맥북에어는 외형 디자인이 세련되고 고급스러우며, 기본적으로 색상 재생력이 뛰어난 LED 스크린을 장착하고 있습니다. 또한 이 제품의 하드웨어는 가정 오락용을 비롯하여 오피스 관련 프로그램 및 유틸리티를 충분히 실행할 수 있을 정도의 성능을 지원합니다. 따라서 복잡하지 않은 2D/3D 그래픽 및 영상과 사운드도 무난하게 편집할 수 있습니다.

휴대성이 가장 강조된 맥북에어

맥북에어는 휴대성과 외형 디자인이 가장 뛰어난 노트북이며 하드웨어적인 성능도 매우 우수합니다. 전 애플 CEO 스티브잡스가 2010 후반기 모델 발표 당시 "모든 애플 노트북 디자인의 미래"라며 찬사를 아끼지 않았던 제품이기도 합니다. 플래시 메모리를 기본 저장 장치로 사용하기 때문에 체감 속도가 매우 빠르며 이동성 역시 뛰어납니다. 다만 이동성 위주로 제품이 디자인되었기 때문에 공간을 절대적으로 차지하는 CD/DVD 드라이브는 내장되어 있지 않습니다. 따라서 필요할 경우 별도로 외장형 CD/DVD 드라이브를 구입하거나 다른 컴퓨터에 내장된 CD/DVD 드라이브를 공유해야 합니다. 처음 구입할 때 메모리와 플래시 디스크의 용량을 선택할 수 있지만, 구입 후에는 사용자가 타사의 호환 제품으로 업그레이드 할 수 없습니다. 그러므로 처음 구입할 때 사용목적에 따라 신중하게 메모리 및 플래시 메모리 용량을 선택해야 합니다. 노트북 컴퓨터를 아이패드 사용하듯 휴대성이 최대한 강화된 노트북을 원한다면 맥북에어가 최상의 선택입니다.

지금까지 Mac 패밀리에 포함되는 각 제품에 대해 알아보았습니다. 아직 Mac을 구입하지 않았거나, 현재 사용하는 Mac을 새로운 제품으로 교체하고자 한다면 사용 목적에 따라 적절한 제품을 선택해야 합니다. 2006년 이후 출시되는 모든 Mac은 인텔의 CPU를 기반으로 하고 있으며, 기본 설치된 OS X 운영체제 이외, 필요에 따라 MS 윈도를 설치해서 사용할 수도 있습니다.

Mac은 왜 비싼가요?

Mac 컴퓨터가 상대적으로 타사 제품보다 내부 하드웨어 사양이 크게 뛰어나지 않은데도 가격은 다른 브랜드 PC나 조립 PC보다 고가입니다. 이것은 Mac OS 운영체제 때문입니다. 왜냐하면 Mac OS를 애플의 소프트웨어 이용 약관에 따라 합법적으로 설치할 수 있는 컴퓨터는 오직 애플의 컴퓨터('Note' 참고)뿐이고, Mac OS 호환 컴퓨터를 제작하거나 판매하는 경쟁 회사가 없습니다. 가격적으로 경쟁할 다른 회사가 없고, 애플이 자사의 하드웨어 제품에 대한 고가 정책을 고수하고 있으므로 Mac 컴퓨터는 타사의 동급 하드웨어 제품보다 상대적으로 비싼 것입니다. 필자의 사견으로는 같은 재질의 가방이어도 브랜드에 따라 가격이 천차만별이듯이 애플은 자사의 완제품을 소비자들이 명품 이미지로 인식하도록 () 마크와 함께 고가 정책을 고수하는 것 같습니다. 실례로 애플에서 생산하거나 제작하지 않는 OEM 제품인 램이나 하드디스크, SSD조차도 애플 스티커의 부착 유무에 따라 가격이 크게 차이 납니다.

Mac 호환 컴퓨터: 애플에서는 MS 윈도를 기반으로 한 PC 진영과의 시장 점유율 경쟁에서 뒤처지지 않기 위해 Mac OS 버전 7(System 7)까지만 해도 Mac OS 호환 컴퓨터를 타사가 제조 및 판매할 수 있게 허용했습니다. 이러한 컴퓨터를 'Macintosh Clone(매킨토시 클론, 이하 맥클론)'이라고 하는데, 대표적으로 파워컴퓨팅(Power Computing), UMAX, 모토롤라(Motorola) 등에서 맥클론 컴퓨터를 제작 및 판매했습니다. 그러나 1997년 중반에 애플의 공동 창업자였던 스티브 잡스(Steve Jobs)가 넥스트컴퓨터(NeXTComputer)에서 애플로 복귀한 후 맥클론 컴퓨터를 위한 라이선스 정책이 중단되었습니다.

Mac OS X
데스크탑

Mac OS X 10.11 El Capitan

매킨토시 컴퓨터 전원을 켜고 잠시 기다리면, 가장 먼저 접하게 되는 것이 매킨토시 컴퓨터의 전용 운영체제인 Mac OS X를 접하게 됩니다. 일반적으로 "매킨토시 컴퓨터를 사용한다"라는 의미는 애플의 매킨토시 컴퓨터(하드웨어)에서 전용 운영체제인 Mac OS X(소프트웨어)를 모두 사용하는 것을 의미합니다. 만약 이 두 가지 요소 중 단 하나라도 다른 요소로 대치된다면, 이들은 진정한 "매킨토시 사용자―맥유저(Mac User)"라고 할 수 없습니다. 예를 들어, 일반 PC에 Mac OS X 운영체제를 설치해 사용하거나(일명 : 해킨토시 사용자), 매킨토시 하드웨어에서 MS 윈도 또는 리눅스 등만 설치하여 사용한다면(일명 : 부트캠프 사용자), 이들은 진정한 맥유저라고 할 수 없습니다. 그러므로 이번 장에서는 매킨토시 컴퓨터를 구성하고 있는 두 가지 핵심 요소 중 하나이며, 본서에서 계속해서 중점적으로 다룰 Mac OS X 운영체제에 대해 알아보도록 하겠습니다.

Mac OS X에 대해

Mac OS X는 애플에서 판매하는 모든 컴퓨터에 기본적으로 설치된 운영체제로, 기본적인 내부 구조는 안정성 및 성능이 뛰어난 유닉스 체제를 기반으로 하고 있습니다. 외부 사용자 인터페이스는 애플만의 독특한 현대적이고 세련된 디자인으로 구성되어 있습니다.

01 Mac OS X의 탄생 배경

Mac OS X의 탄생 배경은 매우 흥미롭습니다. 현재 Mac OS X의 모든 지적 소유 및 판매권을 가지고 있는 애플에서는 Mac OS 9 버전 이후 차세대 OS 개발을 위해 지속적으로 많은 비용을 투자하고 연구했지만, 끝내 만족할 만한 차세대 OS를 개발하지 못했습니다. 그래서 애플의 관리팀은 다른 회사의 OS를 사들여서 이것을 자사가 판매하는 매킨토시 컴퓨터에 맞게 수정 및 보완하기로 하고 다양한 OS 개발 회사의 제품들을 조사했습니다. 마침 그 당시 스티브 잡스(전 애플 CEO)가 창업 및 운영하는 넥스트 소프트웨어(NeXT Software)의 넥스트스텝 OS(NeXTSTEP OS)가 애플에서 요구하는 모든 차세대 OS의 조건, 즉 보호된 메모리 관리(protected memory), 선점형 다중 작업(preemptive multi-tasking), 다중 스레드(multithreading), 대칭형 다중 처리(symmetric multi-processing) 등을 모두 만족하고 있었습니다.

애플은 1996년 12월 20일 넥스트 소프트웨어의 넥스트스텝 OS를 매입한 후 이것을 기반으로 자사의 Mac OS 및 매킨토시 컴퓨터에 맞게 수정 및 보완했습니다. 이때 당시 붙여진 개발 프로젝트 코드 이름은 '랩소디(Rhapsody)'였는데, 지속적으로 새로운 기능이 추가 및 개선되면서 최종적으로 정식 제품이 출시될 때는 'Mac OS X'로 명명하여 세상에 공개된 것입니다.

애플의 야심찬 Mac OS X는 출시되자마자 견고한 유닉스의 내부 구조와 세련되고 편리한 사용자 인터페이스 때문에 전 세계의 맥 유저들에게 큰 호응을 얻었습니다. 그 결과, 무려 600만개 이상의 정품이 판매되어 유닉스를 기반으로 한 OS 중에서는 전 세계적으로 최다 판매 및 점유율을 기록했습니다. 실제 정품 판매를 제외한 OSx86(해킨토시) 및 비정품 사용자까지 합산하면 그 수는 헤아릴 수 없을 만큼 많습니다. 현재는 이들 모두가 같은 Mac OS X 운영체제를 기반으로 하는 세련된 컴퓨터 환경을 누리고 있습니다.

Mac OS X는 지속적으로 메이저 및 마이너 업그레이드가 이루어져서 2015년 11월 기준으로 10.11 El Capitan(엘 캐피탄) 버전까지 이르렀습니다. 내부적으로는 계속해서 성능이 개선되어 왔고 iOS 기기와의 연동성이 강화되었으며, 외부적으로는 iOS 사용자 인터페이스와 유사하게 세련된 스타일로 변화되었습니다. 이번 OS X 10.11 엘 캐피탄은 한 단계 더 나아가 해커들의 침입에 의한 시스템 파괴를 원천 봉쇄할 수 있는 '시스템 무결성 보호(System Integrity Protection)' 기능도 새롭게 추가되었습니다.

Mac OS X의 실제 조상은 애플의 클래식 Mac OS 시리즈(버전 1~9)가 아니라 넥스트 소프트웨어의 오픈스텝/마크(OpenStep for Mach)입니다. 독자분들 중, Mac OS X의 탄생 배경을 읽으면서 'IT계의 마법사'라고 부르는 이 시대의 IT 산업의 천재 고 스티브 잡스(Steve Jobs)가 처음 애플의 공동 창업자였음에도 불구하고, 또다시 넥스트 컴퓨터 회사를 창업했다는 것에 대해 의아해하는 독자분들도 있을 겁니다. 원래 스티브 잡스가 처음 애플의 공동 창업자인 것은 맞지만, 처음부터 생을 마감하는 날까지 계속해서 CEO 직무를 수행한 것은 아닙니다. 1984년 스티브 잡스가 애플의 슈퍼마이크로 부서의 책임자로서 개인용 매킨토시 컴퓨터 개발을 담당한 후 애플은 계속 번창했습니다. 대학가에서도 애플대학협회(Apple University Consortium)를 설립하여 학생 및 학교 관련 종사자들에게 특별 할인 혜택을 주어 판매를 더욱 늘리고 있었습니다.

1985년 당시 애플대학협회를 통해 5,000만 달러(한화 약 620억 원) 이상의 컴퓨터를 순수 대학가에서만 판매한 기록을 볼 때 애플은 대학가에서도 승승장구하고 있었습니다. 스티브 잡스도 대학가에 매킨토시를 좀 더 많이 판매하기 위해 직접 대학 관련자들을 만나고 다녔습니다. 이때 만났던 대학 관련자들 중 폴 벌그(Paul Berg) 교수는 스티브 잡스에게 학생들을 가르치기 위한 좀 더 강력한 성능의 컴퓨터가 필요하다고 제안했습니다. 벌그 교수는 화학과 교수로, 연구소에서 진행하는 화학물 분석 및 실험을 화학 물질이 아닌 컴퓨터로 직접 시뮬레이션하려고 했지만, 그때 당시 컴퓨터 사양으로는 복잡한 화학 시뮬레이션 작업을 할 수 없었습니다. 그래서 스티브 잡스를 만났을 때 이와 같은 고충을 이야기하고 좀 더 강력한 성능의 컴퓨터 개발을 제안했습니다. 스티브 잡스는 이것을 수용하여 마침내 3M 컴퓨터(1MByte 이상의 램, 1MegaPixel의 화면 해상도 지원, Megaflop급의 연산 처리 능력)를 개발했습니다.

이와 같이 개발된 3M 컴퓨터는 스티브 잡스의 의도와는 달리 오히려 애플의 판매에 악영향을 끼쳤습니다. 애플에서 판매하던 컴퓨터 및 이와 관련된 제품들은 3M 컴퓨터 개발 때문에 업데이트되지 않아 판매에 큰 악영향을 주게 되었고, 결국 스티브 잡스도 슈퍼마이크로 부서 책임자에서 쫓겨났습니다.

쫓겨난 스티브 잡스가 애플의 슈퍼마이크로 부서에서 함께 일했던 동료들과 함께 창업한 컴퓨터 회사가 바로 '넥스트 컴퓨터(NeXT Computer)'입니다. 스티브 잡스는 새로 창업한 넥스트 컴퓨터에서 계속 고성능의 교육용 컴퓨터 하드웨어 및 소프트웨어를 개발하는데, 이때 개발한 넥스트 컴퓨터용 운영체제가 넥스트스텝(NeXTSTEP)입니다.

넥스트스텝은 운영체제 차원에서 독자적인 객체 지향형(object oriented) 프로그램 레이어와 다중 작업(multi-tasking)을 지원하는 컴퓨터 운영체제입니다. 이것은 유닉스의 마크 커널(mach kernel)을 기반으로 한 안정적인 컴퓨터 내부 구조를 바탕으로, 포스트 스크립트(PostScript)를 지원하고, 자체적인 윈도우 엔진을 이용해 사용자 인터페이스를 구성하고 있습니다. 이와 같이 강력한 내부와 외부 기능을 갖춘 넥스트스텝은 1993년 선(Sun)과 합작해서 다양한 하드웨어 플랫폼 및 운영체제에서 넥스트스텝의 객체 지향 응용 프로그램 인터페이스(API ; Application Programming Interface)를 사용할 수 있는 라이브러리를 '오픈스텝(OpenStep)'이라는 이름으로 출시했습니다.

넥스트스텝은 오픈스텝을 자체적으로 채용하여 다양한 하드웨어 플랫폼에서도 넥스트스텝을 사용할 수 있는 '오픈스텝/마크(OpenStep for Mach)'를 출시했습니다. 오픈스텝/마크는 인텔의 x86 CPU, 선의 SPARC CPU, 모토롤라의 68k 계열 CPU, HP의 RA-RISC CPU 등을 기반으로 한 컴퓨터를 동시에 지원했습니다.

이와 같이 발전을 거듭하던 넥스트 스텝은 스티브 잡스가 애플 CEO로 다시 복귀한 후 애플에 인수되어 새로운 Mac OS 개발에 고전하고 있었던 애플의 차세대 OS로 채택되었습니다. 그러므로 Mac OS X의 전신은 애플의 클래식 Mac OS 시리즈가 아닌 넥스트 소프트웨어의 오픈스텝/마크(OpenStep for Mach)입니다.

03   Mac OS X의 변천사

버전	제품 이름	출시일	지원 CPU
4.0 베타	오픈스텝/마크(OpenStep for Mach, Mac OS X의 전신)	1996년	PA-RISC, SPARC, i486
공개 베타	코디악(Kodiak)	2000년 9월	파워 PC
10.0	치타(Cheetah) 2001년	2001년 3월	파워 PC
10.1	푸마(Puma)	2001년 9월	파워 PC
10.2	재규어(Jaguar)	2002년 8월	파워 PC
10.3	팬더(Panther)	2003년 10월	파워 PC
10.4	타이거(Tiger)	2005년 4월	파워 PC/인텔 CPU
10.5	레퍼드(Leopard)	2007년 10월	파워 PC/인텔 CPU
10.6	스노 레퍼드(Snow Leopard)	2009년 9월	인텔 CPU
10.7	라이언(Lion)	2011년 7월	인텔 CPU(Core2Duo 이상)
10.8	마운틴 라이언(Mountain Lion)	2012년 7월	
10.9	매버릭스(Mavericks)	2013년 10월	64비트 인텔 CPU 및 64비트 EFI 칩 장착 모델
10.10	요세미티(Yosemite)	2014년 10월	
10.11	엘 캐피탄(El Capitan)	2015년 10월	

OS X 10.8 마운틴 라이언 이상 버전은 Mac 컴퓨터에 내장된 EFI(확장된 롬바이오스 칩)가 64비트가 아니면 설치가 불가능합니다. EFI 32비트 칩을 내장한 구형 모델(옌 초기 인텔 맥 제품)에는 기본적으로 설치가 불가능하며, 핵(Hack)을 통해 강제로 설치한다 해도 OS X 내부 커널 및 시스템 드라이버를 모두 64비트 버전만 지원하므로 하드웨어 호환성에 문제가 있을 수 있습니다. 다음 방법을 참고하면 사용하고 있는 Mac 컴퓨터에 내장된 EFI 칩의 종류를 확인할 수 있습니다.

OS X를 시동하고 Finder에서 응용 프로그램 ▶ 유틸리티 폴더의 터미널을 실행한 후, 다음 명령을 입력합니다.

```
ioreg -l -p IODeviceTree | grep firmware-abi
```

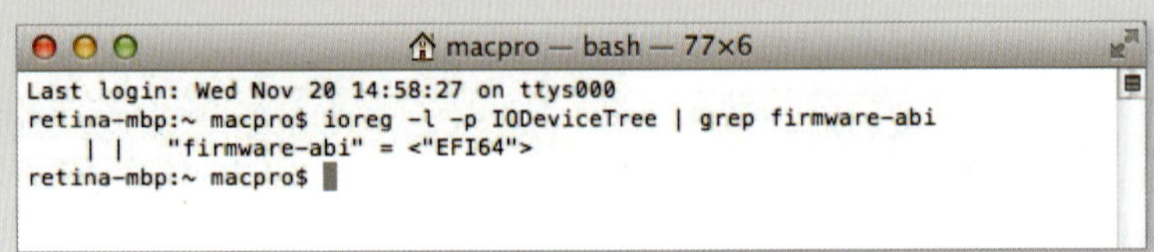

위 명령을 실행했을 때 결과가 〈"EFI64"〉로 표시된다면 해당 제품에 OS X 10.8 이상 버전을 설치할 수 있습니다.

04 OS X 10.11 엘 캐피탄 주요 업그레이드 내용

Mac OS X 10.5 Leopard(레퍼드)에서 10.6 Snow Leopard(스노 레퍼드)로 메이저 업데이트되었을 때 내부적으로 32비트에서 64비트 체제로 큰 변화가 있었고, 다양한 새로운 기술이 접목되어 체감적인 반응 속도가 많이 개선되었습니다. 이후 지금의 10.11 엘 캐피탄 버전으로 이어지면서 지속적으로 외부적인 요소 및 사용자 편의성이 강화되었으며, 성능 및 보안 부분도 크게 강화되었습니다.

OS X 10.11 엘 캐피탄은 새로운 다양한 기능들이 추가되고 내부 성능이 향상되었으며, 특히 '시스템 무결성 보호(System Integrity Protection, SIP / 일명: Rootless)' 기능이 추가되어 보안이 크게 강화되었습니다. 새로운 기능들에 대한 자세한 내용은 애플 홈페이지(http://www.apple.com)에 소개되어 있으므로 중복해서 각 내용들을 나열하기보다, 여기서는 '업그레이드의 필요성'에 대해 필자의 생각을 전하고자 합니다.

Mac 앱스토어의 OS X 10.11 엘 캐피탄 다운로드 페이지

① OS X 10.11 엘 캐피탄으로 업그레이드하는 것이 좋은가?

최소한 IT 부분에 있어서 '새로운 것, 신제품, 업그레이드' 제품으로의 교체는 대부분 좋은 결과를 가져옵니다. 물론, 예외가 있을 수 있고, 사용 환경에 따라 오히려 현재 사용중인 버전, 기존에 사용했던 버전들이 더 편리하게 느껴질 수 있겠지만, 대부분의 경우는 기존에 불편했던 부분이 개선되고 문제가 있었던 부분이 수정되는가 하면 새로운 기능도 추가되어 보다 나은 사용자 경험을 누릴 수 있습니다. OS X도 마찬가지로 그동안 10여 차례의 메이저 업그레이드를 통하여 지속적으로 내·외형이 변화하였고 성능도 개선되었습니다.

이번 OS X 10.11 엘 캐피탄 메이저 업그레이드는, 메이저 업그레이드에서 기대되는 '겉모습의 혁신적인 변화'는 없지만 내부적으로 성능과 효율성 개선에 초점을 맞춘 '요세미티 버전의 교정 업그레이드'라고 할 수 있습니다. 예를 들면, OS X 10.5 레퍼드에서 10.6 스노 레퍼드로 업그레이드 됐을 때나 10.7 라이언에서 10.8 마운틴 라이언 버전으로 업그레이드 됐을 때와 같이 외양적인 부분보다는 내부적으로 성능 향상에 초점을 맞춘 것입니다(이러한 업데이트를 'Revisional system update'라고 부릅니다).

Version	OS X 10.0	OS X 10.1	OS X 10.2	OS X 10.3	OS X 10.4	OS X 10.5	OS X 10.6	OS X 10.7	OS X 10.8	OS X 10.9	OS X 10.10	OS X 10.11
Release name	Cheetah	Puma	Jaguar	Panther	Tiger	Leopard	Snow Leopard	Lion	Mountain Lion	Mavericks	Yosemite	El Capitan
Code name	Cheetah	Puma	Jaguar	Pinot	Merlot (PPC) Chardonnay (Intel)	Chablis	Snow Leopard	Barolo	Zinfandel	Cabernet	Syrah	Gala
Architecture	PowerPC	PowerPC	PowerPC	PowerPC	PowerPC/Intel	PowerPC/Intel	Intel	Intel	Intel	Intel	Intel	Intel
Features	Pre-emptive multitasking Memory protection Aqua interface	Performance Enhanced CD/DVD support Enhanced 3D Improved AppleScript ColorSync 4.0 Image Capture	Address Book Rendezvous/Bonjour CUPS printing Revamped Finder Spam filtering Windows networking Quartz Extreme Sherlock 3 Universal Access QuickTime 6 Performance Journaling	Fast user switching Exposé FileVault iChat AV X11	Spotlight Safari RSS Mail 2 Dashboard Automator VoiceOver QuickTime 7 Dashboard Quartz Composer Rosetta Core Image Core Data Core Video	Back to My Mac Boot Camp Stacks in Dock Cover Flow in Finder iCal Safari 3 Spaces Time Machine Core Animation Ruby on Rails	QuickTime X Safari 4 Cocoalized Finder Improved performance Exchange ActiveSync Grand Central Dispatch OpenCL Better power management	AirDrop Push Notification Auto Save Auto Correction FaceTime Launchpad Mac App Store Multitouch gestures Resume mode 64-bit exclusive	Notes Messages Game Center AirPlay Mirroring	Multiple display support Tabbed Finder iBooks Maps iCloud Keychain Timer coalescing App Nap Compressed Memory LinkedIn support OpenGL 4.1 OpenCL 1.2	Continuity Extensibility Photos iCloud Drive Mail Drop Family Sharing	Split View Enhanced Mission Control Spotlight intelligence Notes Transit Enhanced Mail Enhanced Photos Enhanced Safari New typography Metal
Release date	3/24/2001	9/25/2001	8/23/2002	10/24/2003	4/29/2005	10/26/2007	8/28/2009	7/20/2011	7/25/2012	10/22/2013	10/16/2014	9/30/2015
Price	$129.00	$0.00	$129.00	$129.00	$129.00	$129.00	$29.00	$29.00	$19.00	$0.00	$0.00	$0.00

Mac OS X 버전 히스토리

외양적으로 지금까지 사용해 왔던 OS X 10.10 요세미티 버전과 별 차이가 없고, 사용해 왔던 앱들을 계속해서 사용할 수 있음은 물론, 시스템의 전체적인 성능이 향상되었으므로 현재 요세미티 버전을 사용하고 있다면 별다른 문제 또는 거부감 없이 OS X 10.11 엘 캐피탄 버전으로 업그레이드할 수 있을 것입니다. 설치에 대한 시스템 요구사항도 요세미티 버전과 동일하기 때문에, 별도로 하드웨어를 업그레이드 하거나 교체할 필요가 없습니다.

다만 문제는, 특별한 이유가 있어서 OS X 10.10 요세미티 이전 버전을 사용하고 있거나 주 사용 앱이 시스템 파일 액세스가 필요하다면 이번 업그레이드를 망설이게 할 것입니다. 특히 시스템 파일에 접근 또는 수정이 필요한 앱은 '시스템 무결성 보호' 기능 때문에 사용할 수 없거나, 시스템 차원에서 이 기능을 비활성화시켜야만 해당 앱을 사용할 수 있습니다. (몇몇 앱 호환성 때문에 시스템 차원에서 '시스템 무결성 보호' 기능을 비활성화시키는 것은 보안적인 측면에 바람직하지 않습니다.) 그러므로, 만약 현재 주 사용 앱이 시스템 파일을 접근 및 수정하는 것이 많다면 해당 앱 개발자(사)가 OS X 10.11 엘 캐피탄과 호환성을 지원할 때까지 잠시 업그레이드를 보류하는 것이 좋습니다.

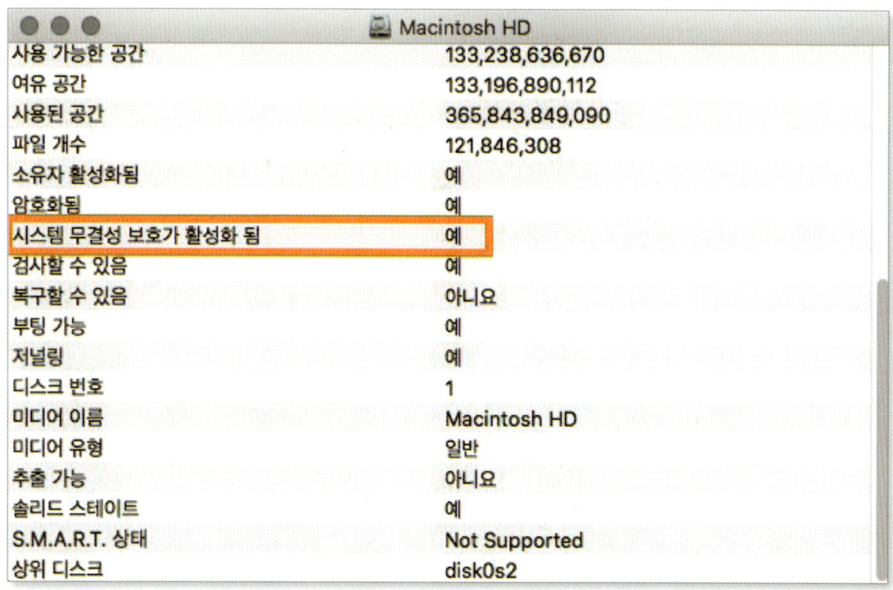

OS X 10.11 엘 캐피탄의 시스템 무결성 보호가 활성화된 상태

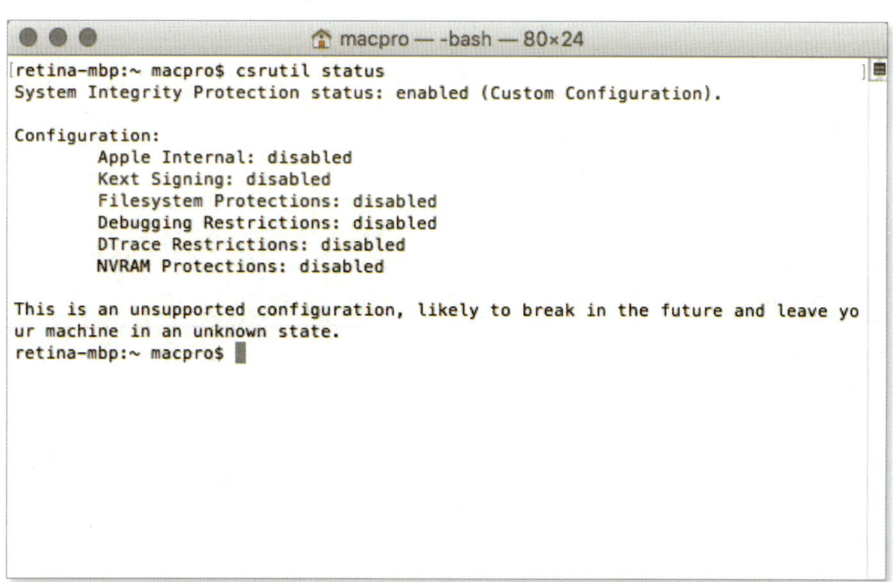

시스템 무결성 보호를 비활성화시킨 상태

그러나 일반적인 OS X 10.10 요세미티 사용자의 경우, 특별한 이유가 없다면 모두 OS X 10.11 엘 캐피탄으로 업그레이드하는 것이 좋으며, OS X 10.10 이전 버전의 사용자들 역시 하드웨어 요구 조건을 갖춘 상태라면 업그레이드하는 것이 좋습니다. 그 이유는 곧바로 이어집니다.

② OS X 10.11 엘 캐피탄의 킬러 피처?

이번 OS X 10.11 엘 캐피탄이 외형적인 부분에서는 미미한 변화조차도 찾아보기 힘들 정도지만, 한국어 사용자에게 있어서는 '킬러 피처'라 할 만한 유용한 기능이 추가되었습니다. 그것은 다름 아닌 시스템 차원의 '한국어 맞춤법 검사 및 자동 수정 서비스'가 추가된 점입니다. 이러한 '시스템 차원의 한국어 지원'이 좋은 이유는 단순히 특정 앱에 한하여 '한국어 맞춤법 검사' 기능이 지원되는 것이 아니라, OS X의 모든 기본 내장 앱을 비롯하여 시스템 서비스를 지원하는 모든 써드파티 앱에서도 이 기능을 사용할 수 있기 때문입니다. 예를 들어, OS X 내장 앱이 아닌 구글 크롬, AirMail, Apple Pages/Numbers/Keynote, iA Writer 등에서도 OS X 시스템 서비스를 통해 한국어 맞춤법 검사를 실시간으로 확인할 수 있고 자동 수정도 할 수 있습니다. 만약 메뉴가 한글로 지원되지 않는 앱이라도, 시스템 언어 서비스만 지원한다면 한글 맞춤법 검사 및 자동 수정, 제안어 서비스를 사용할 수 있습니다. (대부분의 맥앱스토어에서 배포되는 앱들은 시스템 언어 서비스를 기본 지원합니다. 다만, 자체적인 언어 서비스를 지원하는 어도비, MS 등의 앱들은 지원하지 않습니다.)

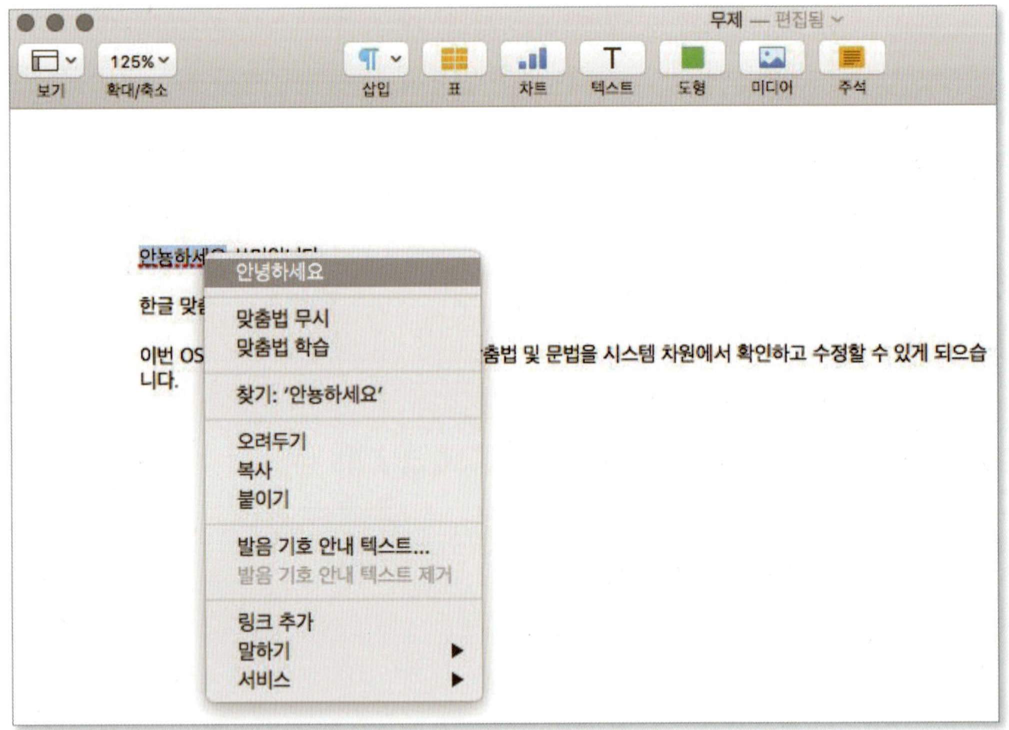

OS X 10.11 엘 캐피탄에 새로 추가된 한글 맞춤법 검사

그동안 '한글 맞춤법' 기능 하나 때문에 특정 앱을 별도로 구입하거나, 성능이 상대적으로 떨어지는 비공식 앱을 설치해 사용했던 사용자들에게는 이번 시스템 차원의 한글 지원이 다른 어느 기능보다 더 반길만한 희소식일 겁니다. OS X 10.7 라이언 버전의 한글 받아쓰기/말하기 기능을 시작으로 10.9 메버릭스 버전의 한글/한영사전 자체 내장, 그리고 이번 OS X 10.11 엘 캐피탄의 한글 맞춤법/문법 검사에 이르기까지 현시점에서 지구상의 모든 컴퓨터 운영체제 중 한글 관련 기능을 가장 많이 지원하는 운영체제는 단연 애플의 OS X입니다.

③ 하드웨어 지원 유무 확인

한글 사용자라면 방금 설명한 '다양한 한국어 관련 서비스' 때문에 업그레이드를 망설일 필요가 없습니다. 그렇다면 현재 사용중인 Mac 컴퓨터에 OS X 10.11 엘 캐피탄을 설치할 수 있는지 먼저 확인해야 합니다. 기본적으로 현재 OS X 10.10 요세미티 버전을 사용하고 있다면 아무런 문제없이 10.11 버전으로 업그레이드할 수 있습니다. 그러나 10.10 이전 버전을 사용하고 있다면, OS X 메인 메뉴의 '애플 아이콘()이 Mac에 관하여'를 실행하여 정확하게 사용중인 Mac 컴퓨터 모델을 확인합니다. 보통 2008년 후반 및 이후 모델에서 10GB 이상의 여유 공간이 있다면 문제없이 OS X 10.11 엘 캐피탄을 설치할 수 있습니다. 다음은 OS X 10.11 엘 캐피탄을 설치할 수 있는 Mac 컴퓨터 모델입니다.

- MacBook(Late 2008 알루미늄 또는 Early 2009 또는 이후 모델)
- MacBook(Early 2015 또는 이후 모델)
- MacBook Air(Late 2008 또는 이후 모델)
- MacBook Pro(Mid/Late 2007 또는 이후 모델)
- Mac mini(Early 2009 또는 이후 모델)
- iMac(Mid 2007 또는 이후 모델)
- Mac Pro(Early 2008 또는 이후 모델)
- Xserve(Early 2009)

④ OS X 10.11 엘 캐피탄으로 업그레이드 하기

하드웨어 요구 조건이 충족된다면 OS X 자체 내장 앱을 제외한 모든 써드파티 앱(애플 앱 포함)을 최신 버전으로 업데이트 합니다. Mac 앱스토어에서 다운로드 및 구입한 앱들은 단순히 Mac 앱스토어를 실행하고 '업데이트' 탭을 클릭하면 최신 버전으로 업데이트 할 수 있습니다. 그러나 개발자(사)의 홈페이지 등에서 다운로드 및 설치한 앱들은 사용자가 일일이 해당 앱의 홈페이지를 방문하여 확인하거나 각각의 앱에서 '업데이트' 메뉴를 실행하여 최신 버전의 유무를 확인해야 합니다. 일반적으로 홈페이지를 통하여 자체 배포하는 써드파티 앱들은 정식 릴리즈 버전과 베타 버전을 별도로 배포하고 있는데, 만약 정식 릴리즈 버전이 아직 OS X 10.11 엘 캐피탄 버전을 지원하지 않거나, 호환성에 문제가 있다는 보고가 있으면, 베타 버전을 통해 OS X 10.11 엘 캐피탄을 지원하는지 확인해 봅니다.

설치된 모든 앱이 최신 상태라면, 모든 실행 중인 앱을 종료하고 맥 앱스토어에서 OS X 10.11 엘 캐피탄을 다운로드 한 뒤 이를 설치합니다. SSD 기반의 Mac 컴퓨터라면 다운로드 시간을 제외하고 15~20분 사이에 모든 설치가 완료됩니다.

OS X 10.11 엘 캐피탄 설치 파일

⑤ OS X 10.11 엘 캐피탄의 '시스템 무결성 보호' 해제 방법

OS X 10.11 엘 캐피탄의 새롭게 추가된 '시스템 무결성 보호' 기능은 보안적인 측면에서 많은 도움이 되지만, 시스템 관련 파일/프로세스 등에 접근 및 수정이 필요한 앱의 경우, 이러한 보호 기능 때문에 제대로 실행되지 않을 수 있습니다(예 안드로이드 기반 모바일 관련 앱 또는 외부 오디오 드라이버 등). 그러므로 이러한 앱들이 OS X 10.11 엘 캐피탄을 정식 지원할 때까지 당분간 '시스템 무결성 보호' 기능을 비활성화시키고자 한다면 다음 순서를 참고합니다.

01 OS X를 재시동하고, 초기화 사운드(부~~앙~) 소리가 나면, 곧바로 키보드의 Command 와 R 을 동시에 눌러서 복구 모드로 시동 합니다.

02 메인 메뉴의 '유틸리티 → 터미널'을 실행하고 다음 명령어를 입력하여 현재 상태를 확인합니다.

```
csrutil status
```

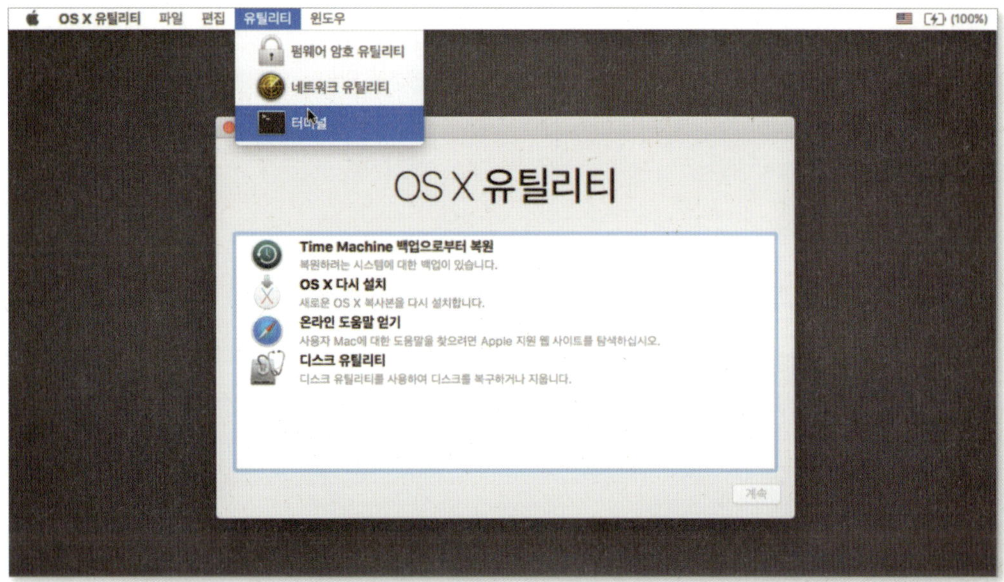

복구 모드에서 터미널을 실행합니다.

03 'System Integrity Protection status: enabled'로 결과가 표시되면, 다음 명령을 입력하여 '시스템 무결성 보호'를 해제합니다.

```
csrutil disable
```

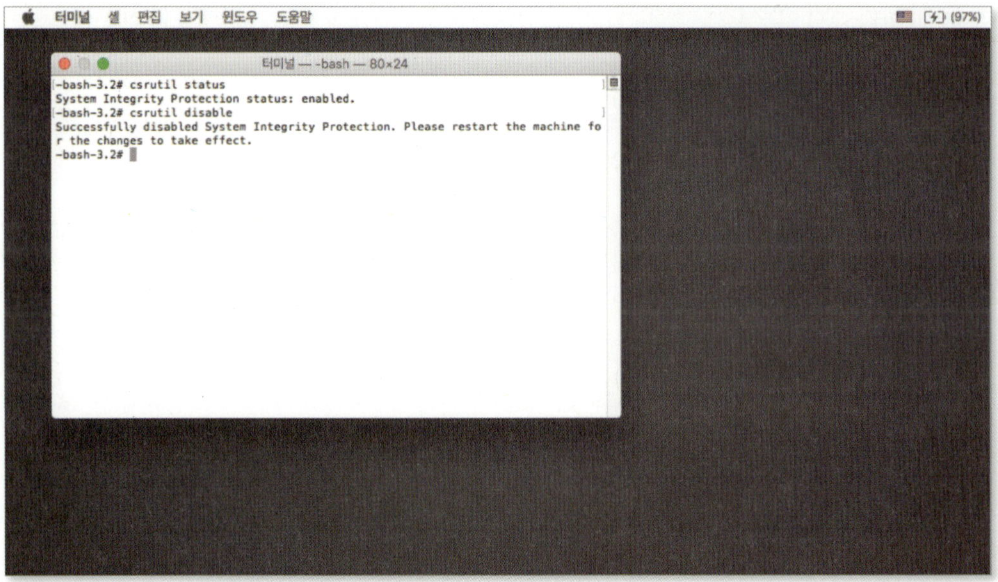

터미널에서 시스템 무결성 보호 기능을 비활성화시킨 상태

04 '시스템 무결성 보호'를 해제한 것을 실제 OS X에 적용하기 위해 'reboot' 명령을 실행합니다.

05 OS X로 정상 시동 후, 다시 터미널을 실행하여 제대로 '시스템 무결성 보호'가 해제되었는지 확인합니다.

```
csrutil status
```

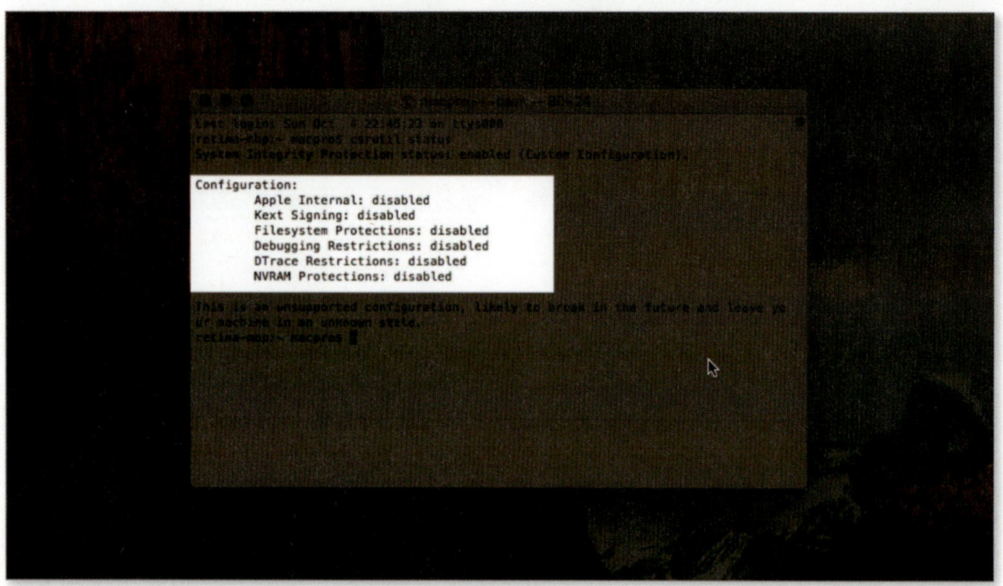

OS X를 정상 시동한 후, 시스템 무결성 보호가 비활성화되었는지 확인하는 화면

Tip   '보안 vs 편의성'의 밸런스는 사용자의 'OS X 사용 수준'에 따라 적절하게 조절해야 합니다. OS X 초보자는 시스템 무결성 보호 기능을 그대로 사용하는 것이 좋으며, 혹시 사용하고자 하는 앱이 제대로 실행되지 않거나 설치되지 않는다면 해당 앱이 OS X 10.11 엘 캐피탄을 정식 지원할 때까지 기다리는 것이 좋습니다.

02

OS X의 기본 구성

OS X를 시동하면 데스크탑 화면을 가장 먼저 만납니다. 깔끔한 데스크탑 초기 화면은 기본적으로 '메인 메뉴 표시줄', 'Dock(닥)', 'Finder(파인더)' 등으로 구성되어 있습니다. 첫 화면에는 보이지 않지만 'Mission Control(미션 컨트롤)', 'Dashboard(대시보드)', 'LaunchPad(런치패드)' 등도 백그라운드에서 실행되며 사용자의 호출에 대기하고 있습니다. 일반적으로 대부분의 앱은 Dock에서 실행하고, 파일, 폴더, 앱 패키지 등과 같은 항목(Item)들은 Finder에서 관리합니다. OS X 메뉴 표시줄은 MS 윈도 운영체제와는 달리 항상 고정 위치에서 모든 앱들이 공유하며, Dashboard에서는 다양한 기능의 위젯(Widget)들을 실행할 수 있습니다. 현재 실행 중인 앱들을 한 눈에 확인할 수 있는 Mission Control 기능을 이용하면 실행된 모든 앱을 실시간 라이브뷰(Live View)로 실행 상태를 확인할 수 있으며, 필요에 따라 다른 앱으로 빠르게 전환할 수 있습니다.

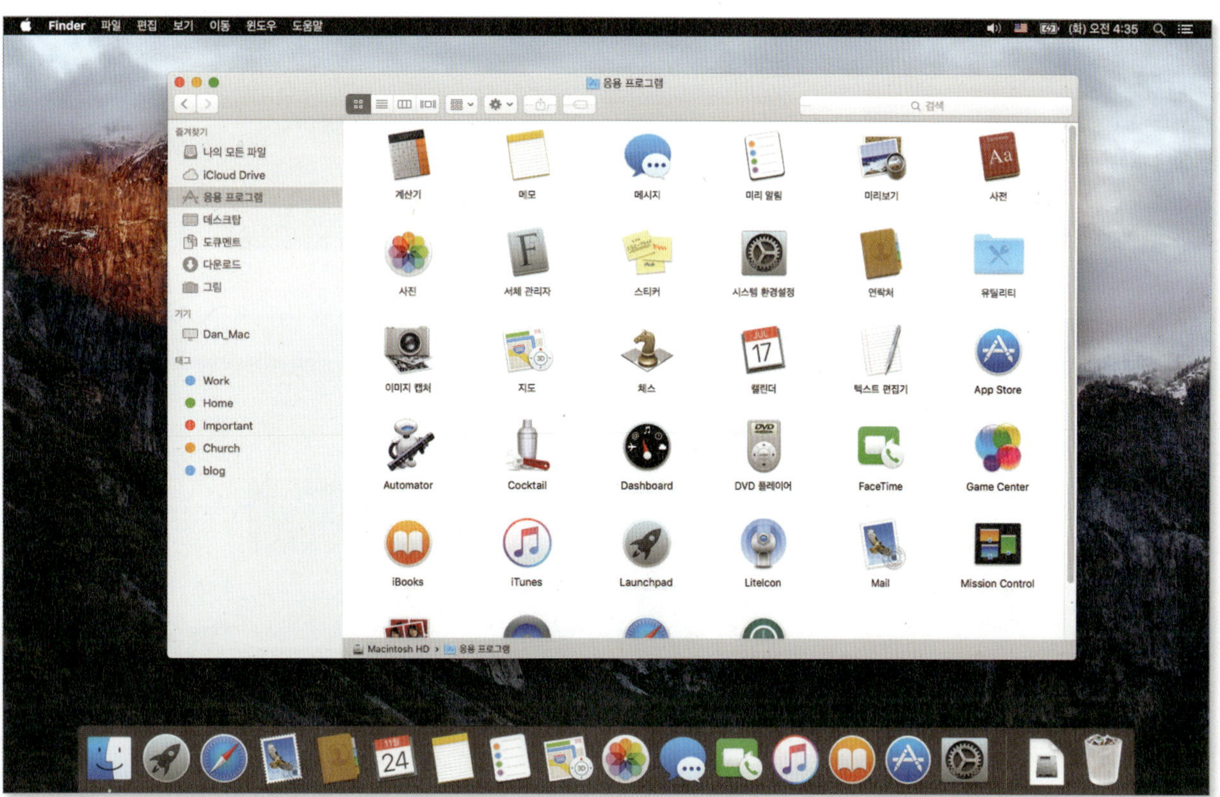

Mac OS X의 초기 화면

01 Dock

OS X의 핵심 사용자 인터페이스 중 하나인 Dock은 MS 윈도 운영체제의 작업 표시줄(taskbar)과 비슷한 개념의 사용자 인터페이스로, 자주 사용하는 앱들을 등록하고 빠르고 편리하게 실행할 수 있습니다. 특히 실행된 앱의 최근 사용한 파일들 목록을 Dock에서 직접 확인하고, 필요에 따라 곧바로 불러올 수 있어 편리합니다. 또한 '모든 윈도우 보기' 기능을 사용하면 실행중인 앱에서 사용하는 파일 또는 윈도우, 최근 사용했던 파일들을 썸네일(Thumbnail) 형태로 한꺼번에 확인할 수 있습니다(Dock에서 마우스 오른쪽 버튼을 클릭한 후, [모든 윈도우 보기] 메뉴 실행). 최근 사용했던 파일 표시 수는 [시스템 환경 설정]의 [일반] 메뉴에서 변경할 수 있습니다.

> **Note** 멀티터치패드가 기본적으로 내장되어 있는 애플 노트북 또는 트랙패드 등을 사용하고 있다면, [네 손가락으로 아래로 쓸어내리기] 제스처를 입력하여 '모든 윈도우 보기' 기능을 실행시킬 수 있습니다.

Dock에서 실행 중인 앱의 컨텍추얼 메뉴(마우스 오른쪽 버튼 클릭)에서 '모든 윈도우 보기' 메뉴를 선택하면 해당 앱에서 사용 중인 모든 윈도우들을 한눈에 확인할 수 있습니다. 멀티터치 입력기를 사용하고 있다면 [네 손가락으로 아래로 쓸어내리기] 제스처를 통하여 '모든 윈도우 보기'를 실행시킬 수 있습니다.

예제 1 Dock에 새로운 앱 아이콘 추가 및 제거, 이동하기

01 Dock에 기본적으로 등록된 앱 아이콘들 중에서 맨 왼쪽에 있는 Finder 아이콘을 클릭하고 Finder 윈도우의 왼쪽 사이드바에서 '응용 프로그램'을 선택합니다.

02 '응용 프로그램' 폴더에서 아이콘을 Dock으로 드래그 & 드롭합니다. 참고로 Dock에 새로 추가한 아이콘은 단순히 가상본으로 아이콘만 추가한 것이므로 중복해서 디스크 용량을 점유하지 않습니다.

03 Dock에 이미 등록한 아이콘을 제거하려면 해당 아이콘을 데스크탑의 중앙 방향으로 드래그 & 드롭합니다. 아이콘을 다른 위치로 변경하려면 해당 아이콘을 Dock 영역에서 다른 위치로 드래그 & 드롭합니다.

'텍스트 편집기' 앱을 Dock에 추가시키는 화면

예제 2 Dock에 새로운 폴더 추가하기

01 Dock에는 사용자의 필요에 따라 임의의 폴더를 추가할 수 있습니다. 기본 Dock 폴더인 '응용 프로그램', '도큐멘트', '다운로드' 폴더 외에 다른 폴더를 추가하려면 Finder에서 원하는 폴더를 Dock의 폴더 영역으로 드래그 & 드롭합니다.

Dock에 추가된 폴더 가상본

02 새롭게 추가된 폴더(기본 폴더들 포함)는 데스크탑의 중앙 방향으로 드래그 & 드롭하여 제거할 수 있고, 폴더 위치는 Dock의 폴더 영역에서 드래그 & 드롭하여 이동할 수 있습니다.

01 Finder 메인 메뉴에서 '파일 → 새로운 Finder 윈도우' 메뉴를 5회 연속 선택하여 5개의 Finder 윈도우를 엽니다. 각 윈도우는 독립적으로 작동하므로 필요에 따라 현재 작업 폴더를 개별적으로 설정할 수 있습니다. 윈도우 사이에 파일, 폴더, 앱 등과 같은 항목들을 드래그 & 드롭해서 복사 및 이동할 수 있습니다.

02 Dock에서 Finder 아이콘을 마우스 오른쪽 버튼을 클릭하여 [모든 윈도우 보기] 메뉴를 클릭하거나(F10), 멀티터치패드에서 [네 손가락으로 아래로 쓸어내리기] 제스처를 입력합니다. 그러면 01번 과정에서 열려진 5개의 Finder 윈도우를 한 번에 볼 수 있는 [모든 윈도우 보기]가 실행됩니다. 참고로, [미리보기] 또는 [텍스트 편집기] 등의 앱에서는 현재 사용중인 모든 윈도우 또는 파일과 더불어 이전에 사용했던 파일들을 썸네일(Thumbnail) 형태로 한꺼번에 확인할 수 있습니다.

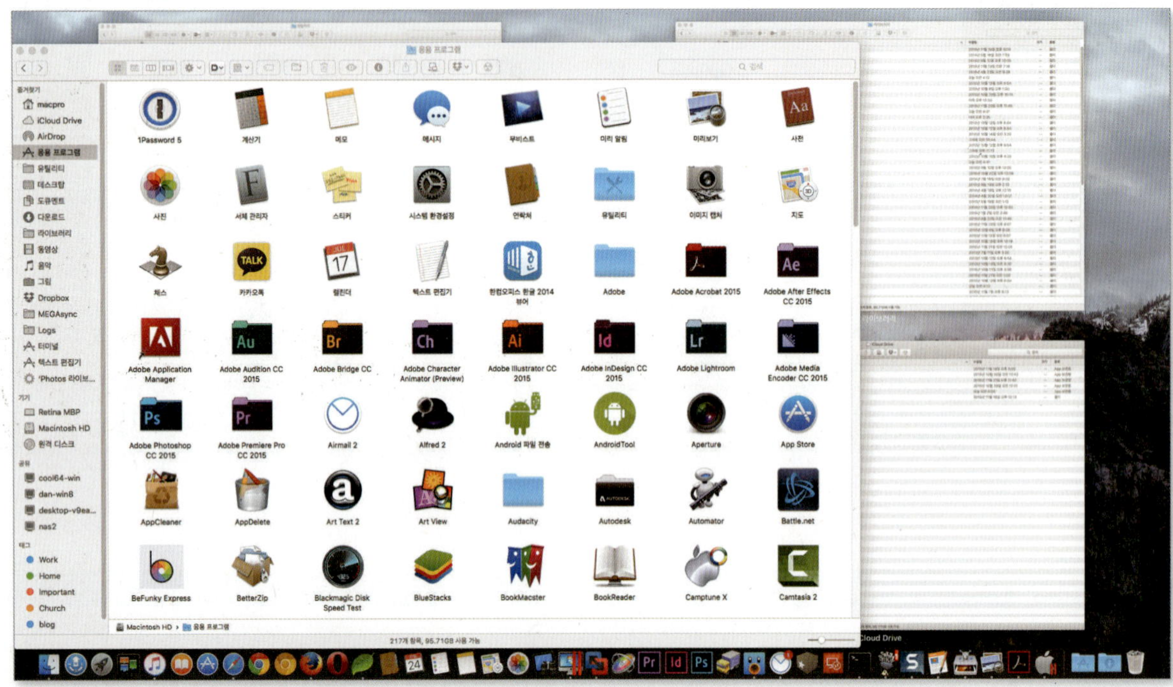

앱 '모든 윈도우 보기' 화면에서 Spacebar 를 눌러 임의의 윈도우를 확대시킨 화면

03 Finder의 [모든 윈도우 보기] 화면에 나타난 5개의 윈도우 중 임의의 윈도우에 마우스 커서를 이동하고, Spacebar 를 누르면 해당 윈도우를 좀 더 크게 확인할 수 있으며, 마우스 왼쪽 버튼을 클릭하여 선택하면, 해당 윈도우로 작업 대상을 변경할 수 있습니다.

01 Dock의 Finder 아이콘을 마우스 오른쪽 버튼으로 클릭하면 컨텍추얼 메뉴가 나타나는데, 여기서 '새로운 Finder 윈도우', '새로운 스마트 폴더' 등과 같은 몇 가지의 Finder 기본 메뉴를 직접 실행할 수 있습니다. 이와 같이 Dock 아이콘에서 표시되는 컨텍추얼 메뉴는 앱의 유형에 따라 다르며, 현재 실행 중인 앱과 실행되지 않는 앱과도 차이가 있습니다.

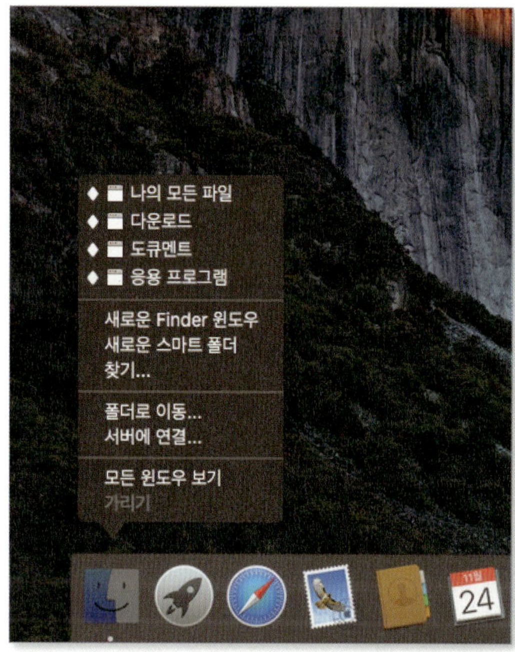

Dock에 등록된 앱 아이콘의 컨텍추얼 메뉴

02 [미리보기], [텍스트 편집기] 등과 같이 파일을 단위로 작업하는 앱에서는 최근 사용했던 파일들의 목록을 컨텍추얼 메뉴를 통하여 직접 불러올 수 있습니다.

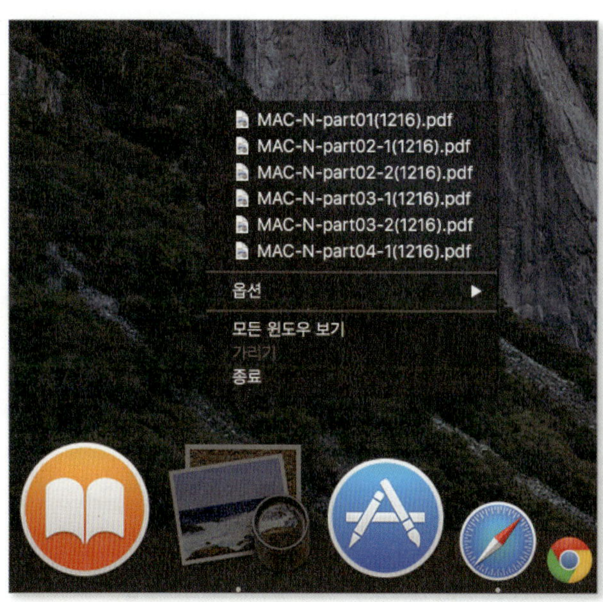

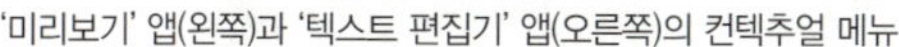

'미리보기' 앱(왼쪽)과 '텍스트 편집기' 앱(오른쪽)의 컨텍추얼 메뉴

다양한 위짓(Widget)들을 실행할 수 있는 대시보드(Dashboard)를 이용하면 OS X 데스크탑과 독립적인 공간에서 날씨, 다른 나라의 시간, 달력 등을 빠르게 확인할 수 있습니다. 특히 OS X의 기본 내장 인터넷 브라우저인 사파리(Safari)의 'Dashboard에서 열기' 메뉴를 이용하면 특정 웹페이지의 일부분을 항상 Dashboard에서 확인할 수 있습니다. 따라서 실시간으로 업데이트되는 신문 기사나 포털 사이트의 일부분을 추가하면 빠르게 원하는 정보를 실시간으로 확인할 수 있습니다.

예제 **1** 새로운 위짓 프로그램 추가하기

01 Dock에서 '미션 컨트롤(Mission Control)' 아이콘을 클릭하고 'Dashboard' 아이콘을 선택하거나, 키보드의 F4를 누르고 화면의 아래쪽에 있는 ⊕ 버튼을 클릭합니다.

대시보드(Dashboard)의 기본 화면

02 OS X에 기본적으로 내장된 여러 가지 위짓이 표시되면 '사전(Dictionary)' 위짓을 클릭하여 Dashboard에 추가하고 원하는 위치로 드래그하여 표시 위치를 설정합니다.

새로운 위짓을 대시보드에 추가하는 화면

03 기본적으로 내장된 위짓 외에 다른 위짓을 추가하려면 ⊕ 버튼을 클릭한 후, '추가 Widget' 버튼을 클릭합니다. 그러면 애플의 위짓 홈페이지가 표시되는데 여기서 필요한 위짓을 검색 및 설치하면 됩니다. 참고로 위짓을 많이 실행하면 그만큼 메모리와 CPU 자원을 많이 소모하므로 3~5개 사이에서 꼭 필요한 위짓만 실행하는 것이 좋습니다.

OS X 10.7 Lion 이후 버전의 특이 사항 중 하나는 사용자별로 설치된 앱들의 여러 가지 환경 설정 및 캐시 파일 등이 저장되는 사용자 계정의 [라이브러리(Library)] 폴더가 기본적으로 숨겨져 있는 것입니다. 애플에서 특별한 이유가 있어서 이 폴더를 숨겨 놓았겠지만, 다음 방법을 참고하면 숨겨진 사용자의 [라이브러리] 폴더를 자유롭게 접근할 수 있습니다.

1. 폴더 이동 메뉴 이용

01 Finder 메인 메뉴에서 '이동 → 폴더로 이동' 메뉴를 실행합니다.

02 '폴더로 이동' 대화상자에 "~/Library"를 입력하고, '이동' 버튼을 클릭합니다.

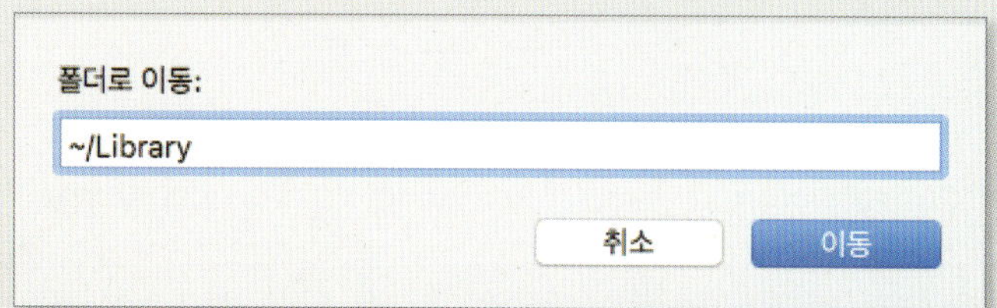

2. Option 을 이용한 폴더 이동

Option 을 누른 상태에서 Finder 메인 메뉴에서 '이동' 메뉴를 클릭하면, 사용자의 [라이브러리] 폴더가 표시되는데, 이를 클릭하면 곧바로 사용자의 [라이브러리] 폴더로 이동할 수 있습니다.

3. [라이브러리] 폴더 속성 변경

다음 방법을 이용하면, 사용자의 [라이브러리] 폴더를 Finder에서 항상 보이도록 설정을 변경할 수 있습니다.

01 Finder에서 '응용 프로그램 ▶ 유틸리티' 폴더로 이동하고, [터미널] 프로그램을 실행시킵니다.

02 터미널 윈도우에서 "chflags nohidden ~/Library"를 입력하고 Return (Enter)을 누릅니다. 만약 다시 숨김 상태로 복원하고자 한다면 "chflags hidden ~/Library"을 입력합니다.

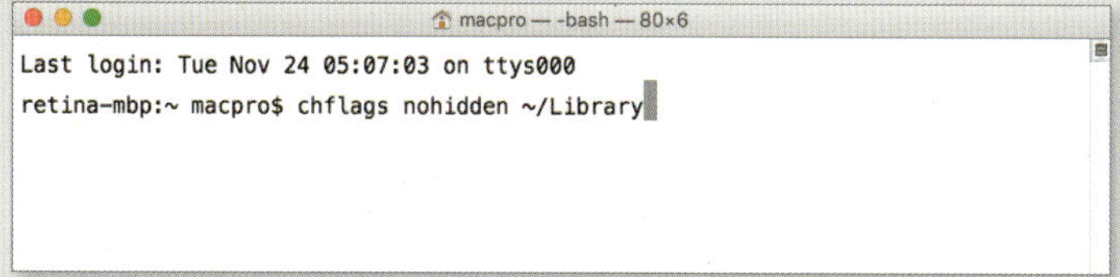

4. [라이브러리] 폴더를 Finder 사이드바에 추가

설치된 앱을 깨끗하게 제거하거나, OS X 시스템 차원에서 지원하는 연속 작업(Resume) 상태를 초기화 시키고자 한다면, 반드시 사용자 계정의 [라이브러리] 폴더에 접근해야만 합니다. 보다 편리하게 [라이브러리] 폴더에 접근하고자 한다면 다음 과정을 참고하여 Finder 윈도우의 사이드바에 [라이브러리] 폴더를 추가시킵니다.

01 앞에서 설명한 [방법 1] 또는 [방법 2]를 참고하여 Finder 윈도우에서 사용자 계정의 [라이브러리] 폴더로 이동합니다.

02 Finder 메인 메뉴에서 '보기 → 경로 막대 보기' 메뉴를 클릭하고, 이때 표시되는 Finder 윈도우의 경로 막대에서 [라이브러리] 폴더를 드래그 & 드롭으로 Finder 사이드바에 추가시킵니다.

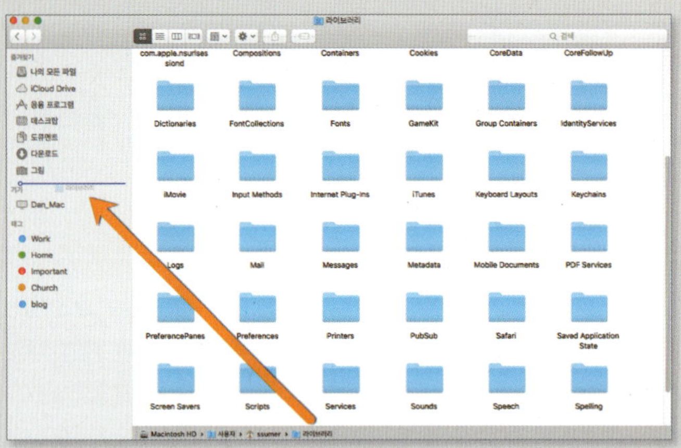

[라이브러리] 폴더를 사이드바에 추가시키는 화면

예제 2 위짓 프로그램 삭제하기

01 Finder 윈도우에서 위짓들이 저장되는 'Macintosh HD ▶ 라이브러리 ▶ Widgets' 폴더나 '사용자 계정 홈 폴더 ▶ 라이브러리 ▶ Widgets' 폴더로 이동합니다.

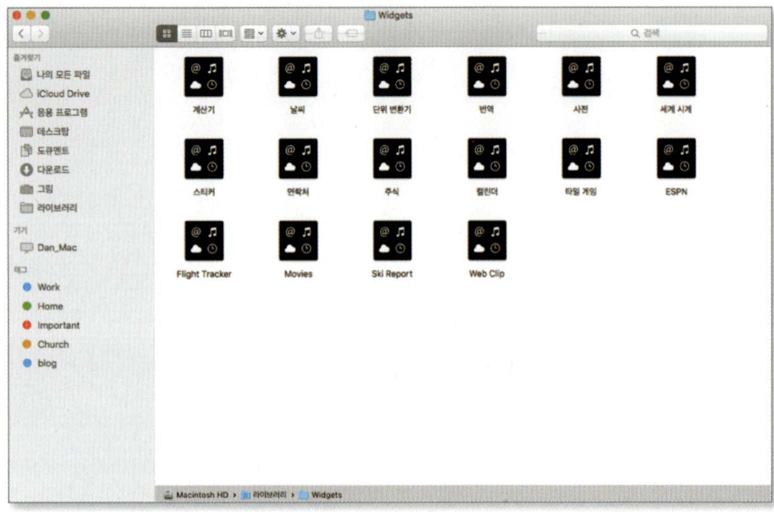

위짓이 기본 설치된 'Macintosh HD ▶ 라이브러리 ▶ Widgets' 폴더

02 삭제할 위짓을 선택하고 마우스 오른쪽 버튼을 클릭한 후, '휴지통으로 이동' 메뉴를 선택하거나 단축키 Command + Delete 를 누릅니다.

01 사파리(Safari)를 실행한 후 'http://www.naver.com'으로 접속하여 검색 필드에 '환율'을 입력합니다. 환율 정보 도표가 나타나면 '파일 → Dashboard에서 열기' 메뉴를 선택합니다.

02 환율 도표의 전체 부분을 선택한 상태에서 마우스를 더블클릭하고 화면의 오른쪽 위에 있는 '추가' 버튼을 클릭합니다.

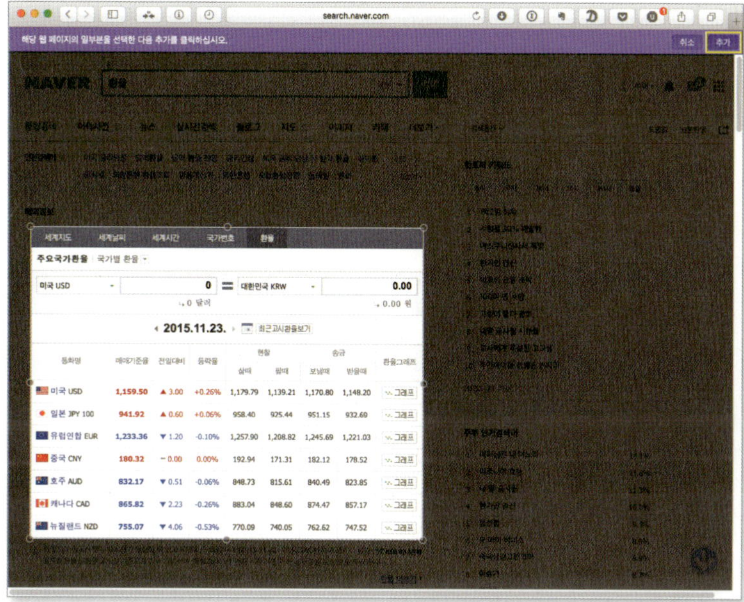

Safari에서 환율 표시 영역을 선택한 화면

03 새로 추가한 웹클립(Web Clip) 위짓의 오른쪽 맨 아래에 있는 '(i)' 버튼을 클릭하면 사용자의 취향에 따라 다양한 스킨을 변경할 수 있습니다.

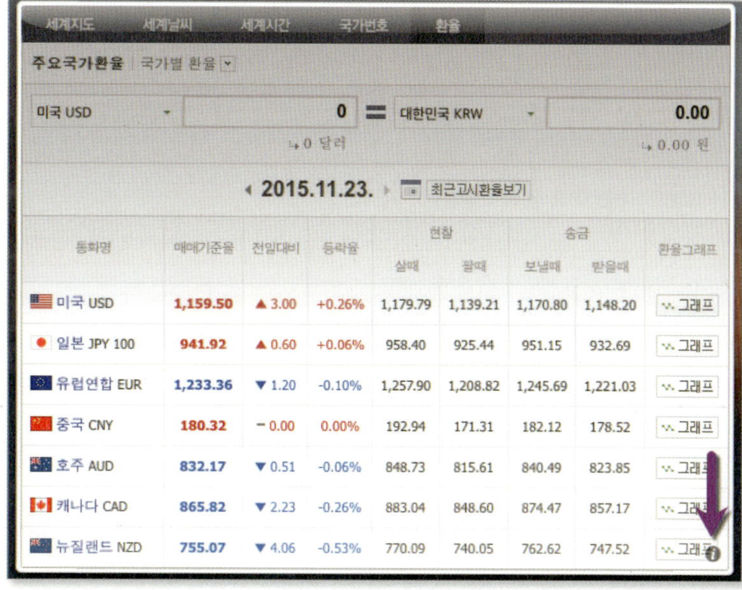

환율 정보가 대시보드의 위짓으로 추가된 화면

Mac OS X 시스템의 전반적인 운영과 관련된 사항을 설정할 수 있는 메뉴

① '이 Mac에 관하여' 메뉴

'이 Mac에 관하여' 메뉴는 Mac 컴퓨터 하드웨어에 대한 요약 정보와 OS X 버전을 확인할 수 있는 대화상자를 표시합니다. 이 대화상자에서 '소프트웨어 업데이트' 버튼을 클릭하면 자동으로 App Store 앱이 실행되고 업데이트를 확인합니다. 일반적으로 OS X의 모든 마이너 업데이트는 무료로 할 수 있으며, OS X 이외의 다른 애플의 소프트웨어 및 Mac 앱스토어에서 설치한 앱들도 자동으로 업데이트할 수 있습니다. '추가 정보...' 버튼은 Mac 컴퓨터의 하드웨어와 소프트웨어의 상태를 보다 구체적으로 확인할 수 있는 대화상자를 표시합니다.

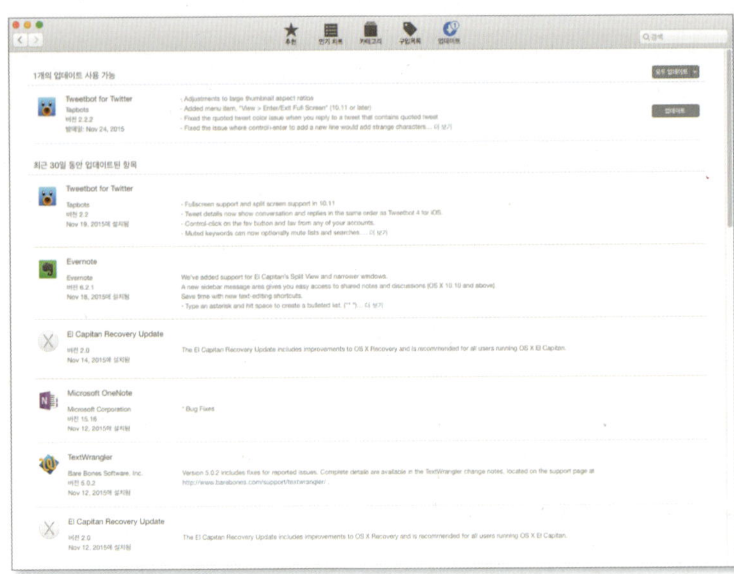

새로운 업데이트를 확인하는 대화상자

'이 Mac에 관하여' 메뉴를 선택하면 나타나는 대화상자

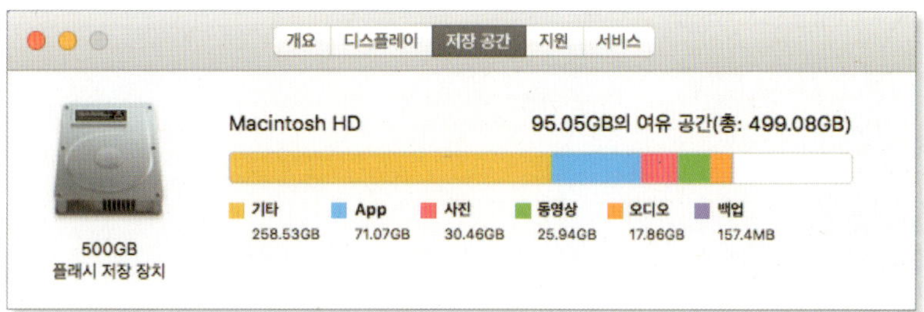

'저장 공간' 탭

	프레임워크 이름	버전	출처	최근 수정일	64비트 (Intel)
USB					
그래픽/디스플레이	Accelerate	1.10	Apple	2015. 11. 16. 오전 8:29	예
디스크 굽기	AccessibilityBundles	1.0	Apple	2015. 10. 1. 오전 9:35	예
메모리	AccessibilityFoundation	1.0	Apple	2015. 10. 22. 오후 12:52	예
병렬 SCSI	AccessibilityKit	1.0	Apple	2015. 10. 22. 오후 12:52	예
오디오	AccessibilitySupport	1.0	Apple	2015. 10. 1. 오전 9:35	예
이더넷 카드	AccountPolicy	1.0	Apple	2015. 10. 1. 오전 9:35	예
전원	Accounts	113	Apple	2015. 11. 16. 오전 8:29	예
저장 장치	AccountsDaemon	113	Apple	2015. 11. 16. 오전 8:29	예
진단	AccountsUI	1.0	Apple	2015. 10. 1. 오전 9:35	예
카드 리더기	ACDEClient	2.0	Apple	2015. 10. 1. 오전 9:35	예
카메라	acfs	1.1	Apple	2015. 10. 1. 오전 9:35	예
파이버 채널	AddressBook	9.0	Apple	2015. 11. 16. 오전 8:29	예
프린터	AddressBookAutocomplete	9.0	Apple	2015. 10. 1. 오전 9:35	예
하드웨어 RAID	Adlm	11.0.18	확인된 개발자	2015. 11. 7. 오후 2:30	
▼ 네트워크	Admin	13.0	Apple	2015. 11. 16. 오전 8:29	예
WWAN	Adobe AIR	19.0.0.213	확인된 개발자	2015. 10. 27. 오후 11:17	아니요
Wi-Fi	AE	701	Apple	2015. 11. 16. 오전 8:29	예
방화벽	AGL	3.3.1	Apple	2015. 11. 16. 오전 8:29	예
볼륨	AirPlaySender	1.0	Apple	2015. 10. 1. 오전 9:35	예
위치	AirPlaySupport	2.0	Apple	2015. 10. 1. 오전 9:35	예
▼ 소프트웨어	AirTrafficHost	580.5	Apple	2015. 10. 22. 오후 12:52	예
개발자	AmbientDisplay	1.0	Apple	2015. 10. 1. 오전 9:35	예
관리되는 클라이언트	AnnotationKit	1.0	Apple	2015. 10. 1. 오전 9:35	예
구성 요소	AOSAccounts	1.3.1	Apple	2015. 10. 1. 오전 9:35	예
동기화 서비스					
로그					

Accelerate:

버전:	1.10
출처:	Apple
최근 수정일:	2015. 11. 16. 오전 8:29
종류:	Intel
64비트 (Intel):	예
서명됨:	Software Signing, Apple Code Signing Certification Authority, Apple Root CA
정보 가져오기 문자열:	vImage, DSP, BLAS, LAPACK, Vector Math, and Large Number Library
위치:	/System/Library/Frameworks/Accelerate.framework
개인:	아니요

(왼쪽 목록 이어서) 비활성화된 소프트... / 설치 / 서체 / 손쉬운 사용 / 시동 항목 / 응용 프로그램 / 프레임워크 / 프로파일 / 프린터 소프트웨어 / 확장파일 / 환경설정 패널

🖥 Retina MBP › 소프트웨어 › 프레임워크 › Accelerate

'시스템 리포트' 버튼을 클릭하면 시스템 정보 보기(System Profiler) 유틸리티가 자동으로 실행됩니다.

② 'App Store' 메뉴

'App Store' 메뉴를 실행하면 Mac 앱스토어 앱이 실행되며, OS X를 비롯하여 애플의 앱(예 iWork, iLife, Aperture, Logic 등)과 Mac 앱스토어를 통하여 설치한 모든 써드파티 앱들의 최신 버전 여부를 확인합니다. 이 메뉴는 '이 Mac에 관하여' 메뉴의 '소프트웨어 업데이트' 버튼과 같은 기능으로, '시스템 환경 설정 → App Store' 메뉴에서 자동 업데이트 확인을 설정할 수 있습니다.

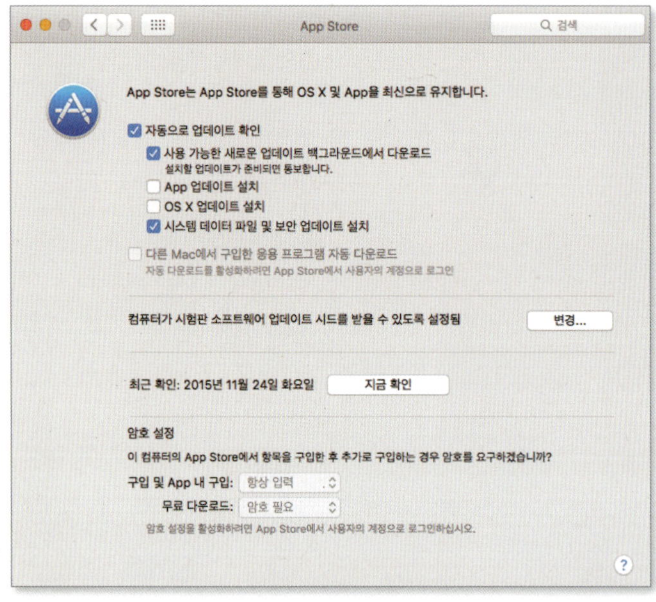

'시스템 환경 설정 → App Store' 메뉴를 이용해 자동 업데이트 확인을 설정할 수 있습니다.

Mac App Store를 이용하면 OS X에서 사용하고자 하는 앱들을 쉽게 검색하고 편리하게 설치할 수 있습니다. iOS의 앱스토어와 동일한 개념으로 애플이 직접 관리하는 수많은 종류의 유/무료의 써드파티 앱들을 편리하게 검색 및 설치할 수 있습니다. Mac App Store를 통하여 설치한 앱은 iOS와 마찬가지로 자동 업데이트 서비스가 지원되며, 한 번 설치한 앱은 구입항목 목록에 기록이 남겨지므로 언제든지 필요에 따라 재설치할 수 있습니다. 예를 들어, Mac 내장 디스크를 포맷하고 OS X를 재설치 했다면, Mac App Store를 통하여 기존에 설치한 모든 앱들을 간단하게 재설치할 수 있습니다(단, Mac App Store를 통하여 설치한 앱에 한함.).

Mac App Store 윈도우

Mac App Store는 보다 향상된 업데이트 방식(델타 업데이트, 변경된 내용/파일만 업데이트 하는 방식)으로 빠른 속도의 업데이트 지원과 샌드박싱(Sandboxing, 앱이 사용할 시스템 자원을 독립시켜서, 다른 앱 또는 시스템에 영향을 주지 않으므로, 전반적인 시스템 보안에 이점이 있습니다.)이 적용된 앱들을 설치할 수 있습니다. 특히 샌드박싱된 앱들은, 일반적으로 인터넷을 통해 다운로드한 앱보다 보안적인 부분에서 더 안전합니다. 개발자에게 있어서는 In-App Purchase 기능을 통하여, 앱 내부에서 유료로 추가 콘텐츠를 제공할 수 있으며, 푸시 알림(Push Notifications) 기능을 통하여 새로운 업데이트를 사용자들에게 통보할 수도 있습니다. 또한 알림센터를 이용할 수 있으므로, 앱이 실행되는 동안 다양한 정보를 사용자에게 전달할 수 있습니다.

다음은 Mac App Store를 사용하는 예제입니다.

01 메뉴 또는 Dock에서 App Store를 실행합니다.

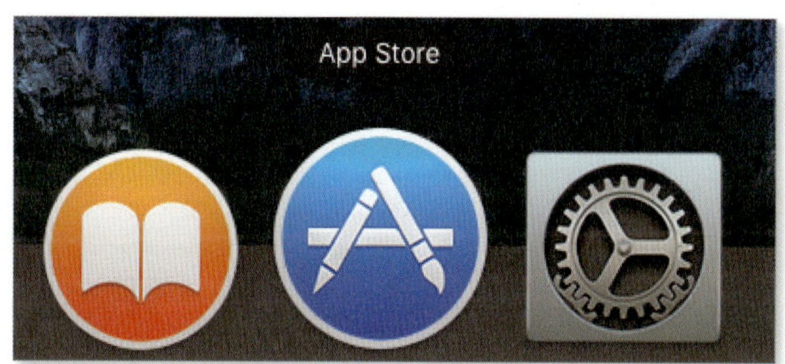

Dock에 등록된 Mac App Store 아이콘

02 앱 목록에서 설치를 원하는 앱의 [받기] 또는 [구입] 버튼을 클릭한 후, 애플 아이디와 패스워드를 입력하여 선택한 앱을 설치합니다.

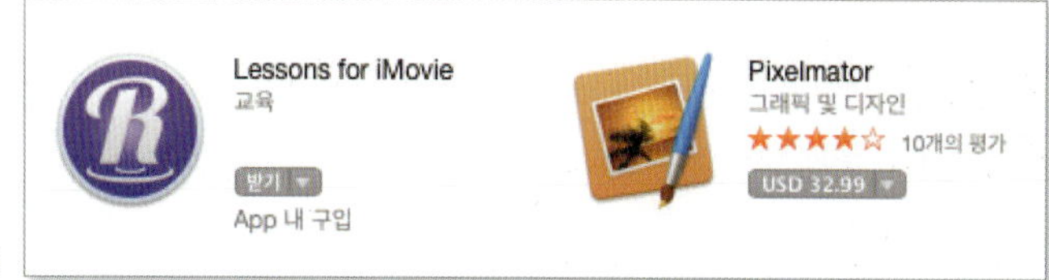

무료(왼쪽) / 유료(오른쪽) 앱 구분

설치된 앱에 만약 업데이트 버전이 있으면, Mac App Store에서 자동으로 통보해 줍니다.

01 카테고리 별로 앱을 검색하고자 한다면, 화면 상단의 툴바에서 [카테고리] 아이콘을 클릭합니다.

Mac App Store 상단 툴바 메뉴

02 Mac App Store 관리자 추천 앱 또는 사용자들의 평가가 좋은 앱 목록만을 검색하고자 한다면 [추천] 아이콘을 클릭합니다.

03 이미 설치된 앱 목록을 확인하거나, 업데이트 버전이 있는지 확인하고자 한다면 [구입목록] 아이콘을 클릭합니다.

04 특정 앱을 검색하고자 한다면, 오른쪽 상단에 있는 검색 필드에 앱의 이름 또는 관련 키워드를 입력합니다.

Mac App Store를 통하여 설치한 앱은 모두 [응용 프로그램] 폴더에 설치되며, LaunchPad에도 자동으로 등록됩니다. 그러므로 만약 설치한 앱을 제거하고자 한다면, [응용 프로그램] 폴더에서 해당 앱을 휴지통으로 이동시키거나, LaunchPad에서 Option 을 누른 후, 해당 앱의 ⓧ 아이콘을 클릭합니다. 참고로, Mac App Store가 아닌 인터넷에서 다운로드한 앱을 설치하면, [응응 프로그램] 폴더 이외에 여러 가지 환경 설정 파일 및 캐시 파일들도 자동 생성되므로, 다음 경로에서 해당 앱과 연관된 파일들도 제거해 주도록 합니다.

완벽한 프로그램 제거를 위한 확인 폴더
[Macintosh HD 또는 사용자 홈 폴더]/[라이브러리(Library)]/[Application Support]
[Macintosh HD 또는 사용자 홈 폴더]/[라이브러리(Library)]/[Preferences]
[Macintosh HD 또는 사용자 홈 폴더]/[라이브러리(Library)]/[Extensions]
[Macintosh HD 또는 사용자 홈 폴더]/[라이브러리(Library)]/[Launch Agents]
[Macintosh HD 또는 사용자 홈 폴더]/[라이브러리(Library)]/[Launch Daemons]
[Macintosh HD 또는 사용자 홈 폴더]/[라이브러리(Library)]/[Logs]
[Macintosh HD 또는 사용자 홈 폴더]/[라이브러리(Library)]/[Preference Panes]

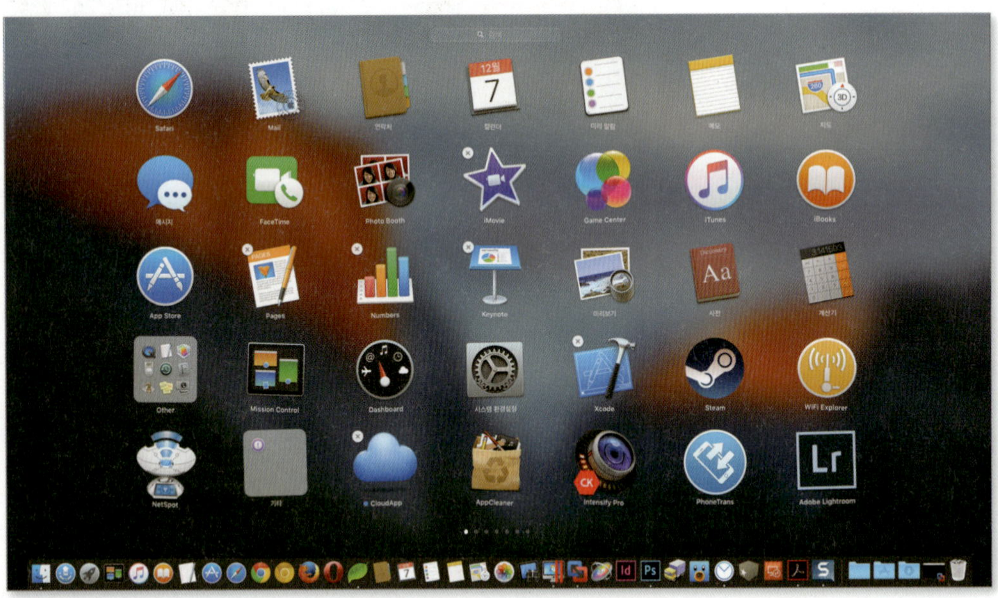

LaunchPad에서 Option 을 누른 화면

Mac App Store가 아닌 인터넷에서 다운로드한 앱을 제거할 때 자동 생성된 파일들을 일일이 제거하는 것은 매우 번거로운 일입니다. 그러므로 제거하려는 앱의 연관 파일들을 자동으로 검색 및 삭제해 주는 유틸리티 앱을 사용하는 것이 편리합니다.

Tip

- **무료 앱 제거 유틸리티**
  - AppCleaner : http://www.freemacsoft.net/AppCleaner/

- **유료 앱 제거 유틸리티**
  - CleanApp : http://www.synium.de/
  - AppZapper : http://appzapper.com/

③ '시스템 환경 설정' 메뉴

'시스템 환경 설정' 메뉴는 OS X 사용에 관련된 전반적인 환경을 설정할 수 있는 메뉴입니다. 이 메뉴는 MS 윈도의 제어판과 비슷하며, 바탕 화면 이미지 또는 화면 해상도를 변경하거나 Mac OS X의 전반적인 설정 상태를 변경할 수 있습니다. MS 윈도의 제어판과 다른 점은 사용자가 직접 세부적으로 변경할 수 있는 항목의 수가 상대적으로 적고, 설정을 변경한 후 '확인' 버튼을 클릭할 필요가 없다는 것입니다. OS X의 시스템 환경 설정에 포함되어 있는 대부분의 항목들은 사용자가 설정을 변경하면 즉시 효력을 발휘합니다.

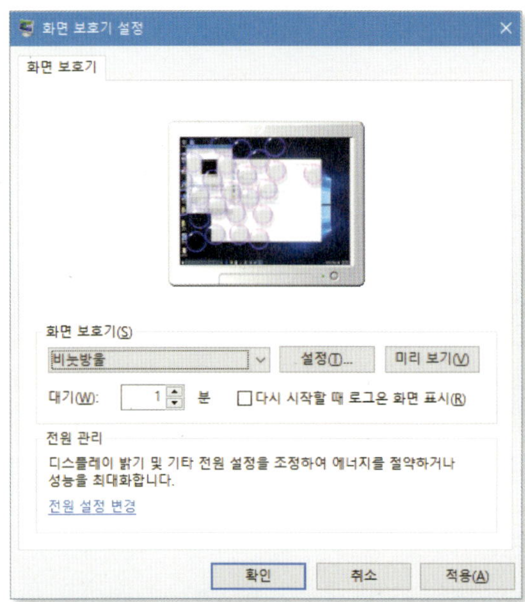

MS 윈도 '화면 보호기 설정' 대화상자

OS X '화면 보호기 설정' 대화상자

④ '강제 종료' 메뉴

'강제 종료' 메뉴는 현재 실행 중인 앱 중, 정상적인 방법으로 종료할 수 없는 앱을 강제로 종료할 수 있는 메뉴입니다. OS X의 기본 앱 및 써드파티 앱들을 실행하다 보면 간혹 사용 중간에 멈추는 경우가 발생합니다. 이 경우 '강제 종료' 메뉴를 이용하면 해당 앱을 강제 종료할 수 있습니다. 참고로 OS X 사용자 인터페이스의 기본이면서 핵심 구성 요소인 Finder는 강제 종료할 수 없으며, 오직 재실행만 할 수 있습니다.

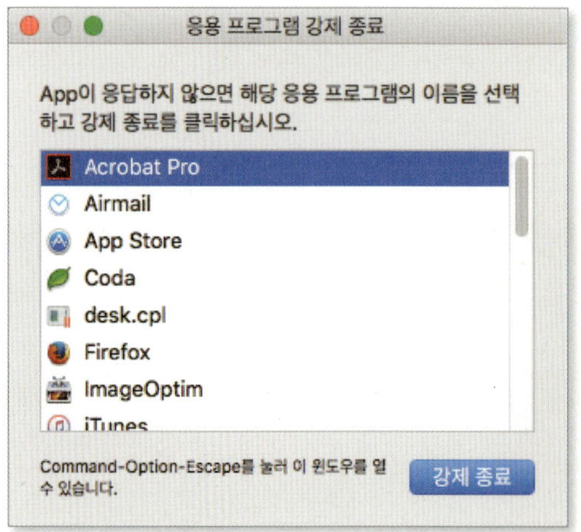

'응용 프로그램 강제 종료' 대화상자, 현재 실행되는 프로그램들의 목록에서 강제 종료하려는 프로그램을 선택한 후 '강제 종료' 버튼을 클릭합니다.

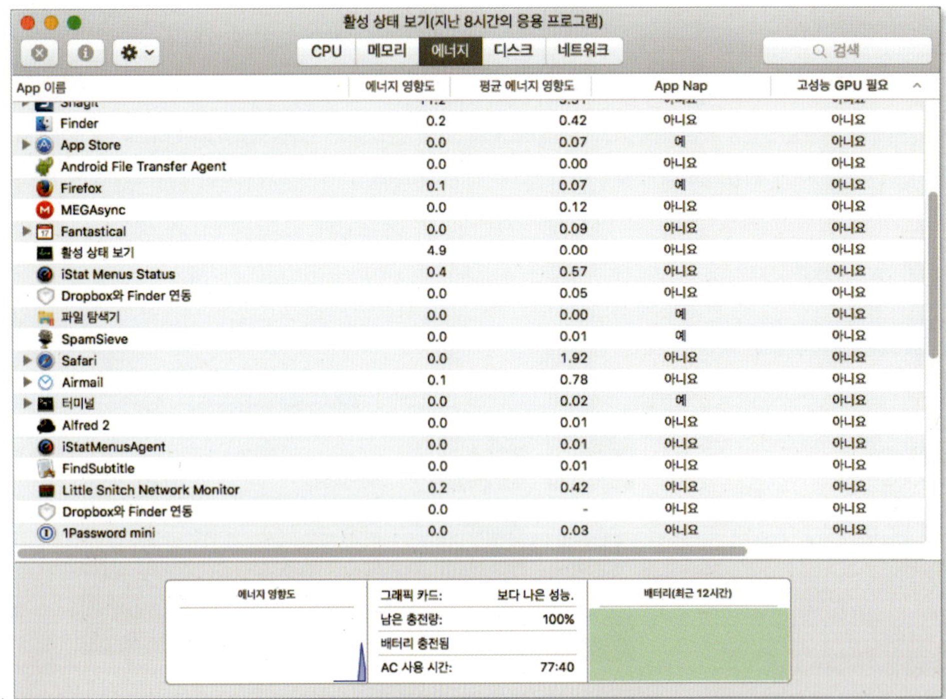

'활성 상태 보기'를 이용하면 Finder를 강제 종료할 수 있습니다.

> **Tip**
>
> Path Finder와 같은 Finder 확장 앱을 사용할 경우 Finder의 모든 기능이 자체적으로 내장되어 있기 때문에 필요에 따라 Finder를 일시적으로 완전 종료할 수 있습니다. 또한 '응용 프로그램 ▶ 유틸리티' 폴더에 있는 '활성 상태 보기' 앱을 이용해도 Finder를 강제 종료할 수 있습니다.

⑤ '잠자기' 메뉴

'잠자기' 메뉴는 Mac 컴퓨터를 절전 모드로 전환하는 메뉴로, 최소한의 전력만 이용해 현재의 OS X 실행 상태를 유지합니다. 잠자기 모드로 전환되면 그래픽카드(모니터), 내장디스크, 네트워크 등에 전원 공급이 중단되며, CPU 및 메모리에는 최소한의 전력만 이용해 잠자기 모드 진입 전의 상태를 유지합니다. 잠자기 모드에서 원래의 상태로 복귀하려면 키보드 또는 트랙패드를 누릅니다.

⑥ '재시동' 메뉴

'재시동' 메뉴는 Mac 컴퓨터를 초기화하고 다시 OS X를 시동하는 메뉴로, 일반적으로 다른 볼륨(예 부트캠프)으로 재시동하거나, OS X를 사용하다 속도가 갑자기 느려졌을 때 모든 설정을 초기화시키기 위해 사용합니다. 예를 들어 복잡한 앱들을 많이 사용해서 내장디스크에 많은 캐시 파일과 임시 파일들이 생성되었다면 이것을 제거하고 초기 상태에서 작업을 다시 시작하기 위해서 재시동합니다. 특히 메모리가 4GB 미만인 Mac에서 용량이 큰 어도비 포토샵, Final Cut Pro 등과 같은 앱을 오랫동안 사용하면 임시 파일의 생성 때문에 속도가 느려지는 현상이 자주 나타납니다. 그러므로 사용하다가 임시 파일로 인하여 반응 속도가 느려진다면, 일단 다른 작업을 하기 전에 재시동하는 것이 좋습니다.

⑦ '시스템 종료' 메뉴

'시스템 종료' 메뉴는 OS X를 완전히 종료하고 Mac 컴퓨터의 전원을 끄는 메뉴입니다. OS X에서 모든 작업을 완료했으면 항상 이 메뉴를 이용해 정상적으로 종료해야 합니다. 간혹 컴퓨터 초보자들이 Mac 컴퓨터의 전원 버튼을 눌러서 시스템을 종료하는데, 이것은 매우 좋지 않은 습관으로, 내장디스크와 OS X 시스템 파일에 치명적인 손상을 입힐 수 있습니다. 그러므로 컴퓨터의 전원을 끌 때는 항상 '시스템 종료' 메뉴를 이용하는 것이 좋습니다. 참고로 OS X는 시스템 종료 시점을 그대로 저장시켰다가 재시동하면 그대로 다시 복원시켜 주는 기능을 지원합니다.

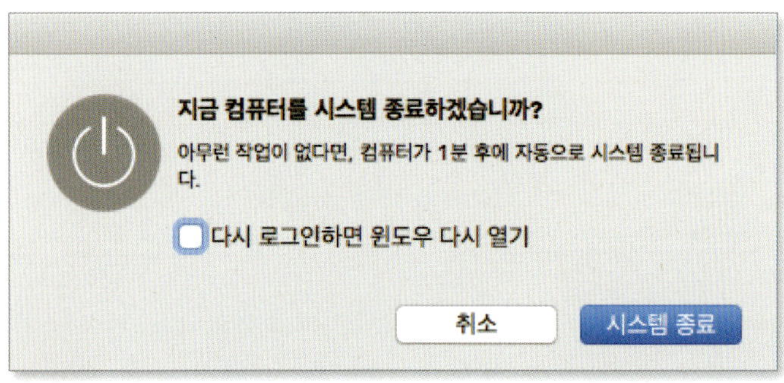

'시스템 종료' 메뉴를 클릭하면 나타나는 대화상자

> **Tip**
>
> OS X가 지원하는 '연속 작업' 기능의 하나인 '다시 로그인하면 윈도우 다시 열기' 옵션에 체크 표시하면 실행 중인 앱들의 상태를 OS X가 재시동 된 후 자동 복원시켜 줍니다. 필자의 경험으로는 SSD(Solid-State Drive)가 아닌 일반 하드디스크 사용자이거나, 여러 명이 한 대의 Mac 컴퓨터를 공유하는 환경이라면 이 기능을 사용하지 않는 것이 좋습니다. 왜냐하면 하드디스크 사용자의 경우, 이전에 사용했던 모든 앱들을 OS X 시동과 동시에 자동 실행 및 이전 상태로 복원시키는 시간이 상대적으로 많이 소요되어 불필요하게 시동 시간을 낭비할 수 있습니다. 또한 암호 설정없이 한 대의 Mac을 공유하는 환경에서는 더욱 주의를 해야 하는데, 시스템 종료 직전에 실행했던 모든 앱의 상태(인터넷 포함)가 그대로 복원되어, 원치 않는 개인 정보가 노출될 수 있기 때문입니다. 그러므로 SSD와 같이 빠른 입출력을 지원하는 저장 장치가 장착되고, 혼자서 사용하는 사용자 이외에는 이 옵션을 사용하지 않는 것이 좋습니다.

⑧ '로그 아웃' 메뉴

'로그 아웃' 메뉴는 현재 로그인된 사용자 계정의 세션을 종료하고 초기 로그인 화면으로 전환하는 메뉴입니다. 다른 사용자 계정으로 전환하거나 임시 파일 생성으로 속도가 느려졌을 때 사용하면 모든 시스템 상태를 초기화할 수 있습니다.

> **Tip**
>
> 여러 가지 앱을 실행하면서 메모리 부족으로 인하여 임시 파일을 많이 생성했다면 OS X의 전체적인 반응 속도가 느려집니다. 이럴 경우, '로그 아웃' 메뉴를 이용하여 사용자 세션을 완전히 종료하고 다시 로그인하면 빠르게 OS X 상태를 초기화 시킬 수 있습니다. 또한 '휴지통 비우기' 하면 특정 앱/프로세스가 점유하고 있는 파일은 휴지통에서 제거되지 않는 경우가 있는데, 이럴 경우에도 '로그 아웃/로그인'을 하면 해당 파일을 휴지통에서 완전히 제거할 수 있습니다.
>
>
>
> 실행 중인 앱/프로세스가 점유하고 있는 파일을 '휴지통 비우기' 메뉴로 삭제할 때 나타나는 대화상자

Finder

MS 윈도의 파일 탐색기처럼 파일 및 폴더, 앱 등을 관리하는 OS X의 기본 앱은 Finder입니다. 새로운 앱의 설치 및 제거, 파일/폴더의 복사, 이동, 삭제 등의 작업은 모두 Finder에서 합니다. Finder는 OS X가 시동되면 사용자의 의도와 상관 없이 항상 자동으로 실행되고, 계속해서 가장 많이 사용할 OS X의 핵심 구성요소이므로 사용자 인터페이스를 비롯해서 여러 가지 메뉴 사용 방법에 대해 익숙해져야 합니다.

01 Finder 윈도우의 구성

Finder의 대부분 작업은 Finder 윈도우에서 마우스/트랙패드의 조작 또는 단축키 등을 이용하여 처리합니다. 간단한 마우스/트랙패드 조작만으로 Finder에 표시된 항목(파일, 폴더, 앱 패키지 폴더, 볼륨 등)들을 관리할 수 있으며, 메인 메뉴 표시줄 및 컨텍추얼 메뉴를 통하여 세부적인 명령들을 실행할 수 있습니다. 메인 메뉴 표시줄에 포함된 대부분의 명령들은 키보드 단축키를 지원하므로 자주 사용하는 명령들은 단축키를 암기해 두는 것이 편리합니다(예 클립보드 복사 Command + C / 붙이기 Command + V 등).

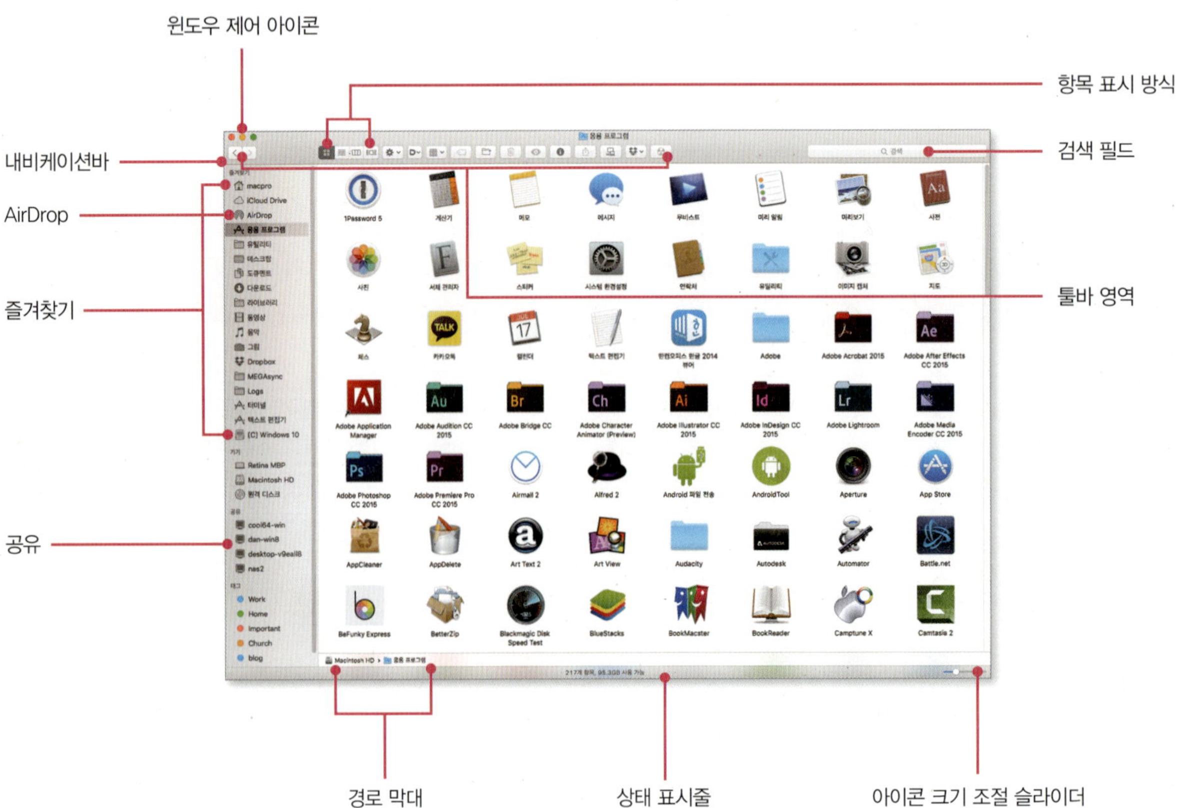

- **즐겨찾기(Favorite)** 기본적으로 사용자 계정의 데스크탑, 홈 폴더, 응용 프로그램, 도큐멘트 폴더 등을 빠르게 이동할 수 있는 항목들이 나열되어 있습니다. 필요에 따라 다른 폴더, 개별 파일, 앱도 추가시킬 수 있습니다(추가한 항목은 가상본으로 등록되므로 저장 공간을 중복 점유하지 않습니다). 또한 무선 네트워크를 이용해 편리한 파일 전송을 할 수 있는 AirDrop과 사용자 계정에 포함된 모든 파일을 한 번에 모아 볼 수 있는 '나의 모든 파일'이 있습니다. 즐겨찾기 영역에 표시될 항목들은 'Finder → 환경 설정' 메뉴의 '사이드바'에서 지정해 줄 수 있습니다.

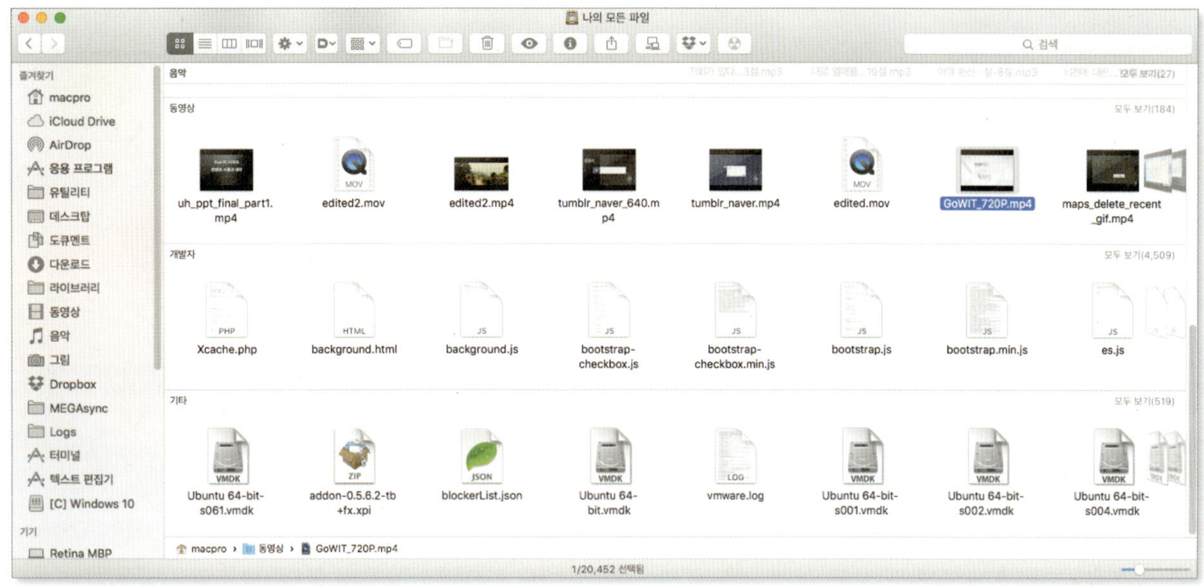

사용자 계정에 포함된 파일을 한 번에 모아 볼 수 있는 '나의 모든 파일'

- **스마트 폴더(Smart Folder)** 검색 조건에 맞는 파일들을 자동으로 검색하여 표시해 주는 폴더입니다. 일반적인 폴더와는 달리, 실시간으로 검색 조건에 맞는 파일들을 표시해 주며 표시된 파일들은 단순한 검색 결과이기 때문에 중복해서 용량을 차지하지 않습니다. 아이튠즈(iTunes)의 스마트 재생목록(Smart Playlist)과 유사한 방식으로 자주 사용하는 파일들을 유형별로 관리하는 데 편리합니다. 예를 들어, 이미지 포맷인 'JPG'를 스마트 폴더의 검색 키워드로 지정하면, 빠르고 편리하게 Mac 컴퓨터에 저장된 JPG 이미지를 검색할 수 있습니다.

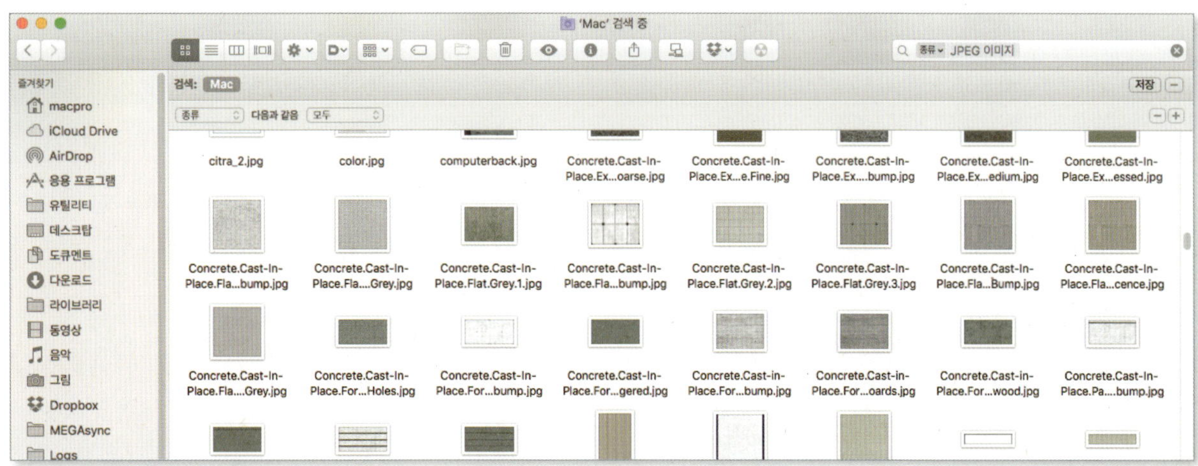

Finder에서 검색 조건을 추가시키는 화면

Tip

검색 조건 정보만을 담고 있는 스마트 폴더를 이용하면 빠르게 문서, 동영상, 사진, 음악 파일 등을 검색할 수 있습니다. 다음 순서를 참고하면 파일 유형별로 스마트 폴더를 Finder의 '즐겨 찾기' 영역에 추가시킬 수 있습니다.

JPG 이미지 파일만 한번에 모아보기

01 Finder 윈도우 오른쪽 상단의 검색 필드에 이미지 포맷의 확장자 JPG를 입력하고, 이때 나타나는 '제안 박스(Suggestion Box)에서 '종류 JPEG 이미지'를 선택합니다.

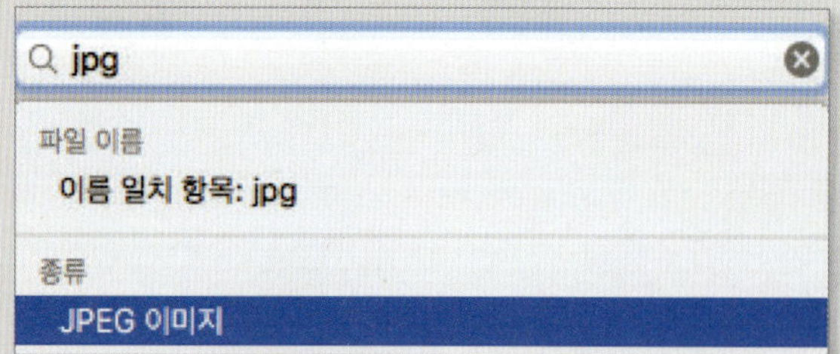

검색 키워드 제안 박스

02 검색 필드 아래 줄, 왼쪽에 표시되는 검색 범위('검색:')에서 컴퓨터 전체(Mac) 또는 현재 폴더를 선택합니다. 만약 현재 폴더를 선택하면, 사용자가 지정한 폴더에 한해서만 검색 영역을 제한할 수 있습니다(예제 그림은 '그림(Pictures)' 폴더에서만 검색이 되도록 설정함).

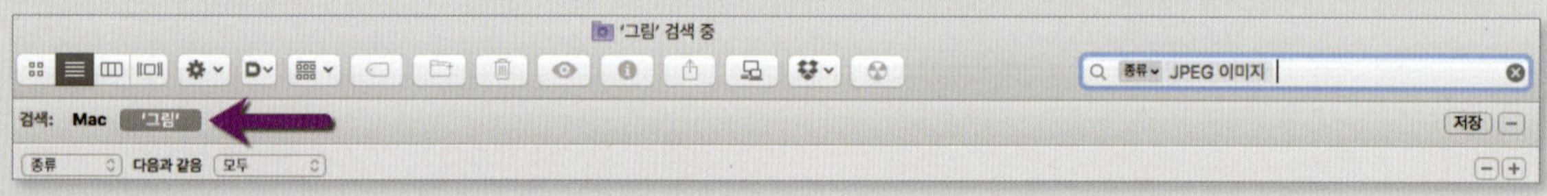

검색 영역 지정 표시줄

03 [저장] 버튼을 클릭하고 이때 나타나는 대화상자에서 '사이드바에 추가' 항목에 체크 표시하고 [저장] 버튼을 클릭합니다. 스마트 폴더는 기본적으로 사용자 계정의 '라이브러리▶저장된 검색' 폴더에 저장되며, Finder의 사이드바에도 추가되므로 언제든지 편리하게 검색 조건에 맞는 파일들을 검색할 수 있습니다. 또한 필요에 따라 저장된 스마트 폴더의 검색 조건을 변경할 수 있습니다(Finder 사이드바에 등록된 스마트 폴더를 마우스 오른쪽 버튼으로 클릭한 후, '검색 조건 보기' 메뉴를 클릭).

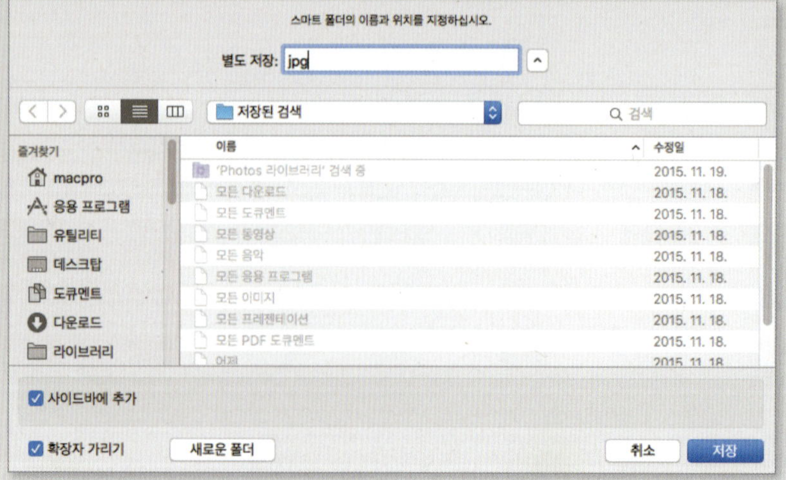

'스마트 폴더 저장' 대화상자

- **에어드롭(AirDrop)** 무선으로 다른 OS X(10.7 Lion 이상 버전) 사용자 또는 iOS 기기(아이폰5 이후 제품)와 자료 전송을 편리하게 할 수 있습니다. P2P(Peer to Peer) 방식으로 별도의 네트워크 설정 과정 없이, 에어드롭을 지원하는 컴퓨터 또는 iOS 기기 간에 자료를 전송할 수 있습니다. 즐겨찾기 사이드바에서 AirDrop을 클릭하면 AirDrop을 지원하는 기기 목록이 나타납니다. 여기서 전송하려는 파일이나 폴더를 대상 기기로 드래그 & 드롭하면 상대방 기기에서 승인을 받는 즉시 전송이 시작됩니다. 이 기능은 OS X 10.7 Lion 이상 버전이 설치되고, 무선 네트워크 장치가 내장된 Mac 컴퓨터 또는 블루투스 4.0 버전 이상 칩이 내장된 iOS 기기들에 한해서만 지원됩니다. 참고로, 에어드롭을 지원하지 않는 OS X 버전에서 다른 컴퓨터와 자료를 공유하기 위해서는 동일한 네트워크에 연결된 상태에서 시스템 환경 설정의 파일 공유 설정에서 공유할 폴더와 권한을 지정해야 합니다.

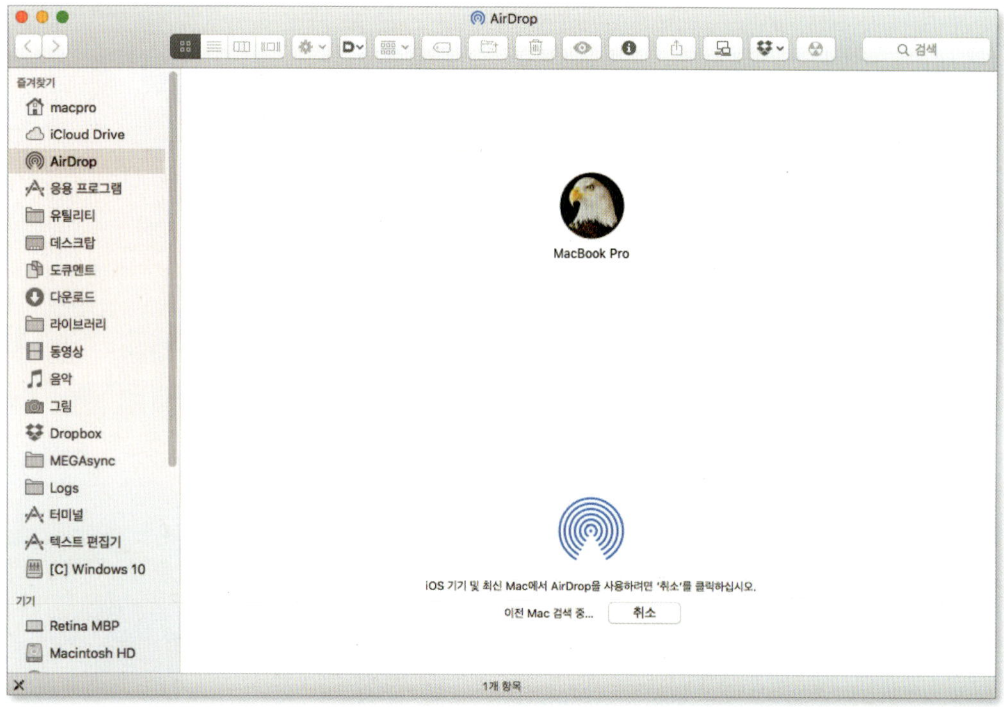

AirDrop 화면

- **공유(Shared)** 같은 네트워크에 연결된 다른 컴퓨터의 목록을 표시하는 영역입니다. OS X는 다른 Mac 컴퓨터를 비롯하여 윈도 PC, 리눅스 등과도 파일 및 폴더를 공유할 수 있으며, 다른 Mac에서 '화면 공유'를 활성화했다면, Finder에서 곧바로 VNC(Virtual Network Computing) 클라이언트를 통하여 다른 Mac의 화면을 보거나 제어할 수 있습니다. OS X 10.9 버전부터는 기본적인 파일 전송 프로토콜이 SMB(Server Message Block)2 버전으로 업그레이드되어, 이를 지원하는 MS 윈도 비스타 이상 버전이 설치된 컴퓨터 또는 다른 Mac 컴퓨터간의 보다 빠르고 안정적인 데이터 전송을 지원합니다. 특히, 기가빗(GigaBit) 네트워크 환경에서 SMB2 프로토콜 효과를 확실하게 확인할 수 있는데, 예를 들어 1Gbit 속도 지원 네트워크 허브(또는 공유기)에 연결된 Mac(OS X 10.9) 이상과 윈도 PC(비스타 이상) 간의 데이터 전송 속도는 초당 100MB/s 이상이 지원됩니다. 참고로, SMB2를 지원하지 않는 OS X 10.8 이하 버전이 설치된 Mac과 윈도 PC 간의 네트워크 전송 속도는 평균 50MB/s 이하입니다.

- **기기(Devices)** Finder에 현재 마운트된 내·외장 저장 장치 및 광학 디스크 등을 표시하는 영역입니다. Mac OS X의 저장 장치에 대한 기본 취급 단위는 '볼륨(volume)'으로, 논리 드라이브(logical drive)와 비슷한 개념입니다. 기본적으로 Mac OS X가 설치된 시스템 디스크 는 사이드바에 표시되지 않으므로, 표시를 원한다면 Finder의 '환경 설정(단축키: Command + .) → 사이드바' 메뉴에서 '하드 디스크' 옵션을 체크 표시하면 됩니다.

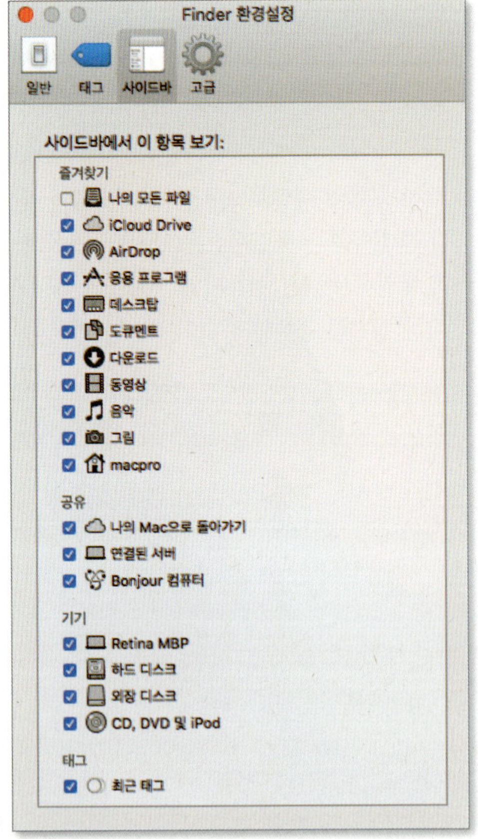

'Finder 환경설정' 대화상자

- **태그(Tag)** 검색 키워드를 항목에 지정하여, 이를 기준으로 빠르게 분 류 및 검색을 할 수 있습니다. 태그는 Finder의 '환경설정 → 태그' 탭 에서 미리 지정하거나, '정보 가져오기(단축키 : Command + I)' 대 화상자에서 필요에 따라 새로 추가할 수 있습니다.

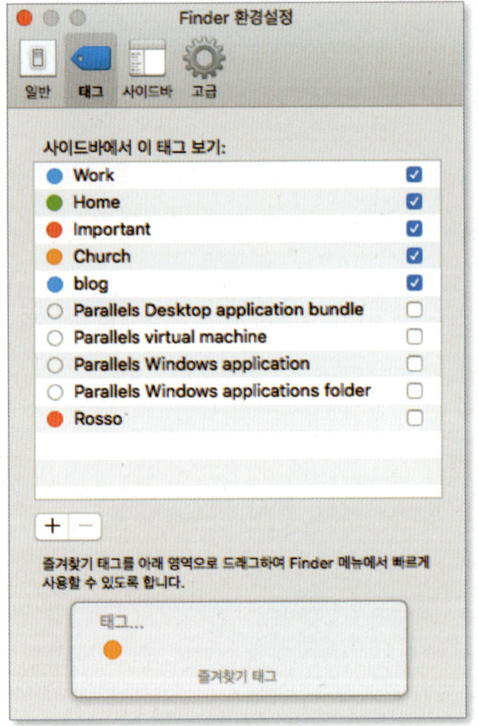

- **검색 필드(Search Field)** 검색하려는 파일 이름이나 내용을 검색 필드에 입력하면 실시간으로 검색 결과를 표시합니다. 검색 키워드를 입력하고 '저장' 버튼의 오른쪽에 있는 ⊕ 버튼을 클릭하면 검색 조건을 상세하게 지정할 수 있습니다.

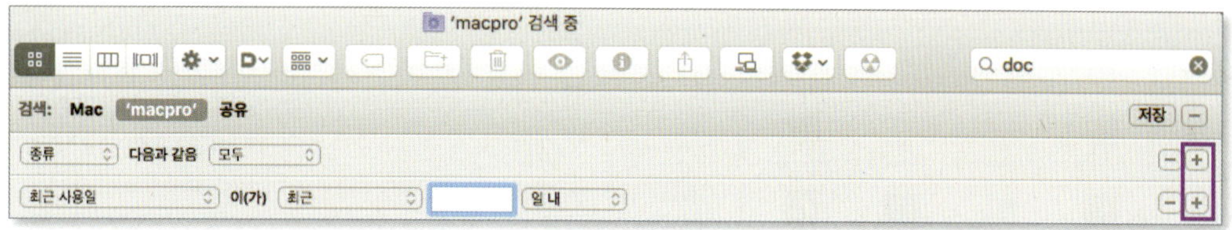

검색 조건을 추가하면 좀 더 정확하게 검색할 수 있습니다.

- **툴바(Toolbar)** 대부분의 OS X 기본 및 써드파티 앱에서는 사용자가 자주 사용하는 명령들을 편리하게 실행할 수 있는 툴바 영역을 지원합니다. 이 영역에 사용자의 필요에 따라 자주 사용하는 '명령 아이콘'을 추가 및 제거할 수 있습니다.

앱 윈도우의 툴바 영역

툴바의 '정렬(Arrange)' 아이콘을 이용하면 파일의 이름, 종류, 최근 사용일, 생성일 등을 기준으로 파일 목록을 정렬할 수 있습니다. 예를 들어, 정렬 기준을 '종류'로 설정하면 항목의 종류에 따라 응용 프로그램, 폴더, 도큐멘트, 이미지 등으로 분할해서 표시합니다.

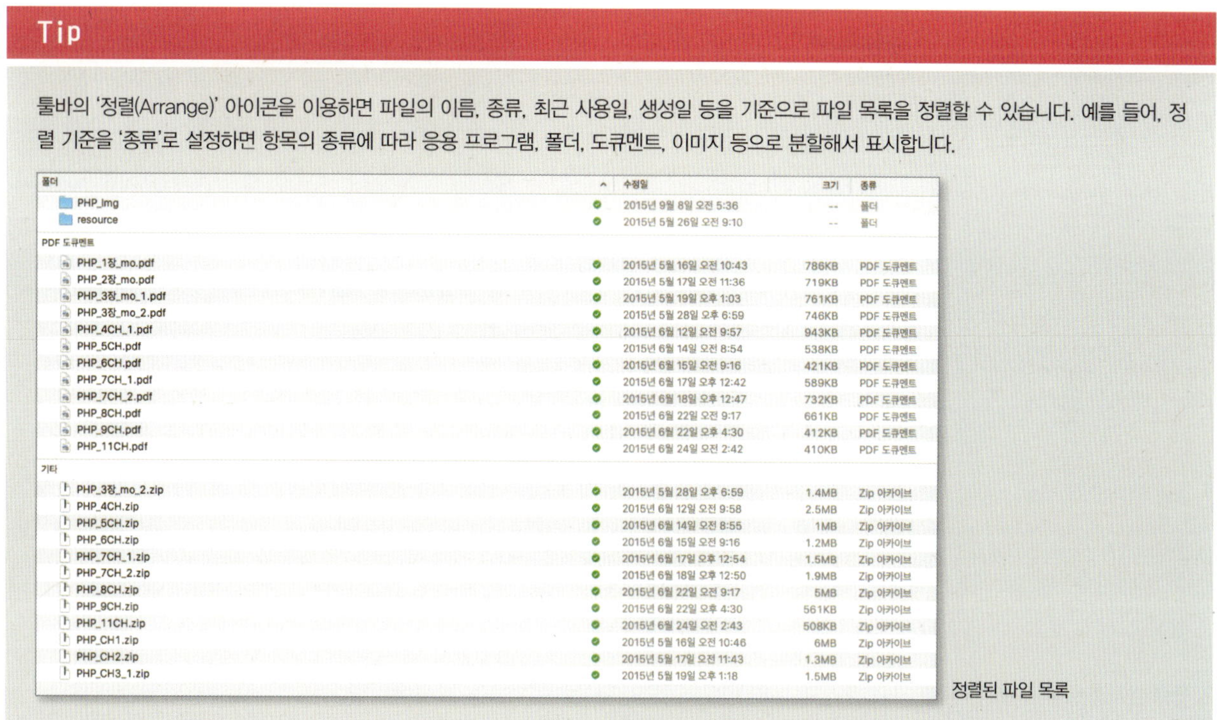

폴더		수정일	크기	종류
PHP_Img		2015년 9월 8일 오전 5:36	--	폴더
resource		2015년 5월 26일 오전 9:10	--	폴더
PDF 도큐멘트				
PHP_1장_mo.pdf		2015년 5월 16일 오전 10:43	786KB	PDF 도큐멘트
PHP_2장_mo.pdf		2015년 5월 17일 오전 11:36	719KB	PDF 도큐멘트
PHP_3장_mo_1.pdf		2015년 5월 19일 오전 1:03	761KB	PDF 도큐멘트
PHP_3장_mo_2.pdf		2015년 5월 28일 오후 6:59	746KB	PDF 도큐멘트
PHP_4CH_1.pdf		2015년 6월 12일 오전 9:57	943KB	PDF 도큐멘트
PHP_5CH.pdf		2015년 6월 14일 오전 8:54	538KB	PDF 도큐멘트
PHP_6CH.pdf		2015년 6월 15일 오전 9:16	421KB	PDF 도큐멘트
PHP_7CH_1.pdf		2015년 6월 17일 오후 12:42	589KB	PDF 도큐멘트
PHP_7CH_2.pdf		2015년 6월 18일 오후 12:47	732KB	PDF 도큐멘트
PHP_8CH.pdf		2015년 6월 22일 오전 9:17	661KB	PDF 도큐멘트
PHP_9CH.pdf		2015년 6월 22일 오후 4:30	412KB	PDF 도큐멘트
PHP_11CH.pdf		2015년 6월 24일 오후 2:42	410KB	PDF 도큐멘트
기타				
PHP_3장_mo_2.zip		2015년 5월 28일 오후 6:59	1.4MB	Zip 아카이브
PHP_4CH.zip		2015년 6월 12일 오전 9:58	2.5MB	Zip 아카이브
PHP_5CH.zip		2015년 6월 14일 오전 8:55	1MB	Zip 아카이브
PHP_6CH.zip		2015년 6월 15일 오전 9:16	1.2MB	Zip 아카이브
PHP_7CH_1.zip		2015년 6월 17일 오후 12:54	1.5MB	Zip 아카이브
PHP_7CH_2.zip		2015년 6월 18일 오후 12:50	1.9MB	Zip 아카이브
PHP_8CH.zip		2015년 6월 22일 오전 9:17	5MB	Zip 아카이브
PHP_9CH.zip		2015년 6월 22일 오후 4:30	561KB	Zip 아카이브
PHP_11CH.zip		2015년 6월 24일 오후 2:43	508KB	Zip 아카이브
PHP_CH1.zip		2015년 5월 16일 오전 10:46	6MB	Zip 아카이브
PHP_CH2.zip		2015년 5월 17일 오전 11:43	1.3MB	Zip 아카이브
PHP_CH3_1.zip		2015년 5월 19일 오후 1:18	1.5MB	Zip 아카이브

정렬된 파일 목록

- **윈도우 제어 아이콘(Window Control Icons)** 대부분의 OS X용 앱들은 공통적으로 프로그램 윈도우의 왼쪽 위에 '윈도우 제어' 아이콘들이 있습니다. 이것은 MS 윈도에 익숙한 사용자들이 가장 혼동하는 부분 중 하나인데 MS 윈도는 기본적으로 윈도우 제어 아이콘들이 오른쪽 위에 있지만, OS X용 앱들은 기본적으로 왼쪽 위에 있습니다(🔴 = 윈도우 닫기, 🟠 = 윈도우 최소화, 🟢 = 풀스크린 모드로 전환(Option)을 누른 상태에서 클릭하면 윈도우에 표시된 콘텐츠에 따라 크기가 최대화됩니다).

- **항목 표시 방식(Item View Type)** 파일, 폴더, 볼륨 등의 항목들에 대한 표시 방식을 설정할 수 있는 아이콘 모음으로, 아이콘 보기(icon view), 목록 보기(list view), 계층 보기(column view), Cover Flow 등으로 항목 표시 방식을 지정할 수 있습니다.

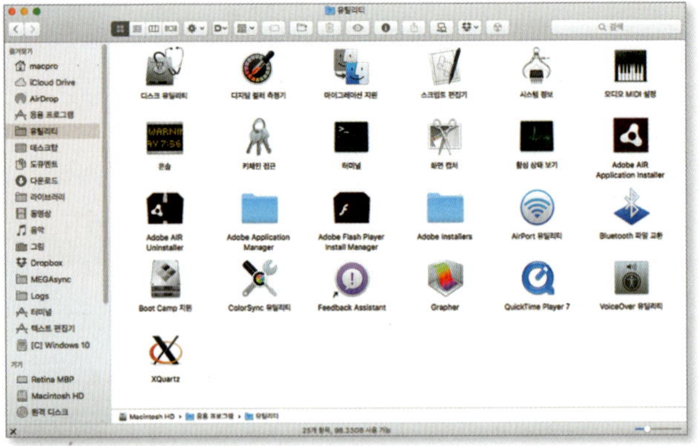

'아이콘 보기'로 항목 표시하기

'목록 보기'로 항목 표시하기

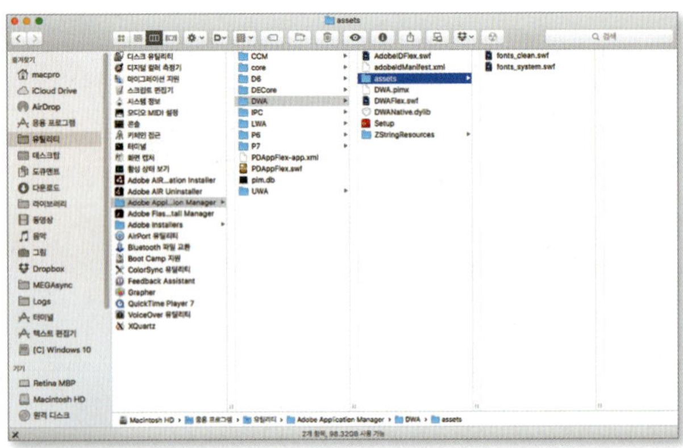

'계층 보기'로 항목 표시하기

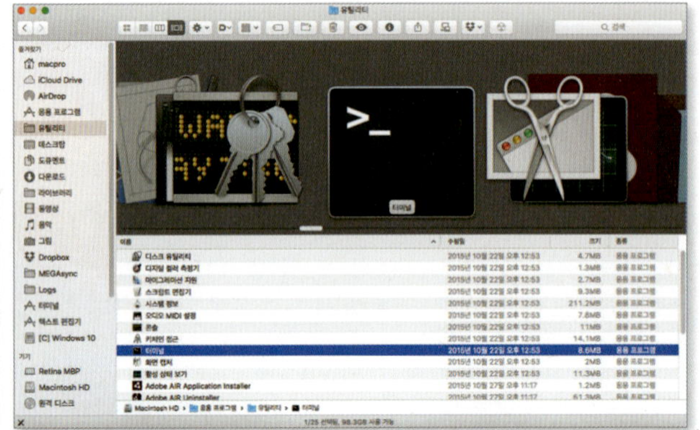

'Cover Flow'로 항목 표시하기

- **경로 막대(Path Bar)** 현재 경로를 표시하는 영역으로, 상위 폴더를 마우스로 더블클릭하면 곧바로 현재 작업 폴더를 상위 폴더로 이동합니다. 경로 막대는 기본적으로 감추어져 있으며, '보기 → 경로 막대 보기' 메뉴를 클릭하여 보이도록 할 수 있습니다. 참고로 '경로' 아이콘을 툴바에 추가하거나 Finder 윈도우의 제목 표시줄에서 오른쪽 클릭해도 상위 폴더 이동을 빠르게 할 수 있습니다.

- **상태 표시줄(Status Bar)** 현재 작업중인 볼륨의 여유 공간과 항목 개수 등을 표시합니다.

- **아이콘 크기 조절 슬라이더(Icon Size Slider)** 아이콘 보기(icon view)에서만 사용할 수 있고, 최대 512×512 픽셀 크기로 아이콘을 확대해서 볼 수 있습니다. 확대한 아이콘은 주로 이미지 파일이나 동영상 파일 또는 PDF 문서 파일 등을 별도의 앱을 실행하지 않고도 빠르게 확인하는데 유용합니다.

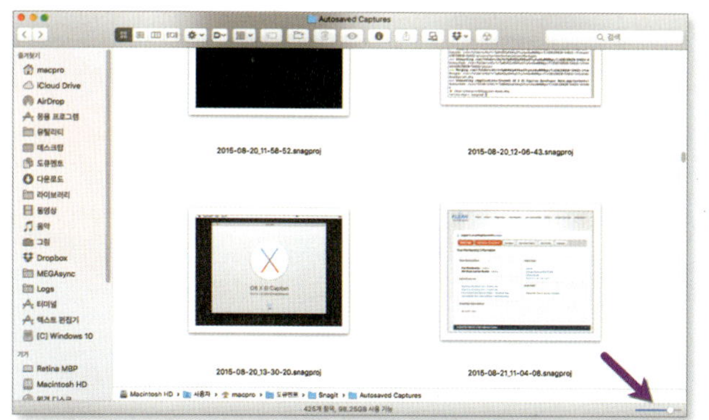

이미지 파일을 최대 512×512 픽셀로 확대해서 표시할 수 있습니다.

동영상 파일을 아이콘 상태에서 재생할 수 있습니다.

- **Finder 윈도우 크기 조절(Resize Window)** 마우스 포인터를 Finder 윈도우 모서리 또는 테두리로 이동시키면 크기를 조절할 수 있는 핸들로 마우스 포인터가 변경됩니다. 포인터가 변경된 상태에서 마우스를 드래그하면 Finder 윈도우 크기를 조절할 수 있습니다. 참고로 Shift 를 누른 상태에서 드래그하면 한 번에 윈도우 전체 크기를 조절할 수 있습니다.

- **탭(Tab)** 탭(Tab, 단축키: Command + T)을 이용하면 한 개의 Finder 윈도우에서 여러 위치(경로)를 탭으로 분류하여 검색 및 관리할 수 있습니다. 또한 같은 위치에 저장된 항목들을 다른 보기 방식(아이콘, 목록, 계층 보기 등)으로 설정하여 빠르게 항목 콘텐츠 내용을 확인하고 관리할 수 있습니다.

Finder 탭(Tab)

02 Finder에서의 일반적인 작업

지금부터는 OS X를 사용할 때 가장 자주 이용할 Finder의 일반적인 작업에 대해서 알아보겠습니다.

① 항목 선택하기

Finder의 모든 작업은 항목(item)을 대상으로 합니다. 항목에는 컴퓨터, 볼륨(volume), 폴더(folder), 파일(file), 가상본(alias) 등이 있으며, 이러한 항목들을 대상으로 명령을 실행합니다. Finder에서 하나의 항목을 선택하려면 마우스 왼쪽 버튼으로 클릭합니다(트랙패드 사용자는 한번 누르거나 탭(Tap)). 하지만 여러 개의 항목들을 동시에 선택하려면 Command (연속성이 없는 개별 항목들) 또는 Shift (연속성이 있는 항목들)를 조합하여 클릭하거나 드래그해야 합니다.

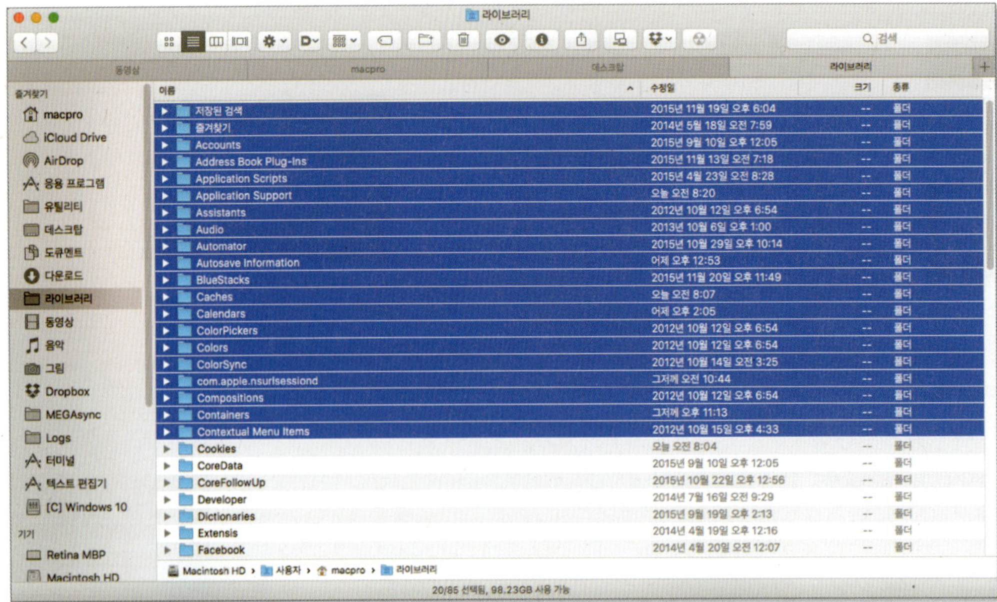

Shift + 클릭 또는 탭(Tab)

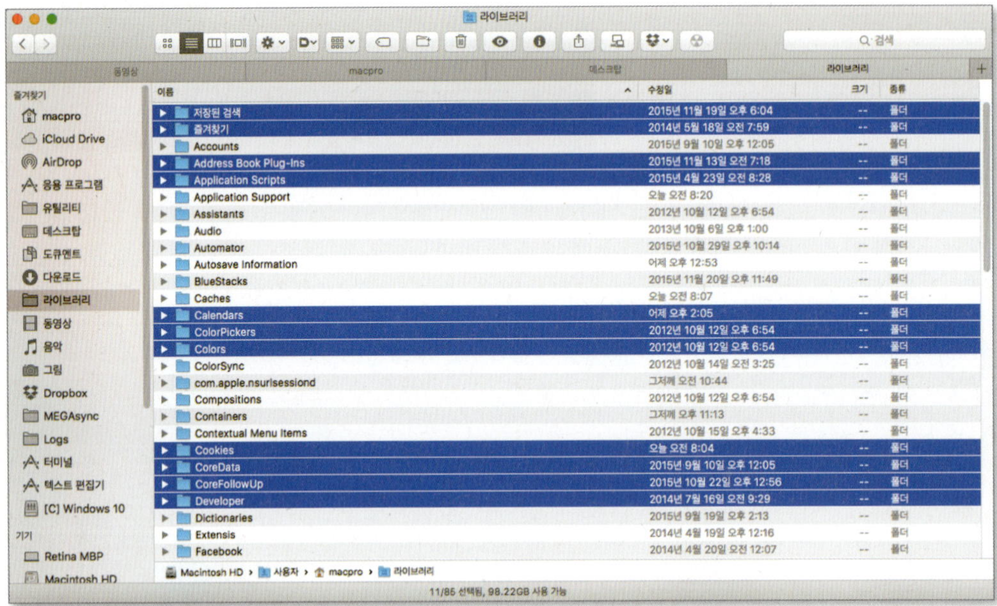

Command + 클릭 또는 탭(Tab)

② 다중 항목의 용량 확인하기

MS 윈도에 익숙했던 사용자가 OS X의 Finder를 사용하면 다중 폴더나 파일들의 용량을 확인할 때 많이 혼동합니다. MS 윈도의 파일 탐색기에서는 여러 개의 폴더 또는 파일들을 선택한 후 '속성 보기' 메뉴를 선택하면 선택한 항목에 대한 합계 용량을 곧바로 확인할 수 있습니다. 하지만 Finder의 기본적인 '정보 가져오기' 메뉴는 다중 항목에 대한 합계 용량을 표시하지 않습니다. 그러므로 MS 윈도와 같이 다중 항목에 대한 용량 합계, 앱 또는 파일들의 정확한 점유 용량을 확인하려면 다음 순서를 참고합니다.

01 Finder의 항목 표시 영역에서 합계된 용량을 확인하려는 폴더 및 파일(앱 포함)을 Command 를 누른 상태에서 선택합니다. 마우스 오른쪽 버튼을 클릭하면 컨텍추얼 메뉴가 나타나는데, 여기서 Option 을 누르면 '정보입수' 메뉴가 '속성 보기' 메뉴로 변경됩니다.

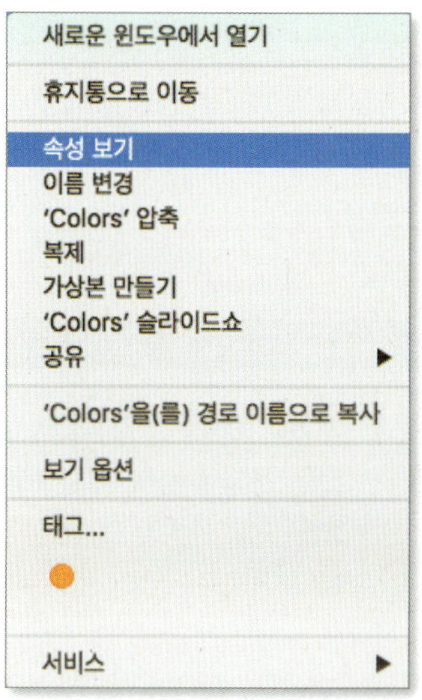

02 변경된 '속성 보기' 메뉴를 선택하면 01에서 선택한 항목들의 합계 용량을 표시하는 대화 상자가 나타납니다.

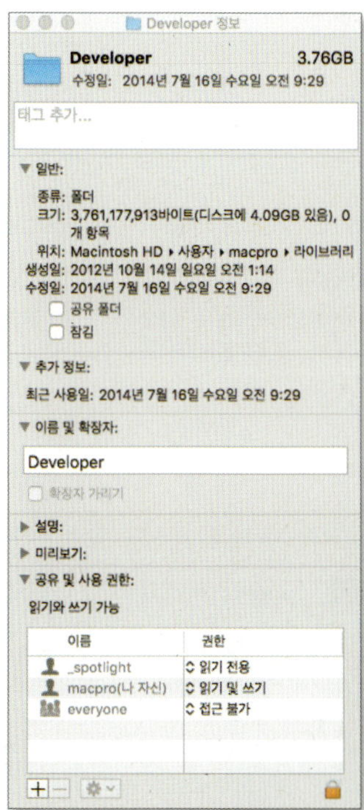

③ 항목 복사하기

OS X에서 기본적으로 파일을 복사하는 방법에는 다음과 같이 여섯 가지가 있습니다.

1 단축키를 이용해 복사는 `Command`+`C`, 붙이기는 `Command`+`V` 이용하기
2 마우스 오른쪽 버튼을 클릭하면 나타나는 컨텍추얼 메뉴('복사', '붙이기' 메뉴) 이용하기
3 Finder의 메인 메뉴 이용하기('편집' 메뉴의 '복사', '붙이기' 메뉴)
4 툴바의 동작(Action) 아이콘 메뉴 이용하기('복사', '붙이기' 메뉴)
5 마우스 또는 트랙패드를 이용한 복사(항목의 드래그 & 드롭)
6 터미널에서 유닉스 명령어를 이용해 복사하기(cp 명령)

이상 나열한 6가지 방법 중 사용자가 편리한 방법을 이용하여 항목을 복사하면 됩니다. 참고로 항목의 이동(Move), 새로운 폴더 만들기, 파일 삭제(휴지통으로 이동) 등의 다른 Finder 명령들도 복사와 마찬가지로 다양한 방법으로 실행할 수 있습니다.

01 Finder 윈도우가 열려있지 않다면 '파일 → 새로운 Finder 윈도우' 메뉴를 선택하거나 단축키 `Command`+`N`을 누릅니다. 새로운 Finder 윈도우가 나타나면 기본적으로 '나의 모든 파일' 목록이 표시됩니다. 새로운 Finder 윈도우에 표시될 내용은 '환경설정 → 일반 → 새로운 Finder 윈도우에서 보기' 항목에서 변경할 수 있습니다.

02 Finder 사이드바에서 '다운로드' 폴더를 선택한 후, '파일 → 새로운 폴더' 메뉴를 실행하여 연습용 폴더를 하나 만듭니다. 그리고 새로 만들 폴더를 선택하고 키보드에서 복사 단축키인 `Command`+`C`를 누릅니다. 복사 단축키가 정상적으로 인식했으면 Finder의 '편집' 메뉴가 한 번 깜박입니다.

03 Finder 윈도우의 사이드바에서 '데스트탑' 항목을 선택하여 현재 작업 경로를 변경하고 키보드에서 붙이기 단축키인 Command +V를 누릅니다. 그러면 곧바로 다운로드 폴더에서 만든 새로운 폴더가 데스크탑으로 복사됩니다.

> **Tip** 선택한 항목에 대한 복사 대신 이동을 원한다면 이동할 항목을 복사와 마찬가지로 Command+C를 이용하여 클립보드로 복사하고, 이동 위치로 현재 경로를 변경한 후, Command+Option+V를 누르면 됩니다.

필자 주 복사(Command+C), 붙이기(Command+V)는 Finder 뿐만 아니라 포토샵이나 워드프로세서 등 다른 앱에서 가장 많이 사용하는 단축키이므로 외워 두는 것이 좋습니다. Mac 버전과 PC 버전을 동시에 지원하는 대부분의 앱(예 Adobe의 CS 제품, Autodesk의 Maya 등)에서 Command는 윈도 PC 키보드의 Ctrl과 동일합니다.

예제 **2** 메인 메뉴를 이용해 항목 복사하기

01 Finder 윈도우의 사이드바에서 '다운로드'를 선택하고 앞 과정에서 새로 만든 '무제 폴더'를 선택합니다.

02 Finder 메인 메뉴의 '편집 → "무제 폴더" 복사' 메뉴를 선택하고 사이드바에서 '데스크탑' 항목을 선택합니다.

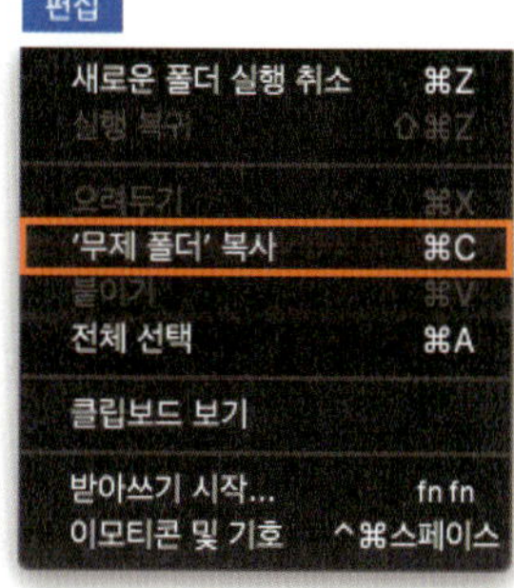

03 '편집 → 항목 붙이기' 메뉴를 선택하면 '무제 폴더'가 데스크탑으로 복사됩니다.

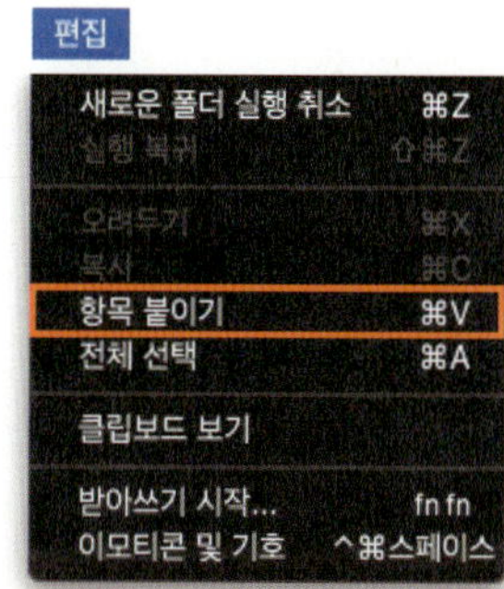

> **Tip**
>
> 단축키를 이용한 항목 이동과 마찬가지로 Finder의 메인 메뉴를 이용해도 항목을 이동할 수 있습니다. **02** 과정에서 Option 을 누르면, '항목 붙이기' 메뉴가 '여기로 항목 이동' 메뉴로 변경됩니다.
>
> 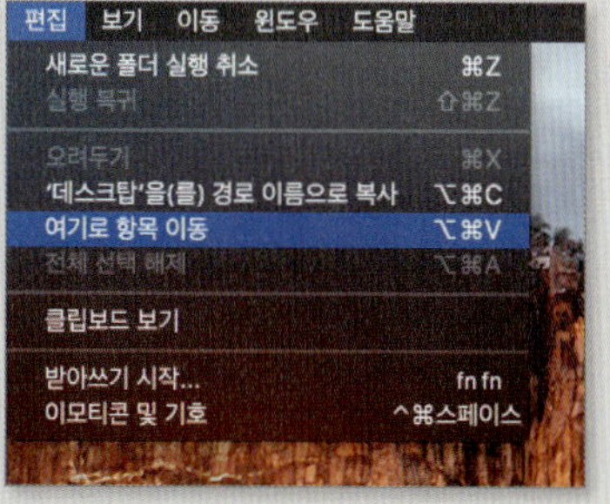
>
> Finder 메인 메뉴의 편집 메뉴에서 Option 을 누르면 항목 이동 메뉴로 변경됩니다.

01 '다운로드' 폴더의 '무제 폴더'를 오른쪽 클릭합니다. 컨텍추얼 메뉴가 나타나면 "'무제 폴더' 복사" 메뉴를 클릭합니다.

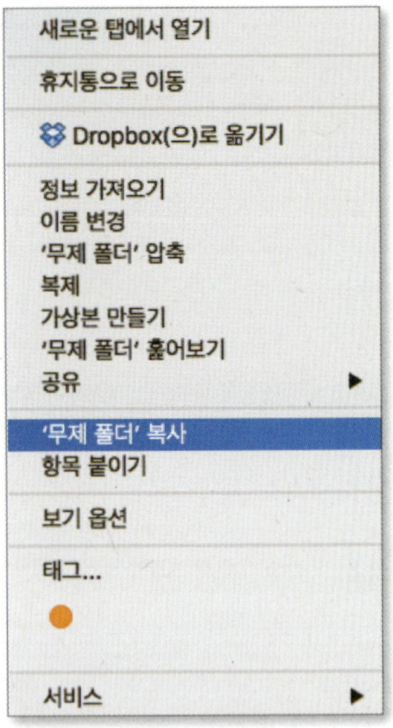

02 사이드바에서 '데스크탑' 항목을 선택하고 마우스 포인터를 항목 표시 영역으로 이동합니다. 그리고 오른쪽 클릭한 후 컨텍추얼 메뉴에서 '항목 붙이기'를 선택합니다.

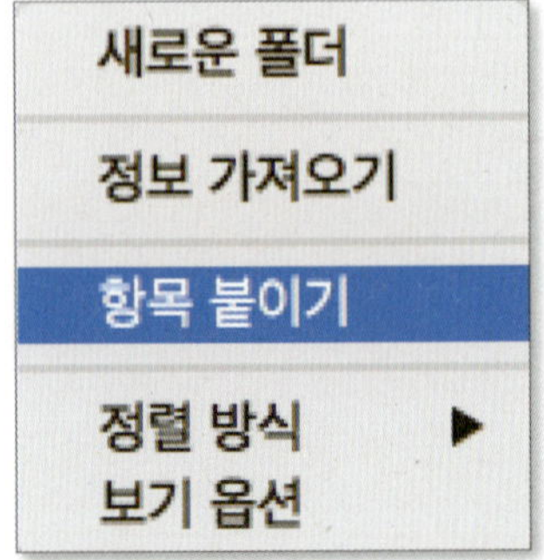

03 〈예제 1: 단축키를 이용해 항목 복사하기〉 또는 〈예제 3: 컨텍추얼 메뉴를 이용해 항목 복사하기〉에서 '무제 폴더'를 이미 데스크탑으로 복사했다면 해당 항목을 대치할 것인지를 묻는 대화상자가 나타납니다. 여기서 '대치' 버튼을 클릭합니다.

OS X 10.7 Lion 버전부터는 '폴더 병합(Folder Merge)' 기능이 새롭게 지원됩니다. 기존 버전에서는 동일한 이름의 폴더들 간에 복사 명령을 실행하면, 폴더에 포함된 항목들이 병합되지 않고, 폴더 자체가 대치(Replace)되었습니다. 예를 들어, 내장 디스크의 A 폴더에 a, b, c 파일들이 저장되어 있고, 외장 디스크의 A 폴더에 d, e, f 파일들이 저장되어 있는 상태에서, 내장 디스크의 A 폴더를 외장 디스크의 A 폴더로 복사하면, 외장 디스크의 A 폴더에 저장되어 있던 d, e, f 파일은 삭제되고 오직 내장 디스크의 A 폴더에 저장되어 있던 a, b, c 파일만 남게 됩니다. 이로 인하여 기본적으로 폴더 병합을 지원하는 MS 윈도의 파일 탐색기에 익숙했던 사용자들이 OS X를 사용하며 가장 많이 혼동했던 부분이 폴더 복사였습니다.

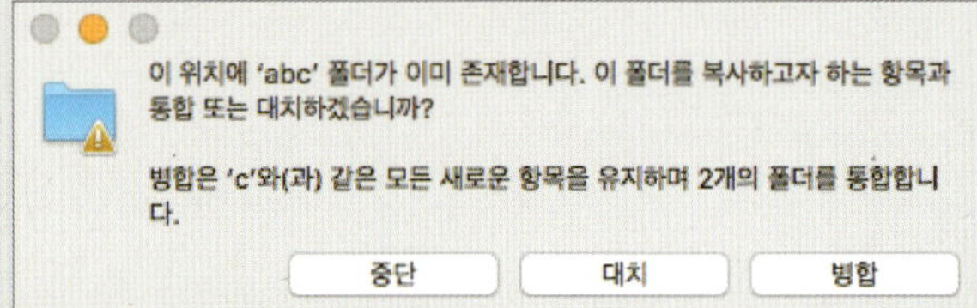

OS X Lion부터 지원하는 폴더 병합 대화상자

터미널을 이용한 폴더 병합

OS X의 내부 구조는 BSD Unix 운영체제를 기반으로 하고 있기 때문에 대부분의 BSD Unix 기본 명령어들을 지원합니다. 폴더 병합 역시 BSD Unix의 ditto 명령어를 이용하면 간단하게 폴더 내의 항목들을 병합할 수 있습니다. BSD Unix의 ditto 명령은 복사(cp) 명령어와 유사하지만, 복사 대상에 동일 이름의 폴더가 있으면 원본 폴더에 저장된 항목들을 대상 폴더로 병합시킵니다.

01 Finder에서 '응용 프로그램 ▶ 유틸리티' 폴더에 있는 '터미널'을 실행합니다.

02 ditto 명령어의 문법에 맞게 원본 폴더와 대상 폴더를 각각 입력하고 Return을 누릅니다.

- 폴더 병합을 위한 ditto 명령어 문법

```
ditto <원본 폴더의 경로와 이름> <대상 폴더의 경로와 이름>
```

예를 들어, 사용자 홈 폴더의 다운로드 폴더에 위치한 'ABC 폴더'의 항목들을 외장 디스크의 ABC 폴더의 항목들과 병합하고자 한다면, 다음과 같이 입력합니다.

```
ditto /Users/macpro/downloads/ABC/ volumes/<외장 디스크 이름>/ABC
```

외장 디스크 또는 마운트된 볼륨 이름은 터미널에서 'cd /volumes'를 입력하고, 'ls' 명령을 차례로 입력하여 확인할 수 있습니다. 참고로, 볼륨 또는 폴더, 파일 이름 등에 '공백(Blank)'을 포함하고 있다면, 공백 이전에 '₩(역슬래쉬)'를 입력하거나, 이름 전체를 " "(따옴표) 또는 ' '(작은 따옴표)로 묶어서 명령을 실행해야 합니다.

| 예 | Library/Application Support 폴더로 이동하는 터미널 명령
- **₩(역슬래쉬) 이용 :** cd /Library/Application ₩ Support
- **" "(따옴표) 이용 :** cd /Library/ "Application Support"
- **' '(작은 따옴표) 이용 :** cd /Library/ 'Application Support'

01 '다운로드' 폴더에서 '무제 폴더'를 선택합니다. 그리고 툴바에서 '동작' 아이콘을 클릭한 후 컨텍추얼 메뉴에서 "무제 폴더' 복사" 메뉴를 선택합니다.

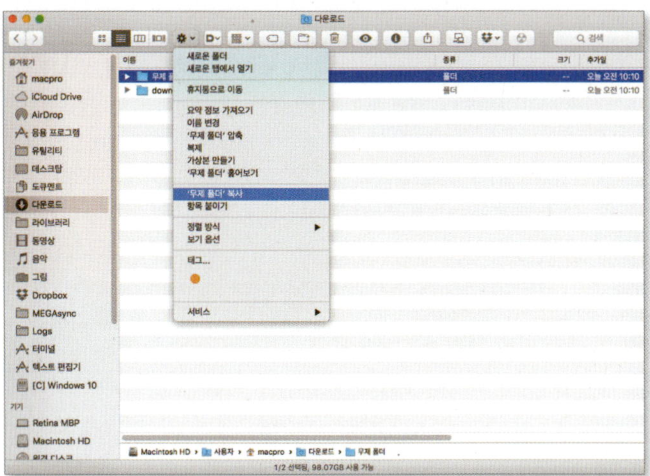

02 Finder 윈도우의 왼쪽 사이드바에서 '데스크탑'을 클릭하고 다시 '동작' 아이콘을 클릭한 후 '항목 붙이기' 메뉴를 선택합니다. 그러면 '다운로드' 폴더의 무제 폴더가 데스크탑으로 복사됩니다. 단축키 및 컨텍추얼 메뉴를 이용한 항목 복사와 마찬가지로, '동작' 아이콘을 클릭한 상태에서 Option 을 누르면, '여기로 항목 이동' 메뉴가 나타납니다.

01 Finder 윈도우에서 드래그 & 드롭으로 항목을 복사하려면 두 가지 방법이 있습니다. 즉 독립적인 2개의 Finder 윈도우(원본 항목과 복사 대상을 위한 윈도우, 아래 왼쪽 그림 참고)를 이용한 방법과 단일 윈도우에서 원본 항목을 복사 대상으로 단순히 드래그 & 드롭하는 방법이 있습니다. 이때 동일한 볼륨 내에서 항목을 복사하려면 Option 을 누른 상태에서 드래그 & 드롭해야 합니다. 동일한 볼륨 내에서 단순히 드래그 & 드롭하면 항목이 복사되지 않고 이동됩니다.

Option 을 누르고 동일한 볼륨 내에서 항목 복사

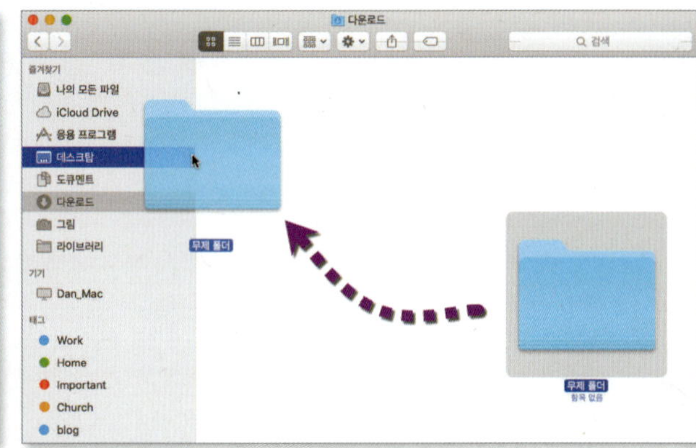

Option 을 누르고 동일한 볼륨 내에서 항목 복사

02 다른 볼륨으로 복사 항목을 드래그 & 드롭하면 기본적으로 복사되지만, Command 를 누른 상태에서 드래그 & 드롭하면 항목이 이동됩니다.

01 '응용 프로그램 ▶ 유틸리티' 폴더에 있는 터미널(Terminal) 프로그램을 실행하고 'cd' 명령을 이용해 복사 원본 항목이 있는 폴더로 이동합니다. 간단하게 이동 폴더명을 터미널에서 입력하려면 Finder 윈도우에서 해당 폴더를 '터미널' 윈도우로 드래그 & 드롭합니다.

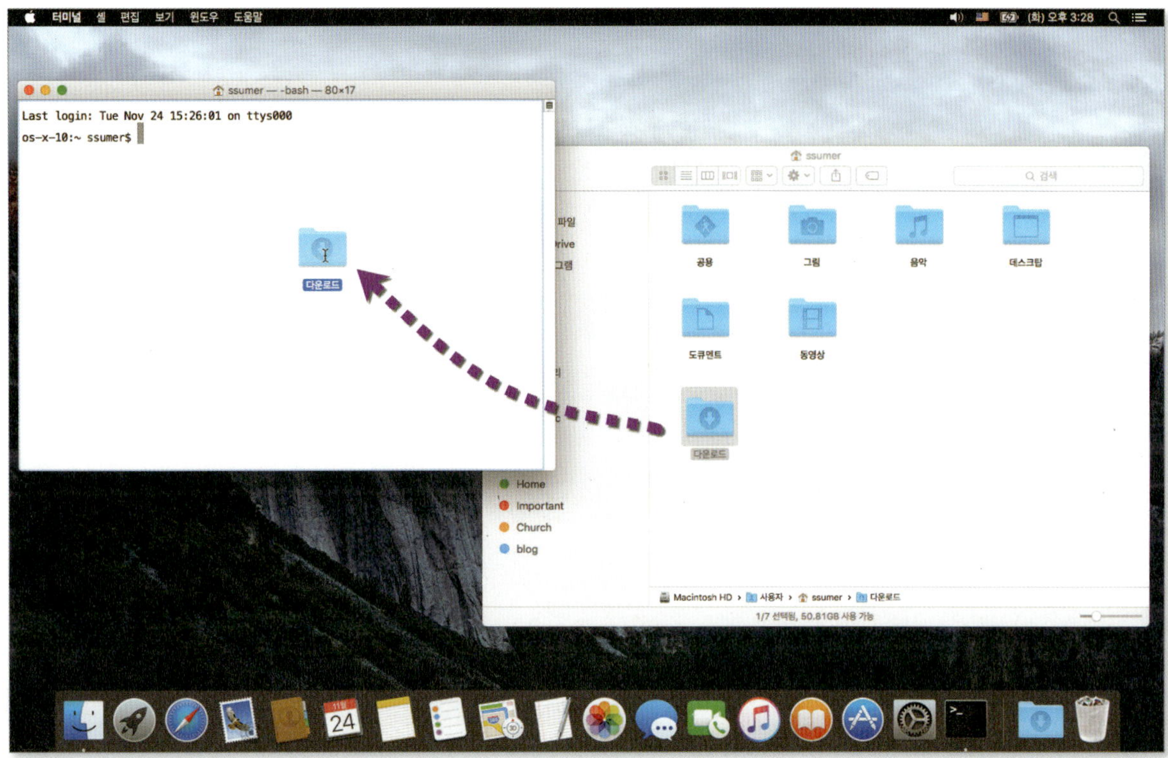

터미널로 폴더 드래그&드롭

02 '터미널' 윈도우에서 다운로드 폴더로 이동한 후, 'cp –r "무제 폴더" ~Desktop'을 입력하면(명령 시작과 끝의 작은 따옴표는 제외하고 입력) 무제 폴더가 데스크탑(/Users/〈사용자 계정 이름〉/Desktop)으로 복사됩니다. 파일 및 폴더, 볼륨명에 공백이 있으면 큰 따옴표(" ") 또는 작은 따옴표(' ')로 묶어서 입력해야 정상적으로 터미널에서 인식됩니다. 또한 파일이 아닌 폴더를 복사하려면 'cp' 명령 다음에 '–R' 옵션을 추가해야 합니다. (**예** cp –R 〈원본 폴더〉 〈복사 대상 폴더〉). cp(Copy) 명령에 대해서는 터미널에서 'man cp'를 입력하면 자세한 사용 방법을 확인할 수 있습니다.

필자 주 터미널에서 복사 및 이동 등의 명령은 오직 유닉스 체계 및 명령에 익숙한 사용자만 사용하도록 합니다.

Tip

대부분의 일반 사용자들은 터미널을 사용하지 않고도 불편없이 모든 OS X 지원 명령 및 기능을 사용할 수 있지만, 파워 유저 또는 개발자들은 터미널을 이용하여 다양한 작업을 하게 됩니다. 그러나 OS X의 기본 언어를 영어 이외에 다른 언어로 설정하면, Finder에서 표시되는 기본 폴더들의 이름과 터미널에서 표시되는 이름이 다릅니다(**예** Finder의 '동영상' 폴더는 터미널에서 Movies로 표시됨). 터미널에서는 오직 영어만이 인식되므로, 터미널을 자주 사용한다면 혼동을 방지하기 위해 Finder와 터미널의 표시 이름을 일치시키는 것이 좋습니다. 방법은 OS X의 기본 언어를 영어로 설정하고, 필요에 따라 입력 언어를 추가시키도록 합니다(기본 언어 및 입력 언어 설정은 ' 메뉴 → 환경 설정 → 언어 및 지역'에서 설정).

• 폴더

터미널	Finder
Library	라이브러리
Applications	응용 프로그램
Utilities	유틸리티
Public	공용
Desktop	데스크탑
Pictures	그림
Downloads	다운로드
Documents	도큐멘트
Movies	동영상
Sites	사이트
Music	음악

• 응용 프로그램

터미널	Finder
Preview	미리보기
Dictionary	사전
Calculator	계산기
Font Book	서체 관리자
Stickies	스티커
System Preferences	시스템 환경 설정
Image Capture	이미지 캡처
Address Book	연락처
Chess	체스
TextEdit	텍스트 편집기
DVD Player	DVD 플레이어
Photos	사진
Maps	지도
Calendar	캘린더

• 유틸리티

터미널	Finder
AirPort Utility	AirPort 유틸리티
AppleScript Editor	AppleScript 편집기
Bluetooth File Exchange	Bluetooth 파일 교환
Boot Camp Assistant	Boot Camp 지원
ColorSync Utility	ColorSync 유틸리티
Java Preferences	Java 환경 설정(OS X 10.7 버전 이하)
RAID Utility	RAID 유틸리티
VoiceOver Utility	VoiceOver 유틸리티
Network Utility	네트워크 유틸리티
Disk Utility	디스크 유틸리티
DigitalColor Meter	디지털 컬러 측정기
Migration Assistant	마이그레이션 지원
System Information	시스템 정보
Audio MIDI Setup	오디오 MIDI 설정
Console	콘솔
Keychain Access	키체인 접근
Terminal	터미널
Grab	화면 캡처
Activity Monitor	활성 상태 보기

④ 폴더 공유하기

일반적으로 네트워크로 공유할 폴더들은 '시스템 환경 설정 ▶ 공유'에서 일괄적으로 설정합니다. 하지만 필요할 경우에는 Finder에서도 임의의 폴더를 네트워크 공유 폴더에 추가할 수 있습니다. 참고로, OS X는 별도의 네트워크 공유 설정을 하지 않고도 Mac 컴퓨터 및 iOS 기기 간에 자료를 전송할 수 있는 AirDrop 기능이 지원됩니다(단, 무선 네트워크 어댑터가 내장된 2008년 하반기 이후에 출시된 제품 또는 블루투스 4.0 이상 칩이 내장된 iOS 기기에 한해서 지원).

01 네트워크 공유 폴더에 추가할 폴더를 마우스 오른쪽 버튼으로 클릭한 후 컨텍추얼 메뉴에서 '정보 가져오기'를 선택합니다. 만약 여러 개의 폴더를 동시에 공유 폴더로 설정하려면 Command 를 이용해 해당 폴더들을 선택하고 컨텍추얼 메뉴에서 Option (Alt)을 눌러서 '속성 보기' 메뉴를 선택합니다.

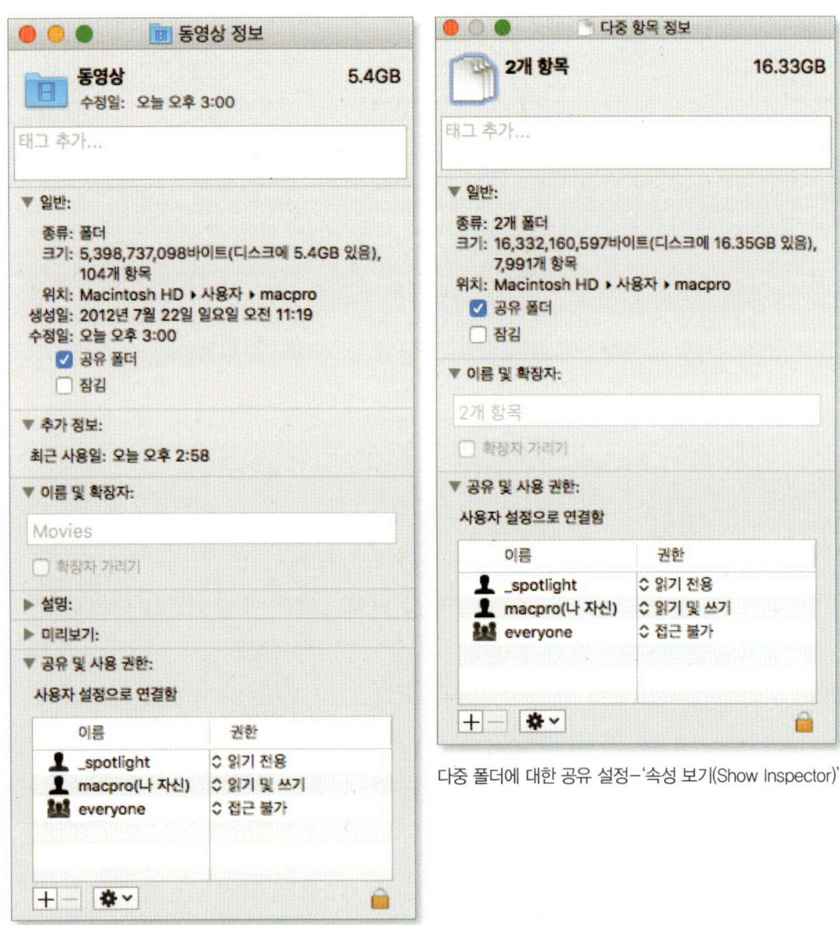

단일 폴더에 대한 공유 설정 – '정보 가져오기(Get Info)'

다중 폴더에 대한 공유 설정 – '속성 보기(Show Inspector)'

 '정보 가져오기' 또는 '속성 보기' 대화상자의 '공유 폴더' 항목을 활성화합니다. 정상적으로 해당 폴더들을 네트워크 공유 폴더로 설정했으면 Finder 윈도우의 위쪽에 '공유 폴더'가 표시됩니다.

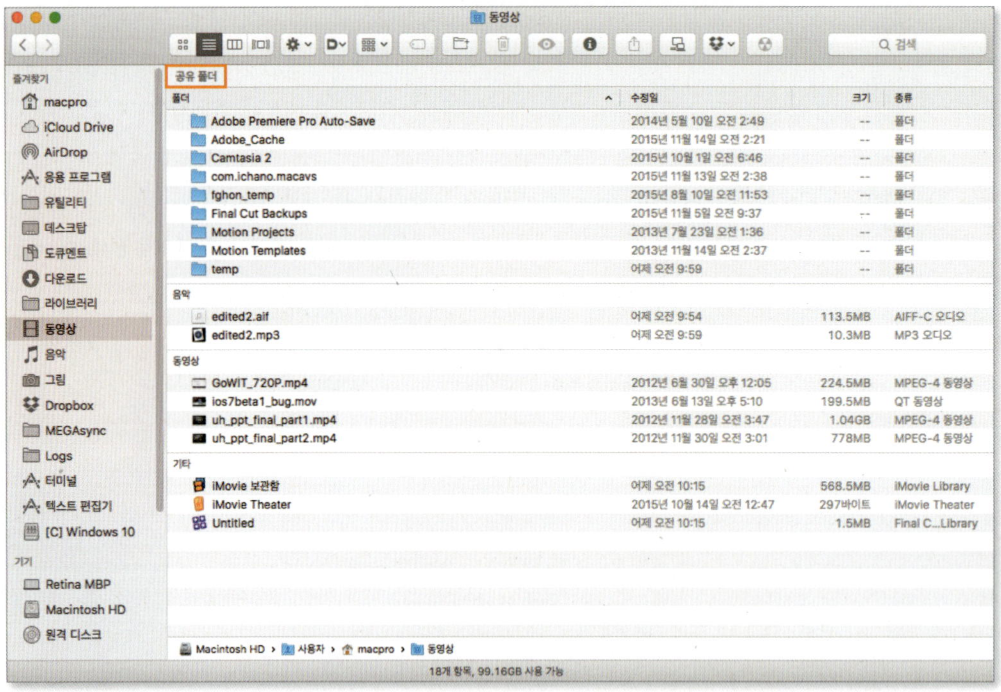

Finder 윈도우의 '공유 폴더' 표시

⑤ 마운트 볼륨

Mac 컴퓨터의 내장 디스크(하드디스크 또는 SSD), 외장 하드디스크 또는 플래시 메모리 카드 등과 같은 내·외장 저장 장치를 비롯하여 CD/DVD 디스크와 같은 광학 디스크, ISO, DMG 확장자 파일과 같은 가상 디스크 이미지 파일 등은 Finder의 장비 영역에 표시됩니다(네트워크 볼륨은 Finder의 환경 설정에서 데스크탑에 표시되도록 할 수 있습니다). Mac 컴퓨터에 USB나 Firewire 방식의 외장 디스크를 연결하면 자동으로 마운트되며, CD/DVD 디스크를 슈퍼드라이브에 삽입하면 자동으로 인식 및 마운트됩니다. 가상 디스크 이미지 파일은 표준 포맷(예 ISO, DMG 등)에 한해 Finder에서 마운트할 수 있습니다. MS 윈도에서 NTFS 방식으로 포맷한 저장 장치는 Mac OS X에서 인식은 되지만 쓰기(Write)가 불가능하므로 별도의 NTFS 시스템 드라이버를 설치해야만 읽기(Read)/쓰기(Write)가 모두 가능합니다.

Tip

인터넷에서 MS 윈도용 소프트웨어들은 EXE 실행 파일 또는 ZIP 압축 파일 등으로 배포되지만, Mac 용 소프트웨어들은 대부분 디스크 이미지 파일(확장자 : DMG)로 배포됩니다. 만약 인터넷을 통하여 DMG 파일로 된 소프트웨어를 다운로드 했다면 Finder에서 마운트시킨 뒤 내장된 소프트웨어를 '응용 프로그램' 폴더로 드래그 & 드롭하거나 설치 패키지 파일을 실행(더블클릭)합니다. 당연한 이야기지만, 윈도용 실행 파일인 EXE 파일은 OS X에서 사용할 수 없으므로, 인터넷에서 소프트웨어를 다운로드 할 때 먼저 Mac용(예 DMG, PKG 파일)인지 확인하도록 합니다.

⑥ 볼륨 꺼내기

마운트된 볼륨(예 외장 디스크 또는 DMG 파일, 네트워크 볼륨 등)을 제거하거나 꺼내려면 Finder 윈도우에서 마운트된 볼륨명의 오른쪽에 있는 '꺼내기' 아이콘을 클릭하거나 데스크탑에 표시된 마운트 볼륨을 휴지통으로 드래그 & 드롭합니다. 꺼내려는 볼륨에 저장된 항목(예 파일이나 폴더)을 앱에서 사용 중이면 해당 파일을 닫거나 앱 자체를 완전히 종료한 후 볼륨을 꺼낼 수 있습니다. 참고로 시동 디스크로 사용된 Mac OS X 시스템 디스크를 대상으로 꺼내기 명령은 사용할 수 없습니다.

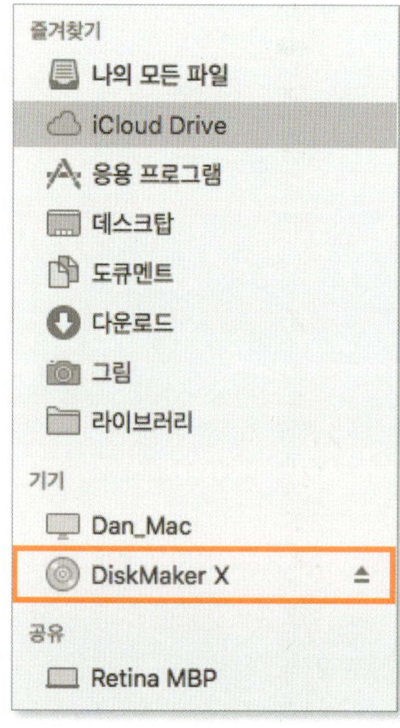

마운트된 볼륨을 제거하거나 꺼내려면 '꺼내기' 아이콘을 클릭합니다.

데스크탑에서 마운트된 볼륨(내장 디스크 제외)을 휴지통으로 드래그&드롭하면 해당 볼륨을 꺼낼 수 있습니다.

⑦ 항목 정렬하기

Finder 윈도우에 표시된 항목들은 '이름', '수정일', '생성일', '크기', '종류', '꼬리표', '최근 사용일' 등을 기준으로 정렬할 수 있습니다. 기본적인 정렬과 더불어 '정렬 방식' 설정을 이용하면 보다 짜임새 있게 항목들을 분류해서 볼 수 있습니다(특히, 정렬 방식을 '종류'로 설정하면 항목 유형에 따라 분류 표시되므로 보다 효율적으로 폴더 내의 항목들을 검색할 수 있습니다.

◉ 일반 정렬

Finder 윈도우에서 마우스 오른쪽 버튼을 클릭하고 '보기 옵션(단축키: Command + J)'을 클릭하면 항목의 '정렬' 기준을 설정할 수 있는 옵션 항목이 표시됩니다. 여기서 설정한 정렬 기준은 현재 경로를 대상으로 하고 다른 정렬 기준으로 변경하기 전까지 계속해서 유지됩니다. 항목 표시 방식을 목록 또는 Cover Flow로 설정하면 목록 최상단의 항목 속성 구분자(이름, 수정일, 크기 등)를 클릭해서도 정렬할 수 있습니다.

보기 옵션 메뉴

◉ 정렬 방식

일반 정렬과 더불어 폴더 내의 항목들을 종류별(폴더, 도큐멘트, 동영상, 음악 등)로 분류 표시해 주는 개선된 정렬 기능입니다. 항목들이 종류별로 그룹지어 표시되므로 편리하게 항목들을 검색할 수 있습니다. Finder 윈도우의 툴바에서 정렬 아이콘을 이용하거나, 항목 표시 영역의 컨텍추얼 메뉴(마우스 오른쪽 버튼 클릭)를 이용하여 정렬 방식을 설정할 수 있습니다.

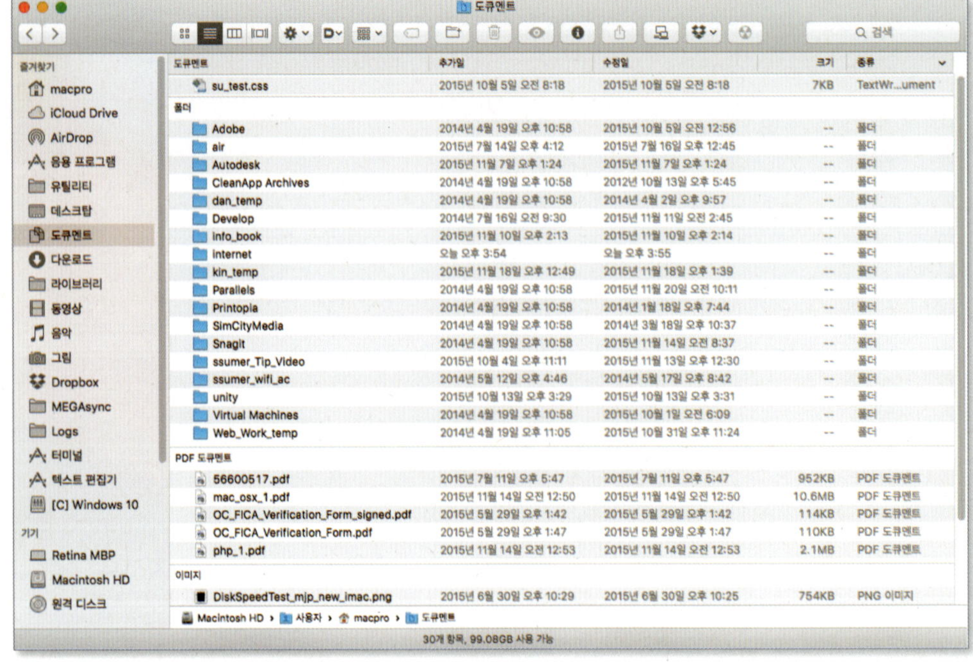

'정렬 방식'을 적용한 Finder 윈도우

◉ 아이콘 정리

항목 표시를 '아이콘'으로 설정했을 때만 사용할 수 있으며, 아이콘들을 지정한 간격(보기 옵션에서 설정)으로 자동 정리해 줍니다. 보기 옵션에서 '정렬' 기준을 설정하면 자동으로 아이콘들이 정렬되므로 컨텍추얼 메뉴에 표시되지 않습니다.

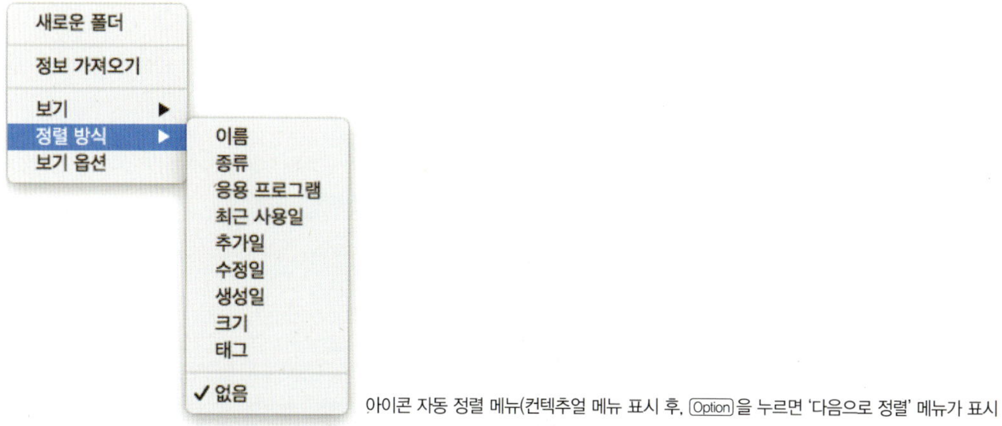

아이콘 자동 정렬 메뉴(컨텍추얼 메뉴 표시 후, Option 을 누르면 '다음으로 정렬' 메뉴가 표시

⑧ 즐겨찾기 항목 등록하기

Finder 윈도우의 사이드바에 자주 사용하는 앱이나 파일, 폴더, 스마트 폴더(검색 결과) 등을 등록해 놓으면 편리하게 원하는 항목을 사용할 수 있습니다. 등록된 항목들은 Finder 윈도우 이외에 다른 앱의 '파일 열기' 및 '저장' 대화상자에서도 그대로 표시되므로 특정 항목을 빠르게 사용할 수 있습니다. Finder 사이드바에 항목을 등록하는 방법은 추가하려는 파일, 앱, 폴더 등을 사이드바의 '즐겨찾기' 영역으로 드래그 & 드롭하면 간단하게 추가할 수 있습니다.

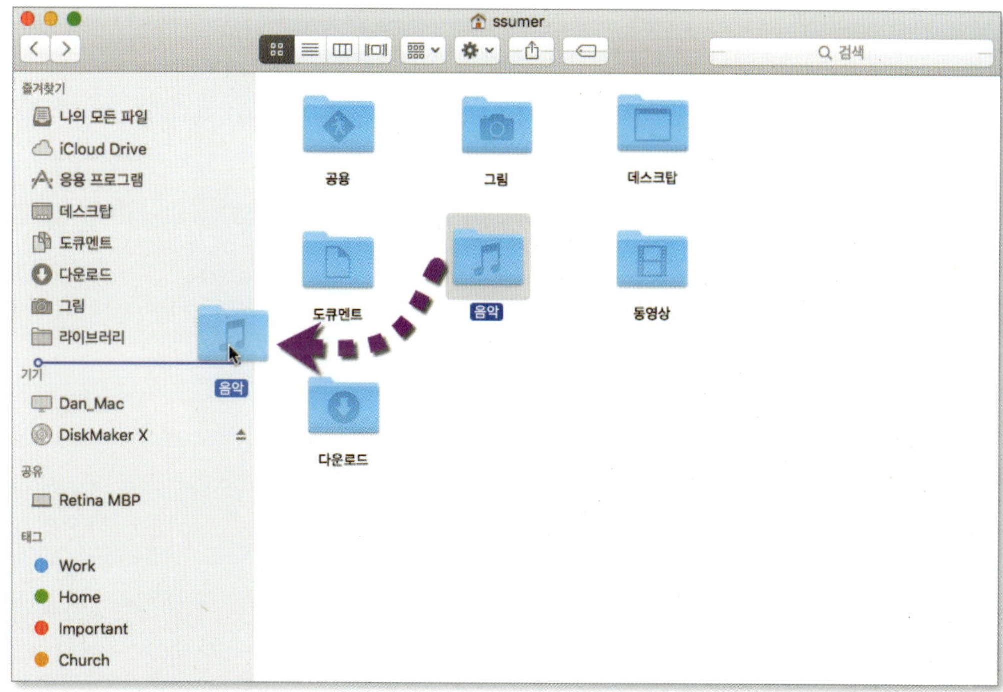

'음악' 폴더를 즐겨찾기 폴더로 추가하기

⑨ 빠르게 항목 내용 보기

이미지/동영상 및 문서 파일(PDF, 워드, 엑셀 파일 등) 등은 Finder에서 별도의 앱을 실행하지 않아도 '훑어보기' 기능으로 빠르게 내용을 확인할 수 있습니다. 사용방법은 Finder에서 내용을 확인할 항목을 선택하고 툴바에서 '훑어보기' 아이콘을 클릭하거나 키보드에서 Spacebar 를 누르면 됩니다. Option + Spacebar 를 누르면 전체 화면 모드로 훑어보기가 실행됩니다. 참고로 훑어보기에서 볼 수 있는 파일 유형은 CoverFlow 보기 모드에서도 볼 수 있고, 지원되지 않는 일부 파일 유형은 별도의 플러그인을 설치하면 훑어보기가 가능합니다(CH 어도비 인디자인 파일, zip 파일 등).

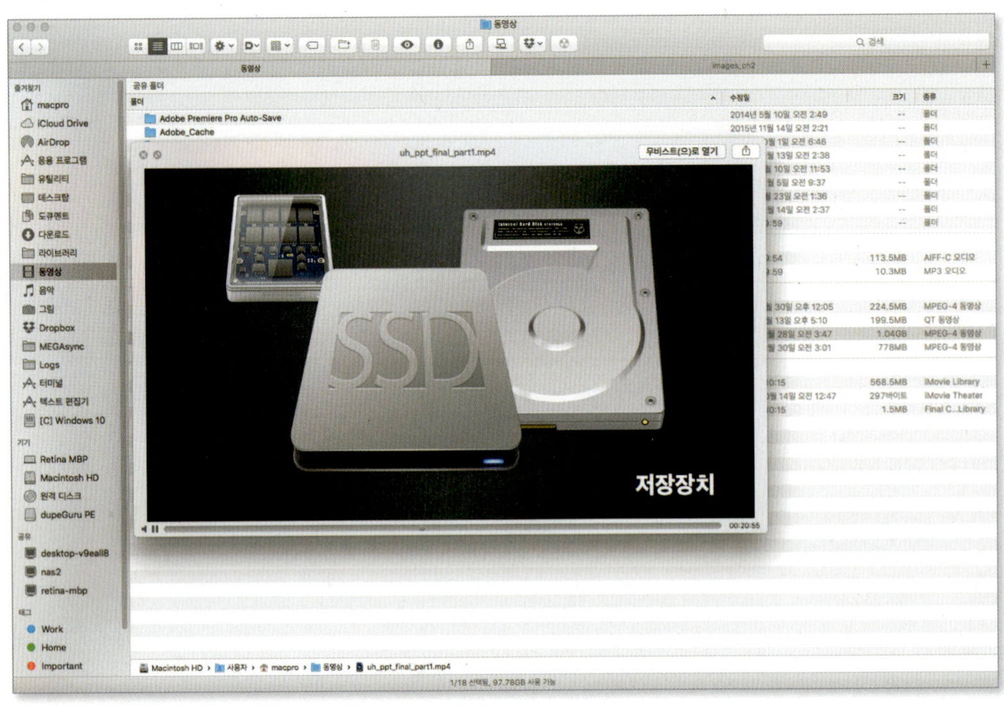

동영상을 훑어보기로 빠르게 확인하기

- 무료 플러그인 모음 사이트 : http://www.qlplugins.com
- 유료 플러그인 모음 사이트 : http://www.code-line.com

⑩ 툴바 아이콘 추가 및 삭제하기

툴바에 자주 사용하는 Finder 명령 아이콘을 추가하면 좀 더 편리하게 다양한 Finder 명령들을 실행할 수 있습니다(**예** 새
로운 폴더 만들기, 항목 삭제, CD/DVD 굽기(Burn) 등). 툴바에 새로운 아이콘을 등록하거나 변경하려면 우선 마우스 포
인터를 Finder 윈도우의 툴바로 이동하고 컨텍추얼 메뉴(마우스 오른쪽 버튼 클릭)에서 '도구 막대 사용자화'를 선택합니
다. 그러면 추가시킬 수 있는 다양한 명령 아이콘들이 나타나는데, 여기서 원하는 아이콘을 툴바로 드래그 & 드롭합니
다. 이미 등록된 아이콘의 위치 변경은 해당 아이콘을 클릭한 상태에서 드래그하면 되고, 제거는 해당 아이콘을 클릭하
고 Finder 윈도우 바깥쪽으로 드래그하면 됩니다. 참고로 이와 같이 툴바의 아이콘을 필요에 따라 추가 및 변경하는 것은
Finder 뿐만 아니라 대부분의 OS X용 앱에서 지원됩니다.

툴바 아이콘 변경 메뉴

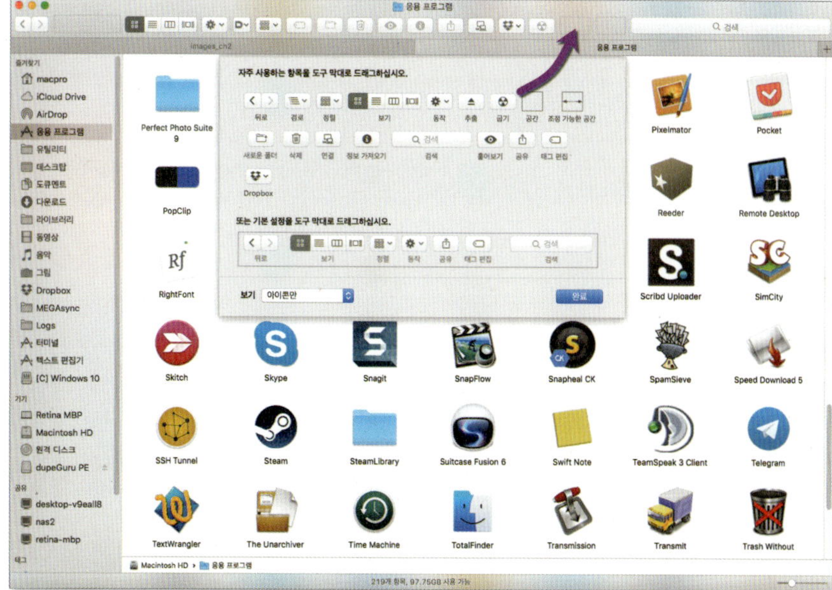

'굽기' 아이콘을 드래그&드롭으로 추가하기

⑪ 네트워크 서버 또는 공유 폴더 액세스

동일한 네트워크에 연결된 다른 컴퓨터로 접속하거나 인터넷을 통한 FTP 서버로 접속하려면 '이동 → 서버에 연결' 메뉴를 이용합니다(툴바에 '연결' 아이콘을 추가하면 보다 편리하게 명령을 실행할 수 있습니다). 예를 들어 로컬 네트워크에 연결된 다른 윈도 PC의 공유 폴더에 접근하기 위해 '서버에 연결' 대화상자에서 'smb://〈윈도 PC의 IP 주소〉'를 입력하면 해당 윈도 PC의 공유 자원을 액세스할 수 있습니다. 일반적으로 AFP(Apple Filing Protocol) 네트워크 프로토콜을 지원하는 클래식 Mac OS 및 OS X는 자동으로 Finder 윈도우의 사이드바에 표시되지만, 윈도 PC 및 리눅스 기반의 컴퓨터는 방화벽 설정에 따라 제대로 표시되지 않을 수 있습니다. 이럴 경우 '서버에 연결' 메뉴를 사용하여 IP 주소 입력을 통해 해당 컴퓨터로 접속하면 네트워크 공유 자원을 빠르게 액세스할 수 있습니다.

만약 다른 컴퓨터로의 접속이 제대로 되지 않는다면, 해당 컴퓨터의 방화벽에서 SMB(TCP 445 포트) 및 NetBIOS(TCP 139) 포트가 열려 있는지 확인해 봅니다.

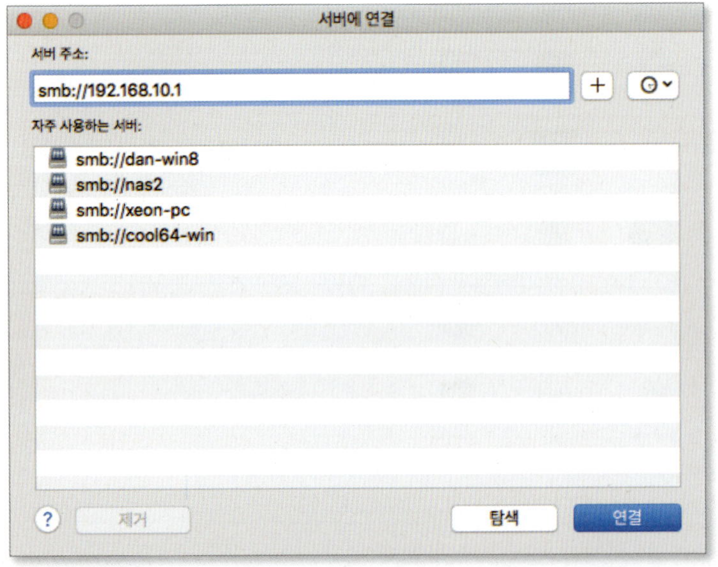

윈도우 및 Samba가 설치된 리눅스 컴퓨터는 smb 프로토콜로 접속할 수 있습니다.

'서버에 연결' 메뉴에서 사용할 수 있는 네트워크 프로토콜	
AFP	클래식 Mac OS 또는 Mac OS X **예** afp://〈컴퓨터 IP 주소〉
SMB	윈도우 PC 또는 Samba가 설치된 리눅스(유닉스) **예** smb://〈컴퓨터 IP 주소〉
FTP	로컬 및 원격(인터넷) FTP 서버 **예** ftp://〈FTP 서버 주소〉
HTTP	WebDAV로 접속할 때 사용 **예** http://〈Web 서버 주소/경로〉
VNC	VNC 서버에 접속할 때 사용 **예** vnc://〈VNC 서버 주소〉

Tip

OS X 10.9 버전부터는 기본적인 파일 전송 프로토콜이 SMB(Server Message Block)2 버전으로 변경되어, 이를 지원하는 MS 윈도 비스타 이상 버전이 설치된 컴퓨터 또는 OS X 10.9 이상 버전이 설치된 다른 Mac 컴퓨터간의 보다 빠르고 안정적인 데이터 전송을 지원합니다. 특히, 기가빗(GigaBit) 네트워크 환경에서 SMB2 프로토콜 효과를 확실하게 확인할 수 있는데, 예를 들어 1Gbit 속도 지원 네트워크 허브(또는 공유기)에 연결된 Mac(OS X 10.9)과 윈도 PC(비스타 이상) 간의 데이터 전송 속도는 초당 100MB/s 이상이 지원됩니다. 참고로, SMB2를 지원하지 않는 OS X 10.8 이하 버전이 설치된 Mac과 윈도 PC 간의 네트워크 전송 속도는 평균 50MB/s 이하입니다.

⑫ 항목 상세 정보 보기

파일 및 폴더의 크기와 최종 저장된 시간 등을 확인하려면 '정보 가져오기' 메뉴를 이용합니다. '정보 가져오기'에서는 항목
의 기본 정보 외에 연결 프로그램(Open with), 태그, 항목 액세스 권한 등도 설정할 수 있습니다. 다음은 PDF 파일 유형
에 대한 연결 프로그램을 변경하는 순서입니다.

01 응용 프로그램 폴더에 있는 텍스트 편집기 앱을 실행
하고 연습삼아 글자를 입력합니다(**예** 테스트 테스트).

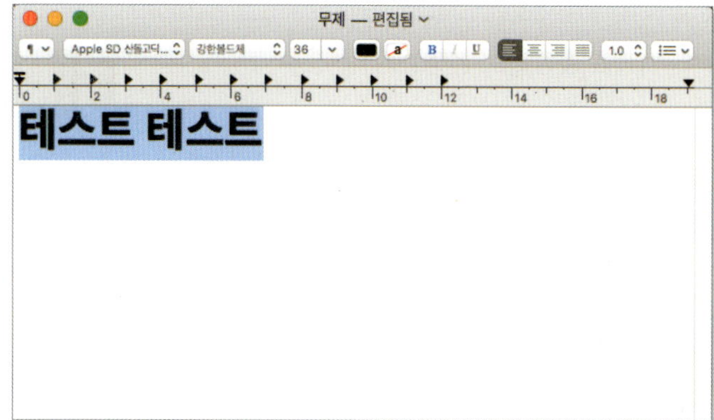

텍스트 편집기 앱에서 글자를 입력한 화면

02 입력한 글자의 크기와 스타일을 조절하고, '파일 →
PDF 보내기' 메뉴를 선택하여 '도큐멘트' 폴더에 PDF
문서로 저장합니다. 이번 예제에서의 파일명은 '테스
트'로 합니다.

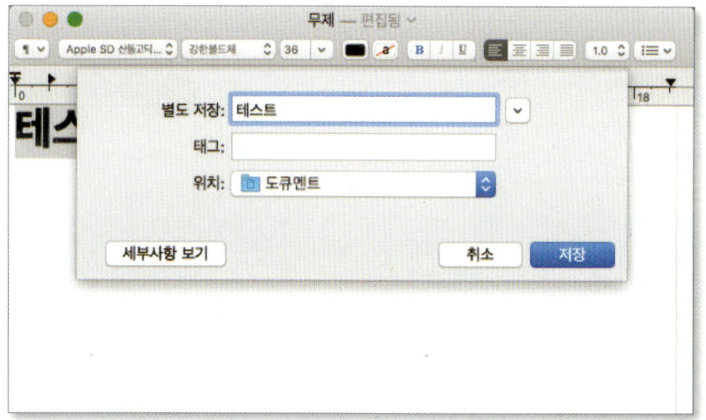

PDF 파일 저장 대화상자

03 Finder의 '도큐멘트' 폴더에서 방금 저장한 '테스트'
PDF 파일을 오른쪽 클릭하고 '정보 가져오기'를 선
택합니다.

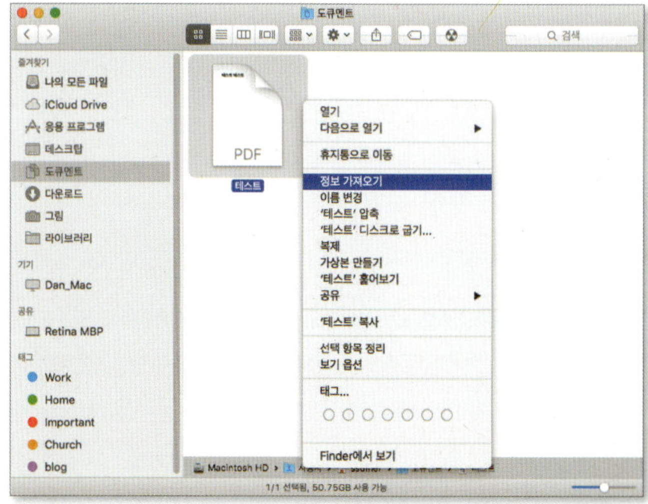

정보 가져오기 컨텍추얼 메뉴

<u>**04**</u> '정보 가져오기' 대화상자에서 '다음으로 열기'를 선택하고 기본 프로그램으로 설정된 '미리보기'를 클릭합니다. 그리고, 'Safari'를 선택하고 '모두 변경' 버튼을 클릭합니다. 이로써 모든 PDF 파일은 사파리에서 열리게 됩니다.

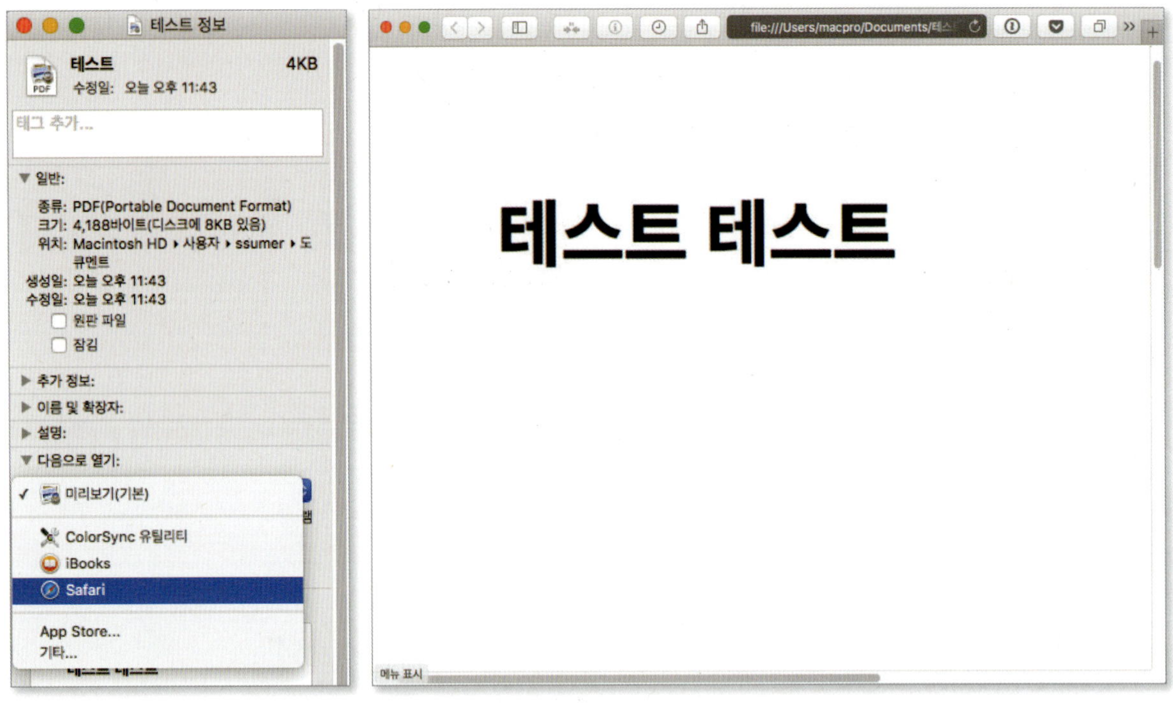

정보 가져오기 대화상자   사파리에서 PDF 파일을 연 화면

<u>**05**</u> PDF 파일의 기본 연결 프로그램이었던 '미리 보기' 앱으로 되돌리기 위해 **03~04** 과정을 다시 실행합니다. 즉, '다음으로 열기' 항목에서 '미리 보기'를 설정합니다.

⑬ 항목 보기 설정하기

Finder 메인 메뉴의 '보기 → 보기 옵션'(단축키 Command + J) 또는 Finder 윈도우에서 마우스 오른쪽 버튼을 클릭한 후 컨텍추얼 메뉴에서 '보기 옵션'을 선택하면 해당 경로에 포함된 항목 표시와 관련하여 다양한 설정을 변경할 수 있습니다. 아이콘의 크기/간격, 텍스트 크기 등을 변경할 수 있으며, 여기서 설정된 내용은 자동으로 저장되어 OS X를 재시동해도 해당 경로의 설정값은 그대로 유지됩니다.

⊙ 보기 옵션 박스

• **항상 아이콘/목록/계층/Cover Flow 보기로 열기** 이 옵션의 제목은 현재 설정된 표시 방식에 따라 달라지며, '보기 옵션' 메뉴를 실행한 폴더내의 항목들에 대한 기본 표시 방식을 설정하는 옵션입니다. '아이콘/목록/계층/Cover Flow 보기로 탐색' 옵션을 함께 체크해 주면, 서브 폴더들을 탐색할 때 모든 항목들이 설정한 방식에 따라 표시됩니다.

- **정렬 방식** 표시된 항목들의 유형에 따라 분류 및 정렬해주는 옵션입니다. 예를 들어, 이 옵션에서 정렬 기준을 '종류' 로 설정하면, 폴더, 이미지, 도큐멘트 등으로 그룹지어 표시됩니다.

- **정렬** 이름, 종류, 최근 사용일 등의 정렬 기준으로 항목들을 표시 순서를 변경할 수 있는 옵션입니다. '정렬 방식' 옵션 과 함께 사용하면 보다 효율적으로 항목들을 관리할 수 있습니다.

- **아이콘 크기** '계층 보기'를 제외한 나머지 표시 방식(아이콘, 목록, Cover Flow)에서 아이콘 크기를 설정할 수 있는 옵션 입니다. '아이콘'으로 표시 방식을 설정하였다면, 최대 512×512 해상도로 크기를 확대할 수 있습니다.

- **격자 간격** '아이콘' 보기에서만 나타나는 옵션이며, 아이콘들간의 간격을 설정할 수 있습니다.

- **텍스트 크기** 항목 이름 및 정보를 표시하는 텍스트의 폰트 크기를 설정하는 옵션입니다. 10~16 포인트 사이에서 설정 할 수 있습니다.

- **꼬리표 위치** '아이콘' 보기에서 항목 이름의 표시 위치를 설정하는 옵션입니다. 참고로 자주 사용하는 폴더 또는 파일에 '꼬리표(Label)' 색상을 지정하면, 보다 빠르게 해당 항목을 찾을 수 있습니다.

- **항목 정보 보기** '아이콘' 보기에서 각 파일의 용량 및 폴더 내 항목 수를 표시하는 옵션입니다.

- **아이콘 미리보기** 이미지, 문서, 동영상 파일들을 섬네일(thumbnail) 형식으로 미리 볼 수 있는 옵션입니다. 동영상 및 문 서 파일 등을 아이콘 상태에서 직접 재생하거나 페이지를 넘겨볼 수 있는 매우 편리한 기능입니다.

- **계층 보기** '목록'과 'Cover Flow' 보기에서 항목들의 속성 정보(예 수정일, 생성일, 최근 사용일 등)의 표시 유무를 설정하 는 옵션입니다. 여기서 활성화시킨 속성 정보의 타이틀을 목록에서 클릭하면, 해당 속성 정보를 기준으로 정렬시킬 수 있습니다. 예를 들어, '크기' 타이틀 막대를 클릭하면, 항목의 용량 순서대로 정렬됩니다.

- **배경** '아이콘' 보기에서만 사용할 수 있는 옵션이며, 항목들이 표시되는 영역의 배경을 흰색, 사용자 지정 색상, 이미지 등으로 설정할 수 있습니다.

- **상대적 날짜 사용** '목록'과 'Cover Flow' 보기에서 날짜를 표시하는 항목 속성(예 생성일, 수정일, 최근 사용일 등)들을 현 재 시점 기준으로 어제, 오늘 등으로 표시합니다.

- **모든 크기 계산** '목록'과 'Cover Flow' 보기에서 폴더의 용량을 표시합니다. 참고로 SSD를 기본 내장 저장 장치로 사용한 다면 빠르게 폴더 내의 모든 항목 용량을 계산하지만, 일반 하드디스크 또는 USB 외장 하드디스크의 경우, 시간이 많이 소요될 수 있습니다.

- **계층 미리보기** '계층' 보기에서 파일의 내용물을 미리 확인할 수 있습니다. 대부분의 이미지 파일, QuickTime 호환 동영 상, 오피스 문서 등을 별도의 앱을 실행하지 않고도 확인할 수 있습니다.

- **기본값으로 사용** 이 버튼을 클릭하면 '보기 옵션'에서 설정한 모든 옵션들이 항목 표시의 기본으로 설정됩니다. 예를 들 어, 항목 표시를 '아이콘 보기'로 설정하고, 아이콘 크기를 256×256으로 설정했다면, 현재 폴더가 아닌 다른 폴더의 항 목들도 기본적으로 아이콘 보기 및 256×256 픽셀 크기로 표시됩니다.

항목을 선택하지 않은 상태에서 마우스 오른쪽 버튼을 클릭한 후 컨텍추얼 메뉴에서 '보기 옵션'을 선택합니다.

정렬 전(정렬 기준 : 없음)

정렬 후(정렬 기준 및 방식 : 이름)

Tip

QuickTime에서 윈도 미디어 포맷(WMV, WMA, ASF 등)을 재생할 수 있는 Flip4Mac 플러그인을 설치했다면 동영상이 저장된 폴더의 '아이콘 미리보기' 옵션을 비활성화하는 것이 좋습니다. 왜냐하면 해당 폴더를 액세스할 때마다 자동으로 Flip4Mac이 실행되어 각 동영상에 대한 섬네일을 생성하는데, 속도가 느리고, 다른 작업을 하는데 방해가 될 정도로 CPU 점유율이 높아질 수 있습니다.

• Flip4Mac OS X의 QuickTime에서 윈도 미디어 포맷을 재생하거나 저장시킬 수 있도록 해주는 일종의 QuickTime 플러그인입니다. 동영상 변환 및 저장은 Mac OS X 10.6 Snow Leopard 및 OS X 10.7 Lion을 설치할 때 선택적으로 설치할 수 있는 QuickTime 7(OS X 10.8 이후 버전은 애플 홈페이지에서 다운로드 가능) 및 외부 동영상 플러그인을 지원하는 모든 앱에서 가능합니다.

• 개발사 홈페이지 : http://www.telestream.net

⑭ CD/DVD 디스크 굽기

OS X에서 CD/DVD 디스크로 자료를 백업하거나 음악 CD 또는 동영상 DVD를 만드는 방법은 다양합니다. 만약 폴더 및 파일 단위의 단순한 백업이라면 Finder의 '굽기 폴더' 메뉴를 이용합니다. 하지만 음악 CD 및 동영상 DVD는 카오디오 나 DVD 셋탑박스 등의 다른 플레이어에서도 인식할 수 있는 표준 포맷으로 CD/DVD 미디어를 만들려면 다른 방법으로 해야 합니다. 다음의 방법을 참고하면 데이터 백업 및 음악/동영상을 위한 CD/DVD 디스크를 만들 수 있습니다.

01 Finder의 사이드바에서 '도큐멘트' 항목을 선택하고 메인 메뉴에서 '파일 → 새로운 굽기 폴더'를 선택합니다.

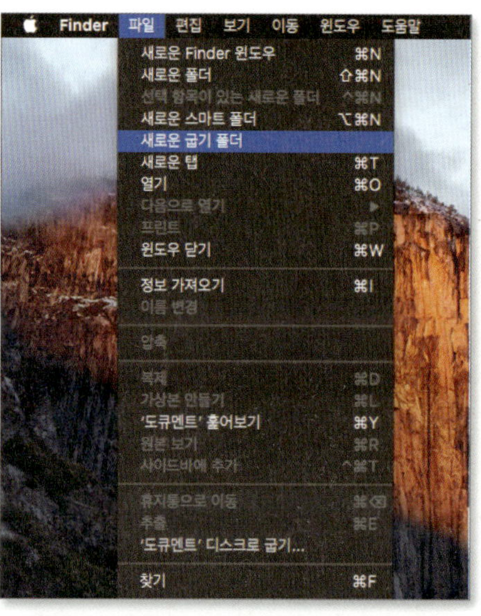

Finder 파일 → 새로운 굽기 폴더

02 '파일 → 새로운 Finder 윈도우' 메뉴(또는 Command + N)를 선택하여 두 번째 Finder 윈도우를 열고 CD/DVD 굽기에 포함할 폴더 또는 파일들을 '굽기 폴더'로 드래그 & 드롭합니다.

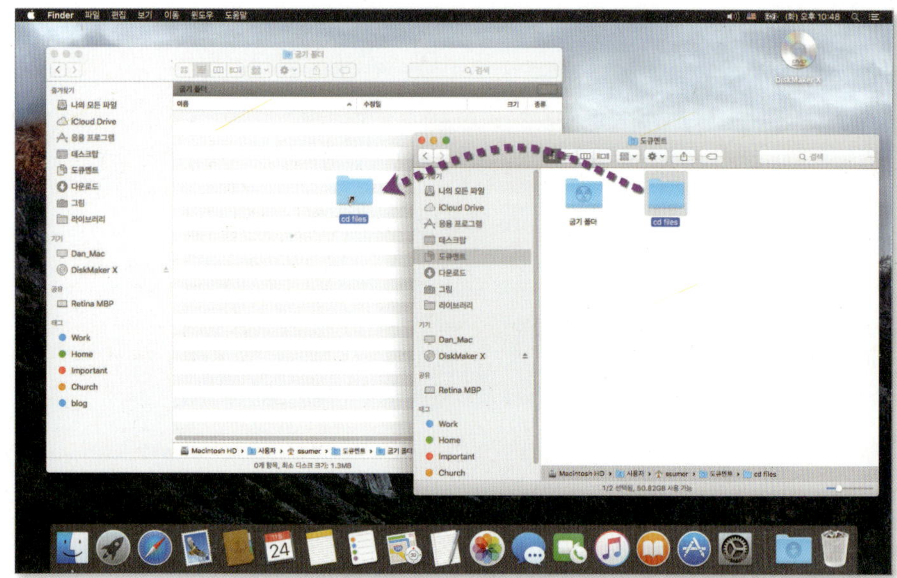

굽기 항목 드래그&드롭

03 원하는 파일 및 폴더를 모두 드래그 & 드롭했으면 '굽기 폴더'의 오른쪽 위에 있는 '굽기' 버튼을 클릭하고 공디스크를 삽입합니다.

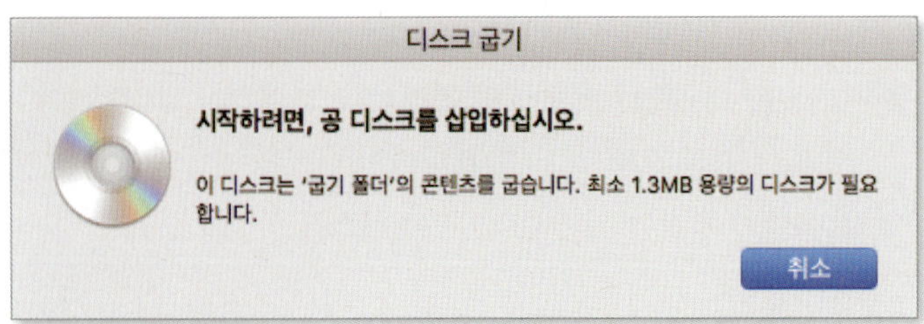

'디스크 굽기' 대화상자

예제 **2** 디스크 이미지 파일 및 동영상 DVD 굽기

ISO, IMG, DMG 등과 같은 디스크 이미지 파일을 구우려면 디스크 이미지 파일을 만들어야 합니다. 예를 들어, 동영상 DVD를 만들기 위해서는 먼저 Toast, Final Cut Pro 등과 같은 앱에서 DVD 비디오 마스터 파일(ISO 또는 IMG 포맷 파일)을 만들어야 합니다. 참고로 윈도 PC에서 만든 DVD 이미지 파일도 사용할 수 있습니다.

iDVD에서 디스크 이미지 파일을 생성하는 메뉴

01 Finder에서 이미지 파일을 마우스 오른쪽 클릭하고, 이때 표시되는 컨텍추얼 메뉴에서 '디스크 굽기' 메뉴를 선택합니다.

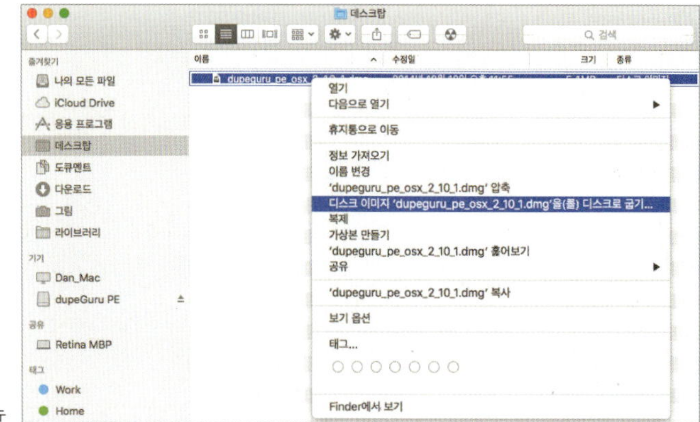

Finder의 이미지 굽기 컨텍추얼 메뉴

02 '디스크 굽기' 대화상자가 나타나면 공디스크를 삽입하고 '굽기' 버튼을 클릭합니다.

'디스크 굽기' 대화상자

요즘 출시되는 대부분의 오디오 CD 플레이어들은 MP3 파일을 지원하기 때문에 별도의 오디오 CD를 만들지 않아도 MP3 파일이 담긴 데이터 CD를 재생할 수 있습니다. 그러나 표준 오디오 CD만 재생할 수 있는 CD 플레이어를 이용한다면 다음의 순서를 참고합니다.

01 '응용 프로그램' 폴더에 있는 iTunes 앱을 실행하고 오디오 CD에 포함할 음악들을 분류하기 위한 새로운 재생 목록을 생성합니다. ('파일 → 새로운 재생 목록' 메뉴) 그리고, '음악 보관함'에서 원하는 음악들을 새로 생성한 재생 목록으로 드래그 & 드롭합니다.

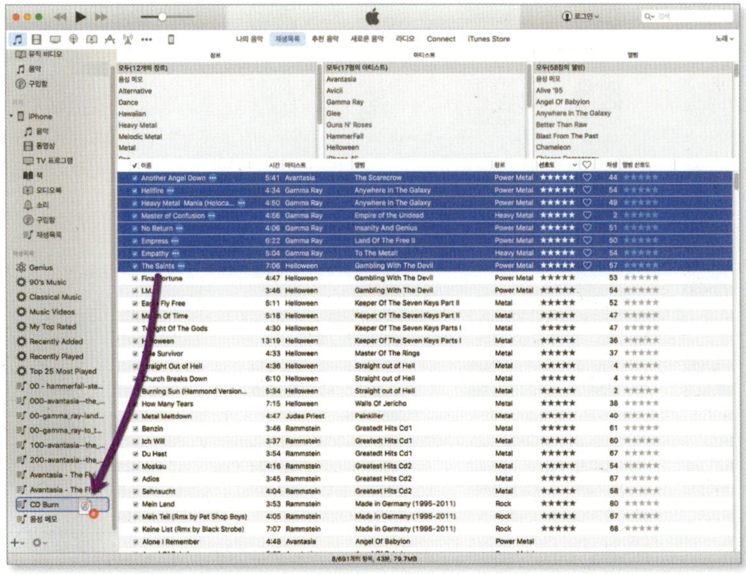

아이튠즈 재생 목록에 음악 추가

02 원하는 음악 파일들을 재생 목록에 추가했으면 왼쪽 사이드바 아래에 있는 톱니바퀴 아이콘을 클릭하고, '재생 목록을 디스크로 굽기' 메뉴를 클릭한 후 공 CD를 삽입합니다.

03 '굽기 설정' 대화상자에서 굽기 속도, 디스크 포맷 등을 설정하고 '굽기' 버튼을 클릭합니다.

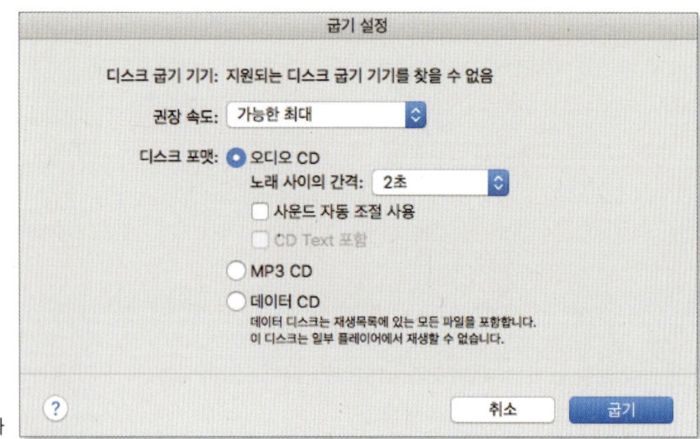

아이튠즈 '굽기 설정' 대화상자

⑮ 항목 검색하기

Finder 윈도우의 검색 필드는 OS X 메인 메뉴의 Spotlight 검색과 함께 사용자가 파일 및 폴더, 앱 등을 검색할 때 가장 많이 사용합니다. 물론 Finder의 검색 필드도 기본적으로 Spotlight의 검색 데이터베이스를 이용해 실시간 검색 결과를 표시하지만, 메인 메뉴의 Spotlight에서 지원하지 않는 상세 검색 조건을 지정할 수 있습니다. 다음의 순서는 항목을 검색할 때 상세 조건을 추가하는 예제입니다.

01 Finder 윈도우의 검색 필드에 'ITUNES'를 입력하면 실시간으로 검색 결과를 확인할 수 있습니다.

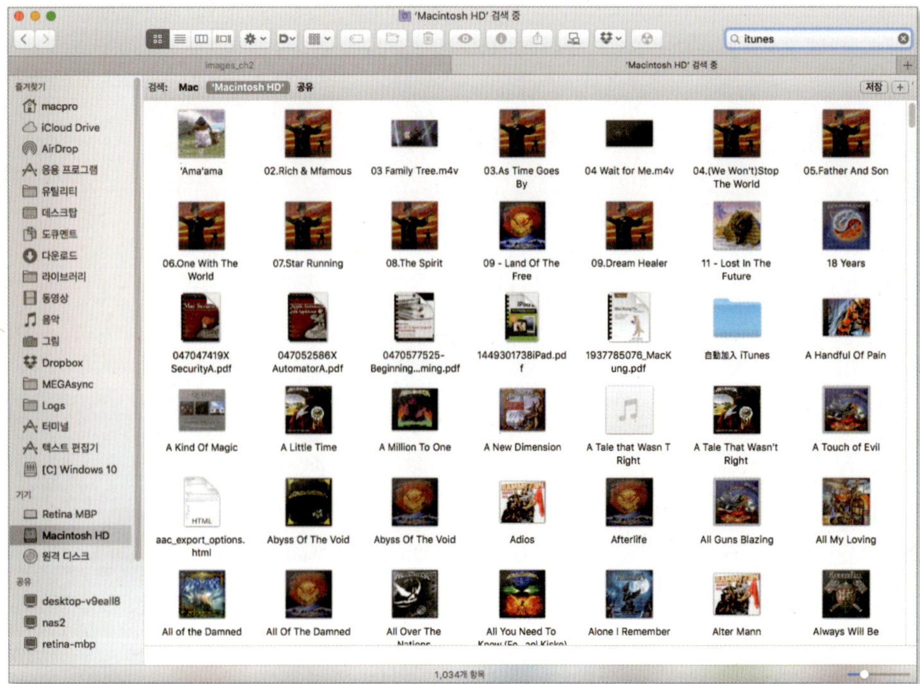

Finder에서 검색 화면

02 검색 영역을 Mac으로 설정하고 검색 조건 영역의 가장 오른쪽에 있는 ⊞ 버튼을 클릭하여 '종류' 항목을 '응용 프로그램'으로 설정합니다. 그러면 **01**에서 표시된 여러 개의 항목들이 사라지고 오직 iTunes 앱만 표시됩니다. 이와 같이 ⊞ 버튼을 클릭하면 최근 사용일, 내용, 생성일, 내용 등을 상세 검색 조건으로 추가할 수 있습니다(검색 조건 삭제는 ⊟ 버튼).

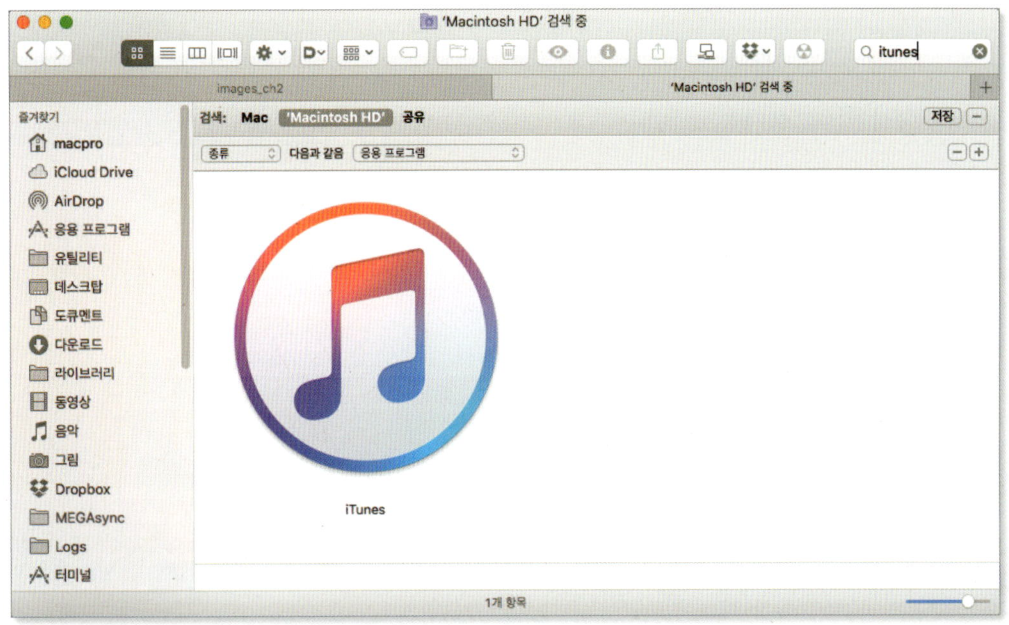

iTunes 앱이 표시된 검색 결과

03 '저장' 버튼을 클릭하면 방금 검색한 조건을 스마트 폴더(Smart Folder)로 저장할 수 있으며, 언제든지 Finder 윈도우의 사이드바에서 다시 확인할 수 있습니다.

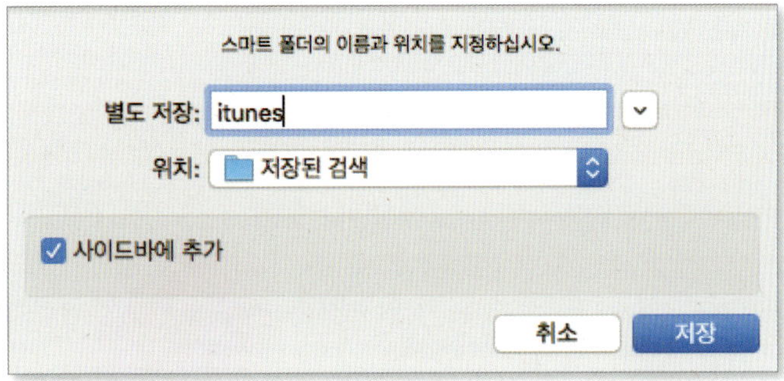

'스마트 폴더 저장' 대화상자

Tip 검색 조건 및 결과를 저장할 수 있는 스마트 폴더 기능을 이용하면 설정한 조건에 맞는 파일들만 자동으로 검색하여 표시해 줍니다. 따라서 파일의 유형별로(예 이미지, 동영상, 문서 등) 편리하게 검색하고 액세스할 수 있습니다(스마트 폴더에 표시되는 파일은 단순한 검색 결과입니다).

⑯ 압축 도구

Finder는 기본적으로 ZIP 포맷 파일의 압축 및 해제를 지원합니다. 그리고 리눅스 기반 운영체제에서 많이 사용하는 TAR, BZip2, GZip 등의 포맷도 압축 해제할 수 있습니다(터미널을 이용하면 압축 파일 생성도 가능). 그러나 전 세계적으로 인터넷 파일 교환용으로 ZIP 포맷과 함께 가장 많이 사용하는 RAR 포맷과 클래식 Mac 시절에 많이 사용했던 SITS 포맷(Stuffit 포맷) 등은 지원되지 않습니다 (ZIP 포맷 이외에 다른 압축 포맷에 대한 생성과 해제는 아래 표를 참고합니다). 기본적으로 지원하는 ZIP 포맷의 압축 해제는 단순히 Finder 윈도우에서 해당 파일을 더블클릭하면 됩니다. 그리고 압축 파일 생성은 압축할 항목들을 선택하고 컨텍추얼 메뉴(마우스 오른쪽 버튼)에서 '…압축' 메뉴를 클릭하면 됩니다.

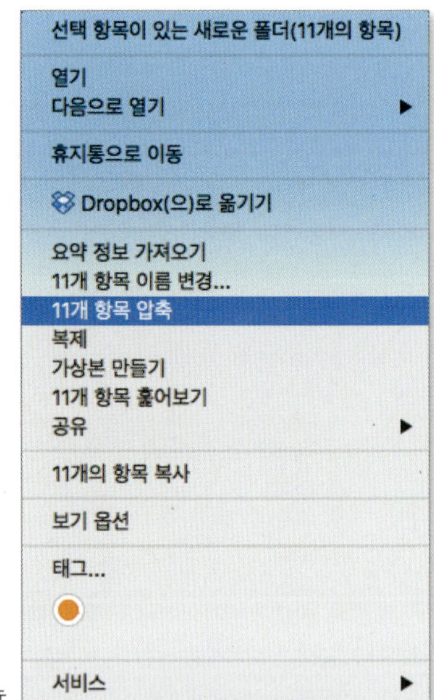

Finder의 컨텍추얼 메뉴

| 압축 파일 형식 및 이용 프로그램 |

압축 포맷 방식	추천 앱
RAR	• Mac OS X용 RAR, (http://www.rarlab.com), 셰어웨어 • The Unarchiver(Mac 앱스토어에서 검색 후 설치), 무료, 압축 해제만 지원
ALZ/EGG	• ALZip(Mac 앱스토어에서 검색 후 설치), 무료
SITX	• Stuffit Deluxe, (http://www.stuffit.com), 셰어웨어 • Stuffit Expander, (http://www.stuffit.com), 무료, 압축 해제만 지원
7zip	• Mac용 7zip, (http://www.7-zip.org), 무료
분할 파일(확장자가 001, 002, 003 등으로 된 파일)	• Ajoiner, (http://www.digicowsoftware.com), 무료

Tip

OS X에 기본적으로 내장된 압축 유틸리티에 대한 환경 설정을 변경하려면 'Macintosh HD ▶ 시스템 ▶ 라이브러리 ▶ CoreServices ▶ Applications' 폴더에 있는 '아카이브 유틸리티'를 실행하고 '아카이브 유틸리티 → 환경 설정' 메뉴를 클릭합니다.

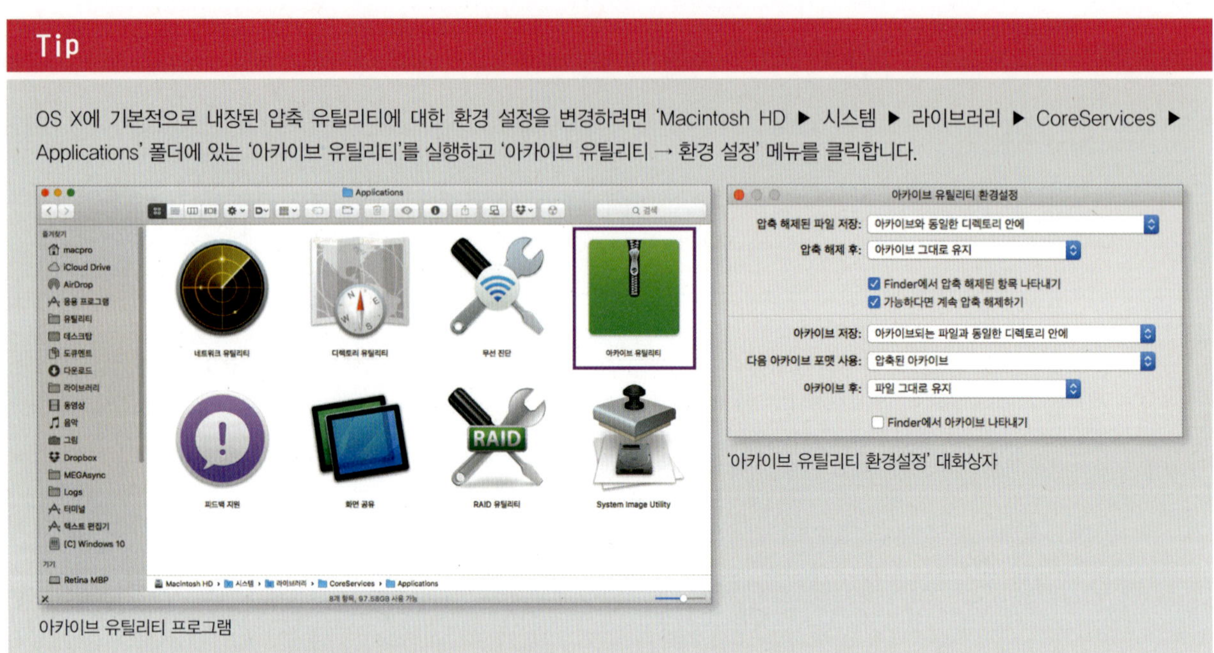

아카이브 유틸리티 프로그램

'아카이브 유틸리티 환경설정' 대화상자

⑰ 가상본 만들기

가상본(alias)은 MS 윈도의 '바로 가기'와 비슷한 기능으로, 파일이나 폴더 등의 항목을 실제로 중복 복사하지 않고, 항목에 대한 경로 정보만 담고 있는 파일입니다. 이것은 간단한 정보만 담기 때문에 파일 용량이 매우 작으며, 주로 빠르고 편리하게 액세스하기 위해 사용합니다. 가상본을 만들려면 Finder에서 파일, 앱, 폴더 등과 같은 임의의 항목을 선택하고 마우스 오른쪽 버튼을 클릭한 후 컨텍추얼 메뉴에서 '가상본 만들기'를 선택합니다. 그리고 생성된 가상본을 액세스가 편리한 경로 또는 위치로 드래그하여 옮겨 놓습니다. 참고로 가상본은 저장한 경로나 위치에 상관없이 더블클릭하면 자동으로 원본 항목을 표시하거나 프로그램을 실행합니다.

⑱ 항목 삭제하기

Finder에서 항목(파일, 폴더, 프로그램 등)을 삭제하려면 컨텍추얼 메뉴(마우스 오른쪽 버튼)에서 '휴지통으로 이동' 메뉴를 클릭하거나 해당 항목을 Dock의 휴지통으로 드래그 & 드롭합니다(단축키 [Command] + [Delete]). 그러나 단순히 '휴지통으로 이동'만 했다고 해당 항목이 삭제된 것이 아니라 휴지통을 비워야만 해당 항목을 완전히 삭제할 수 있습니다. 휴지통을 비우기 위해서는 휴지통의 컨텍추얼 메뉴(마우스 오른쪽 버튼)에서 '휴지통 비우기'를 선택합니다.

03 Finder 환경 설정하기

Finder의 '환경설정' 메뉴를 이용하면 Finder 윈도우에서 기본적으로 표시되는 항목들을 변경하거나 표시 방식, 검색 영역 등을 사용자의 편의에 따라 변경할 수 있습니다.

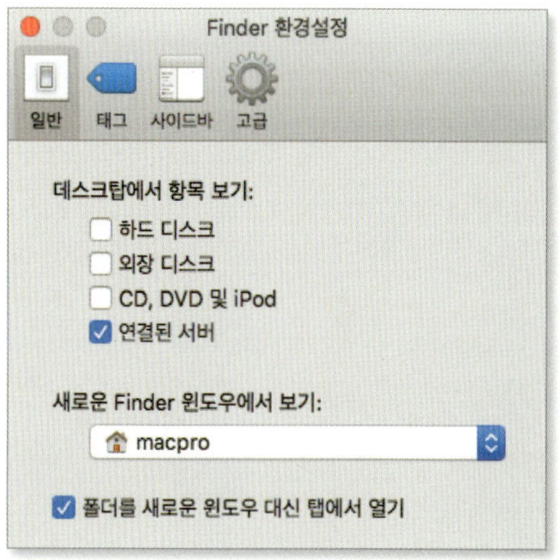

'Finder 환경설정' 대화상자

① '일반' 탭

'일반' 탭에서는 데스크탑 바탕화면에 표시할 저장 장치 종류(내/외장 하드디스크, CD/DVD 등의 광학 디스크, 아이팟, 네트워크 서버 등)와 새로운 Finder 윈도우를 열 때 표시할 기본 위치 등을 설정할 수 있습니다. 새로운 Finder 윈도우를 열면 기본적으로 '나의 모든 파일(모든 항목들을 유형별로 분류해서 표시함)'이 표시됩니다. '폴더를 새로운 윈도우 대신 탭에서 열기' 옵션을 활성화하여 Finder 윈도우에서 임의의 폴더를 더블클릭하면 새로운 탭(Tab)이 열려서 해당 폴더를 표시합니다.

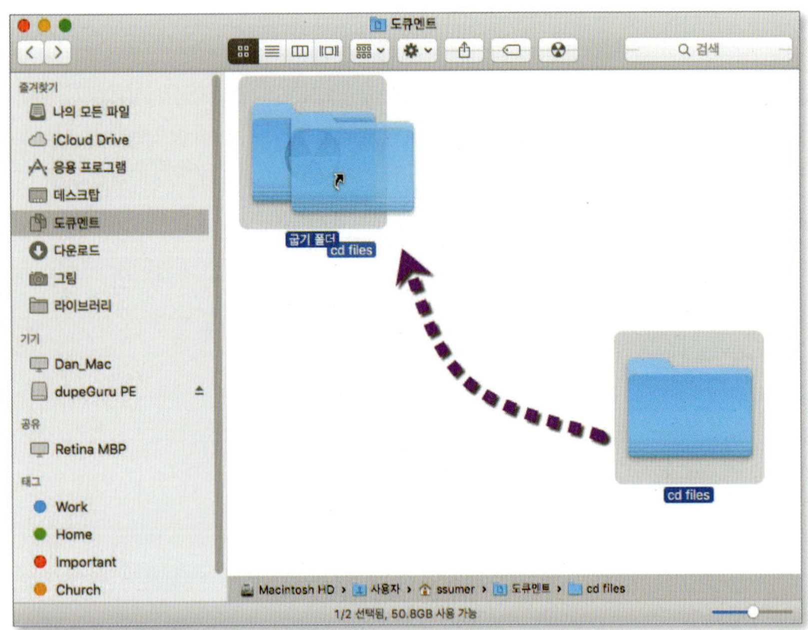

임의의 항목을 폴더로 드래그하고 잠시 기다리면 해당 폴더가 열립니다. 만약 중간에 이것을 취소하려면 드래그하는 항목을 Finder 윈도우의 바깥쪽으로 이동합니다.

② '태그' 탭

'태그(검색 키워드)' 탭은 Finder 윈도우에서 항목들을 좀 더 효과적으로 분류 및 검색하기 위해 사용하는 태그의 키워드 및 색상을 사용자가 변경할 수 있는 옵션입니다. Finder의 컨텍추얼 메뉴에서 임의의 항목에 태그를 설정하면 해당 항목의 이름 옆에 지정된 태그 색상의 점(Dot)이 표시되며, 필요에 따라 검색 조건으로도 사용할 수 있습니다.

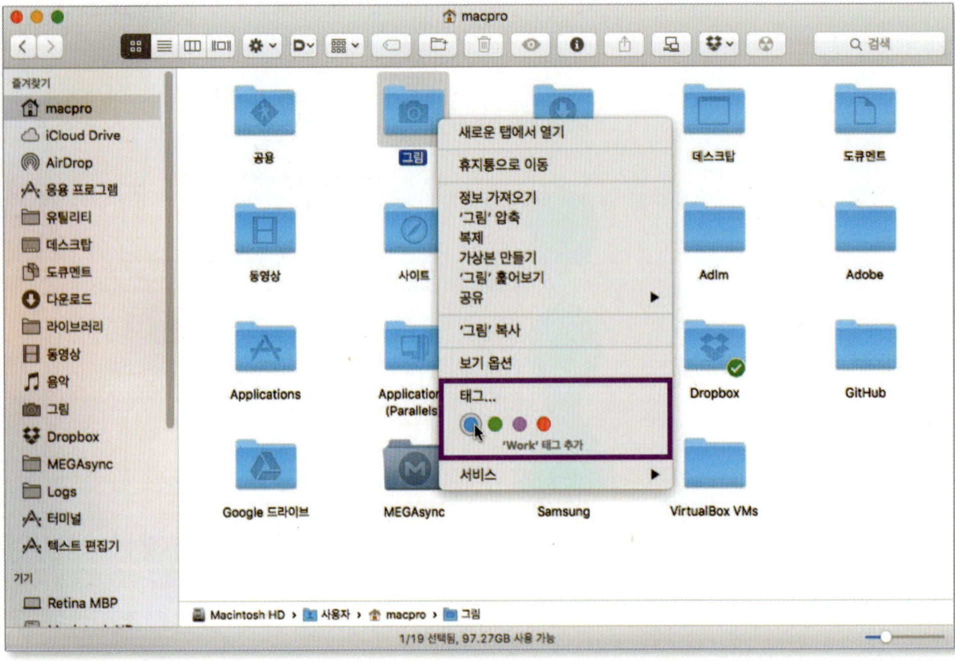

Finder 윈도우에서 컨텍추얼 메뉴를 이용하면 각 항목에 태그를 설정할 수 있습니다.

③ '사이드바' 탭

'사이드바' 탭은 Finder 사이드바에 표시할 항목들을 설정할 수 있는 옵션으로, 각 영역별(즐겨찾기, 공유, 장비, 검색 등)로 표시될 항목들을 설정할 수 있습니다. '즐겨찾기' 영역은 필요에 따라 사용자가 폴더 및 검색 조건 폴더(스마트 폴더)를 드래그 & 드롭하여 추가할 수 있습니다.

④ '고급' 탭

'고급' 탭은 파일의 확장자 표시와 경고 대화상자 표시 등을 설정할 수 있는 옵션입니다. 항상 정확한 파일 유형을 확인하고자 한다면 '모든 파일 확장자 보기'를 활성화시키고, 파일에 대한 확장자 변경 및 휴지통을 비울 때 예기치 않은 실수를 방지하고자 한다면 경고 대화상자가 표시되도록 설정해야 합니다. '검색할 때' 옵션에서는 Finder 윈도우에서 1차적으로 검색할 대상(전체 저장 장치 또는 현재 폴더 등)을 설정할 수 있습니다.

04 Finder의 메인 메뉴

Finder 윈도우에서 간단한 마우스 조작 및 컨텍추얼 메뉴 등을 이용해서 대부분의 작업을 할 수 있지만, '폴더로 이동'과 같은 특정 명령은 메인 메뉴 또는 단축키(Shift + Command + G)를 이용해야 합니다. 다음은 Finder 메인 메뉴 및 이에 포함된 서브 메뉴에 대한 기능 설명입니다.

① 'Finder' 메뉴

 Finder 파일 편집 보기 이동 윈도우 도움말

서브 메뉴명	설명	단축키
Finder에 관하여	Finder의 버전 정보를 확인할 수 있습니다.	
환경 설정	Finder 사용에 관련된 환경을 다양하게 설정할 수 있습니다(97쪽 참고).	Command + .
휴지통 비우기	휴지통으로 이동한 항목들을 삭제합니다.	Shift + Command + Delete
서비스	OS X의 시스템 서비스 메뉴를 표시합니다(207쪽 참고).	
Finder 가리기	화면에서 Finder 메인 메뉴 및 윈도우를 보이지 않게 합니다.	Command + H
기타 가리기	Finder 이외의 다른 응용 프로그램들을 모두 보이지 않게 합니다.	Option (Alt) + Command + H

② '파일' 메뉴

◉ 기본 서브 메뉴

서브 메뉴명	설명	단축키
새로운 Finder 윈도우	새로운 Finder 윈도우를 표시합니다.	Command + N
새로운 폴더	현재 위치에서 새로운 폴더를 생성합니다.	Shift + Command + N
선택한 항목이 있는 새로운 폴더	새로운 폴더를 생성함과 동시에 선택한 항목들을 생성된 폴더로 이동시킵니다.	Ctrl + Command + N
새로운 스마트 폴더	검색 조건에 따라 자동으로 항목을 수집할 수 있는 스마트 폴더를 생성합니다.	Option (Alt) + Command + N
새로운 굽기 폴더	광학 디스크(CD/DVD) 굽기를 위한 폴더를 새로 생성합니다.	
새로운 탭	새로운 탭(Tab)을 생성하고, 이를 기반으로 항목들을 관리할 수 있습니다.	Command + T
열기	선택한 항목을 열거나 실행합니다(프로그램인 경우).	Command + O
다음으로 열기	선택한 파일을 여기서 지정한 앱으로 엽니다.	
프린트	선택한 파일을 인쇄합니다.	Command + P
윈도우 닫기	현재 활성화된 Finder 윈도우를 닫습니다.	Shift + Command + W
탭 닫기	현재 활성화된 탭을 닫습니다.	Command + W
정보 가져오기	선택한 항목에 대한 '정보 가져오기' 대화상자를 표시합니다.	Command + I
이름 변경	선택한 항목의 이름을 변경합니다. 여러 항목을 선택하고 임의의 규칙에 따라 일괄적으로 이름을 변경할 때 편리합니다.	
압축	선택한 항목을 ZIP 파일로 압축합니다.	
복제	선택한 항목에 대한 복제본을 같은 위치에 생성합니다.	Command + D
가상본 만들기	선택한 항목에 대한 가상본(alias)을 생성합니다(97쪽 참고).	Command + L
훑어보기	선택한 항목을 훑어보기합니다(84쪽 참고).	Command + Y
원본 보기	가상본의 원본 항목을 표시합니다.	Command + R
사이드바에 추가	Finder 윈도우의 사이드바에 선택한 폴더를 추가합니다.	Ctrl + Command + T
휴지통으로 이동	선택한 항목을 휴지통으로 이동합니다.	Command + Delete
추출	슈퍼 드라이브에서 광학 디스크(CD/DVD)를 추출하거나 마운트한 외장 디스크 볼륨 및 가상 디스크 이미지를 추출합니다.	Command + E
굽기	선택한 항목을 광학 디스크(CD/DVD)로 굽습니다.	
찾기	Finder 윈도우를 검색 전용 윈도우로 전환합니다.	Command + F
태그	선택한 항목을 대상으로 태그(검색 키워드)를 설정합니다.	

◉ Option (Alt) + 서브 메뉴

서브 메뉴명	설명	단축키
윈도우 열기 및 닫기	선택한 폴더를 새로운 Finder 윈도우에서 열면서 동시에 기존 윈도우를 닫습니다.	Option (Alt) + Command + O
항상 선택한 응용 프로그램 으로 열기	선택한 파일 유형을 항상 지정한 응용 프로그램으로 엽니다.	

서브 메뉴명	설명	단축키
모두 닫기	모든 Finder 윈도우를 닫습니다.	Option(Alt)+Command+W
속성 보기	선택한 항목에 대한 속성 대화상자를 표시합니다(87쪽 참고).	Option(Alt)+Command+I
슬라이드 쇼	선택한 항목을 슬라이드 쇼로 보여줍니다(이미지 파일).	Option(Alt)+Command+Y

◉ Ctrl+서브 메뉴

서브 메뉴명	설명	단축키
새로운 탭에서 열기	선택한 폴더를 새로운 탭(Tab)에서 엽니다.	Ctrl+Command+O
요약 정보 가져오기	선택한 항목에 대한 요약 정보 대화상자를 표시합니다('속성보기' 대화상자와 동일).	Ctrl+Command+I

◉ Shift+서브 메뉴

서브 메뉴명	설명	단축키
Dock에 추가	Dock에 선택한 항목을 추가합니다.	Ctrl+Shift+Command+T

③ '편집' 메뉴

  Finder 파일 **편집** 보기 이동 윈도우 도움말

◉ 기본 서브 메뉴

서브 메뉴명	설명	단축키
실행 취소	이전에 실행한 메뉴 또는 명령을 취소합니다.	Command+Z
실행 복귀	임의의 메뉴 및 명령을 취소했으면 이것을 다시 실행합니다.	Shift+Command+Z
오려두기	항목의 이름을 클립보드로 오려두기 합니다(항목 자체에 대한 오려두기가 아니므로 '붙이기' 명령으로 항목을 이동시킬 수 없음).	Command+X
복사	선택한 항목을 클립보드로 복사합니다.	Command+C
붙이기	클립보드로 복사한 항목을 현재 위치로 붙이기(Paste)합니다.	Command+V
전체 선택	현재 위치에서 모든 항목들을 선택합니다.	Command+A
클립보드 보기	클립보드(메모리 버퍼)에 저장된 내용을 보여줍니다.	
받아쓰기 시작	말하기로 글을 입력할 수 있는 기능이며, '시스템 환경 설정 → 받아쓰기 및 말하기' 옵션을 활성화시켜야만 이 기능을 사용할 수 있습니다. 문서를 작성할 때 유용하며 Finder에서는 거의 사용할 일이 없습니다.	
이모티콘 및 기호	항목 이름을 지정할 때 사용할 수 있는 특수 문자 대화상자를 표시합니다.	Ctrl+Command+Spacebar

◉ Option(Alt)+서브 메뉴

서브 메뉴명	설명	단축키
경로 이름으로 복사	선택한 항목 또는 현재 작업 폴더의 절대 경로를 포함하여 클립보드에 복사합니다.	Option(Alt)+Command+C
여기로 항목 이동	클립보드에 복사된 항목을 현재 위치로 이동시킵니다.	Option(Alt)+Command+V
전체 선택 해제	선택한 전체 항목을 해제합니다.	Option(Alt)+Command+A

④ '보기' 메뉴

◉ 기본 서브 메뉴

서브 메뉴명	설명	단축키
아이콘, 목록, 계층, Cover Flow	Finder 윈도우의 항목 표시 방식을 설정합니다.	Command + 1 (아이콘), 2 (목록), 3 (계층), 4 (Cover Flow)
선택 항목 정리	선택한 항목들이 겹치지 않게 정리합니다.	
아이콘 정리 방식	아이콘 보기로 표시된 항목들을 이름, 수정일, 생성일, 크기, 종류, 태그 등을 기준으로 정렬합니다. (만약 '보기 옵션'에서 '정렬' 기준을 설정하면 이 메뉴를 사용할 수 없습니다.)	
정렬 방식	항목들을 유형별로 분류 및 정렬해서 표시해 줍니다. 폴더, 이미지, 동영상, 도큐멘트 등을 각각 분류해서 표시합니다.	
탭 막대 보기/가리기	새로운 탭(Tab)을 생성하지 않고도 항상 탭을 보이게 합니다.	Shift + Command + T
경로 막대 보기/가리기	현재 위치에 대한 경로(Path)바를 표시할지 설정합니다.	Option (Alt) + Command + P
상태 막대 보기/가리기	현재 경로에 포함된 항목의 수와 저장 장치의 남은 용량을 표시해 주는 상태 막대를 표시할지 설정합니다.	Command + /
사이드바 보기/가리기	사이드바를 표시할지 설정합니다.	Option (Alt) + Command + S
도구 막대 보기/가리기	도구 막대를 표시할지 설정합니다.	Option (Alt) + Command + T
미리보기 보기/가리기	미리보기 패널을 표시할지 설정합니다.	Shift + Command + P
도구 막대 사용자화	도구 막대에 아이콘을 추가 및 제거할 수 있습니다.	
보기 옵션/가리기	현재 위치에 대한 항목 표시 옵션을 설정합니다.	Command + J
전체 화면 시작	Finder가 독점적으로 스크린 공간 전체를 사용하는 전체 화면 모드로 전환합니다.	Ctrl + Command + F

◉ Option (Alt) + 서브 메뉴

서브 메뉴명	설명	단축키
아이콘 정리	아이콘 보기로 표시된 항목들을 겹치지 않게 정리합니다.	
다음으로 정렬	표시된 항목들의 정렬 기준을 설정합니다('정렬 방식' 메뉴와 동일).	

⑤ '이동' 메뉴

◉ 기본 서브 메뉴

서브 메뉴명	설명	단축키
뒤로, 앞으로, 상위 폴더	현재 작업 경로를 변경합니다.	Command + [(뒤로)] (앞으로), ↑ (상위 폴더)
나의 모든 파일, 도큐멘트, 데스크탑, 다운로드, 홈, 컴퓨터, AirDrop, 네트워크, iCloud Drive, 응용 프로그램, 유틸리티	빠르게 특정 위치로 현재 경로를 이동합니다.	Shift + Command + C (컴퓨터), H (홈 폴더), D (데스크탑), K (네트워크), I (iCloud Drive), A (응용 프로그램), O (도큐멘트), U (유틸리티)

서브 메뉴명	설명	단축키
최근 사용 폴더	최근에 사용한 폴더들의 목록을 표시합니다. 목록을 삭제하려면 '메뉴 지우기'를 선택합니다.	
폴더로 이동	빠르게 특정 폴더로 이동할 수 있습니다. Finder 윈도우에서 표시되지 않는 OS X 내부 파일 시스템으로도 이동할 수 있습니다. 🔟 /var, /etc 등	Shift + Command + G
서버에 연결	로컬 또는 원격 네트워크 서버에 접속할 수 있는 대화상자를 표시합니다.	Command + K

◉ Ctrl + 기본 서브 메뉴

서브 메뉴명	설명	단축키
새로운 윈도우에서 상위 폴더	새로운 Finder 윈도우에서 현재 작업 경로의 상위 폴더를 표시합니다.	Ctrl + Command + ↑

◉ Option (Alt) + 기본 서브 메뉴

서브 메뉴명	설명	단축키
라이브러리	사용자 계정의 '라이브러리' 폴더로 이동합니다. OS X 10.7 Lion 부터는 기본적으로 사용자 계정의 '라이브러리' 폴더가 숨겨져 있습니다. 라이브러리 폴더에는 설치된 소프트웨어에 관련된 여러 가지 환경 설정 및 연관 파일들이 저장됩니다. 간혹 앱 실행에 문제가 있을 경우, 라이브러리 폴더의 Preferences 폴더에 저장된 환경 설정 파일을 삭제하거나 수정하면 문제가 해결되기도 합니다.	

◉ Shift + 서브 메뉴

서브 메뉴명	설명	단축키
데스크탑에서 시동 디스크 선택	시동 가능한 볼륨이 2개 이상 있을 경우(🔟 MS 윈도가 설치된 부트캠프 볼륨). 데스크탑에서 시동 디스크를 선택합니다.	Shift + Command + ↑

⑥ '윈도우' 메뉴

 Finder　파일　편집　보기　이동　**윈도우**　도움말

◉ 기본 서브 메뉴

서브 메뉴명	설명	단축키
최소화	현재 활성화된 Finder 윈도우를 최소화합니다.	Command + M
확대/축소	현재 활성화된 Finder 윈도우 크기를 최대화하거나 원래의 상태로 되돌려놓습니다.	
윈도우 순환	여러 개의 Finder 윈도우를 차례대로 확인할 수 있습니다.	Command + `
이전/다음 탭 보기	여러 개의 탭이 열려져 있을 때, 탭 간 이동 메뉴입니다.	(이전) Ctrl + Shift + Tab (다음) Ctrl + Tab
새로운 윈도우로 탭 이동	현재 활성화된 탭을 새로운 윈도우로 전환합니다.	
모든 윈도우 통합	모든 Finder의 윈도우를 탭으로 전환하여 하나의 윈도우로 통합합니다.	
모두 앞으로 가져오기	모든 Finder 윈도우를 화면 앞쪽에 재배치합니다. 다른 앱 윈도우가 Finder 윈도우를 가리고 있을 때 사용합니다.	

◉ Option(Alt)+서브 메뉴

서브 메뉴명	설명	단축키
모두 최소화	모든 Finder 윈도우들을 최소화합니다.	Option(Alt)+Command+M
모두 확대/축소	모든 Finder 윈도우들의 크기를 최대화하거나 원래의 상태로 되돌려놓습니다.	

⑦ '도움말' 메뉴

🍎 **Finder** 파일 편집 보기 이동 윈도우 **도움말**

'도움말' 메뉴는 Finder를 비롯하여 전반적인 OS X의 사용 방법에 대한 도움말을 볼 수 있습니다. 일부 내용은 한글 번역이 제대로 안 되어 혼란스러운 부분이 있지만, 궁금증을 빠르게 해결할 수 있습니다.

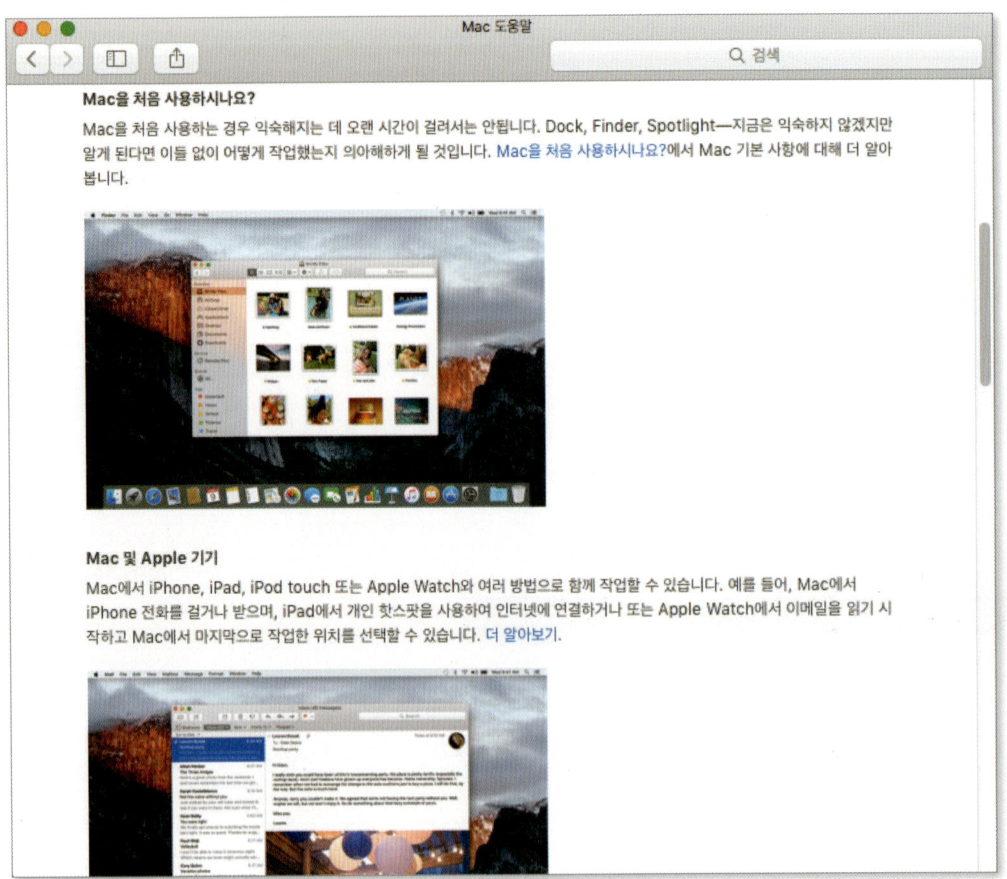

OS X 10.11 엘 캐피탄 사용에 관련된 도움말

디스크 유틸리티(Disk Utility)

디스크 유틸리티(Disk Utility)는 OS X 시스템 관리의 가장 기본적이면서도 핵심적인 작업을 할 수 있는 다양한 기능을 지원합니다. 내·외장 저장 장치에 대한 파티션 설정, 포맷(Format, Mac에서는 'Erase(지우기)'라고 지칭), 저장 장치의 상태 점검 및 파일 시스템에 대한 오류도 복구할 수 있습니다. 특히 디스크 유틸리티에서 지원하는 디스크 검사(verify) 및 복구(repair) 기능은 시스템 운영 및 임의의 앱 실행에 문제가 있을 때 가장 먼저 실행해야 하는 필수 기능으로, 대부분의 파일 시스템 관련 문제를 해결할 수 있습니다.

01 디스크 볼륨 관리하기

새로 구입한 저장 장치를 포맷하거나 기존에 사용하던 저장 장치의 파티션을 다시 설정하려면 다음의 예제를 참고합니다.

① 파티션 설정하기

01 디스크 유틸리티를 실행하고 왼쪽 사이드바에서 저장 장치(분할된 볼륨이나 파티션이 아니라 독립된 저장 장치)를 선택한 후 '파티션' 버튼을 클릭합니다. (디스크 유틸리티에서는 오직 'GUID 파티션 맵'으로 설계된 디스크에 한하여 파티션을 조절할 수 있습니다. 만약 파티션을 조절할 수 없다면 '지우기' 버튼을 클릭하고 '설계' 항목을 'GUID 파티션 맵'으로 설정하여 파티션을 초기화합니다.)

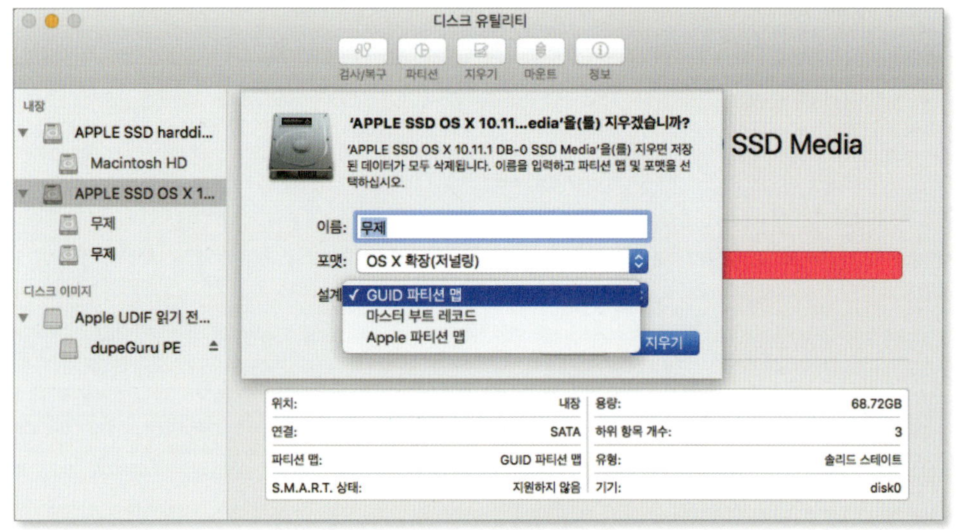

디스크 유틸리티 대화상자

02 '파티션 레이아웃' 그래프 아래의 ⊞ 버튼을 클릭하면 파티션을 분할할 수 있고, 그래프의 핸들러를 드래그하거나 '크기' 항목에 직접 숫자를 입력하면 파티션 용량을 설정할 수 있습니다(추가된 새로운 파티션은 ⊟ 버튼을 클릭하면 삭제됩니다). 참고로 외장 저장 장치를 윈도 PC에서 사용하려면 32GB 이하 용량은 포맷 방식을 MS-DOS(FAT), 32GB 이상은 exFAT(MS 윈도 비스타 서비스 팩 1 이상 버전과 호환) 방식으로 설정합니다.

 **03** 파티션 분할, 볼륨, 이름, 포맷 방식, 크기 등의 설정을 완료하고 '적용' 버튼을 클릭합니다.

> **Tip** 간혹 특별한 이유 없이 파티션을 많이 분할하는 사용자가 있는데, 파티션 분할은 1개의 독립 장치에 4개를 넘지 않는 것이 좋습니다. 파티션은 많이 분할할수록 파티션 분할 블록 때문에 불필요한 용량을 낭비하며, Finder에서도 각 볼륨을 관리하는 것이 불편합니다.

② 저장 장치 포맷하기

01 포맷할 볼륨(파티션)을 디스크 유틸리티의 왼쪽 사이드바에서 선택하고 '지우기' 버튼을 클릭합니다.

02 포맷 방식과 볼륨 이름을 지정하고 '지우기' 버튼을 클릭합니다. 참고로, 윈도 PC와 호환되는 MS–DOS(FAT), ExFAT 등의 포맷 방식은 파티션 설계를 '마스터 부트 레코드'로 설정했을 때 가장 높은 수준의 호환성이 보장됩니다. 그러므로 Mac/윈도 PC 겸용 디스크를 포맷한다면, 저장 장치의 파티션 설계는 '마스터 부트 레코드'로 설정합니다(왼쪽 사이드바에서 개별 볼륨이 아닌 저장 장치의 최상위 레이어를 선택하면 파티션 설계 변경 가능).

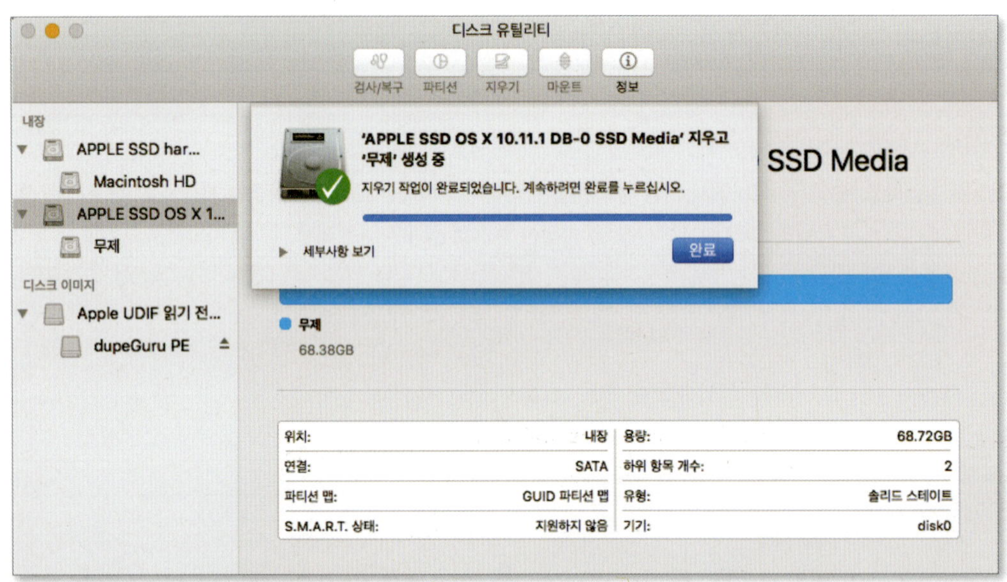

디스크 유틸리티 지우기 대화상자

>  **Tip** 만약 OS X가 설치된 시스템 디스크를 포맷(지우기)하고 깨끗하게 재설치 하고자 한다면 Mac 컴퓨터가 시동할 때 Option 을 누르고 기다립니다. 그러면 시동 디스크를 선택할 수 있는 화면이 나타나는데, 여기서 'Recovery HD'로 시동하고 디스크 유틸리티를 실행시키면 OS X가 설치된 시스템 디스크를 포맷할 수 있습니다. 포맷이 완료되면 OS X를 애플 서버에서 다시 다운로드 한 후 재설치하면 됩니다.

③ 디스크 검사 및 복구하기

디스크의 파일 시스템을 검사할 볼륨(파티션)을 디스크 유틸리티의 왼쪽 사이드바에서 선택하고 '검사/복구' 버튼을 클릭합니다. 만약 디스크 검사 결과에 오류 메시지가 표시되면 자동으로 복구합니다.

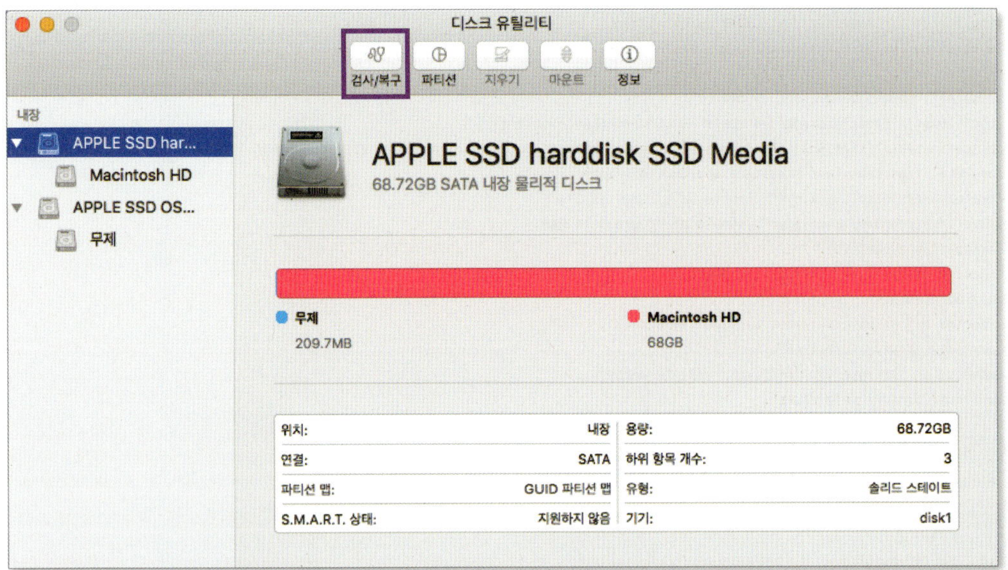

디스크 유틸리티 디스크 검사/복구

> **Tip**
> 파일 시스템의 안정성을 지속적으로 유지하기 위해 주기적으로 디스크 검사와 복구를 실행하는 것이 좋습니다. 특히 컴퓨터를 정상적으로 종료하지 않고 전원 버튼을 이용해 강제로 종료했으면 반드시 Recovery HD로 시동하여 시스템 디스크(Macintosh HD 볼륨)에 대한 디스크 검사와 복구를 실행합니다.

④ 디스크 권한 검사 및 복구하기

OS X 10.11 엘 캐피탄부터는 새롭게 '시스템 무결성 보호' 기능이 추가되어 자동으로 파일 시스템 권한이 유지 관리됩니다. 그러므로 이전 버전에서 지원했던 '디스크 권한 검사/복구' 기능은 디스크 유틸리티에서 더 이상 지원하지 않습니다. 그러나 만약 '시스템 무결성 보호' 기능을 해제했다면 다음 순서를 참고하면 수동으로 파일 시스템에 대한 권한 검사 및 복구를 실행할 수 있습니다.

01 터미널(응용 프로그램 ▶ 유틸리티 폴더)에서 다음 명령을 실행하여 권한 검사를 합니다.

```
sudo /usr/libexec/repair_packages --verify --standard-pkgs /
```

02 권한 검사 후 문제가 있으면 다음 명령을 실행하여 권한 복구를 합니다.

```
sudo /usr/libexec/repair_packages --repair --standard-pkgs --volume /
```

```
retina-mbp:~ macpro$ sudo /usr/libexec/repair_packages --verify --standard-pkgs /
Password:
        User differs on "Applications/Utilities/Boot Camp Assistant.app/Contents/Info.plist", should be 0, user is 501.
        User differs on "private/var/db/displaypolicyd", should be 0, user is 244.
        Group differs on "private/var/db/displaypolicyd", should be 0, group is 244.
        ACL found but not expected on 'private/var/root/Library'.
        ACL found but not expected on 'private/var/root/Library/.localized'.
        ACL found but not expected on 'private/var/root/Library/Preferences'.
        ACL found but not expected on 'private/var/root/Library/Preferences/.GlobalPreferences.plist'.
        User differs on "usr/local", should be 0, user is 501.
retina-mbp:~ macpro$ sudo /usr/libexec/repair_packages --repair --standard-pkgs --volume /
        User differs on "Applications/Utilities/Boot Camp Assistant.app/Contents/Info.plist", should be 0, user is 501.
        Repaired "Applications/Utilities/Boot Camp Assistant.app/Contents/Info.plist".
        User differs on "private/var/db/displaypolicyd", should be 0, user is 244.
        Group differs on "private/var/db/displaypolicyd", should be 0, group is 244.
        Repaired "private/var/db/displaypolicyd".
        ACL found but not expected on 'private/var/root/Library'.
        Repaired "private/var/root/Library".
        ACL found but not expected on 'private/var/root/Library/.localized'.
        Repaired "private/var/root/Library/.localized".
        ACL found but not expected on 'private/var/root/Library/Preferences'.
        Repaired "private/var/root/Library/Preferences".
```

터미널에서 파일 권한 검사 및 복구를 실행한 화면

1. 'Recovery HD' 볼륨을 이용한 응급 복구 디스크 만들기

OS X 10.7 Lion 이상 버전을 설치하면 자동으로 'Recovery HD' 볼륨이 생성되고, 이를 이용하면 응급 복구 및 OS X를 재설치 할 수 있습니다. 그러나 만약 저장 장치 자체에 문제가 있거나 파티션 정보가 손상되었을 경우에는 'Recovery HD' 볼륨도 무용지물이 됩니다. 그러므로 이런 경우를 대비해서 DVD 디스크 또는 플래시 메모리 디스크를 이용하여 외장 응급 복구 볼륨을 생성해 놓는 것이 좋습니다.

01 http://support.apple.com/kb/DL1433에 접속하여 애플에서 배포하는 '복구 디스크 지원'(OS X Recovery Disk Assistant) 프로그램을 다운로드 합니다.

복구 디스크 지원 다운로드 페이지

02 복구 디스크로 사용할 플래시 메모리 디스크 또는 외장 USB 하드디스크를 연결하고, 다운로드 받은 디스크 이미지 파일을 마운트 합니다(더블클릭).

03 '복구 디스크 지원' 프로그램을 실행하고, 디스크 선택 화면에서 방금 연결시킨 외장 디스크를 선택한 후 [계속] 버튼을 클릭합니다. 이후 모든 과정은 자동으로 진행되며, 나중에 복구 디스크를 사용하고자 한다면 Mac 컴퓨터가 시동(부팅)될 때 Option 을 눌러서 'Recovery HD' 볼륨을 선택합니다.

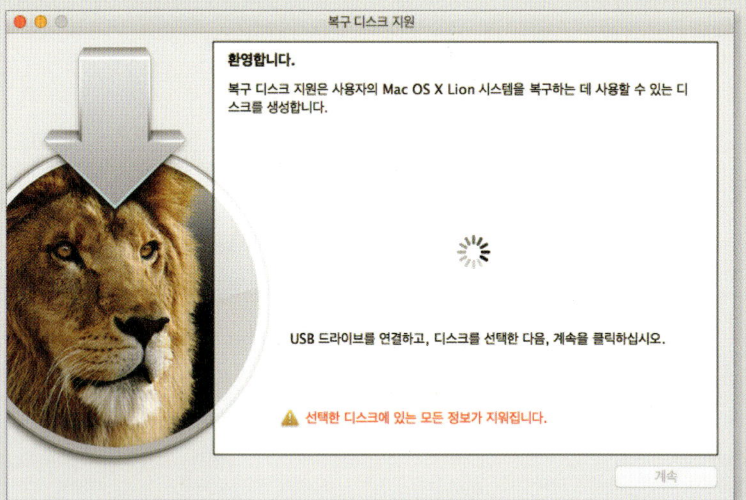

복구 디스크가 생성되는 화면

> **Note** Raid 볼륨에 OS X를 설치했다면 'Recovery HD' 볼륨이 자동 생성되지 않으므로 '복구 디스크 지원' 프로그램을 사용할 수 없습니다.

2. OS X 외장 설치 디스크 만들기

Mac App Store를 통하여 OS X를 설치했다면 외장 디스크에 OS X 설치 디스크를 만들 수 있습니다.

01 App Store를 실행하고, '구매 내역' 탭을 클릭한 후 OS X 항목의 '다운로드' 버튼을 클릭합니다.

02 Mac App Store에서 다운로드를 완료한 뒤('응용 프로그램' 폴더에 다운로드), http://liondiskmaker.com에 접속해서 'DiskMaker X'를 다운로드 합니다. 'DiskMaker X'는 자동으로 부팅 가능한 OS X 외장 디스크를 만들어 주는 일종의 AppleScript 프로그램입니다.

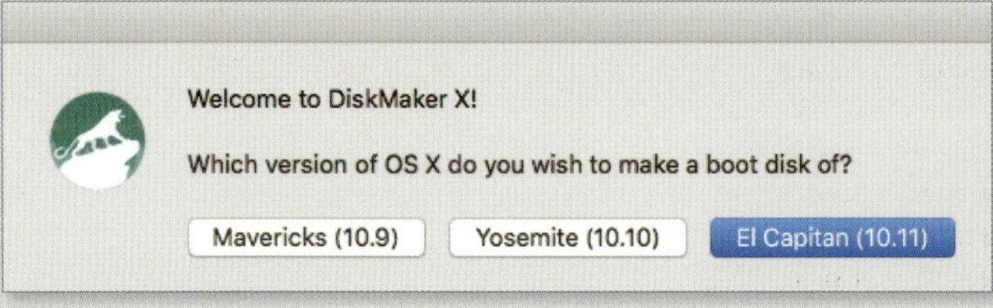

DiskMaker X 실행 화면

03 다운로드 한 'DiskMaker X'를 마운트 한 후 실행하면 자동으로 OS X 설치 외장 디스크를 생성할 수 있습니다(4GB 이상의 외장 디스크 필요).

 ## RAID 디스크 설정하기

OS X 10.11 엘 캐피탄부터는 디스크 유틸리티에서 RAID 세트를 구성할 수 없고, 대신 터미널에서 diskutil 명령으로 RAID 세트를 구성할 수 있습니다. RAID 세트를 이용하면 여러 개의 저장 장치를 하나의 볼륨으로 묶어서 디스크 입·출력 속도를 크게 향상시키거나(RAID 0 방식), 하드디스크 오류를 대비한 자동 백업(RAID 1 방식)을 할 수 있습니다. 또한 이와 같은 RAID 방식을 혼용하여 빠른 입·출력 속도뿐만 아니라 예기치 않은 저장 장치 고장을 대비한 백업도 동시 지원되는 RAID 세트를 구성할 수 있습니다.

① 빠른 디스크 입·출력을 위한 RAID 0, Stripe 세트 구성하기

준비 사항 RAID 0, 스트라이프(Stripe) 방식의 RAID 세트를 구성하려면 2개 이상의 독립된 저장 장치가 필요하며(볼륨 또는 파티션이 아님), 세트에 포함하는 저장 장치가 많을수록 좀 더 빠른 디스크 입·출력이 가능합니다. 참고로 Firewire나 USB 포트로 연결한 외장 저장 장치도 RAID 세트에 포함할 수 있습니다.

01 터미널(응용 프로그램 ▶ 유틸리티 폴더)을 실행하고 다음 명령을 실행하여 현재 연결된 저장 장치 목록을 확인합니다.

```
diskutil list
```

02 표시된 목록에서 RAID 세트로 구성할 저장 장치의 최상위 레이어 구분자(Identifier)를 확인하고 다음과 같은 명령으로 RAID 0 Stripped 세트를 구성합니다. 이번 예제에서는 [그림 A]에 표시된 내용을 기준으로 Disk 2(/dev/disk2)와 Disk 3(/dev/disk1)을 하나의 세트로 구성합니다.

```
                              ssumer — -bash — 112×27
os-x-10:~ ssumer$ diskutil list
/dev/disk0 (internal, physical):
   #:                       TYPE NAME               SIZE         IDENTIFIER
   0:      GUID_partition_scheme                    *68.7 GB     disk0
   1:                        EFI                     209.7 MB    disk0s1
   2:      Apple_CoreStorage Macintosh HD            67.7 GB     disk0s2
   3:            Apple_Boot Recovery HD              650.0 MB    disk0s3
/dev/disk1 (internal, physical):
   #:                       TYPE NAME               SIZE         IDENTIFIER
   0:      GUID_partition_scheme                    *68.7 GB     disk1
   1:                    EFI EFI                     209.7 MB    disk1s1
   2:           Apple_HFS Disk 3                     68.4 GB     disk1s2
/dev/disk2 (internal, physical):
   #:                       TYPE NAME               SIZE         IDENTIFIER
   0:      GUID_partition_scheme                    *68.7 GB     disk2
   1:                    EFI EFI                     209.7 MB    disk2s1
   2:           Apple_HFS Disk 2                     68.4 GB     disk2s2
/dev/disk3 (internal, physical):
   #:                       TYPE NAME               SIZE         IDENTIFIER
   0:      GUID_partition_scheme                    *68.7 GB     disk3
   1:                    EFI EFI                     209.7 MB    disk3s1
   2:           Apple_HFS Disk 1                     68.4 GB     disk3s2
/dev/disk4 (internal, physical):
   #:                       TYPE NAME               SIZE         IDENTIFIER
   0:      GUID_partition_scheme                    *68.7 GB     disk4
   1:                    EFI EFI                     209.7 MB    disk4s1
   2:           Apple_HFS Disk 4                     68.4 GB     disk4s2
```

[그림 A]
diskutil list 명령의 실행 결과

```
diskutil appleRAID create stripe Stripped JHFS+ disk1 disk2
```

명령 설명 diskutil appleRAID 명령으로 disk1과 disk2 물리적 디스크를 RAID 0(Stripe)로 구성하고, 볼륨 이름은 'Stripped', 포맷 방식은 'HFS+'로 설정합니다. 만약 Mirror(백업) 또는 Concat(스패닝) RAID 세트를 구성하고자 한다면, stripe 대신 mirror 또는 concat 옵션을 사용합니다(**예** diskutil appleRAID create mirror).

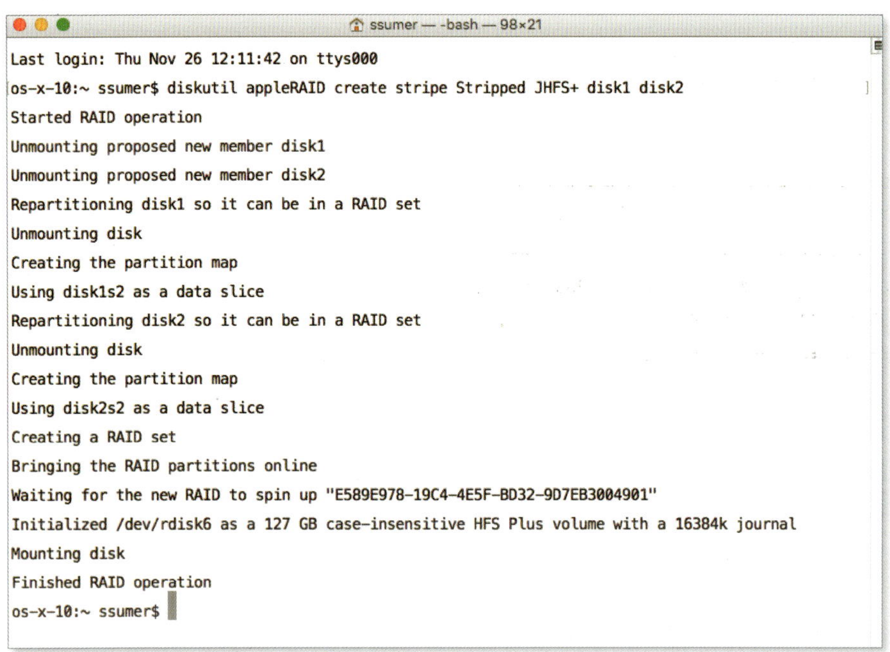

터미널에서 RAID 0(Stripe) 세트가 disk6로 구성되는 화면

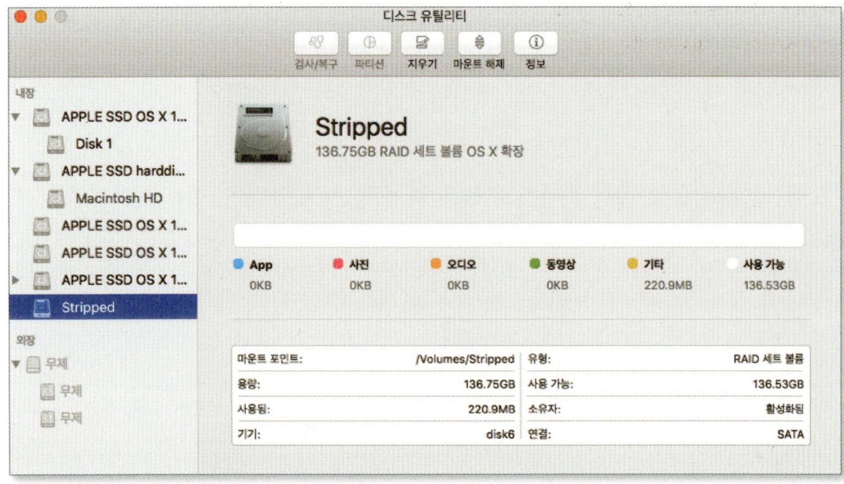

구성이 완료된 RAID 0(Stripe) 세트

정상적으로 Stripe RAID 세트가 구성되었는지 확인하기 위해 다음 명령을 실행합니다.

```
diskutil appleRAID list
```

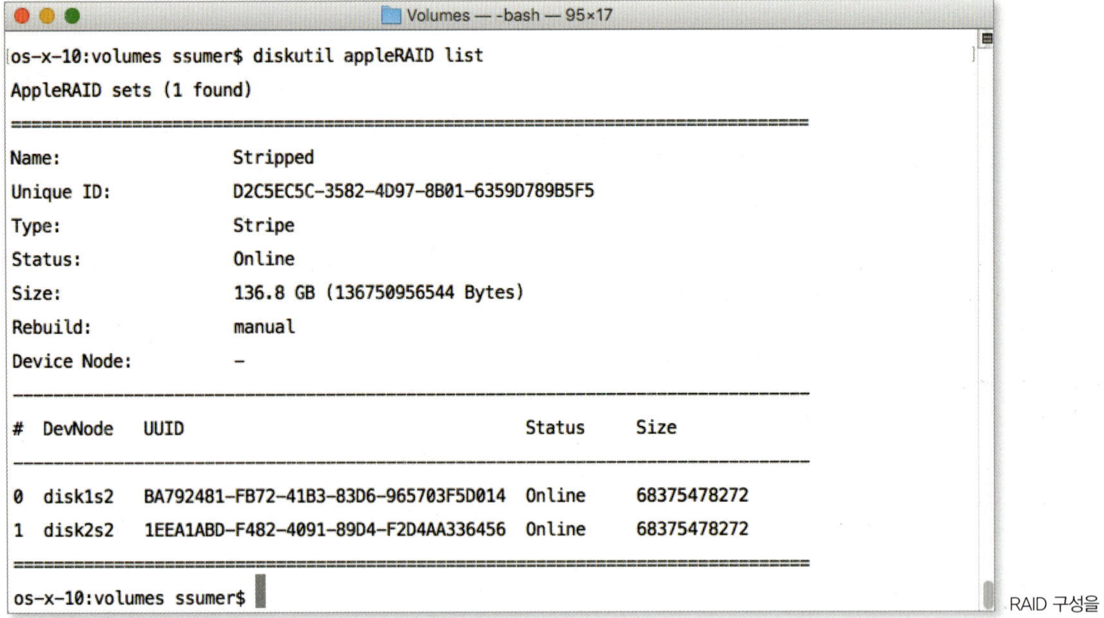

RAID 구성을 확인하는 화면

만약 이번 예제에서 구성된 RAID 세트를 해제하길 원한다면 다음 명령을 실행합니다.

```
diskutil appleRAID delete /Volumes/Stripped
```

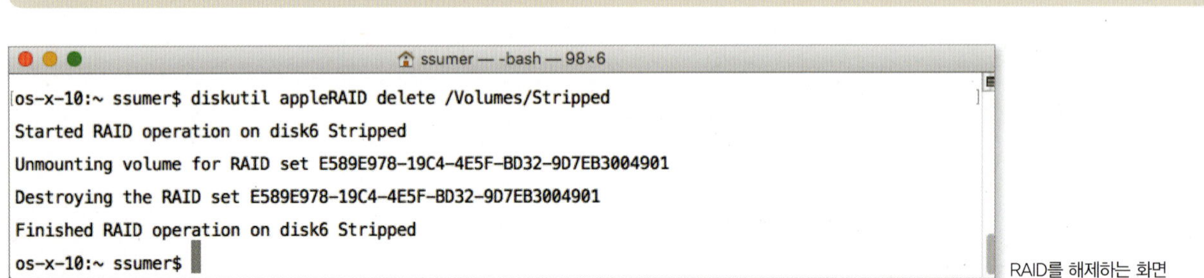

RAID를 해제하는 화면

명령 설명 diskutil appleRAID delete 명령으로 Stripped 볼륨(RAID 세트 볼륨명)을 해제합니다. Stripped 볼륨을 구성하고 있던 저장 장치들은 개별 단위로 분리됩니다.

> **Note** 스트라이프 RAID 세트는 좀 더 빠른 디스크의 입·출력을 지원합니다. 하지만 세트를 구성하는 저장 장치 중 하나라도 문제가 발생하면 전체 데이터가 손실될 수 있습니다. 그러므로 가능하면 스트라이프 RAID 세트와 함께 자동으로 백업할 수 있는 미러(mirror) RAID 방식을 혼합하여 설정하는 것이 좋습니다.

② 빠른 디스크 입·출력+안정적인 백업(RAID 10, 스트라이프(0)+미러) 세트 구성하기

준비 사항 RAID 0, 스트라이프 방식의 RAID 세트를 구성하기 위한 2개 이상의 독립된 저장 장치와 스트라이프 세트로 합산된 볼륨 용량보다 좀 더 큰 백업용(RAID 1) 저장 장치가 필요합니다.

RAID 0, Stripe 세트를 앞에서 설명한 순서대로 구성하고 다음 명령을 실행하여 Stripe 볼륨에 대한 백업 볼륨을 설정합니다.

```
diskutil appleRAID create mirror RAID10 JHFS+ disk6 disk3
```

명령 설명 diskutil appleRAID 명령으로 disk6(Stripe RAID 볼륨)의 백업 볼륨을 disk3 로 설정합니다. 새로 구성된 RAID 세트의 볼륨명은 'RAID10'으로 설정하고, 포맷 방식은 'HFS+'로 설정합니다.

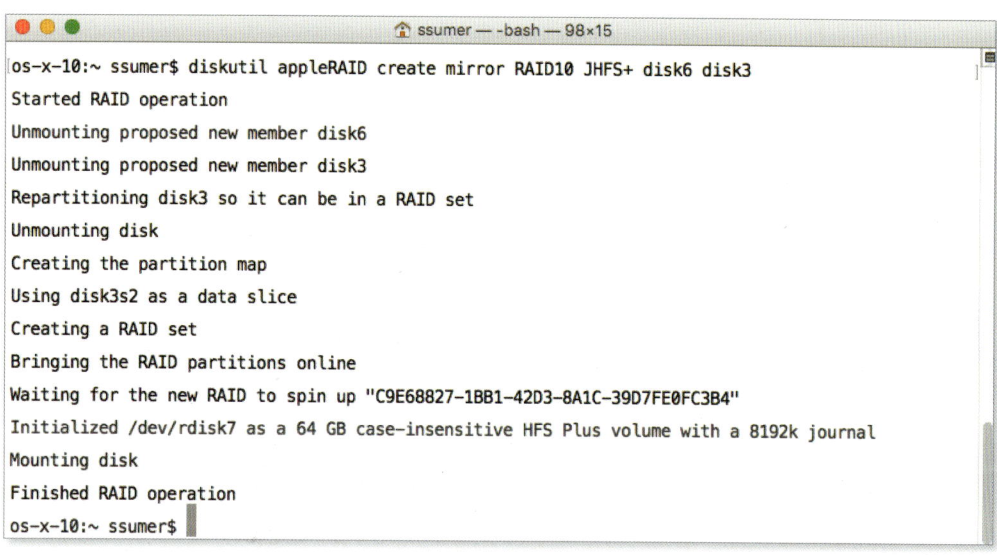

RAID 10 세트가 disk7로 구성되는 화면

정상적으로 Stripe RAID 세트가 구성되었는지 확인하기 위해 다음 명령을 실행합니다.

```
diskutil appleRAID list
```

구성된 RAID 세트 전체를 해제하길 원한다면 다음 명령을 차례로 실행합니다.

```
diskutil appleRAID delete /Volumes/RAID10
diskutil appleRAID delete 37A7859E-63AB-4831-A4F5-AFE29F5D864E
```

명령 설명 diskutil appleRAID delete 명령으로 RAID 10 세트를 먼저 해제하고, 두 번째 명령으로 Stripe RAID 세트를 해제합니다(diskutil appleRAID list 로 Stripe RAID 세트의 UUID 확인 후 입력).

RAID 10 세트를 사용하는 중간 백업 디스크에 문제가 발생하여 교체가 필요하다면, 현재 사용중인 백업 디스크와 같거나 큰 용량 의 새로운 백업 디스크를 준비하고 다음 명령을 실행합니다.

```
diskutil appleRAID repairMirror /Volumes/RAID10 disk4
```

명령 설명 diskutil appleRAID repairMirror 명령으로 RAID10 볼륨(RAID 10 세트 볼륨명)의 백업 디스크(disk3)를 disk4로 교체합니다.

OS X의 **기본 앱** 소개

OS X는 다양하고 유용한 기본 앱들을 포함하고 있습니다. 파일 시스템을 전반적으로 관리할 수 있는 Finder를 비롯하여 인터넷 웹 브라우저 사파리(Safari), 일정 관리를 할 수 있는 캘린더 등 다양한 기본 앱들을 내장하고 있습니다. 이와 같은 기본 앱들은 시스템 디스크(Macintosh HD)의 '응용 프로그램' 폴더에 모두 설치되어 있으며, Dock의 '응용 프로그램 폴더' 아이콘을 통해 빠르게 실행할 수 있습니다.

01   인터넷 브라우저 - 사파리

애플에서 세상에서 가장 빠른 인터넷 브라우저라고 주장하는 사파리(Safari)는 뛰어난 웹페이지 렌더링 속도와 고급스러운 사용자 인터페이스가 주요 특징인 Mac OS X 기본 내장 웹 브라우저입니다. 그러나 국내 웹 서비스 환경은 대부분 MS 윈도만 지원하고 있어서 사파리로 은행이나 관공서, 포털 사이트 등을 이용할 경우 여러 가지 호환성 문제가 발생합니다. 특히 Active X 기반의 국내 온라인 게임 사이트는 전혀 이용할 수 없습니다. 이와 같은 호환성 문제는 사파리 자체의 문제라기보다 국제 웹 표준을 따르지 않고 오직 MS 윈도와 인터넷 익스플로러(Internet Explore)만 대상으로 웹 서비스를 하는 국내 웹 환경의 문제입니다. 대부분의 해외 웹 서비스는 다양한 운영체제와 웹 브라우저를 동시에 지원하기 때문에 사용자의 웹 브라우저의 선택권이 넓습니다. 하지만 국내 웹 환경은 오직 윈도 운영체제와 인터넷 익스플로러만 지원하기 때문에 사용자의 웹 브라우저 선택권이 전혀 없습니다.

사파리 웹 브라우저

최근에는 스마트 기기들의 인기에 힘입어 점차 국내 웹 환경도 국제 웹 표준에 맞게 호환성이 개선되고 있습니다. 스마트 기기(iOS 또는 안드로이드 기기)는 기본적으로 MS의 Active X 또는 어도비의 Flash를 지원하지 않고 오직 국제 웹표준을 준수하는 콘텐츠만 지원합니다. 그러므로 국내 웹 서비스 제공자가 스마트 기기를 정상적으로 지원하려면 반드시 국제 웹 표준을 따라야 합니다.

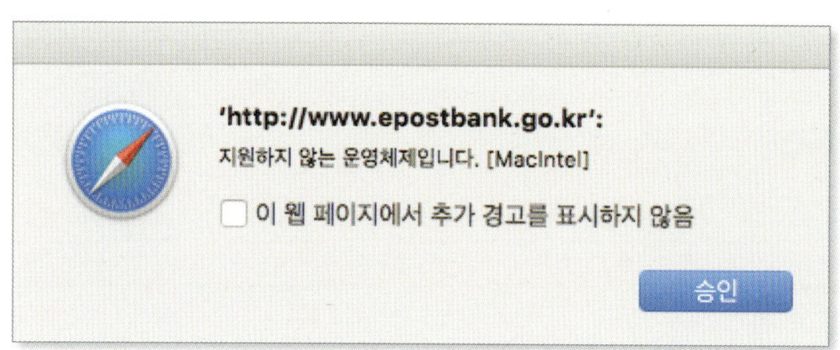

Mac OS X의 사파리 웹 브라우저가 지원되지 않는 국내 은행 웹사이트

필자도 현재 국내의 일부 웹 서비스(예 은행 및 공인 인증서를 사용해야 하는 사이트)를 이용할 때는 어쩔 수 없이 VMware Fusion, Parallels Desktop 등과 같은 가상 머신을 이용해 MS 윈도를 사용합니다. 그래서 하루 속히 국내 모든 웹 서비스가 국제 웹 표준을 따르기를 바라고 있습니다. Active X를 사용하지 않는 국내 일반 웹사이트는 사파리에서 모두 정상적으로 이용할 수 있습니다.

예제 **1** 확장 프로그램(Extension) 설치하기

사파리에 확장 프로그램을 설치하면 다양한 기능을 사파리 내에서 실행할 수 있습니다. 예를 들어 uBlock 확장 프로그램을 설치하면 인터넷 서핑을 할 때 무분별한 광고를 차단할 수 있습니다.

01 https://www.ublock.org에 접속하여 uBlock 확장 프로그램을 다운로드합니다.

Safari → Safari 확장 프로그램 메뉴

 다운로드 한 확장 프로그램을 Finder의 '다운로드' 폴더에서 더블 클릭합니다. 사파리의 확장 프로그램 설치 대화상자에서 '신뢰' 버튼을 클릭합니다.

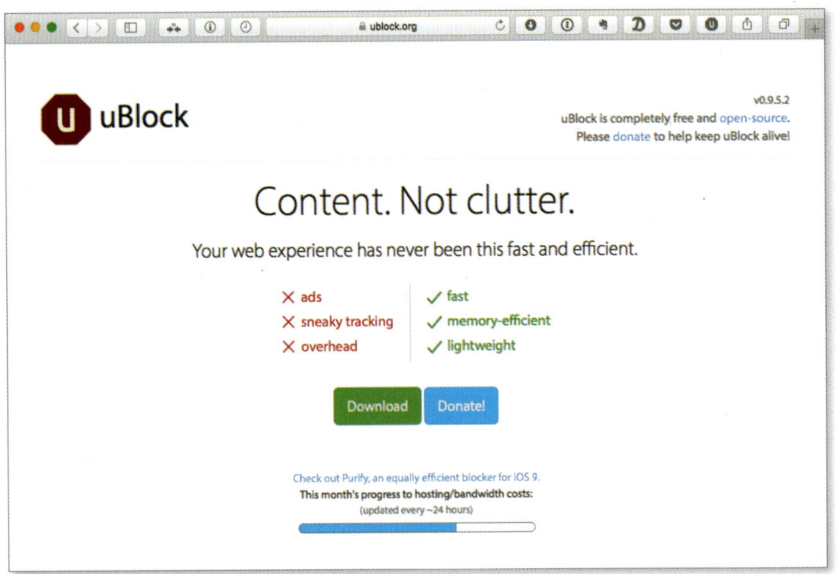

03 'Click to see Preference'를 클릭하고 '보조 필터' 탭을 클릭합니다. 그리고 '지역, 언어' 부분에서 KOR: Fanboy's Korean 옵션에 체크 표시한 후 '지금 업데이트' 버튼을 클릭합니다. 테스트를 위해 국내 포털 사이트에 접속해 봅니다. 웹페이지에서 광고가 모두 사라진 것을 확인할 수 있을 겁니다.

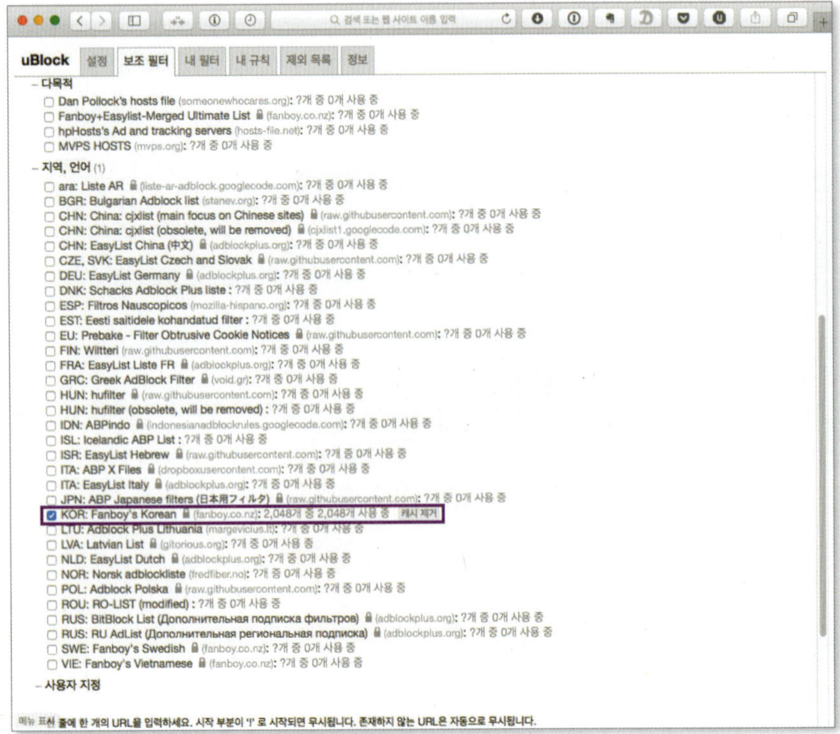

uBlock 확장 프로그램의 보조 필터 설정 화면

이외에 필요에 따라 Safari → Safari 확장 프로그램 메뉴를 이용하면 더 많은 확장 프로그램을 설치할 수 있습니다. 만약 설치한 확장 프로그램을 제거하길 원한다면 'Safari → 환경 설정 → 확장 프로그램'에서 해당 프로그램을 선택하고 '설치 해제' 버튼을 클릭합니다.

예제 2 '읽기 목록'에 페이지 추가하기

인터넷을 서핑하다가 관심 있는 기사 또는 블로그 포스트 등을 사파리의 '읽기 목록'에 추가시키면 나중에 해당 글들을 오 프라인 상태에서도 읽을 수 있습니다. 해당 기사 또는 블로그 포스트의 URL 주소를 '읽기 목록'에 저장하는 것이기 때문 에 '책갈피(북마크)' 기능과 별 차이가 없지만, 웹주소 이외에 내용물도 저장해 놓기 때문에 언제든지 오프라인 상태에서도 추가된 웹페이지를 볼 수 있습니다. 참고로 애플의 iCloud 계정을 설정하면 ('🍎 메뉴 → 환경 설정') '읽기 목록'을 다른 기 기(Mac, PC, iOS 기기 등)와 동기화시킬 수 있습니다.

01 국내 포털 사이트(네이버, 다음, 네이트 등)에 접속하여 '읽기 목록'에 추가시킬 페이지로 이동합니다(예 뉴스 기사 또는 블로그 포 스트).

02 사파리 툴바에서 '공유' 아이콘을 클릭하고 '읽기 목록에 추가' 버튼을 클릭합니다. 현재 사파리 윈도우에 표시된 웹페이지의 제목 및 URL 주소가 '읽기 목록'에 추가됩니다. 만약 추가된 페이지를 삭제하고자 한다면 '사이드바 보기 → 읽기 목록'을 클릭한 후 해 당 글을 삭제합니다(Ⓧ 클릭).

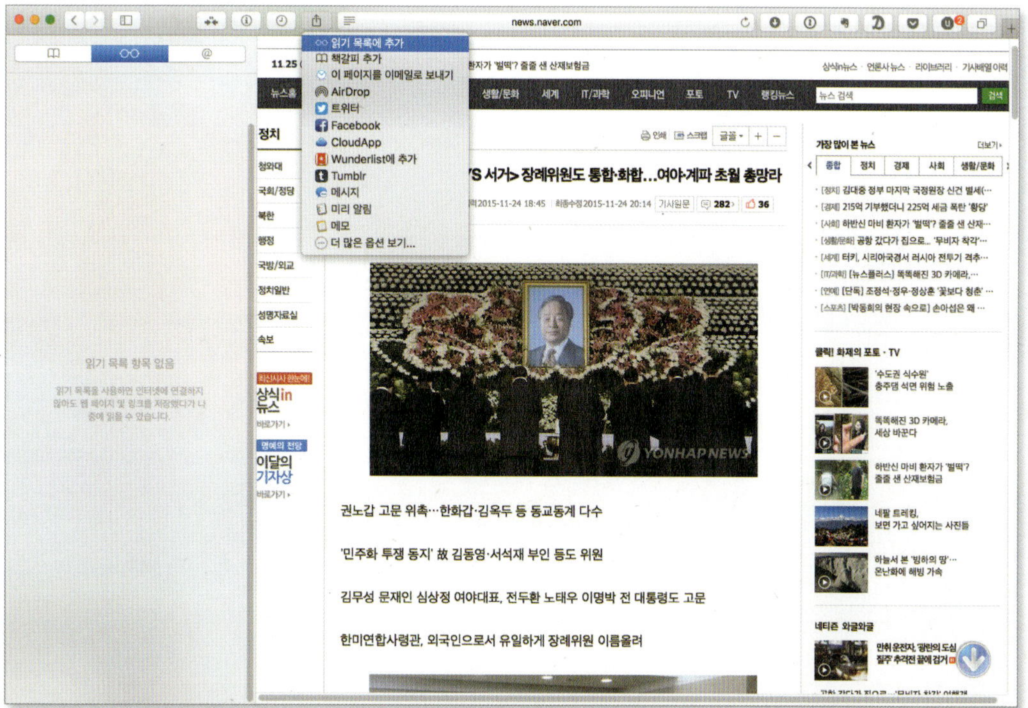

읽기 목록 추가 화면

만약 애플 기기가 아닌 일반 컴퓨터 및 휴대용 기기에서 사파리의 '읽기 목록'과 비슷한 기능을 원한다면 Instapaper(http://www.instapaper.com) 또는 Pocket(https://getpocket.com) 등과 같은 '읽기 도구 서비스' 사용을 추천합니다. 이를 이용하면 여러 대의 컴퓨터(Mac 또는 PC) 및 휴대용 기기(iOS 및 안드로이드 등)에서 읽기 목록을 동기화시킬 수 있으며, 추가한 뉴스나 포스트 등에서 '내용물(Content)'만을 추려서 표시해 줍니다(광고 때문에 산만해 지는 것을 방지해 줍니다).

1. 사파리에서 Pocket 서비스를 이용하기

01 Pocket(https://getpocket.com) 홈페이지에 접속해서 무료 계정을 생성하고, 로그인 합니다.

02 https://getpocket.com/safari/ 에 접속하고 '다운로드' 버튼을 클릭하여 사파리용 'Pocket' 확장 프로그램을 설치합니다.

03 Pocket 확장 프로그램이 정상적으로 설치되면 사파리 툴바에 Pocket 아이콘이 새로이 추가되는데, 이를 클릭하여 1번 과정에서 생성한 Pocket 서비스의 계정 정보를 입력합니다.

새롭게 추가된 Pocket 아이콘

04 국내 포털 사이트의 뉴스 섹션 포스트 또는 자주 찾는 웹사이트의 포스트에서 'Pocket' 아이콘을 클릭합니다. 해당 포스트의 URL 주소는 Pocket 서버에 저장되며, 필요에 따라 언제든지 다른 컴퓨터 또는 휴대용 기기에서 확인할 수 있습니다(웹 브라우저 또는 전용 앱을 사용하여 추가한 포스트를 확인할 수 있습니다).

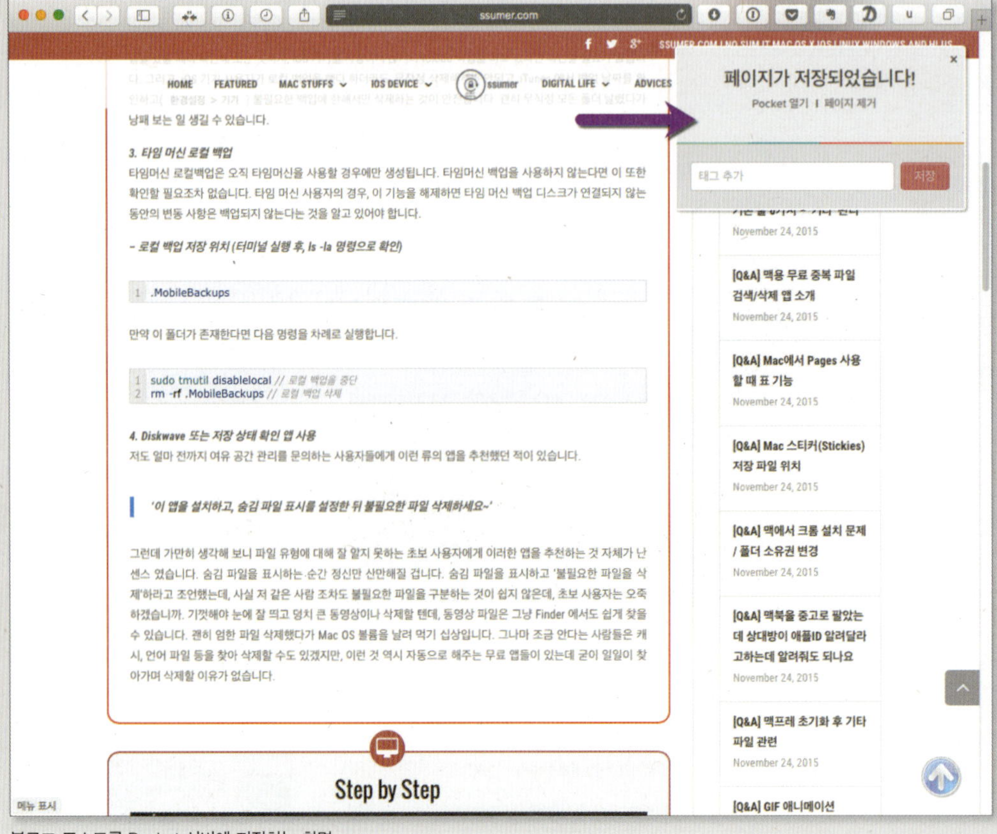

블로그 포스트를 Pocket 서버에 저장하는 화면

2. 사파리의 유용한 기능 정리

01 '파일 → Dashboard 에서 열기' 메뉴를 이용하면 특정 웹페이지의 일부분을 대시보드에서 위젯(Widget)으로 열 수 있습니다. 주식 동향이나 환율 정보, 우편번호 검색 등을 추가시키면 편리하게 해당 정보들을 액세스할 수 있습니다.

02 뉴스 또는 블로그 포스트 등을 광고 없이 읽고자 한다면 주소 입력 필드에 표시되는 '읽기 도구' 버튼을 클릭합니다. 대부분의 뉴스 및 블로그 사이트들은 산만한 배너 광고들이 삽입되어 있는데 '읽기 도구'를 이용하면 오직 내용물(Content)만 볼 수 있습니다.

03 'Safari → 환경 설정 → 고급' 탭에서 '메뉴 막대에서 개발자용 메뉴 보기' 옵션을 체크하면 다양한 개발자용 메뉴들을 사용할 수 있습니다. 예를 들어, 아이폰이나 아이패드의 사파리 브라우저를 접속 에이전트로 설정하여 iOS 기기에서 표시되는 웹페이지 상태를 확인할 수 있습니다.

04 '파일 → 새로운 개인 정보 보호 윈도우' 메뉴를 실행하면 소위 "흔적없는 웹서핑"을 할 수 있습니다. 접속한 웹사이트, 검색 기록, 입력한 내용 등을 저장하지 않기 때문에 공용 컴퓨터(**예** 도서관 또는 카페 등에 설치된 컴퓨터)를 사용할 때 유용합니다(사생활 관련 정보의 유출을 방지할 수 있습니다).

05 'Safari → 방문 기록 지우기' 메뉴를 실행하면 모든 인터넷 캐시 및 쿠키(Cookie) 파일, 검색 기록, 다운로드 목록, 자동 완성 텍스트 등을 한 번에 삭제할 수 있습니다. 여러 명이 한 대의 컴퓨터를 공유한다면 웹서핑을 끝낼 때 이 메뉴를 실행시키는 것이 좋습니다.

06 '시스템 환경 설정 → 인터넷 계정'에 트위터 계정을 추가하면 사파리의 '사이드바 → 공유된 링크'에서 팔로잉하는 사용자들의 트윗글을 실시간으로 확인할 수 있습니다.

07 'iCloud' 탭을 이용하면 다른 기기(동일한 iCloud 계정이 설정된 다른 iOS 기기 또는 Mac)의 사파리 브라우저에 열려 있는 페이지를 확인할 수 있습니다.

08 '공유' 기능을 이용하면 사파리에서 접속한 페이지를 트위터, 페이스북, 메시지, 이메일, AirDrop 등을 통하여 다른 사용자와 공유할 수 있습니다.

02 E-mail 클라이언트 - Mail

Mail은 POP(Post Office Protocol) 및 IMAP(Internet Message Access Protocol), 윈도우 Exchange 서버를 지원하는 E-mail 클라이언트 프로그램입니다. 고급스러운 사용자 인터페이스와 E-mail 작성 및 관리와 관련된 다양한 기능을 내장하고 있습니다. 국내의 포털 사이트들이 무료로 POP/SMTP/IMAP 서비스를 제공하고 있으므로 Mail에서 계정을 추가하여 사용할 수 있습니다.

예제 | Mail에서 네이버 E-mail 설정하기

01 사파리로 네이버 웹 메일에 접속하여 '환경 설정' 메뉴를 선택하고 'POP3/IMAP 설정' 메뉴를 클릭합니다.

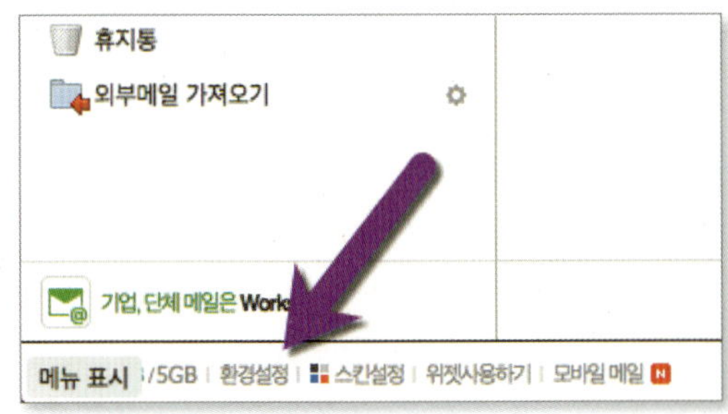

네이버 메일 환경 설정 메뉴

02 'POP3/IMAP 설정' 탭의 'IMAP/SMTP 사용' 항목을 '사용함'으로 설정하고 '확인' 버튼을 클릭합니다.

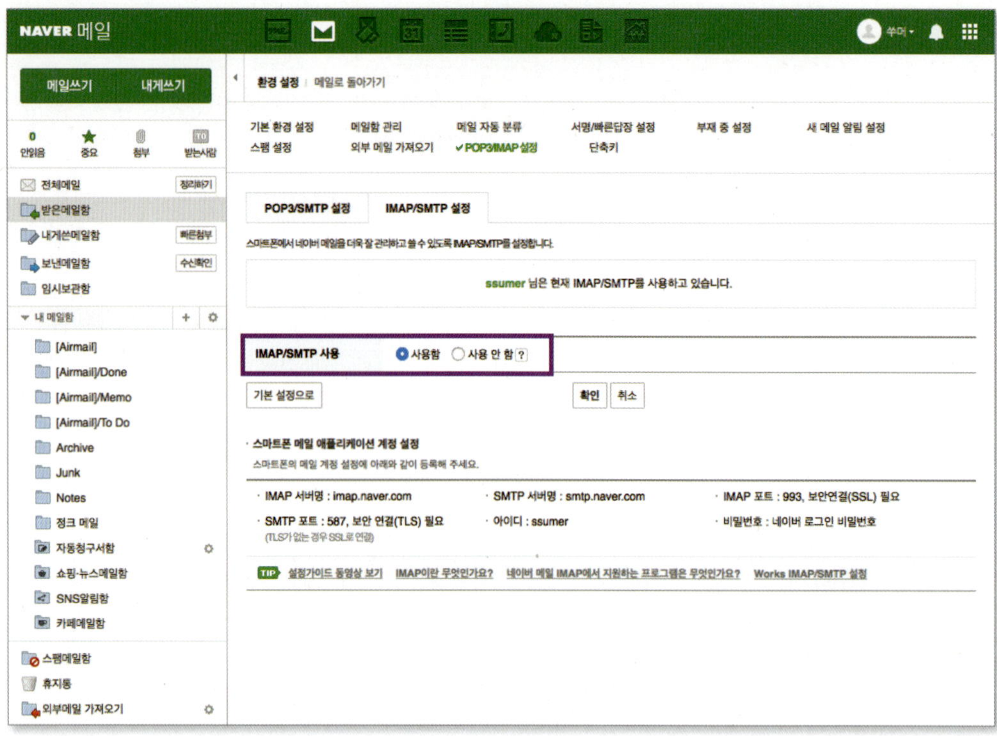

네이버 IMAP/SMTP 사용 설정 메뉴

03 Mail을 실행하고 E-mail 계정 설정 대화상자(Mail → 환경 설정 → 계정)에서, 본인의 네이버 E-mail 주소와 암호를 입력하고 '계속' 버튼을 클릭합니다.

메일 계정 설정 대화상자

04 다른 E-mail 주소(POP/IMAP/SMTP가 지원되는 계정)를 추가하려면 'Mail → 환경 설정' 메뉴의 '계정' 탭을 이용합니다.

캘린더는 온라인/오프라인에서 일정을 관리할 수 있는 앱으로, CalDAV(OS X Server의 캘린더 서버)나 MS Exchange 서버를 지원하므로 이를 통하여 직장 동료나 팀 구성원과 일정을 공유할 수 있습니다. 물론, 애플의 클라우드 서비스인 iCloud를 비롯하여 구글(http://www.google.com), 야후(http://www.yahoo.com)의 무료 E-mail 계정을 이용하면 온라인에서 친구들과 일정을 공유할 수 있습니다. 국내 포털 사이트의 캘린더 서비스는 Mac OS X와의 캘린더 동기화를 지원하지 않습니다.

예제 **1** 구글의 Gmail 주소를 이용해 일정 공유하기

01 '캘린더 → 환경 설정' 메뉴를 선택합니다.

02 '계정' 탭을 선택하고 대화상자의 왼쪽 아래에 있는 ⊞ 버튼을 클릭합니다. 그리고 '계정 유형'을 'Google'로 선택한 후 본인의 '이메일 주소'와 '암호'를 정확하게 입력합니다.

03 '설정' 버튼을 클릭하면 자동으로 모든 설정이 완료되며, 구글 계정의 일정 관리 항목이 새로 추가됩니다. 앞으로 여기에 추가하는 모든 일정은 구글 계정과 연동되어 친구나 동료들과 온라인에서 공유할 수 있습니다.

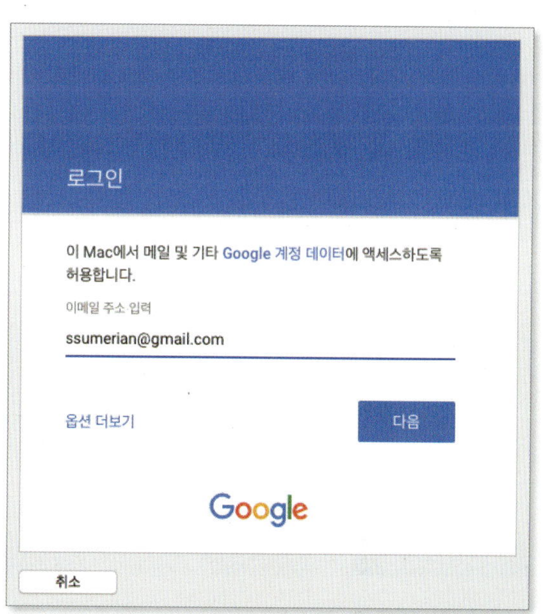

구글 계정 추가 대화상자

04 '캘린더 → 환경 설정' 메뉴를 선택한 후 '계정' 대화상자의 '위임' 탭을 클릭하면 일정을 공유하는 다른 Gmail 사용자에 대한 권한(보기만 가능 또는 추가/변경 가능)을 설정할 수 있습니다. 구글 캘린더의 설정 메뉴에서는 공유 사용자를 추가 및 삭제할 수 있습니다.

Tip

OS X에 기본 내장된 Mail, 캘린더, 연락처 등을 완벽하게 지원하는 클라우드 서비스는 단연 애플의 iCloud 서비스 입니다. iOS(아이폰, 아이팟 터치, 아이패드 운영체제) 및 OS X 사용자를 대상으로 무료로 5GB 용량이 제공되며, 더 많은 용량이 필요하면 유료 서비스에 가입하면 됩니다. iCloud에서 제공하는 5GB 무료 용량이 국내 포털 사이트에서 제공하는 무료 클라우드 서비스에 비하면 매우 작아 보일 수 있으나 메일, 캘린더, 연락처 등을 클라우드 서버에 저장시키고 이를 동기화 하는데 전혀 부족하지 않습니다. 이 밖에 iCloud 서비스를 이용하면 추가적으로 '나의 Mac 찾기'(사용하는 Mac 컴퓨터를 분실했을 때 위치를 알려주는 기능) 서비스를 제공받을 수 있으며 사파리의 책갈피(북마크)와 사진 등을 다른 컴퓨터 또는 iOS 기기와 동기화 할 수 있습니다. 필자의 경우는 Mail, 캘린더, 연락처, 사진 등은 iCloud 서비스를 이용하여 다른 기기와 동기화시키고, 용량이 큰 파일들(@ 포토샵, 인디자인 등의 프로젝트 파일)은 네이버의 클라우드 서비스(무료 30GB)를 이용하여 다른 기기와 동기화하고 있습니다.

04 연락처

연락처 앱은 이름 그대로 연락처를 관리하는 앱입니다. 연락처 앱에 입력한 정보는 Mail에서 그대로 사용할 수 있으며, 스카이프(Skype)나 iOS 기기 및 다른 플랫폼 기기와 연동할 수 있습니다. 앱 실행 속도가 빠르고, 단순하며, 직관적인 사용자 인터페이스로 구성되어 있으므로 수시로 연락처를 확인할 때 유용합니다.

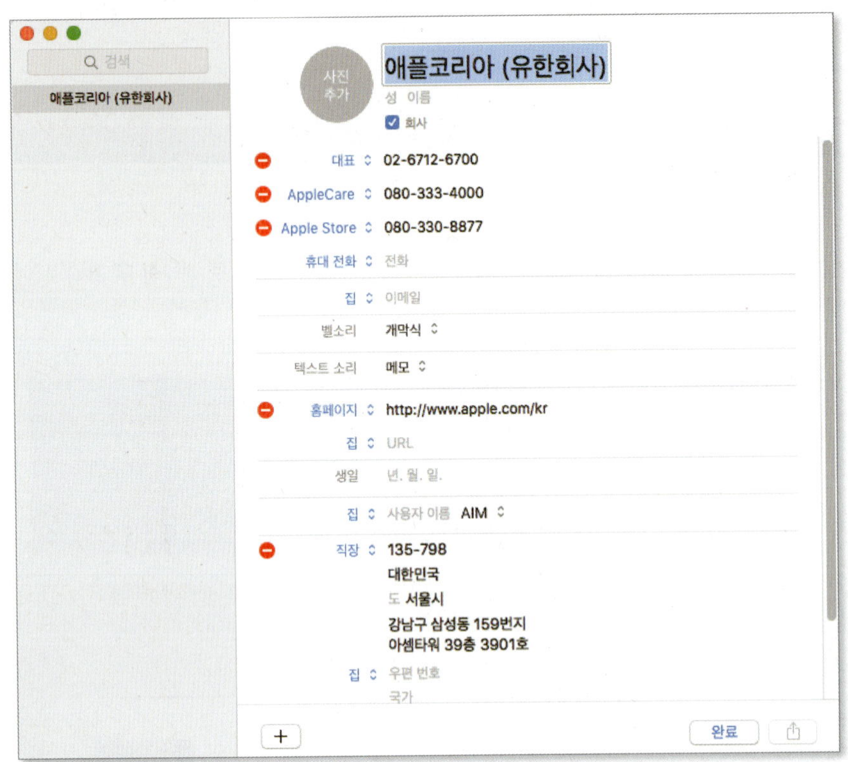

연락처 메인 화면

01 한국의 이름 및 주소 표기 방식을 설정하기 위해 '연락처 → 환경 설정 → 일반'의 '이름 표시 순서' 항목을 '성 이름'으로, '정렬' 항목은 '성', '주소 포맷'은 '대한민국'으로 설정합니다. 만약 iCloud 또는 주소록 동기화를 지원하는 다른 클라우드 서비스를 사용한다면 '기본 계정' 항목을 변경합니다.

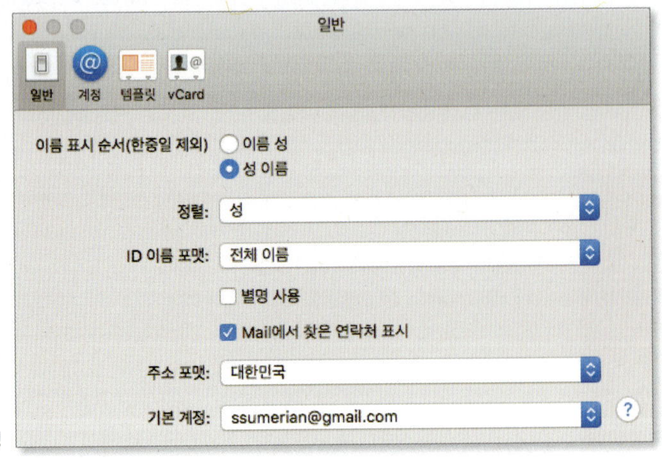

연락처 환경 설정

02 새로운 그룹을 추가하기 위해 '보기 → 그룹 보기(단축키 : Command + 1)' 모드로 전환합니다.

03 '파일 → 새로운 그룹' 메뉴(단축키 : Shift + Command + N) 또는 + 버튼을 클릭하고 '새로운 그룹' 메뉴를 선택하여 그룹을 추가합니다.

04 새롭게 추가된 그룹에 연락처를 등록하기 위해 + 버튼(단축키 : Command + N)을 클릭하고 '새로운 연락처' 메뉴를 선택합니다. 만약 사진을 연락처에 추가하고자 한다면 사진 아이콘을 클릭하고 원하는 사진을 라이브러리에서 추가합니다. 사용하고 있는 Mac 컴퓨터에 FaceTime 카메라가 내장되어 있다면 즉석에서 사진을 촬영하여 연락처에 추가할 수 있습니다(PhotoBooth에서 지원하는 여러 가지 효과(Effect)들도 사진에 적용할 수 있습니다.

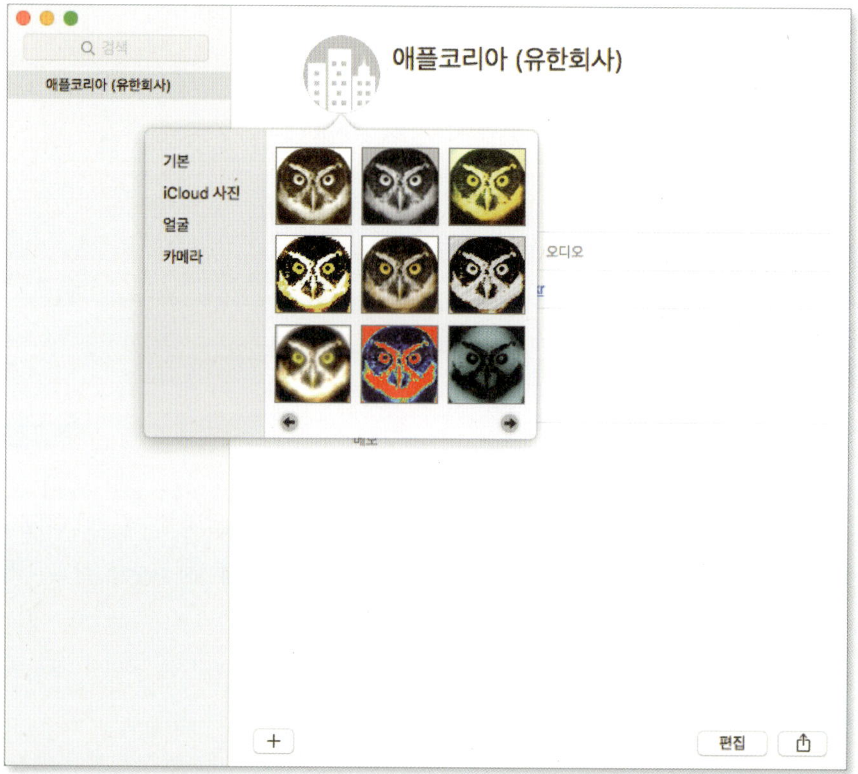

연락처에 사진 추가

05 모든 연락처 항목들을 입력하였다면 '완료' 버튼을 클릭하고, 다른 사람과 해당 연락처를 공유하길 원한다면 '공유' 버튼을 클릭하여 연락처 카드(vCard 포맷)를 E-mail 또는 메시지, AirDrop을 통하여 전송합니다.

06 연락처를 수정하려면 해당 연락처를 선택하고, 카드 윈도우 아래쪽에 있는 '편집' 버튼(단축키 : Command + L)을 클릭합니다.

07 그룹 이름을 변경하려면 '그룹' 보기(단축키 : Command + 1) 모드에서 해당 그룹을 1회 클릭하고 조금 기다렸다가 다시 클릭하면(더블클릭 보다 느리게 2회 연속 클릭) 이름을 변경할 수 있습니다. 마우스 조작이 잘되지 않는다면, 메인 메뉴의 '편집 → 그룹 이름 변경' 메뉴를 이용합니다.

08 그룹 및 연락처를 삭제하려면 해당 항목을 선택하고 Delete 를 누릅니다.

Tip 캘린더와 마찬가지로 연락처를 iCloud 또는 야후 주소록 등과 동기화시킬 수 있습니다.

05 미디어 엔터테인먼트 - iTunes

iTunes는 MP3 음악 파일뿐만 아니라 QuickTime 동영상, 온라인 라디오, Podcast 동영상 등 다양한 미디어를 즐길 수 있는 앱입니다. 일반적으로 MP3 음악을 재생하거나 오디오 CD를 MP3 파일로 변환하는데 사용하지만, iOS 기기 사용자의 경우 로컬 컴퓨터와 동기화 및 백업/복원/펌웨어 업데이트를 위해 반드시 사용해야 하는 앱이기도 합니다.

예제 | 오디오 CD를 MP3 파일로 변환하기

01 ' iTunes → 환경 설정' 메뉴를 선택하고 '일반' 탭에서 '가져오기 설정' 버튼을 클릭합니다.

02 '다음으로 가져오기'에서 'MP3 인코더'를 선택하고 '설정'에서 원하는 음질을 선택합니다. 이때 음질이 높을수록 파일 크기는 더 커집니다.

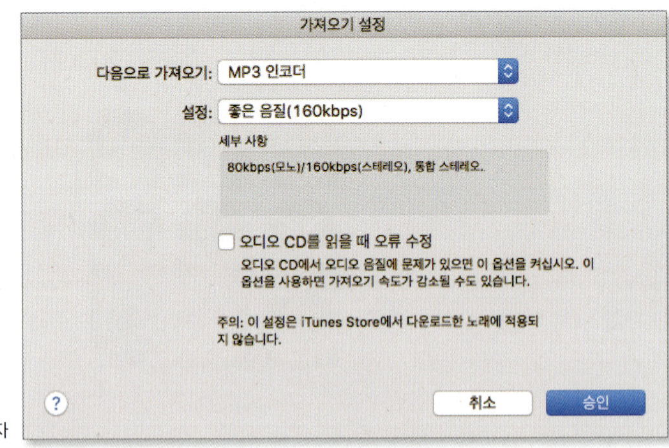

iTunes 가져오기 설정 대화상자

03 오디오 CD를 삽입하고 iTunes 라이브러리에 추가할 트랙들을 선택한 후 'CD 가져오기' 버튼을 클릭합니다. MP3 파일로 변환된 오디오 CD 트랙들은 기본적으로 '사용자 홈 폴더 ▶ 음악 ▶ iTunes ▶ iTunes Media ▶ Music' 폴더에 저장됩니다.

06 미디어 재생기 – QuickTime Player

QuickTime Player는 기본적으로 동영상과 오디오를 녹화할 수 있는 기능이 내장되어 있으며, 동영상 강좌를 제작할 수 있는 화면 기록 기능도 포함하고 있습니다. 특히 YouTube, Vimeo, Facebook 등의 웹사이트에 동영상 및 오디오를 직접 업로드할 수 있는 기능이 내장되어 좀 더 편리하게 원하는 동영상과 오디오를 온라인에서 공유할 수 있습니다. 다만 기존 QuickTime 7 프로 버전에서 지원했던 타임코드를 기반으로 하는 정교한 다듬기(trim)를 지원하지 않으므로 이 기능을 원하면 별도로 애플 홈페이지에서 다운로드 및 설치해야 합니다(http://support.apple.com/kb/DL923).

예제 | 동영상 다듬기

01 '파일 → 파일 열기' 메뉴를 선택하여 동영상을 불러옵니다. QuickTime에서 기본적으로 지원하는 MOV, MP4 포맷 등은 곧바로 불러올 수 있지만, 일부 동영상 포맷(WMV, AVI, xVid, DivX 등)은 별도의 QuickTime 플러그인을 설치해야 정상적으로 불러올 수 있습니다. (QuickTime 동영상 코덱에 대해서는 애플 홈페이지의 http://www.apple.com/quicktime/extending/components.html 을 참고합니다.)

02 '편집 → 다듬기' 메뉴를 선택하면 전체 동영상에서 일부분을 잘라낼 수 있는 노란색 핸들이 나타납니다. 여기서 시작 지점과 종료 지점을 지정하고 '다듬기' 버튼을 클릭합니다.

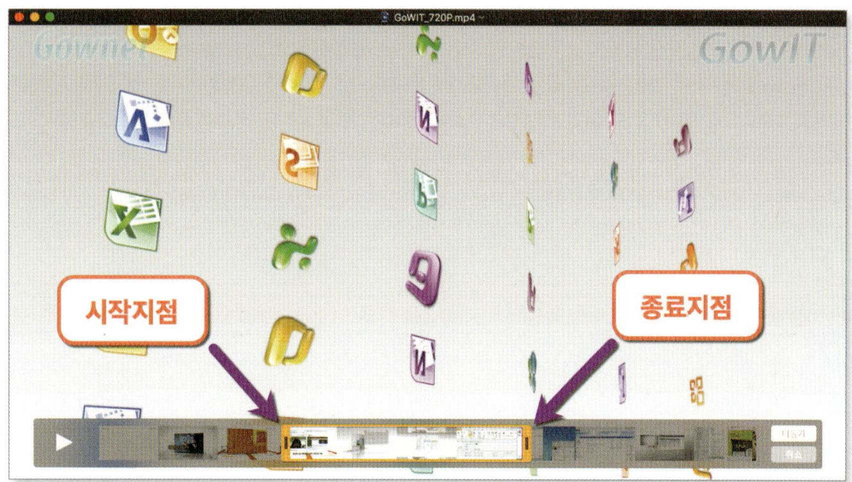

QuickTime 다듬기 화면

03 원하는 부분만 남기고 나머지는 잘라냈으면 '파일 → 보내기' 메뉴를 이용해 새로운 동영상 파일로 저장합니다. 만약 YouTube나 Vimeo, Facebook 등의 계정을 이용해 인터넷에서 동영상을 공유하려면 '공유' 메뉴를 이용합니다.

Tip

인터넷에서 동영상 공유용으로 흔히 사용하는 AVI, MKV, WMV, FLV 등의 파일 포맷은 QuickTime으로 재생할 수 없습니다. 그러므로 다음 내용을 참고하여 필요에 따라 동영상 관련 프로그램을 설치합니다.

동영상 재생 프로그램

1. 곰플레이어 Mac 버전
곰TV에서 제공하는 다양한 콘텐츠를 이용할 수 있으며 여러 가지 동영상 파일(WMV, MKV 등)을 재생할 수 있습니다.

2. MPlayer X(가격 : 무료)

대부분의 동영상 포맷(AVI, WMV, MKV 등)을 재생할 수 있으며, Mac App Store에서 무료로 다운로드 할 수 있습니다. 동영상이 여러 개의 파일로 나뉘어져 있어도 이를 자동으로 연속 재생시켜 주며, 다국어 자막 파일을 지원합니다.

3. VLC Media Player for Mac OS X(가격 : 무료)

Mplayer X와 마찬가지로 대부분의 동영상 포맷을 지원하며, 다국어 자막 및 재생 목록을 지원합니다. 한글로 메뉴를 지원하므로 편리하게 여러 가지 기능들을 사용할 수 있습니다.
(다운로드 주소 http://www.videolan.org/vlc/download-macosx.html)

동영상 편집 프로그램

① Quicktime Player 7 Pro(가격 : 35,000원)

Mac OS X 10.6 Snow Leopard 버전부터 기본 앱에서 제외되었으며, 사용자의 필요에 따라 선택적으로 설치할 수 있습니다(애플 홈페이지의 '고객지원' 메뉴에서 다운로드). Quicktime Player 7 버전은 흥미롭게도 Mac OS X 10.6 이상 버전의 기본 앱으로 포함된 QuickTime Player(X) 버전 보다 더 많은 전문가용 기능들을 지원합니다. 예를 들어, 동영상의 타임코드를 기준으로 정교하게 편집(일부분을 잘라내거나 붙이는 작업)할 수 있으며, 원본 동영상의 코덱을 변환하지 않고 빠르게 저장할 수 있는 기능을 지원합니다. 온라인 공유용(MP4, H264 등)이 아닌 방송용 동영상(㉑ DV, HDV 포맷 등)을 간단하게 편집할 때 매우 빠르게 작업할 수 있습니다.

② iMovie(가격 : 14.99 달러 / 2013년 10월 이후 Mac 컴퓨터 구입자에게 무료 제공)

취미로 동영상을 제작하거나 UCC 동영상을 제작하기에 적합한 애플의 동영상 편집 앱입니다. 기본적으로 여러 가지 동영상 테마와 배경 음악들을 지원하므로, 동영상 편집에 익숙하지 않은 사용자들도 편리하게 수준 높은 동영상을 제작할 수 있습니다. 다양한 특수효과(Effect)와 수준 높은 오디오 편집 및 타이틀링 기능을 지원합니다. 편집한 동영상은 '공유' 메뉴를 이용하여 YouTube, Vimeo, Facebook 등으로 직접 업로드할 수 있습니다.

③ Final Cut Pro(가격 : 299.99 달러)

애플의 전문가용 동영상 편집 앱이며, 일반 화질(SD)을 비롯하여 HD 동영상을 빠르고 편리하게 편집할 수 있는 다양한 기능을 지원합니다. 최신 Final Cut Pro는 이전 버전(7)에 비하여 파격적으로 사용자 인터페이스에 변화를 주었고, 소프트웨어 구조가 64비트로 설계되어 하드웨어 자원을 제한 없이 사용합니다. 또한 OpenCL 기술의 지원으로 그래픽 카드의 GPU를 활용한 빠른 특수효과(Effect) 처리를 지원합니다.

Final Cut Pro X

 '미리 보기'를 이용한 이미지 및 PDF 파일 보기

'미리 보기' 앱은 다양한 포맷의 이미지 파일을 보거나 간단한 편집 기능을 지원하며(**예** 색상 조절, 부분 잘라내기, 주석달기 등), PDF 문서 파일을 보거나 인쇄할 수 있습니다. 앱 실행 속도가 빠르고, 메뉴 구조가 복잡하지 않기 때문에 편리하게 이미지 파일들을 편집하고 인쇄할 수 있습니다. 참고로 이 책에 포함된 대부분의 삽입 이미지는 별도의 써드파티 앱을 사용하지 않고 OS X에 자체적으로 내장된 '화면 캡처' 앱과 '미리 보기' 앱만 이용해 준비한 이미지입니다.

01 '파일 → 열기' 메뉴(단축키 : Command + O)를 선택하여 편집할 이미지 파일(JPG, TIFF, PNG 등)을 불러옵니다.

02 '도구 → 색상 조절' 메뉴(단축키 : Option + Command + C)를 선택하여 노출(Exposure), 대비(Contrast), 채도(Saturation) 등을 조절합니다.

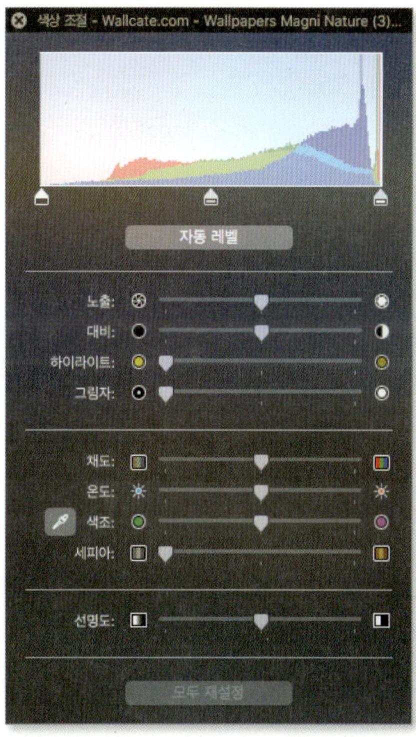

색상 조절 HUD

03 미리 보기 윈도우의 툴바에서 '편집 도구 막대 보기 → 선택 도구' 아이콘을 클릭하고 이미지의 일부 영역을 마우스로 드래그하여 지정합니다. 그리고 '도구 → 자르기' 메뉴(단축키 : Command + K)를 선택하면 선택한 영역을 제외한 나머지 부분을 잘라낼 수 있습니다.

04 툴바에서 '마크업 도구 막대 보기' 아이콘을 클릭하면 '선택 도구' 이외 도형 및 주석을 추가할 수 있는 다양한 도구 모음이 표시됩니다.

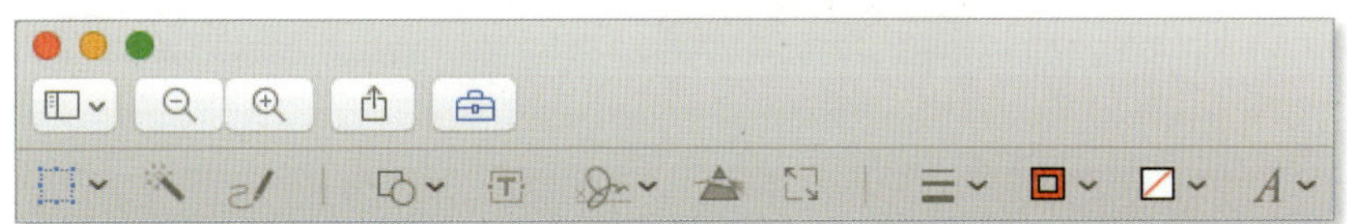

주석 도구 모음

> **Tip**
> 디지털카메라 또는 스마트폰으로 촬영한 이미지를 인터넷에 업로드하려면 '미리 보기' 앱에서 이미지 크기를 가로 기준으로 1,024 픽셀 이하로 축소하고, 파일 포맷은 JPG 또는 PNG 포맷으로 저장한 후 업로드하는 것이 좋습니다. 만약 원본 이미지(보통 가로 기준 2,048 픽셀 이상)를 조절하지 않고 그대로 업로드하면 업로드하는 시간도 오래 걸리지만, 보는 사람도 다운로드 시간이 오래 걸립니다.

08 재미있는 사진과 비디오 만들기 – Photo Booth

국내에서도 UCC(User Created Content) 제작에 일반인들이 많은 관심을 갖고 참여하고 있고, 국내 포털 사이트 등에서 이에 따른 제작 관련 문의가 많습니다. Mac 사용자의 경우 UCC 제작을 위해 별도의 비디오 편집이나 이미지 효과 프로그램이 없어도 OS X의 기본 앱인 Photo Booth와 QuickTime Player만 가지고 다양한 저작물을 만들 수 있습니다. 특히 iMac, Mac 노트북 사용자는 비디오카메라가 내장되어 있으므로 별도의 캠코더를 구입할 필요 없이 즉석에서 흥미로운 이미지나 동영상을 만들 수 있습니다.

예제 | 흥미로운 사진 및 동영상 만들기

01 비디오카메라가 자체적으로 내장되어 있지 않은 Mac 제품을 사용하면 Firewire나 USB 포트를 이용해 캠코더나 비디오카메라를 연결합니다.

02 Photo Booth를 실행하고 촬영 버튼의 왼쪽에 위치한 '스틸(Still, 한 장의 이미지)', '연속 촬영(4장을 연속해서 촬영)', '동영상' 중에서 원하는 옵션을 선택합니다.

03 '효과' 버튼을 클릭하여 원하는 이미지 효과를 선택하고 '촬영' 버튼(카메라 아이콘)을 클릭하면 **02** 과정에서 설정한 촬영 유형에 따라 이미지나 동영상 파일이 생성됩니다(파일 저장 위치 : '사용자 계정 홈 ▶ 그림 ▶ PhotoBooth Library (컨텍추얼 메뉴에서 '패키지 내용 보기' 클릭) ▶ Pictures' 폴더).

Photo Booth 윈도우

04 촬영한 결과물이 만족스러우면 이미지는 미리 보기(Preview)를, 동영상은 QuickTime Player를 이용해 2차 편집을 할 수 있습니다. 만약 사진 앱 또는 iMovie가 이미 설치되어 있다면 촬영한 이미지 또는 동영상을 곧바로 전달하여 보다 세밀한 편집을 할 수 있습니다.

국내의 많은 OS X 사용자가 크게 오해하는 부분 중 하나는 'OS X는 오직 Mac용 폰트나 오픈 타입 폰트(Open Type Font) 만 지원한다'입니다. 하지만 MS 윈도용 트루타입 폰트는 별도의 변환 과정을 거치지 않고도 직접 OS X에서 사용할 수 있 습니다. 예를 들어 MS 윈도용 한글 폰트를 OS X에 설치하면 어도비 인디자인, 포토샵, Quark, MS Office 등의 앱에서 사용할 수 있습니다.

● Mac OS X에서 지원하는 폰트 유형

- 오픈 타입(Open Type), 파일 확장자 Otf
- 포스트스크립트 타입 1(PostScript Type 1)
- 트루타입(TrueType), 파일 확장자 ttf 또는 ttc(폰트 컬렉션)
- Data Fork 트루타입, 파일 확장자 dfont 또는 dfon

● Mac OS X의 폰트 저장 위치

- '사용자 계정 홈 폴더▶라이브러리▶Fonts' 폴더
- 'Macintosh HD▶라이브러리▶Fonts' 폴더
- 'Macintosh HD▶시스템▶라이브러리▶Fonts' 폴더 (주의 : 이 폴더에 저장된 폰트들은 Mac OS X 시스템에서 사용하는 폰트이므 로 특별한 이유가 없으면 원래의 상태를 그대로 유지합니다.)

서체 관리자(Font Book)를 이용하지 않고, 폰트 파일들을 위에서 나열한 폴더로 직접 복사 및 이동해도 해당 폰트가 자동으로 서체 관리자에 추가됩니다.

예제 | 폰트 추가 및 삭제하기

01 서체 관리자를 실행하고 '모음(Collection)'열 아래쪽의 ⊞ 버튼을 클릭하여 새로운 폰트 모음을 추가합니다. 모음 이름은 기본적으 로 '이름 없는 서체 모음'으로 지정되는데 사용자가 필요에 따라 변경할 수 있습니다. (이번 예제에서는 '사용자'로 모음 이름을 지 정합니다.)

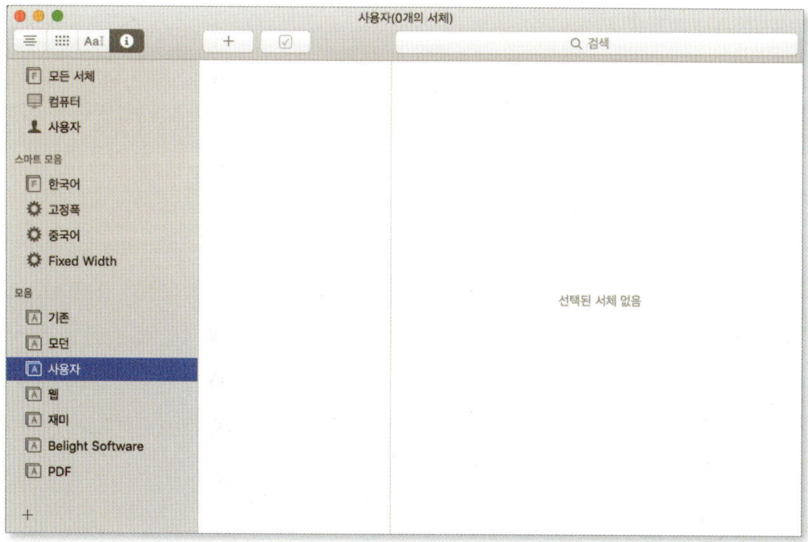

02 '파일 → 서체 추가' 메뉴(단축키 : Command + O)를 클릭하고 추가할 폰트가 저장된 폴더 또는 개별 폰트 파일을 선택하면 해당 폴더에 저장된 모든 폰트나 선택한 폰트들이 추가됩니다. OS X가 지원하지 않는 폰트 유형이거나 표준 사양을 따르지 않은 폰트들은 추가되지 않습니다.

03 설치한 폰트 중에서 특정 폰트를 삭제하려면 해당 폰트의 컨텍추얼 메뉴(마우스 오른쪽 버튼 클릭)에서 '서체 목록 제거'를 선택합니다. 삭제한 폰트는 휴지통으로 이동하므로 실수로 임의의 폰트를 삭제했으면 이것을 원래 위치인 'Macintosh HD ▶ 라이브러리 ▶ Fonts' 폴더로 원상 복구시킵니다.

Tip

MS 윈도용 한글 트루타입 폰트 중 일부 폰트는 OS X 앱에서 지원되지 않거나 충돌하는 문제가 발생합니다. 그러므로 OS X에서 전문적인 페이지 디자인 작업을 한다면 실행하는 앱별로 한글 폰트들을 활성/비활성 시킬 수 있는 전문가용 폰트 매니저 앱을 사용하는 것이 좋습니다.

전문가용 폰트 매니저 앱
- Extensis의 Suitcase Fusion(가격 : 99.95 달러, 홈페이지 : http://www.extensis.com/)
- Linotype의 FontExplorer X Pro for Mac(가격 : 99 달러, 홈페이지 : http://www.fontexplorerx.com)

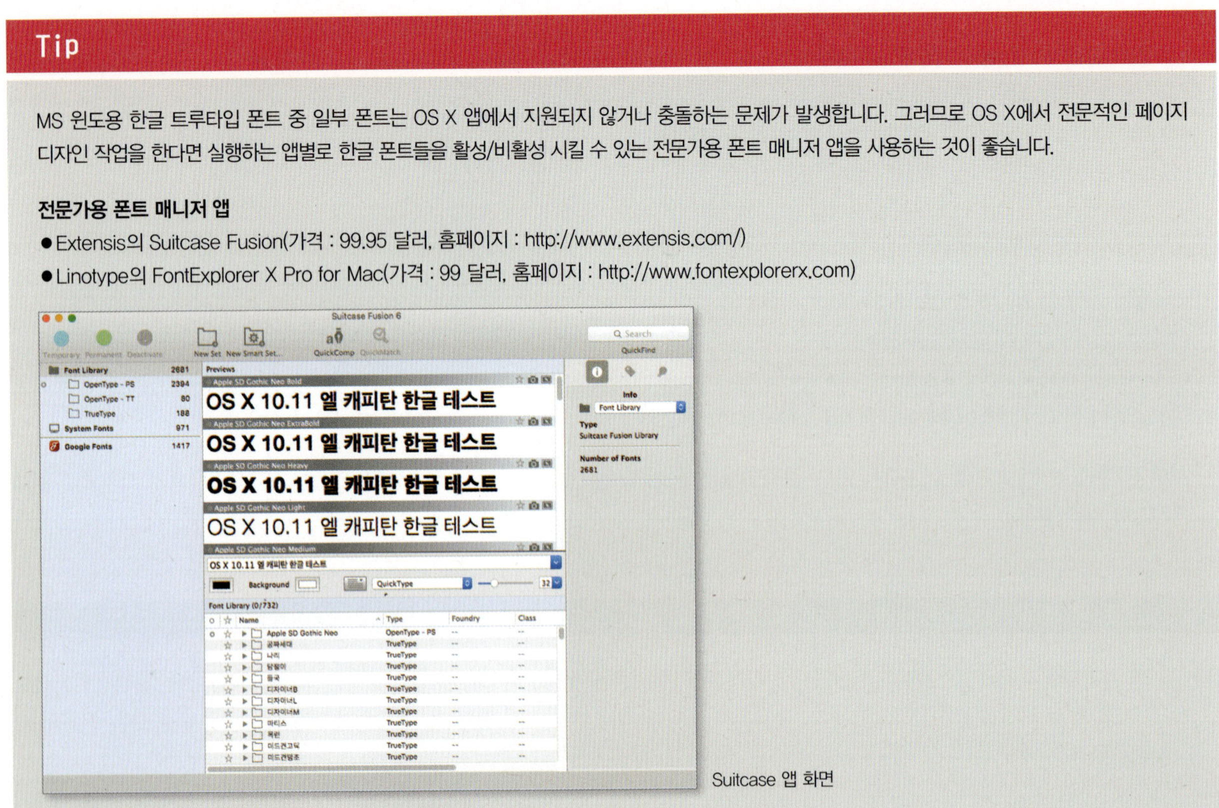

Suitcase 앱 화면

---

10 온라인 텍스트/음성/화상 채팅 – 메시지

메시지 앱은 로컬 네트워크나 인터넷을 통한 원격 사용자와 텍스트/음성/비디오 채팅을 할 수 있는 앱입니다. 애플 ID(me.com 또는 icloud.com 계정)를 이용하거나 구글의 Gmail, AIM(AOL Instant Messenger), Yahoo, Jabber(OS X Server의 메시지 서버) 등의 계정을 이용하여 온라인 채팅을 할 수 있습니다. 뿐만 아니라 로컬 네트워크의 Bonjour 프로토콜을 이용하면 로컬 컴퓨터 간에 실시간 온라인 채팅이 가능합니다. 특히 네트워크 속도가 느려도 우수한 화질의 비디오와 다자간 비디오 채팅을 지원하므로 가족이나 친구들과 원활한 인터넷 비디오 채팅을 할 수 있습니다(Yahoo 및 AIM 계정은 화상 채팅 및 화면 공유를 지원하지 않습니다). 또한 다른 iOS 기기 및 Mac 사용자간에 무료로 텍스트/이미지/동영상 등도 주고받을 수 있으며, 메시지 기록이 다른 기기(동일한 iCloud 계정이 설정된 iOS 기기 또는 Mac 컴퓨터)와 실시간으로 동기화 됩니다.

01 메시지 앱을 실행하고 '메시지 → 환경 설정' 메뉴에서 '계정' 탭을 클릭합니다.

02 대화상자의 왼쪽 아래에 있는 ⊞ 버튼을 클릭합니다. 대화상자가 나타나면 '계정유형' 항목을 'Google'로 선택하고 Gmail 계정과 암호를 입력한 후 '완료' 버튼을 클릭합니다. (구글 계정은 메시지 앱을 비롯하여 메일, 연락처, 캘린더, 메모 등의 앱에서도 지원하므로 필요에 따라 옵션을 추가할 수 있습니다.)

03 가족이나 친구 계정을 추가하려면 '대화 상대 → 대화 상대 추가' 메뉴를 선택하고 상대방의 구글 계정 이름을 입력합니다. 이때 상대방이 대화 상대로 추가되는 것을 허용해야만 채팅을 시작할 수 있습니다.

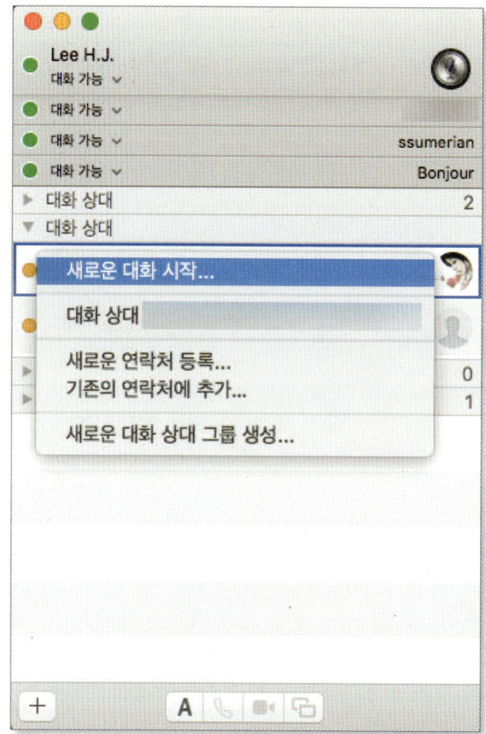

메시지 대화 상대 컨텍추얼 메뉴

11 이미지 스캔 및 디카 사진 가져오기 – 이미지 캡처

이미지 캡처(Image Capture) 앱은 스캐너를 이용해 이미지 스캔을 하거나 디지털카메라로 촬영한 이미지 파일들을 Mac 컴퓨터로 전송할 수 있는 앱입니다. 특히 연결된 디지털카메라로 직접 촬영할 수 있는 기능을 지원하며 또한 부가 기능으로 전송되는 사진들을 이용해 웹페이지를 자동으로 생성할 수 있습니다.

01 이미지 캡처 앱을 실행하고 USB 포트에 디지털카메라를 연결합니다. 디지털카메라에 저장된 사진들이 표시되면 '다음으로 가져오기' 항목에서 '웹 페이지 생성'을 선택합니다.

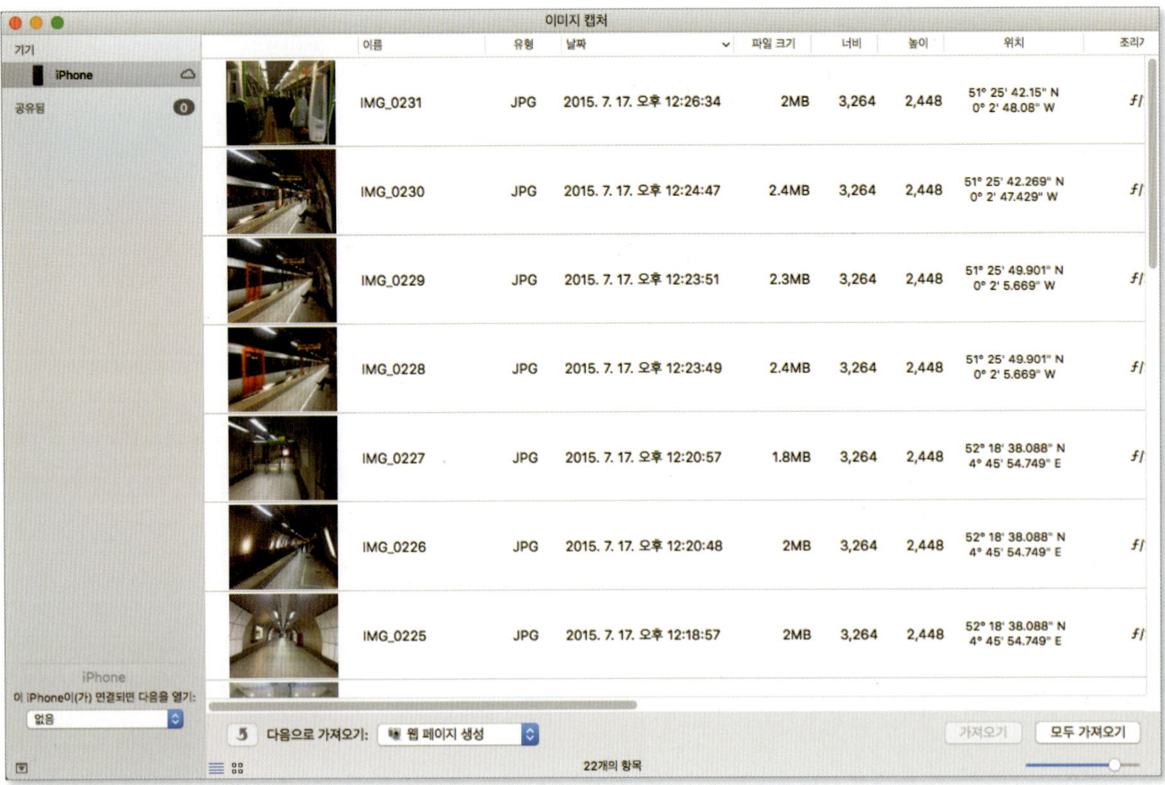

02 웹페이지에 포함시킬 사진들을 선택하고(Command 또는 Shift +클릭) '가져오기' 버튼을 클릭합니다. 만약 전체 사진들을 웹페이지에 포함하려면 '모두 가져오기' 버튼을 클릭합니다. 참고로 생성된 웹페이지는 '사용자 계정 홈▶그림' 폴더에 저장됩니다.

12 유닉스(리눅스) 마니아용 Command Line 앱 - 터미널

OS X의 내부 구조는 BSD(Berkeley Software Distribution, Berkeley Unix) 유닉스를 기반하고 있기 때문에 대부분의 BSD 유닉스 명령을 터미널(Terminal) 앱에서 실행할 수 있으며, Finder에서 표시되지 않는 내부 파일 시스템을 직접 액세스할 수 있습니다. 유닉스 명령에 익숙하면 필요에 따라 시스템의 환경 설정을 변경하거나 다른 사용자의 계정에 포함된 개인 폴더 및 파일도 액세스할 수 있습니다(Root 계정 이용).

명령어	예제	설명
cd 〈경로명〉	cd /local/sbin/	현재 경로를 '/local/bin'으로 변경합니다.
pwd	pwd	현재 경로를 표시합니다.
ls -〈옵션〉 〈조건〉	ls *btw*	파일 이름의 중간에 'btw'를 포함하는 모든 파일을 표시합니다.
cp 〈원본〉 〈대상〉	cp Afile /Bfolder/	'Afile'을 '/Bfolder' 폴더로 복사합니다.
mv 〈원본〉 〈대상〉	mv Afile /Bfolder/	'Afile'을 '/Bfolder' 폴더로 이동합니다.
rm 〈파일 또는 폴더〉	rm Afile 또는 rm -r Afolder	'Afile'이나 'Afolder' 삭제, 'rm' 뒤에 '-r' 옵션을 추가하면 폴더를 삭제할 수 있습니다.
mkdir 〈폴더명〉	mkdir Afolder	현재 경로에서 'Afolder' 폴더를 생성합니다.
rmdir 〈폴더명〉	rmdir Afolder	'Afolder' 폴더를 삭제합니다.
grep 〈찾을 내용〉 〈파일명〉	grep oh yeah.txt	'yeah.txt' 파일에서 'oh'가 포함된 모든 낱말을 표시합니다.
ln 〈원본 경로〉 〈링크명〉	ln -s /home/Apath Bpath	'/home/Apath' 경로를 'Bpath' 이름으로 링크합니다.
who	who	현재 로그인한 사용자나 'ssh' 명령으로 원격에서 로그인한 사용자를 표시합니다.
ps 〈옵션〉	ps aux	현재 실행 중인 모든 프로그램(프로세서)을 표시합니다.
kill 〈프로세스 아이디〉	kill 12334	프로세스 아이디가 '12334'인 프로그램을 강제 종료합니다. 프로세스 아이디는 'ps' 명령을 이용해 확인할 수 있습니다.
find 〈검색할 경로〉 〈조건〉	find /home -name *omg*	파일 이름에 'omg'를 포함한 파일을 '/home' 폴더에서 검색합니다.
whereis 〈프로그램명〉	whereis whereis	whereis 프로그램이 있는 경로를 표시합니다.
sudo 〈명령어〉	sudo vi /etc/php.ini	root 권한으로 '/etc/' 폴더에 있는 'php.ini' 파일을 vi 프로그램으로 편집합니다.

◉ 터미널에서 실행할 수 있는 명령어 모음 폴더

다음의 폴더에는 터미널에서 실행할 수 있는 BSD 유닉스 명령어들이 포함되어 있습니다. 모든 명령어들은 'man 〈명령어〉'를 입력하여 자세한 설명 및 예제를 확인할 수 있습니다.

- /bin
- /sbin
- /usr/bin
- /usr/sbin
- /usr/X11/bin

대부분의 명령어들의 실행은 관리자 권한(sudo 또는 root 계정 사용)이 필요합니다. 좀 더 상세하게 OS X의 유닉스 관련 명령어를 학습하려면 BSD 유닉스 관련 매뉴얼을 참고합니다. 이 책은 OS X의 그래픽 사용자 인터페이스를 중심으로 다루고 있으므로 일반 사용자가 자주 사용하지 않는 터미널 및 유닉스 명령어는 여기까지 설명합니다.

13 다양한 유형의 문서 작성 앱 - 텍스트 편집기

텍스트 편집기 앱은 MS 윈도의 워드패드와 비슷한 종류의 앱으로, 다양한 유형의 문서를 보거나 편집 및 작성할 수 있습니다. 일반 텍스트 문서를 비롯하여 웹페이지 파일(HTML, PHP 등)과 표준 워드 문서 등을 작성 및 편집할 수 있으며, 앱 실행 속도가 매우 빨라서 간단한 문서 편집 및 코드 수정(개발자의 경우) 작업에 유용합니다.

> **Tip**
>
> 국내에서는 대부분의 문서를 한글 파일(HWP)로 교환하기 때문에 텍스트 편집기를 이용한 문서 작성은 매우 드문 일입니다. 그러나 해외의 경우 한글 파일 자체가 통용되지 않으므로 외국인을 대상으로 E-mail에 문서를 첨부하려면 유니코드 방식의 표준 텍스트 파일이나 워드 문서 파일, PDF 문서 파일 등 국제적으로 통용되는 파일 포맷을 첨부해야 합니다. 텍스트 편집기는 국제적으로 통용되는 모든 표준 문서 포맷(유니코드 8, 16 텍스트, 워드 문서, PDF 등)을 지원하므로 외국인을 상대로 문서를 작성하거나 편집할 때 유용하게 활용할 수 있습니다.

14 클라우드 기반의 노트 기록 - 메모

'메모' 앱은 이름 그대로 간단한 노트를 기록하는 앱입니다. iOS의 '메모' 앱이 그대로 OS X 버전으로 옮겨온 것이며, iCloud를 비롯하여 국내 포털 사이트의 이메일 계정 설정을 통하여 다양한 기기에서 기록한 메모를 동기화 시킬 수 있습니다. 단순한 텍스트 입력뿐만 아니라 텍스트 스타일 및 포맷 지정, 이미지 삽입 등을 할 수 있으며, '스티커' 앱과 같이 OS X 화면 전면에 띄워 놓을 수 있습니다.

메모 앱의 메인 윈도우

주요기능

- **메모 추가** '파일 → 새로운 메모' 메뉴(단축키 : `Command`+`N`)를 선택하거나, 메모 앱 오른쪽 윈도우 아래의 `+` 버튼을 클릭합니다.

- **메모 삭제** 메모 목록에서 삭제하려는 메모를 마우스 오른쪽 버튼을 클릭하고 '삭제' 메뉴를 선택하거나 `Delete`를 누릅니다.

- **메모 이동** 메모 목록에서 이동하려는 메모를 대상 폴더 또는 클라우드 계정으로 드래그&드롭합니다.

- **메모 복사** 메모 목록에서 복사하려는 메모를 `Option`을 누른 상태에서 대상 폴더 또는 클라우드 계정으로 드래그&드롭합니다.

- **폴더 추가** '파일 → 새로운 폴더' 메뉴(단축키 : `Shift`+`Command`+`N`)를 선택하거나 마우스 포인터를 메모 앱 폴더 목록 윈도우의 계정 이름으로 이동하고 아이콘을 클릭합니다.

- **폴더 이름 변경** 폴더 목록에서 이름을 변경할 폴더를 마우스 오른쪽 버튼을 클릭하고 '폴더 이름 변경' 메뉴를 선택하거나, 해당 폴더를 1회 클릭한 후 잠시 기다리면 이름을 변경할 수 있습니다.

- **폴더 삭제** 폴더 목록에서 폴더를 마우스 오른쪽 버튼을 클릭하고 '폴더 삭제' 메뉴를 선택하거나 `Delete`를 누릅니다.

- **폴더 이동** 폴더 목록에서 기본 폴더('메모')를 제외한 나머지 폴더 중 이동하려는 폴더를 대상 폴더 또는 클라우드 계정으로 드래그&드롭합니다. 폴더를 이동하면, 해당 폴더에 저장된 모든 메모도 함께 이동됩니다.

- **폴더 복사** 폴더 목록에서 기본 폴더('메모')를 제외한 나머지 폴더 중 복사하려는 폴더를 `Option`을 누른 상태에서 대상 폴더 또는 클라우드 계정으로 드래그&드롭합니다. 폴더를 복사하면, 해당 폴더에 저장된 모든 메모도 함께 복사됩니다.

예제 1 메모 앱에 클라우드 계정 추가하기

OS X를 설치할 때 iCloud 계정을 설정하고, 메모 항목을 활성화했다면 모든 메모는 iCloud 서버에 저장됩니다. 그러나 만약 다른 회사의 이메일 서비스에서 메모를 관리하고자 한다면 다음 순서를 참고합니다.

01 메모 앱을 실행하고 '메모 → 계정 추가'를 선택한 뒤 이메일 서비스 제공 회사를 선택합니다. 국내 포털 서비스의 이메일을 사용하고자 한다면 '기타 메모 계정'을 선택합니다.

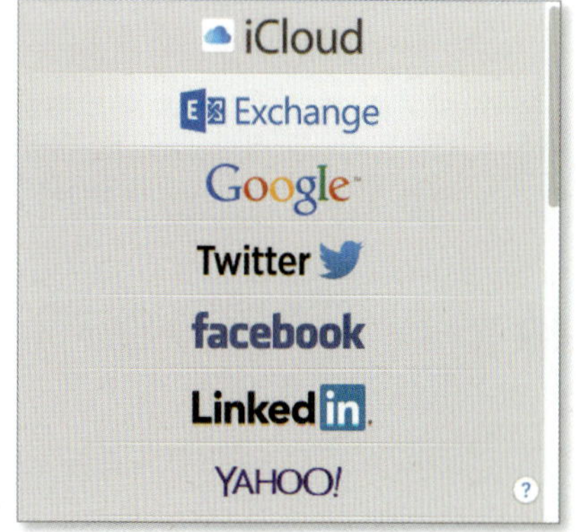

계정 추가 대화상자

02 이메일 주소 및 암호를 입력합니다. 그러면, 메모 앱을 비롯하여 다른 OS X의 기본 앱과 연동할 수 있는 서비스 옵션이 표시되는데 여기서 사용할 서비스를 추가할 수 있습니다(예 메일, 연락처, 캘린더, 메시지 등).

03 새롭게 추가된 계정을 기본 계정으로 설정하기 위해 '메모 → 기본 계정'에서 방금 추가한 계정을 선택합니다. 이후부터 추가하는 모든 메모는 별도로 계정을 변경하지 않는 이상, 기본 계정에 저장됩니다.

01 메모 앱을 실행하고 새로운 폴더를 추가하기 위해 '보기 → 폴더 목록 보기'를 선택합니다. 그리고 '파일 → 새로운 폴더' 메뉴를 선택하거나, 마우스 포인터를 메모 앱 폴더 목록 윈도우의 계정 이름으로 이동하고 ⊞ 아이콘을 클릭한 후 새로운 폴더 이름을 지정합니다.

02 새롭게 생성한 폴더에 메모를 추가하기 위해 '파일 → 새로운 메모' 메뉴를 선택하거나, 메모 앱 오른쪽 윈도우 아래의 ⊞ 버튼을 클릭합니다.

03 간단한 글을 시험삼아 입력하고, 이미지를 추가하고자 한다면 Finder 윈도우에서 원하는 이미지를 메모 앱 윈도우로 드래그&드롭합니다. 참고로 iOS 기기 또는 디지털카메라, 스캐너 등을 Mac 컴퓨터에 연결하면 해당 기기에 저장된(또는 스캔한) 사진이나 이미지를 곧바로 메모에 삽입할 수 있습니다(메모 윈도우에서 마우스 오른쪽 버튼을 클릭한 후 '이미지 가져오기' 메뉴 선택). 또한 OS X 스크린 전체 또는 일부를 이미지 캡처하여 메모에 삽입할 수도 있습니다(메모 윈도우에서 마우스 오른쪽 버튼을 클릭한 후 '화면에서 선택 부분 캡처' 메뉴 선택).

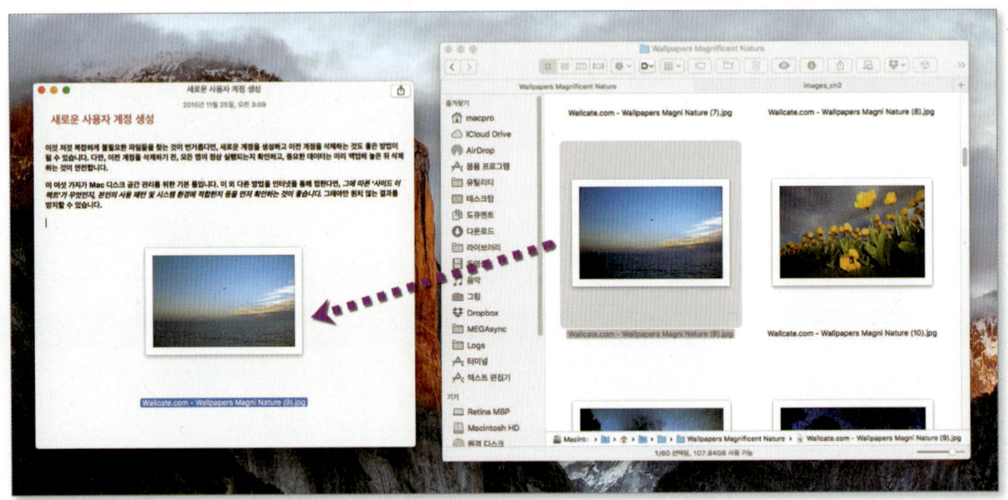

이미지를 Finder에서 메모 앱으로 드래그&드롭으로 추가하는 화면

04 입력한 글의 크기 및 폰트를 조절하려면 변경하려는 글을 선택하고 '포맷' 메뉴를 이용하거나 단축키 Command + T 를 누른 뒤 폰트 종류 및 크기, 색상 등을 변경합니다.

05 이모티콘 또는 특수문자 입력을 원한다면 기본 단축키 Ctrl + Command + Space 를 누르거나, '편집 → 이모티콘 및 기호' 메뉴를 선택하고 원하는 문자를 입력(더블 클릭)합니다.

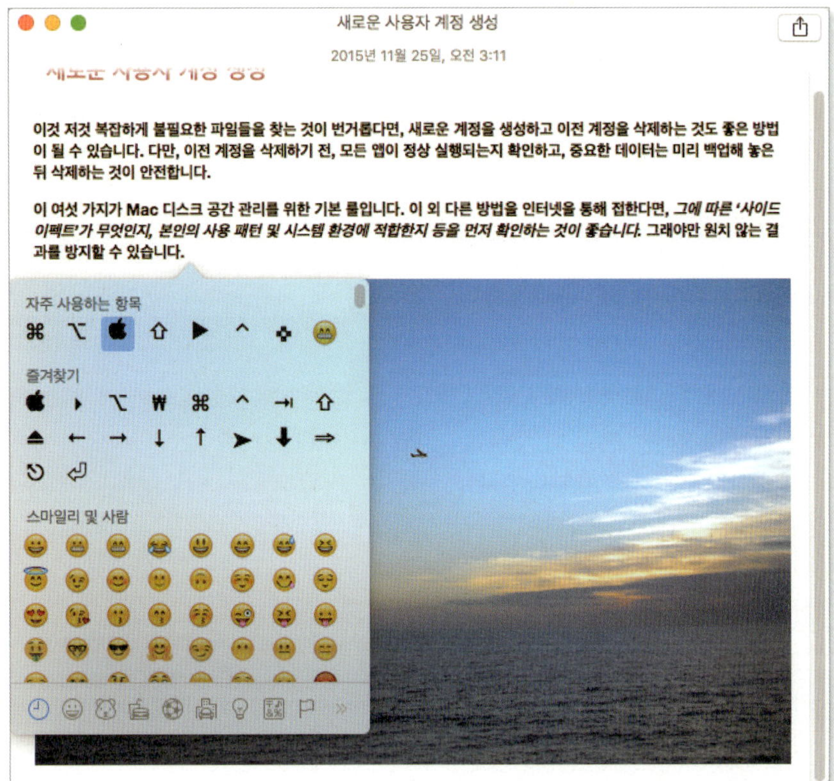

이모티콘을 인라인(Inline) 윈도우로 입력하는 화면

예제 **3** 메모를 OS X 화면 전면에 띄우기

01 메모 목록에서 전면 화면에 띄울 메모를 목록에서 더블 클릭합니다.

02 '윈도우 → 상단에 띄우기' 메뉴를 선택합니다. 참고로, 이 기능을 자주 사용한다면 '시스템 환경 설정 → 키보드 → 단축키 → App 단축키'에서 이 메뉴에 대한 단축키를 지정하는 것이 좋습니다. 응용 프로그램 단축키 지정에 대한 보다 자세한 내용은 206쪽을 참고합니다.

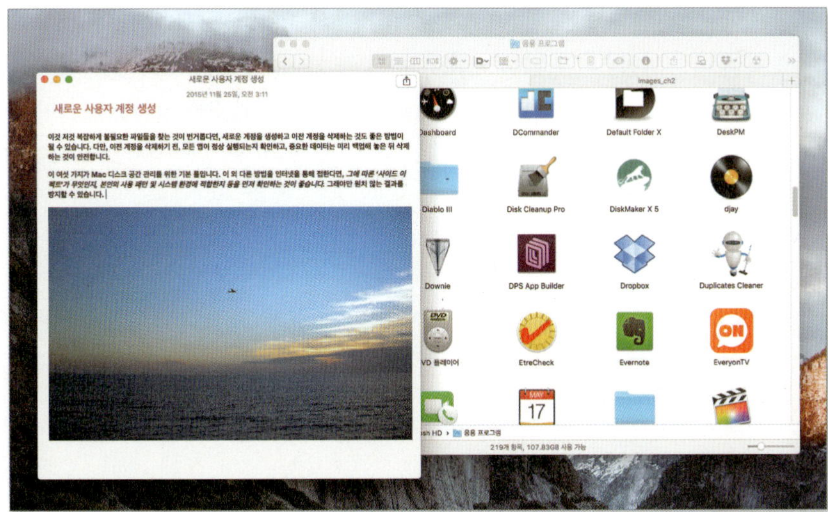

메모를 OS X 화면 전면에 띄운 상태

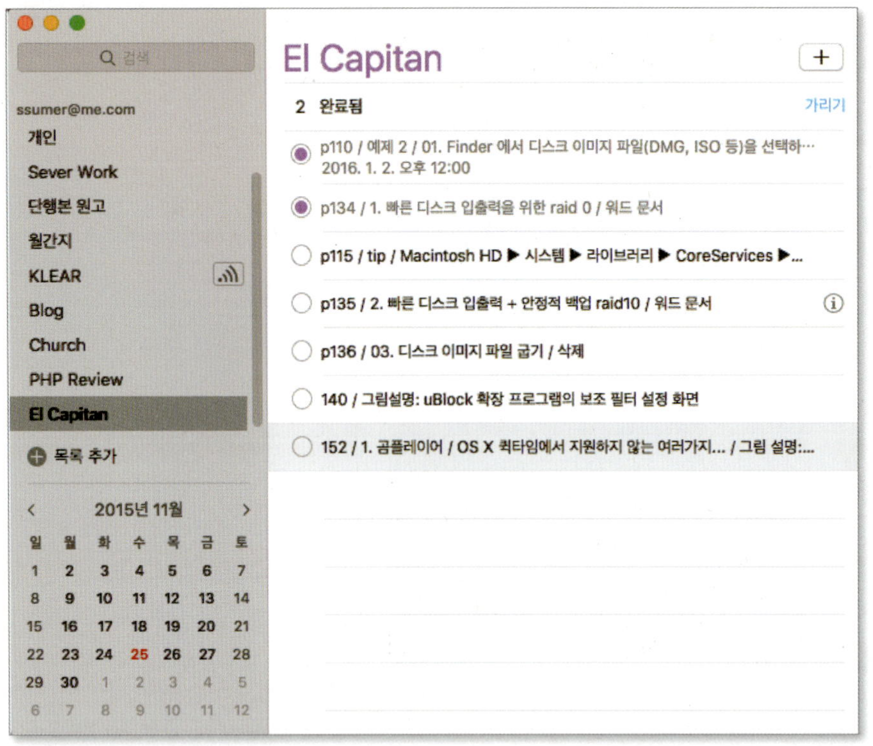

미리 알림 앱의 메인 윈도우

미리 알림 앱을 이용하면 해야 할 일들을 기록해 놓고 이를 시간 및 장소에 따라 사전에 통보받을 수 있습니다. iOS의 '미리 알림' 앱과 연동할 수 있으며 iCloud를 비롯하여 익스체인지 서버, 야후 이메일 계정, CalDAV 서버 설정을 통하여 다양한 기기에서 작업 목록을 동기화시킬 수 있습니다. 일상생활에서 여러 가지 할 일들을 기록하고 관리하는데 유용합니다. 다만, 본 글을 작성하는 시점에서 국내 포털 사이트에서는 '미리 알림' 앱을 위한 CalDAV 서비스를 지원하지 않거나 지원하더라도 사용 중에 여러 가지 장애가 발생합니다. 그러므로 '미리 알림' 앱이 공식 지원하는 클라우드 서버(서비스)를 사용하는 것이 좋습니다. 그리고 장소에 따른 미리 알림을 설정하면 애플의 '지도' 앱 데이터를 사용하는데, 아직까지 한국의 지명/도로명의 검색을 제대로 지원하지 않습니다. 따라서 애플에서 완벽하게 국내 지도 검색을 지원할 때까지 장소에 따른 미리 알림 설정은 사용하지 않는 것이 좋습니다.

주요기능

- **추가** '파일 → 새로운 미리 알림' 메뉴(단축키 : Command + N)를 선택하거나, '미리 알림' 앱 윈도우 오른쪽 위의 + 버튼을 클릭합니다. 또는 미리 알림 목록에서 마우스를 더블 클릭해도 새로운 미리 알림 항목을 추가할 수 있습니다.

- **삭제** 미리 알림 목록에서 삭제하려는 항목을 마우스 오른쪽 버튼을 클릭하고 '삭제' 메뉴를 선택하거나 Delete 를 누릅니다.

- **복사** 미리 알림 목록에서 복사하려는 항목을 Option 을 누른 상태에서 대상 목록 또는 클라우드 계정으로 드래그&드롭합니다.

- **이동** 미리 알림 목록에서 이동하려는 항목을 대상 목록 또는 클라우드 계정으로 드래그&드롭합니다. 참고로, 만약 다른 클라우드 계정으로의 이동에 문제가 발생한다면(**떼** 이동한 항목이 자동 삭제되는 현상) 먼저 항목을 복사(Option + 드래그&드롭)한 후 원본 항목을 삭제합니다.

- **완료** 미리 알림 목록에서 왼쪽 체크 박스에 체크 표시하거나 마우스 오른쪽 버튼을 클릭한 후 '완료됨으로 표시' 메뉴를 선택합니다. 완료된 항목은 '완료됨' 목록에서 나중에 다시 확인하거나 미완료로 전환할 수 있습니다.

- **목록 추가** '파일 → 새로운 목록' 메뉴를 선택하거나 사이드바 아래의 + 버튼을 클릭합니다.

- **목록 이름 변경** 사이드바에서 이름을 변경할 목록을 마우스 오른쪽 버튼을 클릭하고 '이름 변경' 메뉴를 선택하거나, 해당 폴더를 1회 클릭한 후 잠시 기다리면 이름을 변경할 수 있습니다.

- **목록 삭제** 사이드바에서 목록을 마우스 오른쪽 버튼을 클릭하고 '삭제' 메뉴를 선택하거나 Delete 를 누릅니다.

- **목록 순서 이동** 사이드바에서 목록을 드래그&드롭하여 순서를 변경합니다. 다른 클라우드 계정 또는 폴더의 서브 메뉴로의 이동은 지원하지 않습니다.

01 '미리 알림' 앱 윈도우를 더블클릭하거나 + 버튼을 클릭하고 해야 할 일을 입력합니다. (**떼** 은행 확인, 거래처 전화하기 등) Return 을 누르면 다음 줄로 이동되며, 새로운 항목을 추가할 수 있습니다. 만약 더 이상 입력할 항목이 없으면 Tab 을 누릅니다.

02 추가한 항목에 알림 시간 및 장소 또는 메모 등을 첨부하기 위해 해당 항목을 마우스 오른쪽 버튼을 클릭하고 '정보 보기' 메뉴를 선택합니다(마우스 포인터를 선택된 항목으로 이동하면 오른쪽에 ⓘ 아이콘이 표시되는데 이를 클릭해도 '정보 보기' 대화상자가 표시됩니다).

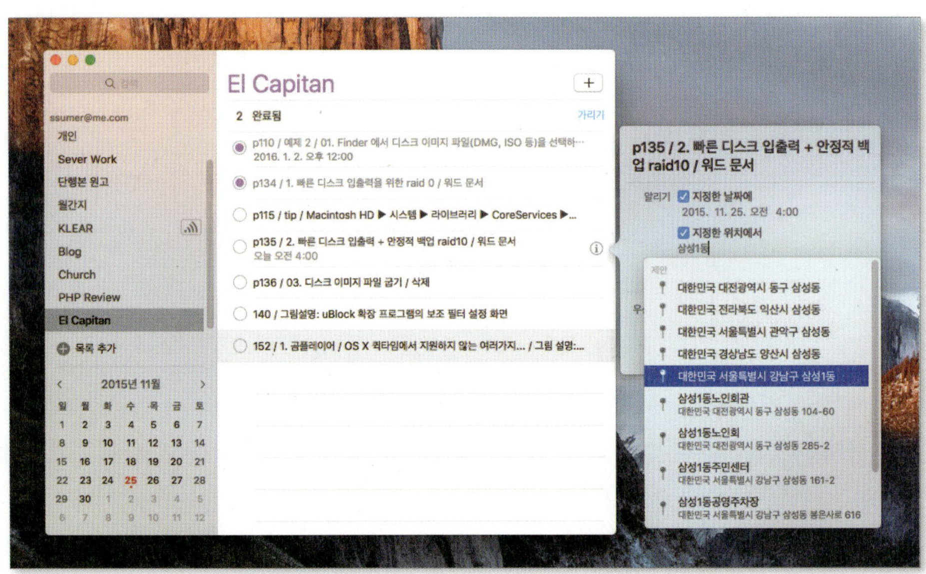

정보 보기 대화상자

03 알림 받을 시간을 설정하기 위해 '알리기'의 '지정한 날짜에' 옵션에 체크 표시하고 날짜와 시간을 설정합니다. 만약 장소를 기준으로 미리 알림을 받으려면 '지정한 위치에서' 항목을 체크 표시하고 지명 또는 도로명 등을 입력합니다. 참고로 애플 지도는 아직까지 국내 지도 정보가 많이 부족하여 정확한 위치 지정은 하기 어렵습니다. 그러므로 대도시 단위로 미리 알림을 받고자 하는 경우에만 사용하는 것이 좋습니다(◉ 서울, 부산 등) 그리고, '현재 위치'를 사용하려면 WiFi 네트워크가 활성화되어 있어야만 합니다.

04 우선순위 설정 및 메모 등을 입력하고 '완료' 버튼을 클릭합니다. 저장된 미리 알림 항목은 iCloud를 통하여 iOS 기기 및 다른 Mac 컴퓨터와 동기화됩니다.

16 편리한 지도 검색 및 길찾기 안내 – 지도

애플 지도는 구글 지도 또는 국내 포털 사이트의 지도 서비스와 같이 일반 및 위성 지도를 기반으로 검색할 수 있으며, 검색 결과를 아이폰으로 전송하면 턴바이턴(Turn by Turn, 사용자의 위치에 따라 실시간으로 이동 경로를 음성으로 안내해 주는 서비스)으로 길안내를 받을 수 있습니다. 또한 도시에 대한 3D 건물 탐색, 다른 OS X 기본 앱(◉ 연락처, 캘린더, 미리 알림, 메일, 사파리, 텍스트 에디터 등)과의 연동을 지원합니다. 다만 아직까지는 미국을 제외한 다른 나라에 대한 지도 정보가 많이 부족하므로 국내 사용자의 경우 대략적인 지도 검색용으로만 사용하는 것이 좋습니다.

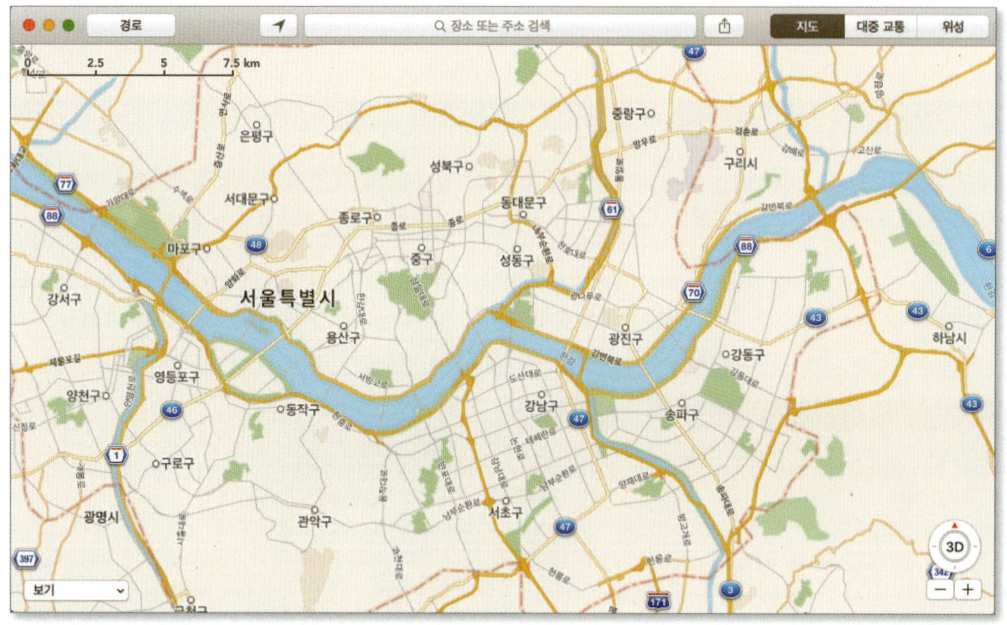

지도 앱의 메인 윈도우

주요기능

- **표시 범위 이동 및 회전** 지도가 표시된 영역에서 원하는 방향으로 마우스를 드래그하면 지도 표시 범위가 이동됩니다. `Option`을 누른 상태에서 왼쪽 또는 오른쪽으로 드래그하면 지도를 회전시킬 수 있으며, 위/아래로 드래그하면 입체적으로 지도를 기울일 수 있습니다(만약, 지도의 표시 방향을 북쪽 기준으로 초기화하려면 `Command`+`↑`를 누릅니다). 트랙패드 사용자는 두 손가락을 사용하여 원하는 방향으로 드래그합니다.

- **지도 확대 및 축소** 지도가 표시된 영역에서 마우스의 스크롤 키를 이용하거나 오른쪽 아래에 있는 ⊞ 또는 ⊟ 버튼을 클릭하여 지도를 확대/축소합니다. 또한 지도의 특정 지점을 더블클릭하여 확대 및 축소(Option)할 수 있습니다. 트랙패드 사용자는 특정 지점을 한 손가락으로 더블 탭, 또는 손가락 넓게 벌리기(제스처)로 확대할 수 있으며, 두 손가락으로 더블 탭 또는 손가락 오므리기(제스처)를 통하여 축소할 수 있습니다.

- **표시 방식 변경** 툴바 또는 '보기' 메뉴에서 표시 방식을 설정합니다. '지도', '대중교통', '위성' 사진 등을 지원하며, 구글 지도 및 국내 포털 사이트의 지도 서비스에서 지원하는 '길거리 보기(Street View)'는 아직 지원하지 않습니다. '대중교통' 및 '3D 지도'도 현재 미국의 일부 대도시에 한해서만 지원합니다.

- **길찾기** 툴바에서 '경로' 또는 '보기 → 경로 보기' 메뉴를 선택하고 출발과 도착지를 입력한 뒤 이동 수단(자동차 또는 걷기)을 선택합니다. 검색 결과를 아이폰으로 전송하면(툴바의 공유 버튼 또는 '파일 → 공유' 메뉴), 위치 기반의 음성 안내 서비스를 이용할 수 있습니다.

- **지명/도로명 검색** '지도' 앱 윈도우의 검색 필드에 지명이나 도로명을 입력하고 Return 을 2회 누릅니다. 참고로 도시 이름과 함께 '도로명'을 검색어로 사용하면 (예 서울 강남구 삼성로)보다 정확한 결과가 표시되며, 현재 위치를 확인하려면 WiFi 네트워크를 활성화하고 툴바에서 현지 위치 아이콘을 클릭하거나 '보기 → 현재 위치로 이동' 메뉴를 선택합니다. 참고로 미국을 제외한 다른 나라(우리나라 포함)의 지번 및 우편번호, 유명 건물 이름을 통한 검색은 제대로 지원하지 않습니다.

- **공유 및 PDF 저장** 툴바의 '공유' 버튼 또는 '파일 → 공유' 메뉴를 선택하면, 지도 검색 및 길찾기 결과를 아이폰, 이메일, 메시지, SNS(트위터, 페이스북) 등으로 전송할 수 있으며, PDF 파일 저장('파일 → PDF 저장')을 하면 오프라인 상태에서도 특정 지역 및 길찾기 정보를 확인할 수 있습니다.

공유 서비스

- **핀 지정** 검색 지점을 마우스 오른쪽 버튼을 클릭한 후 '핀 지정'을 선택하면 해당 지점에 핀이 표시됩니다. 이를 이용하여 경로 탐색을 하거나, 책갈피 등록 또는 다른 사용자와 해당 지점에 대한 지도 정보를 공유할 수 있습니다.

- **앱 연동** OS X의 기본 앱 중 지도 서비스를 지원하는 연락처, 캘린더, 미리 알림, 메일, 사파리, 텍스트 에디터 앱 등에서 필요에 따라 지도 검색을 곧바로 할 수 있습니다. 예를 들어, 사파리 또는 텍스트 에디터에서 주소가 표시된 부분을 선택하고 마우스 오른쪽 버튼을 클릭하면 '주소 검색' 메뉴가 표시됩니다. 이를 선택하면 곧바로 해당 주소에 대한 지도 정보를 인라인(Inline)으로 확인할 수 있습니다.

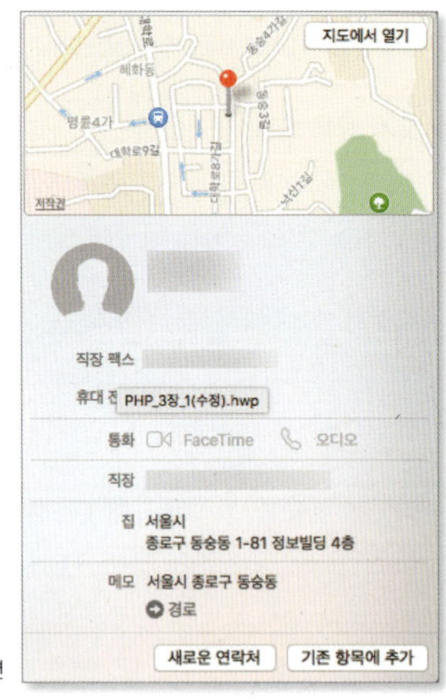

인라인(Inline)으로 지도가 표시된 화면

- **단축키 및 제스처** '지도' 앱에서 사용할 수 있는 모든 단축키 및 제스처 목록은 '도움말 → 지도 도움말'의 '단축키 및 제스처' 항목에서 확인할 수 있습니다.

17 전자책 관리 및 뷰어 - iBooks

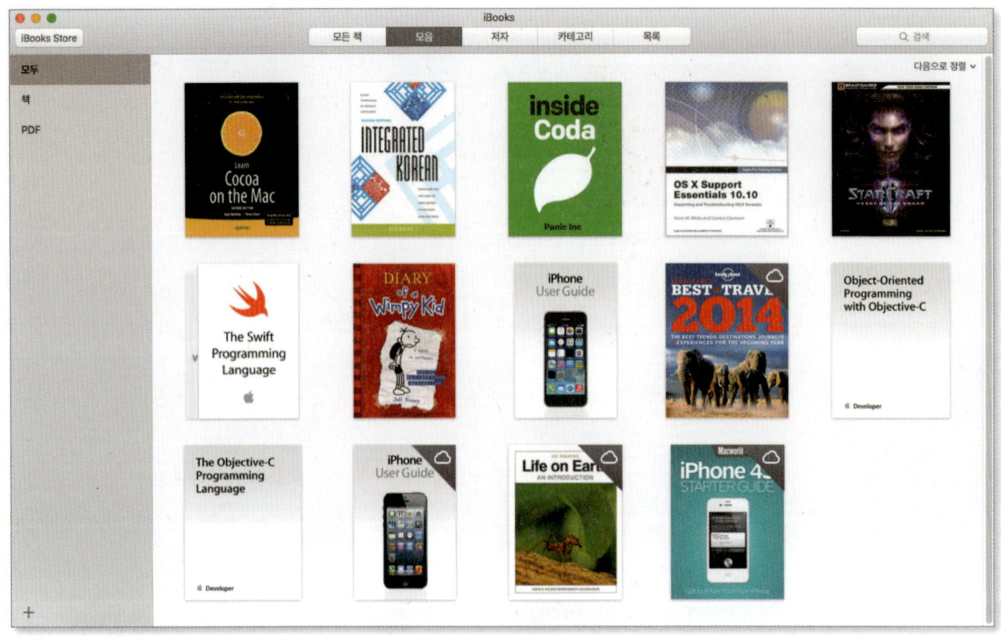

iBooks 메인 윈도우

iBooks 앱을 이용하면 애플의 iTunes Store에서 구입한 모든 유/무료의 전자책을 iCloud를 통하여 동기화할 수 있으며, OS X 또는 iOS용 앱과 같이 자동 업데이트가 지원됩니다. iTunes에서 구입하지 않은 전자책이라도 표준 EPUB(Electronic PUBlication, 전자출판물 표준 포맷) 파일 및 PDF 문서를 iBooks 모음에 추가할 수 있으며, EPUB 파일의 경우 iBooks에서 지원하는 책갈피, 메모, 하이라이트 등의 기능도 사용할 수 있습니다(PDF 문서는 iBooks 자체 뷰어가 아닌 '미리 보기' 앱에서 열립니다).

주요기능

- **전자책 구입** 애플의 iBooks Store를 이용하면(툴바에서 'iBook Store' 버튼을 클릭하거나, '스토어 → 스토어 홈' 메뉴 선택) 2백만권 이상의 유/무료의 전자책을 구입할 수 있습니다(다만, 국내 서적의 경우 아직까지 국내 전문 출판사의 참여도가 낮아서 수준급 있는 전자책은 얼마되지 않습니다). 구입한 전자책은 곧바로 다운로드되며, OS X 및 iOS 앱과 같이 자동 업데이트가 지원됩니다. 또한 iCloud를 통하여 구입한 전자책 및 관련 정보(**예** 책갈피, 메모, 하이라이트 등)가 다른 기기와 동기화되므로 편리하게 장소 및 기기를 변경해 가며 책을 읽을 수 있습니다.

- **EPUB 및 PDF 문서 추가** iBooks Store가 아닌 다른 경로에서 입수한 전자책(EPUB 또는 PDF 확장자 파일)은 Finder에서 iBooks 앱 윈도우로 드래그&드롭하여 추가할 수 있습니다. 다만, 추가할 전자책은 DRM(Digital Rights Management, 복사 방지) 보호가 없는 파일만 가능하며, iBooks 앱에 추가되더라도 iCloud를 통한 다른 기기와의 동기화가 지원되지 않습니다. 또한 PDF 파일의 경우 iBooks 자체 뷰어가 아닌 '미리 보기' 앱에서 열립니다.

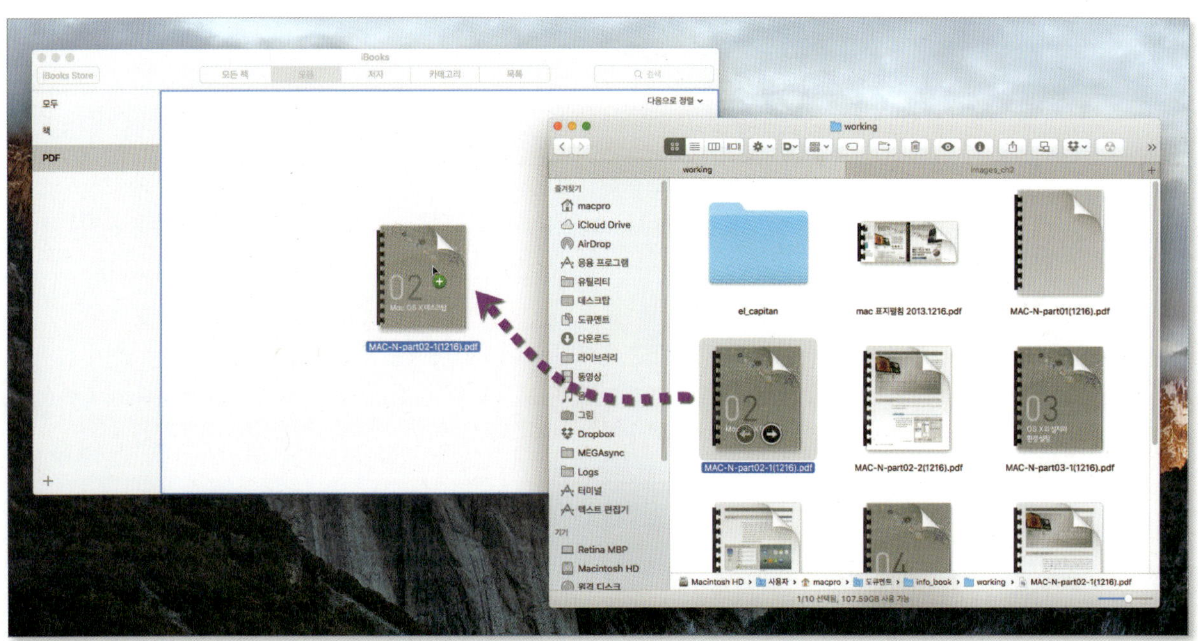

PDF 파일을 iBooks에 추가하는 화면

- **전자책 뷰어** iBooks Store에서 구입한 전자책 또는 EPUB 포맷의 파일은 iBooks 자체 뷰어로 책을 읽을 수 있습니다(책 모음에서 읽을 책을 더블클릭). 자체 뷰어를 이용하면, 메모, 하이라이트, 책갈피 등을 추가할 수 있으며, 애플의 'iBooks Author'로 제작된 전자책의 경우 '학습카드 보기' 및 '용어집' 기능도 사용할 수 있습니다. 또한 OS X의 '말하기' 서비스 ('편집 → 말하기' 또는 특정 영역 지정 후 '마우스 오른쪽 버튼 클릭 → 말하기')를 이용하면 책의 전체 또는 일부 영역을 음성으로 들을 수 있습니다(음성의 선택은 '시스템 환경 설정 → 받아쓰기 및 말하기 → 텍스트 말하기' 탭에서 설정합니다).

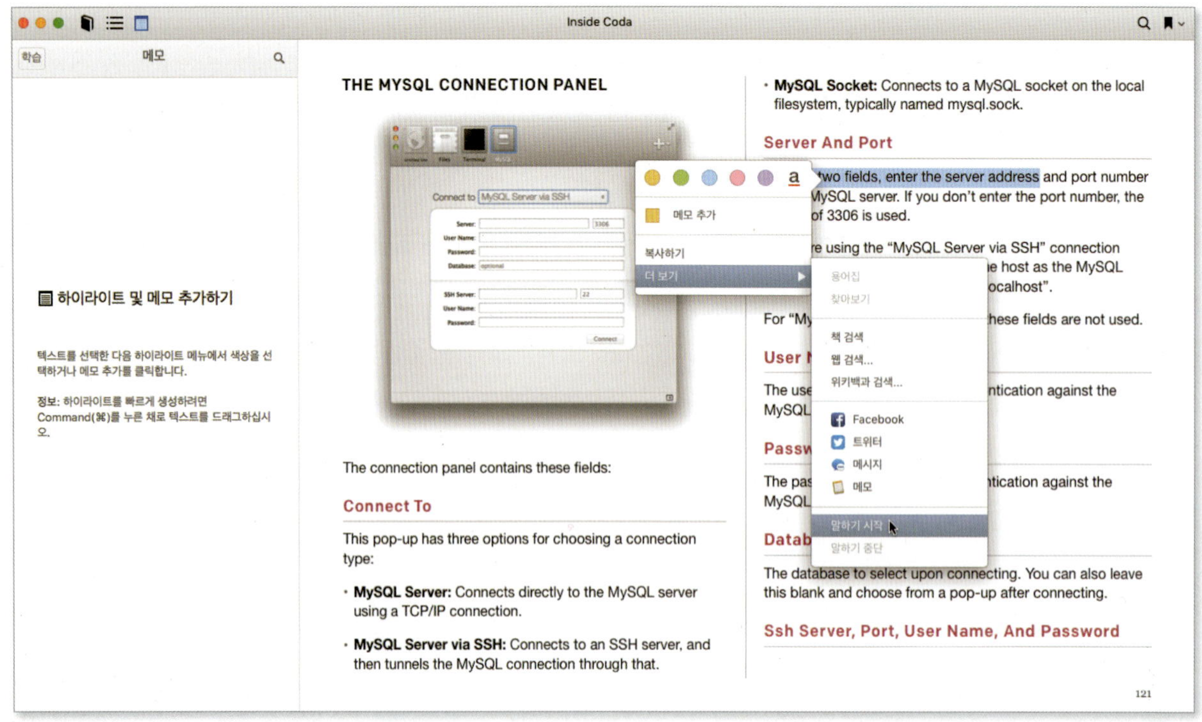

말하기 메뉴

- **단축키 및 제스처** 키보드의 왼쪽 또는 오른쪽 방향키로 페이지를 이동할 수 있으며, 트랙패드 사용자는 '쓸어 넘기기(제스처)'로 페이지를 이동할 수 있습니다. 보다 자세한 단축키 및 제스처는 '도움말 → 키보드 단축키' 메뉴에서 확인할 수 있습니다.

18 기타 기본 앱 및 유틸리티

지금까지 설명한 대표적인 OS X 기본 내장 앱 이외에도 사전(한글/한영사전, 영영사전, 일어사전, 애플 용어사전 및 온라인 Wikipedia 사전을 검색할 수 있는 통합사전), 계산기, 스티커(간단한 메모를 데스크탑에 붙여 놓을 수 있는 앱) 등 유용한 앱들이 기본적으로 포함되어 있습니다. OS X의 번들로 제공되는 앱이므로 타사의 써드파티 앱에 비해 기능적인 부분은 제한적이지만 실행 속도 및 안정성은 뛰어납니다. 모든 기본 앱들은 한글판 도움말을 지원하므로 좀 더 자세한 사용 방법을 학습하려면 '도움말' 메뉴를 이용합니다.

OS X에 새로운 앱 설치와 제거

Mac 컴퓨터를 새로 구입하면, 가장 먼저 하는 일은 필요한 앱들을 설치하는 작업일겁니다. 물론, 기본적으로 OS X에 포함된 앱들만을 사용해도, 간단한 문서 작성 및 인터넷을 사용하는데 별문제가 없지만, 시간이 지날수록 보다 편리하게 작업을 수행하기 위해, 새로운 앱을 찾게 됩니다. OS X는 MS 윈도와는 달리 레지스트리(Registry) 데이터베이스에 설치된 소프트웨어에 대한 옵션 및 설정 값을 저장하지 않기 때문에, 임의의 앱을 새로 설치하는 것은 매우 간단합니다. 반면, 설치된 앱을 완전히 제거하는 것은 Mac 초보자들에게는 까다로울 수 있습니다. 이번에는 Mac App Store를 통한 앱 설치 및 제거, 그리고 인터넷에서 다운로드한 앱의 설치와 제거 방법에 대해 알아보도록 하겠습니다.

01 Mac App Store 앱 설치 - 카카오톡 설치하기

01 Mac App Store를 실행하고, 오른쪽 사이드바 아래쪽에 위치한 '무료 인기항목' 목록에서 카카오톡의 '받기' 버튼을 클릭합니다.

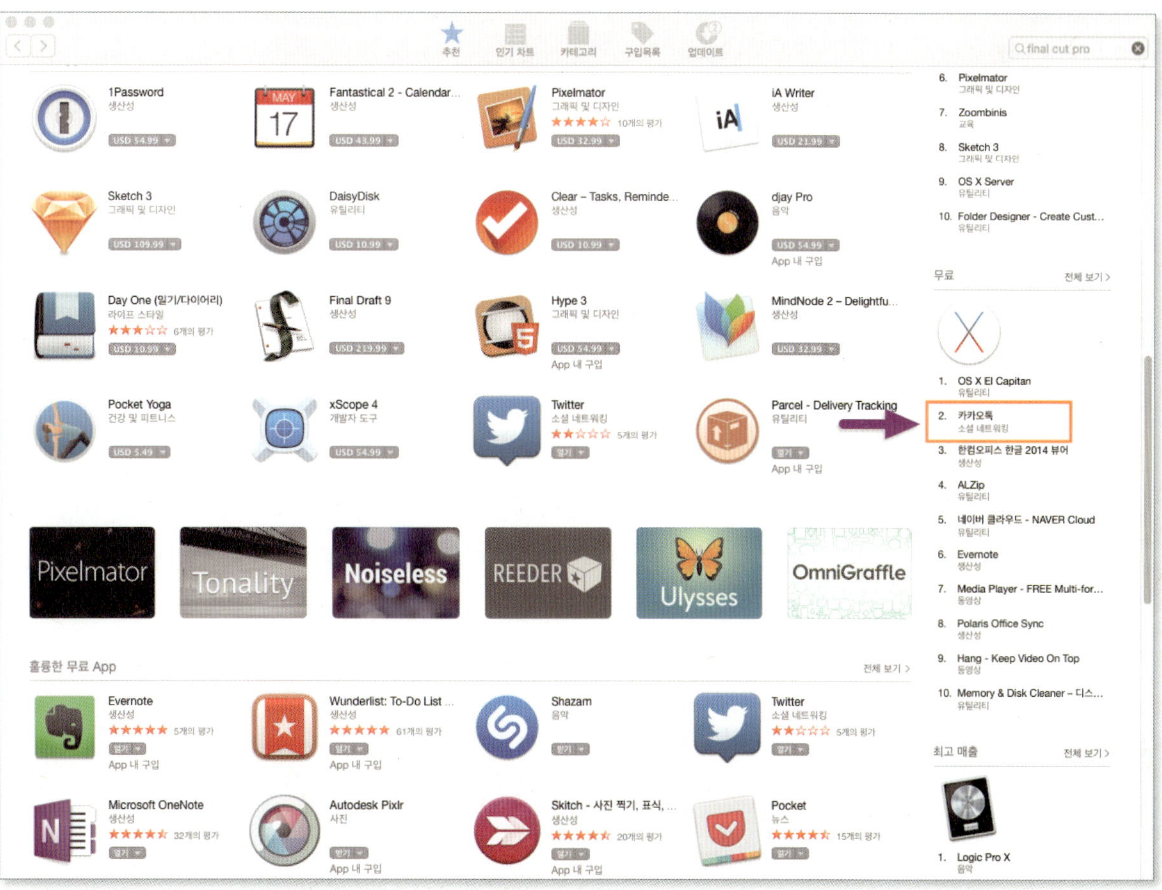

Mac App Store 화면

02 설치된 카카오톡을 실행하고, 본인의 카카오톡 계정을 설정합니다. 참고로 처음 카카오톡을 실행하면 자동으로 '사용자 홈 폴더 ▶ 라이브러리 ▶ Containers' 폴더에 앱 실행에 관련된 여러 가지 폴더 및 파일이 생성됩니다.

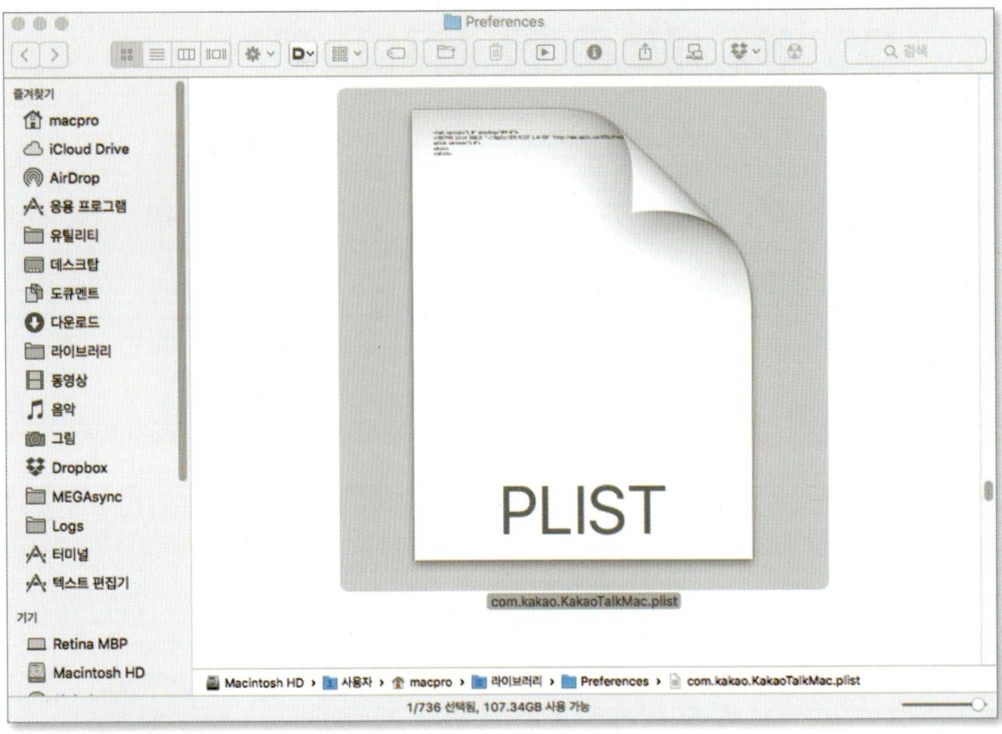

생성된 카카오톡 환경 설정 파일

02 카카오톡 제거하기

01 카카오톡이 현재 실행 중에 있다면, (Command)+(Q) 단축키를 눌러서 앱을 종료합니다. 그리고 Launch Pad 앱을 실행한 후, 카카오톡 아이콘이 표시된 페이지로 이동시키고 키보드의 (Option)을 ⓧ 아이콘에 표시가 나타날 때까지 누르고 있습니다.

02 카카오톡 아이콘에 표시된 ⓧ 아이콘을 클릭하여 앱을 삭제합니다. 그리고 '사용자 홈 폴더 ▶ 라이브러리 ▶ Containers' 폴더에 'com.kakao.KakaoTalkMac'와 'com.kakao.KakaoTalkHelper' 폴더가 남아있는지 확인하고, 만약 남아있다면 해당 폴더를 휴지통으로 이동시킨 후 휴지통을 비워줍니다.

03 인터넷에서 다운로드한 앱 설치 – 구글 크롬 설치하기

01 사파리로 http://www.google.com/chrome/ 주소에 접속하여 구글 크롬을 다운로드 한 뒤, Finder에서 'googlechrome.dmg' 디스크 이미지 파일을 마운트(더블 클릭)합니다. 참고로, '시스템 환경 설정 → 보안 및 개인 정보'의 '다음에서 다운로드한 App 허용' 항목을 'Mac App Store 및 확인된 개발자' 또는 '모든 곳'으로 설정해야만 인터넷에서 다운로드한 앱을 자유롭게 설치할 수 있습니다.

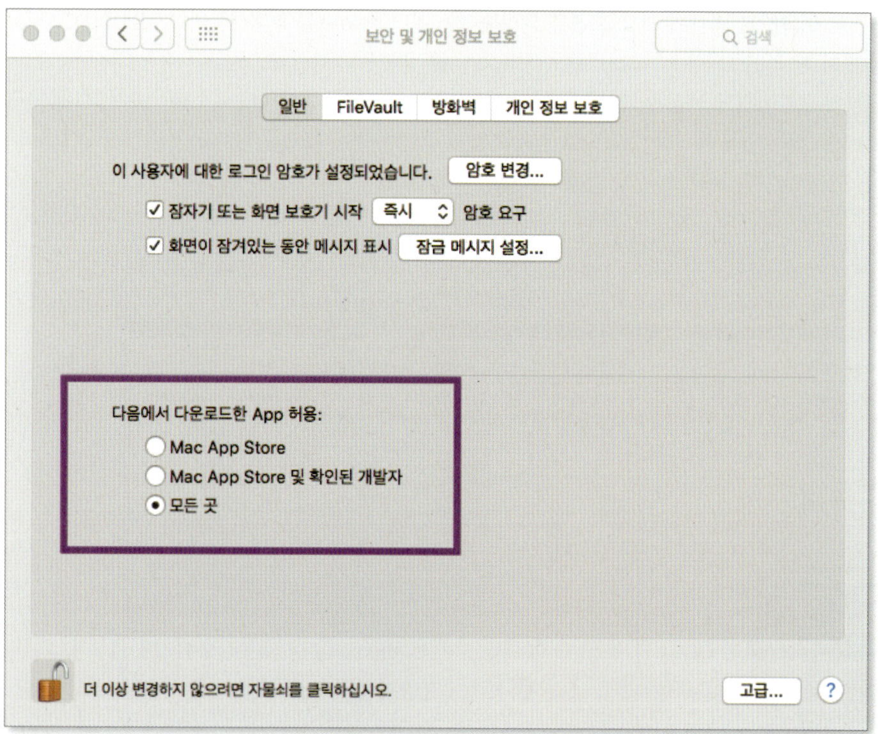

시스템 환경 설정의 '보안 및 개인 정보 보호' 옵션 대화상자

02 마운트된 'googlechrome.dmg'의 'Chrome' 앱을 응용 프로그램' 폴더로 드래그&드롭 합니다. 이로써 구글 크롬 설치가 완료된 것입니다.

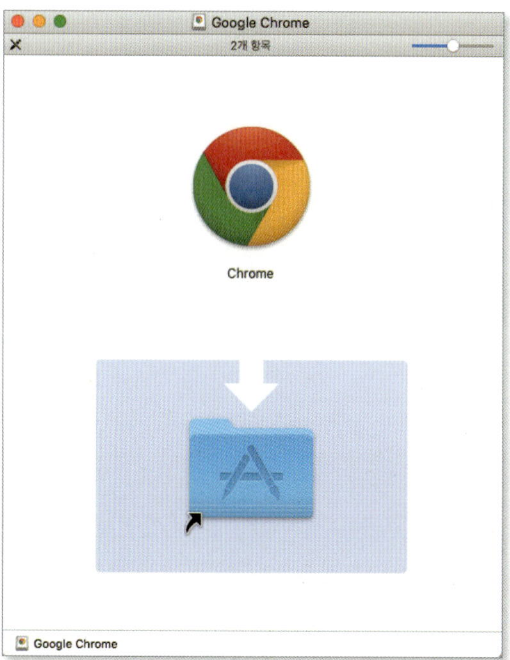

03 Finder의 '응용 프로그램' 폴더로 이동하고, 방금 드래그&드롭을 통하여 설치한 'Chrome'을 더블클릭하여 앱을 실행합니다. 앱이 실행됨과 동시에, '사용자 홈 폴더 ▶ 라이브러리 ▶ Application Support' 폴더와 'Preferences' 폴더에 각각 Chrome 앱과 관련된 새로운 폴더 및 파일이 생성됩니다. 새롭게 생성된 파일들은 환경 설정 및 캐시 파일들로서, 나중에 Chrome 앱을 '응용 프로그램' 폴더에서 삭제하더라도 그대로 남아 있게 됩니다. 그러므로 임의의 앱에 대한 완벽한 제거를 원한다면, 항상 '라이브러리' 폴더의 'Containers', 'Application Support', 'Preferences' 등의 폴더를 확인해야 합니다.

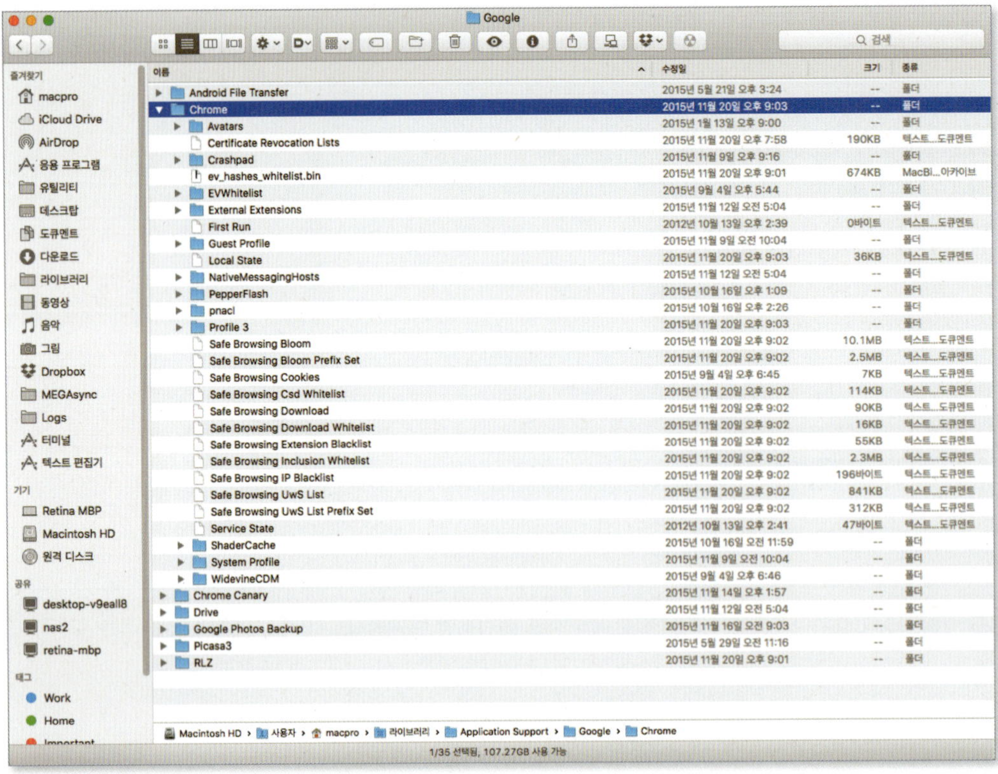

구글 크롬 관련 파일

04 인터넷에서 다운로드한 앱 제거 – 구글 크롬 제거하기

01 Finder의 '응용 프로그램' 폴더에서 구글 크롬을 휴지통으로 이동합니다(단축키 : Command + Delete). 앱 또는 파일, 폴더 등을 휴지통으로 이동시키려면, 해당 항목을 선택하고 '파일 → 휴지통으로 이동' 메뉴를 선택하거나, 마우스 오른쪽 버튼을 클릭한 후 컨텍스추얼 메뉴에서 '휴지통으로 이동'을 선택합니다.

02 '사용자 홈 폴더 ▶ 라이브러리'와 '사용자 홈 폴더 ▶ 라이브러리 ▶ Application Support' 폴더에 있는 'Google' 폴더를 휴지통으로 이동시킵니다.

03 '사용자 홈 폴더 ▶ 라이브러리 ▶ Preferences' 폴더에 있는 'com.google'로 시작하는 모든 plist 파일을 휴지통으로 이동한 후, 마지막으로 휴지통을 비워 줍니다.

여기까지 설명한 순서를 연습 삼아 따라해 본 독자들은 "왜 이렇게 앱 하나 제거하는 데 복잡하지…?"라고 생각할 수 있을 겁니다. OS X는 새로운 앱의 설치는 매우 간단하지만, 설치된 앱을 완벽하게 제거하는 것은 능숙한 사용자들도 매우 귀찮게 여기는 작업 중 하나입니다. 물론, 실제 앱 이외의 부수적인 환경 설정 파일들의 용량은 작기 때문에, 굳이 제거하지 않더라도 큰 상관은 없지만, 괜히 찜찜한 마음이 든다면 어쩔 수 없이 앞서 설명한 예제와 같이 일일이 환경 설정, 캐시, 프레임워크 파일 등을 개별적으로 찾아서 삭제해야만 합니다.

필자 역시, 인터넷에서 다운로드한 앱을 제거할 때는 일일이 파일들을 찾아서 제거하는 것이 번거롭기 때문에 '앱 제거 전문 앱'을 사용하고 있습니다. 이런 종류의 앱을 이용하면, 설치된 앱 뿐만 아니라, 관련 파일들(**예** 환경 설정, 캐시, 프레임워크 파일 등)을 자동으로 검색하여 한 번에 삭제할 수 있습니다.

◉ 무료 앱 제거 전문 앱

- AppCleaner = http://www.freemacsoft.net/AppCleaner/
- TrashMe = http://www.jibapps.com/products/trashme/

◉ 유료 앱 제거 전문 앱

- CleanApp = http://www.synium.de/
- AppZapper = http://appzapper.com/

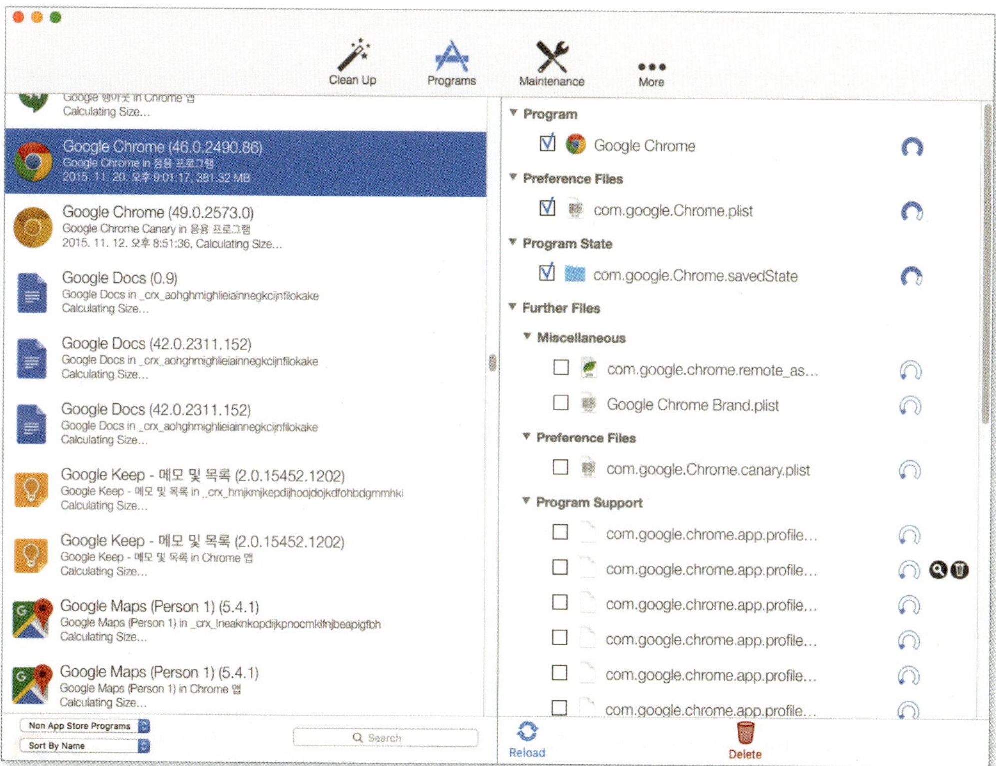

CleanApp을 이용하여 트위터 소프트웨어를 자동으로 삭제하는 화면

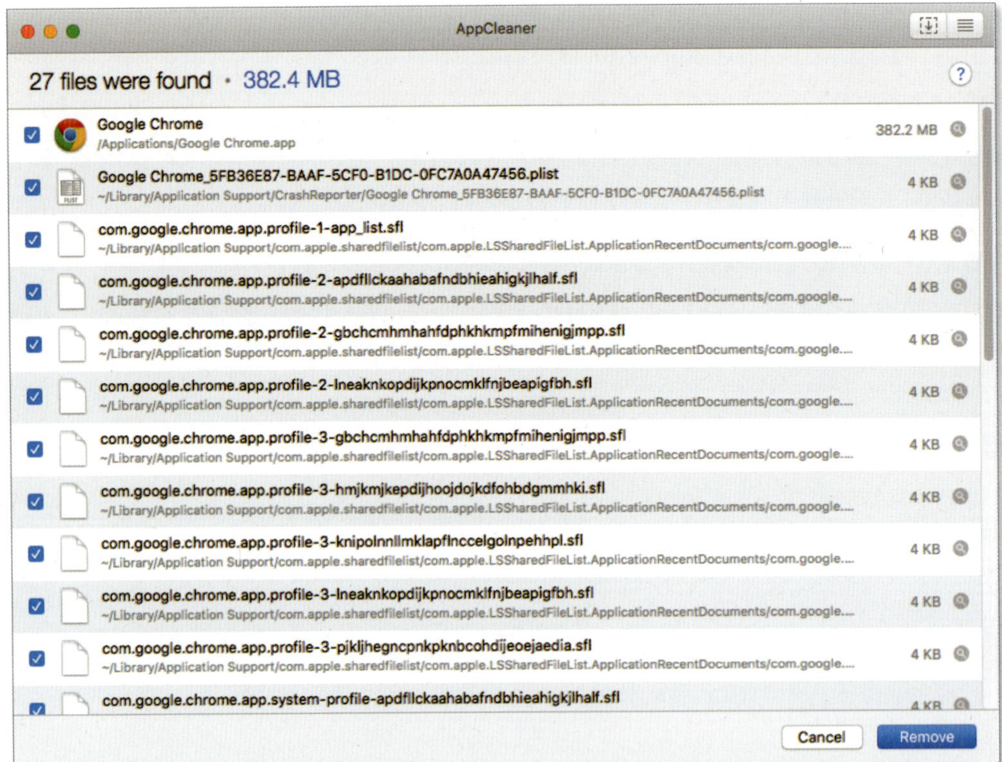

사용이 간편하고, 깔끔한 인터페이스를 지원하는 AppCleaner

완벽한 소프트웨어 제거를 위한 확인 폴더
[Macintosh HD 또는 사용자 홈 폴더]/[라이브러리(Library)]/[Application Support]
[Macintosh HD 또는 사용자 홈 폴더]/[라이브러리(Library)]/[Preferences]
[Macintosh HD 또는 사용자 홈 폴더]/[라이브러리(Library)]/[Extensions]
[Macintosh HD 또는 사용자 홈 폴더]/[라이브러리(Library)]/[Launch Agents]
[Macintosh HD 또는 사용자 홈 폴더]/[라이브러리(Library)]/[Launch Daemons]
[Macintosh HD 또는 사용자 홈 폴더]/[라이브러리(Library)]/[Logs]
[Macintosh HD 또는 사용자 홈 폴더]/[라이브러리(Library)]/[Preference Panes]

인터넷에서 배포하는 일부 OS X용 써드파티 앱들은 설치한 앱을 자동으로 제거할 수 있는 언인스톨러(Uninstaller)가 포함되어 있습니다. 그러므로 앱을 삭제하기 전, 먼저 해당 앱에 대한 언인스톨러가 있는지 확인해 봅니다. 일반적으로 언인스톨러는 해당 앱이 설치된 경로 또는 폴더에 위치하고 있거나 '응용 프로그램 ▶ 유틸리티' 폴더에 저장되어 있습니다.

어도비 소프트웨어의 언인스톨러

OS X의 설치와 환경 설정

Mac OS X 10.11 El Capitan

매킨토시 컴퓨터를 비롯하여 애플에서 판매하는 모든 기기의 기본 콘셉트는 '단순함(simplicity)'입니다. 이것은 하드웨어의 외관을 비롯하여 내부적인 운영체제에 모두 적용되는 개념으로, 사용자들의 성향 및 배경에 따라 이러한 '단순함'이 불편할 수도 있고, 편리할 수도 있습니다. 예를 들어 MS 윈도에 익숙한 사용자들은 OS X의 단순한 환경 설정 옵션에 대하여 "사용자들의 선택을 지나치게 제약한다."라고 불평할 수도 있을 것입니다. 그러나 외부적으로 단순하다고 해서 운영체제 내부까지도 단순한 것은 아니며, 시스템 안정성, 보안, 응용성 등을 비교해 본다면 MS 윈도보다 앞선다고 할 수 있습니다. 이번 장에서는 단순하지만 매킨토시 사용자라면 반드시 알고 있어야 할 OS X 운영체제의 설치 과정과 기본적인 환경 설정에 대해 알아보겠습니다.

OS X 설치하기

새로운 매킨토시 컴퓨터를 구입하면 기본적으로 설치되어 있는 운영체제는 OS X입니다. 그러므로 사용자가 별도로 OS X를 직접 설치하거나 재설치할 필요는 없습니다. 하지만 OS X 구 버전에서 새로운 버전으로 업그레이드하거나 사용중 문제가 발생하여 시스템 디스크를 교체하는 경우 OS X를 다시 설치해야 하는 상황이 발생합니다. 이와 같이 OS X를 새로 설치하거나 업그레이드하는 경우를 위해 지금부터 OS X의 설치를 위한 준비 및 과정에 대해 상세히 알아보겠습니다.

01 OS X 하드웨어 요구 사항

2001년 Mac OS X가 10.0 Cheetah(치타) 버전으로 처음 출시된 후 10.3 Panther(팬더) 버전까지는 오직 파워 PC 기반의 Mac 컴퓨터에만 설치할 수 있었습니다. 하지만 10.4 Tiger(타이거) 버전부터는 파워 맥과 인텔 맥에 동시에 설치할 수 있는 유니버설 패키지(Universal Package)로 출시되었습니다. 그리고 Mac OS X 10.6 Snow Leopard 버전부터는 오직 인텔 맥에만 설치 가능하며, OS X 10.8 Mountain Lion 버전부터는 64비트 CPU 및 EFI 칩이 내장된 모델에만 설치할 수 있습니다. 이번에는 OS X 버전별 설치 최소 하드웨어 요구 사항 및 권장 사양에 대해 알아보겠습니다.

① Mac OS X 10.6 Snow Leopard

Mac OS X 10.6 Snow Leopard 설치를 위한 최소 하드웨어 요구 사항은 인텔 CPU, 1GB 이상의 램, 5GB 이상의 디스크 여유 공간, CD/DVD 드라이브 등입니다. 오직 인텔 CPU 기반의 Mac에만 설치가 가능하며 인텔 Core Solo, Core Duo CPU를 장착한 모델(2006년 초, 중반의 일부 모델)의 경우 Mac OS X 10.6 Snow Leopard를 설치할 수 있지만, 완벽한 64비트 체제의 메모리 액세스를 지원하지 않습니다. 참고로 USB 플래시 설치 디스크(노트 참고)를 이용하지 않고 OS X를 설치하기 위해서는 반드시 Mac OS X 10.6.6 이상 버전을 먼저 설치해야 합니다.

> **Note**
>
> OS X 10.7 Lion 버전부터는 Mac App Store에서 오직 인터넷을 통한 구입만 가능합니다. 그러나 인터넷 사용이 제약된 사용자는 USB 플래시 설치 디스크를 애플 스토어(직영점 또는 온라인 스토어)에서 구입할 수 있습니다. OS X 10.7 Lion 이상 버전은 원래 Mac App Store에서 인터넷을 통해서만 판매될 예정이었으나 인터넷 속도가 느린 사용자들을 위해 USB 설치 디스크 제품이 출시된 것입니다. OS X 풀 버전 설치 디스크이므로 이전에 설치된 버전과 상관없이 설치가 가능합니다.

Intel CoreDuo (32 Bit) / Intel Core2Duo (64Bit)

Essentials			Essentials	
Status	Launched		Status	Launched
Launch Date	Q1'06		Launch Date	Q3'06
Processor Number	T2500		Processor Number	E6400
# of Cores	2		# of Cores	2
Clock Speed	2 GHz		Clock Speed	2.13 GHz
L2 Cache	2 MB		L2 Cache	2 MB
FSB Speed	667 MHz		FSB Speed	1066 MHz
FSB Parity	✘		FSB Parity	✘
Instruction Set	32-bit		Instruction Set	64-bit
Embedded	✔		Embedded	✔
Supplemental SKU	✘		Supplemental SKU	✘
Lithography	65 nm		Lithography	65 nm
Max TDP	31 W		Max TDP	65 W
VID Voltage Range	1.1625V - 1.30V		VID Voltage Range	0.850v - 1.3625v

Advanced Technologies		Advanced Technologies	
Intel® Virtualization Technology	✔	Intel® Virtualization Technology	✔
Execute Disable Bit	✔	Execute Disable Bit	✔
Enhanced Intel® Speedstep Technology	✔	Enhanced Intel® Speedstep Technology	✔
Enhanced Halt State (C1E)	✘	Enhanced Halt State (C1E)	✔
Intel® 64	✘	Intel® 64	✔
Intel® Demand Based Switching	✘	Intel® Demand Based Switching	✘
Intel® Turbo Boost Technology	✘	Intel® Turbo Boost Technology	✘
Intel® Hyper-Threading Technology	✘	Intel® Hyper-Threading Technology	✘
Intel® Trusted Execution Technology	✘	Intel® Trusted Execution Technology	✘

② OS X 10.7 Lion

OS X 10.7 Lion의 설치를 위한 최소 하드웨어 요구 사항은 10.6 Snow Leopard와 크게 차이가 없습니다. 다만 2006년 초기 인텔 맥 모델 중 인텔 Core Solo 또는 Core Duo CPU가 장착된 모델에서는 설치할 수 없습니다. 기본적으로 Mac OS X 10.6 Snow Leopard의 Mac App Store를 통하여 업그레이드 할 수 있기 때문에 사용자는 10.6 Snow Leopard가 먼저 설치되어 있어야만 합니다 *(10.5 Leopard 이하 버전의 사용자는 먼저 10.6 Snow Leopard로 업그레이드 해야만 합니다)*.

● OS X 10.7 Lion 설치를 위한 최소 요구사항

- CPU : Intel Core2Duo, Core i3/i5/i7, Xeon 프로세서
- 2GB 이상의 메인 메모리
- Mac OS X 10.6.6 이상 버전, 참고로 10.6 버전의 최종 마이너 업데이트는 10.6.8 버전입니다.
- 7GB 이상의 설치 공간
- iCloud 서비스 및 OS X 10.7 Lion 복구를 위한 애플 ID(아이튠즈 또는 iCloud, MobileMe 등의 계정)

● OS X 10.7 Lion 이상 버전의 특정 기능 사용을 위한 필수 장비

- Time Machine : 백업에 사용할 내/외장 하드디스크
- Photo Booth : 사진 촬영을 위한 내장(FaceTime 카메라, iSight 카메라) 또는 외장 카메라(USB 또는 Firewire 케이블로 연결한 카메라)
- FaceTime : 영상 통화를 위한 비디오카메라와 128Kbps 이상의 인터넷 연결(HD급 화질로 영상 통화를 하기 위해서는 1Mbps 이상의 인터넷 연결이 필요합니다.)
- iChat : 음성 채팅을 위한 내/외장의 마이크, 영상 채팅을 위한 비디오카메라
- AirDrop : 무선 파일 공유를 위한 무선 네트워크 카드, 2008년 이후에 출시된 제품 중 무선 네트워크 기본 장착 모델(일부 모델에서는 지원되지 않습니다.)
- Boot Camp : MS 윈도 설치를 위한 MS 윈도 제품(XP 서비스팩 2, 비스타, 7)
- OpenCL : 일반 응용 프로그램에서 그래픽 카드의 프로세서를 사용하여 처리 속도를 가속시켜 주는 기능. 인텔 내장 그래픽 카드가 아닌 대부분의 Nvidia 및 AMD의 그래픽 카드에서 사용 가능.
- 멀티터치 및 VoiceOver 제스처 : 멀티터치 트랙패드(노트북 내장) 또는 Magic Trackpad, Magic Mouse

③ OS X 10.8 Mountain Lion 이상 버전(OS X 10.11 엘 캐피탄 포함)

OS X 10.8 Mountain Lion 이상 버전은 Mac 컴퓨터에 내장된 CPU와 EFI(확장된 롬바이오스)가 64비트이어야만 설치 가능합니다. 애플의 공식적인 개발자 문서에 따르면, OS X 10.8부터는 오직 64비트 커널 및 익스텐션을 지원하므로 EFI64비트 칩이 내장된 모델에서만 설치가 가능하다고 설명하고 있습니다. 참고로 OS X 10.9 Mavericks는 OS X 역사상 처음으로 무상 배포되는 버전으로, OS X 10.7 또는 10.8 버전과 달리 하드웨어적인 요건만 갖췄다면 이전에 설치된 OS X 버전에 상관없이 설치가 가능합니다(예 OS X 10.6 사용자가 10.7 또는 10.8 업그레이드 절차를 거치지 않고, 곧바로 10.9 또는 10.10, 10.11 버전 설치 가능).

다음 방법을 참고하면, 빠르게 OS X 10.8 이상 버전의 설치 가능 여부를 확인할 수 있습니다.

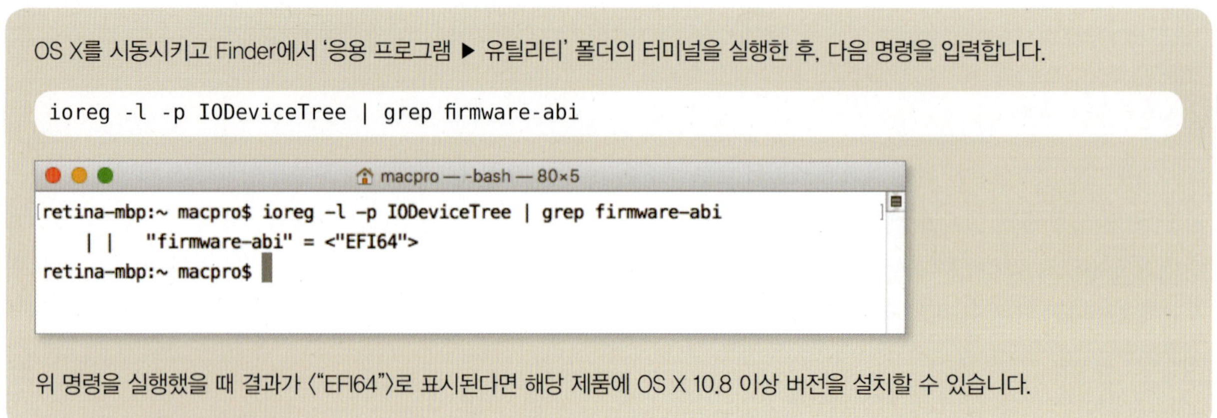

OS X를 시동시키고 Finder에서 '응용 프로그램 ▶ 유틸리티' 폴더의 터미널을 실행한 후, 다음 명령을 입력합니다.

```
ioreg -l -p IODeviceTree | grep firmware-abi
```


위 명령을 실행했을 때 결과가 〈"EFI64"〉로 표시된다면 해당 제품에 OS X 10.8 이상 버전을 설치할 수 있습니다.

- OS X v10.6.8 이상(Mac App Store를 통한 다운로드를 위해 필요)
- 2GB 메모리
- 8GB 이상의 여유 공간
- iCloud 서비스를 위한 Apple ID

④ OS X를 매끄럽게 사용하기 위한 메모리 및 기본 저장 장치

애플의 홈페이지에 명시된 OS X 설치를 위한 하드웨어 요구 사양은 말 그대로 최소한의 하드웨어 요구 사양입니다. 그러므로 불편 없이 매끄럽게 OS X를 사용하려면 램과 내장디스크가 두 배 이상 필요합니다. 현재 애플에서 판매되는 모든 Mac 컴퓨터 제품에는 최소 4GB 램과 100GB 이상의 내장디스크가 장착되어 있으며, 필요한 여러 가지 앱을 새로 설치하고 사용하는 데 문제가 없습니다. 그러나 가상 머신(Virtual Machine) 앱을 이용해 OS X에서 MS 윈도나 리눅스 등을 실행하려면 최소 8GB 이상의 메모리와 SSD(Solid State Drive)를 기본 저장 장치로 사용해야만 만족할 만한 수준의 반응 속도를 냅니다. 특히 국내 환경에서는 MS 윈도 사용이 필수이고, 이를 위해 가상 머신 앱은 하나의 '필수 앱'이므로 충분한 메모리와 빠른 속도의 기본 저장 장치를 사용하는 것이 좋습니다.

Tip

메모리 용량은 정말 중요합니다.

필자는 주위의 지인들이 Mac이나 윈도 기반 PC를 구입할 때 '메모리는 넉넉하게', '기본 사양보다 최소 2배'여야 한다고 항상 강조합니다. 왜냐하면 간단한 인터넷 서핑, 오피스 관련, 이미지 편집 소프트웨어 등은 기본 사양에서 큰 문제 없이 사용할 수 있지만, 가상 머신에서 MS 윈도를 실행할 경우에는 전체적인 반응속도가 느려지기 때문입니다. 가상 머신 앱은 국내 컴퓨터 환경을 100% 누리기 위한 필수적인 앱으로 Mac OS X에서 MS 윈도용 소프트웨어들을 모두 실행할 수 있습니다. 이러한 가상 머신 앱은 최소 2GB 이상의 메모리를 독립적으로 할당해야만 제대로 된 속도로 윈도용 소프트웨어를 실행할 수 있습니다. 또한 메모리 용량이 넉넉하면 여러 앱을 동시에 실행하거나, 그래픽 및 영상 편집 관련 앱을 실행할 때 좀 더 빠른 시스템 반응과 성능을 지원받을 수 있습니다.

애플 캐어(Apple Care) 살까? 말까?

애플의 모든 제품은 기본적으로 1년(몇몇 다른 나라에서는 2년 보장)간 제한된 무상 서비스를 보장하고 있으며, 애플 캐어를 서비스 보장 기간 내에 구입하면 추가적으로 2년(총 3년)간 제한된 서비스를 받을 수 있습니다. 필자가 애플 제품 구입자들로부터 가장 흔히 받는 질문 중 하나가 애플 캐어 구입에 관련된 내용입니다. 애플 캐어를 구입하면 넉넉한 기간 동안 안심하고 제품을 사용할 수 있지만 가격이 상대적으로 너무 비싸다며 필자에게 자문을 구하는 것입니다. 이럴 때 필자는 간단하게 "지금 고민하지 말고 서비스 기간 만료 3일전에 결정하셔도 됩니다."라고 자문을 해줍니다. 왜냐하면 1년 가까이 해당 제품을 사용하다 보면 일정한 "사용 패턴"을 파악할 수 있는데 이를 기반으로 구입을 결정하는 것이 최선이라고 생각하기 때문입니다. 예를 들어, 하루 5시간 이상 CPU 및 그래픽 카드를 뜨겁게 달구는 소프트웨어(비디오 인코딩, 렌더링, 3D 게임 등)를 주로 사용하거나 장소를 수시로 옮기면서 사용한다면 애플 캐어를 구입하는 것이 좋습니다. 그러나, 사용 장소의 이동이 없거나 드물고, 하루 2~3시간 이하로 하드웨어에 무리를 주지 않는 소프트웨어(문서 작성, 인터넷, 사진 편집 등)를 주로 사용한다면 애플 캐어의 구입은 낭비가 될 수 있습니다. 참고로 필자의 경우는 10년 넘게 애플 컴퓨터 제품을 사용해 오면서 직간접적으로 많은 수의 Mac 컴퓨터를 구입하였지만, 단 한번도 애플 캐어를 구입하지 않았습니다. 나름대로의 애플 제품에 대한 '신뢰'가 있었고, 만약 운이 나쁘게 결함이 있는 제품을 구입했다면 기본 서비스 기간(1년) 내에 발견되었으므로 모두 무상 수리를 받았습니다. 가끔 문제가 발생했던 제품들은 흥미롭게도 모두 4년 이상의 노후(?)된 제품들에서만 발생하여, 애플 캐어를 구입하지 않은 것에 대해 후회해 본 일은 없습니다(애플 캐어 구입 시 최대 보장 기간 : 3년).

OS X 10.7 이상 및 10.11 엘 캐피탄 버전은 Mac App Store에서 다운로드를 통하여 업그레이드 할 수 있습니다. OS X 10.11 엘 캐피탄 버전은 이미 설치된 OS X 버전과 상관없이 무료 업그레이드가 가능하므로, OS X 10.6.8 이상 버전 사용자는 하드웨어 조건만 충족한다면 모두 무료로 업그레이드 할 수 있습니다.

Tip --- **슈퍼드라이브(SuperDrive)**

매킨토시 컴퓨터 제품 중 맥북에어 노트북 모델을 제외한 대부분의 컴퓨터 제품에 슈퍼드라이브(SuperDrive)가 내장되었습니다. 슈퍼드라이브는 애플이 독자적으로 명명한 CD/DVD-ROM 광학 드라이브로, 기능적인 측면에서는 CD나 DVD 미디어를 읽고(read) 쓰기(write)가 가능한 일반 CD/DVD-ROM 드라이브와 같습니다. 슈퍼드라이브는 CD-+R, DVD-+R, DVD-+R DL(Double Layer, 8GB까지 데이터 기록 가능) 등을 지원합니다.

Tip --- **초기화 소리에 대해**

매킨토시 컴퓨터 전원을 켜거나 재시동하면 기본적인 하드웨어(CPU, 메모리, 메인보드, 입·출력 장치 등)를 테스트하고 초기화(reset) 합니다. 이러한 초기화 작업이 완료되면 '짜~안~' 소리를 내는데, 이 소리가 나기 전의 모든 키보드 입력은 인식되지 않습니다. 그러므로 ⓒ를 눌러 슈퍼드라이브를 시동하거나 Option(Alt)을 눌러 시동 디스크를 선택하는 등 키보드 조작은 반드시 '짜~안~' 소리가 난 후 합니다.

| 매킨토시를 시동할 때 사용 가능한 키보드 단축키 |

키	실행 내용
Option(Alt)	• 시동 가능한 모든 디스크 볼륨을 표시합니다. • 매킨토시를 처음 구입했으면 화면에 시스템 볼륨(Macintosh HD)만 표시되지만, 부트캠프를 통해 MS 윈도를 설치했거나 시동 가능한 CD 또는 DVD 미디어를 슈퍼드라이브에 삽입하면 화면에 이러한 모든 디스크 볼륨들이 표시됩니다. 여기서 사용자는 시동할 볼륨을 선택할 수 있습니다.
Shift	• 안전 모드(Safe Mode)로 시동합니다. • 안전 모드로 매킨토시가 시동되면 자동으로 시스템 디스크의 디렉토리의 구조를 검사하고 시동에 필요한 최소한의 커널 확장자(extension)만 불러옵니다. • 보통 Mac OS X에 문제가 있을 경우 이것을 해결하기 위해서 사용하는 시동 모드입니다.

ⓒ	• 슈퍼드라이브로 시동합니다. • 새로운 OS를 설치하거나 시스템 디스크에 문제가 있을 때, CD 또는 DVD 미디어로 시동할 때 주로 사용합니다.
Ⓣ	• Firewire 대상 디스크 모드를 실행한 후 방화벽으로 연결된 다른 호스트 컴퓨터에서 마치 외장 하드디스크처럼 사용할 수 있게 합니다. • 네트워크로 연결하지 않아도 편리하게 호스트 컴퓨터에서 파일을 복사하거나 디스크를 관리할 수 있습니다.
Ⓝ	• 네트워크로 연결된 Mac OS X 서버의 Netboot 이미지로 시동합니다. • 이 기능을 이용하려면 Mac OS X 서버에서 네트워크 시동을 위한 이미지를 먼저 만들고, 서비스를 활성화해야 합니다.
Ⓧ	• Mac OS X 시스템 볼륨으로 강제 시동합니다. • 만약 부트캠프를 통해 윈도 계열 OS를 설치했거나 시동 가능한 CD/DVD 미디어를 슈퍼드라이브에 삽입했어도 시스템 디스크에 기본적으로 설치된 Mac OS X로 시동합니다.
Command + Ⓥ	• 버보스(Verbose) 모드로 시동하는데, 이렇게 하면 텍스트로 상세한 부팅 과정을 확인할 수 있습니다. • 어떤 시스템 드라이버나 확장자를 불러왔는지, 시동할 때 충돌하거나 문제가 있는지 등을 확인할 때 주로 사용하는 시동 모드입니다.
Command + Ⓢ	• 싱글(single) 모드로 시동합니다. • Mac OS X의 그래픽 사용자 인터페이스(GUI ; Graphic User Interface)가 아닌 터미널(terminal) 모드로 시동되며, 오직 텍스트를 이용해 명령을 실행하거나 결과값을 확인할 수 있습니다. • 주로 매킨토시 시스템에 문제가 있을 경우에 사용하는 시동 모드로, 작업을 완료한 후에는 'restart'를 입력하고 Return 을 누르면 시스템이 재시동됩니다.

01 Mac App Store를 실행하고 '스토어 → 로그인' 메뉴를 클릭하여 '애플 ID'를 입력합니다. 애플 ID로 사용할 수 있는 계정은 iTunes, iCloud 계정 등을 사용할 수 있습니다. 만약 애플 ID가 없다면 '스토어 → 계정 생성' 메뉴를 클릭하여 새로운 애플 ID를 만듭니다.

Mac App Store 로그인 메뉴

02 Mac App Store 메인 윈도우의 오른쪽 사이드바 또는 추천 목록에서 'OS X El Capitan'을 클릭하고, 가격 표시 버튼을 클릭하여 OS X 엘 캐피탄 설치 앱을 다운로드 합니다(파일 저장 위치 : 'Macintosh HD ▶ 응용 프로그램' 폴더).

Mac App Store, OS X El Capitan 구입 버튼

03 다운로드가 모두 완료되면 자동으로 OS X 엘 캐피탄 설치 과정이 진행되며 화면에서 지시하는 순서에 따라 설치를 진행합니다. 현재 사용중인 Mac OS X의 환경 설정을 기반으로 설치되기 때문에 키보드 레이아웃, 언어, 사용자 계정의 설정 등은 자동으로 생략됩니다. 만약 다른 디스크 또는 볼륨에 설치하고자 한다면 설치 디스크 선택 단계에서 변경할 수 있습니다.

OS X El Capitan 설치 윈도우

Mac App Store에서 'OS X 설치' 앱을 다운로드 하고 설치가 완료되면 자동으로 '응용 프로그램' 폴더에 있는 'OS X 설치' 앱이 삭제됩니다. 그러므로 여러 대의 Mac 컴퓨터에 설치할 예정이거나 USB 플래시 디스크 등으로 설치 디스크를 만들고자 한다면, Mac App Store에서 'OS X 설치' 앱의 다운로드가 완료된 후 설치를 잠시 중단하고, '응용 프로그램' 폴더에 다운로드된 'OS X 설치' 앱을 먼저 다른 디스크로 백업(복사)해 둡니다. 복사가 완료된 후 계속해서 OS X의 설치를 진행하면 됩니다. 참고로 Mac App Store에서 구입하거나 무료로 설치한 모든 앱(App)들은 필요에 따라 '구매 내역' 메뉴에서 다시 다운로드 및 설치할 수 있습니다.

OS X 10.11 엘 캐피탄 USB 설치 디스크 만들기

OS X 10.11 엘 캐피탄부터는 별도의 테크닉 또는 써드파티 앱을 사용하지 않고도 USB 설치 디스크를 만들 수 있습니다. 그러나 초보 사용자들에게 익숙치 않은 터미널 명령을 실행해야 하기 때문에 과정이 복잡하게 느껴질 수 있습니다. 그러므로 보다 편리한 방법으로 설치 디스크를 만들고자 한다면 다음 순서를 참고하여 설치 디스크를 생성합니다.

① DiskMaker X를 이용한 USB 설치 디스크 만들기

01 Mac 앱스토어에서 'OS X El Capitan' 설치 앱을 다운로드 하고, 설치 진행 대화상자가 표시되면 강제 종료합니다.

02 DiskMaker X 앱을 'http://diskmakerx.com'에서 다운로드 및 설치합니다.

03 8GB 이상의 USB 플래시 디스크를 연결하고 DiskMaker X를 실행한 후 'El Capitan(10.11)' 버튼을 클릭합니다(필요에 따라 OS X 10.9 메버릭스, 10.10 요세미티 등의 설치 디스크도 만들 수 있습니다).

04 응용 프로그램 폴더에 저장된 'OS X El Capitan' 설치 앱을 자동 검출하여 표시하는데 여기서 'User this copy' 버튼을 클릭하면 자동으로 USB 설치 디스크가 생성됩니다.

② OS X 자체 터미널 명령을 이용한 USB 설치 디스크 만들기

01 Mac 앱스토어에서 'OS X El Capitan' 설치 앱을 다운로드 하고, 설치 진행 대화상자가 표시되면 강제 종료합니다.

02 8GB 이상의 USB 플래시 디스크를 연결하고, '디스크 유틸리티' 앱에서 '지우기' 버튼을 클릭하여 포맷은 'OS X 확장(저널링)', 이름은 'usbdisk'로 설정한 후 '지우기' 버튼을 클릭합니다(이번 예제에서 USB 디스크 이름으로 지정한 'usbdisk'는 터미널 명령에 인용되는 이름이므로, 만약 다른 이름으로 지정한다면 터미널 명령의 'usbdisk' 부분도 똑같이 변경해야 합니다).

03 터미널(응용 프로그램 ▶ 유틸리티 폴더)을 실행하고 다음 명령을 실행합니다.

```
sudo /Applications/Install\OS\ X\ El\ Capitan.app/Contents/Resources/createinstallmedia --volume
/Volumes/usbdisk --applicationpath /Applications/Install\ OS\ X\ El\ Capitan.app —nointeraction
```

04 현재 로그인한 계정의 비밀번호를 입력하고 Return 을 누릅니다. (터미널의 sudo 또는 su 명령을 실행하면 사용자 계정에 대한 암호를 요구하는데, 사용자의 키보드 입력이 화면에 표시되지 않습니다. 종종 이와 같이 화면 반응이 없는 것을 두고 컴퓨터에 문제가 있는 것으로 오해하는 사용자들이 있는데, 화면 반응이 없는 것이 정상입니다. 화면에 아무런 반응이 없어도 그냥 비밀번호를 입력한 후 Return 을 누릅니다.)

05 USB 디스크가 포맷된다는 경고 메시지가 표시되면 Y (Yes)와 Return 을 차례로 눌러서 OS X 설치 디스크 생성을 진행합니다.

지금까지 Mac OS X 10.11 엘 캐피탄으로 업그레이드 하는 방법에 대해 알아보았습니다. 모든 매킨토시 컴퓨터를 새로 구입하면 기본적으로 OS X가 설치되어 있기 때문에 특별한 이유가 없으면 사용자 입장에서 새로 OS X를 다시 설치할 필요는 없습니다. 그러나 시스템 디스크(Macintosh HD 볼륨)에 문제가 발생하여 새로운 저장 장치로 교체하거나 설치된 앱들이 충돌을 일으켜서 성능이 많이 저하되었다면 시스템 디스크를 한 번 포맷하고 OS X를 새로 설치하는 것이 좋습니다.

앞에서도 설명했지만 OS X를 정상적으로 종료하지 않았거나 앱 실행 중 예기치 않은 문제로 강제 종료했다면 OS X의 중요 구성 요소인 디렉토리 구조가 손상될 수 있습니다. 그러므로 OS X가 평소와는 달리 이상하게 작동하고 예상치 못한 오류가 자주 발생하면 'Recovery HD'로 시동하여 '디스크 유틸리티'로 검사 및 복구를 실행합니다. 참고로 OS X 10.7 이상 버전이 설치된 Mac 컴퓨터가 시동될 때 Command + R 을 누르고 있으면 Recovery HD 볼륨으로 시동됩니다.

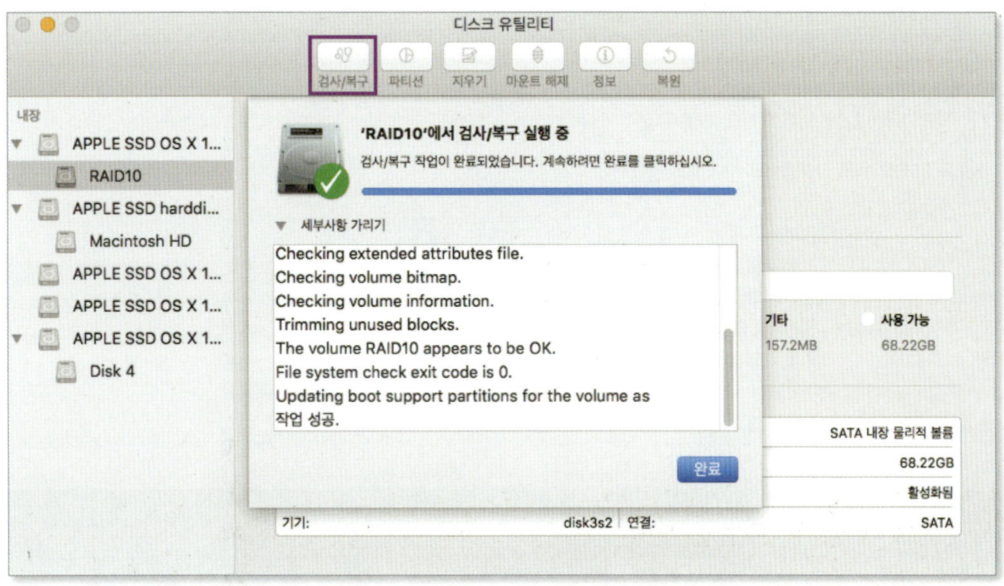

디스크 유틸리티의 검사/복구(내장디스크가 이상하게 동작한다면 Recovery HD 볼륨으로 시동한 뒤 디스크를 검사합니다.)

02

시스템 환경 설정하기

OS X의 환경 설정 메뉴는 총 5개의 그룹(개인, 하드웨어, 네트워크, 부가 서비스, 써드파티, 플러그인 설정)으로 나누어져 있으며, 각 그룹에 포함된 다양한 시스템 환경 설정들은 사용자의 필요에 따라 변경할 수 있습니다. 특이한 점은 MS 윈도의 제어판과는 달리, 대부분의 환경 설정 대화상자에는 "확인" 버튼이 없으며, 변동된 설정은 그 즉시로 효과가 발휘됩니다.

01 Dock

사용자의 취향에 따라 다양하게 Dock의 표시 위치 및 효과를 변경할 수 있습니다. OS X 초기 설정 상태에서 Dock은 화면의 아래쪽에 위치하고, 기본 앱 아이콘들이 등록되어 있습니다. 자주 사용하는 앱들을 Dock에 등록시켜 놓으면 빠르고 편리하게 실행할 수 있습니다.

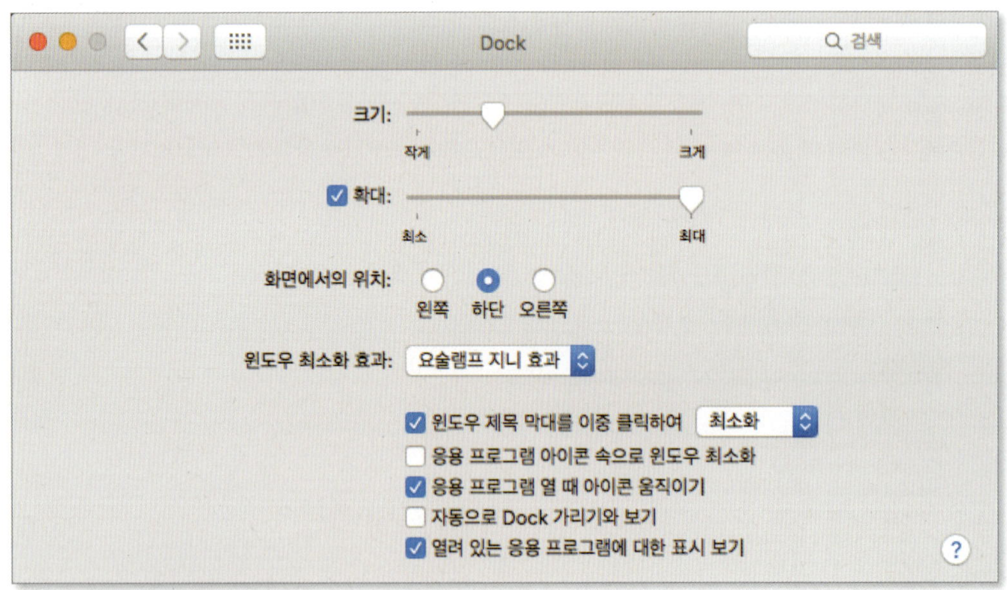

OS X 시스템 환경 설정 대화상자는 '확인' 버튼이 없고 변경된 내용을 즉시 반영합니다.

OS X의 핵심 사용자 인터페이스 중 하나인 'Dock'

- **크기** Dock에 표시되는 앱 아이콘의 기본 크기를 설정하는 항목입니다. 슬라이더를 '작게' 또는 '크게' 방향으로 이동하면 실시간으로 변경된 크기의 Dock 아이콘을 확인할 수 있습니다.

- **확대** 마우스 포인터를 Dock에 등록된 아이콘으로 이동하면 자동으로 확대되도록 설정합니다.

마우스 포인터를 '사진' 앱 아이콘으로 이동했을 때 동적으로 아이콘이 확대됩니다.

- **화면에서의 위치** Dock이 표시될 위치를 사용자의 편의에 따라 '왼쪽', '오른쪽', '하단' 중에서 설정할 수 있습니다.

- **윈도우 축소 효과** 앱 윈도우를 축소할 때 사용할 애니메이션 효과를 설정합니다.

  - 윈도우 제목 막대를 이중 클릭하여 최소화 : 앱 윈도우의 타이틀을 더블클릭하여 최소화시킬 수 있는 옵션입니다.

  - 응용 프로그램 아이콘 속으로 윈도우 최소화 : 앱 윈도우를 최소화할 때 개별적인 여러 개의 앱 윈도우를 아이콘을 표시하지 않고, 한 개의 앱 아이콘만 표시되도록 설정합니다.

텍스트 편집기 앱에서 3개의 윈도우를 축소시킨 상태
응용 프로그램 아이콘으로 윈도우 최소화 옵션을 활성화한 상태

비활성화한 상태

  - 응용 프로그램 열 때 아이콘 움직이기 : 앱을 실행할 때 Dock에서 해당 앱 아이콘이 통통 튀는 애니메이션이 표시되도록 설정하는 옵션입니다.

  - 자동으로 Dock 가리기와 보기 : 이 옵션에 체크 표시하면, 마우스 포인터가 Dock에서 벗어나면 자동으로 Dock을 숨겨줍니다. 참고로 그래픽이나 동영상 편집 관련 앱을 이용할 때 이 옵션에 체크 표시하면 작업할 수 있는 화면 영역을 좀 더 넓게 사용할 수 있고, Dock에 등록된 아이콘을 클릭하는 실수를 방지할 수 있습니다.

  - 열려 있는 응용 프로그램에 대한 표시 보기 : 현재 실행 중인 앱들을 구분할 수 있도록 Dock 아이콘 아래에 램프를 표시합니다.

'응용 프로그램 아이콘으로 윈도우 최소화' 옵션을 체크하고 여러 개의 윈도우를 한 개의 Dock 아이콘에 최소화 시켰다면, 컨텍추얼 메뉴(마우스 오른쪽 버튼 클릭)에서 '모든 윈도우 보기' 메뉴를 실행합니다. 그러면 한 번에 모든 윈도우들을 확인할 수 있습니다.

02 Mission Control

실행 중인 모든 앱 및 작업 공간(Spaces), 위짓(Dashboard) 등을 한 눈에 확인하고 관리할 수 있는 기능입니다. 2대 이상의 디스플레이를 사용하면 각각 Mission Control 화면을 관리할 수 있으며 풀스크린 모드로 실행하는 앱들은 작업 공간(Space)과 마찬가지로 화면 위에 우선적으로 표시됩니다. 기본적으로 트랙패드 사용자는 네 손가락을 아래에서 위로 쓸어 올려 Mission Control을 실행할 수 있으며, 일반 마우스 사용자는 Dock에서 실행하거나 핫 코너를 통하여 실행할 수 있습니다.

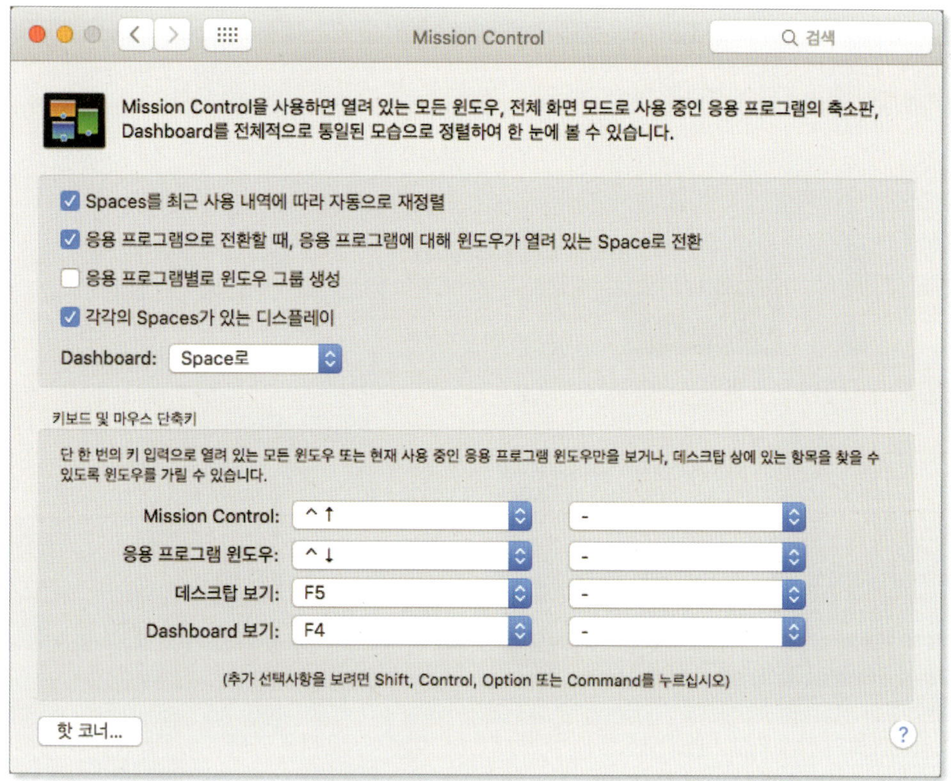

Mission Control 대화상자

– Spaces를 최근 사용 내역에 따라 자동으로 재정렬 : 이 옵션에 체크 표시하면 가장 최근에 사용한 앱을 기준으로 자동 정렬
합니다.

– 응용 프로그램으로 전환할 때, 응용 프로그램에 대해 윈도우가 열려 있는 Space로 전환 : 현재 실행 중인 앱을 전환하면(단축키 :
Command + Tab) 자동으로 앱 윈도우가 열려 있는 작업 공간으로 전환합니다. 이 옵션의 체크 표시를 없애면 앱 윈도
우의 작업 공간 위치와 상관없이 현재 사용 중인 작업 공간에서 앱이 전환됩니다.

– 응용 프로그램별로 윈도우 그룹 생성 : 이 옵션에 체크 표시하면 모든 실행 중인 앱 윈도우를 개별적으로 표시하지 않고,
앱 단위로 그룹지어 표시합니다.

– 각각의 Spaces가 있는 디스플레이 : 여러 대의 디스플레이가 연결된 경우, 개별적인 작업 공간(Space)을 생성하고 관리할
수 있습니다.

– Dashboard를 작업 공간으로 보기 : 위짓(Widget)이 실행되는 Dashboard를 하나의 가상 작업 공간(Space)으로 취급하여
보여줍니다. 이 옵션에 체크 표시를 없애면 Mission Control 화면에서 Dashboard가 표시되지 않습니다. Dashboard는
기본적으로 트랙패드에서 네 손가락을 오른쪽에서 왼쪽으로 쓸어 넘기면 볼 수 있으며, 일반 마우스 사용자는 핫 코
너 또는 단축키, '응용 프로그램' 폴더의 'Dashboard'를 실행하여 볼 수 있습니다.

– 키보드 및 마우스 단축키 : Mission Control 및 응용 프로그램 윈도우, 데스크탑 보기, Dashboard 보기에 대한 단축키를
설정합니다. 단축키를 설정하면 빠르게 각각의 기능을 실행할 수 있으며 Mac 노트북 및 심플 레이아웃 키보드 사용
자는 'Fn'를 누른 상태에서 기능키(Ctrl F1, F2, F3, …, F12)를 눌러야 합니다.

핫 코너를 설정하면 마우스 포인터를 화면의 모서리로 이동하여 여러 가지 기능을 실행할 수 있습니다.

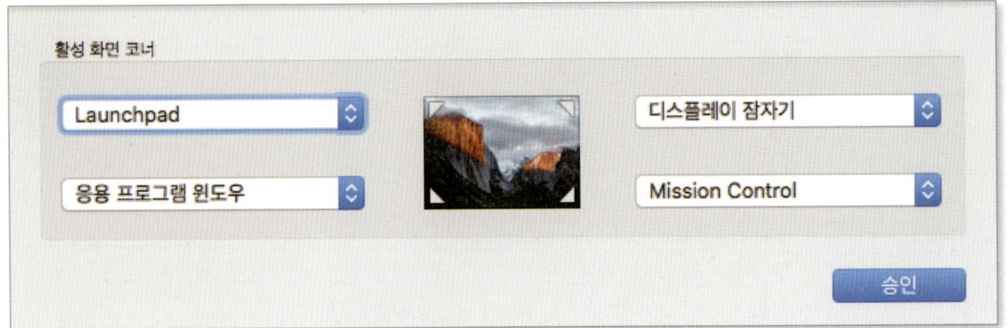

핫 코너 대화상자

01 Mission Control 대화상자의 아래쪽에 있는 '핫 코너' 버튼을 클릭합니다.

02 4개의 화면 모서리 중 특정 기능을 실행할 모서리를 지정합니다. 예를 들어, 오른쪽 위의 화면 모서리로 마우스 포인터를 이동하면 자동으로 'Mission Control'이 실행되도록 설정할 수 있습니다.

03 정상적으로 동작하는지 확인해 보기 위해 특정 기능을 설정한 모서리(핫 코너)로 마우스 포인터를 이동해 봅니다.

01 Mission Control 화면의 오른쪽 위의 ＋ 버튼을 클릭해서 새로운 작업 공간(Space)을 생성합니다.

02 생성한 작업 공간으로 전환하려면 Mission Control 화면에서 단순히 해당 작업 공간을 클릭하면 되며, OS X 일반 화면에서는 단축키 Ctrl +양방향 화살표 키(← 또는 →)를 눌러서 전환할 수 있습니다(트랙패드 사용자는 네 손가락으로 왼쪽에서 오른쪽/왼쪽으로 쓸어 넘기기). 그리고 특정 작업 공간에 대한 단축키(⌘ 데스크탑 3 = Ctrl + 3)를 설정하려면 '시스템 환경 설정 → 키보드 → 키보드 단축키' 탭의 'Mission Control' 항목에서 설정할 수 있습니다.

03 작업 공간을 제거하려면 Mission Control 화면에서 제거 대상 작업 공간으로 마우스 포인터를 옮기고 이때 표시되는 ⓧ 아이콘을 클릭합니다.

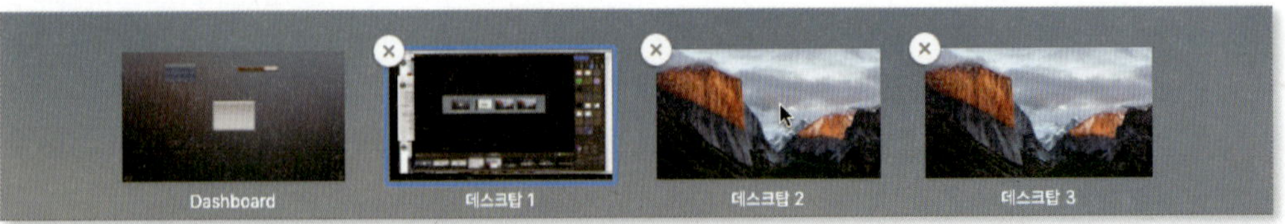

Mission Control에서 Option 을 누른 화면

> **Tip**
>
> 작업 공간(Space) 전환은 예제에서 설명한 것과 같이 단축키, 트랙패드 제스처 또는 Mission Control 화면에서 할 수 있습니다. 그러나 트랙패드 제스처 및 기본 단축키(Ctrl +좌우 방향키)를 이용하면 순차적으로 작업 공간이 전환되므로, 특정 작업 공간으로 빠르게 이동할 수 없습니다. 그러므로 3개 이상의 작업 공간을 사용한다면 각각의 작업 공간에 대한 별도의 단축키를 설정하는 것이 좋습니다. 각각의 작업 공간에 대한 단축키 설정은 '시스템 환경 설정 → 키보드 → 키보드 단축키' 탭의 'Mission Control' 항목에서 할 수 있습니다.

01 Mission Control 화면에서 새로운 작업 공간을 생성하고 재배치를 원하는 앱 윈도우를 방금 생성한 작업 공간으로 드래그&드롭합니다. 여기서 재배치는 '윈도우'를 단위로 하기 때문에 임의의 앱에서 여러 개의 윈도우를 열었다면 각각 다른 작업 공간에 배치할 수 있습니다.

02 각각의 작업 공간에 분산 배치된 윈도우들을 한 번에 보려면 OS X 일반 화면에서 해당 앱에 대한 '모든 윈도우 보기' 메뉴를 실행합니다. 트랙패드 사용자는 네 손가락으로 쓸어 내리기를, 일반 마우스 사용자는 단축키 또는 Dock의 컨텍추얼 메뉴(마우스 오른쪽 클릭)에서 '모든 윈도우 보기'를 선택하면 됩니다.

03 Spotlight

Spotlight 검색 엔진은 OS X의 모든 항목(파일, 폴더, 앱 등)에 대한 기본 정보를 데이터베이스로 저장하여 사용자가 검색하는 항목을 매우 빠르게 찾아줍니다. '시스템 환경 설정'의 'Spotlight'에서는 이와 같은 데이터베이스 파일의 생성과 관련된 설정을 지정할 수 있습니다.

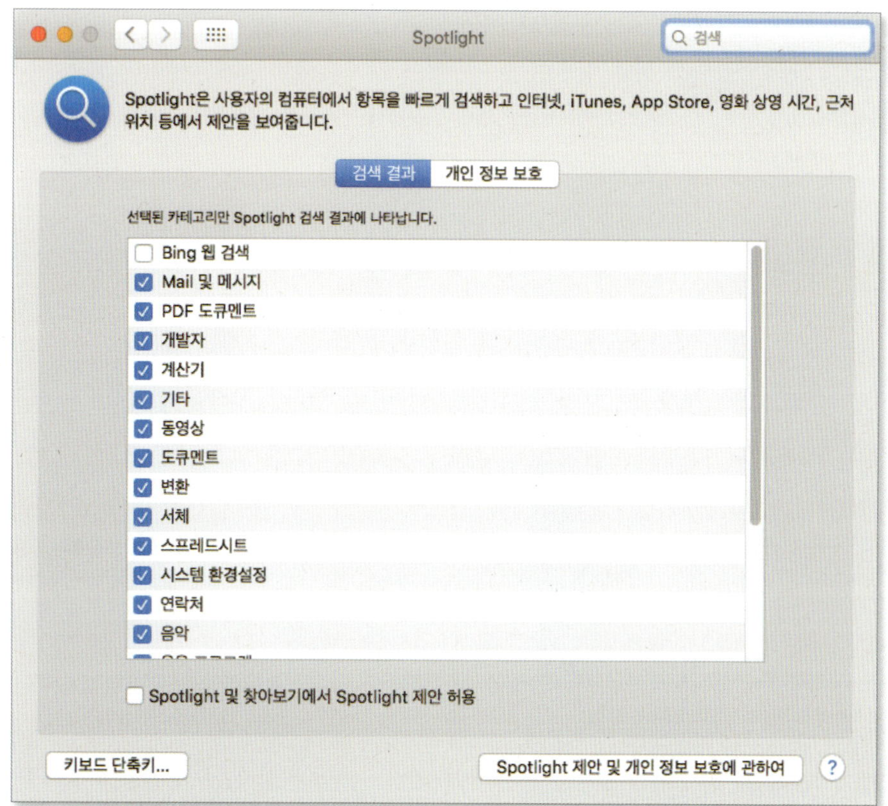

Spotlight 검색 엔진의 옵션 대화상자

- **검색 영역 설정** 검색 영역은 분류(Category) 항목별로 지정할 수 있습니다. 만약 기본 설정값(모든 분류 항목이 선택한 상태)을 변경하려면 단순히 분류 항목 이름에 체크하거나 체크 표시를 없애주면 됩니다. 비활성화된 분류 항목은 검색 영역에서 제외되므로 검색 결과에 표시되지 않습니다.

- **단축키 지정** OS X 기본 화면의 Spotlight 검색 및 Finder 윈도우의 검색 기능을 단축키로 지정할 수 있습니다. 필요에 따라 다른 OS X의 다른 단축키와 충돌하지 않는 범위 안에서 자유롭게 단축키를 지정할 수 있습니다.

다른 OS X의 단축키와 충돌할 경우 노란색 느낌표 아이콘이 나타납니다.

- **개인 정보 설정** 검색 대상 및 영역에서 특정 볼륨 또는 폴더를 제외할 수 있습니다. 만약 개인 정보 또는 사적인 사진이나 문서가 저장된 폴더를 검색 대상에서 제외하려면 '개인 정보 보호' 탭의 아래쪽에 있는 ⊞ 버튼을 클릭하여 원하는 볼륨이나 폴더를 지정합니다.

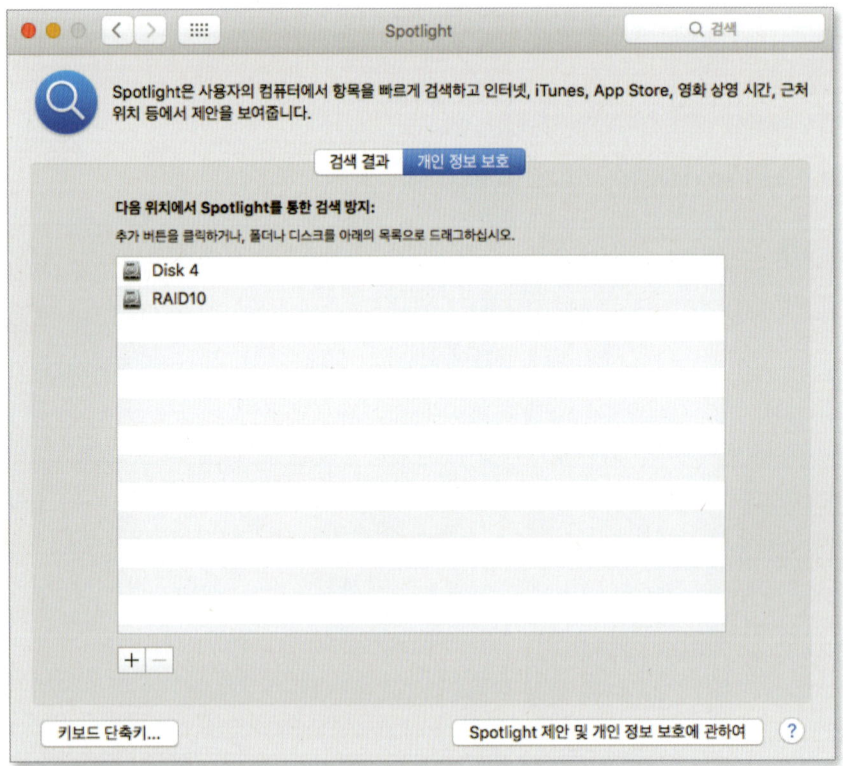

'개인 정보 보호' 탭에서는 검색 대상에서 제외할 볼륨 또는 폴더를 지정할 수 있습니다.

- **Spotlight 데이터베이스 파일 다시 만들기** Spotlight 검색 엔진이 사용하는 데이터베이스 파일은 실시간으로 모든 파일의 변경 내역 및 생성 정보를 업데이트하지만, 시스템 사용중 문제가 발생하여 정상적으로 파일 정보가 업데이트되지 않을 수도 있습니다. Spotlight의 데이터베이스 파일이 최신 파일 정보 및 상태를 유지하지 못할 경우 검색 결과가 제대로 표시되지 않는데, 이 경우에는 데이터베이스 파일을 다시 만들어야 합니다. 다음은 Spotlight 데이터베이스 파일을 초기화하고 다시 생성하는 방법입니다.

01 '시스템 환경 설정'에서 'Spotlight' 항목을 선택합니다.

02 '개인 정보 보호' 탭을 클릭하고 시스템 디스크 볼륨(OS X가 설치된 볼륨, **예** Macintosh HD)을 + 버튼으로 추가합니다. 추가한 볼륨이나 폴더는 검색 대상으로 완전히 제외되므로 Spotlight 데이터베이스에서 관련 정보가 모두 초기화됩니다.

03 − 버튼을 클릭하여 방금 검색 대상 제외 목록에 추가했던 시스템 볼륨을 제거합니다. 곧바로 Spotlight 엔진은 검색 작업에 필요한 파일 정보를 해당 볼륨에서 수집하여 Spotlight 데이터베이스에 새롭게 구성합니다.

04 알림

알림센터를 지원하는 OS X 기본 앱 및 써드파티 앱의 알림 스타일(배너 또는 알림) 및 방식을 설정할 수 있으며, '방해 금지 모드'를 통하여 특정 시간대에 한하여 알림 통보를 제한할 수 있습니다. OS X 기본 화면의 오른쪽 사이드에 위치한 알림 센터에서는 실행 중인 앱 또는 푸시 알림을 지원하는 앱에서 통보하는 여러 가지 알림사항을 통보 받거나 기록을 확인할 수 있습니다. 또한 '메시지' 앱을 실행시키지 않고도 다른 사용자와 메시지를 주고받을 수 있으며, '시스템 환경 설정 → 인터넷 계정'에 트위터 또는 페이스북 계정을 추가했을 경우, 알림 센터에서 곧바로 해당 사이트에 포스팅할 수 있습니다. 참고로, 'Safari의 웹사이트 업데이트 알림' 서비스는 여기서 설정한 옵션에 따라 표시되지만, 사이트별 알림의 허용 및 거부 설정은 사파리의 '환경 설정 → 알림' 탭에서 관리합니다.

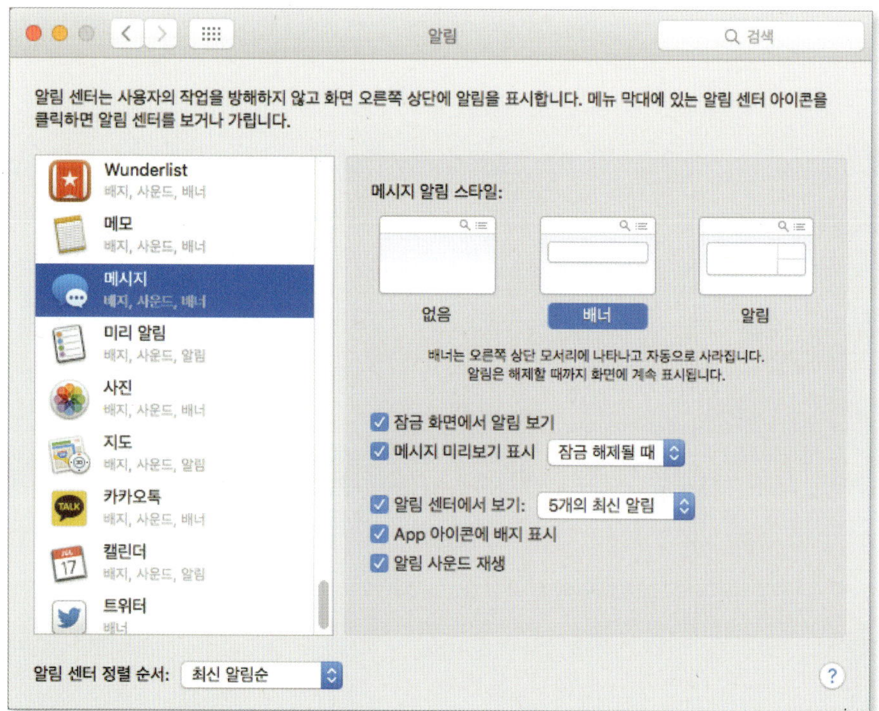

알림 설정 대화상자

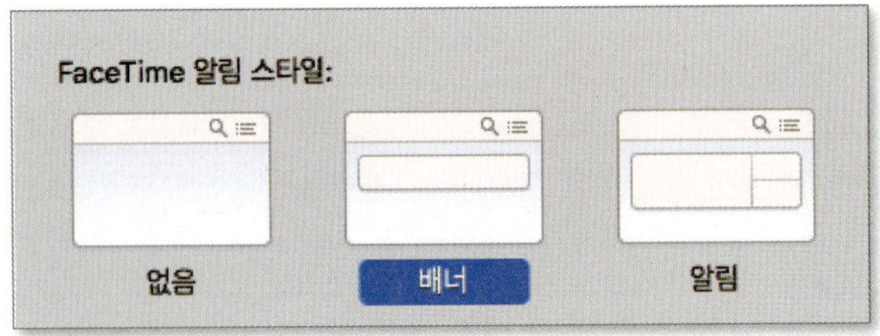

알림 스타일 설정

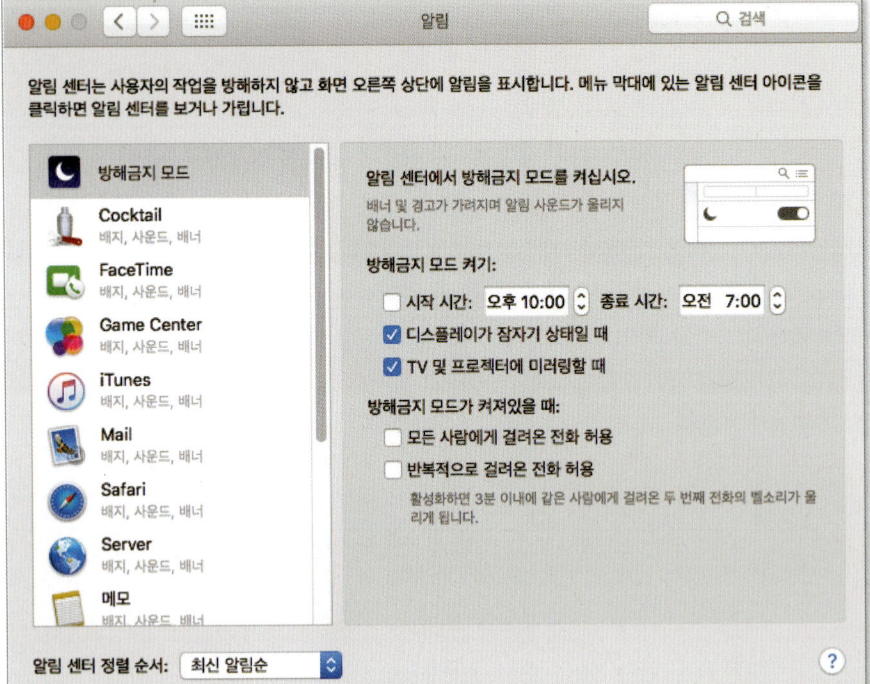

방해 금지 모드 설정

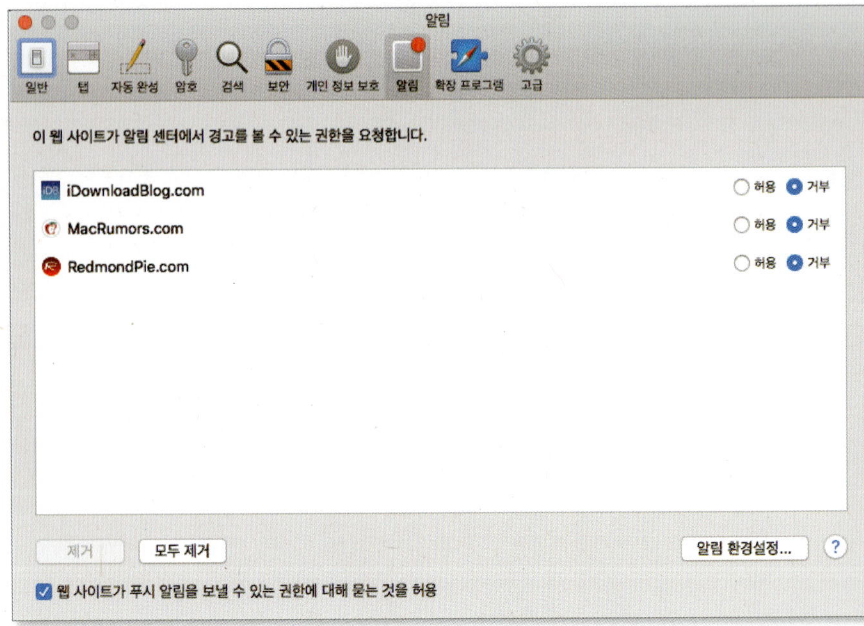

사파리의 알림 설정 탭

① '데스크탑' 탭

데스크탑 이미지를 설정할 수 있는 옵션으로, OS X에 내장된 기본 이미지를 비롯하여 사용자가 직접 촬영하거나 제작한 이미지를 설정할 수 있습니다. 듀얼 모니터 사용자는 각각의 화면에 다른 데스크탑 이미지를 지정할 수 있습니다. 참고로 MS 윈도와는 달리 이 옵션에서 변경한 내용은 '확인' 버튼을 클릭할 필요 없이 곧바로 적용됩니다. OS X의 시스템 환경 설정 항목들은 대부분 '확인' 버튼이 없고, 변경한 내용이 즉시 적용됩니다.

데스크탑의 이미지 변경하기

- **데스크탑 이미지 변경** OS X에 기본적으로 포함된 다양한 이미지 파일들 중 취향에 따라 선택합니다. 이미지를 선택하자마자 곧바로 데스크탑의 이미지가 변경되므로 적용된 상태를 실시간으로 확인할 수 있습니다. 만약 기본적으로 포함된 이미지 외에 다른 이미지 파일을 추가하려면 대화상자의 왼쪽 사이드바의 아래쪽에 있는 ⊞ 버튼을 클릭하여 이미지 파일이 저장된 폴더를 지정합니다. 참고로 사진 앱이나 Aperture 앱을 설치했으면 해당 앱의 사진 보관함에 포함된 이미지를 데스크탑 이미지로 사용할 수 있습니다.

- **그림 변경** 데스크탑 이미지를 지정한 시간 간격으로 자동 변경할 수 있습니다. 예를 들어 '그림 변경'을 '30분마다'로 설정하면 30분 간격으로 자동으로 변경됩니다. '임의의 순서' 옵션을 체크하면 변경되는 이미지의 순서가 임의로 변경됩니다. 참고로 모든 데스크탑 이미지의 자동 변경은 왼쪽 사이드바에서 지정된 폴더 내에서만 변경됩니다. 예를 들어 '데스크탑 그림' 폴더를 선택하고 '그림 변경'에 체크 표시하면 '데스크탑 그림' 폴더에 포함된 이미지로만 데스크탑 이미지가 변경됩니다.

② '화면 보호기' 탭

화면 보호기를 설정할 수 있는 옵션입니다. 사용자 취향에 따라 기본적으로 포함된 다양한 화면 보호기를 설정할 수 있습니다.

화면 보호기 설정하기

- **화면 보호기 변경** '화면 보호기 설정' 대화상자의 왼쪽 사이드바에서 취향에 따라 화면 보호기를 선택하고 시작할 시간을 설정합니다. 기본적으로 포함된 이미지가 아닌 다른 이미지를 설정하고자 한다면 '소스' 옵션에서 '폴더 선택' 메뉴를 선택하고 이미지가 저장된 폴더를 선택합니다. 만약 사진 또는 Aperture 앱의 사진 보관함을 이용하고자 한다면 '소스'에서 '사진 보관함' 메뉴를 선택하고 원하는 사진이 포함된 이벤트 또는 프로젝트를 선택합니다.

- **시계와 함께 보기** 화면 보호기에 현재 시간도 함께 표시합니다.

- **핫 코너** 마우스 포인터를 화면 모서리로 이동하면 자동으로 화면 보호기가 실행됩니다. '핫 코너' 버튼을 클릭하여 화면 보호기가 실행되는 모서리를 지정할 수 있습니다.

- **옵션** 화면 보호기의 종류에 따라 변경할 수 있는 옵션 내용이 달라집니다. 예를 들어 기본적으로 포함된 '메시지' 화면 보호기를 선택하고 '화면 보호기 옵션' 버튼을 클릭하면 화면 보호기에서 표시할 메시지를 직접 입력할 수 있습니다. 'iTunes 앨범사진'을 선택하고 '옵션' 버튼을 클릭하면 iTunes 보관함에 포함된 음반 CD 앨범 커버의 표시 옵션을 설정할 수 있습니다.

- **화면 보호기 시작하기** 화면 보호기가 시작되는 시점을 설정할 수 있습니다. 만약 동영상이나 사운드 편집 앱 등에서 실시간 캡처를 하려면 화면 보호기가 작업 중간에 실행되지 못하게 '안 함'으로 설정합니다.

컴퓨터 이름 화면 보호기의 옵션 대화상자, 화면 보호기에 표시될 메시지를 직접 입력할 수 있습니다.

06 일반

OS X 사용자 인터페이스의 전체적인 모양새를 설정하는 옵션이며 MS 윈도와는 달리 사용자 입장에서 변경할 수 있는 부분이 많이 제한되어 있습니다.

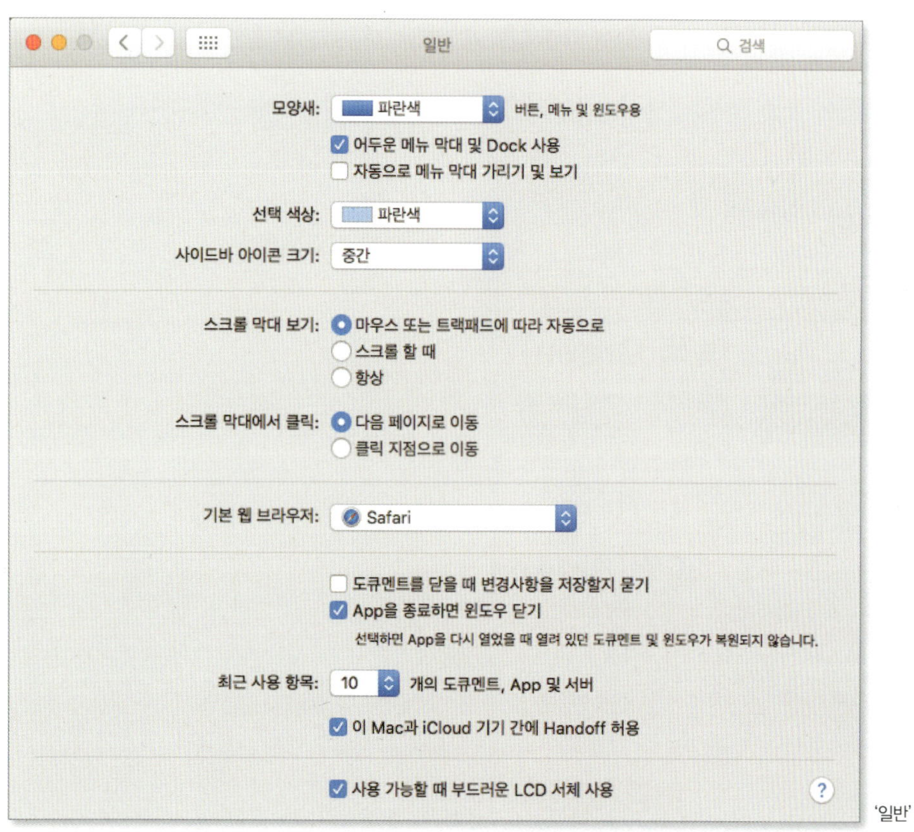

'일반' 대화상자

- **모양새** OS X의 메뉴와 버튼, 윈도우 제어 아이콘의 색상을 '파랑'이나 '흑색'으로 선택할 수 있습니다.

파랑(Blue)　　　　　　　　　　흑색(Graphite)

'모양새'에서 색상 변경하기

- 어두운 메뉴 막대 및 Dock 사용 : OS X 메인 메뉴와 Dock의 배경 색상을 흑백톤의 어두운 색상으로 표시합니다.

- 자동으로 메뉴 막대 가리기 및 보기 : 이 옵션에 체크 표시하면 마우스 포인터를 화면 위쪽 모서리로 이동했을 때만 OS X 의 메인 메뉴를 표시하고 평상시는 메인 메뉴를 표시하지 않습니다. Dock 숨김(시스템 환경 설정 → Dock → 자동으로 Dock 가리기와 보기)과 함께 사용하면 화면 영역 사용을 극대화 할 수 있습니다.

- **선택 색상** 텍스트 편집기나 사파리 등의 응용 프로그램에서 텍스트를 선택했을 때 사용할 색상을 지정합니다.

선택 색상 변경하기

- **사이드바 아이콘 크기** Finder 및 Mail 앱의 사이드바 아이콘 크기를 설정합니다.

- **스크롤 막대 보기** 일반적으로 스크롤 막대는 일반 문서 또는 인터넷 페이지를 볼 때 표시될 내용물이 현재 윈도우 크기보다 많을 때 나타납니다. 그러나 OS X 10.7 Lion부터 마우스 연결 없이 트랙패드로만 사용하면 스크롤 막대는 기본적으로 표시되지 않습니다('마우스 또는 트랙패드에 따라 자동으로' 옵션). '스크롤 할 때' 옵션을 선택하면 입력 장치와 상관없이 스크롤을 할 때에 한해서만 스크롤 막대가 나타나며, '항상' 옵션을 선택하면 스크롤을 하지 않아도 항상 스크롤 막대가 표시됩니다.

스크롤 막대 표시 예제

- **스크롤 막대에서 클릭** 스크롤바를 클릭하면 실행될 기능을 설정합니다. '다음 페이지로 이동' 또는 '클릭한 지점으로 이동' 중 하나를 선택할 수 있습니다.

- **기본 웹 브라우저** 여기서 설정한 기본 웹 브라우저에 따라 Mail, 메시지, 써드파티 앱 등에서 인터넷 링크를 클릭했을 때 자동 실행되는 웹 브라우저를 변경할 수 있습니다. 기본은 OS X의 기본 내장 Safari 웹 브라우저이지만, 사용자의 필요에 따라 구글 크롬, 파이어 폭스 등으로 변경할 수 있습니다.

  - 도큐멘트 닫을 때 변경사항을 저장할지 묻기 : OS X의 내장 앱 또는 자동 저장 기능을 지원하는 써드파티 앱에서 문서를 수정하면 자동으로 변경 내용을 저장합니다. 그러나 이 옵션에 체크 표시하면 사용자가 직접 저장하지 않는 한 변경 내용은 자동 저장되지 않습니다.

- App을 종료하면 윈도우 닫기 : 앱을 종료했다가 다시 실행했을 때 앱 윈도우도 이전 상태 그대로 복원할지 설정하는 옵션입니다. 예를 들어, 이 옵션에 체크 표시를 없애고 '미리 보기' 앱에서 A, B, C 3개의 파일을 열어 놓은 채 앱을 종료했다가 나중에 다시 실행하면, 이전에 열려 있었던 A, B, C 3개의 파일도 자동으로 열립니다.

• **최근 사용 항목** '' 메뉴(사과 아이콘) → 최근 사용 항목' 메뉴에 표시될 응용 프로그램, 문서(도큐멘트), 서버(네트워크 볼륨 포함) 등의 표시 개수를 설정합니다. 만약 컴퓨터 사용 내역이 표시되는 것을 원치 않는다면 이 옵션을 '없음'으로 설정합니다.

'최근 사용 항목' 메뉴

- 이 Mac과 iCloud 기기 간에 Handoff 허용 : Handoff 기능을 지원하는 Mac과 iOS 기기간 실행한 앱의 마지막시점을 동기화할 수 있는 옵션입니다. OS X와 iOS에서 공동 지원하는 Mail, 메모, 메시지, 미리 알림 등을 포함하여 Handoff 기능을 지원하는 써드파티 앱에서 이러한 동기화 서비스가 지원됩니다. 이 기능을 이용하기 위한 최소 시스템 사양은 Bluetooth 4.0 이상의 칩이 내장된 Mac 또는 iOS 기기이어야 하며 동일한 애플ID로 각 기기가 로그인된 상태이어야 합니다.

- 사용 가능할 때 부드러운 LCD 서체 사용 : 설정한 글자 크기 이상의 텍스트를 대상으로 모서리 부분을 부드럽게 처리합니다.

① '일반' 탭

'보안' 대화상자의 '일반' 탭에서는 사용자 계정과 관련된 보안 설정을 할 수 있습니다. 일반적인 MS 윈도와 달리 OS X는 바이러스, 악성코드나 해커의 공격에 비교적 안전하지만, 언제든지 예기치 않은 보안 문제가 발생할 수 있으므로 항상 시스템 보안에 유의해야 합니다.

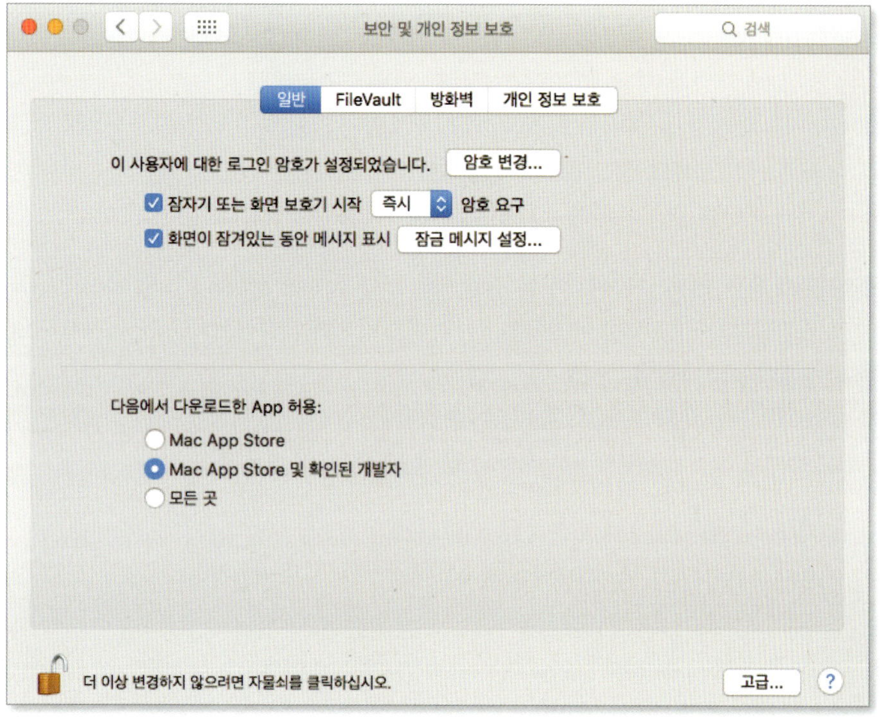

'보안' 대화상자의 '일반' 탭

- **암호 변경...** 로그인한 계정에 암호가 설정되어 있을 경우, 이를 변경할 수 있습니다.

- **잠자기 또는 화면 보호기 시작 〈옵션〉 암호 요구** 화면 보호기나 잠자기 모드를 실행하다가 원래 화면으로 복귀할 때 암호를 요구하도록 설정할 수 있습니다. 사용하는 Mac 컴퓨터가 다른 사람에게 노출되어 있는 사무실과 같은 환경에서 잠시 자리를 비웠을 때 다른 사람들이 무단으로 사용하는 것을 방지할 수 있습니다. 예를 들어 이 옵션을 '즉시'로 설정하고 잠시 자리를 비울 때 화면 보호기(또는 잠자기 모드)를 실행하면 암호를 알고 있는 사용자만 다시 원래 화면으로 복귀할 수 있습니다. 시간 단위를 옵션으로 설정하면 화면 보호기 모드나 잠자기 모드가 지정한 시간만큼 실행된 이후부터 암호를 물어봅니다. 예를 들어 '1분 후'를 설정하면 화면 보호기 모드나 잠자기 모드가 시작되고 1분 이후부터 암호를 요구하게 됩니다.

- **화면이 잠겨있는 동안 메시지 표시** 잠금 화면에서 표시할 메시지를 설정합니다.

- **다음에서 다운로드한 App 허용** 'Mac App Store'를 설정하면, 오직 Mac App Store를 통해서만 새로운 앱을 설치하거나 업데이트를 할 수 있습니다. 초보자에게 적합한 옵션이며, 출처가 불분명한 외부 앱 설치가 차단되므로 가장 안전하게 OS X를 유지할 수 있습니다. 두 번째로 'Mac App Store 및 확인된 개발자' 옵션은 Mac App Store를 비롯하여 애플 개발자로 정식 등록한 개발자의 인증서가 포함된 앱에 한하여 설치를 허용합니다. Mac App Store 이외 인터넷을 통한 앱 다운로드 및 설치가 가능한 옵션이지만, 애플에서 발행한 인증서가 없는 앱(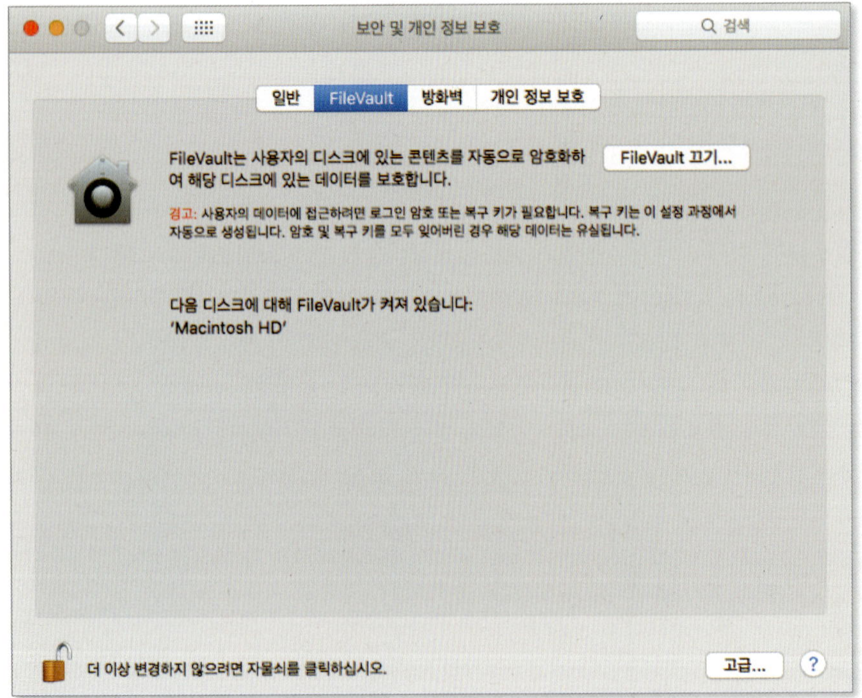 특정 앱을 조작하거나 설정을 변경하는 앱)은 설치 및 사용을 할 수 없습니다. 마지막으로 '모든 곳' 옵션은 앱 출처에 상관없이 모든 앱을 자유롭게 설치 및 실행할 수 있는 옵션입니다. 중급 이상 사용자이거나 개발자에 한하여 이 옵션을 사용하는 것이 좋습니다.

◉ 고급 버튼

- **〈옵션〉 분 동안 비활성 상태이면 로그아웃** 지정한 시간 동안 마우스, 트랙패드, 키보드 등의 입력이 없으면 자동으로 로그아웃 되도록 설정하는 옵션입니다. 만약 동영상/사운드 편집 프로그램 등에서 캡처나 3D 렌더링, 동영상 포맷 변환 등과 같이 사용자의 입력 없이 컴퓨터 혼자서 오래 동안 처리를 해야 하면 이 옵션을 비활성화시킵니다.

- **시스템 수준의 환경 설정에 접근 시 관리자 암호 요구** 이 옵션을 체크하면 '잠금 아이콘'이 표시된 옵션을 변경할 때마다 계속해서 암호를 요구합니다. 기본적으로 비활성화되어 있으며, 한 번 관리자 인증을 받으면 계속해서 암호를 입력하지 않고도 잠금 아이콘이 표시된 시스템 환경 설정을 변경할 수 있습니다.

② 'FileVault' 탭

FileVault 기능을 활성화하면 OS X가 설치된 시스템 디스크 전체를 XTS-AES 128 방식으로 암호화할 수 있습니다. 암호화된 시스템 디스크는 허용된 사용자 계정에 한해서만 접근이 허용되므로 높은 수준의 보안을 지원합니다.

'보안 및 개인 정보 보호' 대화상자의 'FileVault' 탭

- **FileVault 켜기** 모든 사용자 계정에 암호를 설정했다면 'FileVault 켜기' 버튼을 클릭하여 시스템 디스크 전체를 암호화할 수 있습니다. 만약 암호 설정 없이 사용 중이라면 '시스템 환경 설정 → 사용자 및 그룹'에서 먼저 암호를 설정해야 합니다. 한 번 암호화된 디스크는 비정상적인 방법으로 접근하거나 사용할 수 없습니다.

예제 **1** FileVault를 이용한 디스크 암호화

01 '보안 및 개인 정보 보호 → FileVault' 탭에서 왼쪽 아래에 있는 '자물쇠' 아이콘을 클릭하고 현재 로그인한 계정의 암호를 입력합니다. 만약 계정에 대한 암호를 설정하지 않은 상태라면 '사용자 및 그룹' 환경 설정에서 '암호 변경' 버튼을 클릭하고 암호를 설정합니다. 참고로 사용자 계정에 암호를 설정하고, 시스템 디스크를 FileVault로 암호화 하면 더 이상 '자동 로그인' 기능을 사용할 수 없습니다.

02 사용자 계정 또는 마스터 암호를 잊어 버렸을 때 복구용으로 사용할 수 있는 옵션을 선택합니다. iCloud 계정으로 디스크 잠금 해제 또는 복구키 생성 옵션 중 하나를 선택합니다. 복구키 생성은 별도로 메모 및 보관해야 하는 번거로움이 있으므로, iCloud 계정을 통한 디스크 잠금 해제 옵션이 보다 편리합니다.

03 대부분의 사용자들이 암호 또는 복구키 등을 신중하게 관리하지 않는다는 것을 OS X는 잘 알고 있습니다. 그래서 복구키를 애플 서버에 저장해 둘 것인지를 물어 봅니다. 특별한 이유가 없다면 'Apple을 통해 복구키 저장' 옵션을 선택하고, 3가지 질문과 답변을 각각 설정합니다. 가능하면 언제든지 혼동 없이 기억할 수 있는 질문과 답변을 설정합니다.

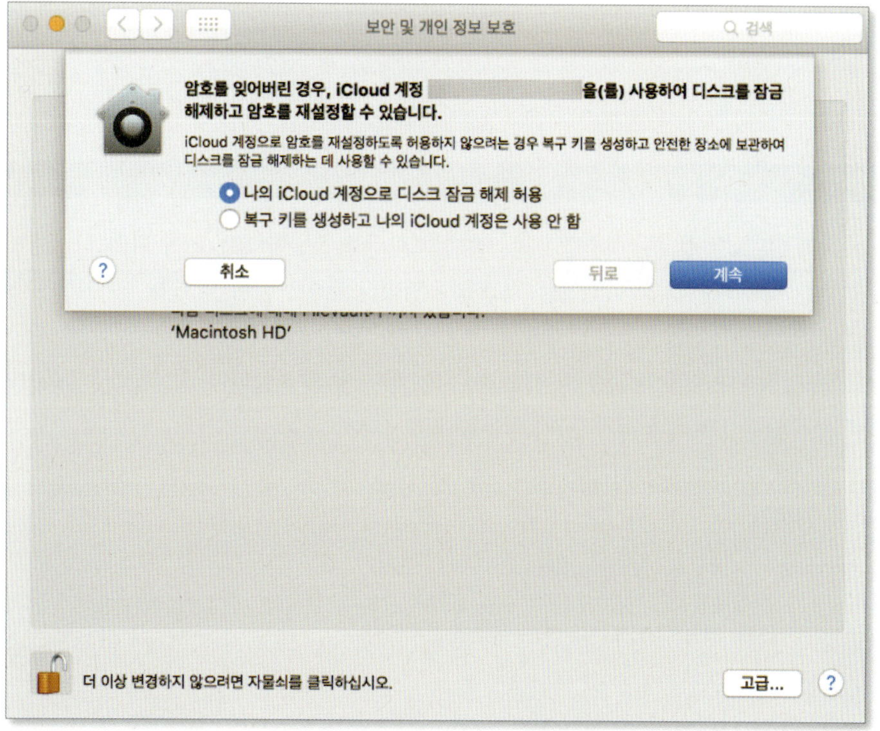

복구키 표시 및 저장 대화상자

04 복구키에 관련된 모든 질문과 답변을 설정하였다면 OS X를 재시동합니다. 재시동 이후에 실질적으로 내장 디스크에 대한 FileVault 암호화를 시작합니다. 암호화를 하는 동안 계속해서 다른 작업을 할 수 있습니다. 참고로, 필자가 300GB SSD 시스템 디스크 전체를 암호화하는데 약 30분 정도 소요되었습니다. 속도가 상대적으로 느린 하드디스크는 용량에 따라 많은 시간이 소요될 수 있습니다.

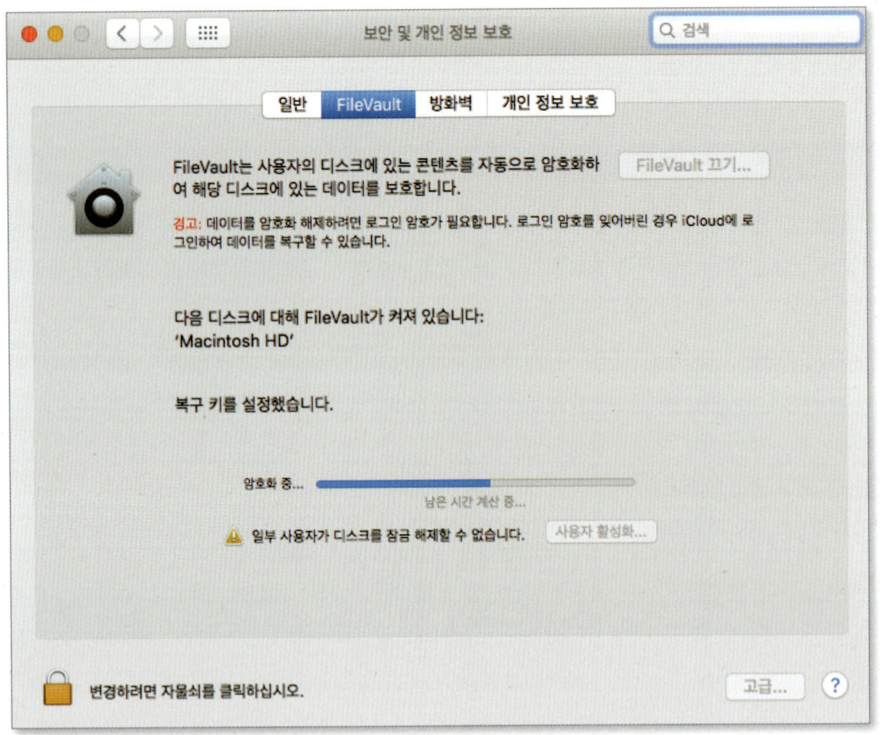

FileVault 암호화가 진행되는 상태

예제 **2** 외장 디스크 암호화하기

'시스템 환경 설정'의 FileVault는 오직 OS X가 설치된 시스템 디스크의 암호화만을 지원합니다. 외장 디스크를 암호화 하기 위해서는 2가지 방법이 있습니다. 첫 번째는 외장 디스크를 '디스크 유틸리티'를 이용하여 '암호화 지우기(포맷)'를 한 후 사용하는 방법이고, 두 번째는 이미 저장된 내용물들은 그대로 유지한 상태에서 암호화 변환을 하는 방법입니다. 첫 번째 방법은 외장 저장 장치를 새로 구입했거나 저장 장치를 완전히 포맷해야 할 경우에 적합하며, 두 번째 방법은 이미 사용하고 있는 외장 디스크의 자료 손실 없이 암호화 하고자 할 때 적합합니다.

◉ 외장 디스크를 암호화 지우기(포맷)하기

01 '응용 프로그램 ▶ 유틸리티' 폴더에서 '디스크 유틸리티'를 실행합니다.

02 왼쪽 사이드바에서 암호화 지우기를 실행할 외장 디스크(전체) 또는 볼륨을 클릭합니다.

03 '지우기' 버튼을 클릭하고 '포맷' 항목을 OS X 확장(저널링, 암호화)으로 설정하고, 암호를 설정한 후 '지우기' 버튼을 클릭합니다.

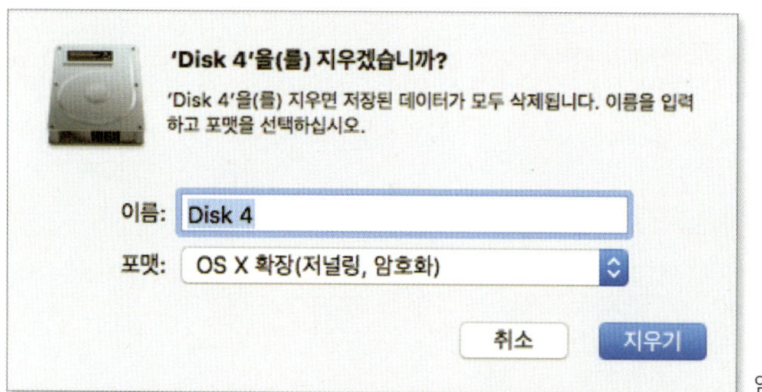

암호화 지우기 옵션 대화상자

04 지우기(포맷)가 완료되면 이후에 저장하는 모든 데이터들은 자동으로 암호화됩니다.

⊙ 외장 디스크를 암호화 변환하기

01 '응용 프로그램 ▶ 유틸리티' 폴더에서 '터미널'을 실행합니다.

02 'diskutil list' 명령을 실행하여 외장 디스크의 구분코드(IDENTIFIER)를 확인합니다. 예를 들어 아래 예제 화면의 'P–Backup' 외장 디스크 볼륨의 구분코드는 'disk2s4'입니다.

```
                                      ☂ ssumer — -bash — 122×23
/dev/disk2 (internal, physical):
   #:                       TYPE NAME                 SIZE       IDENTIFIER
   0:        GUID_partition_scheme                  *68.7 GB     disk2
   1:                        EFI EFI                 209.7 MB     disk2s1
   2:            Apple_RAID_Offline                  68.4 GB      disk2s2
   3:             Apple_Boot Boot OS X               134.2 MB     disk2s3
/dev/disk3 (internal, physical):
   #:                       TYPE NAME                 SIZE       IDENTIFIER
   0:        GUID_partition_scheme                  *68.7 GB     disk3
   1:                        EFI EFI                 209.7 MB     disk3s1
   2:              Apple_HFS RAID10                  68.4 GB      disk3s2
/dev/disk4 (internal, physical):
   #:                       TYPE NAME                 SIZE       IDENTIFIER
   0:        GUID_partition_scheme                  *68.7 GB     disk4
   1:                        EFI EFI                 209.7 MB     disk4s1
   2:              Apple_HFS P–Backup               68.4 GB      disk4s2
/dev/disk5 (internal, virtual):
   #:                       TYPE NAME                 SIZE       IDENTIFIER
   0:          Apple_HFS Macintosh HD               +67.4 GB     disk5
                        Logical Volume on disk1s2
                        BD07C76D–A970–4E0B–A9A1–3FDC7BCD0960
                        Unlocked Encrypted
os-x-10:~ ssumer$
```

diskutil list 명령을 실행한 화면

03 'diskutil cs convert [구분코드] –passphrase [암호]' 명령을 실행하여 외장 디스크에 대한 암호화 변환을 시작합니다. 예를 들어, 'ssumer1234'를 암호로 지정하여 'P–Backup' 외장 디스크 볼륨을 암호화 변환하고자 한다면 다음과 같이 입력합니다.

```
diskutil cs convert disk2s4 –passphrase ssumer1234
```

③ '방화벽' 탭

요즘처럼 인터넷을 통한 무작위, 무차별 해킹 시도가 난무하는 인터넷 환경에서는 반드시 하나 이상의 방화벽 시스템으로 컴퓨터 환경을 보호해야 합니다. 만약 방화벽 기능이 내장된 인터넷 공유기(또는 라우터)를 이용하지 않고 직접 인터넷 회선에 연결하여 사용한다면 OS X의 자체적인 방화벽을 사용하여 예기치 않은 해킹 사고를 대비하는 것이 좋습니다.

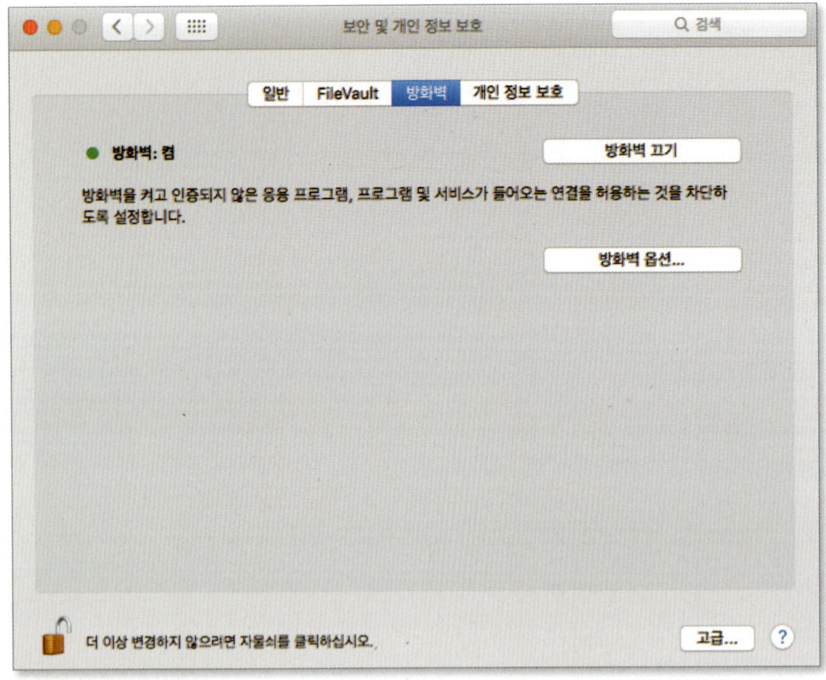

방화벽이 활성화된 상태

- **방화벽 사용하기** 방화벽을 사용하려면 먼저 관리자 인증(왼쪽 아래의 자물쇠 아이콘)을 한 뒤 간단히 '시작' 버튼을 클릭합니다. 방화벽이 시작되면 동시에 기본 네트워크 서비스 포트(예 DHCP, Bonjour 등)를 제외한 나머지 포트에 대한 외부에서의 접속은 차단됩니다. '고급' 버튼을 클릭하면 외부에서의 접속을 허용할 앱들을 개별적으로 지정할 수 있습니다.

- **방화벽 상세 설정** '방화벽 옵션' 버튼을 클릭하면 네트워크 접속(외부에서 들어오는 연결)을 앱별로 설정할 수 있습니다. MS 윈도의 방화벽과는 달리 네트워크 포트별로 접속을 제어할 수 없으며, 오직 앱 단위로 들어오는 접속에 한하여 제어할 수 있습니다.

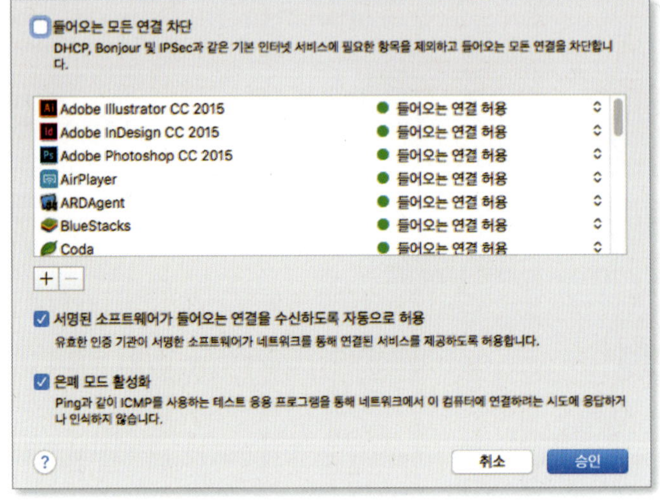

앱별로 들어오는 네트워크 연결에 대한 제어를 할 수 있습니다.

- **들어오는 모든 연결 차단** 이 항목을 체크하면 외부에서 들어오는 모든 접속이 차단되므로 파일 공유, 화면 공유, iTunes 공유 등을 사용할 수 없습니다. 그러므로 의심스런 해킹 시도가 발견되었거나 보안 수준을 일시적으로 높여야 할 때만 체크 표시합니다.

- **앱 추가 또는 제거** 외부 인터넷이나 로컬 네트워크로부터 들어오는 연결을 앱 단위로 허용하려면 ⊞ 버튼을 클릭하여 추가합니다. 대부분의 Mac 앱들이 인터넷을 통해 새로운 업데이트를 확인하거나 파일 등을 다운로드 하므로 자주 사용하는 앱들은 모두 ⊞ 버튼으로 추가합니다.

- **서명된 소프트웨어가 들어오는 연결을 수신하도록 자동으로 허용** 체크 표시하면 신뢰할 수 있는 기관에서 서명한 앱들은 자동으로 외부의 접속을 허용합니다. 참고로 Mac OS X에 기본적으로 내장된 모든 앱(iTunes, Safari, Mail 등)들은 모두 애플이 서명한 소프트웨어이므로 자동으로 외부에서의 연결이 허용됩니다.

- **은폐 모드 활성화** 체크 표시하면 외부에서 Ping이나 Traceroute 등의 명령으로 네트워크 연결 테스트를 시도할 경우 이에 대해 응답하지 않습니다. 보통 해커들이 타인의 컴퓨터를 침입하기 전에 컴퓨터의 인터넷 접속 상태를 확인하기 위해 이와 같은 네트워크 테스트를 합니다. 이때 이 옵션에 체크 표시하면 상대방(해커)이 공격 대상 컴퓨터의 인터넷 접속 상태를 확인할 수 없습니다. 만약 ICMP(Internet Control Message Protocol)를 이용해 Mac 컴퓨터의 온라인 상태를 외부에서 모니터링 하려면 이 옵션을 비활성화시킵니다.

```
                         macpro — ping 10.211.55.56 — 88×19

[retina-mbp:~ macpro$ ping 10.211.55.56
 PING 10.211.55.56 (10.211.55.56): 56 data bytes
 Request timeout for icmp_seq 0
 Request timeout for icmp_seq 1
 Request timeout for icmp_seq 2
 Request timeout for icmp_seq 3
 Request timeout for icmp_seq 4
 Request timeout for icmp_seq 5
 Request timeout for icmp_seq 6
 Request timeout for icmp_seq 7
 Request timeout for icmp_seq 8
```

'은폐 모드'를 활성화한 상태에서 Ping 명령을 실행하면 대상 컴퓨터(10.211.55.56)의 온라인 상태를 알 수 없습니다.

08 언어 및 지역

대화상자 왼쪽에서 OS X의 전체적인 사용자 인터페이스에 사용할 기본 언어를 설정할 수 있습니다. 설정한 언어에 따라 OS X 기본 앱의 메인 메뉴 및 도움말, 여러 가지 알림 메시지가 설정된 언어로 표시됩니다. 그러나 OS X의 기본 앱들 이외에 써드파티 앱들은 지원하는 언어가 한정적일 수 있습니다. 예를 들어 OS X의 기본 언어를 '한국어'로 지정해도 써드파티 앱에서 별도로 한글을 지원하지 않는 한 모든 메뉴 및 알림 메시지는 기본적으로 영어로 표시됩니다.

'언어 및 지역' 설정 대화상자

대화상자 오른쪽은 OS X 기본 메뉴 및 앱에서 사용할 날짜 및 시간, 단위 등의 표시 방식을 설정할 수 있습니다. '지역' 항목에서 국가를 선택하면 선택한 국가에 맞게 자동으로 모든 날짜, 시간, 숫자, 통화 및 측정 단위가 자동으로 설정됩니다. '고급' 버튼을 클릭하면 각 항목의 표시 방식을 보다 세부적으로 설정할 수 있습니다.

'언어 및 지역'의 '고급' 설정 대화상자

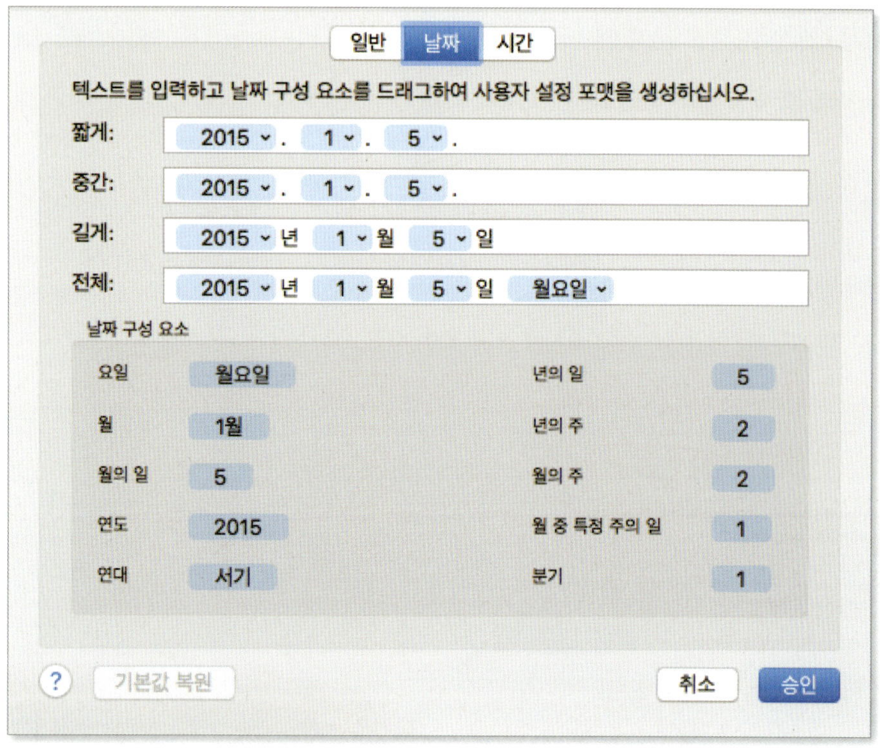

날짜 표시 형식을 설정하는 대화상자

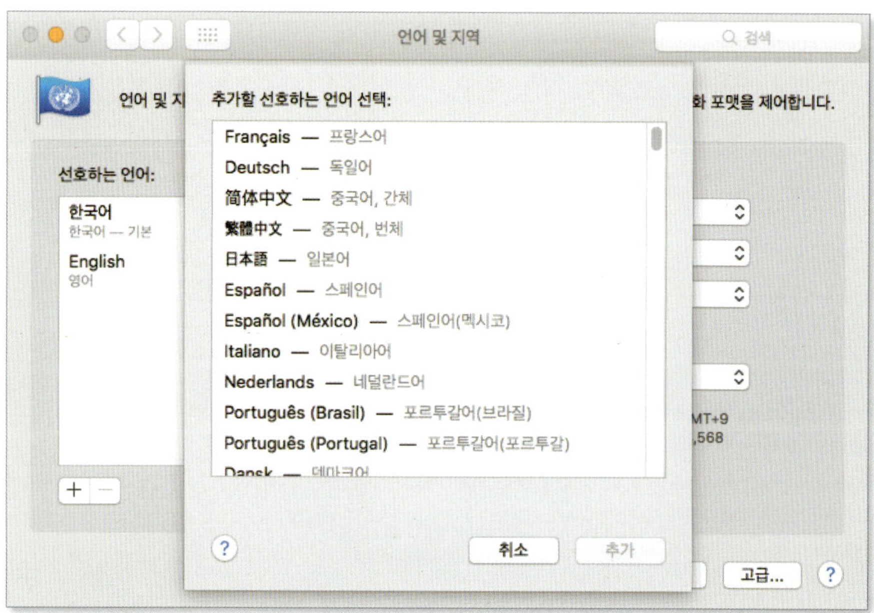

추가 언어 목록 대화상자

- **목록 정렬 순서** Finder나 데스크탑 화면에서 파일명을 기준으로 정렬할 때 기준이 되는 언어를 설정합니다. '한국어'로 지정하면 ㄱ, ㄴ, ㄷ의 순서로, 'English'로 지정하면 A, B, C 알파벳 순서로 파일 목록이 정렬됩니다.

국내에서 구입한 Mac 컴퓨터일 경우 기본 언어가 '한국어'로 설정되어 있습니다. 그러나 해외에서 구입했거나 OS X를 새로 설치했으면 기본 언어가 'English' 또는 다른 언어로 설정될 수 있습니다. 다음은 OS X의 기본 언어를 영어에서 한국어로 변경하는 방법입니다.

01 'System Preferences → Language & Region'을 클릭합니다.

02 ⊞ 버튼을 클릭하고 한국어를 추가합니다. 한국어가 추가됨과 동시에 '기본 언어 설정' 대화상자가 표시되는데 여기서 'Use Korean' 버튼을 클릭합니다.

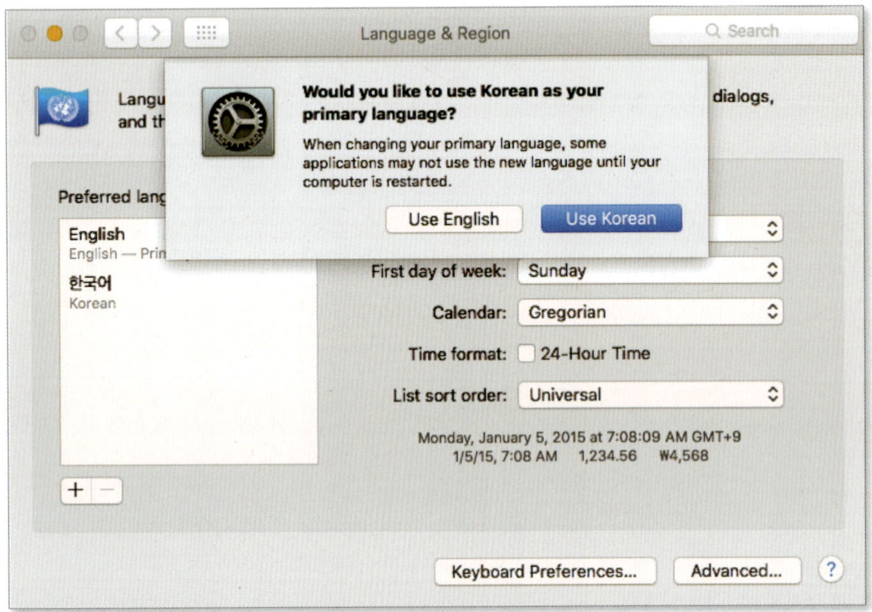

기본 언어 변경 화면

03 'Show All' 버튼을 클릭한 후, 'Restart Now' 버튼을 클릭하여 재시동 합니다.

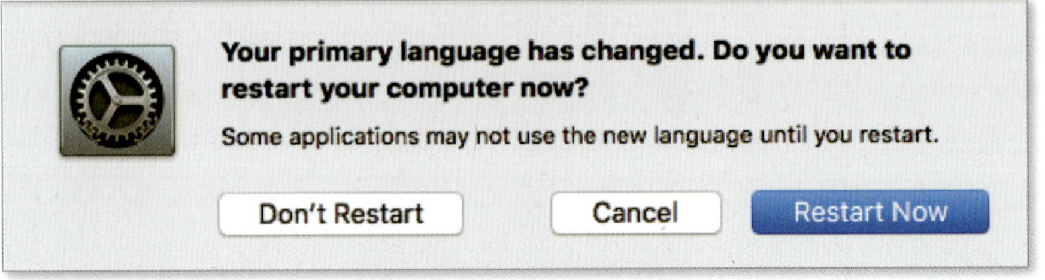

01 '시스템 환경 설정 → 언어 및 지역'의 '고급' 버튼을 클릭합니다.

 '날짜' 또는 '시간' 탭의 샘플 표시 목록인 '짧게', '중간', '길게', '전체'에 표시하려는 항목들을 대화상자의 '날짜 또는 시간 구성 요소'에서 드래그&드롭합니다.

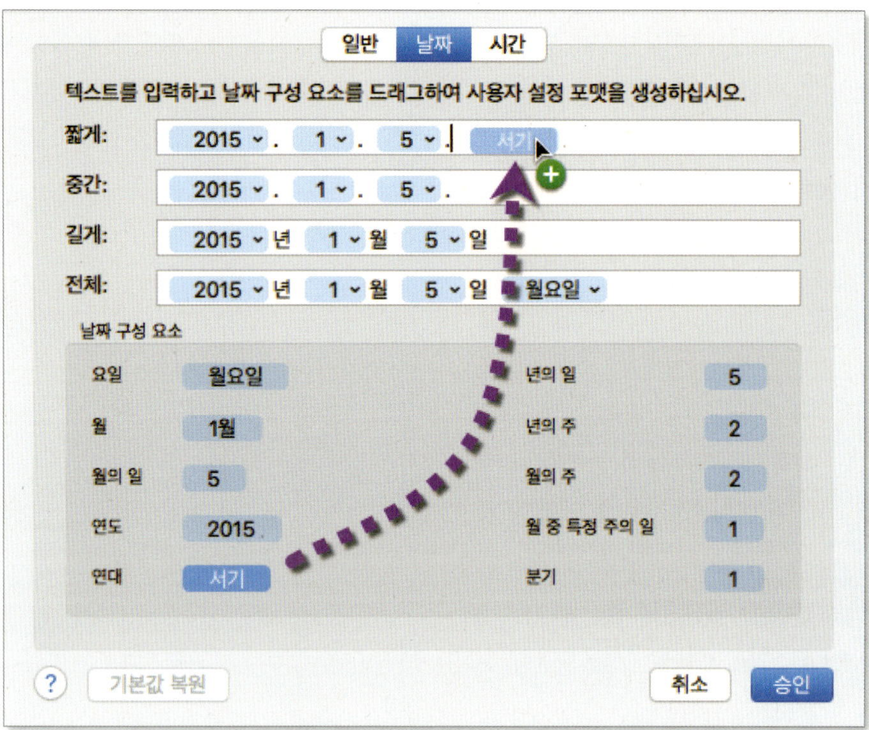

날짜 표시 형식에 새로운 항목을 추가하는 화면

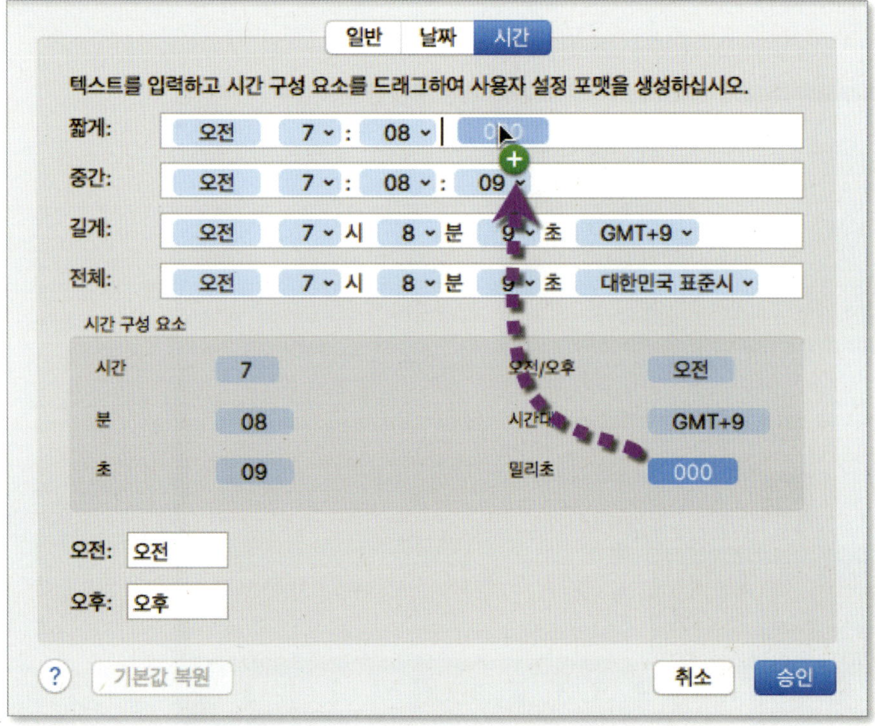

시간 표시 형식에 새로운 항목을 추가하는 화면

'손쉬운 사용' 옵션에서는 시청각이나 마우스/키보드 사용에 대한 핸디캡이 있는 사용자를 위한 다양한 옵션을 설정할 수 있습니다. OS X에서 표시되는 모든 대화상자 내용 및 항목 등을 자동으로 읽어주는 'VoiceOver' 옵션, 전체 화면을 필요에 따라 축소 및 확대할 수 있는 옵션, 오류 발생 사운드 대신 화면을 깜박거리게 설정할 수 있는 옵션 등 핸디캡 사용자를 위한 다양한 옵션을 설정할 수 있습니다. OS X는 한국어를 비롯한 전세계 다국어 음성을 지원하므로 시청각이 불편한 사용자들이 보다 편리하게 Mac 컴퓨터를 이용할 수 있습니다.

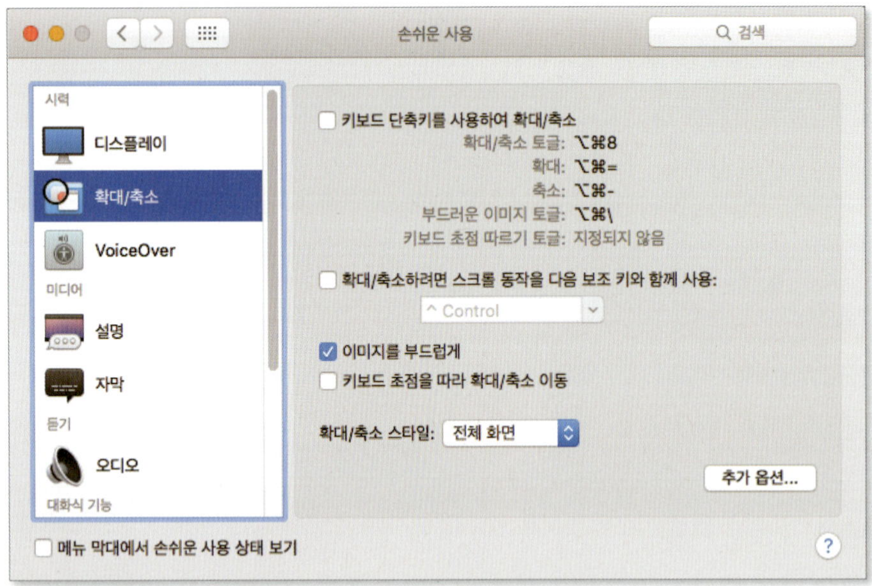

핸디캡 사용자를 위한 옵션 설정 대화상자

화면을 흑백으로 설정한 상태

10 CD & DVD

CD/DVD 드라이브에 새로운 디스크를 삽입했을 때 자동으로 실행할 앱이나 스크립트를 지정할 수 있습니다. 예를 들어 공 CD를 삽입했을 때 자동으로 iTunes 또는 다른 써드파티 앱을 실행할 수 있습니다. CD/DVD 드라이브가 기본 내장되지 않은 맥북에어, 레티나 맥북프로 등에서는 이 옵션이 표시되지 않습니다.

자동 실행 프로그램을 설정하는 옵션 대화상자

11 디스플레이

'디스플레이'는 화면 해상도와 색상 프로파일을 지정할 수 있는 옵션입니다. 일반적으로 처음 OS X를 설치할 때 자동으로 연결된 모니터의 최적화된 해상도와 색상 프로파일 등이 설정됩니다. 만약 특정 해상도나 색상 프로파일로 변경하려면 '디스플레이' 대화상자에서 원하는 해상도나 색상 프로파일을 선택합니다. 참고로 OS X의 전체적인 기능을 원활하게 사용하려면 최소 1024×768 해상도 이상으로 설정해야 합니다.

'디스플레이' 옵션 대화상자

① **'디스플레이' 탭**

- **해상도** '디스플레이에 최적화' 옵션을 선택하면 연결된 디스플레이 장치 및 연결 포트가 지원되는 최대 해상도로 자동
  설정됩니다. 만약 임의로 해상도를 변경하고자 한다면 '해상도 조절' 옵션을 선택하고, 원하는 해상도를 선택합니다.

- **회전** 회전이 가능한 모니터를 사용하면 '회전' 옵션을 이용해 표시되는 화면을 회전할 수 있습니다. 요즘 출시되는 많은
  LCD/LED 모니터가 이와 같은 회전을 지원하므로 필요에 따라 유용하게 사용할 수 있습니다.

- **재생률** CRT 모니터를 사용하면 재생률(frequency)을 설정할 수 있습니다. 먼저 사용하는 CRT 모니터가 최대로 지원하
  는 재생률을 확인하고 가능하면 최대 재생률을 설정합니다. 재생률을 높게 설정하면 좀 더 선명하고 깨끗하게 화면을
  표시할 수 있습니다. 맥북 내장 모니터는 고정적으로 60Hz나 75Hz만 지원하므로 이 옵션을 변경할 필요가 없습니다.

- **모니터 검색** 모니터가 제대로 인식되지 않을 경우 '모니터 검색' 버튼(Option 을 누르면 표시)을 클릭하여 연결된 모니터
  를 검색할 수 있습니다. 일반적인 CRT나 LCD/LED 모니터는 대부분 정상적으로 OS X에서 인식되지만, 가끔 프로젝
  터와의 연결을 인식하지 못하는 경우가 있습니다. 그러므로 연결한 프로젝터가 제대로 인식되지 않는 경우 이 버튼을
  클릭하여 연결한 프로젝터를 정상적으로 인식시킬 수 있습니다.

- **윈도우 모으기** 2대 이상의 모니터를 사용할 때 각각의 모니터에 표시되는 버튼입니다. 분산된 모든 응용 프로그램의 윈
  도우들을 이 버튼을 클릭한 모니터로 이동시킵니다.

- **밝기** Mac 노트북 또는 애플의 모니터 제품을 사용할 경우에만 표시되는 옵션입니다. 슬라이드바를 조절하여 밝기를 조
  절할 수 있습니다. '자동으로 밝기 조절' 옵션에 체크 표시하면 주변 밝기에 따라 자동으로 밝기가 조절됩니다.

- **오버스캔** TV와 연결했을 때 메인 메뉴가 제대로 표시되지 않는다면 이 옵션을 선택합니다.

- **AirPlay 디스플레이** 같은 네트워크에 AirPlay를 지원하는 장비(예 애플TV)가 연결되어 있으면 이 옵션에서 선택한 후,
  디스플레이 미러링 또는 확장 공간으로 설정할 수 있습니다.

- **사용 가능할 때 메뉴 막대에서 미러링 옵션 보기** AirPlay를 지원하는 장치(예 애플TV)와 같은 네트워크에 연결되어 있으면
  메인 메뉴에 미러링 옵션을 설정할 수 있는 아이콘이 표시됩니다.

② '정렬' 탭

2대 이상의 디스플레이 장치를 사용한다면 디스플레이 장치들간의 정렬과 Dock을 표시할 디스플레이 장치를 설정할 수 있습니다. 각각의 디스플레이의 화면 위치 변경 및 Dock이 표시될 디스플레이 장치의 지정은 마우스 드래그를 통하여 할 수 있습니다. '디스플레이 미러링' 항목을 체크하면 2대 이상의 디스플레이 장치에 똑같은 내용을 표시합니다.

> **Tip** 외부 디스플레이 장치를 연결하여 사용하는 Mac 노트북 사용자 중 확장 공간이 필요없다면, 그래픽 성능을 최대화시키기 위해 Mac 노트북을 ClamShell 모드로 사용하는 것을 추천합니다. ClamShell 모드란 Mac 노트북의 스크린을 닫은 상태로 사용하는 모드인데, 전원 어댑터로 전력을 공급하는 상태에서 스크린을 닫으면 자동으로 활성화됩니다. Mac 노트북에 내장된 내/외장 그래픽 프로세서가 외부에 연결된 디스플레이 장치에 표시할 데이터만 전적으로 처리하기 때문에 내장 스크린을 동시에 사용하는 것에 비해 처리 속도가 빠릅니다.

③ '색상' 탭

- **색상 프로파일 설정** 색상을 좀 더 정확하게 재생하려면 사용하는 모니터에 알맞은 색상 프로파일을 지정해야 합니다. 제조사에 따라 대부분의 모니터는 OS X에서 자동으로 색상 프로파일이 설정됩니다. 하지만 스캐너나 프린터 등과 정확하게 색상을 매칭하려면 이 옵션에서 색상 프로파일을 변경하거나 기존에 설정된 프로파일 내용을 조절할 수 있습니다.

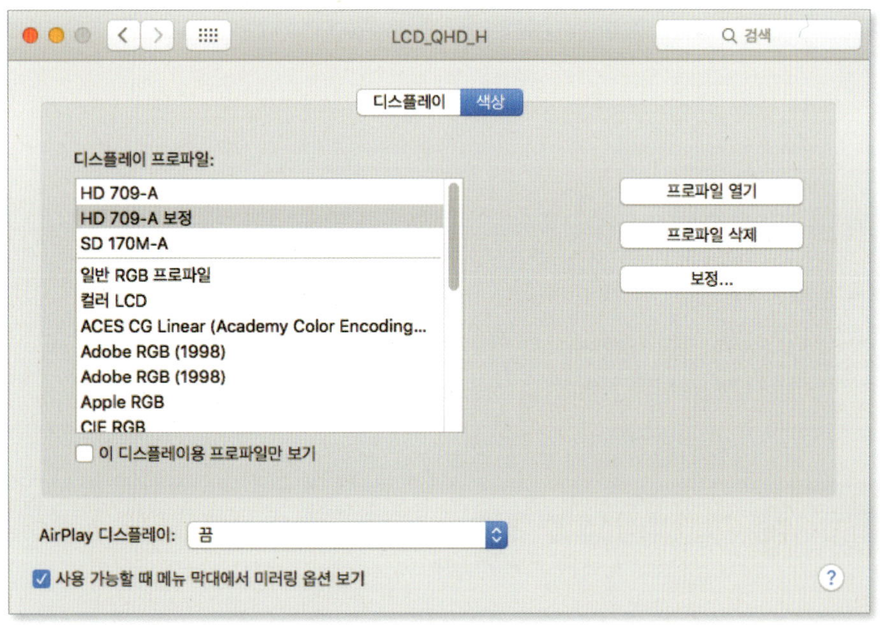

색상 프로파일을 설정할 수 있는 옵션 대화상자. 연결된 모니터의 종류 및 제조사에 따라 자동으로 색상 프로파일이 설정됩니다.

- **색상 프로파일 보정** 설정한 색상 프로파일이 정상적으로 색상값을 재생하지 못하거나 프린터나 스캐너와 같은 다른 기기와 색상이 제대로 매치되지 않을 경우 '보정' 버튼을 클릭하여 좀 더 정확하게 화면 색상이 재생되도록 보정할 수 있습니다. 대부분의 일반 사용자는 OS X가 자동으로 설정한 색상 프로파일을 사용해도 스캔, 프린트나 동영상 인코딩을 작업할 때 원본 색상과 큰 차이 없이 색상을 재생할 수 있습니다. 참고로 필자는 미디어 제작 분야에 종사하면서 10여 년 동안 영상물(사진 포함)의 촬영 및 편집, 페이지 디자인 등의 일을 했는데, OS X를 사용한 후 단 한 번도 색상 프로파일 때

문에 문제가 된 적이 없었습니다. DVI 포트를 이용해 모니터를 연결하거나 Raw 소스의 입력(스캔, 캡처 등)에서부터 최종 출력까지 기본 설정값(자동 인식된 색상 프로파일)을 그대로 사용해도 큰 문제 없이 원본 색상을 출력물(프린트, 동영상 인코딩, 웹그래픽 등)에서 재생할 수 있었습니다.

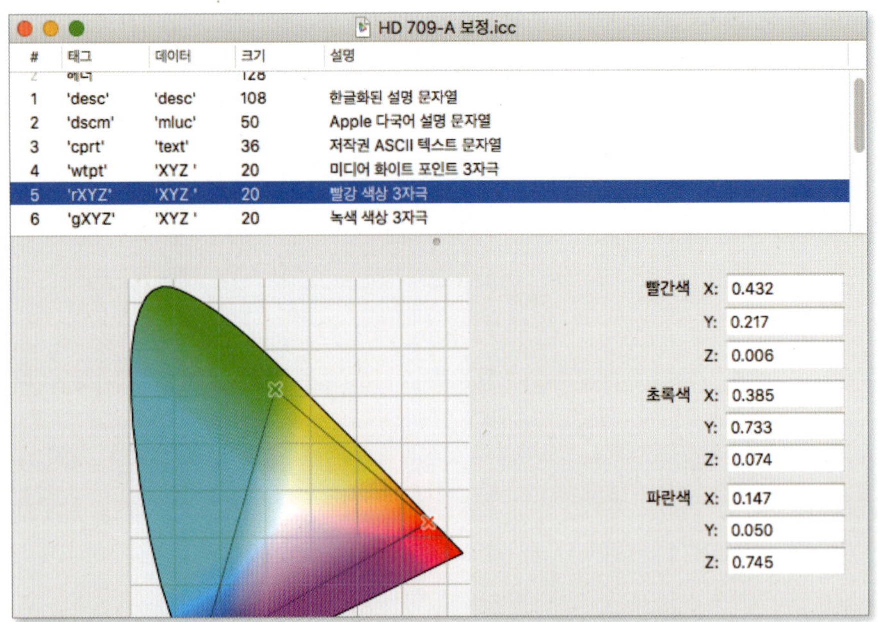

'프로파일 열기' 버튼을 클릭하면 선택한 색상 프로파일(ICC 파일)의 상세한 내용을 확인할 수 있습니다.

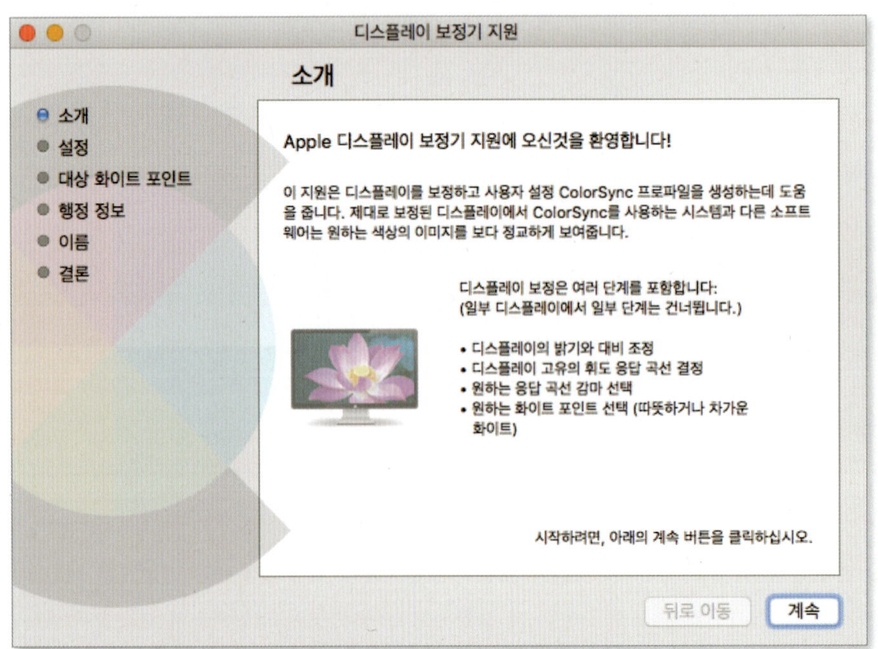

'보정' 버튼을 클릭하면 색상 보정 마법사를 이용해 사용자가 직접 색상 프로파일을 만들 수 있습니다.

12 사운드

'사운드'는 OS X의 이벤트 사운드, 즉 오류나 알림 메시지 또는 음악 재생, 음성 입력 등에서 사용할 사운드 장치를 설정하는 옵션입니다. '사운드 효과' 탭에서는 일반적인 오류, 경고, 알림 이벤트가 발생할 때 사용할 사운드 효과와 장치를 지정할 수 있고, '출력' 탭에서는 음악과 동영상 등을 재생할 때 사용할 장치를 선택할 수 있습니다. 예를 들어 iTunes나 QuickTime 등에서 재생하는 음악이나 동영상 등은 '출력' 탭에서 설정한 장치로 재생됩니다. 그리고 '입력' 탭에서는 마이크가 연결된 사운드 장치를 선택할 수 있습니다.

① '사운드 효과' 탭

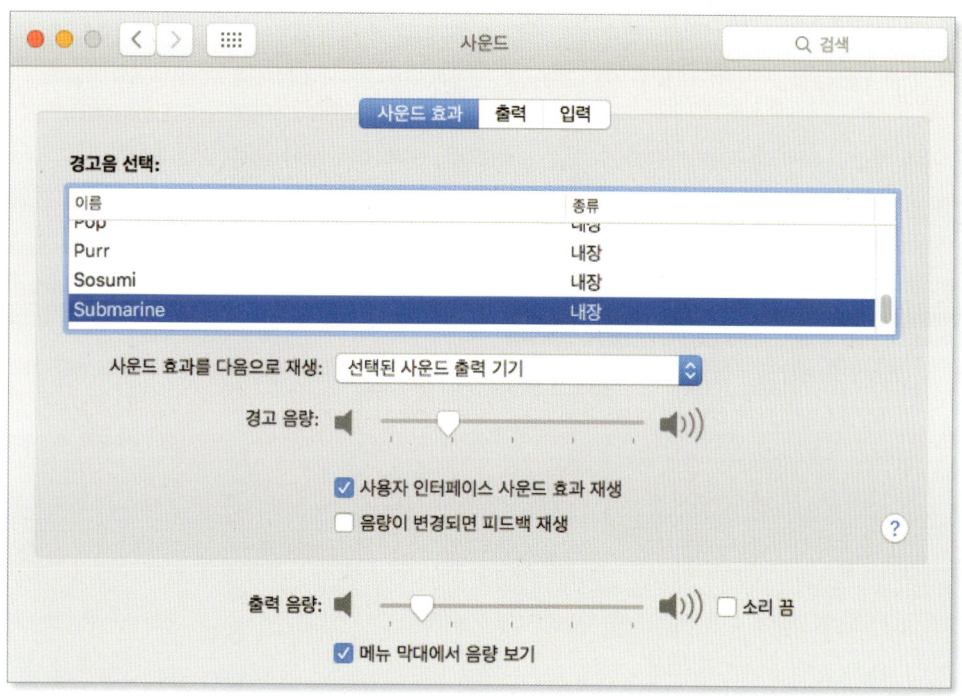

'사운드 효과' 탭에서는 경고음의 선택 및 출력 장치를 선택할 수 있습니다.

- **경고음 선택** OS X에 내장된 다양한 종류의 경고음을 취향에 따라 선택합니다. 여기서 지정한 경고음은 OS X의 사용 중 오류가 발생하거나 알림 메시지 등의 이벤트가 있을 때 사용됩니다.

- **사운드 효과를 다음으로 재생** 경고음을 재생할 장치를 선택하는 옵션입니다. 참고로 Mac 컴퓨터에 연결된 외부 스피커로 경고음을 출력하려면 '라인 출력'을 선택해야 합니다.

- **경고 음량** 경고음에 대한 음량을 조절하는 옵션입니다. 오직 경고음에 대한 음량을 조절하는 것이므로 다른 사운드(예 음악/동영상 재생)에는 영향을 주지 않습니다.

  - 사용자 인터페이스 사운드 효과 재생 : 체크 표시하면 Finder에서 파일을 복사하거나 삭제나 휴지통 등을 비울 때 사운드 효과가 재생됩니다.

– 음량이 변경되면 피드백 재생 : 체크 표시하면 키보드의 음량 조절키나 메인 메뉴의 음량 조절 아이콘을 이용해 음량을 조절할 경우 조절한 음량으로 사운드 효과를 재생합니다.

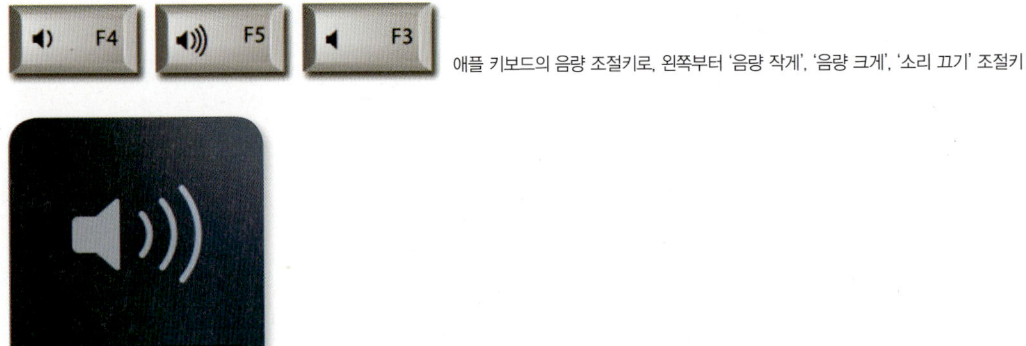

애플 키보드의 음량 조절키로, 왼쪽부터 '음량 작게', '음량 크게', '소리 끄기' 조절키

키보드로 음량을 조절하면 음량 상태를 표시하는 HUD(Heads Up Display)가 나타나며, 조절된 음량으로 사운드 효과가 재생됩니다.

• **출력 음량** 사운드 재생에 대한 마스터 출력 음량을 조절할 수 있는 옵션으로, 여기서 설정한 음량은 언제든지 키보드의 음량 조절키나 메인 메뉴의 음량 조절 아이콘을 이용해 조절이 가능합니다.

– 메뉴 막대에서 음량 보기 : OS X의 메인 메뉴에 음량 조절 아이콘을 표시할 수 있습니다.

OS X 메인 메뉴의 오른쪽에 표시된 음량 조절 아이콘을 클릭하여 슬라이더를 조절하면 음량을 조절할 수 있습니다.

② '출력' 탭

'출력' 탭에서는 음악, 동영상 등을 재생할 때 사용할 사운드 장치를 설정할 수 있습니다. 스테레오 스피커가 연결된 기기를 선택하면 좌우 스피커의 음량을 조절할 수 있는 '균형' 옵션이 나타납니다. 참고로 iTunes나 QuickTime 등에서 음악 및 동영상을 재생하는 도중에도 자유롭게 출력 장치를 변경할 수 있습니다.

③ '입력' 탭

'입력' 탭에서는 마이크나 외부에서 사운드를 입력할 장치 및 음량을 설정할 수 있습니다. '입력 단계' 그래프에서 실시간으로 연결된 마이크나 라인 입력의 음량을 확인할 수 있습니다.

인터넷 온라인에서 재생되는 음악이나 OS X에서 재생되는 모든 사운드는 필요에 따라 편집이 가능한 형태의 음악 파일로 녹음할 수 있습니다. 다음의 순서를 참고하면 OS X에서 재생되는 모든 사운드를 음악 파일로 녹음할 수 있습니다.

01 필자의 블로그(http://ssumer.com)에 접속하여 최신 Soundflower 프로그램을 다운로드합니다. Soundflower는 무료 공개 프로그램으로, Mac OS X에서 사운드 출력 방향을 제어할 수 있는 사운드 라우팅(Sound Routing) 프로그램입니다.

02 다운로드한 DMG 파일을 Finder 윈도우에서 마운트하고(단순히 더블클릭하면 자동으로 마운트됩니다.) 'Soundflower' 패키지 파일을 더블클릭하여 설치합니다.

Soundflower 패키지

03 '시스템 환경 설정 → 사운드' 메뉴에서 기본 입 · 출력 장치를 'Soundflower (2ch)'로 설정합니다.

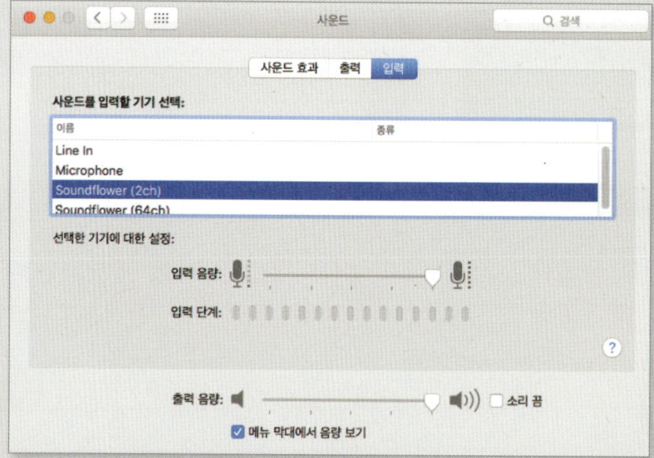

Soundflower 사운드 옵션에서 설정 화면

04 사운드를 녹음하기 위해 QuickTime Player를 실행하고 '파일 → 새로운 오디오 녹음' 메뉴를 선택합니다.

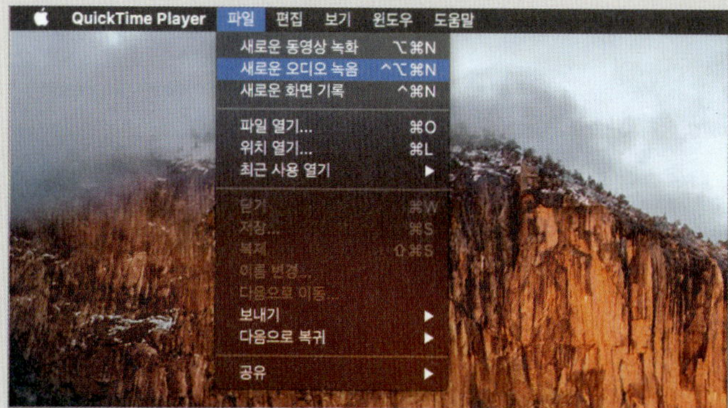

QuickTime 새로운 오디오 녹음 메뉴

05 QuickTime Player의 '오디오 녹음' 대화상자에서 '녹음' 버튼을 클릭한 후 녹음하려는 사운드를 인터넷에서 재생하거나 iTunes 등의 응용 프로그램에서 재생합니다. 재생되는 음악은 자동으로 QuickTime Player에서 녹음되며, 녹음을 완료한 후에는 QuickTime Player의 '편집 → 다듬기' 메뉴를 이용해 불필요한 부분을 잘라낼 수 있습니다.

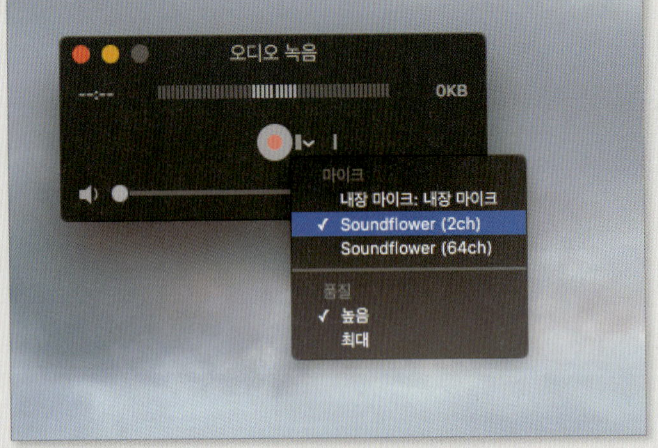

QuickTime 녹음 패널

06 녹음이 끝나면 '다듬기' 메뉴를 이용해 불필요한 부분을 제거할 수 있습니다.

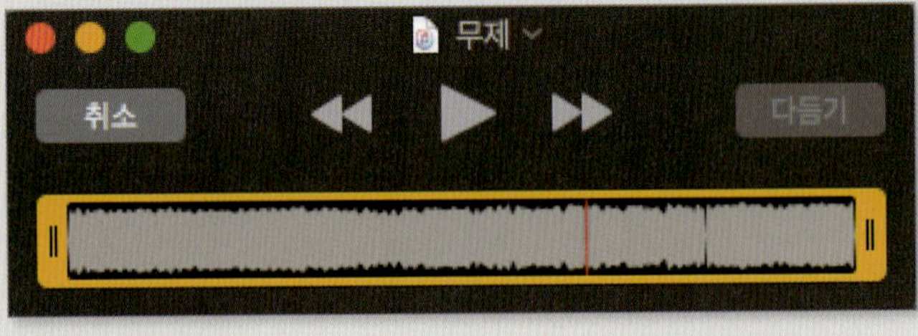

QuickTime 트림 패널

13 에너지 절약

OS X를 사용함에 있어서 전력이나 배터리 사용의 낭비를 최대한 줄이는 다양한 옵션을 설정할 수 있습니다. 일정 시간 동안 Mac 컴퓨터를 사용하지 않으면 자동으로 잠자기 모드(sleep mode)로 전환되거나 모니터나 하드디스크에 대한 전원 공급을 중단할 수 있습니다. Mac 노트북 제품 사용자라면 이 옵션들을 활성화해서 불필요하게 배터리가 낭비되지 않도록 설정해야 합니다. OS X는 여기서 설정한 옵션과 상관없이 자동으로 앱 잠자기(App Nap), 앱 실행 타이머 통합(Timer Coalescing) 등의 기술을 통하여 시스템 자원을 보다 효율적으로 사용하고, 에너지 소모를 최소화합니다.

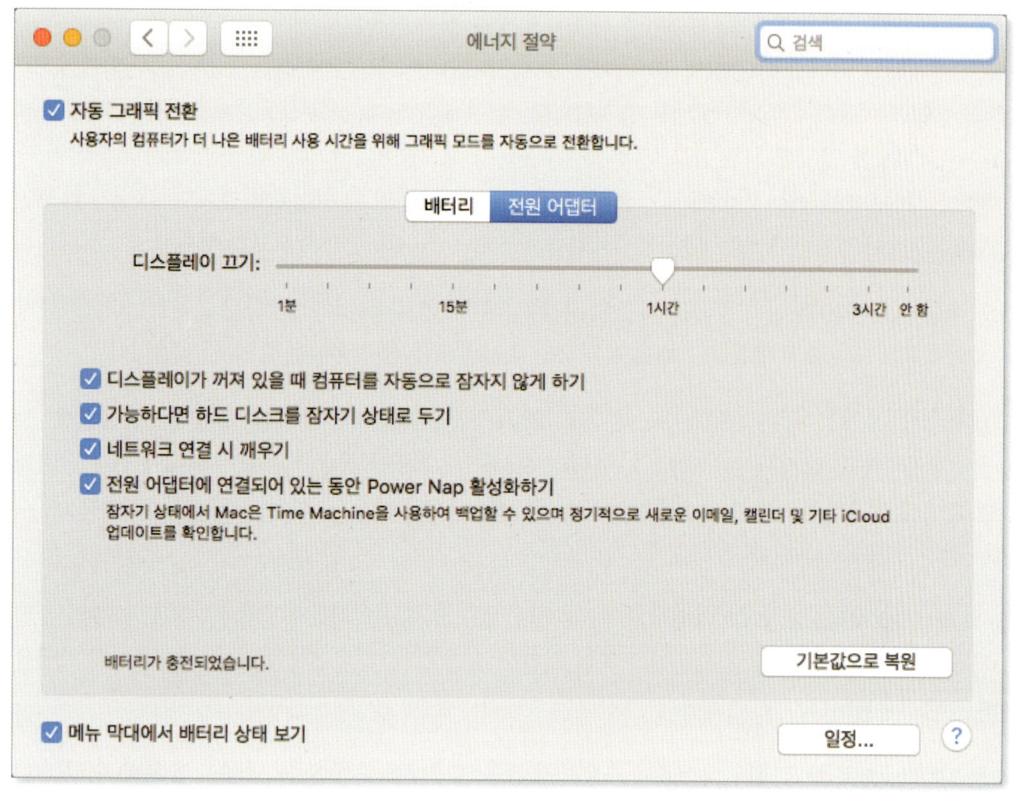

'에너지 절약' 대화상자

- **자동 그래픽 전환** Mac 노트북 제품 중에서 듀얼(Dual) 그래픽 카드(CPU 자체 내장 및 외장 그래픽 칩)가 내장된 제품에만 표시되는 옵션입니다. 이 옵션을 체크하면 실행하는 앱의 종류에 따라 내장 또는 외장 그래픽 카드로 자동 전환됩니다. 예를 들어 사파리 웹브라우저를 실행하면 그래픽 처리가 많이 필요하지 않으므로 내장 그래픽을 사용하고, 어도비 포토샵과 같은 그래픽 앱을 실행하면 외장 그래픽으로 전환됩니다. 참고로 외부 모니터를 연결하면 항상 외장 그래픽 카드를 사용합니다.

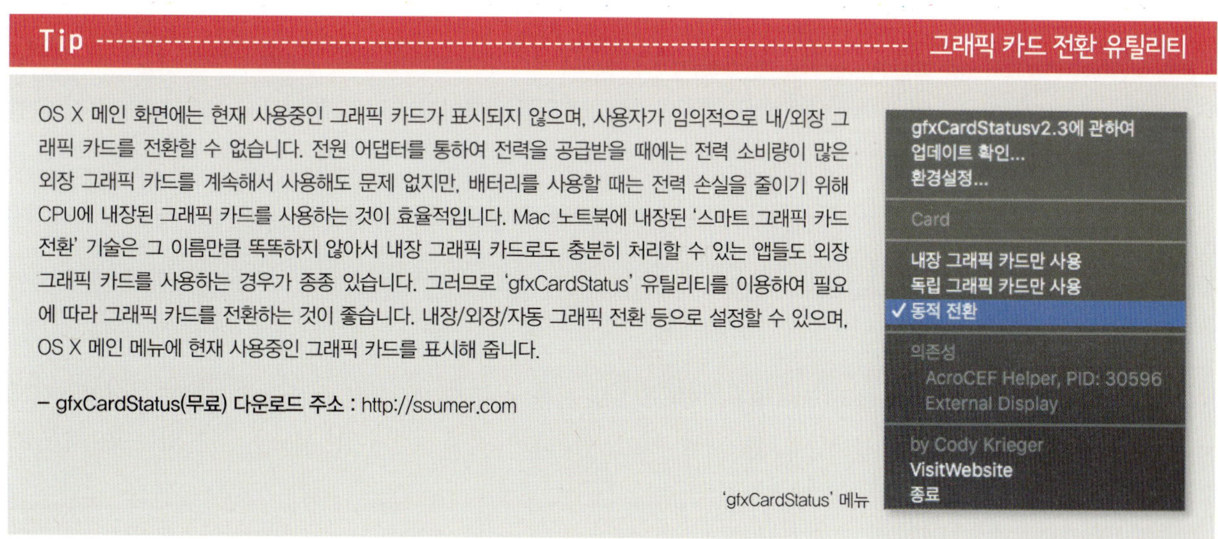

Tip -- 그래픽 카드 전환 유틸리티

OS X 메인 화면에는 현재 사용중인 그래픽 카드가 표시되지 않으며, 사용자가 임의적으로 내/외장 그래픽 카드를 전환할 수 없습니다. 전원 어댑터를 통하여 전력을 공급받을 때에는 전력 소비량이 많은 외장 그래픽 카드를 계속해서 사용해도 문제 없지만, 배터리를 사용할 때는 전력 손실을 줄이기 위해 CPU에 내장된 그래픽 카드를 사용하는 것이 효율적입니다. Mac 노트북에 내장된 '스마트 그래픽 카드 전환' 기술은 그 이름만큼 똑똑하지 않아서 내장 그래픽 카드로도 충분히 처리할 수 있는 앱들도 외장 그래픽 카드를 사용하는 경우가 종종 있습니다. 그러므로 'gfxCardStatus' 유틸리티를 이용하여 필요에 따라 그래픽 카드를 전환하는 것이 좋습니다. 내장/외장/자동 그래픽 전환 등으로 설정할 수 있으며, OS X 메인 메뉴에 현재 사용중인 그래픽 카드를 표시해 줍니다.

– gfxCardStatus(무료) 다운로드 주소 : http://ssumer.com

'gfxCardStatus' 메뉴

- **컴퓨터 잠자기** 이 옵션에서 설정한 시간 동안 Mac 컴퓨터를 사용하지 않을 경우 자동으로 잠자기 모드(sleep mode)로 전환됩니다. 잠자기 모드로 전환되면 비디오 어댑터(모니터), 내장 저장 장치, 네트워크 등에 전원 공급이 중단되며, CPU 및 메모리에는 최소한의 전력만 이용해 OS X의 상태를 유지합니다. 잠자기 모드에서 원래의 상태로 복귀하려면 키보드를 누르거나 마우스나 트랙패드를 클릭합니다. 참고로 비디오/사운드를 캡처하거나 동영상 인코딩, 렌더링과 같이 사용자의 입력 없이 오랫동안 작업을 처리하는 경우에는 '컴퓨터 잠자기' 옵션을 '안 함'을 설정해야 합니다. 그렇지 않으면 '컴퓨터 잠자기'에서 설정한 시간이 경과되면 모든 진행되는 작업을 중단하고 곧바로 잠자기 모드로 전환될 수 있습니다.

- **디스플레이 끄기** 비디오 어댑터(모니터)의 전원 공급을 지정한 시간이 경과되면 자동으로 중단하는 옵션입니다. '컴퓨터 잠자기'와는 달리 OS X에서 실행되는 모든 앱들을 그대로 유지하면서 불필요한 전력 손실을 줄일 수 있습니다.

- **배터리, 전원 어댑터 및 UPS** Mac 노트북이나 UPS(Uninterruptable Power Supply)를 사용할 때만 표시되는 옵션으로, 사용할 전원에 따라 에너지 절약 옵션을 설정할 수 있습니다. 배터리 및 UPS로 전력을 공급받을 때는 최대한 전력 낭비를 줄이기 위해 컴퓨터 및 모니터 잠자기의 시작 시간을 짧게 설정하고 (**예** 컴퓨터 잠자기=10분, 모니터 잠자기=2분) '가능하다면 하드디스크를 잠자기 상태로 둡니다' 옵션을 체크합니다.

- **디스플레이가 꺼져 있을 때 컴퓨터를 자동으로 잠자지 않게 하기** 이 옵션에 체크 표시하면 디스플레이가 꺼져도 컴퓨터는 정상 운영됩니다. Mac 컴퓨터를 웹/파일 서버로 사용하거나 작업 시간이 오래 걸리는 동영상 인코딩, 3D 렌더링 작업을 실행해 놓고 자리를 비울 때 유용합니다.

- **가능하다면 하드디스크를 잠자기 상태로 두기** 하드디스크를 사용하지 않을 경우 자동으로 전원 공급을 중단할 수 있습니다. 일반적으로 앱을 실행하거나 파일의 입 · 출력이 있는 경우를 제외한 나머지 시간은 하드디스크를 잠자기 모드로 전환하므로 불필요한 전력 낭비를 최소화할 수 있습니다. 다만 하드디스크가 잠자기 모드인 상태에서 파일을 저장하거나 임의의 앱을 실행하면 약 1~2초 동안 지연됩니다.

- **네트워크 연결 시 깨우기** 잠자기 모드 상태인 Mac 컴퓨터를 다른 컴퓨터에서 네트워크를 통해 액세스하면 자동으로 원래 상태로 복귀합니다.

- **화면 밝기를 약간 낮추기** '배터리' 탭에서만 표시되는 옵션이며, 체크 표시하면 배터리를 사용하는 동안 화면을 약간 흐리게 표시하여 배터리 소모량을 줄입니다.

- **전원 어댑터에 연결되어 있는 동안 Power Nap 활성화하기** 이 옵션에 체크 표시하면 전원 어댑터가 연결된 Mac 컴퓨터를 잠자기(Sleep) 모드로 전환했을 때 계속해서 메일, 캘린더, iCloud 등의 업데이트가 지원되며, Time Machine을 통한 백업도 진행할 수 있습니다.

- **정전 후 자동으로 시작합니다** 정전으로 Mac의 전원이 꺼졌다면 전원이 공급되자마자 자동으로 Mac을 시동합니다.

- **메뉴 막대에서 배터리 상태 보기** Mac 노트북 사용자에게만 표시되는 옵션으로, 메인 메뉴에 배터리 상태를 확인할 수 있는 아이콘이 표시됩니다.

- **일정** 지정한 요일과 시간에 Mac을 종료하거나 잠자기 모드로 전환, 시동 및 재시동할 수 있습니다. 예를 들어 외부에서 집이나 사무실에 있는 Mac을 사용하려면 하루 종일 켜놓을 필요 없이 특정 시간대에만 Mac을 켤 수 있는 흥미로운 기능입니다.

14 키보드

키보드 입력과 관련된 다양한 옵션 및 단축키, 그리고 모든 앱에서 공통적으로 사용할 수 있는 입력 소스 및 서비스 메뉴 등을 설정합니다.

① '키보드' 탭

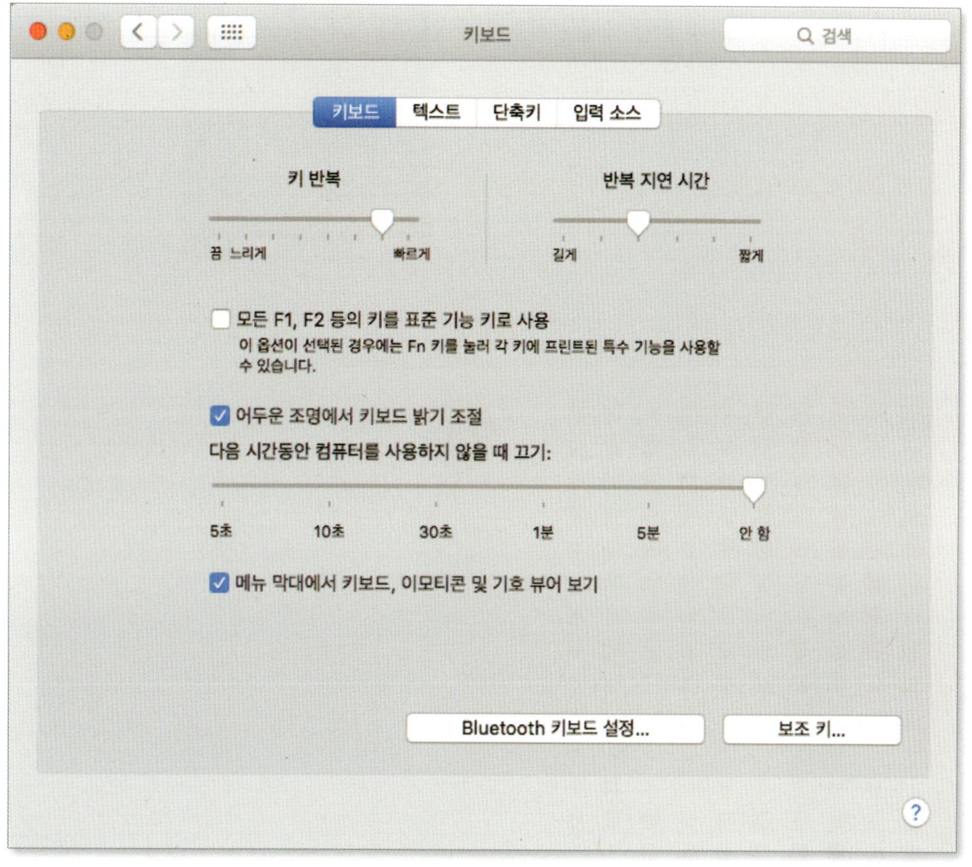

'키보드' 탭

- **키 반복 속도** 텍스트 편집기나 워드프로세서 등에서 잠시 동안 임의의 키를 누르고 있으면 자동으로 키가 반복해서 입력되는 것을 확인할 수 있는데, 이 옵션의 설정에 따라 반복 입력되는 속도가 달라집니다.

- **반복 지연 시간** 키를 반복해서 입력하기 전에 대기 시간을 설정하는 옵션입니다. 시간을 짧게 설정하면 키를 잠시 동안만 누르고 있어도 곧바로 키가 반복해서 입력됩니다.

- **모든 F1, F2 등의 키를 표준 기능키로 사용** 체크 표시하면 다른 기능키처럼 F1, F2도 기능키로 사용할 수 있습니다. 예를 들어, Mac 노트북에서 기본 F1은 화면을 어둡게, F2는 화면 밝게 등으로 동작합니다. 이러한 애플 고유의 동작은 일부 앱(째 어도비 CC 앱)을 사용할 때 표준 단축키 사용을 방해하기도 하는데, 이러한 경우 이 옵션을 체크 표시하여 애플 고유의 기능키 사용을 중단하고, 대신 표준 기능키로 동작하도록 설정합니다.

- **어두운 조명에서 키보드 밝기 조절** 백라이트 키보드를 내장한 Mac 노트북에 한해서만 표시되는 옵션입니다. 이 옵션을 체크하면 주변이 어두울 때 자동으로 키보드의 백라이트가 켜지므로 편리하게 키보드 입력을 할 수 있습니다. 시간 설정 슬라이드바를 조절하면 일정 시간이 지나면 자동으로 백라이트가 꺼지게 할 수 있습니다.

- **메뉴 막대에서 키보드, 이모티콘 및 기호 뷰어 보기** OS X의 메인 메뉴에 표시되는 언어 선택 아이콘 메뉴에 '키보드 뷰어 표시'와 '이모티콘 및 기호 표시' 메뉴를 추가합니다. '이모티콘 및 기호 표시' 메뉴에서 자주 사용하는 문자나 기호를 즐겨찾기에 등록하면 좀 더 편리하게 해당 문자나 기호를 입력할 수 있습니다.

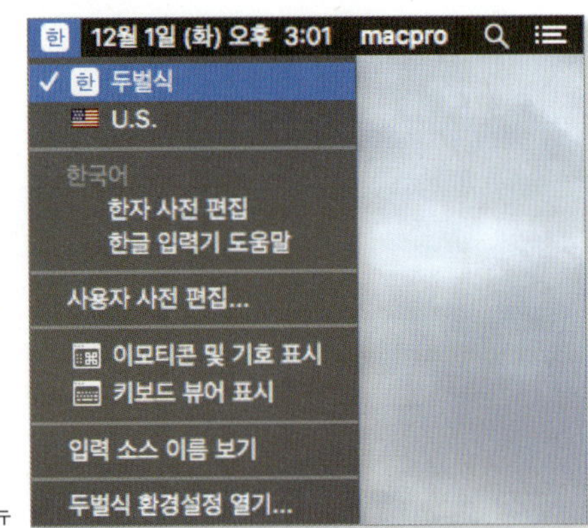

입력 언어 선택 아이콘 메뉴의 '이모티콘 및 기호 표시' 메뉴와 '키보드 뷰어 표시' 메뉴

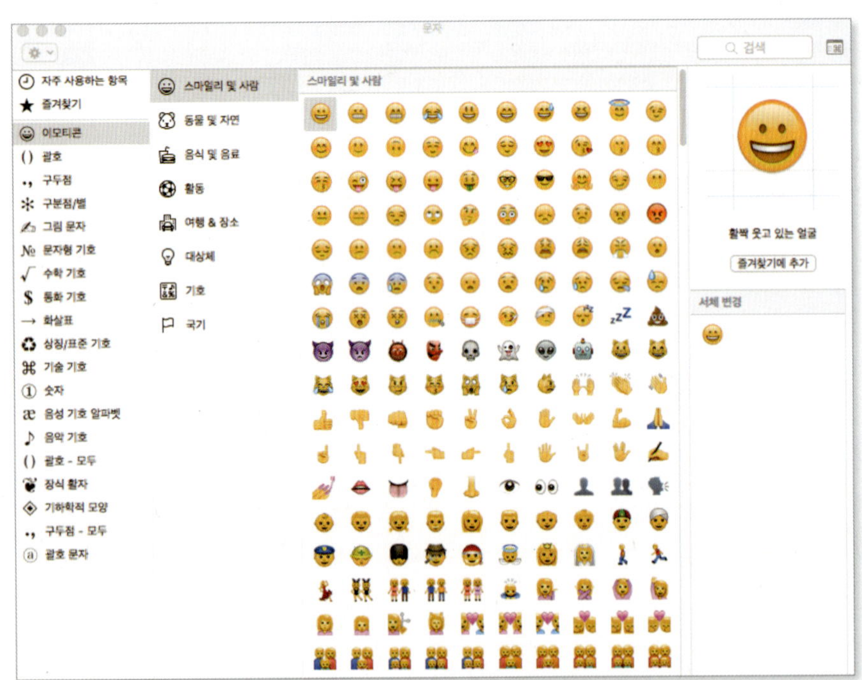

'이모티콘 및 기호 표시' 메뉴를 이용하면 다양한 문자 및 기호를 편리하게 입력할 수 있습니다. 원하는 문자나 기호를 더블클릭하거나 드래그&드롭합니다.

'키보드 뷰어 표시' 메뉴를 선택하면 마우스 클릭으로 문자를 입력할 수 있습니다.

- **보조키** 애플 이외에 다른 회사의 키보드(**예** 일반 PC용 키보드)를 사용할 경우 각 조합키에 대한 설정을 변경할 수 있습니다(**예** (Command)를 윈도우 시작키로 설정).
- **Bluetooth 키보드 설정** 이 버튼을 클릭하여 Bluetooth 무선 키보드를 연결합니다. 먼저 '시스템 환경 설정 → Bluetooth'에서 'Bluetooth 켜기' 버튼을 클릭하고 이 버튼을 클릭하면 자동으로 무선 키보드를 검색하고 연결합니다.

② '텍스트' 탭

'키보드' 대화상자의 '텍스트' 탭

'텍스트' 탭은 OS X의 기본 앱(**예** 사파리, Mail, 텍스트 편집기 등) 및 다른 텍스트 관련 앱(**예** 애플의 Pages, Numbers, Keynote 등)에서 사용할 수 있는 '자동 대치 텍스트'를 구성하거나 맞춤법 검사를 위한 사전 등을 설정할 수 있습니다. 시스템 전반에 걸친 텍스트 서비스는 대부분의 Cocoa(애플의 개발자용 프레임 워크) 기반의 앱에서 지원됩니다. OS X 10.11 엘 캐피탄부터는 한글 맞춤법 검사 기능이 새롭게 추가되어 OS X 기본 내장 앱은 물론 시스템 텍스트 서비스를 지원하는 모든 써드파티 앱에서도 한글 맞춤법 검사를 사용할 수 있습니다.

- **대치 텍스트 추가 및 삭제** 자동 대치 텍스트를 새로 추가 및 삭제하려면 대화상자의 왼쪽 아래에 있는 (+) 버튼이나 (−) 버튼을 클릭합니다. 다음은 ':)'를 입력하면 자동으로 이모티콘 그림 문자로 대치되도록 설정하는 방법입니다.

01 '텍스트' 옵션 대화상자에서 왼쪽 아래에 있는 ⊞ 버튼을 클릭하고 '입력 항목'에는 ':)'를, '대치 항목'에는 '편집 → 이모티콘 및 기호 → 스마일리 및 사람' 메뉴에서 '웃음 이모티콘'을 더블클릭합니다. 참고로 특수 문자 대화상자 왼쪽 위에 있는 톱니바퀴 아이콘을 클릭하고 '목록 사용자화' 메뉴를 클릭하면 더 많은 특수 문자를 사용할 수 있습니다.

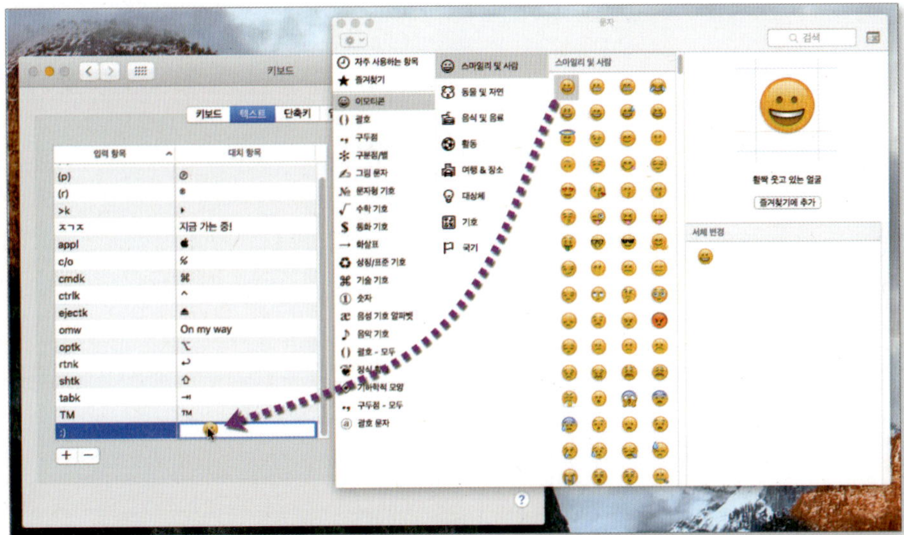

이모티콘 입력 화면

02 ':)'를 입력하면 자동으로 웃음 이모티콘으로 변경되는지 확인하기 위해 텍스트 편집기를 실행하고 ':)'를 입력합니다.

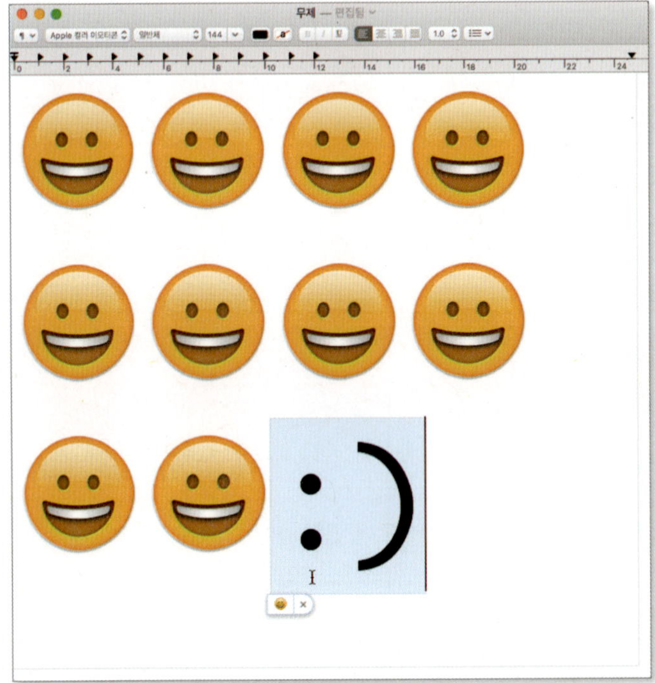

텍스트가 자동 대치하는 화면

- **자동으로 맞춤법 수정** 이 옵션을 체크 표시하면 맞춤법이 틀린 단어를 자동으로 수정합니다. '신세대 인터넷 용어' 또는 '변형 한글'을 인터넷 채팅 또는 메일 등에서 자주 사용한다면 이 옵션을 비활성화시키는 것이 좋습니다. 그렇지 않으면 '변형 한글'을 통하여 색다른 느낌을 전달하려는 의도와는 달리 모두 자동 수정되거나 빨간색 밑줄 표시 때문에 원치 않는 결과로 이어질 수 있습니다(**예** 안뇽~ → 안녕~).

• **맞춤법 사전 변경** 맞춤법을 검사할 때 사용할 언어 사전을 설정할 수 있는 옵션으로, 기본값은 '언어별 자동 설정'입니다. 특별한 이유가 없으면 자동으로 맞춤법 검사용 사전이 설정되도록 합니다. 만약 새로운 사전이나 다른 언어 사전을 추가하려면 맞춤법 옵션을 클릭하고 '설정' 메뉴를 선택합니다.

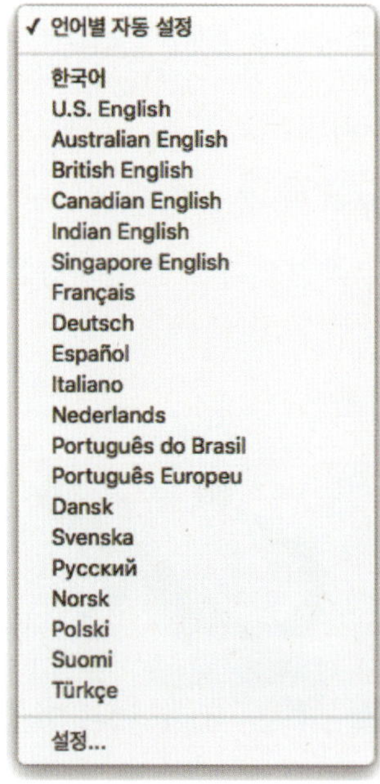

맞춤법 검색용 사전을 설정하기 위해 '설정' 메뉴를 선택합니다.

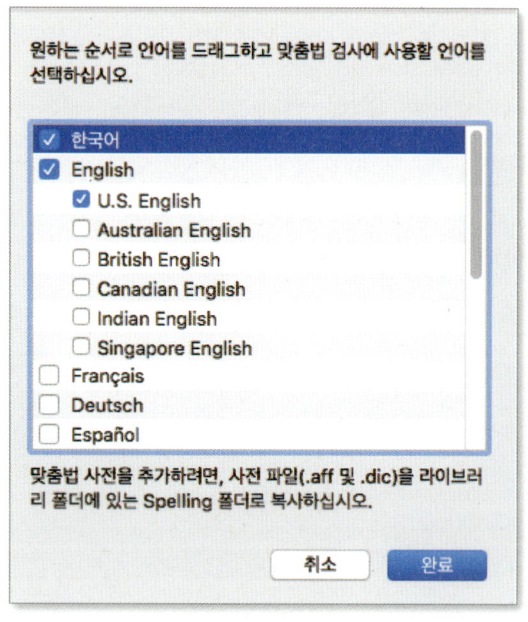

맞춤법 검색용 사전을 설정할 때 사용할 사전에 체크하거나 순서를 드래그&드롭해서 변경할 수 있습니다.

• **스마트 인용** 텍스트 대치와 비슷한 옵션으로, 일반적인 인용 부호(" 또는 ')를 입력하면 자동으로 다른 부호가 입력되도록 설정할 수 있습니다. 예를 들어 텍스트 편집기에서 '테스트'를 입력하면 자동으로 《테스트》로 대치할 수 있습니다. 참고로 이 옵션에서 설정한 내용을 실제 OS X의 기본 앱에 적용하려면 각 앱의 '환경 설정' 대화상자에서 '스마트 인용'에 체크 표시해야 합니다.

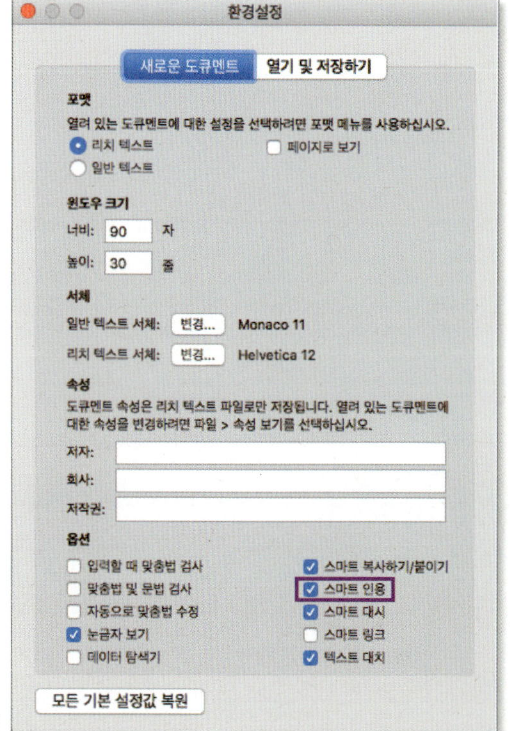

텍스트 편집기의 '환경설정' 대화상자에서 '스마트 인용'에 체크 표시하기

1. 다중 언어 음성 서비스 활용하기

OS X의 음성 서비스는 원래 시각 장애인을 위한 편리 서비스의 일부이지만, 이를 활용하면 다른 나라 언어 학습에 훌륭한 도구로 사용할 수 있습니다. 그러나 아쉬운 점은 '말하기'의 언어 설정에 따라 음성을 매번 시스템 환경 설정에서 변경해야 하는 불편함이 있습니다. 예를 들어, 기본 음성으로 'Samatha(영어, 미국식 여성 발음)'를 지정한 상태에서 일본어에 대한 정확한 발음을 듣기 위해서는 음성을 'Kyoko(일어, 여성)'로 변경해야만 합니다. 다음 방법을 참고하면 편리하게 다국어 음성을 서비스 메뉴에서 사용할 수 있습니다.

01 '시스템 환경 설정 → 받아쓰기 및 말하기 → 텍스트 말하기' 탭의 '시스템 음성' 항목을 클릭하고 '사용자화' 메뉴를 선택합니다.

02 사용을 원하는 다국어 음성에 체크 표시하고 '승인' 버튼을 클릭합니다. 기본 내장된 음성을 제외한 나머지 음성들은 '소프트웨어 업데이트'를 통하여 자동으로 다운로드 및 설치됩니다.

03 '응용 프로그램' 폴더의 'Automator'를 실행하고, '도큐멘트 유형 선택' 화면에서 '서비스'를 선택합니다.

Automator 앱

04 왼쪽 사이드바의 동작 검색 필드에 '말하기(또는 Speak)'를 입력하면 '텍스트 말하기(Speak Text)' 항목이 표시되는데, 이것을 오른쪽 작업 흐름 윈도우로 드래그 & 드롭합니다.

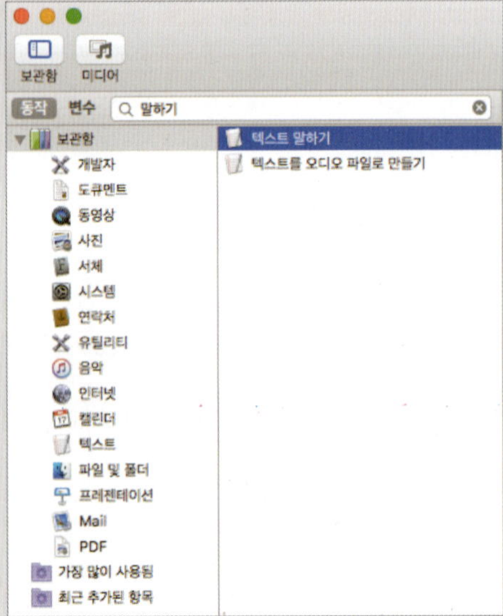

말하기 동작 항목

05 사용할 음성을 지정합니다. 예를 들어, 일본어 말하기를 서비스에 추가하려면 'Kyoko', 한글은 'Yuna' 또는 'Narae'로 지정합니다.

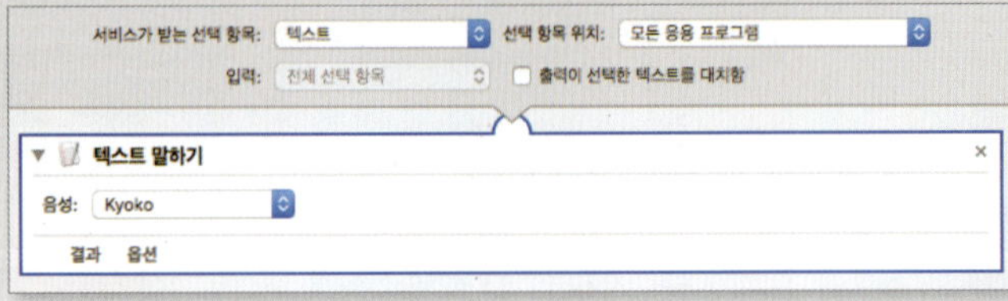

말하기 음성 지정

06 '파일 → 저장' 메뉴를 클릭하고 서비스 메뉴에 표시될 이름을 입력하고 저장합니다(파일 저장 위치 : 사용자 계정의 '라이브러리 ▶ Services' 폴더).

07 동일한 방법으로 사용할 음성들을 개별적인 서비스로 등록합니다. ('파일 → 신규') 등록된 말하기 서비스들은 OS X의 기본 앱들과 써드파티 앱에서 '서비스' 메뉴를 통하여 사용할 수 있습니다. 참고로 언어 학습 용도 이외에 UCC 오디오, 비디오를 만들 때 활용하면 무료로 훌륭한 '성우' 음성을 삽입할 수 있습니다.

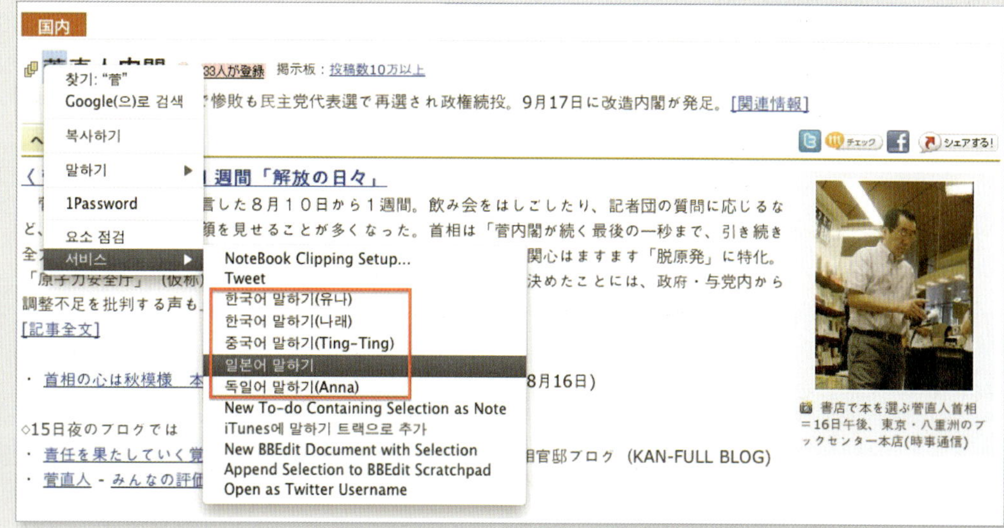

2. 맞춤법 자동 교정 최적화

OS X는 iOS와 같은 시스템 전반의 맞춤법 교정 서비스를 지원합니다. 잘못된 철자를 자동으로 감지하고 정확한 단어를 선택할 수 있는 툴팁 메뉴를 표시합니다. 한글 역시 예외 없이 한글 교정 서비스가 동작되지만 라틴계 문자에 비해 반응 속도가 떨어집니다. 다음 과정을 참고하면 보다 빠르게 교정 서비스가 동작되도록 할 수 있습니다.

01 '시스템 환경 설정 → 키보드 → 텍스트' 탭에서 '맞춤법' 항목을 클릭한 후 '설정' 메뉴를 클릭합니다.

02 사용하지 않는 언어를 모두 비활성화시킵니다. 특별한 경우가 아니라면 한국어와 영어 이외에 모두 비활성화시킵니다.

03 텍스트 편집기 또는 철자 교정 서비스를 지원하는 앱에서 iOS와 같이 '제안 단어'가 툴팁으로 표시되는지 확인해 봅니다('편집 → 맞춤법 및 문법 → 자동으로 맞춤법 수정' 메뉴가 체크되어 있어야만 합니다).

제안 단어가 툴팁으로 표시되는 화면

만약 자동 교정으로 인하여 원하지 않는 결과가 자주 발생한다면 '시스템 환경 설정 → 키보드 → 텍스트' 탭에서 '자동으로 맞춤법 수정' 항목을 비활성화시킵니다.

③ '단축키' 탭

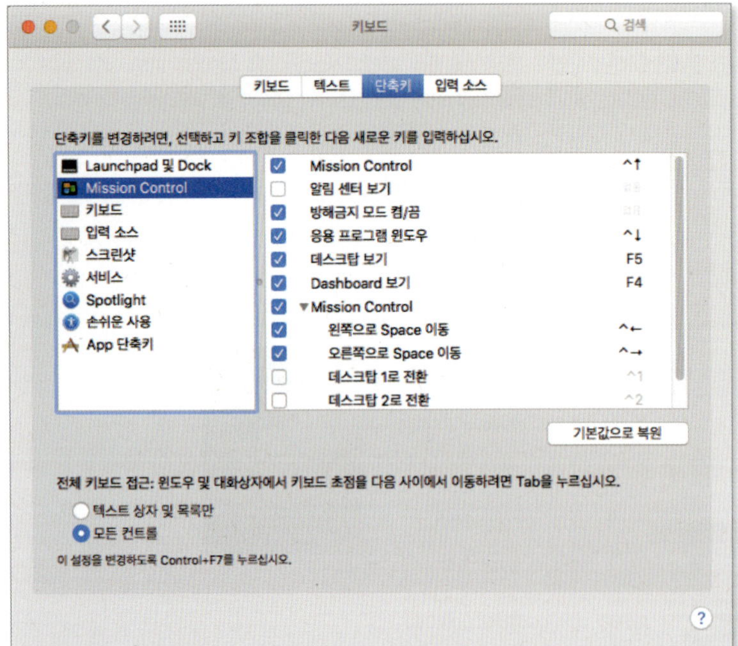

키보드 단축키 및 서비스 메뉴를 구성할 수 있는 대화상자

- **새로운 단축키 추가** 개별 앱에서 메뉴 실행을 단축키로 설정하려면 '단축키' 탭의 왼쪽 사이드바에서 'App 단축키' 항목을 선택하고, 오른쪽 윈도우에서 [+] 버튼을 클릭합니다. 그리고 단축키를 지정할 앱과 메뉴 이름(반드시 정확하게 메뉴명 입력), 사용할 단축키(키조합) 등을 설정합니다. 여기서 설정한 단축키는 오직 해당 앱이 실행된 상태에서만 사용할 수 있습니다.

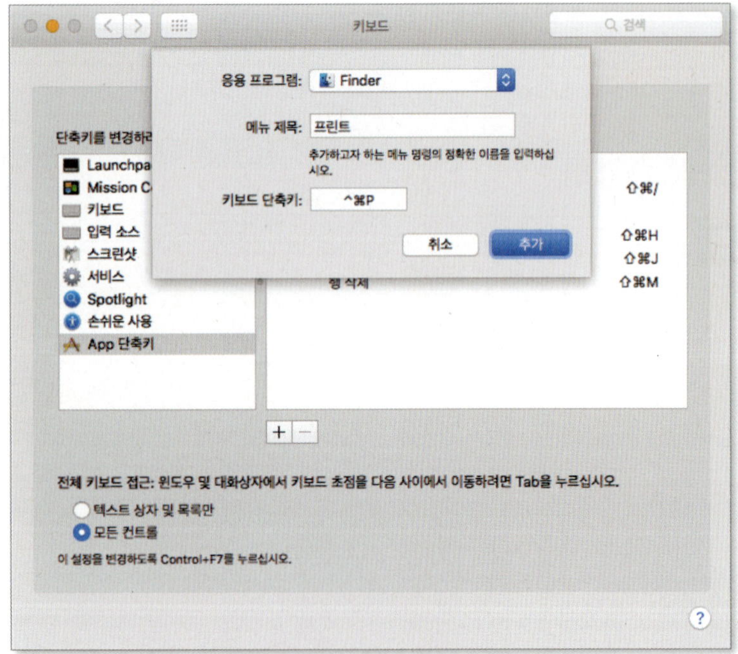

Finder 윈도우의 '프린트' 메뉴를 Control + Command + P 로 설정한 화면. Finder 윈도우에서 임의의 파일을 선택하고, Control + Command + P 를 입력하면 자동으로 '프린트' 메뉴가 실행됩니다.

• **단축키 변경 및 비활성화** 기존에 설정한 단축키를 다른 단축키로 변경하려면 단축키가 표시된 항목을 더블클릭하고 변경할 새로운 단축키를 입력합니다. 만약 설정된 단축키를 임시적으로 비활성화하려면 단축키 항목의 체크 표시를 없앱니다.

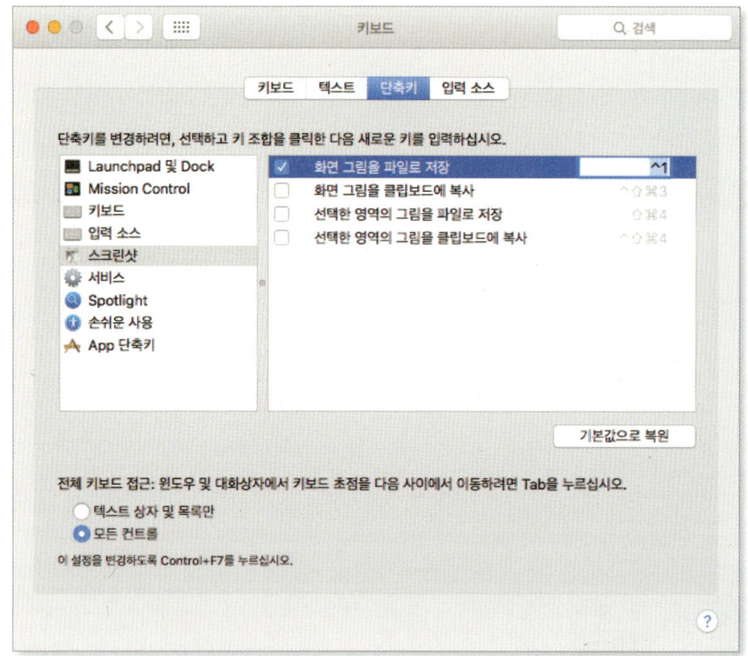

기존에 설정한 단축키를 변경하려면 설정한 단축키 표시 항목을 더블클릭하고 새로운 단축키를 입력합니다.

• **Tab 키의 이동 범위 설정** 일반적으로 대화상자 및 웹페이지의 입력 양식에서 Tab을 누르면 버튼 및 텍스트 상자, 목록 등으로 입력 초점이 변경됩니다. 만약 Tab을 눌렀을 때 텍스트 상자와 목록만 대상으로 입력 초점을 이동하려면 '텍스트 상자 및 목록만'을 선택하고, 대화상자나 입력 양식의 모든 항목을 대상으로 입력 초점을 이동하려면 '모든 컨트롤'을 선택합니다.

• **서비스 메뉴** 서비스 메뉴에 등록된 메뉴들은 OS X 앱 전반에 걸쳐서 사용할 수 있습니다. 예를 들어 텍스트 편집기에서 임의의 단어를 선택하고 '텍스트 편집기 → 서비스 → Google로 검색' 메뉴를 클릭하면 구글(Google.com)에서 선택한 단어를 검색 키워드로 사용할 수 있습니다.

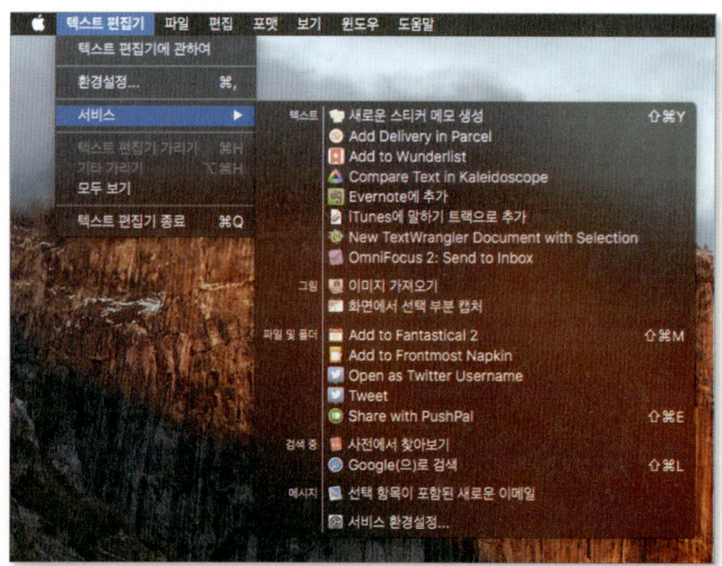

'텍스트 편집기'에서 사용할 수 있는 서비스 메뉴

- **새로운 서비스 등록** 새로운 서비스 메뉴를 등록하려면 OS X의 Automator 앱에서 할 수 있습니다. 다음은 Finder에서 선택한 이미지 파일의 크기를 가로 기준 480픽셀로 변경하고, 이것을 JPG 포맷으로 자동 저장하는 새로운 서비스를 등록하는 예제입니다.

01 Finder 윈도우에서 '응용 프로그램' 폴더에 있는 'Automator'를 실행합니다.

Automator 앱

02 Automator 초기 화면에서 '서비스' 항목을 선택하고 '선택' 버튼을 클릭합니다.

Automator 초기 화면

03 Finder에만 서비스 메뉴가 표시되도록 다음과 같이 설정합니다.

Automator 항목 설정 부분

04 왼쪽 사이드바에서 '파일 및 폴더 → Finder 항목 복사하기' 항목을 오른쪽 작업 흐름 윈도우로 드래그&드롭합니다. 'Finder 항목 복사'의 '대상'은 복사 이미지 파일이 저장될 폴더이며, 사용자의 필요에 따라 다른 폴더로 변경할 수 있습니다. 이번 예제에서는 기본 설정(데스크탑)을 사용합니다.

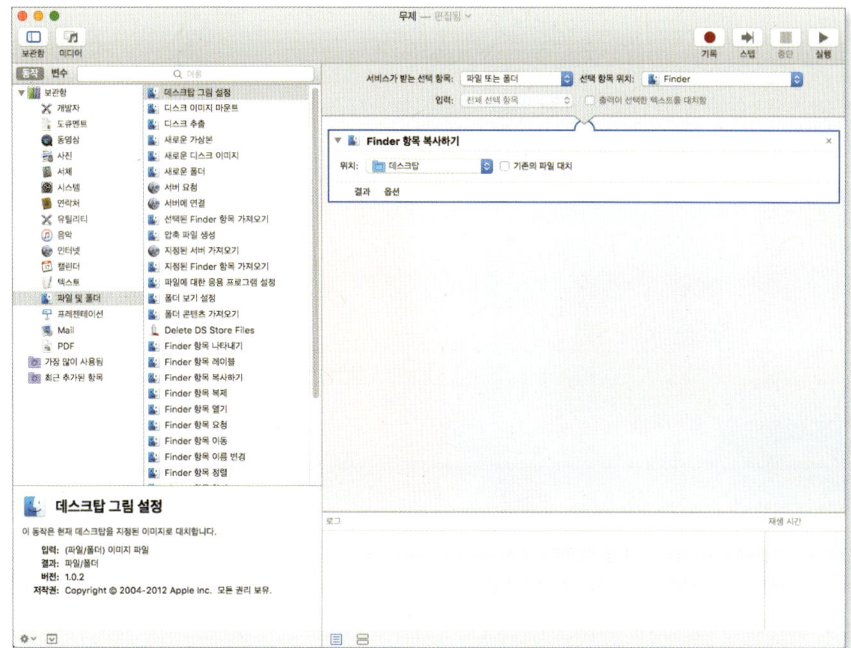

'Finder 항목 복사하기'를 실행 단계에 추가한 화면

05 왼쪽 사이드바에서 '사진 → 이미지 크기 조절' 항목을 작업 흐름 윈도우로 드래그&드롭하고 옵션 항목은 기본 설정('크기로(픽셀)', '480')을 사용합니다. 이 항목이 작업 흐름에 추가됨으로써 '데스크탑'에 복사된 이미지 파일의 해상도(크기)를 480픽셀 크기로 자동 조절하게 됩니다.

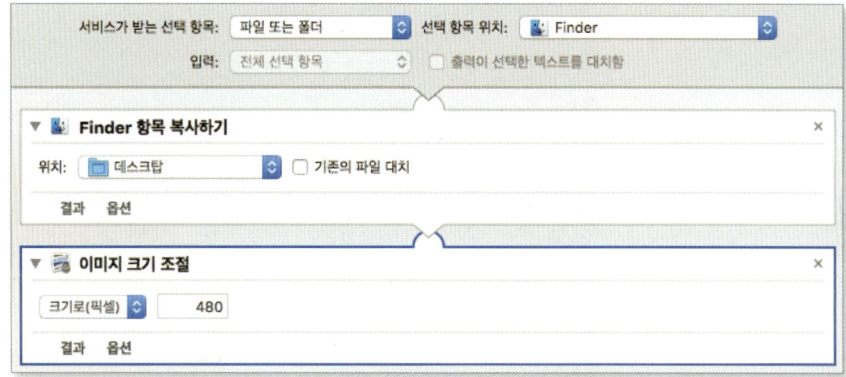

'이미지 크기 조절'을 실행 단계에 추가한 화면

06 '이미지 유형 변경' 항목이 추가될 때 원본 파일을 보존할 것인지를 묻는 메시지가 나타나는데 이미 **04** 과정에서 복사본을 생성했으므로 '추가하지 않음' 버튼을 클릭합니다.

이미지 변경에 대한 안내 메시지

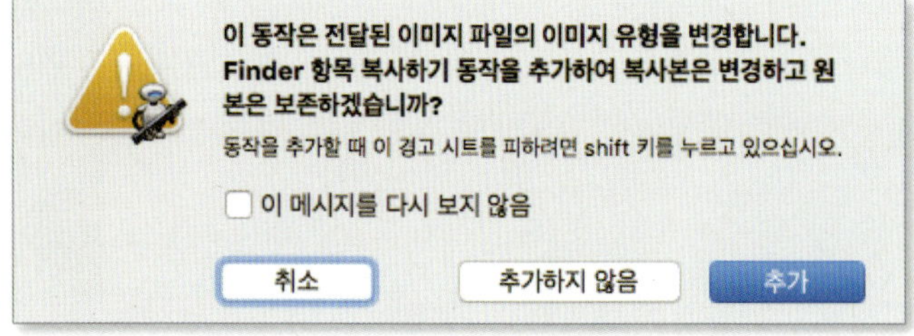

07 '변경 유형' 옵션을 'JPEG'로 설정하여 크기가 조절된 이미지를 자동으로 JPEG 파일로 저장되도록 합니다. '파일 → 저장' 메뉴를 선택하고 서비스 이름을 설정합니다. 여기에서는 파일 이름을 '크기 및 JPG 포맷으로 변경'으로 지정합니다.

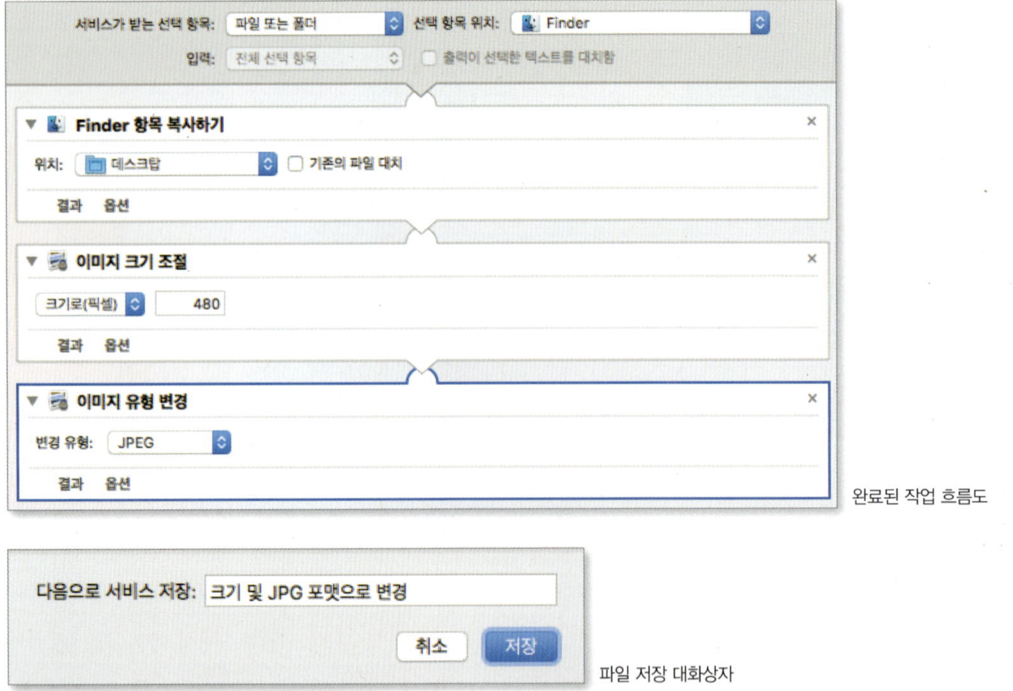

완료된 작업 흐름도

파일 저장 대화상자

08 새로 추가한 서비스를 테스트하기 위해 Finder 윈도우에서 임의의 이미지 파일을 선택하고 'Finder → 서비스' 메뉴에서 방금 추가한 '크기 및 JPG 포맷으로 변경' 메뉴를 클릭합니다. 선택한 파일들의 이미지 크기 및 포맷이 자동으로 변경되어 새로운 폴더로 저장됩니다.

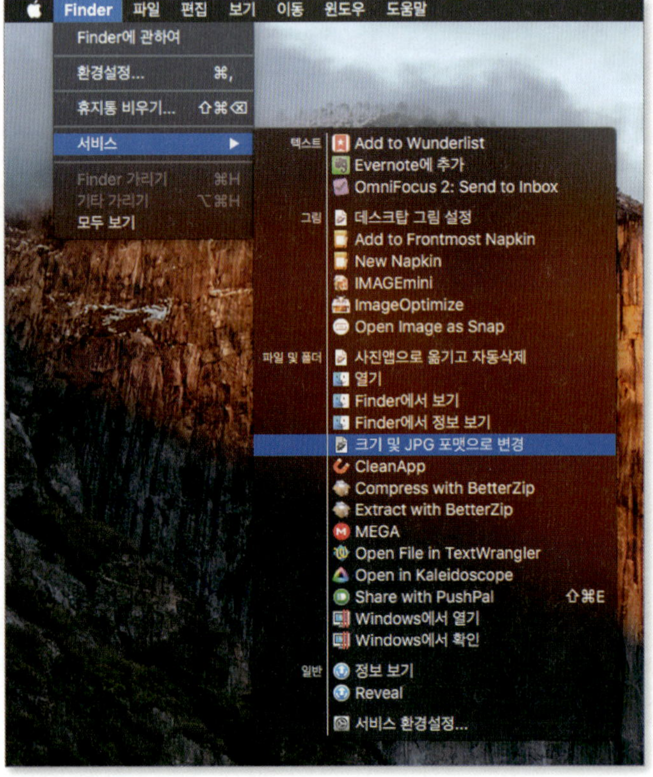

Finder → 서비스 → 크기 및 JPEG 메뉴

참고로 방금 추가한 서비스 메뉴를 삭제하려면 'Macintosh HD ▶ 사용자 홈 폴더 ▶ 라이브러리 ▶ Services' 폴더에서 해당 서비스 파일을 삭제합니다. 그리고 임시적으로 이 서비스를 비활성화하려면 '시스템 환경 설정 → 키보드 → 키보드 단축키' 탭에서 '서비스' 항목을 선택한 후 해당 서비스의 체크 표시를 없앱니다.

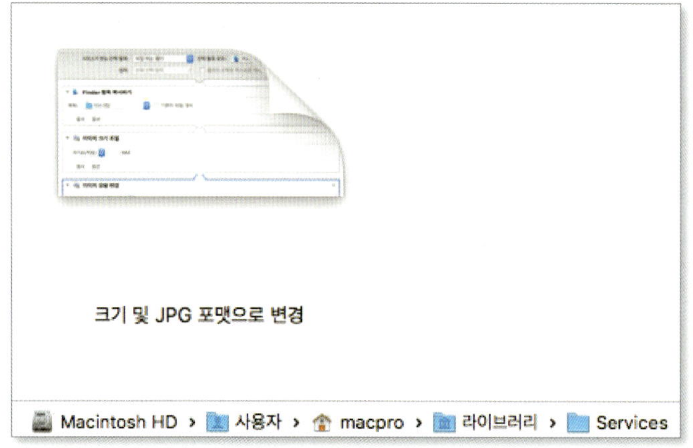

사용자가 새로 추가한 모든 서비스 항목은 'Macintosh HD ▶ 사용자 홈 폴더 ▶ 라이브러리 ▶ Services' 폴더에 저장됩니다.

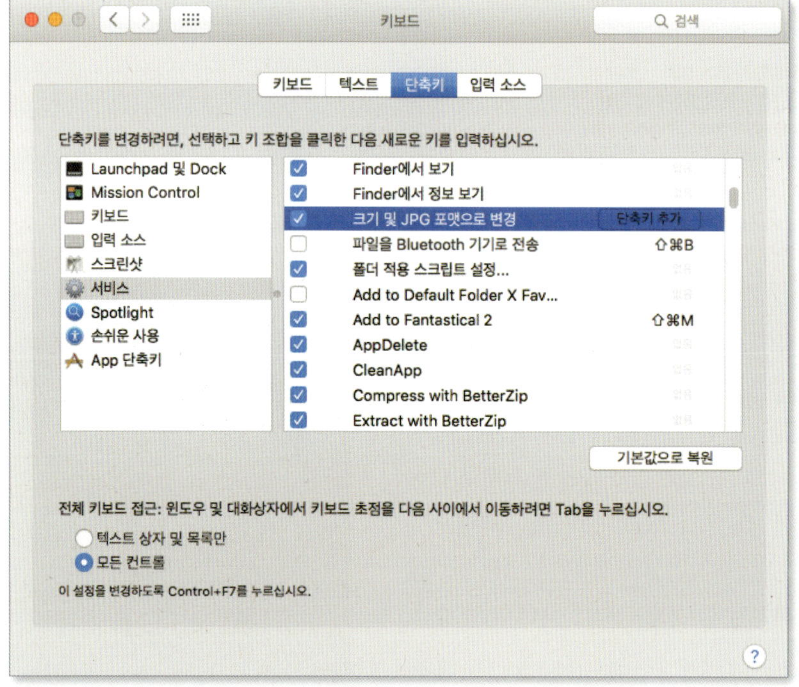

예제에서 추가한 서비스를 비활성화하려면 체크 표시를 없앱니다.

④ '입력 소스' 탭

OS X에서 각 나라의 다양한 언어를 입력할 수 있게 설정하는 옵션입니다. 국내 사용자의 경우 '언어 및 지역'에서 '한국어'를 주 사용 언어로 설정했어도 이 옵션에서 한글을 입력 소스에 추가하지 않으면 한글 및 한자를 입력할 수 없습니다. 한글을 비롯하여 다른 언어의 입력 소스를 추가하려면 '입력 소스' 탭의 왼쪽 언어 목록 윈도우 아래의 ⊞ 버튼을 클릭하고 사용하고자 하는 언어를 새로이 추가하면 됩니다.

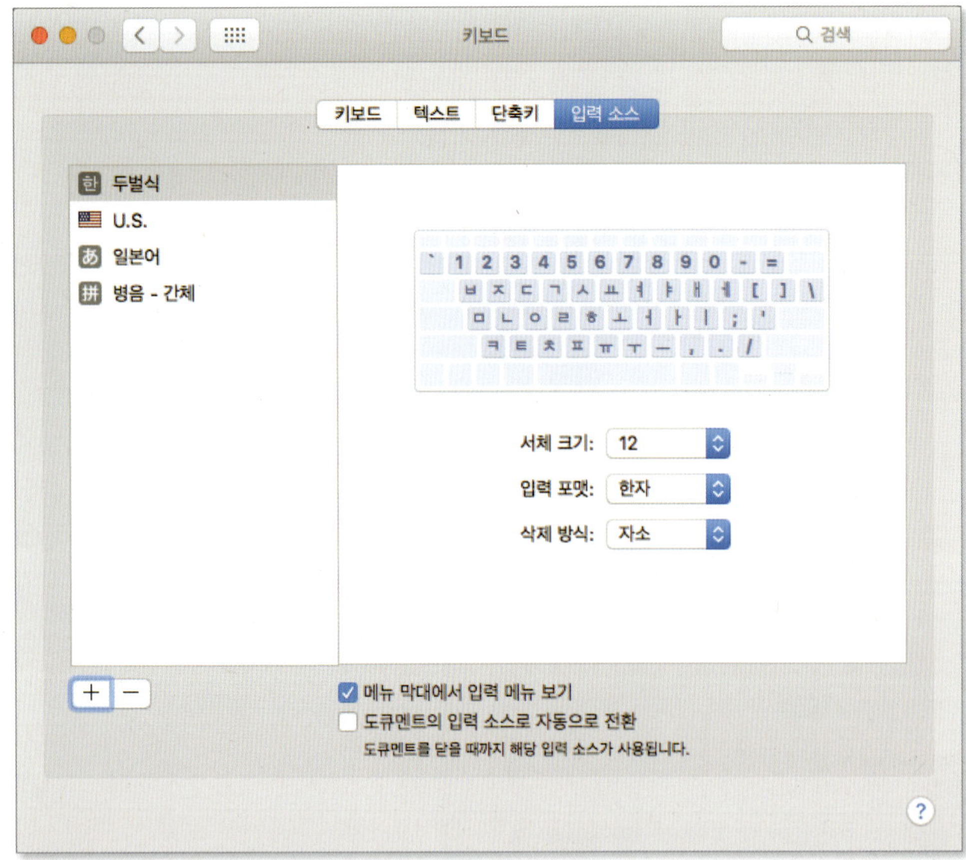

다양한 언어의 입력 소스를 추가하는 대화상자

- **키보드 단축키** 여러 개의 국가 언어들을 입력 소스로 추가했으면 단축키를 지정하여 입력 소스를 전환할 수 있습니다. 예를 들어 한글과 영어를 입력 소스로 추가했으면 Command 를 누른 상태에서 Spacebar 를 눌러 한글에서 영어로, 영어에서 한글로 입력 소스를 전환할 수 있습니다. 참고로 Command 를 누른 상태에서 Spacebar 를 1~2초 정도 누르고 있으면 HUD(Heads Up Display, 화면 전면에 표시되는 투명한 대화상자)가 표시되는데, 여기서 사용할 언어 입력 소스를 선택할 수 있습니다. 만약 단축키를 변경하고자 한다면 '단축키' 탭의 '입력 소스' 항목에서 변경합니다.

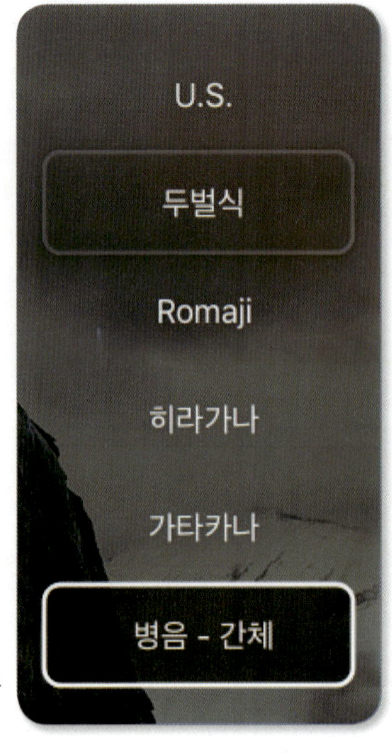

Command 를 누른 상태에서 Spacebar 를 1~2초 정도 누르면 입력 소스로 추가한 모든 언어를 표시하는 HUD 대화상자가 나타나는데, 여기서 사용할 언어 입력 소스를 선택할 수 있습니다.

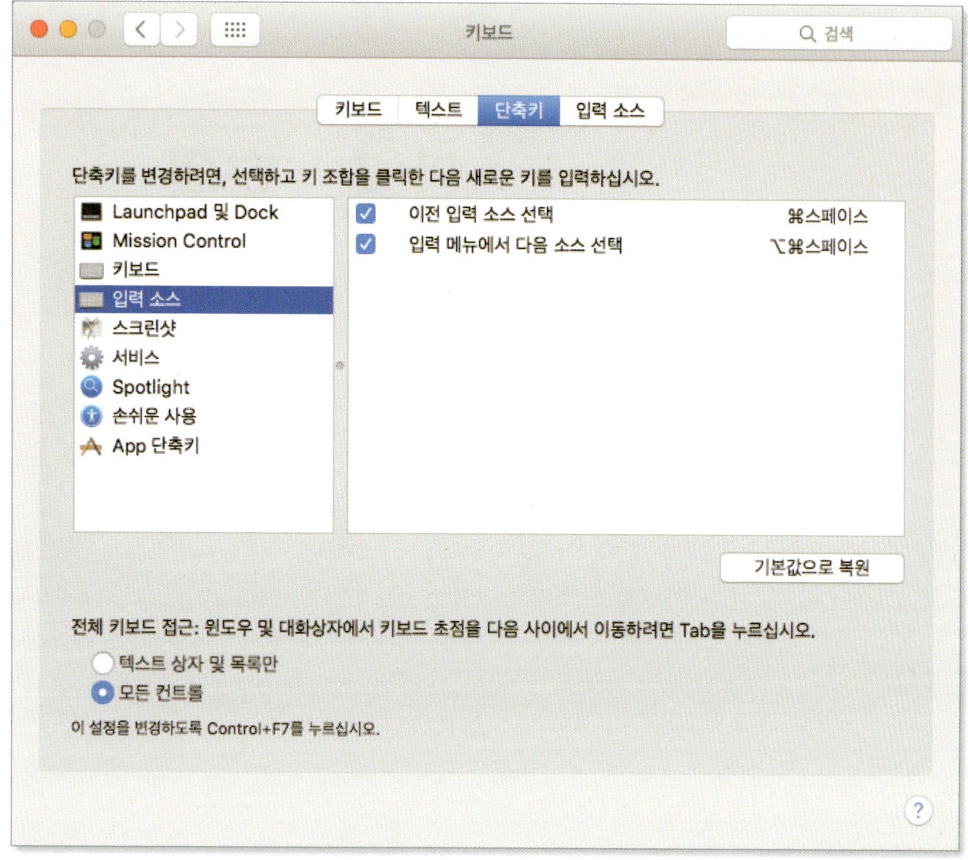

언어 입력 소스 변경 단축키를 설정할 수 있는 대화상자

- **입력 소스 옵션** 각 문서마다 독립적인 언어 입력 소스를 지정하려면 '도큐멘트의 입력 소스로 자동으로 전환' 옵션에 체크 표시합니다. 그러나 OS X 전역에서 모두 같은 입력 소스를 사용하길 원한다면 이 옵션의 체크 표시를 없애줍니다.

- **메뉴 막대에서 입력 메뉴 보기** 이 옵션에 체크 표시하면 OS X 메인 메뉴 오른쪽에 활성화된 언어 입력 소스를 표시합니다. 일반적으로 여러 개의 언어를 동시에 사용하여 문서를 작성하다 보면(예 한글 +영어) 현재 어떤 언어가 입력 소스로 활성화되었는지 혼란스러울 수 있는데, 이 옵션에 체크 표시하면 언제든지 메인 메뉴에서 현재 활성화된 입력 소스를 확인할 수 있습니다. 또한 표시된 아이콘을 클릭하면 필요에 따라 다른 언어로 변경하거나 설정을 변경할 수 있습니다.

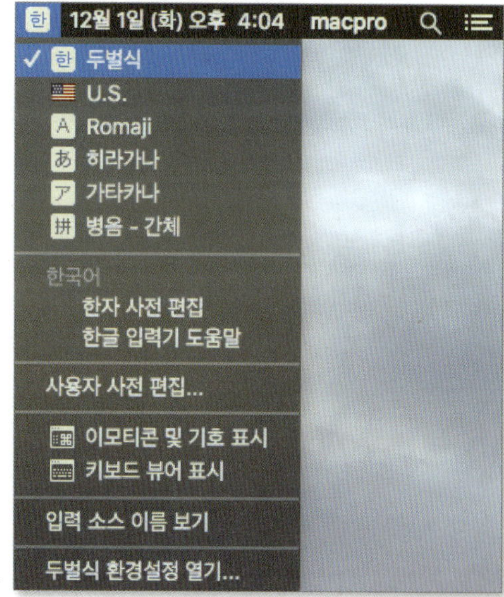

OS X 메인 메뉴의 오른쪽에 표시된 언어 입력 소스 아이콘

• **한자 변환** 입력한 한글을 한자로 변환하려면 글자를 선택하고 [Option] + [Return] 을 눌러서 변환합니다.

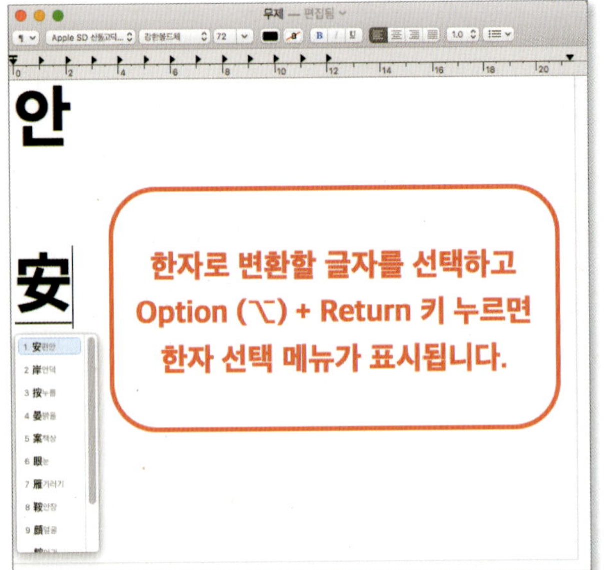

음절 단위로 한글을 한자로 변환하기

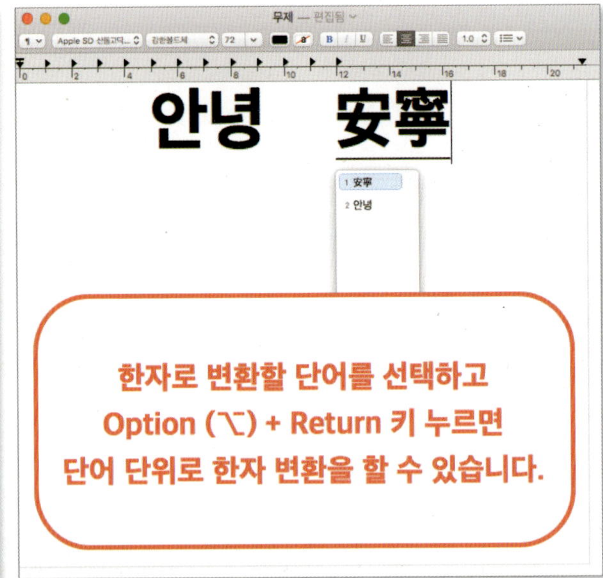

단어를 한자로 변환하기

• **한글(한자) 입력기 설정** '입력 소스' 탭의 왼쪽 목록 윈도우에서 한글 입력기(두벌식)를 선택하면, 오른쪽 윈도우에 한글/ 한자 입력에 관한 설정을 할 수 있습니다. 한자 변환 팝업의 글자 크기, 한글 삭제 방식, 한자 변환 표시 방식 등을 설정 할 수 있습니다.

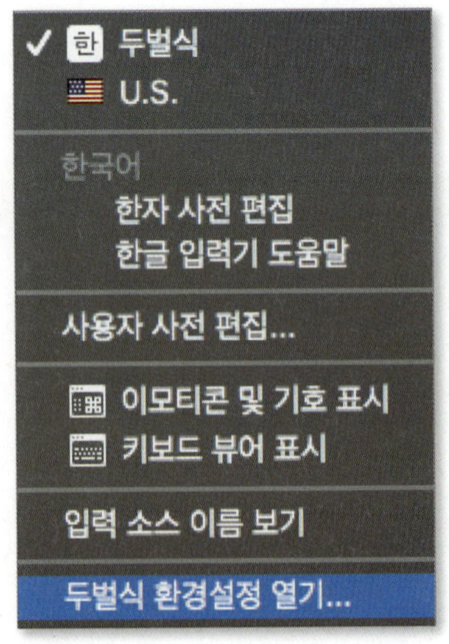

'한글 입력기 설정' 메뉴

'한글 입력기 설정' 대화상자

이모티콘 폰트 세트를 이용하면 다양한 종류의 심볼로 감정이나 느낌을 전달할 수 있습니다. Finder에서 파일, 폴더 이름을 비롯하여 텍스트 편집기, Mail 등의 OS X 기본 앱과 Cocoa 기반의 써드파티 앱(예 트위터 클라이언트, Evernote 등)에서도 사용할 수 있습니다. 단, OS X 10.7 Lion 이상 버전 사용자 또는 iOS4 이상 버전이 설치된 iOS 기기에 한해서만 정상 표시되므로 MS 윈도 PC 또는 안드로이드 기기 등과 함께 사용하는 네트워크 공유 폴더 및 파일 이름 또는 인터넷에 글을 포스팅할 때는 사용하지 않는 것이 좋습니다. 다음은 이모티콘의 사용 예제입니다.

01 '응용 프로그램' 폴더의 '텍스트 편집기'를 실행합니다.

02 '편집 → 이모티콘 및 기호' 메뉴를 선택하고(단축키 : Ctrl + Command + Space) 원하는 이모티콘을 더블클릭합니다.

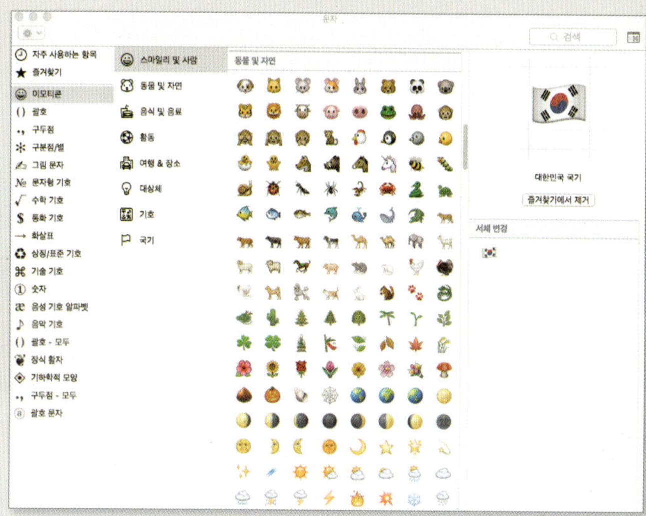

이모티콘 입력 대화상자

15 마우스

마우스 사용에 대한 다양한 옵션을 설정할 수 있습니다. 마우스 포인터의 이동 속도, 더블클릭 속도 및 스크롤 속도 등을 슬라이더바를 조절하여 변경할 수 있으며, 왼손이나 오른손 사용자를 위한 기본 클릭 버튼도 변경할 수 있습니다. OS X는 기본적으로 스크롤 방향이 iOS와 같이 손가락이 움직이는 방향대로 스크롤되므로 이전 방식에 익숙한 사용자들에게 많은 혼동을 줍니다. 그러므로 이전 방식으로 돌려 놓고자 한다면, 먼저 마우스를 연결하고 '스크롤 방향: 자연스럽게' 옵션의 체크 표시를 없앱니다. 트랙패드 사용자는 '시스템 환경 설정 → 트랙패드 → 스크롤 및 확대/축소' 탭에서 '스크롤 방향' 항목을 비활성화 합니다.

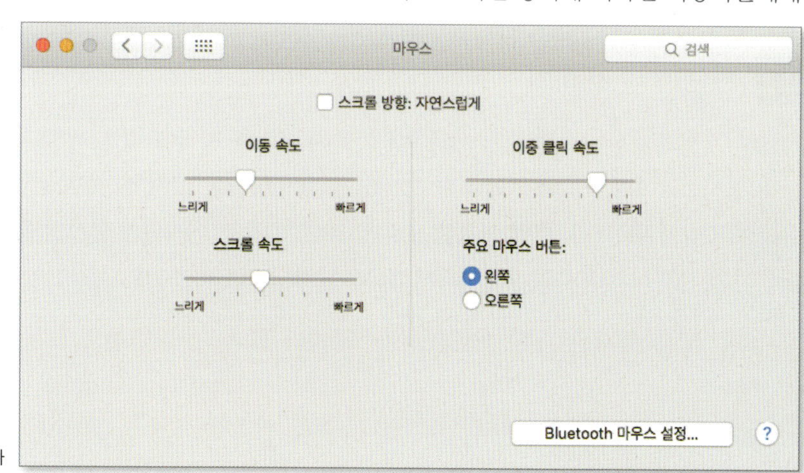

마우스 설정 대화상자

16 트랙패드

Mac 노트북 제품에 기본 장착된 트랙패드와 애플에서 별도로 판매하는 Magic Trackpad에 대한 입력 동작(Gesture)을 설정하는 옵션입니다. 다양한 동작 또는 탭(Tap) 입력을 통해 OS X의 기본 기능들을 실행할 수 있습니다. 예를 들어 Safari에서 특정 단어에 대한 사전 검색을 원한다면 해당 단어에 포인터를 이동하고 세손가락으로 탭(Tap)을 하면 됩니다. 예제 비디오를 보면서 동작 및 탭(Tap)에 대한 설정을 할 수 있으므로 초보자도 쉽게 설정할 수 있습니다. 참고로 필자의 경우는 '스크롤 방향: 자연스럽게' 항목을 제외한 나머지 모든 항목을 활성화시키고 사용하고 있습니다.

트랙패드 동작(Gesture) 옵션 대화상자

17 프린터 및 스캐너

새로운 프린터 또는 스캐너를 추가하거나 기존에 추가한 장치에 대해 세부 설정을 할 수 있는 옵션입니다. 일반적으로 USB 방식으로 연결한 대부분의 유명 브랜드 프린터(**CI** HP, EPSON, CANON 등)들은 자동으로 인식되며 필요한 장치 드라이버가 설치됩니다. 만약 연결한 프린터가 정상적으로 인식되지 않으면 일단 USB 케이블이 정확하게 연결되었는지 확인하고, 프린터 제조사의 홈페이지에 접속하여 해당 프린터가 OS X를 지원하는지 살펴봅니다.

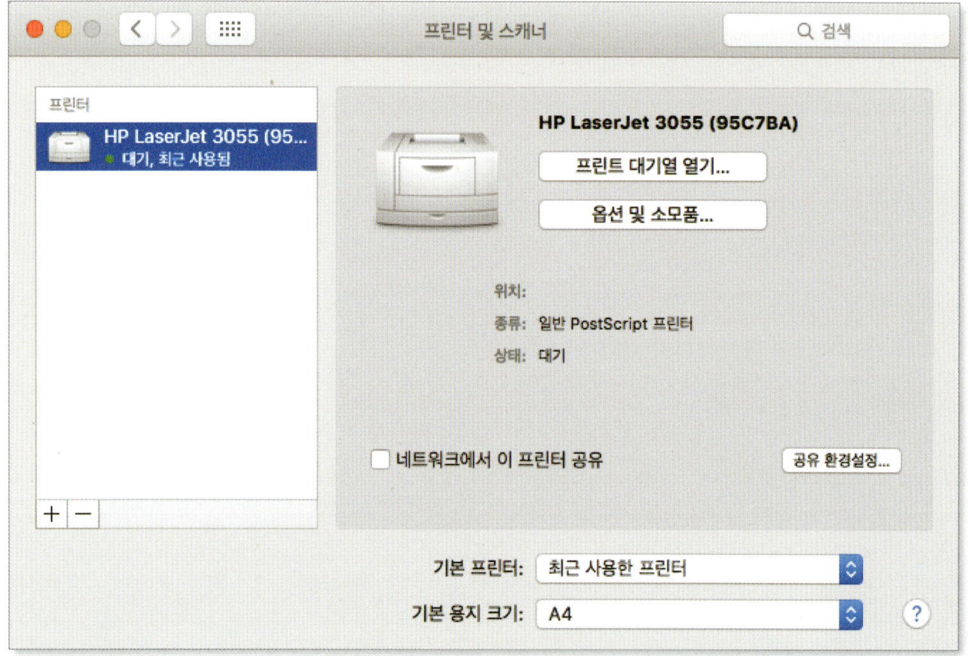

프린터 설정 대화상자

- **새로운 프린터 추가** 대부분의 USB 방식 프린터는 자동으로 Mac에서 인식하며 필요한 드라이버가 설치되지만, 네트워크 프린터나 다른 컴퓨터에서 공유한 프린터를 추가할 때는 별도로 설정해야 합니다. 새로운 프린터를 추가하려면 '프린터 및 스캐너' 대화상자의 왼쪽 아래에 있는 ⊞ 버튼을 클릭하고 다음의 순서를 참고합니다.

01 USB 방식으로 연결한 프린터와 네트워크로 연결한 프린터(공유된 프린터 포함)는 대부분 자동 인식되어 ⊞ 버튼을 클릭하면 해당 프린터가 '기본' 탭에 표시됩니다. 여기서 사용할 프린터를 선택하고 '추가' 버튼을 클릭하면 자동으로 OS X용 프린터 드라이버가 설치되며, 곧바로 사용할 수 있습니다.

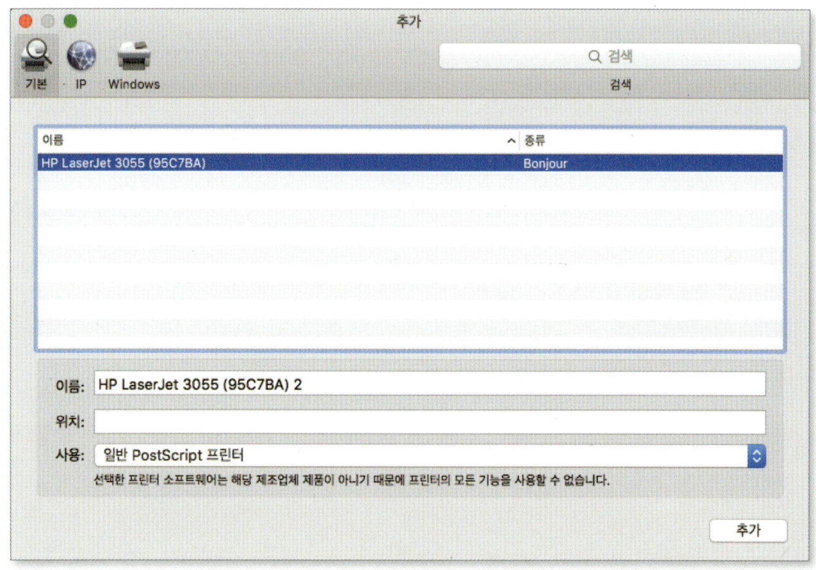

'프린터 추가' 대화상자

02 네트워크로 연결한 프린터가 '기본' 탭에 표시되지 않으면 'IP' 탭을 클릭하고 프로토콜과 IP 주소를 직접 입력하여 해당 프린터를 추가할 수 있습니다. 프린터의 IP 주소를 입력하면 OS X가 실시간으로 검색하여 연결 상태를 확인하고 프린터 드라이버를 자동으로 설치합니다.

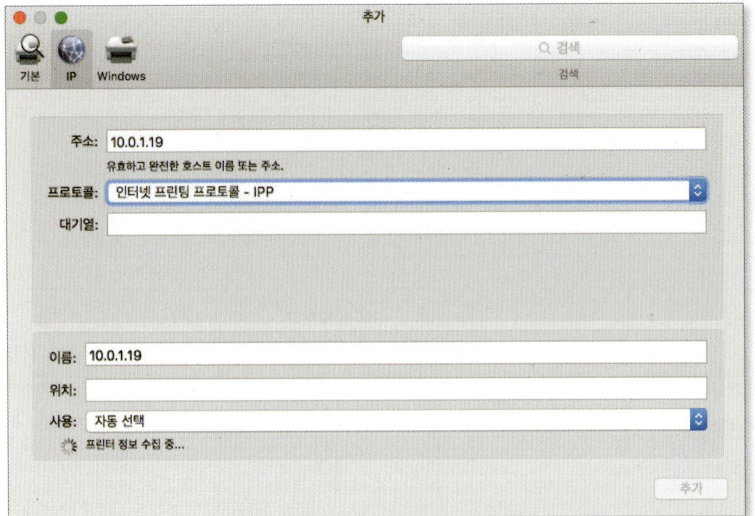

네트워크 프린터 추가 대화상자

03 MS 윈도 PC의 공유 프린터를 사용하려면 'Windows' 탭을 클릭하고 프린터가 연결된 컴퓨터를 선택합니다. MS 윈도의 네트워크 공유에 대한 접근 권한 설정에 따라 사용자 이름과 암호를 입력하거나, 방문객(guest) 계정으로 접속합니다.

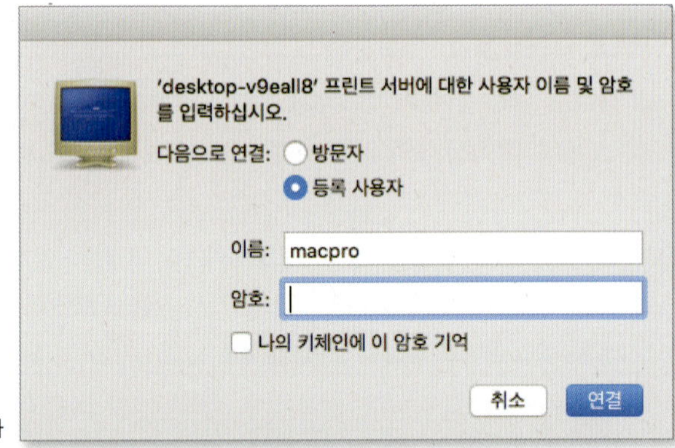

MS 윈도 PC의 프린터 접속 대화상자

04 MS 윈도 PC에서 공유한 프린터들이 표시되면 사용할 프린터를 선택하고 '사용 프린터' 항목에서 OS X의 호환 프린터 드라이버를 선택합니다.

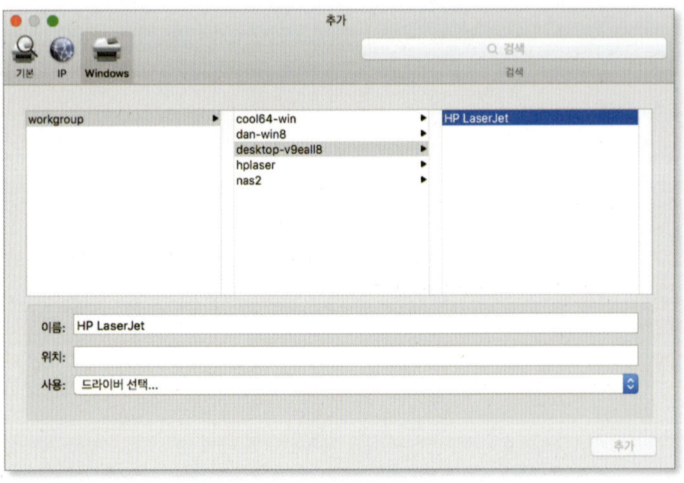

MS 윈도 PC에 연결된 프린터를 추가하는 대화상자

05 프린터 드라이버 설정 대화상자에서 검색 필드에 프린터 이름을 입력하면 빠르게 OS X용 프린터 드라이버를 설정할 수 있습니다.

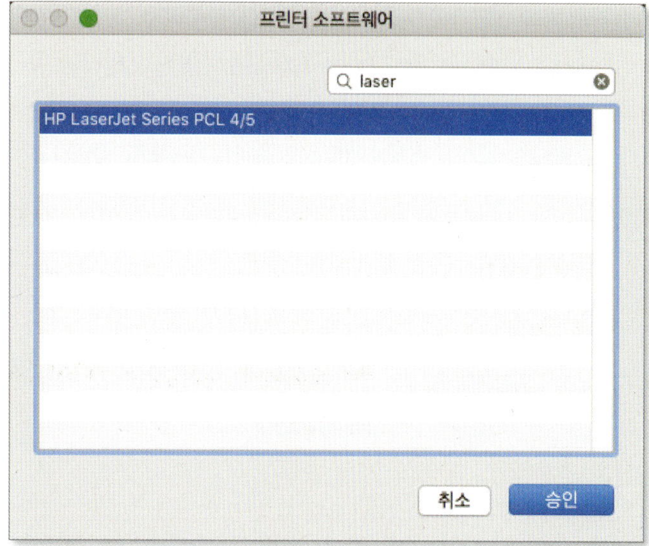

'프린터 드라이버 설정' 대화상자

- **프린트 대기열 열기** 이 버튼을 클릭하면 현재 인쇄되는 파일이나 순서를 기다리고 있는 파일들을 확인할 수 있으며 프린터 설정 및 소모품 내역도 확인할 수 있습니다.

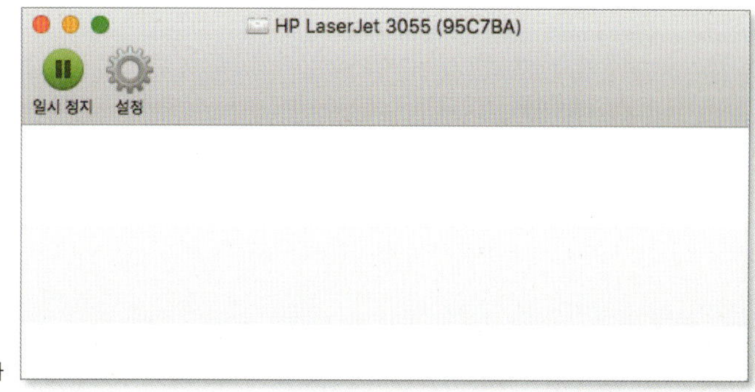

'프린터 대기열' 대화상자

- **옵션 및 소모품** 이 버튼을 클릭하면 프린터 드라이버를 변경하거나 연결된 프린터의 소모품(잉크 및 토너 카트리지) 상태를 확인할 수 있습니다. 참고로 일부 프린터는 소모품 상태 확인을 지원하지 않습니다.

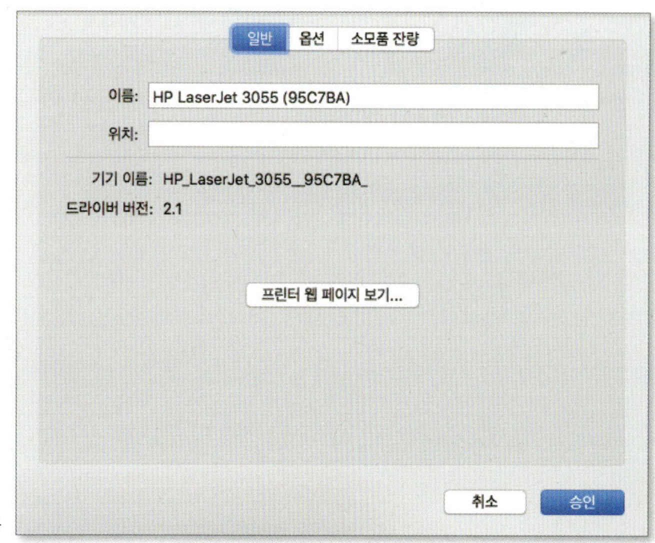

옵션 및 소모품 대화상자

• **프린터 공유** '네트워크에서 이 프린터 공유'에 체크 표시하면 해당 프린터를 네트워크에 연결된 다른 컴퓨터와 공유할 수 있습니다. 만약 MS 윈도 PC에서 Mac에 연결된 프린터를 공유하려면 다음의 순서를 참고합니다.

01 '프린터 및 스캐너' 대화상자에서 공유하려는 프린터를 선택하고 '네트워크에서 이 프린터 공유' 옵션에 체크 표시합니다.

02 MS 윈도 PC에 최신 Bonjour 프로그램(애플 홈페이지에서 무료로 다운로드 가능, http://support.apple.com/kb/dl999)을 설치합니다.

Bonjour 프린터 서비스 다운로드 페이지

03 Bonjour 프린터 마법사를 실행하고 Mac 컴퓨터에서 공유한 프린터를 선택합니다. 이때 사용하는 프린터의 종류에 따라 MS 윈도용 프린터 드라이버를 별도로 설치해야 합니다.

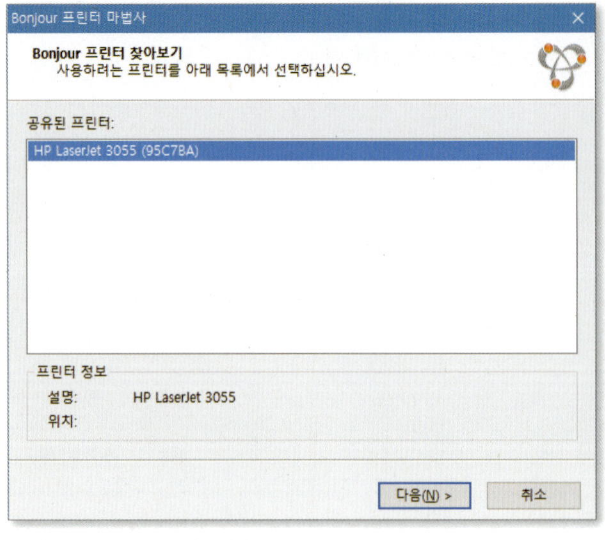

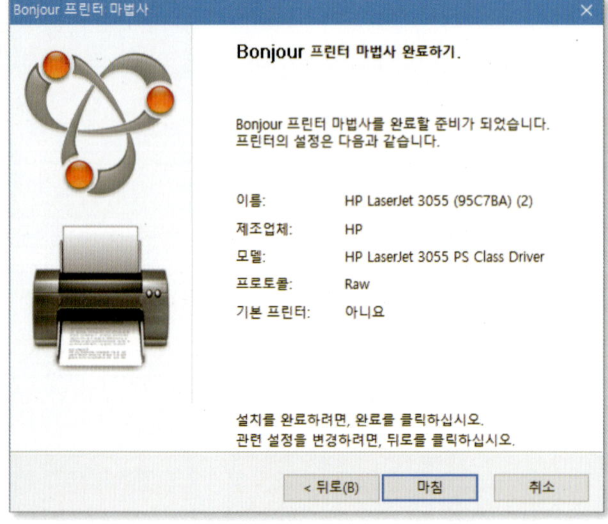

MS 윈도에서 Bonjour 프린터 검색   MS 윈도에서 Bonjour 프린터 공유 완료

04 만약 Mac 컴퓨터에서 공유한 프린터를 찾을 수 없으면 OS X의 '시스템 환경 설정 → 공유'에서 '프린터 공유'에 체크 표시되었는지 확인합니다. 공유한 프린터의 사용자를 '모두'로 설정하면 불필요한 사용자 인증과정 없이 편리하게 해당 프린터를 공유할 수 있습니다.

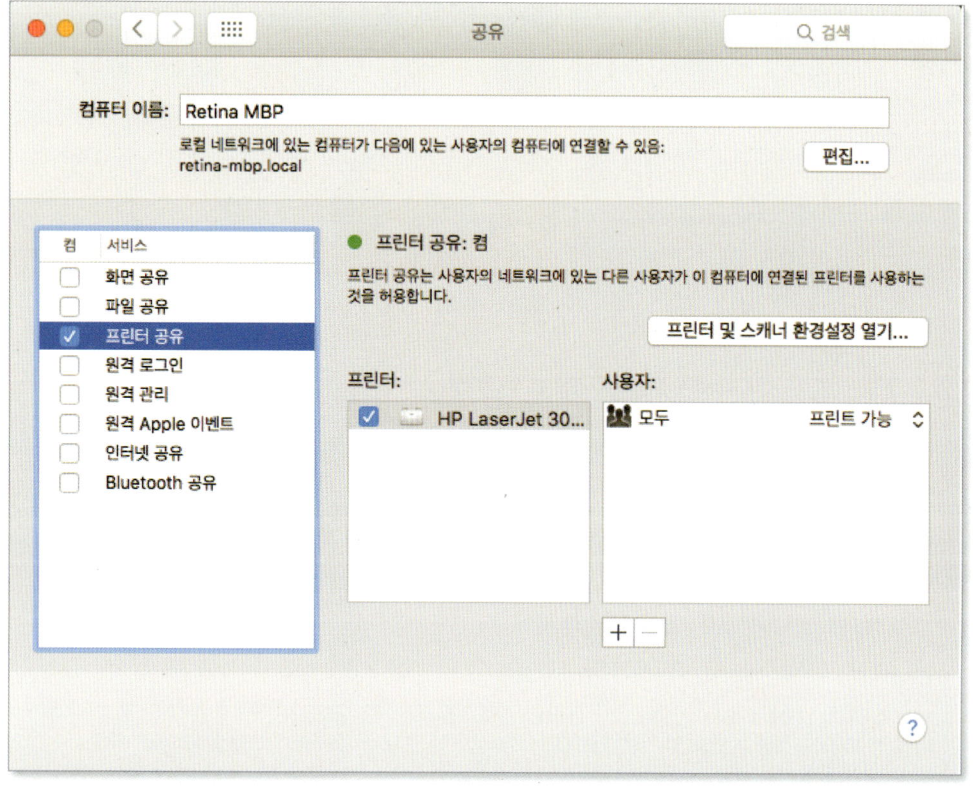

프린터 공유 설정 옵션 대화상자

- **기본 프린터 및 용지 설정** 2대 이상의 프린터를 사용하면 이 옵션에서 기본적으로 사용할 프린터를 설정할 수 있습니다. 여기서 설정한 프린터는 앱에서 '프린트' 메뉴나 아이콘을 클릭했을 때 기본적으로 사용하는 프린터이므로 자주 사용하는 프린터를 설정합니다. '기본 용지 크기'는 일반적으로 가장 많이 사용하는 A4 용지를 설정합니다.

18 iCloud

애플의 클라우드 서비스인 iCloud 계정을 설정하는 옵션입니다. 기본적으로 5GB의 무료 저장 공간이 제공되며 여기에 메일 & 메모, 연락처, 캘린더, 사파리 책갈피, 사진, 문서 등을 저장할 수 있습니다. 또한 일반적인 클라우드 서비스(Dropbox 또는 네이버 클라우드 등)와 마찬가지로 사용자의 필요에 따라 Finder의 iCloud에 폴더를 생성하여 여러 기기에서 파일 및 폴더를 동기화할 수 있습니다.

iCloud 설정 대화상자

iCloud 홈페이지

| iCloud 지원 OS X 기본 앱 및 동기화 서비스 |

지원 앱	설명
Mail	@me.com 및 @icloud.com 계정의 메일을 iCloud에 저장합니다.
캘린더	OS X 및 iOS의 캘린더 앱에서 저장한 일정을 동기화합니다.
연락처	연락처를 iCloud에 저장합니다.
Safari	책갈피(북마크), 읽기 목록 등을 iCloud에 저장합니다.
사진	OS X의 사진 앱 또는 Aperture 앱에서 저장한 사진 또는 iOS 기기에서 촬영한 사진을 저장하고 이를 동기화합니다.
나의 Mac 찾기	Mac 컴퓨터의 위치를 iCloud에 저장합니다. 컴퓨터를 분실했을 때 위치를 파악할 수 있으며, 원격에서 전체 자료를 삭제하거나, 특정 메시지도 보낼 수 있습니다. 무선 네트워크 어댑터가 내장된 Mac 컴퓨터에 한하여 이 서비스를 사용할 수 있으며, 국내 사용자는 위치 서비스가 지원되지 않습니다.
미리 알림	OS X 및 iOS의 미리 알림 앱에서 저장한 내용을 동기화합니다.
메모	OS X 및 iOS의 메모 앱에서 저장된 내용을 저장하고 이를 동기화합니다.
키체인	인터넷 로그인 정보 및 신용카드 정보 등을 iCloud를 통하여 동기화합니다.
iCloud Drive	OS X 기본 앱 및 써드파티 앱에서 저장된 문서 파일 및 데이터를 동기화합니다.
나의 Mac으로 돌아가기	iCloud 계정을 통하여 로컬 또는 외부에서 다른 Mac을 원격 접속할 수 있습니다.

Tip -- **iCloud 보조로 사용할만한 클라우드 서비스**

애플의 iCloud 서비스는 OS X가 설치된 Mac, iOS 기기, Windows PC간에 다양한 자료를 동기화시킬 수 있지만 1:1 동기화 방식이고(로컬 컴퓨터에서 삭제하면 클라우드에서 삭제), 다른 사용자와 협업, 공유하는 기능이 부족합니다. 그러므로 많은 Mac 사용자들은 iCloud와 더불어 폴더 및 파일을 자유롭게 다른 사용자와 협업, 공유를 할 수 있는 클라우드 서비스도 이용합니다. 필자의 경우도 Dropbox를 iCloud와 함께 이용하고 있습니다. Dropbox는 로컬 네트워크 동기화를 지원하므로, 집이나 회사의 다른 기기들과 빠르게 동기화 할 수 있습니다. 2GB 용량까지는 무료이며 일반적인 문서 및 동기화에 적합합니다. 동영상 등과 같이 용량이 큰 파일들은 국내 포털 서비스(예 : 네이버 클라우드)의 대용량 무료 클라우드 서비스를 함께 이용하면 편리하게 다른 기기들과 대용량 파일을 동기화할 수 있습니다.

– Dropbox : http://www.dropbox.com(2GB 용량 무료, 로컬 네트워크 동기화 지원, 간단한 가입절차 후 Mac용 동기화 앱 다운로드 후 설치)
– 네이버 N드라이브 : http://www.naver.com(30GB 용량 무료, Mac 전용 동기화 앱 지원)

19 인터넷 계정

MS Exchange 서버, Gmail, Yahoo, POP3/IMAP 등의 E-Mail 및 연락처, 캘린더, 메시지(iChat) 등의 계정을 통합적으로 관리할 수 있습니다. 여기서 추가한 인터넷 계정들은 OS X의 기본 앱인 Mail, 연락처, 메시지 등에서 사용되며, 트위터 및 페이스북 등과 같은 SNS 계정을 추가하면 다양한 자료를 공유할 수 있습니다. 참고로, 사파리 웹브라우저에서 E-Mail 및 SNS 홈페이지를 로그인할 때 자동으로 인터넷 계정을 추가할 수 있는 옵션을 지원하는데, 아쉽게도 국내 포털 서비스(예 네이버, 다음 등)는 아직 지원되지 않습니다.

20 확장 프로그램

OS X 시스템 전반적으로 지원되는 공유 기능에서 사용할 메뉴, 알림센터에 표시할 위젯, 써드파티 앱의 확장 지원 등을 설정하는 옵션입니다. 이 옵션에서는 이미 설치된 앱 또는 추가한 인터넷 계정 등을 대상으로 활성/비활성만 설정할 수 있으며 직접 확장 기능 추가 또는 삭제는 할 수 없습니다. 인터넷 계정은 '시스템 환경 설정 → 인터넷 계정'에서 추가할 수 있고, 확장 기능은 설치하는 앱에 따라 지원 또는 미지원될 수 있습니다.

21 네트워크

이더넷(Ethernet), Wi-Fi 무선 네트워크 어댑터, Firewire 등의 인터페이스에 대한 네트워크 설정을 할 수 있습니다. 대부분의 국내 사용자는 자동으로 IP 주소를 인터넷 서비스 공급자로부터 할당 받으므로 'IPv4 구성'을 'DHCP 사용'으로 설정합니다. 하지만 고정 IP 사용자는 이 옵션에서 IP 설정 방식을 변경해야 합니다. 이 밖에도 '네트워크' 옵션에서는 프록시 서버, DNS 서버, NetBIOS 이름(다른 윈도 PC에서 표시할 컴퓨터 이름) 등을 설정할 수 있습니다.

① 네트워크 인터페이스의 기본 설정

- **고정 IP(Static IP) 주소 설정** 네트워크 인터페이스에 고정 IP를 지정하려면 'IPv4 구성'을 '수동'으로 설정하고 'IP 주소' 및 '서브네트 마스크', '라우터', 'DNS 서버' 등을 입력합니다. 고정 IP 설정 내용은 인터넷 서비스 공급자나 연결된 인터넷 공유기 또는 라우터에서 확인할 수 있습니다.

- **네트워크 인터페이스 추가 및 삭제** 여러 개의 고정 IP 주소를 하나의 네트워크 인터페이스에 지정하거나 가상 사설 네트워크를 추가하려면 '네트워크' 옵션 대화상자의 왼쪽 아래에서 + 버튼을 클릭하고 사용하려는 인터페이스를 추가합니다. 반대로 이미 등록한 인터페이스 중에서 불필요한 인터페이스를 제거하려면 먼저 제거하려는 인터페이스를 선택하고 − 버튼을 클릭합니다.

- **여러 개의 고정 IP 주소를 하나의 네트워크 인터페이스에 지정하기** 대부분의 일반 사용자에게는 해당 사항이 없지만, Mac OS X Server에서 단일 네트워크 인터페이스에 여러 개의 고정 IP 주소를 할당하는 경우가 있습니다. 이때 다음의 순서를 참고하면 단일 네트워크 인터페이스에 여러 개의 고정 IP 주소를 지정할 수 있습니다.

'네트워크' 대화상자

01 '네트워크' 설정 대화상자의 왼쪽 아래의 버튼을 클릭하고 다중 IP 주소를 지정할 네트워크 인터페이스와 서비스 이름을 설정합니다.

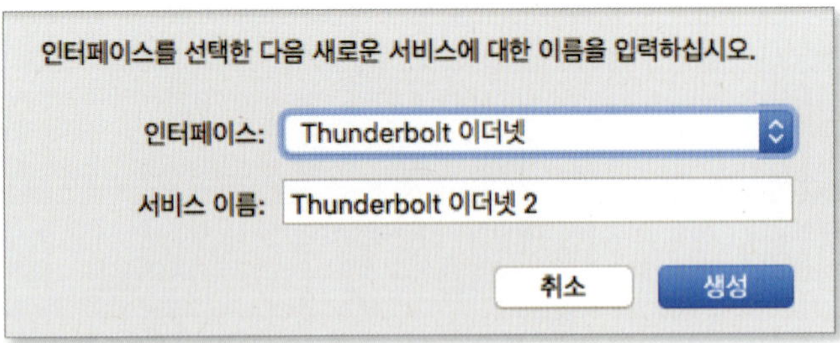

이더넷 추가 대화상자

02 추가한 네트워크 인터페이스의 설정 대화상자에서 'IPv4 구성'을 '수동'으로 설정하고 'IP 주소' 및 '서브네트 마스크', '라우터', '정보'를 각각 입력합니다. 참고로 사용자가 직접 입력해야 할 네트워크 관련 정보는 고정 IP 주소를 발급한 기관이나 인터넷 서비스 공급자로부터 얻을 수 있습니다.

03 01～02 과정을 반복하여 같은 네트워크 인터페이스에 서로 다른 IP 주소를 각각 지정합니다.

- **가상 사설 네트워크 설정** 가상 사설 네트워크(이하 VPN) 서버를 이용하기 위한 VPN 클라이언트를 설정합니다. VPN 클라이언트를 이용하면 원격의 VPN 서버를 마치 로컬 네트워크에 연결된 컴퓨터의 공유 자원을 사용하는 것과 같이 액세스할 수 있습니다. VPN 서버로 접속하려면 다음의 순서를 참고합니다.

01 네트워크 설정 대화상자에서 왼쪽 아래에 있는 ⊞ 버튼을 클릭하고 네트워크의 '인터페이스'는 'VPN'을, 'VPN 유형'은 'IPSec을 통한 L2TP(Mac OS X Server의 VPN 서버일 경우)'를 선택합니다.

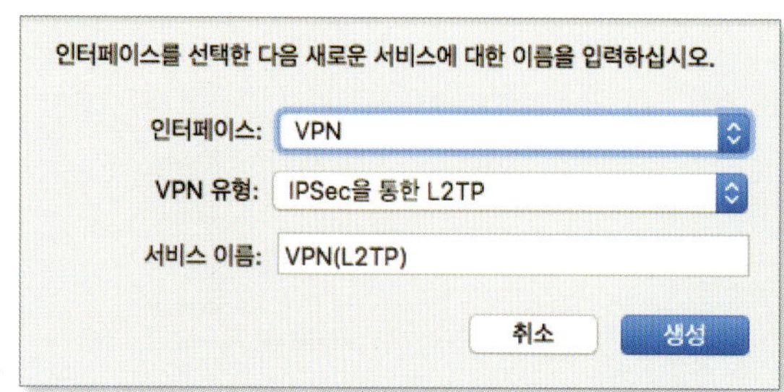

IP Sec 추가 대화상자

02 추가한 네트워크 인터페이스 설정 대화상자에서 '서버 주소'와 '계정 이름'을 각각 입력하고 '인증 설정' 버튼을 클릭합니다.

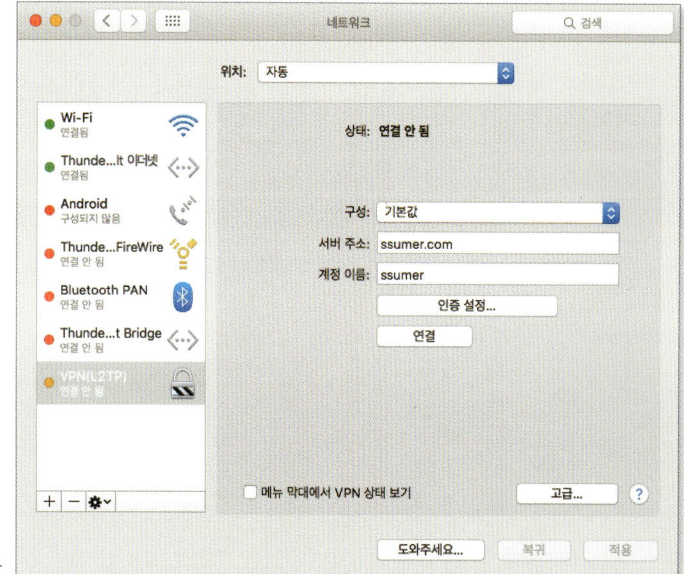

VPN 설정 대화상자

03 '사용자 인증'의 암호와 '공유 보안' 암호를 각각 입력합니다.

VPN 인증 대화상자

04 '공유 보안' 암호는 Mac OS X Server의 VPN 서비스에서 설정한 암호를 입력합니다.

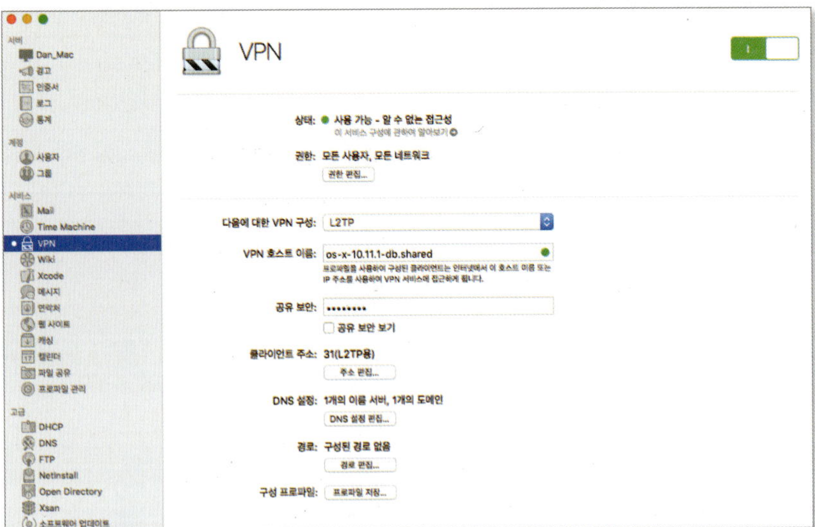

VPN 서버 설정

05 모든 설정을 완료했으면 '연결' 버튼을 클릭한 후 '메뉴 막대에서 VPN 상태 보기'에 체크 표시합니다.

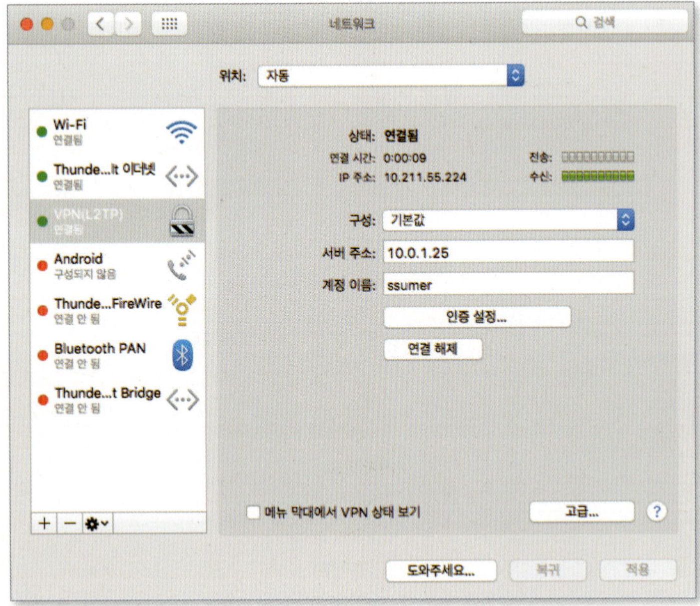

VPN 설정 대화상자

06 Mac OS X의 메인 메뉴에서 VPN 서버와의 연결 상태를 확인할 수 있습니다.

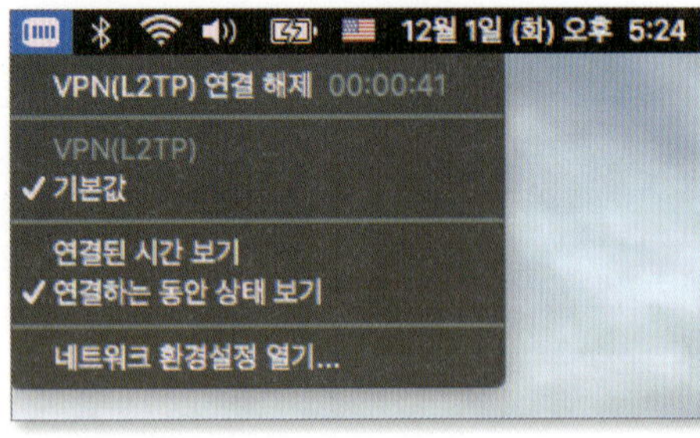

VPN 메뉴바

프록시 서버를 설정하거나 DNS 서버, WINS 설정 등을 변경하려면 '네트워크' 대화상자에서 '고급' 버튼을 클릭합니다.

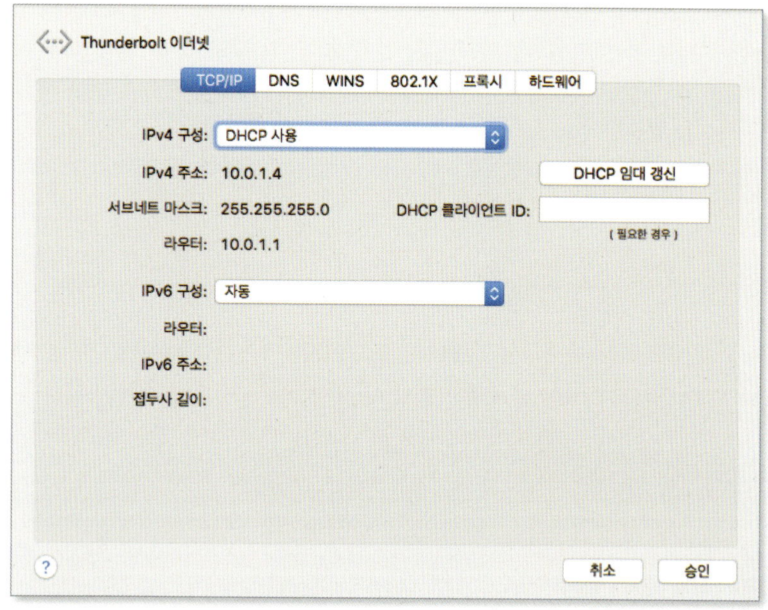

'네트워크' 대화상자의 'TCP/IP' 탭

- **'TCP/IP' 탭** IP 주소에 관련된 세부사항을 설정할 수 있습니다. DHCP 서버에서 자동으로 IP 주소를 할당받았으면 'DHCP 임대 갱신' 버튼을 클릭하여 새로운 IP 주소를 할당 받을 수 있습니다.

- **'DNS' 탭** DNS(Domain Name System) 서버를 설정할 수 있는 탭으로, 일반적으로 DHCP 서버를 이용해 자동으로 IP 주소를 할당받았으면 사용자가 별도로 DNS 서버를 설정할 필요가 없습니다. 고정 IP(Static IP) 주소를 사용하면 이 탭에서 DNS 서버 및 도메인 검색 항목을 설정할 수 있습니다.

- **'WINS' 탭** MS 윈도 PC와 네트워킹을 할 때 필요한 컴퓨터 이름(NetBIOS Name)과 작업 그룹(Workgroup)을 설정할 수 있습니다. 여기서 설정한 컴퓨터 이름은 윈도우 PC에서 표시되는 이름으로, 특정 네트워크 작업 그룹에 Mac 컴퓨터를 포함하려면 사용하는 작업 그룹 이름도 정확하게 입력해야 합니다.

- **'802.1X' 탭** 포트 기반의 인증 프로토콜인 802.1X를 설정할 수 있는 탭으로, 기업 또는 학교 기숙사 등의 네트워크를 사용할 때 필요합니다. 네트워크 프로파일을 다운로드 및 설치하면 여기서 인증서 관련 정보가 표시됩니다. 인증서를 설치한 후 장소를 이동했을 때 네트워크 장애가 발생한다면, 장소에 따라 네트워크 환경을 설정할 수 있는 '위치'에 각 장소를 추가시키고 위치에 따른 네트워크 구성을 합니다.

- **'프록시' 탭** HTTP, FTP, RTSP 등과 같은 인터넷 서비스의 프로토콜별로 프록시 서버를 설정할 수 있습니다. 이전과는 달리 국내 인터넷 환경이 매우 빨라졌기 때문에 특별한 사정이 없으면 프록시 서버를 설정할 필요가 없습니다.

- **'하드웨어' 탭** 네트워크 인터페이스 카드의 세부 사항을 설정할 수 있습니다. 일반적으로 '자동'으로 설정하지만, 테스트가 목적이거나 네트워크 트래픽을 제어할 목적이라면 여기서 설정을 변경할 수 있습니다.

22 Bluetooth

Bluetooth 무선 키보드, 마우스, 헤드셋, iOS 기기 등을 연결하고 관리하는 옵션입니다. 주변의 Bluetooth 지원 기기들을 자동으로 검색하고 페어링(Pairing)을 해주므로 편리하게 각종 무선 기기들을 연결할 수 있습니다. '공유 설정 → Bluetooth 공유' 옵션을 활성화시키면 Bluetooth를 내장한 다른 컴퓨터들과 파일 공유를 할 수 있으며, '공유 설정 → 인터넷 공유'의 '연결 공유' 항목을 'Bluetooth DUN(Dial-Up Networking)'으로 설정하면 다른 컴퓨터 또는 기기에 무선 인터넷 연결 서비스를 제공할 수 있습니다.

23 공유

다른 Mac 컴퓨터 또는 윈도 PC와 네트워크 공유와 관련된 설정을 할 수 있습니다. 이 옵션을 이용하면 Mac의 다양한 시스템 자원(**예** 파일이나 폴더), 프린터, CD/DVD 드라이브 등을 네트워크에 연결된 다른 컴퓨터와 공유할 수 있습니다.

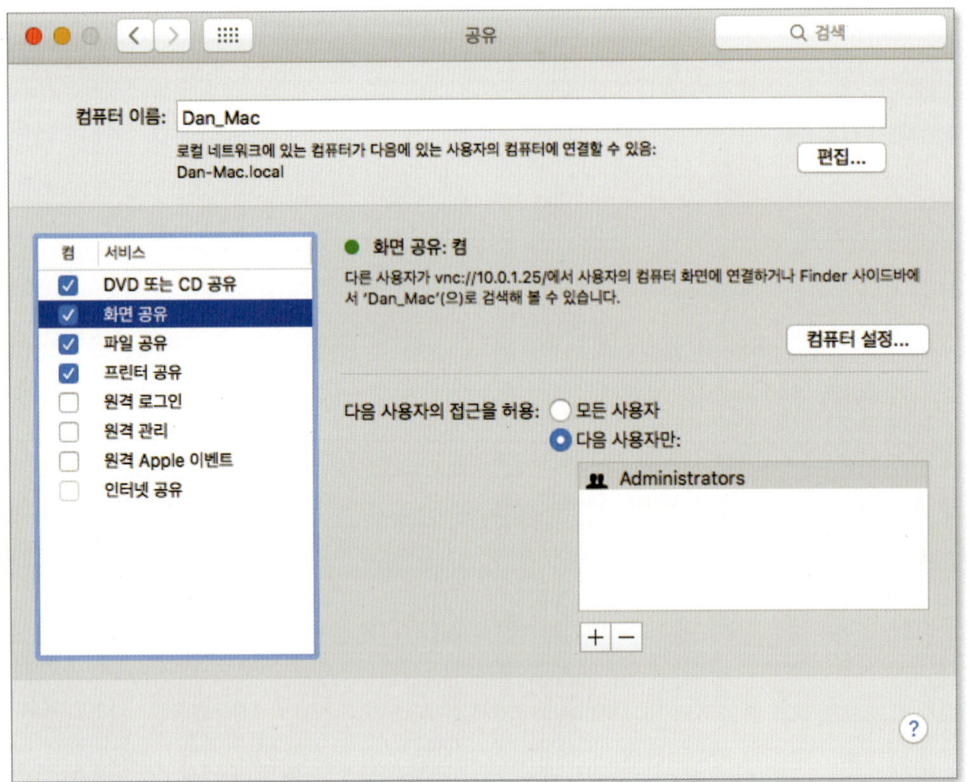

'공유' 대화상자

- **DVD 또는 CD 공유** 다른 Mac 컴퓨터와 CD/DVD 드라이브를 공유하는 옵션입니다. 애플의 모든 최근 제품은 자체적으로 CD/DVD 드라이브가 내장되어 있지 않으므로 CD/DVD 미디어를 사용하기 위해서는 다른 컴퓨터에서 공유된 CD/DVD 드라이브를 사용하거나 외장 USB CD/DVD 드라이브를 사용해야 합니다. 만약 MS 윈도 PC의 CD/DVD 드라이브를 애플 제품에서 사용하려면 MS 윈도용 CD/DVD 공유 프로그램을 설치해야 합니다. 이때 MS 윈도용 CD/DVD 공유 프로그램은 애플의 홈페이지에서 다운로드 할 수 있습니다.

애플 홈페이지에서 다운로드 할 수 있는 MS 윈도용 CD/DVD 공유 프로그램

Mac OS X에서 다른 컴퓨터의 CD/DVD 드라이브의 사용은 오직 자체적으로 CD/DVD 드라이브가 내장되지 않은 제품에서만 사용할 수 있습니다. 그러나 다음의 순서를 참고하면 일반 Mac 컴퓨터에서도 다른 컴퓨터의 CD/DVD 드라이브를 직접 사용할 수 있습니다.

01 http://support.apple.com/kb/DL112 에 접속하여 MS 윈도용 CD/DVD 공유 프로그램을 다운로드하고 이를 설치합니다. 참고로 애플 홈페이지의 개편에 따라 다운로드 주소도 변경될 수 있습니다. 그러므로 다운로드 페이지에서 에러가 발생한다면 애플 홈페이지의 검색 필드에 "DVD 또는 CD 공유 설정"을 입력하여 정확한 다운로드 페이지로 접속합니다.

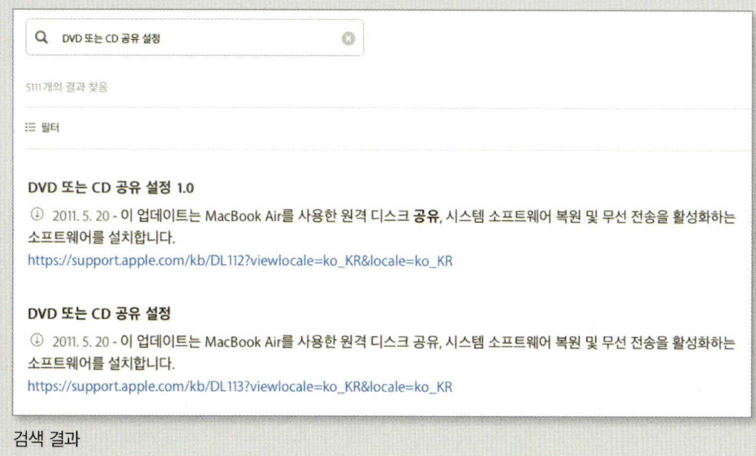

검색 결과

02 다운로드한 프로그램을 윈도우에서 설치하면 제어판에 'DVD 또는 CD 공유 옵션' 아이콘이 새로 추가되는데, 이를 선택하고 'DVD 또는 CD 공유 활성화'에 체크 표시합니다. 참고로 방화벽이나 인터넷 보안 프로그램을 설치한 상태라면 'ODSAgent.exe' 프로그램이 네트워크 액세스가 가능하도록 설정해야 합니다.

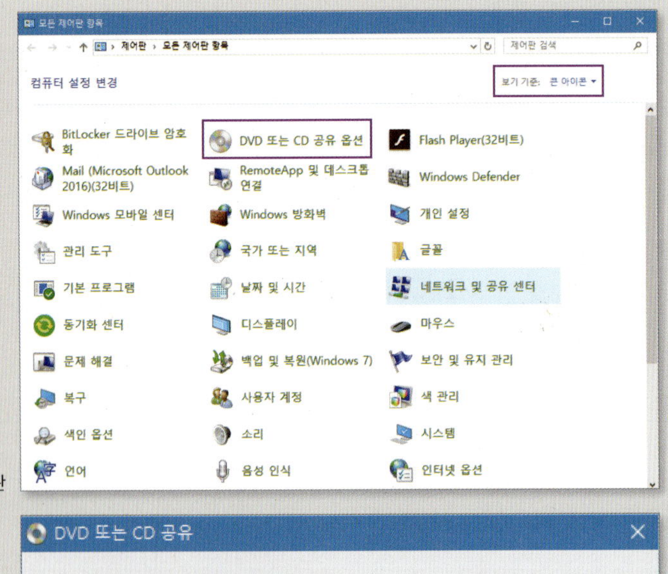

MS 윈도 제어판

DVD/CD 공유 제어판

03 Mac OS X에서 '응용 프로그램 ▶ 유틸리티' 폴더에 있는 '터미널' 프로그램을 실행하고 다음의 내용을 정확하게 입력합니다. 아래의 명령을 입력하면 일반 Mac 컴퓨터에서도 다른 컴퓨터에서 공유된 CD/DVD 드라이브를 사용할 수 있습니다.

```
defaults write com.apple.NetworkBrowser EnableODiskBrowsing -bool true
defaults write com.apple.NetworkBrowser ODSSupported -bool true
```

터미널 명령어 입력 화면

04 터미널에서 입력을 완료했으면 ' 메뉴 → 강제종료' 메뉴를 선택하고 'Finder'를 '재실행'합니다. 재실행한 Finder 윈도우의 왼쪽 사이드바에는 '원격 디스크' 항목이 새로 표시됩니다.

Finder 원격 CD/DVD 브라우징 화면

05 Finder 윈도우의 보기 방식을 '계층 보기'로 설정하면 좀 더 편리하게 다른 컴퓨터의 공유된 자원을 검색할 수 있습니다.

- **화면 공유** OS X의 화면을 다른 컴퓨터에서 보고 제어할 수 있는 옵션입니다. 리눅스 계열의 OS에서 원격 컴퓨터 제어용으로 많이 사용하는 VNC(Virtual Network Computing) 서버와 같으며, MS 윈도에서는 '원격 데스크탑 연결'과 비슷한 기능입니다. 원격에서 Mac 컴퓨터를 직접 제어할 수 있으므로 IDC(Internet Data Center)에서 Mac 컴퓨터를 이용해 웹서비스를 제공하거나, 집에서 회사에 있는 Mac 컴퓨터를 액세스할 때 유용합니다. 다음은 원격의 Mac 컴퓨터를 화면 공유 기능을 이용하여 접속하는 방법입니다.

01 OS X의 '시스템 환경 설정 → 공유'를 선택하고 '화면 공유'를 활성화합니다. 접속이 필요한 상대방에게 접속 주소(vnc://〈접속 주소〉)를 알려주면 VNC 클라이언트(윈도우용)나 OS X의 화면 공유 앱을 이용해 접속할 수 있습니다. 그리고 '화면 공유'의 '다음 사용자의 접근을 허용'에서 화면 공유를 허용할 사용자의 계정을 지정합니다(⊞(추가) 버튼, ⊟(제거) 버튼).

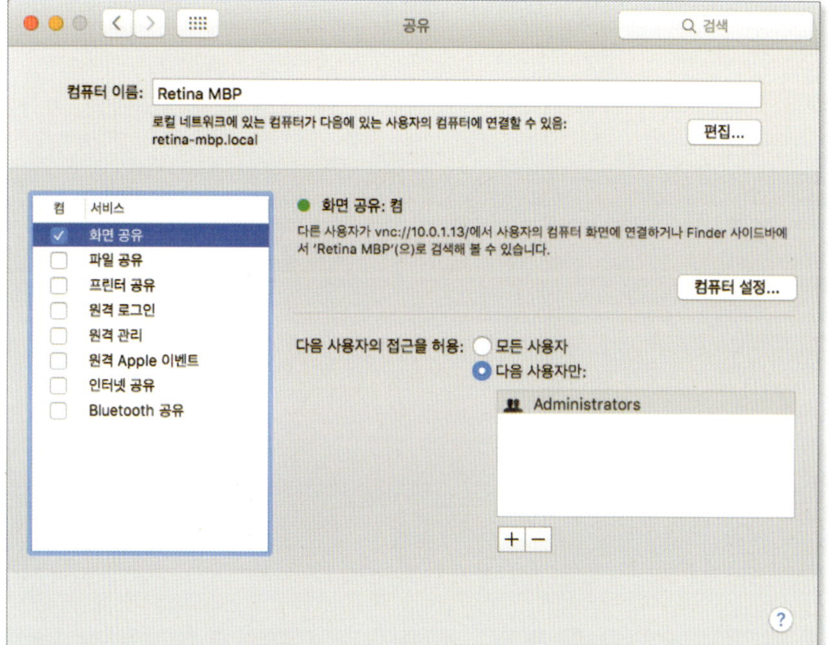

화면 공유 설정

02 허용 목록에 추가하는 사용자 계정은 다른 Mac 컴퓨터 사용자를 위한 허용 목록이며 반드시 암호가 설정되어 있어야 합니다. 만약 MS 윈도 PC에서 접속할 경우 별도의 사용자 계정을 물어보지 않고 오직 VNC 보기 암호만 물어봅니다.

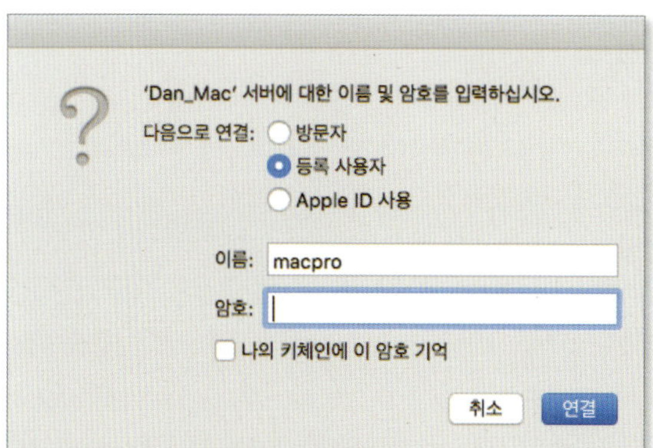

Finder의 서버 연결 사용자 인증 대화상자

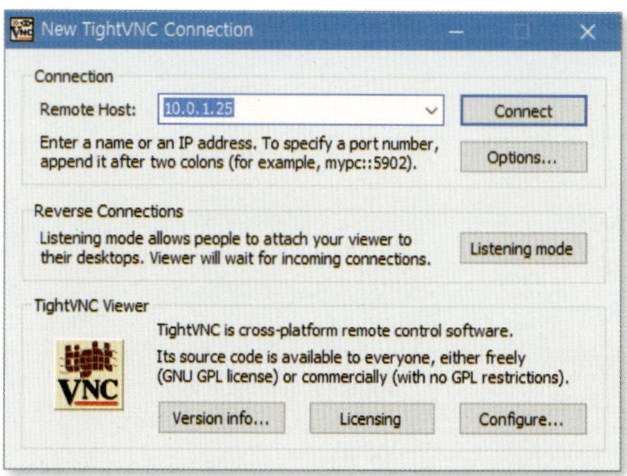

MS 윈도의 VNC 접속 대화상자

03 '컴퓨터 설정' 버튼을 클릭하고 'VNC 뷰어로 원격 제어 시 암호 사용'에 체크 표시한 후 윈도 PC에서 접속할 때 사용할 암호를 설정합니다. '누구나 원격 제어 요청 가능' 항목을 활성화하면 02에서 설정한 화면 공유 허용 계정과 상관 없이 누구든지 화면 공유를 요청할 수 있습니다(Mac에서 Mac으로 접속할 경우에 한함).

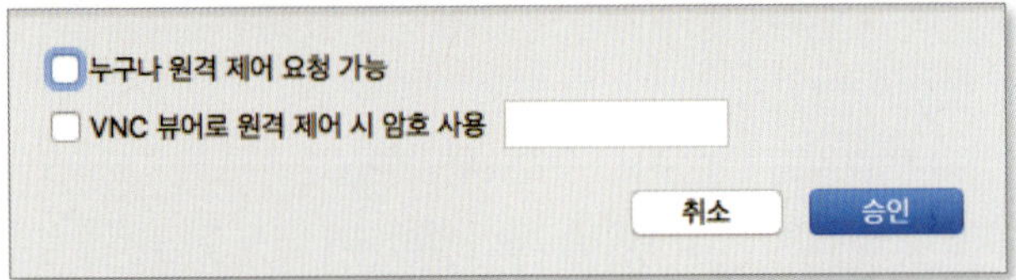

화면 공유 설정 대화상자

04 다른 Mac 컴퓨터에서 접속하려면 Finder 윈도우에서 '이동 → 서버에 연결' 메뉴를 선택하고 'vnc://서버 주소'를 입력한 뒤 '연결' 버튼을 클릭합니다. 서버 주소는 화면 공유 옵션에서 확인할 수 있습니다.

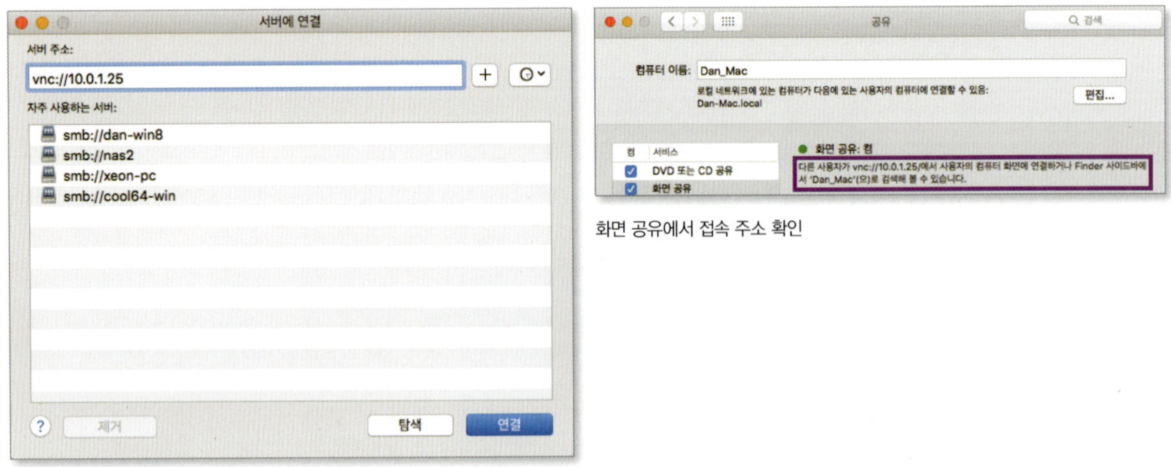

Finder 서버 연결 대화상자

화면 공유에서 접속 주소 확인

05 Finder 윈도우의 보기 설정을 '계층 보기'로 설정하면 접속 주소를 직접 입력하지 않고도 편리하게 화면 공유된 Mac 컴퓨터로 접속할 수 있습니다('화면 공유' 버튼 클릭).

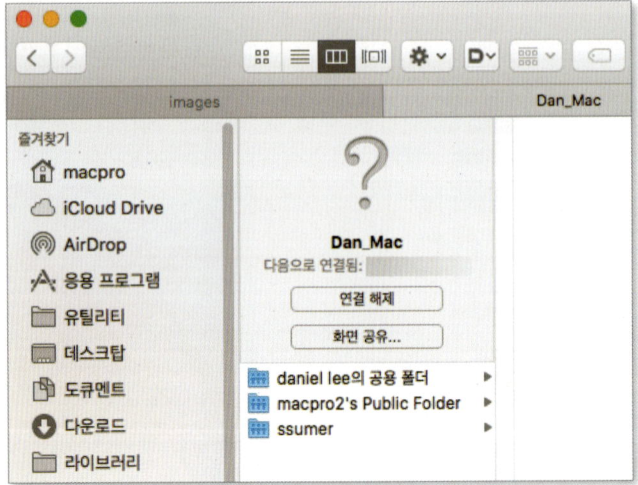

Finder에서 화면 공유된 컴퓨터 브라우징

06 MS 윈도 PC에서 접속하려면 VNC 클라이언트를 이용합니다. 이번 예제에서는 TightVNC 프로그램을 이용해 접속하는 방법에 대해서만 설명합니다. TightVNC은 무료 프로그램이며 'http:// www.tightvnc.com/download.php'에서 다운로드할 수 있습니다.

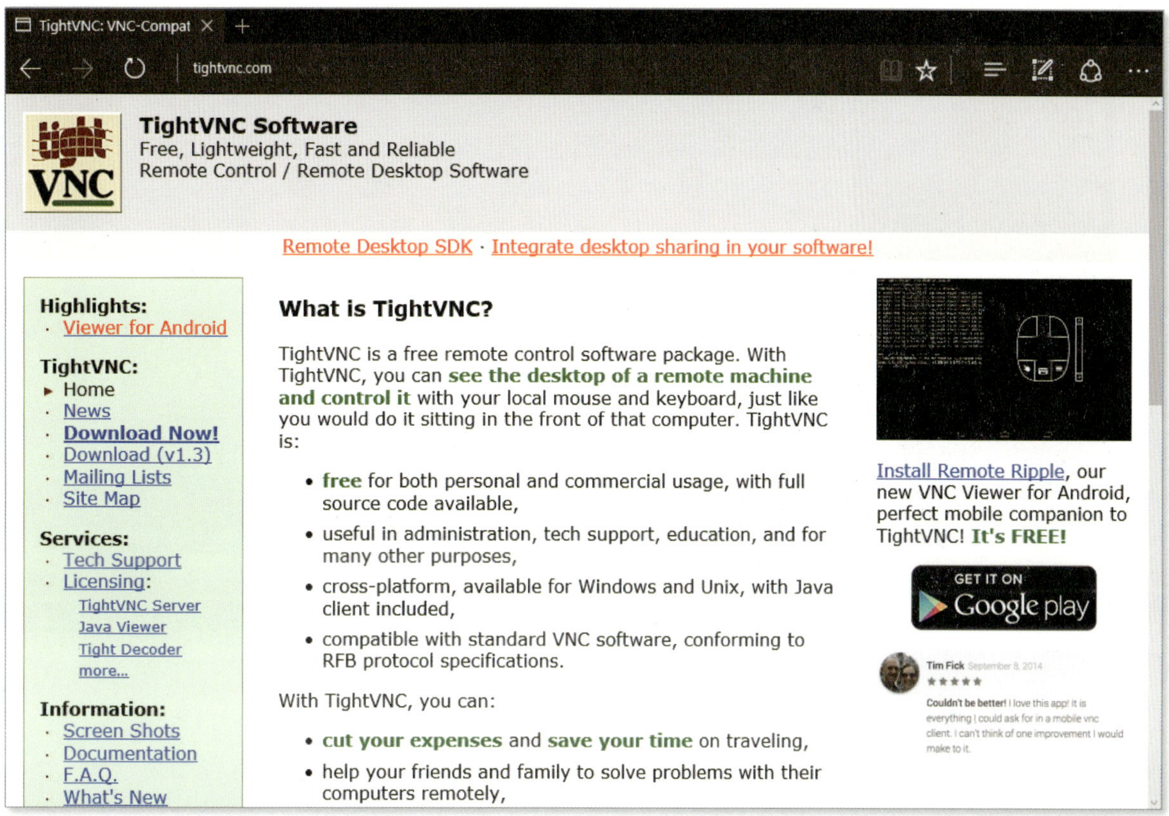

TightVNC 다운로드 페이지

07 TightVNC Viewer 프로그램을 실행하고 화면 공유가 활성화된 Mac 컴퓨터의 접속 주소를 입력합니다. MS 윈도 또는 리눅스 등에서 화면 공유된 Mac 컴퓨터로 접속하려면 반드시 '화면 공유 → 컴퓨터 설정' 옵션에서 'VNC 뷰어로 원격 제어 시 암호 사용'에 체크 표시하고 암호를 설정해야 합니다.

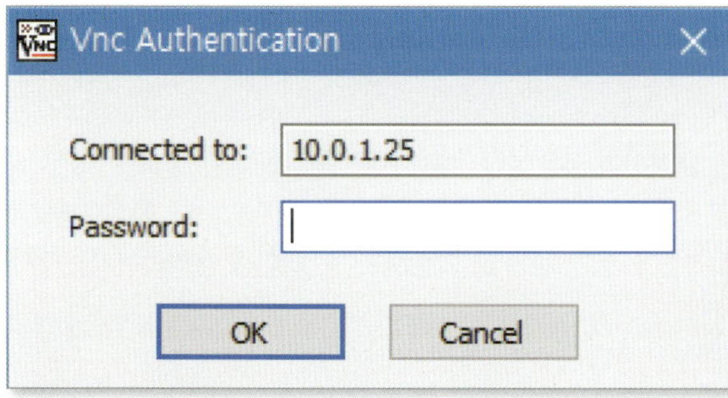

TightVNC 접속 대화상자

08 아래 화면은 MS 윈도 10에서 TightVNC Viewer 프로그램을 이용해 Mac 컴퓨터에 접속한 화면으로, 단순한 화면 보기뿐만 아니라 Mac OS X를 제어할 수 있습니다.

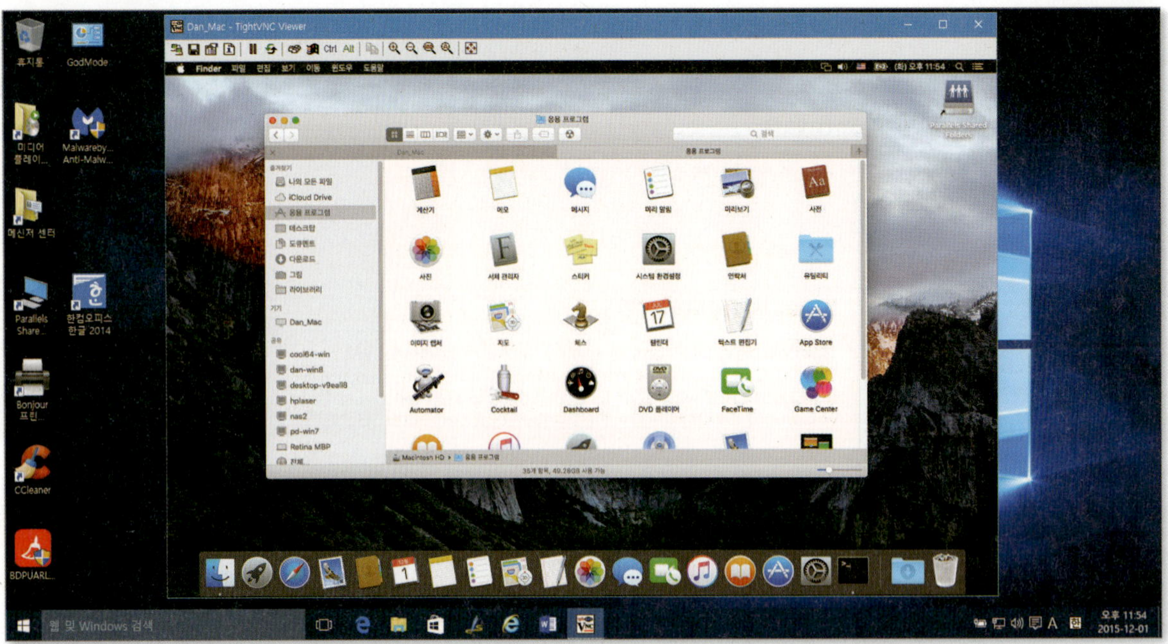

MS 윈도에서 VNC 접속 화면

 **주의** 인터넷 공유기나 라우터 등에 연결된 Mac 컴퓨터를 외부에서 VNC 클라이언트를 이용해 접속하려면 인터넷 공유기나 라우터의 5900 포트를 접속하려는 Mac 컴퓨터로 포트 포워딩을 해야 합니다. 포트 포워딩에 대한 자세한 안내는 사용하는 인터넷 공유기(또는 라우터)의 사용 설명서를 참고합니다.

> **Tip** OS X는 화면 공유 서버에 접속자를 위한 가상 데스크탑 서비스를 지원합니다. MS 윈도의 경우(서버 버전 제외), 다른 컴퓨터에서 '원격 데스크탑'으로 접속하려면 현재 사용자가 먼저 로그아웃 해야 하지만, OS X는 로그아웃 할 필요 없이 개별적인 가상 데스크탑을 접속자에게 지원합니다.

• **파일 공유** 다른 Mac 컴퓨터 또는 MS 윈도 PC와 공유할 폴더 및 접근 권한을 설정합니다. 다음은 공유 폴더 및 접근 권한을 설정하는 순서입니다.

01 '파일 공유'를 선택하고 '공유 폴더'의 아래쪽에 있는 ⊞ 버튼을 클릭하여 공유할 폴더를 선택합니다. 공유한 폴더는 기본적으로 다른 모든 컴퓨터에서 접근이 가능하며, 필요에 따라 사용 권한인 읽기(Read), 쓰기(Write)를 제한할 수 있습니다. 특정 사용자에게만 공유 폴더로 접근을 허용하려면 '사용자' 항목의 '모두'에 대한 권한을 '접근 불가'로 설정하고 ⊞ 버튼을 클릭하여 접근을 허용할 사용자 계정을 추가합니다.

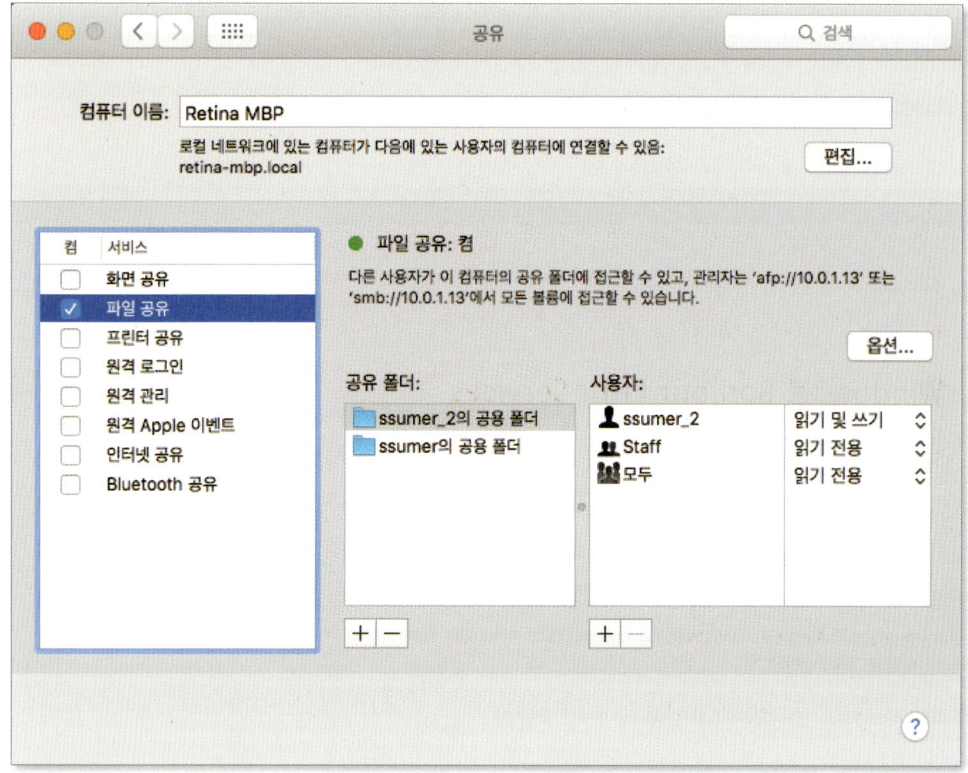

파일 공유 화면

02 추가한 사용자 계정의 기본 권한은 '읽기'만 가능하므로 필요에 따라 이것을 '읽기 및 쓰기'로 변경합니다.

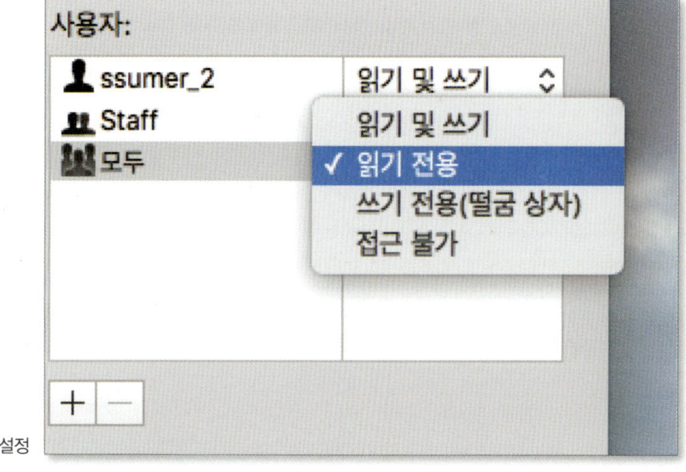

파일 공유 권한 설정

03 '옵션' 버튼을 클릭하여 파일 공유에 사용할 네트워크 프로토콜을 설정합니다. 만약 SMB 프로토콜을 지원하지 않는 클래식 Mac 컴퓨터의 접근을 허용하려면 'AFP를 사용하여 파일 및 폴더 공유' 옵션에 체크 표시합니다. MS 윈도 PC에서 공유된 폴더로의 접근을 허용하려면 'SMB를 사용하여 파일 및 폴더 공유' 옵션에 체크 표시합니다. SMB를 이용한 MS 윈도 PC와의 폴더 공유는 특정 사용자 계정에만 접근을 허용할 수 있습니다. 이때 지정한 사용자 계정에는 반드시 암호가 설정되어 있어야 합니다.

- **프린터 공유** 다른 Mac 컴퓨터 또는 MS 윈도 PC와 프린터를 공유합니다. Mac 컴퓨터에 직접 연결된 프린터나 네트워크로 연결된 프린터를 공유할 수 있으며, 폴더 공유와 마찬가지로 접근 권한을 설정할 수 있습니다. '프린터' 열에서 공유하려는 프린터에 체크 표시하고 '사용자' 열에서 접근 권한을 설정합니다.

01 http://support.apple.com/kb/dl999 에서 Bonjour for Windows 프로그램을 MS 윈도 PC에서 다운로드 후 설치합니다.

Bonjour for Windows 다운로드 페이지

02 'Bonjour 프린트 마법사' 프로그램을 실행하고 Mac 컴퓨터에서 공유한 프린터 중에서 사용할 프린터를 선택합니다. 만약 MS 윈도에 사용할 프린터의 드라이버가 설치되어 있지 않으면 프린터를 구입할 때 제공받은 MS 윈도용 프린터 드라이버를 별도로 설치해야 합니다.

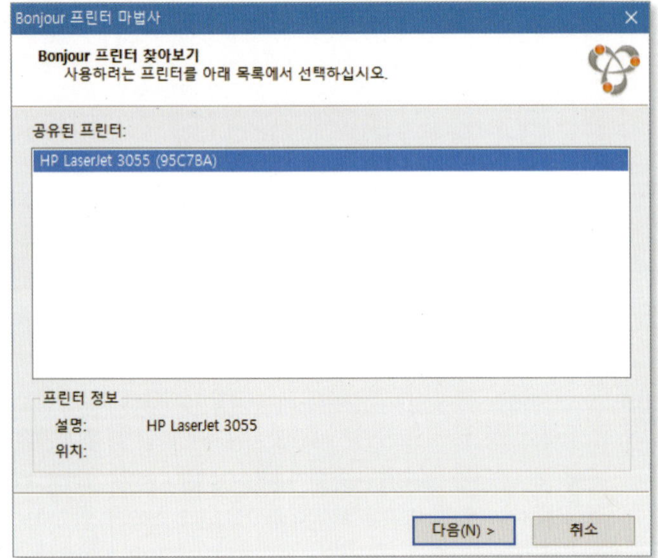

Bonjour 프린터 마법사

01 '시스템 환경 설정 → 프린터 및 스캐너'를 선택하고 대화상자의 왼쪽 아래에 있는 ⊞ 버튼을 클릭합니다.

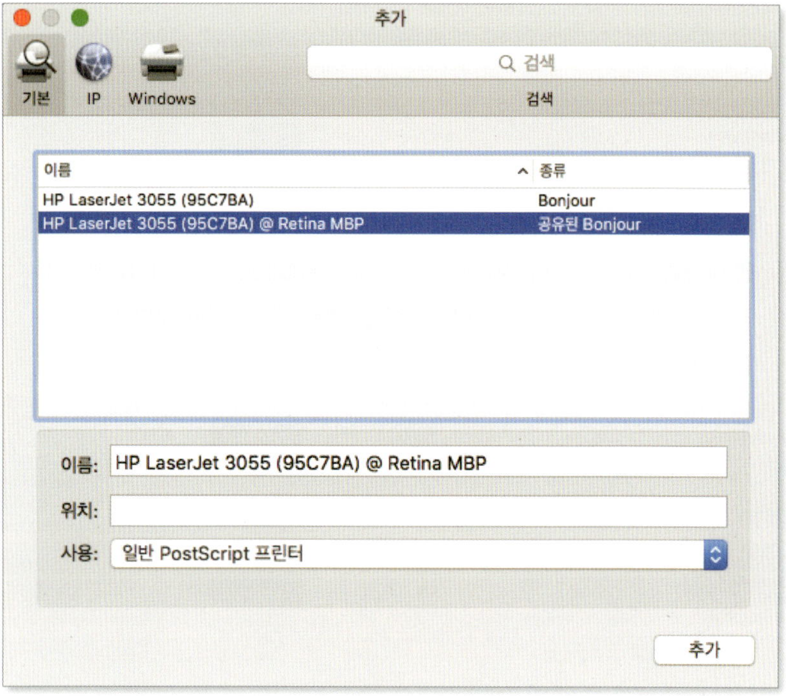

프린터 추가 대화상자

02 다른 Mac 컴퓨터의 공유된 프린터를 선택하고 '추가' 버튼을 클릭합니다. 참고로 MS 윈도 PC와는 달리 별도의 프린터 드라이버
를 설치하지 않아도 됩니다.

Tip -- OS X에 기본 내장된 Apache 웹 서버

OS X는 유닉스 시스템 기반의 운영체제이므로 Apache 웹 서버 및 PHP, MySQL 서버 등의 설정은 일반적인 리눅스 계열 운영체제와 비슷합니다.
각 서버에 대한 환경 설정 파일을 변경하려면 터미널(Terminal) 프로그램을 실행하고 다음의 파일 위치를 참고하여 각 환경 설정을 변경합니다.

- **Apache 환경 설정 파일 폴더** /etc/apache2
- **Apache 가상 호스트 설정 파일** /etc/apache2/extra/httpd-vhosts.conf
- **계정별 Apache 가상 호스트 설정 파일 폴더** /etc/apache2/users (이 폴더에 계정별 가상 호스트 환경 설정 파일을 직접 생성해야 합니다.)
- **Apache 웹서버 명령** 시작 sudo apachectl start, 정지 sudo apachectl stop, 재시작 sudo apachectl restart
- **PHP 환경 설정 파일** /etc/php.ini.default(환경 설정을 변경한 후 'php.ini'로 이름 변경)
- **MySQL 서버** OS X는 기본적으로 MySQL 서버가 내장되어 있지 않으므로 MySQL 홈페이지(http://www.mysql.com)에서 OS X용 패키지 파
  일(Community Edition)을 다운로드한 후 설치합니다. 다운로드한 패키지는 '/usr/local/mysql' 폴더에 설치됩니다. 만약 mysql을 실행할 때
  Error 2002… 가 발생한다면 다음 명령으로 mysql 소켓에 대한 링크를 생성해 줍니다.

```
sudo mkdir /var/mysql
sudo ln -s /tmp/mysql.sock /var/mysql/mysql.sock
```

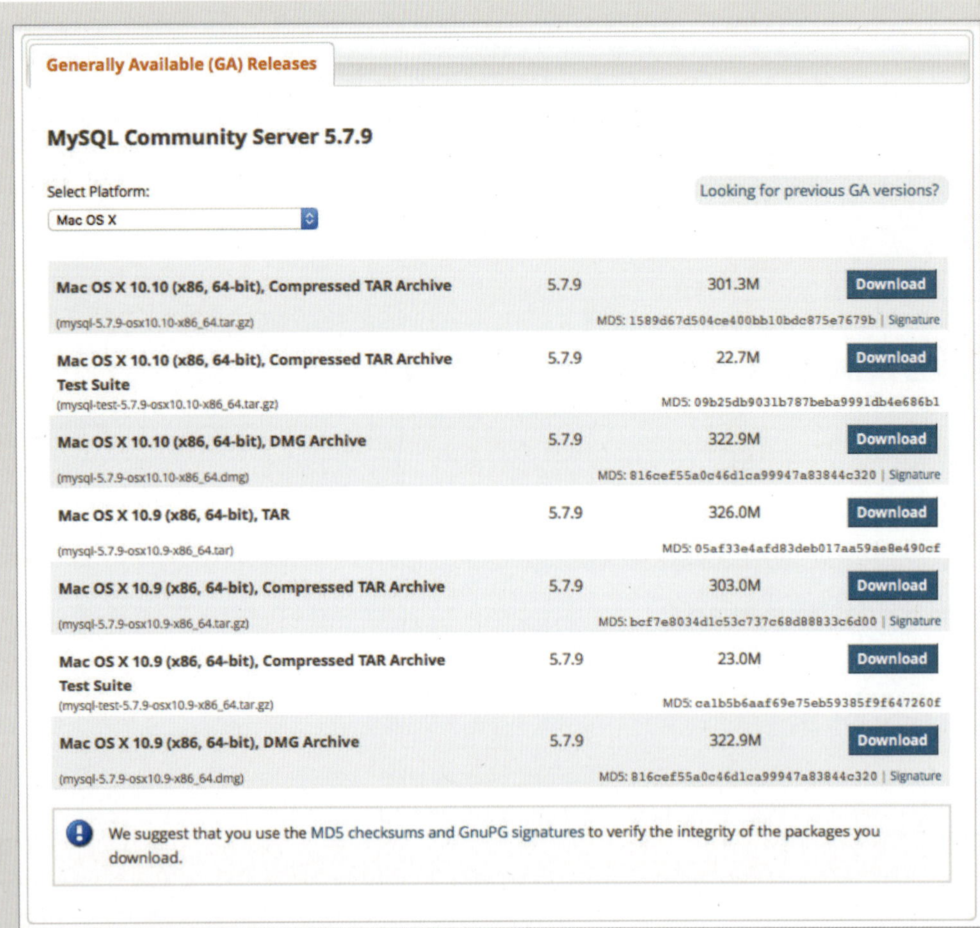

MySQL 홈페이지에서 다운로드할 수 있는 Mac OS X용 패키지 파일

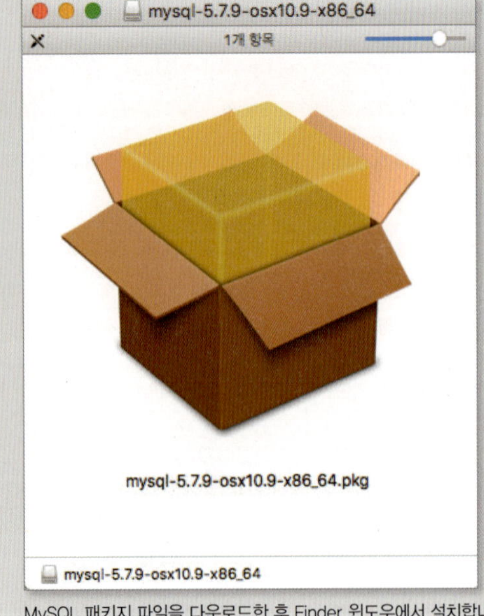

MySQL 패키지 파일을 다운로드한 후 Finder 윈도우에서 설치합니다.

- **원격 로그인** 시스템 관리자가 원격 접속용으로 주로 사용하는 SSH(Secure SHell) 서버를 활성화합니다. 다른 Mac 컴퓨터나 리눅스에서 터미널 프로그램을 이용해 접속할 수 있으며, MS 윈도 PC에서는 SecureCRT와 같은 별도의 SSH 클라이언트를 이용해 접속합니다. 외부에서 SSH 클라이언트의 접속을 허용하려면 방화벽에서 22번 TCP/UDP 포트를 열어야 하며, 인터넷 공유기나 라우터를 사용하면 22번 포트를 해당 Mac 컴퓨터로 포트 포워딩(port Forwarding)해야 합니다. 원격 로그인을 위한 사용자 계정에는 반드시 암호를 설정해야 합니다.

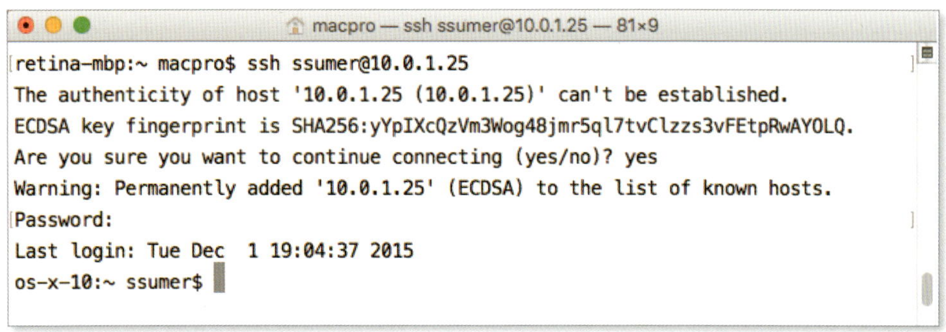

터미널 앱을 이용해 SSH 원격 로그인하기

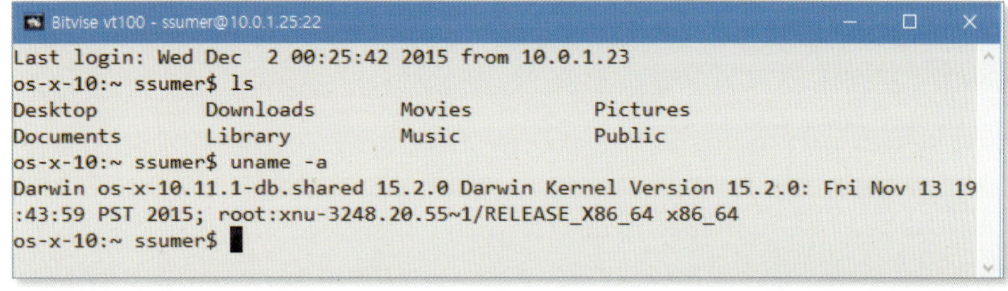

MS 윈도 PC에서 SSH 원격 로그인하기

- **원격 관리** 이 옵션에 체크 표시하면 애플의 원격 시스템 관리 앱인 ARD(Apple Remote Desktop) 앱을 이용해 접속할 수 있습니다. ARD를 이용하면 매우 편리하게 원격에서 Mac 컴퓨터를 관리할 수 있으며, 다양한 시스템 관리 명령 및 메뉴를 실행할 수 있습니다(예 원격에서 실시간으로 시스템 상태 모니터링, 앱 설치 및 제거, 스크린 공유 등). '원격 관리'와 '화면 공유'는 동시에 활성화할 수 없으며, 외부에서 ARD를 이용한 접속을 허용하려면 방화벽에서 TCP/UDP 3283, 5900 포트를 열고, 인터넷 공유기나 라우터에서 해당 Mac 컴퓨터로 포트(3283, 5900포트) 포워딩해야 합니다.

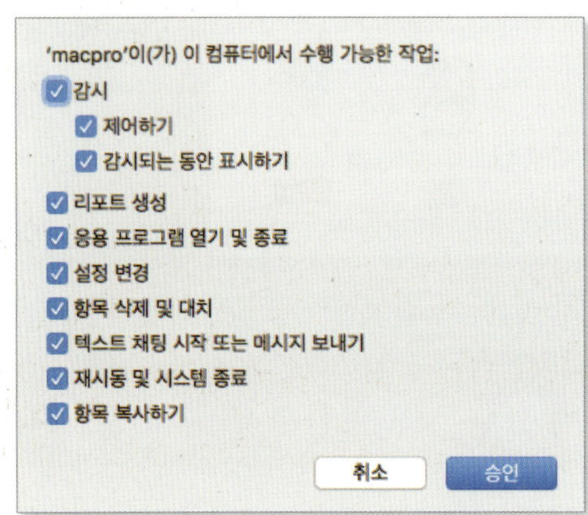

'원격 관리'에 체크 표시하면 원격에서 제어할 수 있는 항목들을 별도로 설정할 수 있습니다.

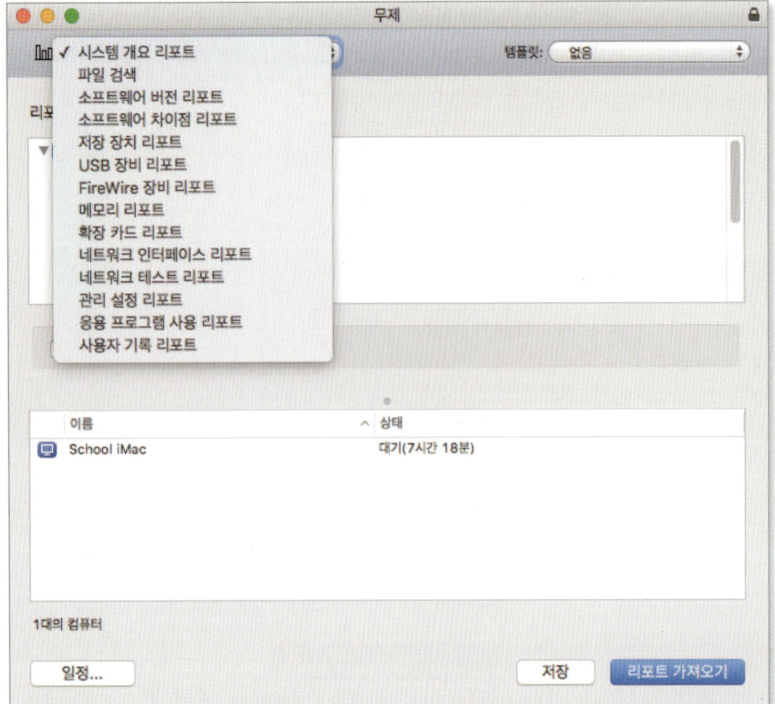

Apple Remote Desktop 앱을 이용하면 원격에서 Mac 컴퓨터를 실시간으로 모니터링 및 관리할 수 있습니다.

Apple Remote Desktop 앱을 이용해 원격 접속한 화면

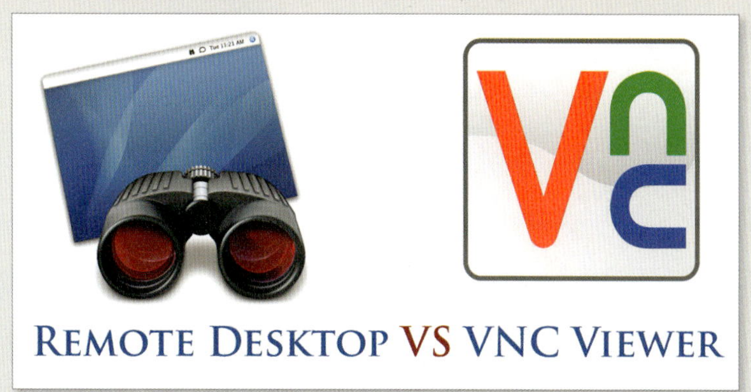

원격에 있는 Mac 컴퓨터의 화면을 실시간으로 보면서 작업을 수행하려면 Apple Remote Desktop을 이용한 '원격 관리' 방법과 VNC Viewer 프로그램을 이용한 '화면 공유' 방법이 있습니다. VNC Viewer는 OS X의 자체 내장 앱을 비롯하여, MS 윈도, 리눅스용 등이 있으므로 접속자가 운영체제에 상관없이 원격 접속이 가능합니다. 하지만 파일을 전송하거나 앱을 업데이트할 때는 FTP와 같은 별도의 파일 전송 프로그램을 이용해야 하므로 불편합니다. 반면 Apple Remote Desktop은 비록 OS X에서만 실행되는 앱이지만, 화면 공유를 비롯하여 파일의 전송, 설치된 앱의 버전 확인 및 업데이트 등을 모두 할 수 있습니다. 그러므로 여러 대의 Mac 컴퓨터를 원격에서 관리해야 한다면 Apple Remote Desktop이 적합하고, 단순히 집이나 회사에서 일시적으로 원격 접속을 한다면 화면 공유를 통한 VNC Viewer 사용이 적합합니다.

• **원격 Apple 이벤트** 이 옵션에 체크 표시하면 원격에서 애플 스크립트(Apple Script, OS X에 내장된 프로그래밍 언어)를 이용하여 컴퓨터의 상태를 확인하거나 잠자기 모드(sleep mode) 등으로 전환할 수 있습니다. 참고로 AppleScript 편집기는 '응용 프로그램 ▶ 유틸리티' 폴더에 설치되어 있습니다.

애플 스크립트(Apple Script)로 원격에 있는 Mac 컴퓨터의 Finder 윈도우 이름 확인하기

- **인터넷 공유** 다른 컴퓨터와 인터넷 연결을 공유할 수 있는 옵션입니다. 예를 들어 맥북에서 이더넷 포트로 인터넷 회선을 연결했으면 다른 컴퓨터가 무선 네트워크 어댑터로 연결하여 인터넷에 접속할 수 있습니다. OS X 내부 프로세스 데몬 인 NATD(Network Address Translation Deamon)가 이러한 기능을 담당하며 필요할 경우 포트 포워딩도 할 수 있습니다.

- **Bluetooth 공유** 이 옵션을 활성화시키면 Bluetooth를 이용한 파일 송수신을 지원하는 기기와 파일 또는 폴더를 공유할 수 있습니다. 공유에 참여할 기기와 Mac을 짝짓기(Pairing, 시스템 환경 설정 → Bluetooth)하고 'Bluetooth 공유' 옵션을 활성화하면 양 기기간 파일이나 폴더를 송수신할 수 있습니다.

터미널에서 다음과 같은 형식으로 NATD 명령을 실행합니다. 참고로 터미널의 sudo 명령은 관리자 권한이 있는 사용자 계정 으로만 실행할 수 있습니다. 만약 표준 사용자 계정으로 sudo 명령을 실행하려면 '/etc/sudoer' 파일에 해당 사용자의 계정 을 추가해야 합니다. 관리자 계정으로 로그인한 후 터미널에서 visudo 명령을 입력하면 sudoer 파일을 수정할 수 있습니다.

```
sudo natd –interface en1(무선 네트워크 어댑터) –redirect _port tcp <무선 네트워크로 연결된 컴퓨터의 IP 주소>:
포트 번호 <포워딩할 포트 번호>
```

> **Note** 네트워크 인터페이스의 식별자(예 en0, en1 등)는 터미널에서 'ifconfig' 명령을 실행하여 확인할 수 있습니다.

- 외부 접속 TCP 88 포트를 무선 네트워크로 연결된 컴퓨터의 80포트로 포워딩

```
sudo natd –interface en1 –redirect_port tcp 192.168.10.20:80 88
```

- 외부 접속 UDP 3074 포트를 무선 네트워크로 연결된 컴퓨터의 3000포트로 포워딩

```
sudo natd –interface en1 –redirect_port tcp 192.168.10.20:3000 3074
```

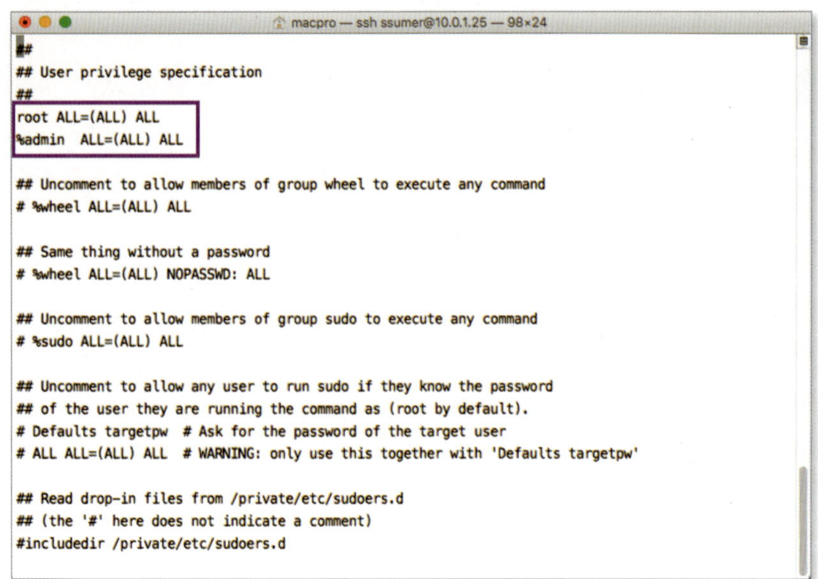

터미널 앱에서 sudo visudo를 실행하고 sudo 명령의 사용을 허용할 사용자 계정을 추가합니다.

24 Time Machine

OS X의 백업 기능인 Time Machine에 대한 다양한 옵션을 설정할 수 있습니다. Mac 컴퓨터의 시스템 디스크(OS X가 설치된 볼륨)의 모든 데이터를 한 번에 백업할 수 있으며, 백업 디스크 용량을 모두 사용할 때까지 기존에 백업된 데이터에 덮어쓰지 않으므로 시간이나 날짜별로 필요한 데이터를 복구할 수 있습니다.

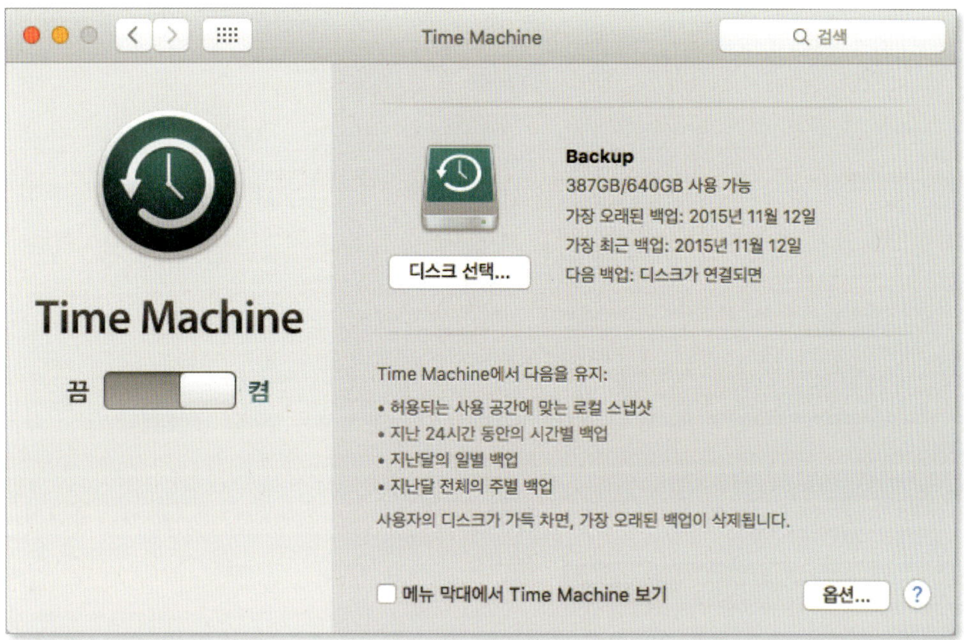

Time Machine 백업 설정하기

- **Time Machine을 위한 하드디스크 설정** Time Machine 기능을 이용해 내장 또는 외장 저장 장치(네트워크 저장 장치 포함)로 백업하려면 먼저 Mac 전용 방식(HFS+)으로 포맷된 저장 장치가 필요합니다. 만약 Mac 전용 방식으로 포맷된 백업용 저장 장치가 준비되지 않았다면 다음의 순서를 참고하여 Mac 전용 방식으로 저장 장치를 포맷합니다. 이때 Mac 전용 방식으로 포맷하면 기존에 저장된 모든 내용물이 삭제되며, MS 윈도 PC에서는 인식되지 않습니다. 만약 MS 윈도 PC에서 Mac 전용 방식으로 포맷된 저장 장치를 인식하려면 별도의 시스템 드라이버를 설치해야 합니다(**CI** Mediafour의 MacDrive, 홈페이지 http://www.mediafour.com).

01 '응용 프로그램 ▶ 유틸리티' 폴더에 있는 디스크 유틸리티(Disk Utility) 프로그램을 실행합니다.

02 디스크 유틸리티의 왼쪽 사이드바에서 백업용으로 사용할 저장 장치 또는 볼륨을 선택한 후 '지우기' 버튼을 클릭합니다. 그리고 '포맷'에는 'OS X 확장(저널링)', '이름'에는 백업 디스크의 볼륨 이름을 지정한 후 '지우기' 버튼을 클릭합니다. 만약 암호화된 백업을 원한다면 '포맷' 항목을 'OS X 확장(저널링, 암호화)'을 선택합니다. 암호화된 저장 장치는 다른 컴퓨터에서 액세스할 수 없으므로 높은 수준의 보안이 요구되는 백업에 적합합니다.

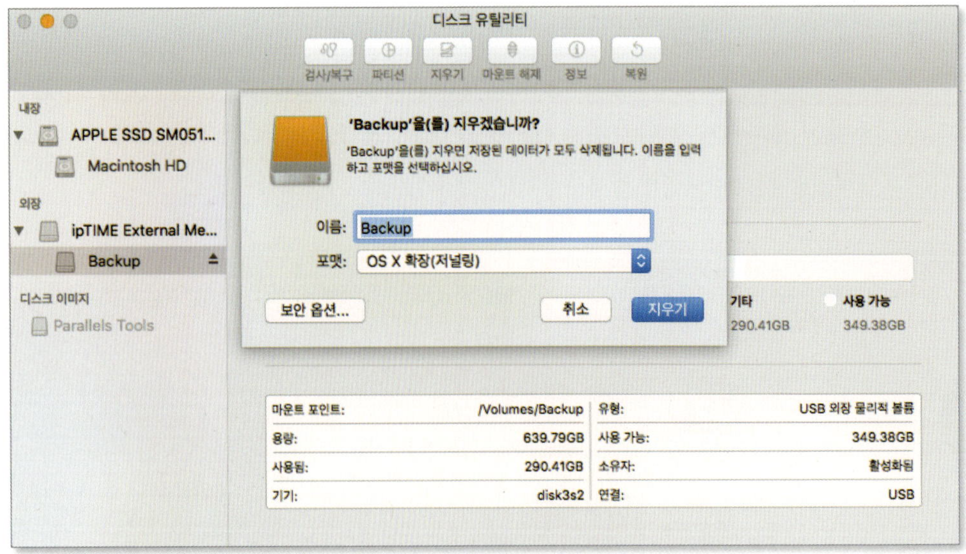

디스크 유틸리티, 지우기

03 포맷이 완료된 후 'Time Machine'에서 '디스크 선택' 버튼을 클릭하여 방금 포맷한 저장 장치 또는 볼륨을 선택합니다.

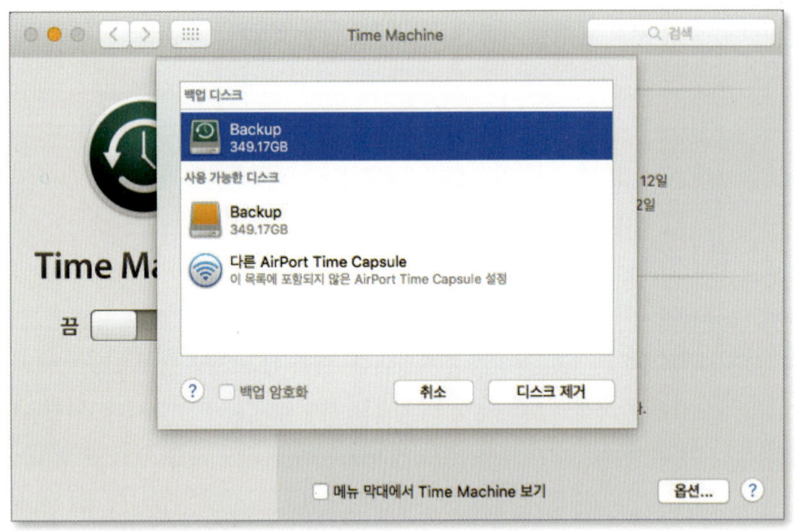

Time Machine 백업 디스크 설정

- **다용도 목적의 하드디스크 설정** Time Machine 백업 기능은 편리하지만 사용자가 세부적으로 백업에 관련된 설정을 할 수 없습니다. 예를 들어 백업용 하드디스크의 사용 용량을 제한하거나, 백업 시작 시간을 사용자가 별도로 지정할 수 없습니다. 특히 기존에 백업된 내용물을 덮어쓰지(overwrite) 않고 변경된 내용을 계속 추가하므로 어느 시점에 이르면 백업용 하드디스크는 백업 파일들로 완전히 점유됩니다. 그러므로 하나의 내/외장 하드디스크를 다용도(Time Machine용, PC 파일용 등)로 사용할 수 있도록 파티션을 분할하는 것이 좋습니다. 다음은 하나의 물리적인 하드디스크를 3개의 파티션(Time Machine용, PC용, 공용 데이터 저장용)으로 나누는 방법입니다.

<u>**01**</u> 디스크 유틸리티를 실행하고 왼쪽 사이드바에서 파티션을 설정할 하드디스크를 선택한 후 '지우기' 버튼을 클릭합니다. 그리고 설계 항목을 'GUID 파티션 맵'으로 설정한 뒤 '지우기' 버튼을 클릭합니다.

<u>**02**</u> '파티션' 버튼을 클릭하고, 왼쪽 '볼륨 설계' 원형 그래프 아래의 ⊕ 버튼을 2회 클릭하여 3개의 파티션으로 분할합니다. 각 볼륨들 (초기값 : 무제)에 대한 '이름', '포맷', '크기'를 설정합니다. Time Machine의 백업 디스크로 사용하려면 포맷을 'Mac OS 확장'으로 설정해야 하며, MS 윈도 PC 및 공용 파일 저장용으로 사용하려면 'MSDOS(FAT)' 또는 'exFAT'로 설정합니다. MS–DOS(FAT) 및 exFAT 방식으로 포맷된 볼륨은 MS 윈도 PC 뿐만 아니라 Mac OS X, 리눅스 등에서 읽고 쓰기가 가능합니다. 디스크 유틸리티에서 지원하는 FAT 방식의 최대 지원 용량은 32GB 이므로 그 이상의 용량을 단일 볼륨으로 구성하려면 exFAT 방식으로 포맷해야 합니다.

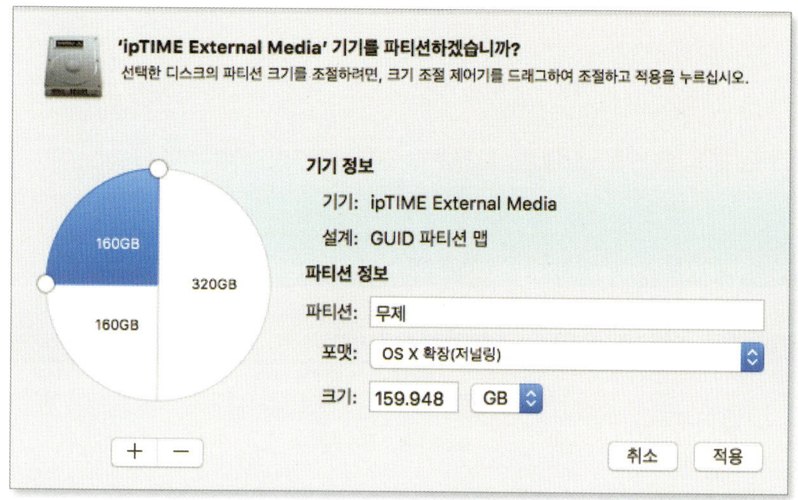

단일 하드디스크를 3개의 볼륨(파티션)으로 나눈 상태

- **Time Machine으로 백업하기** Time Machine을 위한 백업용 디스크를 설정했으면 곧바로 시스템 디스크(OS X가 설치된 내장 저장 장치, Macintosh HD 볼륨) 및 다른 내장 디스크의 내용물이 자동으로 백업됩니다. 이때 첫 번째 백업 이후 1시간 단위로 자동 백업됩니다. 만약 특정 폴더나 볼륨을 백업 대상에서 제외하려면 '옵션' 버튼을 클릭하고 제외할 폴더나 볼륨을 지정합니다. 처음 Time Machine 백업을 실행하면 '옵션'에서 제외한 폴더나 볼륨 이외의 모든 내용물이 백업되므로 시간이 많이 소요되지만, 이후부터는 오직 변경된 내용물만 백업을 진행하므로 시간이 오래 걸리지 않습니다. 만약 Mcafee, Norton과 같은 안티 바이러스 앱이 실시간으로 파일 검사를 하면 백업 속도가 매우 느려질 수 있으므로 백업을 시작하기 전에 실시간 파일 검사 기능을 비활성화 합니다.

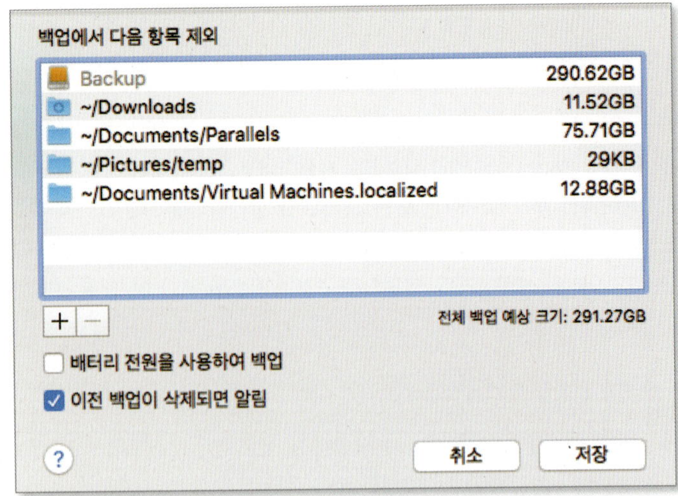

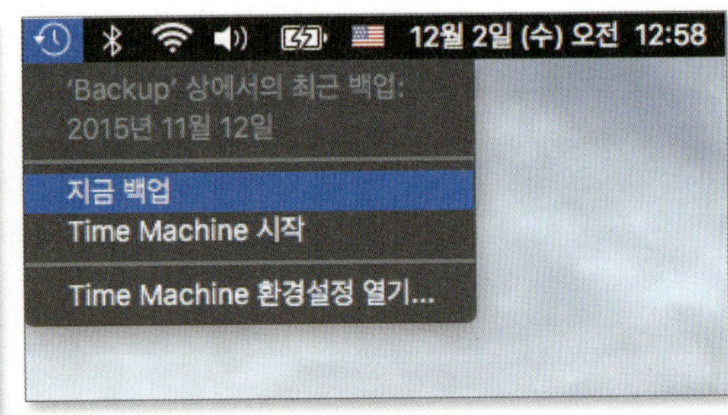

Time Machine 백업의 메인 메뉴 아이콘

백업 대상에서 특정 폴더나 볼륨을 제외하려면 ⊞ 버튼을 클릭하여 해당 폴더 및 볼륨을 추가합니다.

• **파일 복원하기** Time Machine으로 백업한 내용물에서 임의의 파일을 복원하려면 다음의 순서를 참고합니다.

01 Finder 윈도우의 오른쪽 위에 있는 검색 필드에 복원시키려는 파일의 이름이나 백업 검색을 위한 키워드를 입력합니다. 좀 더 정확하게 파일을 검색하기 위해 검색 위치(Mac 전체나 특정 폴더)와 검색 대상(파일 이름 또는 내용) 등을 설정하고, 필요할 경우 ⊞ 버튼을 클릭하여 좀 더 상세한 검색 조건을 지정합니다.

연락처 복원을 위한 Finder 검색

02 Dock 또는 '응용 프로그램' 폴더에서 'Time Machine'을 실행하면 01에서 검색한 파일에 대한 백업 파일들을 확인할 수 있습니다. 여기서 복원하려는 파일을 선택하고 '복원' 버튼을 클릭합니다.

- **디스크 복원하기** Time Machine으로 백업된 전체 내용물을 복원하려면 다음의 순서를 참고합니다. OS X가 실행 중인 시스템 디스크를 대상으로는 복원할 수 없으므로 Recovery HD로 먼저 시동해야 합니다.

01 컴퓨터를 켜자마자 키보드의 Command + R 을 동시에 계속 누르고 있으면 Recovery HD 볼륨으로 시동됩니다. 시동이 완료되면 기본 메뉴가 표시되는데 여기서 'Time Machine 백업으로부터 복원'을 선택합니다.

Time Machine 복원

02 대화상자의 안내에 따라 순서를 진행하면 OS X가 설치된 시스템 디스크를 Time Machine 백업으로 복원할 수 있습니다.

- **백업 파일 삭제하기** 백업된 데이터 중 특정 시점의 데이터를 삭제하려면 Dock 또는 '응용 프로그램' 폴더에서 'Time Machine'을 실행하고 삭제하려는 대상을 선택합니다. 그리고 컨텍추얼 메뉴(마우스 오른쪽 버튼 클릭)에서 '〈대상항목〉의 모든 백업 삭제'를 선택합니다. 이때 Finder에서 항목을 삭제할 때와는 달리 삭제한 항목은 휴지통으로 이동하지 않고 곧바로 영구 삭제됩니다.

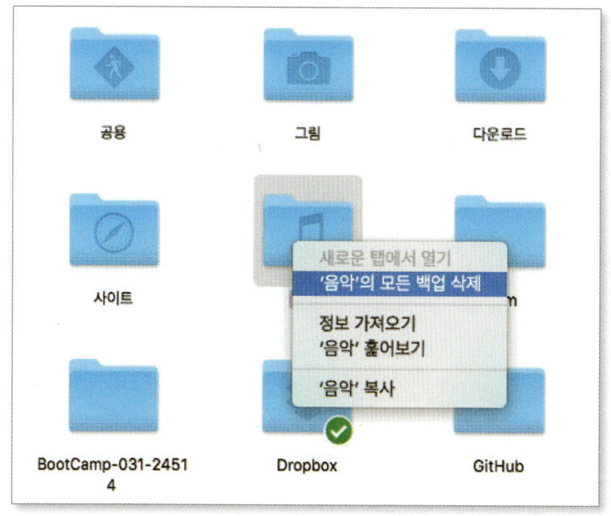

Time Machine의 Finder 윈도우에서 임의의 항목을 선택하고, 오른쪽 클릭하면 백업 데이터를 영구 삭제할 수 있습니다.

- **백업 중단** Time Machine은 처음 백업본을 생성한 이후 1시간 단위로 변경된 내용을 계속해서 자동 백업합니다. 이와 같은 자동 백업을 중단하려면 Time Machine 환경 설정 대화상자에서 단순히 '끔'을 선택합니다. 자동 백업이 중단되어도 기존에 백업된 모든 내용물은 그대로 유지되며, 사용자의 필요에 따라 언제든지 다시 백업을 실행할 수 있습니다. 참고로 '메뉴 막대에서 Time Machine 상태 보기'에 체크 표시하면 Mac OS X 메인 메뉴에서 편리하게 Time Machine 백업의 실행을 제어할 수 있습니다.

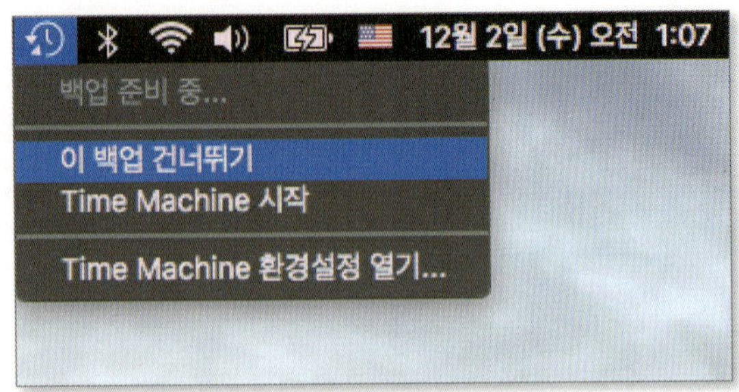

메인 메뉴에 표시된 타임 머신 제어 아이콘

25 사용자 및 그룹

① 사용자 계정 관련 옵션

다수의 사용자가 한 대의 Mac 컴퓨터를 공유하거나 네트워크를 통해 시스템 자원을 공유하는 환경에서 사용 목적에 따라 사용자 계정을 만들 수 있습니다. 사용자 계정은 유형별로 '관리자', '표준', '공유만 가능' 등이 있으며, 어린이나 미성년자들을 유해 콘텐츠로부터 보호할 수 있는 특별한 계정도 생성할 수 있습니다. 다음은 OS X에서 지원되는 계정 유형에 관한 설명입니다.

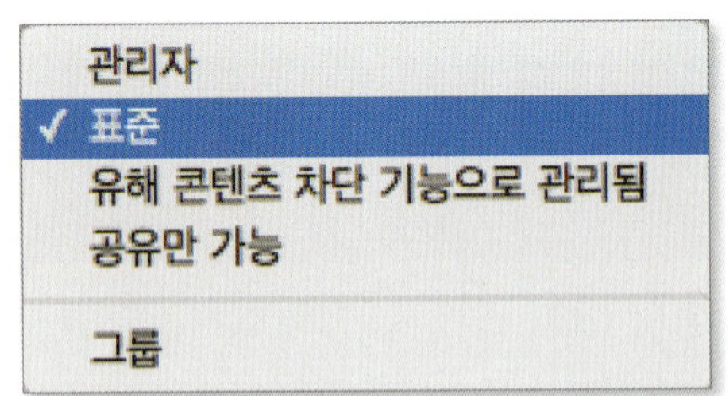

계정 유형

① **관리자** : 새로운 앱 설치, 제거, 변경 등을 할 수 있으며, 시스템 설정 및 다른 계정에 대한 관리(계정 추가 및 삭제)도 할 수 있습니다. Mac 컴퓨터 관리를 위한 모든 권한을 가지고 있지만, 다른 계정에 속한 개인 파일이나 폴더는 기본적으로 접근이 불가능합니다. 해당 사용자가 접근을 허용한 파일이나 폴더에 한해 접근 가능합니다.

② **표준** : 시스템 환경 설정 및 변경이 불가능한 계정입니다. 사용자 계정의 개인 폴더에 앱을 새로 설치하거나 변경 및 제거할 수 있으며 OS X 앱의 기본 폴더인 'Macintosh HD ▶ 응용 프로그램' 폴더의 앱들은 오직 실행만 가능합니다. 한 대의 Mac 컴퓨터를 여러 명이 공유하는 환경에서 일반 사용자용으로 적합한 계정 유형입니다.

③ **유해 콘텐츠 차단 기능으로 관리됨 :** 유해 콘텐츠로부터 사용자를 보호하는 다양한 설정을 할 수 있으므로 어린이나 미성년자를 위한 계정으로 적합합니다. 관리자가 세부적으로 사용할 수 있는 앱 및 접속할 수 있는 인터넷 사이트, 사용 시간 등을 제한할 수 있어서 어린이들을 유해 콘텐츠 및 컴퓨터 중독으로부터 보호하는 데 유용합니다.

④ **공유만 가능 :** 네트워크를 통해 공유된 폴더나 파일에 접근할 때만 사용할 수 있으며, 다른 계정 유형과는 달리 OS X에 직접 로그인할 수 없습니다. 네트워크 공유만을 위한 계정이므로 동영상, 그림, 음악 폴더와 같은 별도의 기본 사용자 폴더들은 생성되지 않습니다.

⑤ **그룹 :** 파일이나 폴더를 다른 사용자와 공유할 때 좀 더 편리하게 설정하기 위해서 사용자 그룹을 생성할 수 있습니다. 예를 들어 a, b, c 계정이 포함된 A-GROUP 그룹 계정을 임의의 공유 폴더의 접근 허용 목록에 추가하면 a, b, c 계정 사용자가 모두 해당 폴더의 접근 권한을 갖습니다.

• **사용자 계정 생성**　새로운 사용자 계정을 추가하려면 먼저 '계정' 대화상자의 왼쪽 아래에 있는 자물쇠 아이콘을 클릭하여 관리자 인증을 받습니다. 그리고 왼쪽 사이드바 아래의 ⊞ 버튼을 클릭하고 계정 유형 및 이름, 암호 등을 설정한 후 '사용자 생성' 버튼을 클릭합니다. 관리자 및 표준 사용자, 유해 콘텐츠 차단 계정 등은 계정이 생성됨과 동시에 개인 폴더들이 생성됩니다. '사용자 생성' 대화상자에서 계정 이름은 반드시 영문으로 입력해야만 하며, 빈 공간이나 특수 문자를 포함할 수 없습니다.

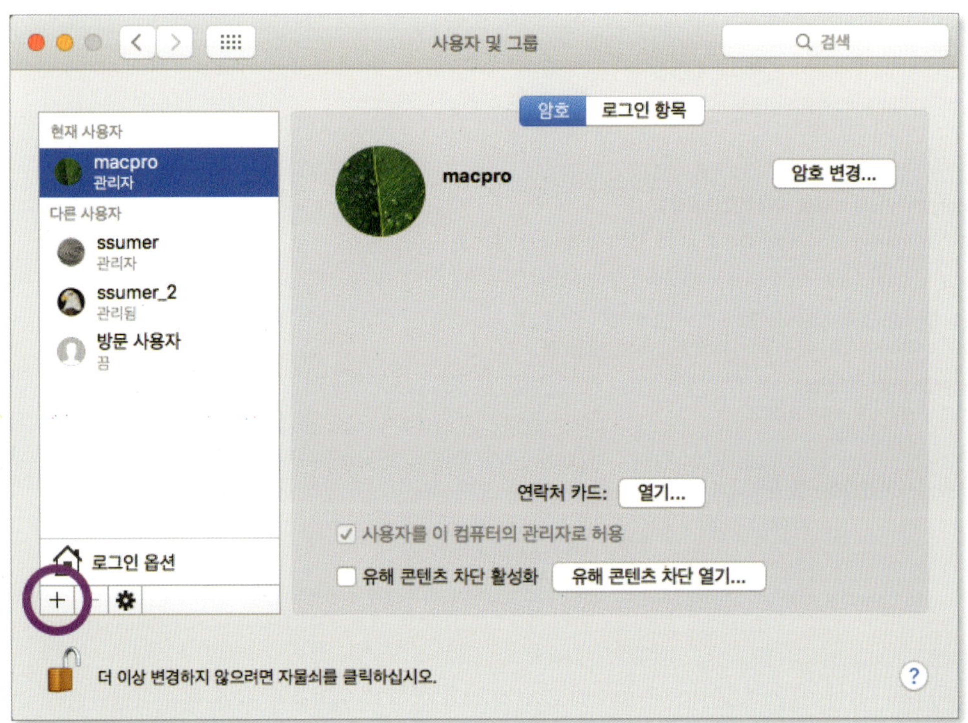

'사용자 및 그룹' 대화상자

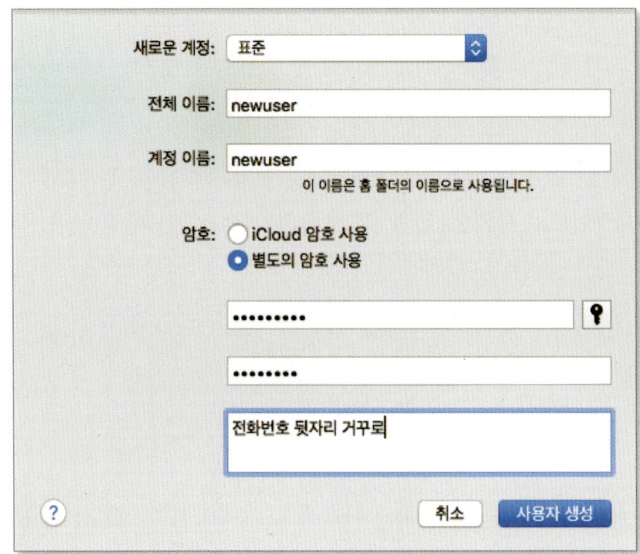

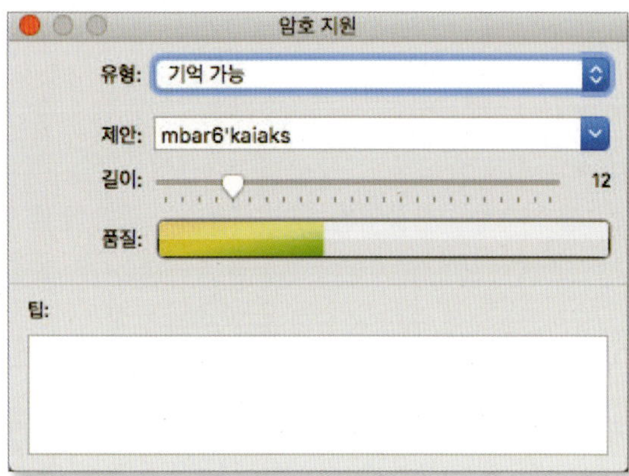

'사용자 생성' 옵션 대화상자. 열쇠 아이콘을 클릭하면 자동 암호 생성 기능을 이용할 수 있습니다.

자동 암호 생성을 지원하는 '암호 지원' 대화상자

• **사용자 계정 삭제** 삭제하려는 사용자 계정을 선택하고 왼쪽 사이드바의 아래쪽에 있는 ⊟ 버튼을 클릭하면 해당 계정을 삭제할 수 있습니다. 관리자 및 표준 사용자, 유해 콘텐츠 차단 계정 등은 각각 개인 폴더를 포함하므로 ⊟ 버튼을 클릭하면 해당 폴더들을 함께 삭제하거나 백업 또는 그대로 남겨둘 수 있는 '옵션' 대화 상자가 나타납니다. 사용자 계정은 오직 관리자 계정으로만 삭제할 수 있습니다.

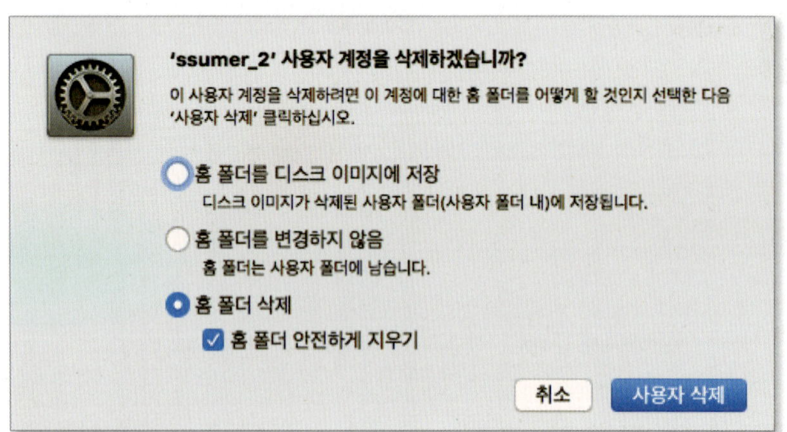

사용자 계정 삭제 대화상자

• **사용자 암호 변경** 암호를 변경하려면 '암호 변경' 버튼을 클릭하고 현재 암호와 새로 설정할 암호를 각각 입력합니다.

• **유해 콘텐츠 차단 활성화** 관리자가 특정 계정에 대한 사용을 제한하거나 유해 콘텐츠로부터 사용자를 보호하려면 다음의 순서를 참고합니다.

<u>01</u> 관리자 계정으로 로그인하고 '시스템 환경 설정 → 사용자 및 그룹' 아이콘을 클릭한 후 유해 콘텐츠로부터 차단할 사용자 계정을 선택합니다.

<u>02</u> '유해 콘텐츠 차단 활성화' 항목의 체크 표시를 하고, 앱 사용 및 인터넷 사이트 접속, 사용 시간 제한 등을 설정합니다. 유해 콘텐츠 차단에 대한 보다 자세한 내용은 266쪽의 '유해 콘텐츠 차단'을 참고합니다.

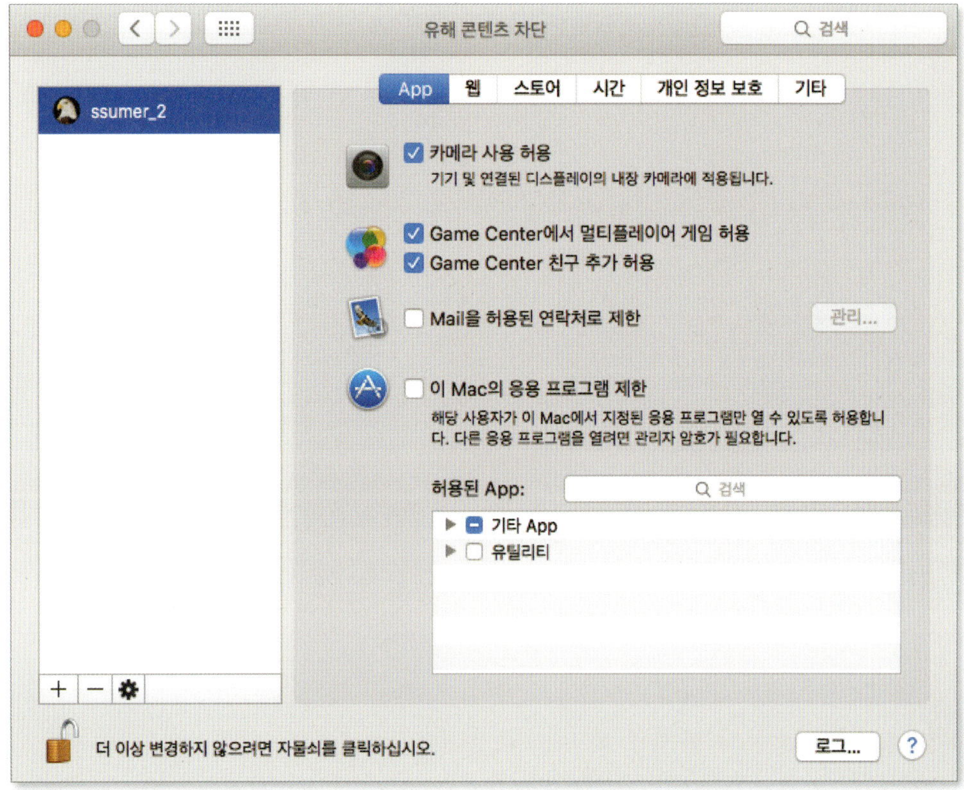

'유해 콘텐츠 차단' 대화상자

- **로그인 항목 설정** 사용자 계정으로 로그인할 때 자동으로 실행할 앱을 추가하려면 '로그인 항목' 탭을 클릭하고 자동 실행할 앱을 추가합니다. 참고로 로그인할 때 여러 개의 자동 실행 앱을 추가하면 OS X의 준비 시간이 상대적으로 느려지므로 반드시 필요한 앱만 추가합니다.

Tip 일부 OS X 써드파티 앱을 설치하면 자동으로 로그인 항목에 추가되는 경우가 있는데, 반드시 필요한 앱이 아니면 해당 앱을 로그인 항목에서 제거하는 것이 OS X의 전반적인 속도를 향상시키는 데 도움이 됩니다. 로그인 항목에 여러 개의 앱들을 추가하면 단순히 인터넷이나 워드프로세서를 하기 위해 Mac을 시동해도 모든 로그인 항목의 앱들이 자동 실행되므로 준비 시간이 느려집니다. 그러므로 불필요한 시간과 시스템 자원 낭비를 최소화하기 위해 자동 로그인 항목에는 반드시 필요한 앱만 추가합니다.

- **사용자가 Apple ID를 사용하여 암호를 재설정할 수 있도록 허용** 이 옵션을 체크 표시하면 암호를 분실했을 때 Apple ID를 이용하여 재설정할 수 있습니다. 예기치 않은 분실을 대비해서 이 옵션을 사용하는 것이 좋습니다.

- **연락처 카드 열기 버튼** 연락처 목록에서 계정 사용자에 대한 신상 정보를 입력합니다.

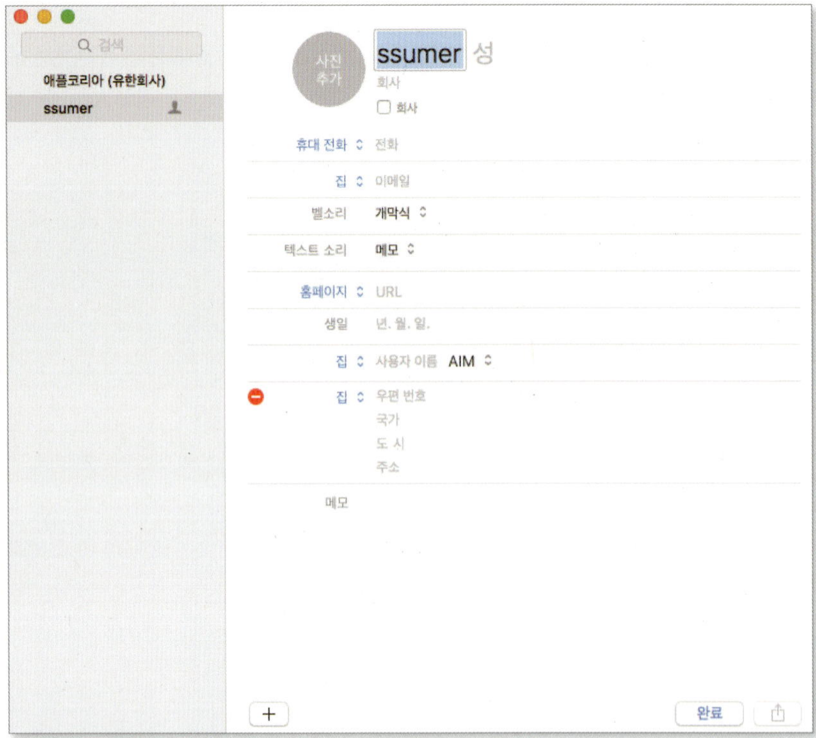

연락처 앱에 등록된 연락처는 다른 앱에서도 사용할 수 있습니다.

② '로그인 옵션'

자동 로그인을 설정하거나 로그인 화면에 표시할 항목, 네트워크 계정 서버 등을 설정할 수 있습니다. FileVault로 암호화된 시스템 디스크에서는 자동 로그인 옵션을 사용할 수 없습니다.

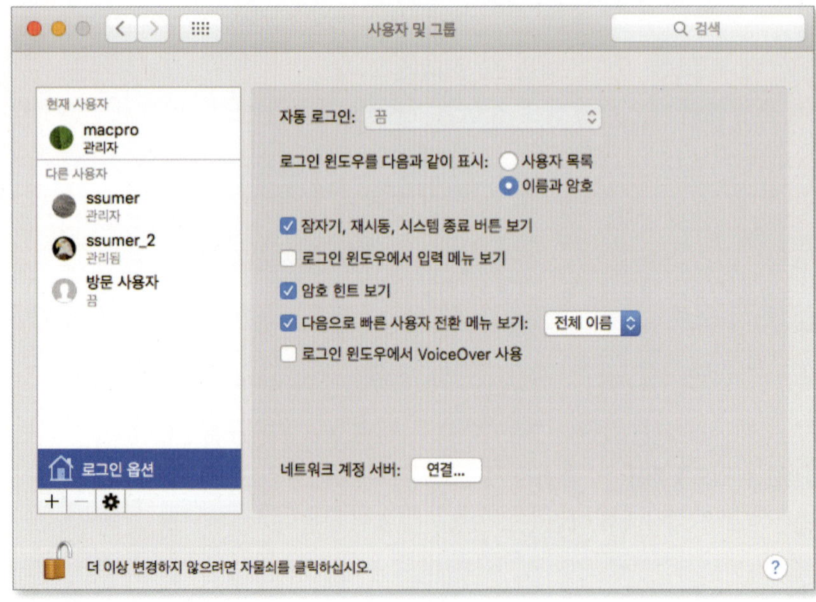

'사용자 및 그룹' 대화상자의 '로그인 옵션'

- **자동 로그인** Mac 컴퓨터를 시동하면 자동으로 로그인될 사용자 계정을 설정합니다. 혼자서 Mac 컴퓨터를 사용한다면 '자동 로그인' 옵션을 이용하면 좀 더 편리합니다.

- **로그인 윈도우를 다음과 같이 표시** 사용자의 취향에 따라 로그인 대화상자의 표시 방식 및 항목을 설정할 수 있습니다. 만약 '이름과 암호'를 선택하면 로그인할 때 정확한 사용자 이름과 암호를 입력해야만 로그인이 가능합니다. 그리고 '로그인 윈도우에서 VoiceOver 사용'에 체크 표시하면 로그인 화면을 음성으로 들려 줍니다.

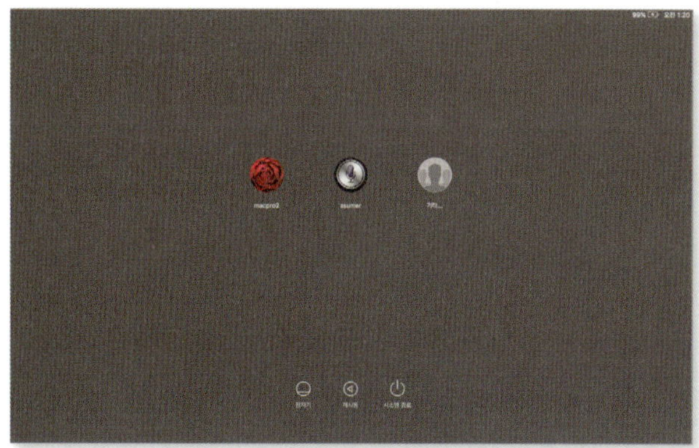

'로그인' 윈도우, **왼쪽** : 사용자 목록 **오른쪽** : 이름과 암호

- **다음으로 빠른 사용자 전환 메뉴 보기** 빠르게 다른 사용자 계정으로 전환하려면 '다음으로 빠른 사용자 전환 메뉴 보기'에 체크 표시하고 OS X의 메인 메뉴에 표시할 계정 표시 방식(이름이나 ID, 아이콘)을 설정합니다. 그러면 실행 중인 OS X 앱은 그대로 유지하면서, 다른 계정으로 전환하기 위한 로그아웃 단계를 거치지 않고 빠르게 다른 사용자 계정으로 전환할 수 있습니다.

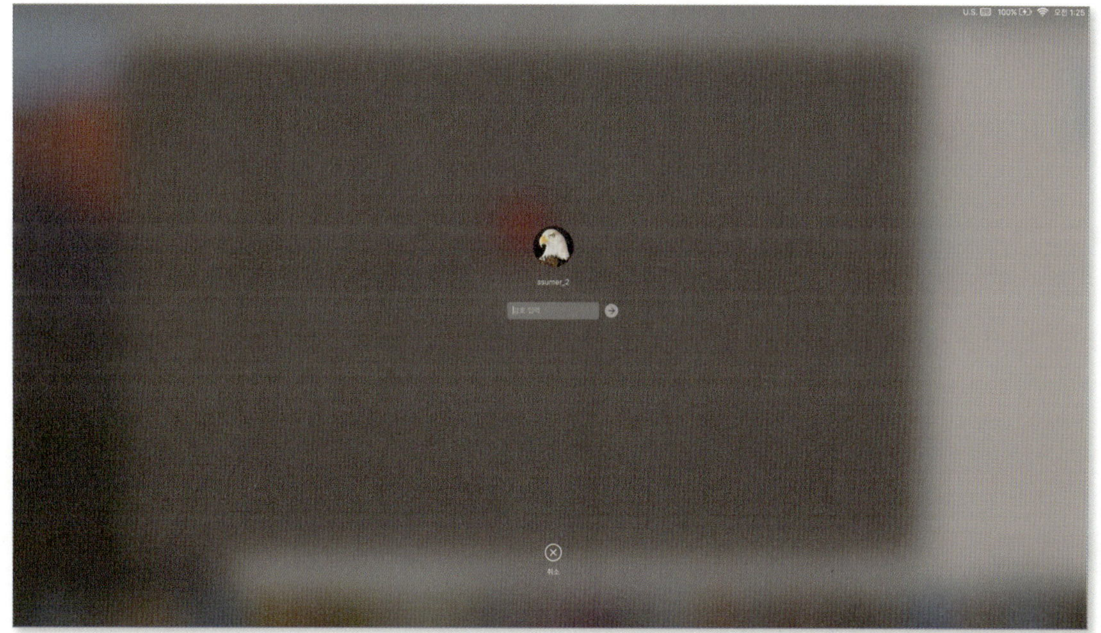

빠른 사용자 전환 메뉴 선택하기

- **네트워크 계정 서버** 회사나 그룹 등에서 운영하는 네트워크 계정 서버에 로그인하려면 '연결' 버튼을 클릭하고 서버 주소를 입력합니다. 지원되는 계정 서버는 Open Directory(Mac OS X Server)를 비롯하여 MS 윈도 서버의 Active Directory, NIS(Network Information Service) 등의 계정 서버를 지원합니다.

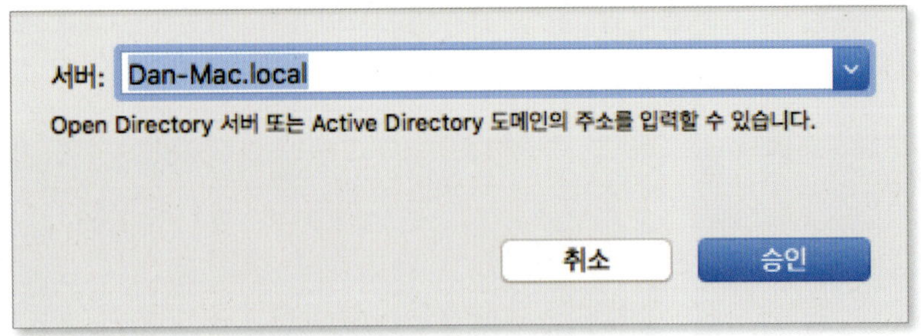

로컬 네트워크에 계정 서버를 발견하면 자동으로 서버 이름이 표시됩니다.

- **루트 계정 활성화** OS X는 유닉스 시스템을 기반으로 하는 운영체제이므로 다른 유닉스나 리눅스 운영체제처럼 루트 계정을 사용할 수 있습니다. Root 계정을 이용하면 OS X 시스템 내부의 모든 파일 시스템에 접근이 가능하며, 필요에 따라 시스템 파일을 수정하거나 변경할 수 있습니다. 일반 사용자가 시스템 내부의 파일이나 폴더에 접근할 일은 거의 없지만, 개발자나 시스템 관리자에게는 유닉스 라이브러리를 새로 설치하거나 업데이트할 때 루트 계정을 이용하면 편리합니다(일일이 'sudo'를 명령어 앞에 입력할 필요가 없습니다). 또한 다른 사용자의 폴더나 파일을 관리하려면 반드시 루트 계정을 이용해야 합니다. 이때 루트 계정은 다른 관리자 계정과는 달리 '슈퍼 권한'을 가지고 있는 계정입니다. OS X 전체 파일 시스템을 자유롭게 액세스할 수 있으므로 잘못 사용하면 OS X 내부 시스템이 심각하게 손상되므로 반드시 필요한 경우에만 루트 계정으로 로그인합니다(OS X 10.11 엘 캐피탄에 새로 추가된 '시스템 무결성 보호' 기능이 활성화된 상태에서는 root 계정의 접근 권한이 일부 제한됩니다).

01 '계정' 대화상자에서 '네트워크 계정 서버'의 '연결' 버튼을 클릭하고 '디렉토리 유틸리티 열기' 버튼을 클릭합니다.

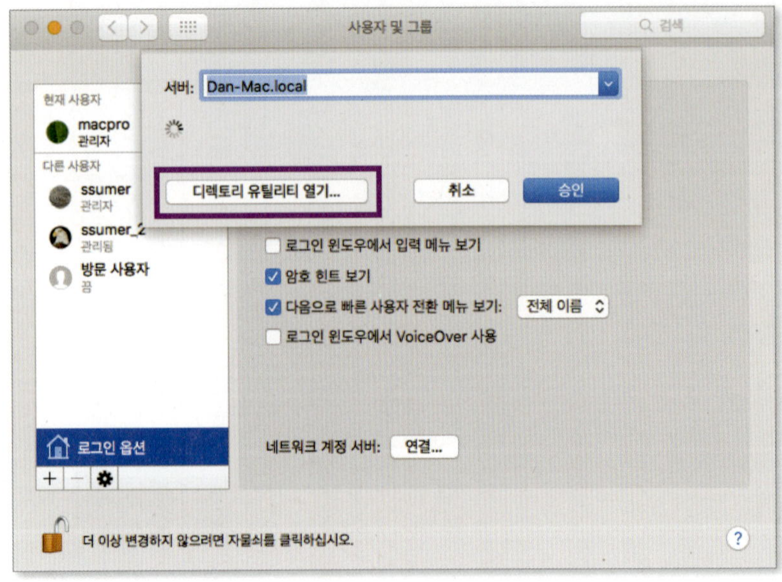

네트워크 계정 서버 대화상자

02 '디렉토리 유틸리티' 대화상자에서 왼쪽 아래의 자물쇠 열쇠를 클릭하고 현재 로그인한 계정의 암호를 입력합니다. 그리고 '편집 →
Root 사용자 활성화' 메뉴를 선택하고 Root 계정에 대한 암호를 설정합니다.

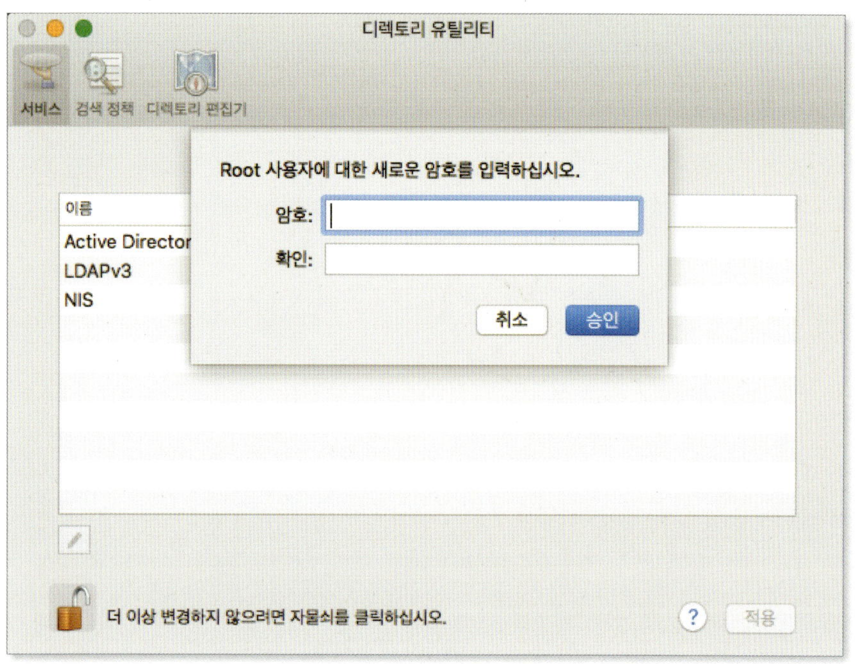

루트 암호 설정

03 정상적으로 루트 계정이 활성화되었는지 확인하기 위해 '응용 프로그램 ▶ 유틸리티' 폴더에 있는 터미널을 실행하고 'su root'를
입력한 후 방금 설정한 암호를 입력합니다. 오류가 발생하지 않으면 루트 계정이 정상적으로 활성화된 것이며, OS X의 모든 내부
파일 시스템에 접근 및 관리할 수 있습니다.

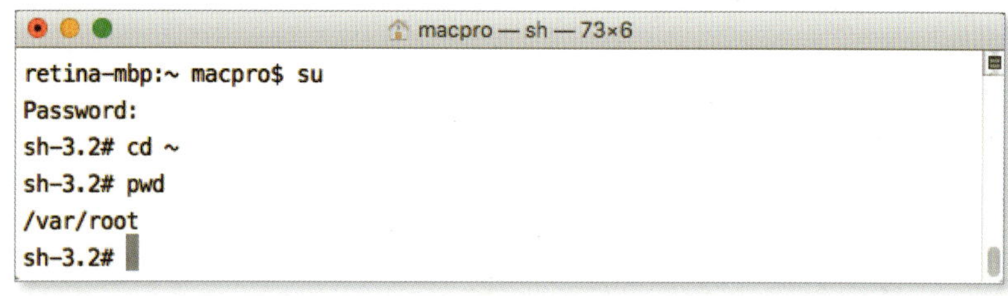

터미널에서 루트 계정 전환 화면

주의 루트 계정은 Mac OS X 시스템 내부의 모든 폴더 및 파일을 액세스할 수 있기 때문에 잘못 사용하면 Mac OS X 시스템 자체가 손상될 수 있습니다. 그러
므로 유닉스 관련 명령에 익숙하지 않은 일반 사용자는 루트 계정을 비활성화하는 것이 좋습니다.

26 날짜와 시간

Mac 컴퓨터의 시스템 날짜와 표시 방식 등을 설정할 수 있는 옵션입니다. 온라인 타임 서버를 설정하면 자동으로 정확한
현재 시간을 설정할 수 있으며, 필요에 따라 시간 알림 기능도 사용할 수 있습니다.

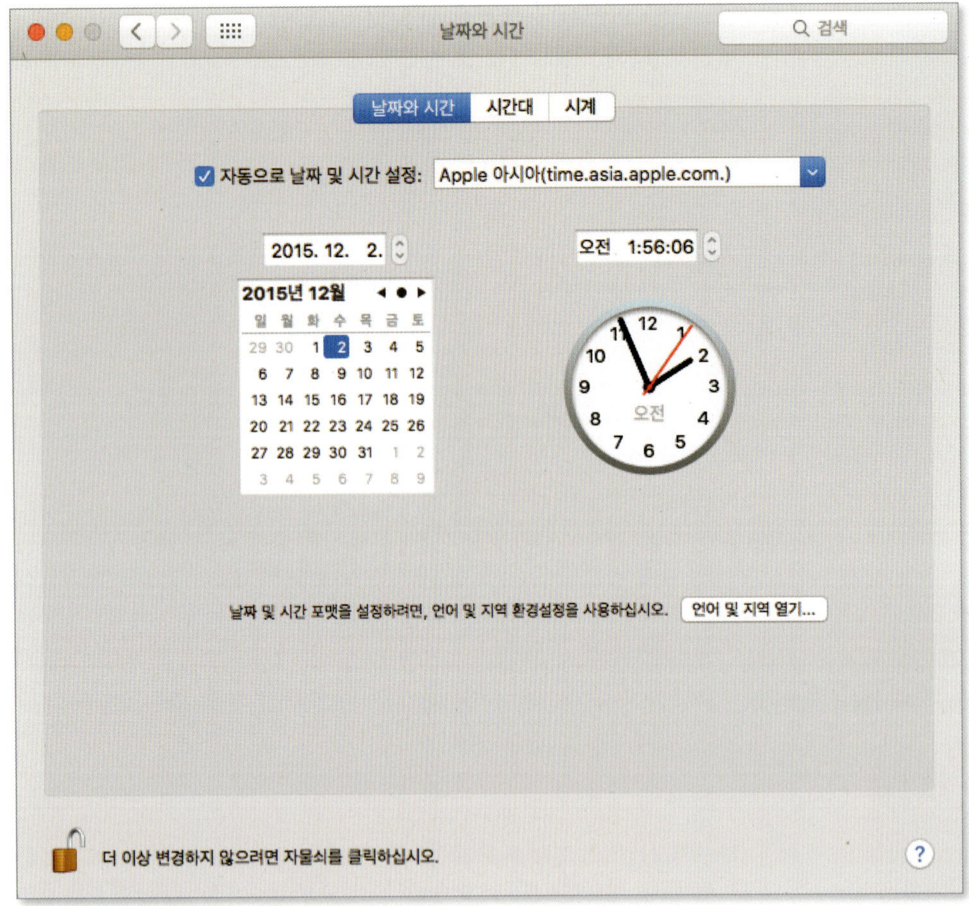

'날짜와 시간' 대화상자

- **'날짜와 시간' 탭** 인터넷에 연결되지 않아서 온라인 타임 서버를 사용하지 못하면 날짜와 시간을 임의로 설정해야 합니다. '자동으로 날짜 및 시간 설정' 옵션에 체크 표시를 없애고 달력 및 시간 항목을 조절하면 원하는 시간 및 날짜로 사용자가 직접 변경할 수 있으며, '언어 및 지역 열기' 버튼을 클릭하여 표시 방식을 변경할 수 있습니다.

- **'시간대' 탭** 온라인 타임 서버를 이용해 현재 시간을 동기화했으면 단순히 Mac 컴퓨터가 설치된 나라 및 도시를 설정하여 정확한 현재 시간을 설정할 수 있습니다. 무선 네트워크 어댑터가 내장된 Mac 컴퓨터에서 '현재 위치를 사용하여 자동으로 시간대 설정' 옵션을 체크 표시하면 자동으로 현재 위치에 맞는 시간으로 설정됩니다. 이 기능은 Mac 노트북 사용자 중에서 해외로 출장을 자주 다니는 사용자에게 매우 유용합니다.

- **'시계' 탭** OS X 메인 메뉴의 오른쪽에 표시되는 시계 및 날짜의 표시 방식과 항목들을 설정할 수 있으며, 필요에 따라 15분, 30분, 1시간 단위로 알림을 설정할 수 있습니다. 한국어를 포함한 다국어 음성을 알림으로 설정할 수 있습니다.

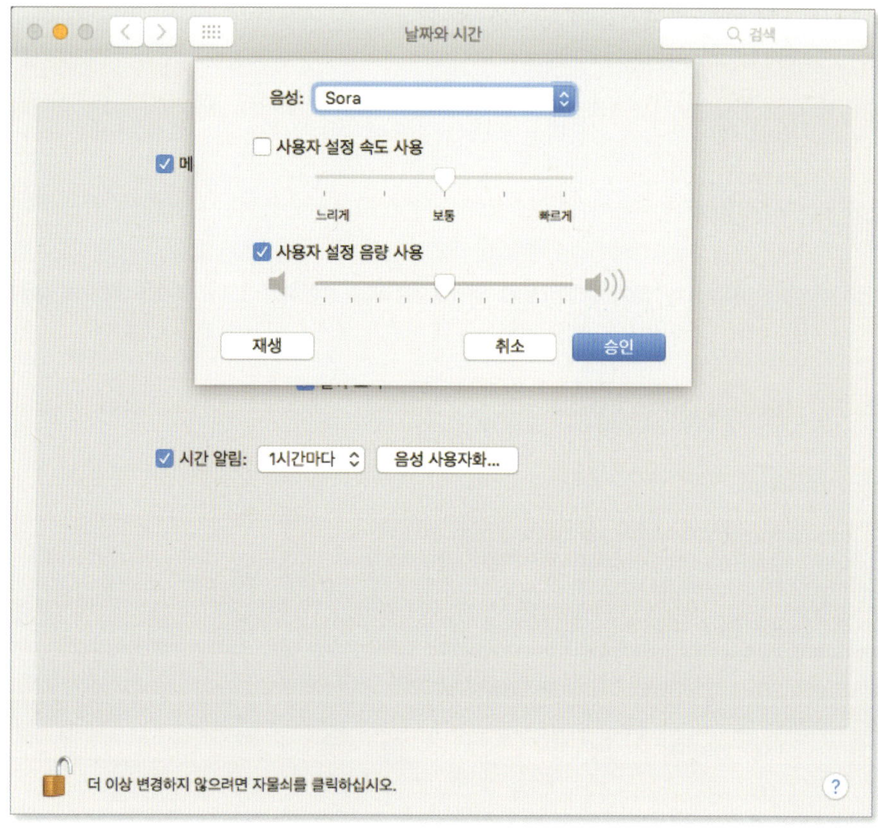

시간 경과에 대한 알림 설정 대화상자

27 받아쓰기 및 말하기

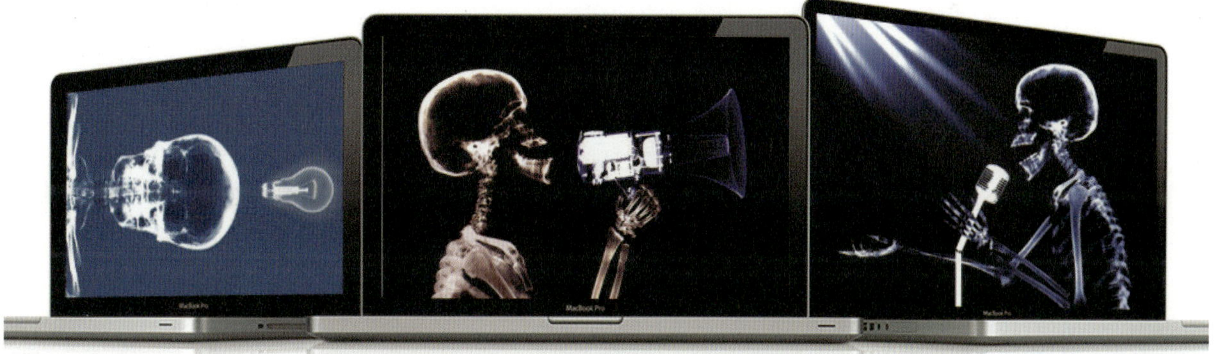

Photoshop work by SSUMER

'받아쓰기 및 말하기'를 이용하면 사용자의 음성으로 텍스트를 입력하거나('받아쓰기'), 화면에 표시된 모든 글자를 Mac 컴퓨터가 읽게 할 수 있습니다('말하기'). 예를 들어, 인터넷 뉴스 또는 전자서적을 읽을 때 Mac 컴퓨터가 대신 읽어 주게 할 수 있으며, 문서 작성 및 SNS 사이트 등의 포스팅을 음성으로 할 수 있습니다. '말하기' 기능은 원래 시각 장애인을 대상으로 Mac 컴퓨터를 보다 편리하게 이용할 수 있게 하는 부가 기능이었지만, OS X가 버전업되면서 일반 사용자들도 이 기능을 보다 많이 활용할 수 있도록 기능이 보강되었습니다.

OS X는 한국어를 포함한 다국어 음성을 지원하며, 음성으로 텍스트를 입력할 수 있는 '받아쓰기' 기능도 지원합니다. 또한 인터넷 연결을 하지 않고도 '받아쓰기'를 할 수 있습니다.

지금부터 OS X의 말하기 및 음성 인식 기능을 영어 학습에 활용하는 방법에 대해 예제를 통하여 알아보겠습니다.

① 말하기 및 음성 인식 설정하기

01 '시스템 환경 설정 → 받아쓰기 및 말하기 → 받아쓰기' 탭에서 '받아쓰기' 항목을 '켬'으로 설정하고 '언어' 항목은 '영어'로 설정합니다. 그리고 '시스템 환경 설정 → 손쉬운 사용 → 받아쓰기'의 '명령이 인식될 때 사운드 재생' 항목에 체크 표시합니다.

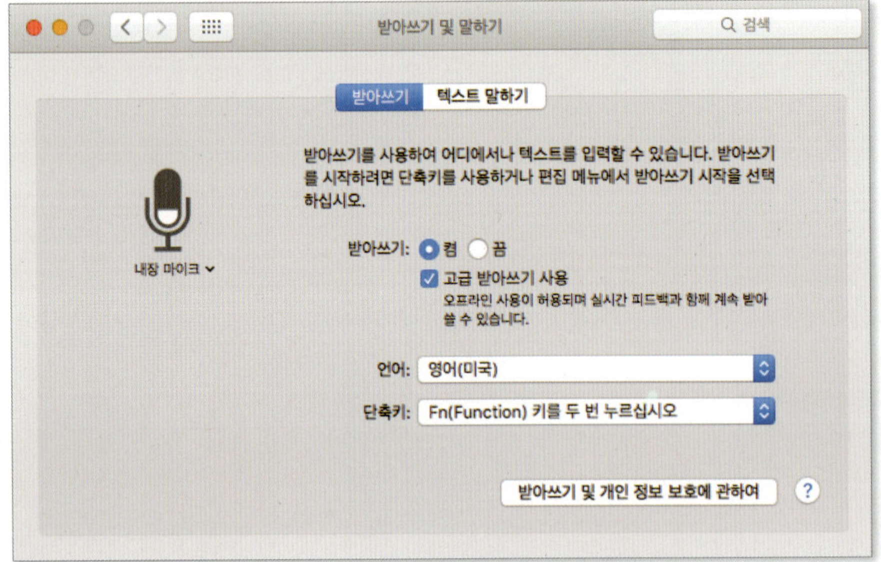

'받아쓰기 및 말하기' 옵션의 '받아쓰기' 탭

02 '받아쓰기 명령' 버튼을 클릭하고 모든 지원 가능한 명령을 활성화합니다.

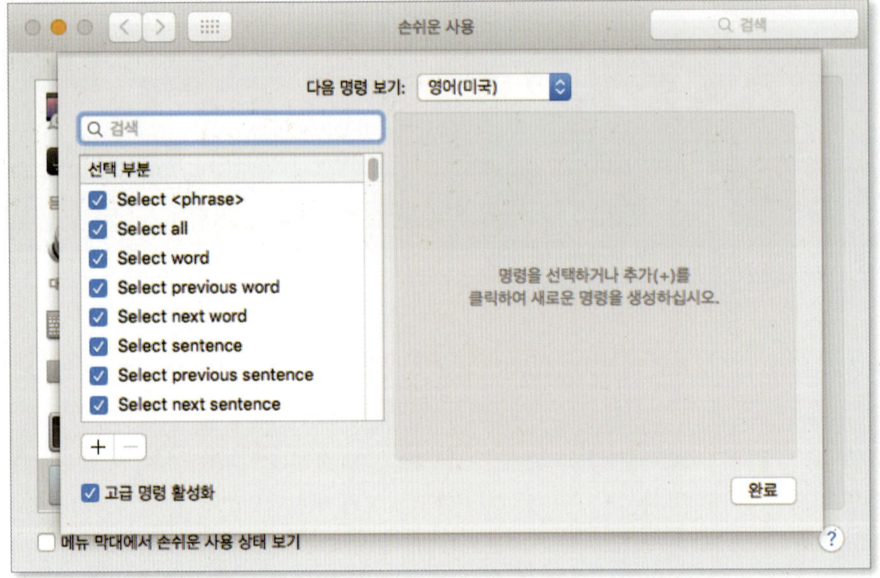

'손쉬운 사용'의 '받아쓰기 명령'

03 '시스템 환경 설정 → 받아쓰기 및 말하기 → 텍스트 말하기' 탭을 클릭한 후 '시스템 음성'에서 'Alex'를 선택하고 '키를 눌렀을 때 선택된 텍스트 말하기'에 체크 표시합니다. OS X에 내장된 여러 가지 영어 음성 중 Alex가 가장 정확하고 깨끗한 발음으로 영문을 읽습니다. 텍스트 말하기 기능을 실행할 단축키를 지정하기 위해 '키 변경' 버튼을 클릭합니다.

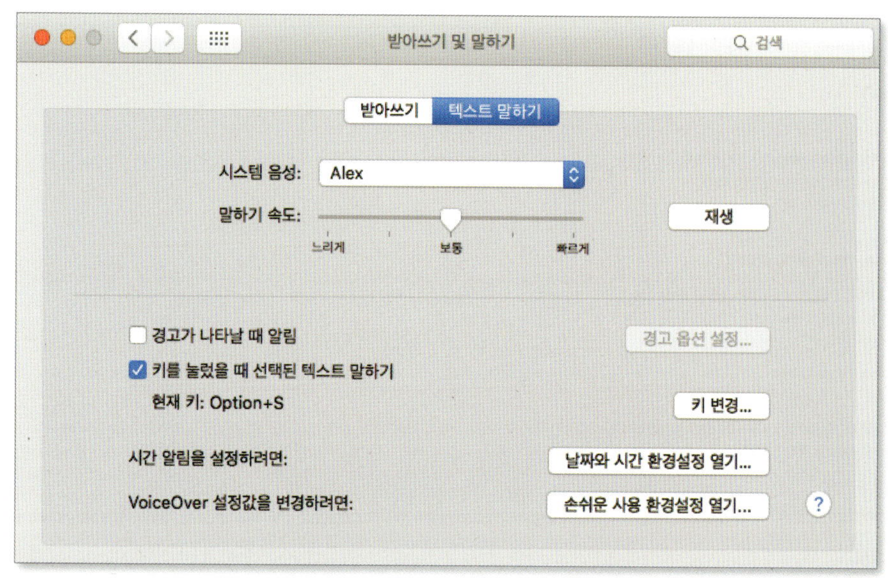

'받아쓰기 및 말하기' 옵션의 '텍스트 말하기' 탭

04 단축키를 지정하기 위해 사용할 단축키 조합을 누릅니다. 참고로 필자는 Option + S 를 단축키로 지정해서 사용합니다. 이때 OS X 기본 단축키와 충돌하지 않는 범위 안에서 단축키를 지정합니다.

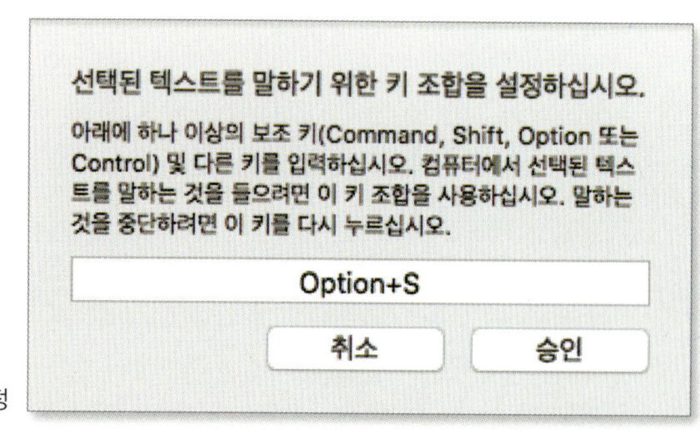

말하기의 단축키 지정

여기까지 순서를 진행했으면 기본적인 OS X의 말하기 설정을 완료한 것입니다. 그러면 지금부터는 이와 같이 설정된 기능을 영어 학습에 활용하는 방법에 대해 알아보겠습니다.

② 응용 One, 정확한 발음으로 영어 듣기 – 영어 듣기 능력 향상

영문 인터넷 사이트나 영문서를 읽다가 의미를 모르는 단어가 있을 경우 OS X에 내장된 한영사전을 이용하면 빠르게 해당 단어의 의미를 찾아볼 수 있습니다(단축키 : Ctrl + Command + D). 하지만 내장된 한영사전은 음성이 별도로 포함되어 있지 않으므로 찾은 영어 단어를 실제로 어떻게 발음하는지 직접 들어볼 수 없습니다. 물론 사전에 표기된 발음 기호만 보고 스스로 발음을 연습할 수 있겠지만, 직접 원어민 발음을 듣고 따라해 보는 것이 훨씬 더 효과적입니다. 다음의 예제를 참고하면 영어 단어 및 영문서의 내용을 간단한 단축키 입력만으로 원어민 발음으로 들을 수 있습니다.

01 ‘응용 프로그램’ 폴더에 있는 ‘사전’을 실행하고 검색 필드에 ‘speech’를 입력합니다.

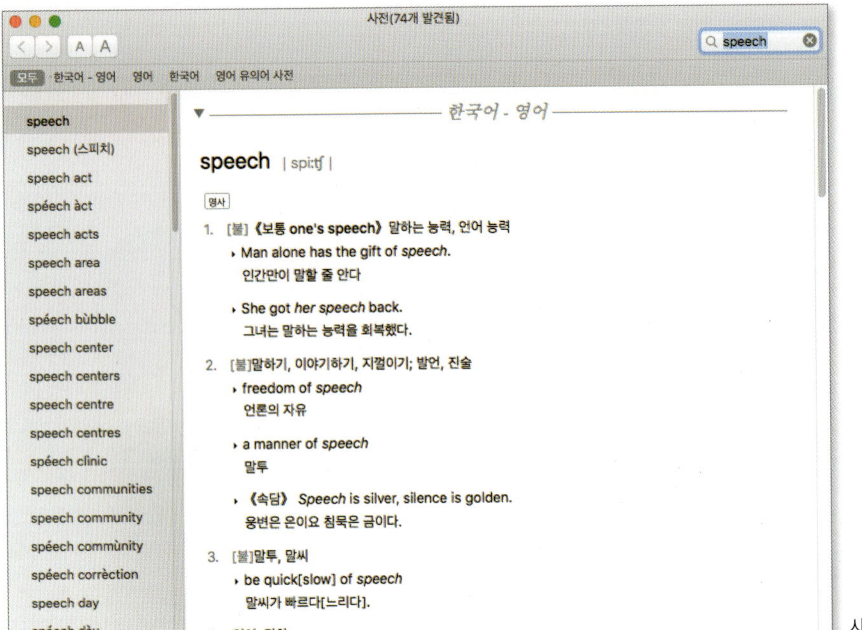

사전에서 Speech 입력

02 키보드에서 [Option] + [S]나 ‘텍스트 말하기’에서 설정한 단축키를 누르면 Speech에 대한 정확한 원어민 영어 발음을 들을 수 있습니다.

03 사전의 일부 내용을 선택하고 [Option] + [S]나 ‘텍스트 말하기’에서 설정한 단축키를 누르면 정확한 원어민 영어 발음으로 선택한 텍스트를 들을 수 있습니다.

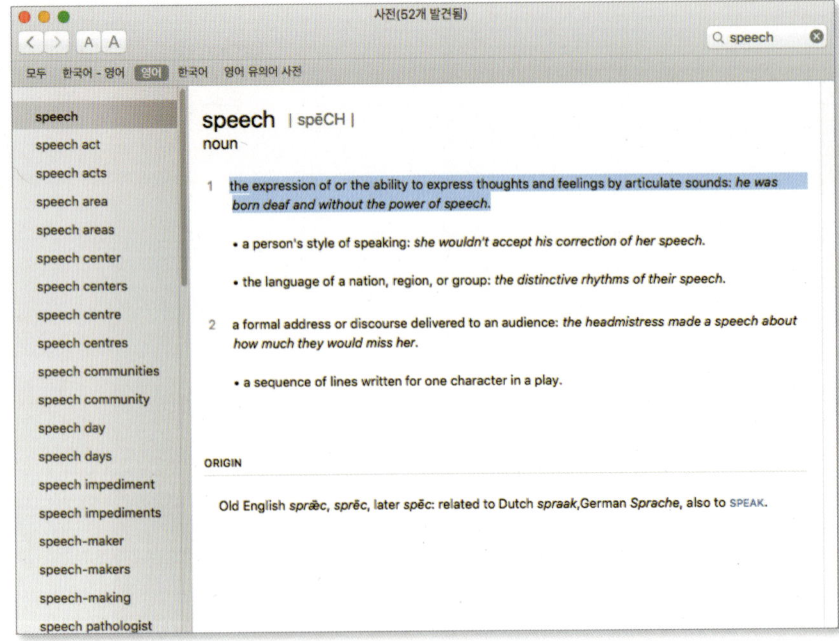

사전에서 일부 텍스트 블록 지정

지금까지 설명한 과정을 참고하면 OS X에 기본 내장된 사전뿐만 아니라 사파리 웹 브라우저로 영문 사이트에 접속하여 영문서를 원어민 영어 발음으로 읽게 할 수 있습니다.

영문 인터넷 사이트의 일부 또는 전체 내용을 정확한 원어민 영어 발음으로 들을 수 있습니다.

③ 응용 Two, 정확한 발음 연습 – 영어 말하기 능력 향상

OS X의 음성 인식 기능을 이용하면 사용자의 음성으로 OS X의 다양한 명령을 실행할 수 있습니다. 받아쓰기 언어를 영어로 설정하고 Mac 컴퓨터에 음성으로 임의의 명령을 실행하려면 최소한 Mac 컴퓨터가 알아들을 만큼의 영어 발음으로 '명령'을 해야 합니다. 예를 들어 'Search for Daniel'이라고 분명히 말했는데, Mac 컴퓨터가 전혀 인식하지 못한다면 발음에 문제가 있거나 악센트에 문제가 있는 것입니다. 그러므로 다음의 순서를 참고하여 발음한 영어를 Mac 컴퓨터가 제대로 인식하는지 점검해 봅니다.

01 연락처 앱을 실행하고 임의의 연락처를 추가합니다. 이번 예제에서는 '이름'은 "Daniel", 성은 "Lee"를 입력하고 직장 전화번호에 "(02)222-2222"를 입력합니다. 참고로 한글 이름을 영문 표기로 입력할 수 있지만, 실제 한글 발음과 영어 발음과 약간 다르므로 인식하지 못하는 경우가 많습니다.

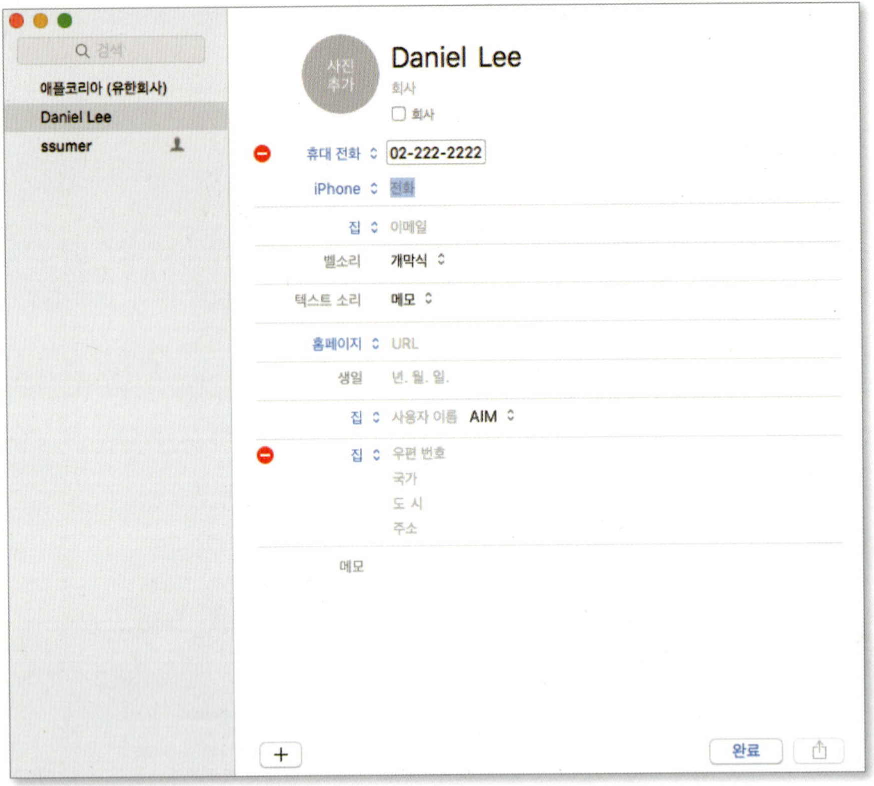

연락처 입력 화면

02 텍스트 편집기를 실행하고 "Search for Daniel Lee"를 입력합니다. 이것은 사용자가 발음한 영어 명령을 인식하지 못할 경우 각 단어의 정확한 원어민 영어 발음을 들어보기 위해서 미리 준비하는 것입니다.

텍스트 편집기 화면

03 키보드의 Fn을 두 번 연속해서 누르고 마이크에 대고 천천히, 그리고 정확하게 'Search for Daniel Lee'를 말합니다.

말하기 아이콘

04 Mac 컴퓨터가 인식할 수 있을 정도의 영어 발음으로 명령했으면 **01**에서 입력한 Daniel Lee의 연락처가 Spotlight 검색 결과로 표시됩니다. 만약 인식되지 못했으면 **02**에서 준비한 텍스트 편집기의 내용을 선택한 후 말하기(Option + S)를 눌러서 정확한 발음을 듣고 다시 시도합니다. 빠르게 말하지 말고 가능하면 또박또박 정확하게 발음하는 것이 중요합니다.

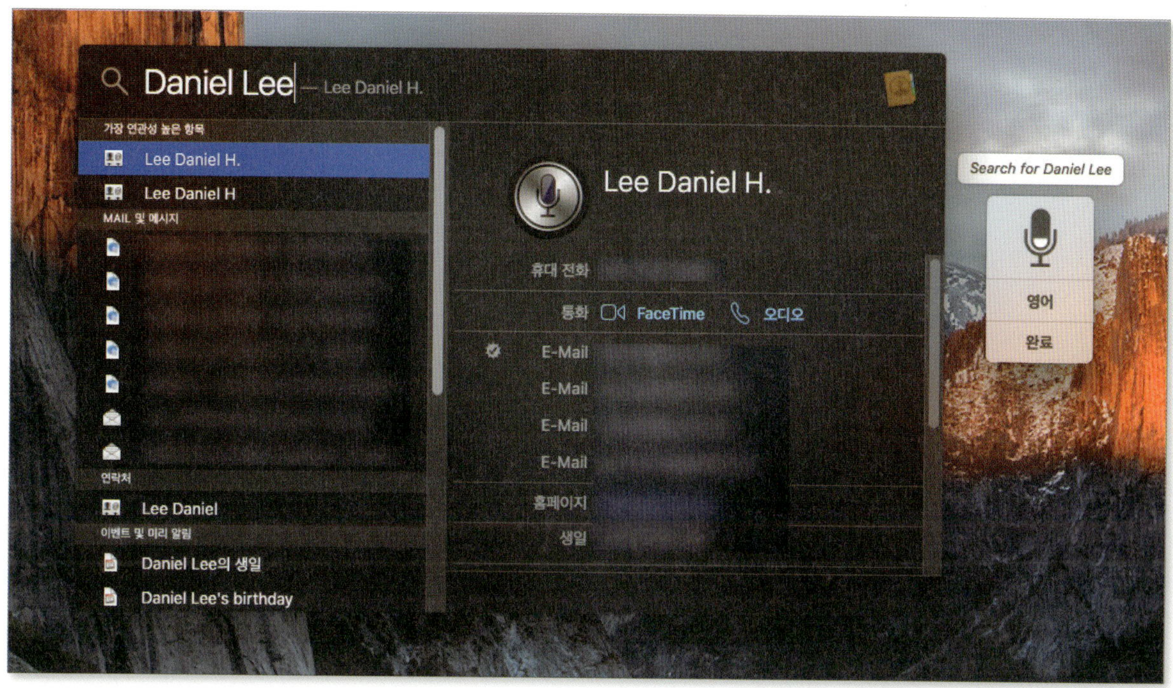

음성 명령에 대한 결과 화면

지금까지 OS X의 말하기 기능 및 영어 학습에 활용하는 방법에 대해 알아보았습니다. 영문서를 읽거나 OS X 명령을 실행할 때 자주 활용하면 영어 듣기 및 말하기 연습에 많이 유용할 것입니다. 또한 OS X의 말하기 기능이 윈도우의 시각 장애인을 위한 텍스트 말하기 기능보다 좀 더 뛰어난 이유는 훨씬 더 부드러운 악센트와 정확한 발음이 지원되고, 전체나 일부 문장에만 선택해서 들을 수 있기 때문입니다.

28 App Store

OS X의 구성요소를 비롯하여 애플의 모든 앱에 대한 자동 업데이트 및 설치에 관련된 옵션을 설정합니다. '업데이트 확인'에서 '지금 확인' 버튼을 클릭하면 사용자가 필요에 따라 새로운 업데이트를 확인할 수 있습니다. '사용 가능한 새로운 업데이트 백그라운드에서 다운로드'에 체크 표시하면 새로운 업데이트를 발견할 경우 해당 업데이트 파일을 자동으로 다운로드합니다. Mac OS X의 소프트웨어 업데이트는 오직 마이너(Minor) 업데이트(예 버그 패치 및 약간의 기능 개선판)만 할 수 있으며, 메이저(Major) 업데이트는 App Store에서 설치 패키지를 별도로 다운로드 후 설치해야 합니다.

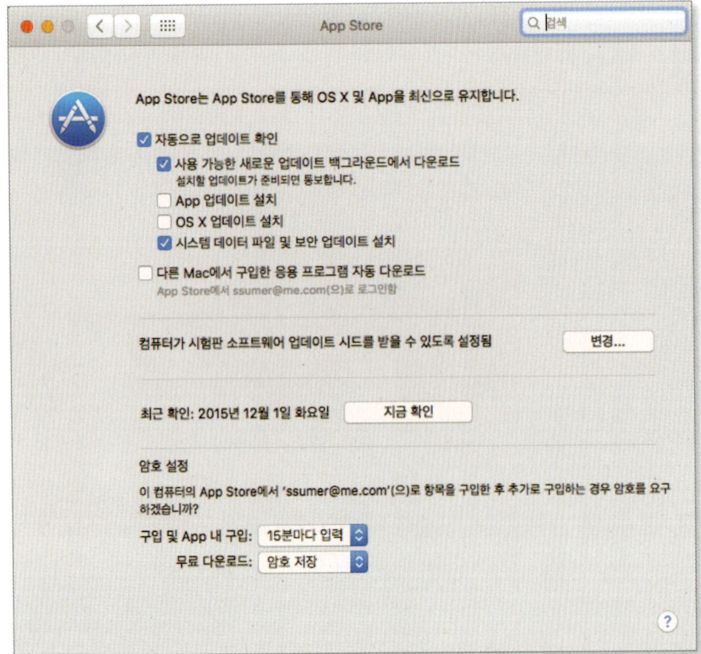

App Store의 업데이트 설정

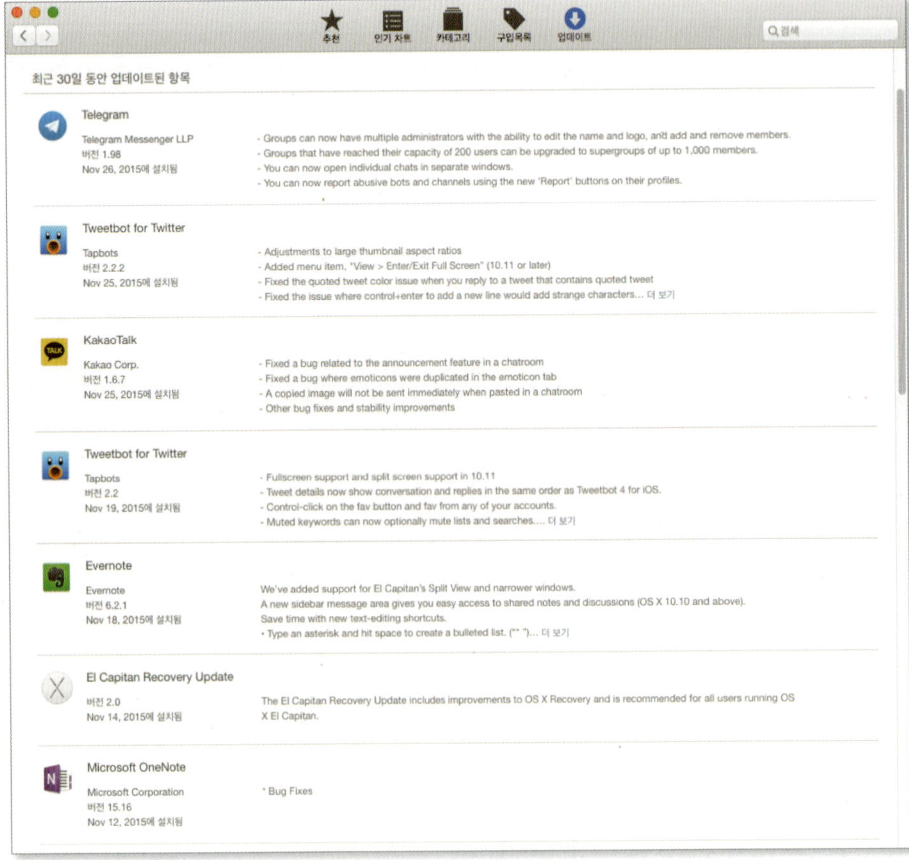

Mac App Store 업데이트 내역

옵션	설명
자동으로 업데이트 확인	새로운 업데이트 확인을 자동 수행합니다.
사용 가능한 새로운 업데이트 백그라운드에서 다운로드	새로운 업데이트가 있을 경우 자동으로 백그라운드에서 업데이트 파일들을 다운로드 합니다.
App 업데이트 설치	자동으로 업데이트 파일을 설치합니다. 간혹 버그가 포함된 업데이트가 배포될 수 있으므로 Mac 초보자는 이 옵션을 사용하지 않는 것이 좋습니다. (업데이트의 배포일 기준으로 3~4일간 다른 사용자들의 '업데이트 후기(Mac App Store 댓글)'를 살펴본 후 심각한 문제가 없을 경우에 한해서만 업데이트를 설치합니다.)
OS X 업데이트 설치	OS X에 대한 마이너 업데이트가 있을 때 자동으로 다운로드 후 설치합니다.
시스템 데이터 파일 및 보안 업데이트 설치	보안 및 악성코드 방어에 관련된 데이터베이스를 최신 상태로 유지합니다.
다른 Mac에서 구입한 응용 프로그램 자동 다운로드	다른 Mac에서 Mac App Store를 통해 앱을 구입했다면 이를 자동으로 다운로드합니다. 단, 앱 구입에 사용한 Mac App Store 계정(iCloud 계정)이 같아야 합니다.
업데이트 보기 또는 지금 확인	업데이트 가능한 앱이 있으면 '업데이트 보기'가 표시되며, 없으면 '지금 확인' 버튼이 표시됩니다. '지금 확인' 버튼을 클릭하면 즉시 새로운 업데이트가 있는지 확인합니다.
암호 설정	새로운 앱을 구입하거나 무료 앱을 다운로드 할 때 암호 확인 주기를 설정합니다.

29 시동 디스크

OS X 외에 다른 운영체제를 설치했거나 OS X 설치 디스크를 삽입했을 경우 여기서 시동 디스크를 변경할 수 있습니다. 예를 들어 부트캠프 볼륨에 MS 윈도를 설치한 경우 이 옵션에서 MS 윈도를 시동 디스크로 설정하고 재시동하면 일반 MS 윈도 PC와 마찬가지로 모든 Mac 컴퓨터의 시스템 자원을 MS 윈도가 독점할 수 있습니다. 참고로 Recovery HD(복구 작업을 위한 볼륨)는 이 설정에서 표시되지 않으며 초기 시동 디스크 선택 모드(Mac 컴퓨터 전원을 킨 후 Option 을 누르고 있으면 표시됨)에서만 나타납니다.

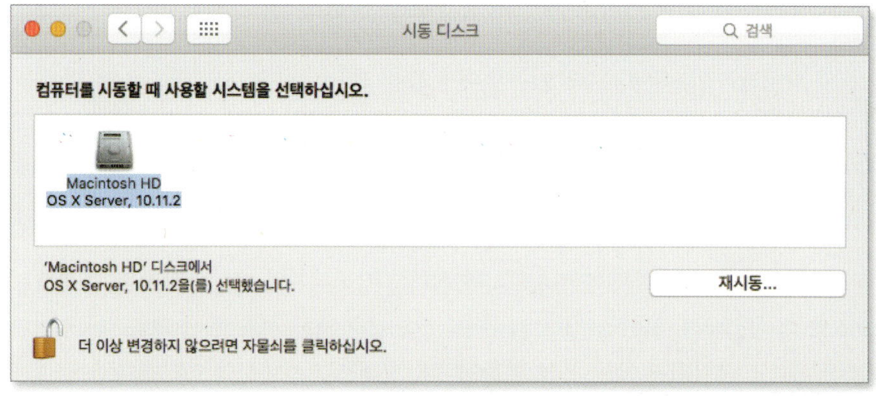

'시동 디스크' 대화상자

- **대상 디스크 모드** Mac 컴퓨터를 대상 디스크 모드로 시동하면 Firewire 케이블로 연결된 다른 Mac 컴퓨터에서 마치 외장 디스크를 액세스하는 것처럼 사용할 수 있습니다. 대상 디스크 모드로 시동된 Mac 컴퓨터의 내장 디스크를 빠르게 복사할 수 있으므로 백업 또는 시스템 디스크를 교체할 때 주로 사용합니다.

관리자가 표준 계정 사용자를 대상으로 OS X 사용에 대한 제한을 할 수 있습니다. 일반적으로 도서관이나 카페 등에 설치된 공용 컴퓨터 또는 자녀들을 유해 콘텐츠로부터 보호하고 컴퓨터 중독을 예방하기 위한 사용 시간 제한을 위해 설정합니다.

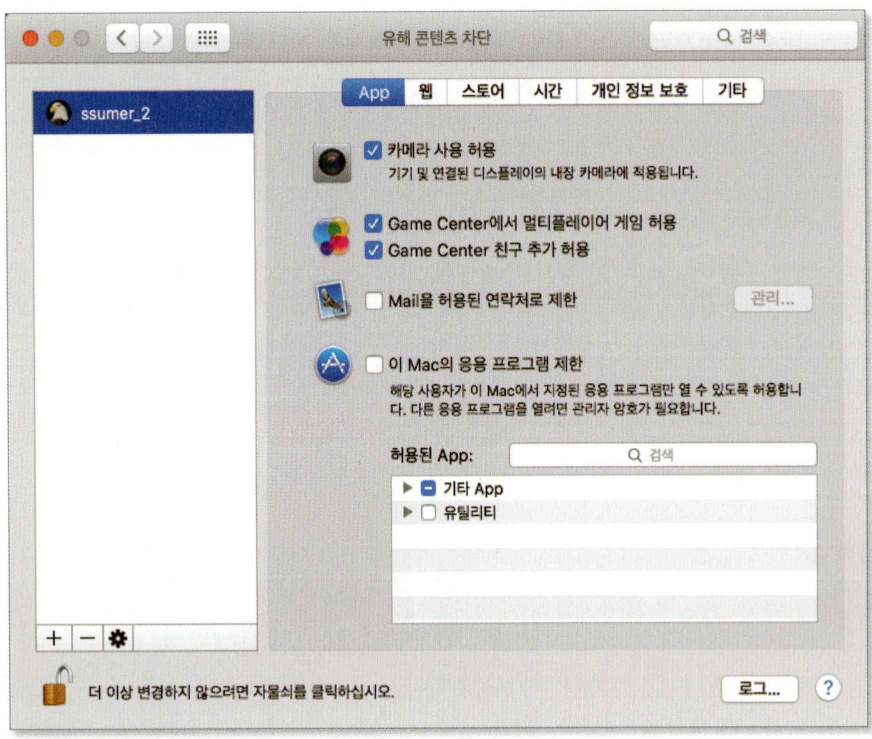

'유해 콘텐츠 차단' 대화상자

- **'App' 탭** OS X에 설치된 앱의 사용 및 카메라, 게임 센터, Mail 송수신 대상 등을 제한합니다. 또한 허용된 앱 및 개인 폴더 외에는 사용이 불가능하므로 컴퓨터 초보자들의 예기치 않은 실수를 미리 방지할 수 있습니다. '응용 프로그램 제한'은 OS X에 설치된 앱의 사용을 제한할 수 있는 옵션으로, 꼭 필요한 앱만 사용하도록 허용할 수 있습니다(예 사전, 메일, 메시지 앱 등).

- **'웹' 탭** '브라우저 제한'을 이용하면 성인 사이트로의 접속을 제한하고 특정 인터넷 사이트에만 접속을 허용할 수 있으므로 자녀들을 유해 사이트로부터 보호할 수 있습니다. 참고로 '성인 웹사이트로의 접근 제한 시도'를 선택해도 한글 성인 사이트 및 유해 사이트에 대한 접속은 제대로 차단되지 않는 경우가 있습니다. 그러므로 자녀들의 인터넷 접속을 제한하려면 '다음 웹사이트만 연결 허용'을 선택해 특정 웹사이트의 접속만 허용해 줍니다.

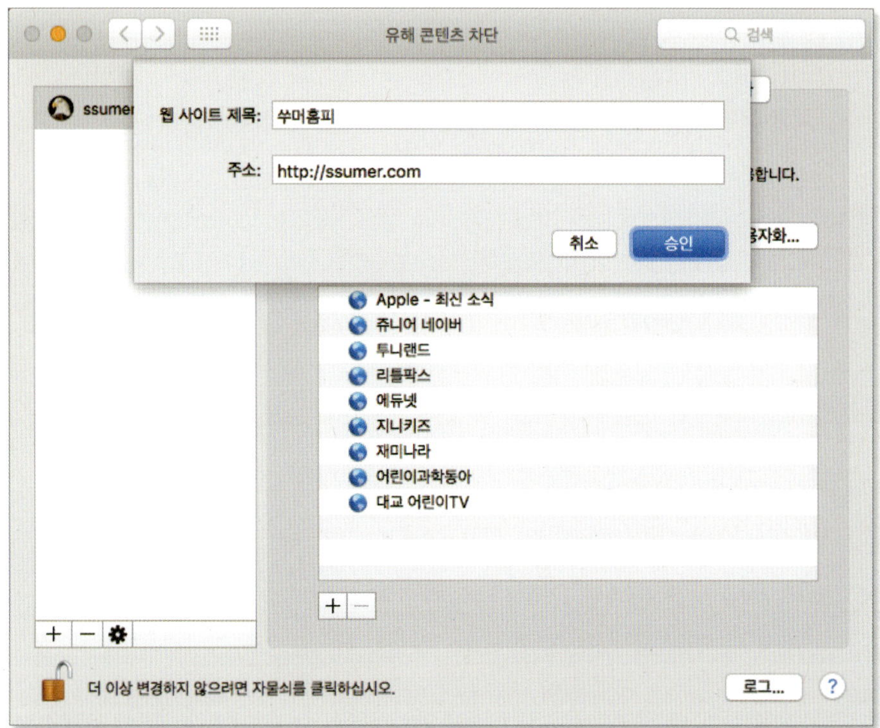

접속 허용 웹사이트 추가하기(⊕ 버튼)

- **'스토어' 탭** iTunes Store 및 iBook Store의 사용을 완전히 차단하거나, 콘텐츠 유형별로 사용을 제한할 수 있습니다.

- **'시간' 탭** 컴퓨터 사용 시간을 제한할 수 있는 옵션입니다. 세부적으로 평일 및 주말을 대상으로 컴퓨터 사용 시간을 제한할 수 있으며, 취침 시간을 설정하여 지정된 시간에는 컴퓨터 사용을 제한할 수 있습니다.

- **'개인 정보 보호' 탭** 앱이 요청하는 개인 정보 접근을 제한합니다. 여기서 설정된 앱에 한해서만 개인 정보 접근을 허용하며, 이 외 다른 앱의 접근은 차단합니다.

- **'기타' 탭** 받아쓰기, 사전 검색에서 비속어 표시, 프린터 관리, 암호 변경, CD/DVD 굽기 등을 제한할 수 있습니다. 예를 들어, '사전 검색에서 비속어 표시 가리기' 옵션에 체크 표시하면, 사전 앱의 검색 결과에서 Wikipedia의 검색 결과 표시를 제한할 수 있습니다(Wikipedia의 콘텐츠는 성인용 자료를 포함하는 경우가 종종 있습니다).

- **'로그' 버튼** 컴퓨터 사용 내역을 확인할 수 있습니다. 사용한 앱 및 접속한 웹사이트와 주고받은 메시지 내용 등을 상세하게 확인할 수 있습니다.

가상 머신

Mac OS X 10.11 El Capitan

국내의 MS 윈도 기반 PC 환경에서 Mac 컴퓨터를 원활하게 이용하고, 기존에 손에 익었던 MS 윈도용 소프트웨어들을 OS X 내에서 모두 사용하길 원한다면 가상 머신(Virtual Machine) 앱을 사용하는 것이 좋습니다. 대표적으로 VMware Fusion, Parallels Desktop, Virtual Box 등이 있으며, Virtual Box는 무료입니다. 이러한 가상 머신 앱을 이용하면 MS 윈도를 비롯하여, 리눅스 등 다양한 운영체제를 OS X 내에서 실행하고, 각 운영체제별 응용 소프트웨어들도 사용할 수 있습니다.

VMware Fusion의 **활용** 가이드

VMware Fusion은 Parallels Desktop보다 조금 늦게 출시되었지만, 빠른 화면 반응 속도와 많은 양의 가상 디스크 공유 커뮤니티로 인하여 Parallels Desktop과 함께 가장 많이 사용되는 Mac용 가상 머신 앱입니다. 특히 MS 윈도용 VMware 제품들에 대한 많은 사용자층과 커뮤니티가 잘 조성되어 있어서 다양한 종류의 게스트 운영체제를 보다 편리하게 입수할 수 있습니다. VMware용으로 만들어진 게스트 OS는 호스트 운영체제와 상관없이 간단히 환경 설정만 변경하면 사용할 수 있으므로 다양한 운영체제 환경에서 소프트웨어를 개발해야 하는 개발자들에게 특히 유용합니다.

VMware Fusion 8

01 VMware Fusion 다운로드 및 설치하기

VMware Fusion은 정식으로 구입하기 전 평가 버전을 먼저 사용해 볼 수 있습니다. 그러므로 아직 VMware Fusion을 구입 또는 설치하지 않았다면 다음 순서를 참고하여 설치합니다.

01 사파리 웹브라우저로 http://www.vmware.com/kr/products/fusion/ 에 접속하여 '무료 평가판' 메뉴를 클릭하여 다운로드 합니다. 'VMware Fusion 평가 버전'은 일정 기간 동안 정식 구입 버전과 같이 모든 기능을 사용할 수 있으며, 평가 기간 내에 정식으로 구입하면 사용기간 제한을 없앨 수 있습니다.

VMware Fusion 8 시험 버전 다운로드 페이지

02 다운로드한 VMware Fusion 디스크 이미지를 Finder에서 마운트하고(더블클릭), 'VMware Fusion' 앱을 실행합니다. 앱이 실행되면 자동으로 '응용 프로그램' 폴더에 설치됩니다.

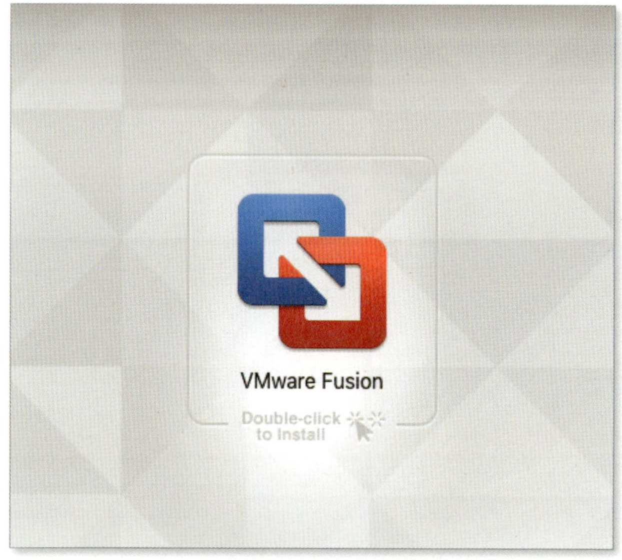

VMware Fusion 시험 버전을 Finder에서 마운트한 상태

02 MS 윈도 설치하기

VMware Fusion 8은 OS X 10.11 엘 캐피탄에서 최신 MS 윈도 10을 비롯하여 XP, Vista, 7, 8, 8.1 버전의 설치 및 사용을 지원하며 최적화된 성능을 지원합니다. 여기서는 VMware Fusion에 MS 윈도 10을 설치하는 순서에 대해 알아보겠습니다(MS 윈도 8 및 7 이하 버전의 설치 순서는 10 버전과 비슷하므로 다른 버전을 설치하려는 독자들도 여기서 설명한 예제를 참고합니다).

01 VMware Fusion을 실행하고 MS 윈도 설치 디스크를 삽입한 후 'File → New' 메뉴 또는 'Virtual Machine Library' 윈도우에서 'Add → New' 메뉴를 클릭합니다. 참고로 VMware Fusion을 처음 설치한 사용자는 VMware Fusion이 실행됨과 동시에 '가상 머신 만들기(Create a Virtual Machine)' 대화상자가 자동으로 표시됩니다.

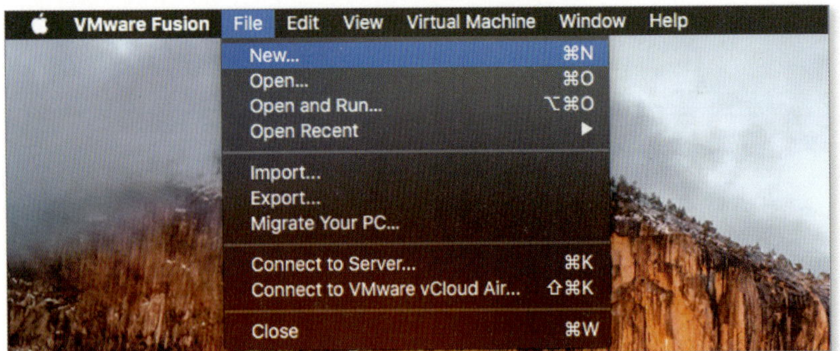

'File → New' 메뉴

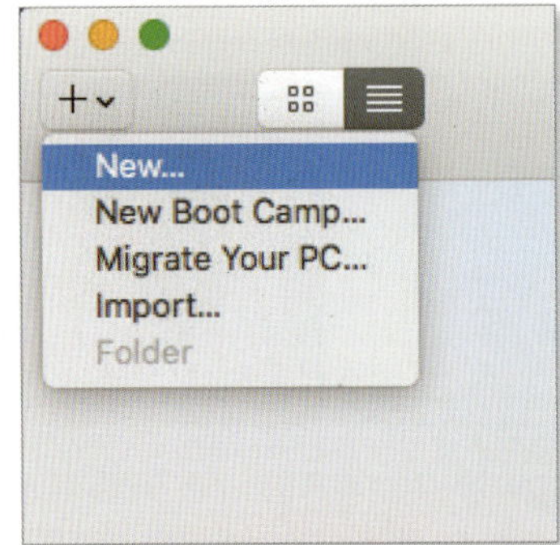

Virtual Machine Library 윈도우

02 MS 윈도를 MSDN Technet에서 다운로드 했거나 ESD(Electronic Software Delivery) 버전을 구입했다면 첫 단계에서 'Install from disc or image'를 선택하고 'Continue' 버튼을 클릭합니다. 그리고 'Use another disc or disc image…' 버튼을 클릭하여 MS 윈도 설치 디스크 파일(ISO)을 선택한 후, 다시 'Continue' 버튼을 클릭합니다.

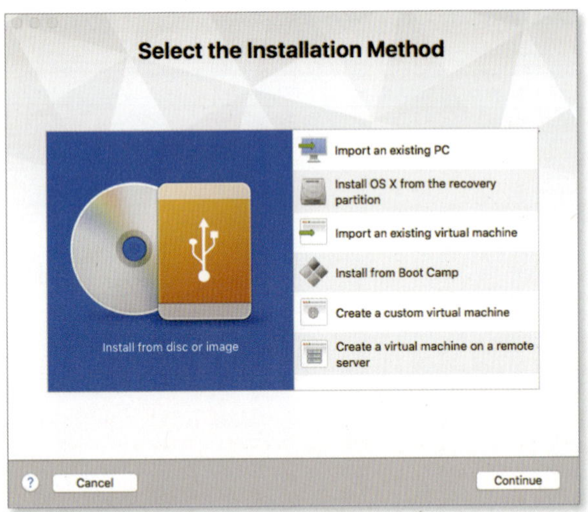

가상 머신 생성 대화상자

MS 윈도 설치 디스크 파일을 선택한 상태

03 MS 윈도 설치 디스크를 삽입했거나 디스크 이미지 파일(ISO)을 선택하면 VMware Fusion이 자동으로 운영체제의 종류를 확인하고 이에 적합한 가상 머신 환경을 구성합니다. 만약 설치하려는 운영체제가 제대로 인식되지 않는다면, 실제 설치가 시작되기 전에 운영체제 종류와 버전 등을 변경할 수 있습니다.

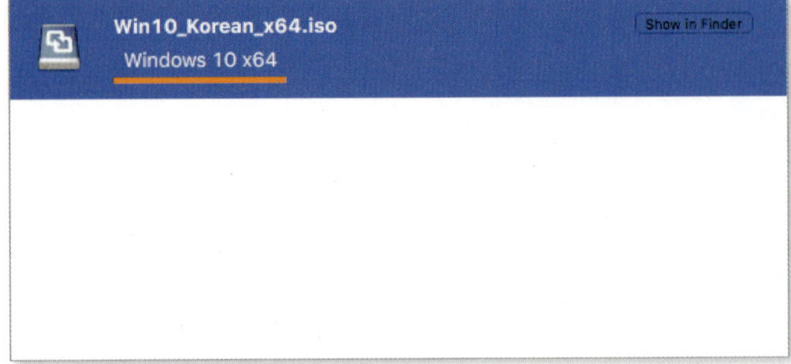

운영체제가 정상적으로 인식된 상태

04 'Use Easy Install' 항목에 체크 표시하면 설치 과정을 빠르게 진행할 수 있습니다. MS 윈도 가상 머신에서 사용할 사용자 이름 (Account Name), 암호(Password), 제품 번호(Windows Product Key) 등을 입력하고 설치할 제품(집 Windows 10 Home, 10 Pro 등) 을 선택한 뒤 'Continue' 버튼을 클릭합니다. 다음 단계에서 가상 머신 실행 방식을 '동시 실행 모드(More Seamless)' 또는 '분리 모드 (More Isolated)' 중 하나를 선택하면 이후 모든 설치 과정은 자동으로 진행됩니다(최종 요약 화면을 확인한 후 'Finish' 버튼 클릭). 이 번 예제에서는 설치 과정을 상세하게 알아보기 위해 'Use Easy Install' 항목의 체크 표시를 없애고 'Continue' 버튼을 클릭합니다.

쉬운 설치(Use Easy Install)를 위한 설정 단계

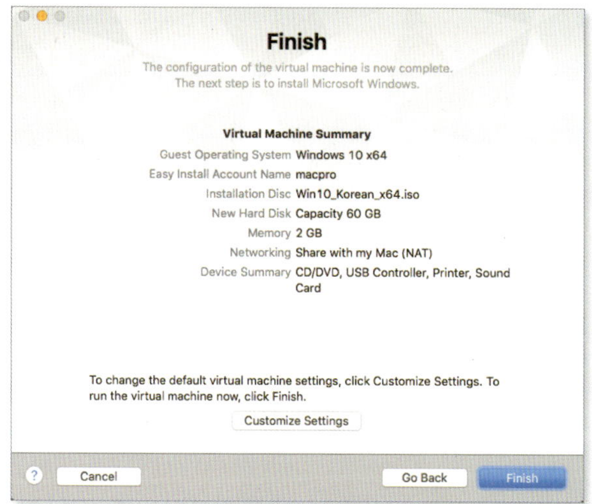

'Use Easy Install'의 체크 표시를 없애고 'Continue' 버튼을 클릭하면 표시되는 가 상 머신의 요약 정보

05 'Customize Settings' 버튼을 클릭하고 MS 윈도가 설치될 가상 디스크 파일의 저장 위치를 설정하면, 가상 머신의 다양한 옵션 및 하드웨어(메모리, 하드디스크 용량 및 CPU)를 설정할 수 있습니다. 일반적으로 메모리는 Mac 컴퓨터의 전체 메모리가 8GB 이하 면 1.5GB~2GByte 이하로 설정하고 CPU는 사용 가능한 모든 CPU의 절반 정도를 할당하는 것이 OS X 호스트에 무리를 주지 않 습니다. 하드디스크는 실제 하드디스크 공간을 미리 점유하지 않고 필요에 따라 증가되므로 가능하면 넉넉하게 설정합니다.

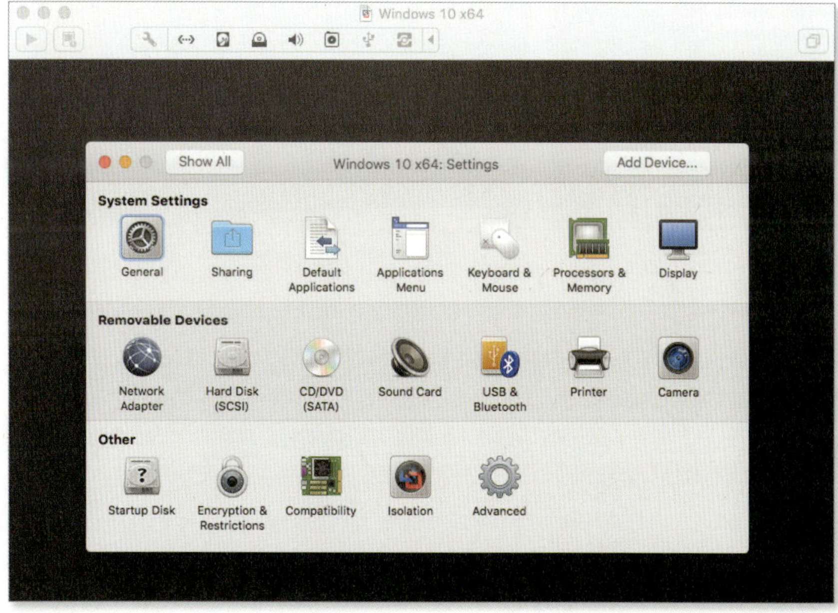

Settings 대화상자

06 가상 머신에 대한 기본적인 하드웨어 설정을 완료했으면 대화상자를 닫고('Close' 버튼) 가상 머신 윈도우의 툴바에서 시동(Start Up) 아이콘을 클릭합니다.

시동 아이콘

07 가상 머신은 지정한 설치 디스크의 유형에 따라 Mac 컴퓨터의 물리적인 CD/DVD 드라이브 또는 지정한 디스크 이미지 파일(ISO)로 시동되며, 이후부터는 일반적인 MS 윈도 설치 과정에 따라 각 단계를 진행합니다. 설치 도중 가상 머신의 윈도우에서 Mac OS X 호스트로 마우스 포인터 제어권을 이동하려면 Ctrl + Command 를 동시에 누릅니다.

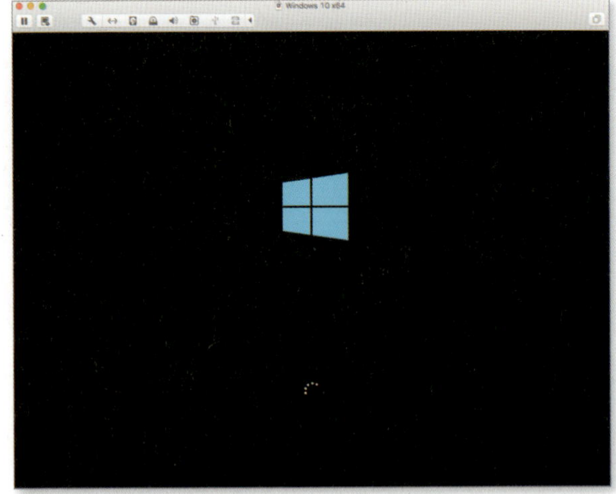

가상 머신에서 MS 윈도 10의 설치 파일을 불러오는 화면

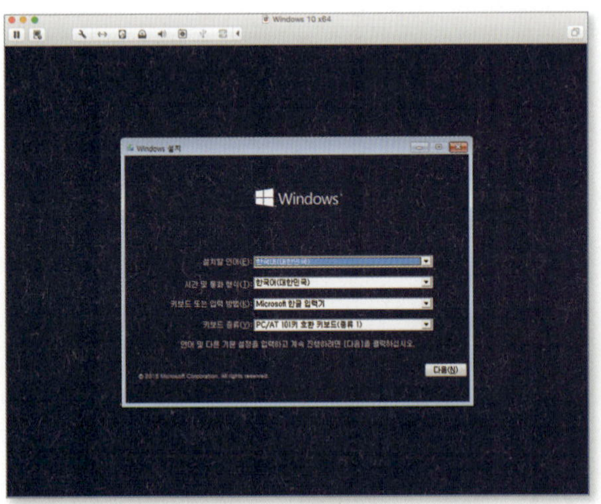

가상 머신에서 MS 윈도 10을 설치하는 화면

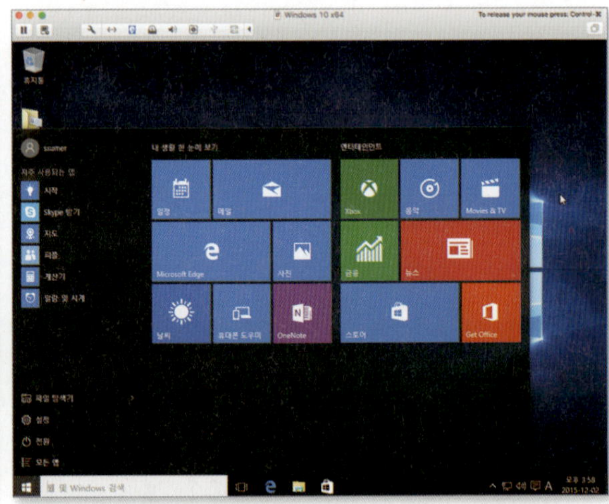

가상 머신에 MS 윈도 10의 설치를 완료한 화면

08 가상 머신에 MS 윈도의 설치가 끝나면 Mac OS X 호스트와 원활한 하드웨어 공유를 위해 'VMware Tools'를 설치해야 합니다. 'Virtual Machine' → 'Install VMware Tools' 메뉴를 클릭하면 MS 윈도 가상 머신을 위한 네트워크, 디스플레이, 사운드 등의 여러 가지 시스템 드라이버가 자동으로 설치됩니다. 만약 VMware Tools의 설치가 제대로 진행되지 않으면 'Windows 탐색기'에서 CD/DVD 드라이브를 선택하고 'Setup.exe'을 직접 실행합니다.

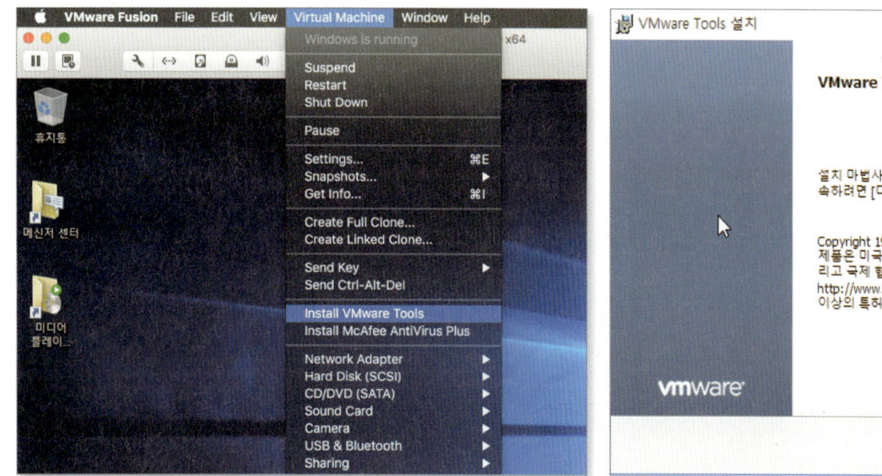

VMware Tools 설치 메뉴

VMware Tools를 설치하는 화면

09 VMware Tools의 설치를 완료하고 MS 윈도를 재시동하면 Mac OS X 호스트의 하드웨어 자원을 MS 윈도 가상 머신에서 원활하게 사용할 수 있습니다.

03 CentOS 리눅스 설치하기

리눅스에서 웹 서버를 운영하거나 프로그램을 개발한다면 리눅스 가상 머신에서 미리 테스트해 볼 수 있습니다. 실제 필자가 근무하는 회사에서도 각종 리눅스용 프로그램의 설치 및 커널(Kernel) 업데이트 등을 미리 가상 머신에서 테스트한 후 문제가 없을 경우에만 실제 서버에 적용하고 있습니다. 테스트 목적 이외에 학습용으로도 리눅스 가상 머신을 많이 사용합니다. 특히 저장 장치 및 파일 제어와 관련된 명령어들은 잘못 사용하면 심각한 결과를 초래할 수 있으므로 가상 머신을 학습용으로 사용하는 것이 안전합니다.

01 최신 CentOS 리눅스를 http://www.centos.org 홈페이지에서 다운로드합니다. 참고로 현재 배포되는 모든 CentOS 리눅스는 64비트 버전입니다.

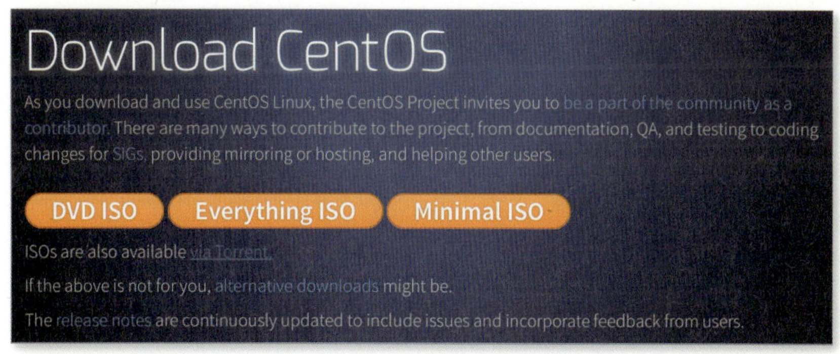

CentOS 다운로드 페이지

02 다운로드를 완료했으면 VMware Fusion에서 'File → New' 메뉴를 선택하고 'Install from disc or image'를 선택한 뒤 'Continue' 버튼을 클릭합니다. 그리고 'Use another disc or disc image...' 버튼을 클릭하여 방금 다운로드한 CentOS 설치 디스크(ISO 파일)를 선택합니다.

03 VMware Fusion이 자동으로 CentOS를 인식하고 운영체제 이름과 버전을 표시합니다. 'Continue' 버튼을 클릭하고 'Use Easy Install'을 진행하기 위해 사용자 이름(Account Name)과 암호(Password) 등을 입력하고 'Continue' 버튼을 클릭합니다. 참고로 리눅스는 MS 윈도와는 달리 반드시 사용자 계정에 대한 암호를 설정해야 하며, 'Make your home folder accessible to the virtual machine' 항목을 체크 표시하면 리눅스 가상 머신에서 Mac OS X 호스트의 사용자 계정 폴더를 액세스할 수 있습니다(Read Only = 읽기만 가능, Read&Write = 읽고 쓰기 가능).

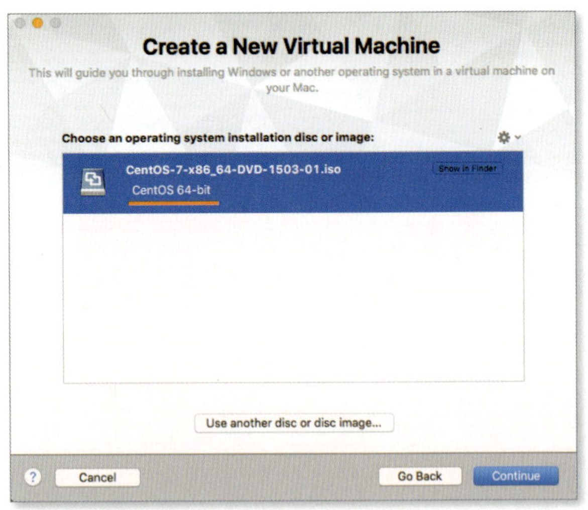

CentOS가 인식된 상태

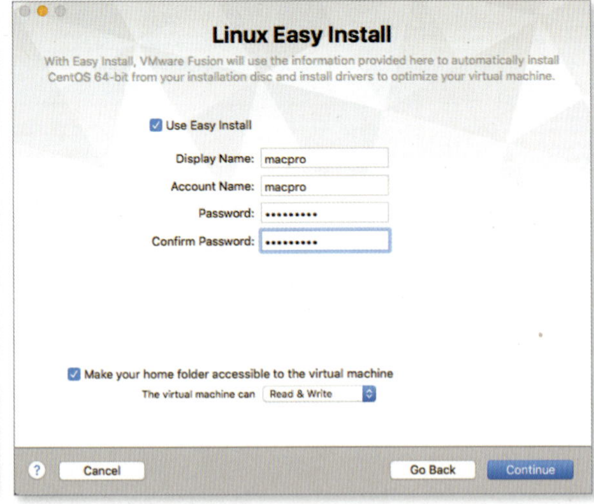

사용자 계정 및 암호 설정 단계

> **Tip** 'Use Easy Install' 옵션을 사용하지 않고 리눅스를 설치하면 사용자가 별도로 'VMware Tools'를 설치해야 합니다. MS 윈도용 VMware Tools와는 달리 설치 과정이 복잡하므로 리눅스 초보자는 'Use Easy Install' 옵션으로 설치하는 것이 좋습니다.

04 리눅스 가상 머신에 대한 요약 정보가 표시되는 단계에서 하드웨어 설정을 변경하려면 'Customize Settings' 버튼을 클릭합니다. 학습용으로 사용할 예정이면 기본 설정을 그대로 유지하고, 프로그램 개발이나 테스트용이면 메모리와 하드디스크 용량을 확장합니다.

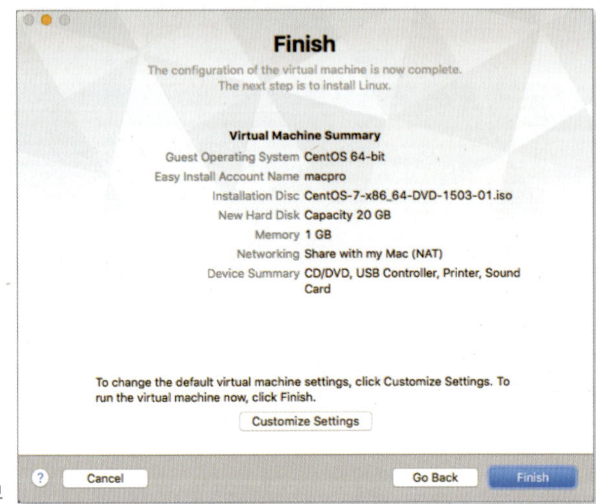

리눅스 가상 머신 요약 정보

<u>**05**</u> 'Finish' 버튼을 클릭하고 가상 머신의 디스크 파일이 저장될 위치를 지정하면 CentOS의 설치가 시작됩니다. 만약 'Customize Settings'를 이용해 가상 머신의 환경 설정을 변경했으면 가상 머신 윈도우의 툴바에서 시동(Start Up) 아이콘을 클릭합니다. 가상 머신이 시동된 이후에는 일반적인 CentOS 설치 과정에 따라 진행합니다. 참고로 가상 머신 윈도우에서 Mac OS X 호스트로 마우스 포인터 제어권을 이동하려면 Ctrl + Command 를 동시에 누릅니다.

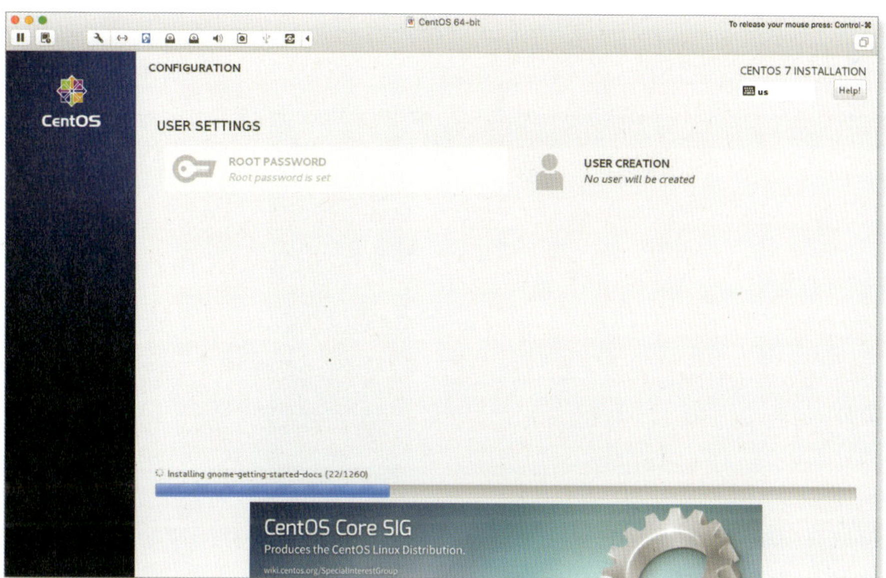

CentOS가 설치중인 상태

<u>**06**</u> 'Use Easy Install' 옵션으로 CentOS를 설치하면 자동으로 VMware Tools가 설치되기 때문에 별도의 작업 없이 곧바로 CentOS 가상 머신을 사용할 수 있습니다. (만약 Mac OS X 호스트에서 공유한 폴더가 제대로 마운트되지 않는다면 VMware Tools를 재설치합니다. 호스트에서 공유된 폴더는 '/mnt' 경로에 표시되어야 정상입니다.) 그러나 'Use Easy Install' 옵션을 사용하지 않았다면 CentOS 설치가 완료된 이후에 별도로 VMware Tools를 설치해야 합니다.

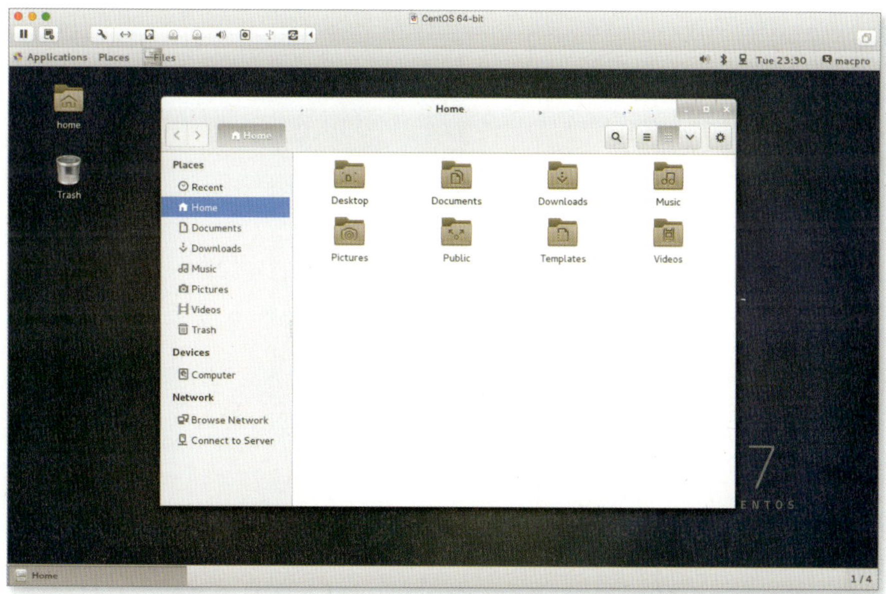

CentOS 설치가 완료된 화면

01 CentOS 가상 머신을 실행시키고 'Virtual Machine → Install VMware Tools' 메뉴를 선택합니다.

02 VMware Tools 설치 파일이 저장된 가상 디스크가 마운트 되면 'VMwareToolsxxx.tar.gz' 파일('xxx'는 버전 숫자)을 더블클릭하여 '압축 관리자'로 불러온 뒤, 'vmware-tools-distrib' 폴더를 사용자의 홈 폴더로 드래그&드롭합니다.

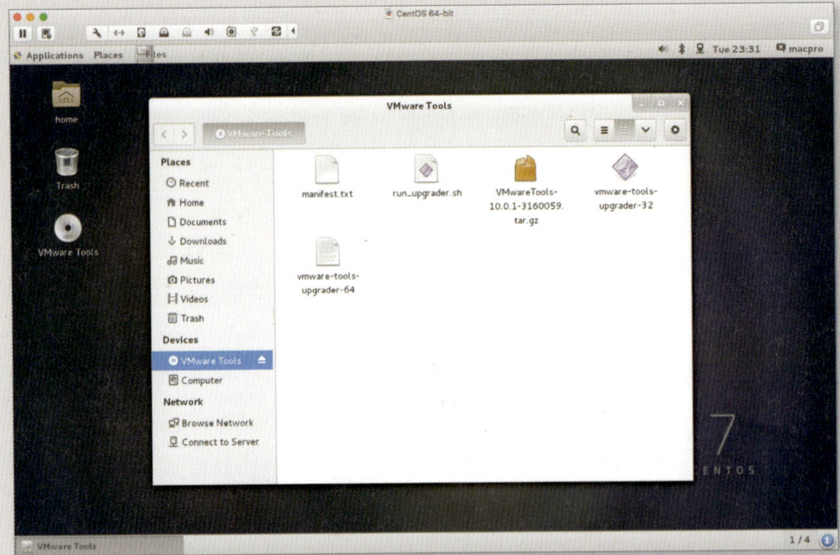

VMware Tools 설치 디스크가 마운트 된 상태

03 '프로그램 → 시스템 도구 → 터미널'을 실행하고 홈 폴더에 압축 해제된 'vmware-tools-distrib' 폴더로 이동합니다. ('cd vmware-tools-distrib' 명령)

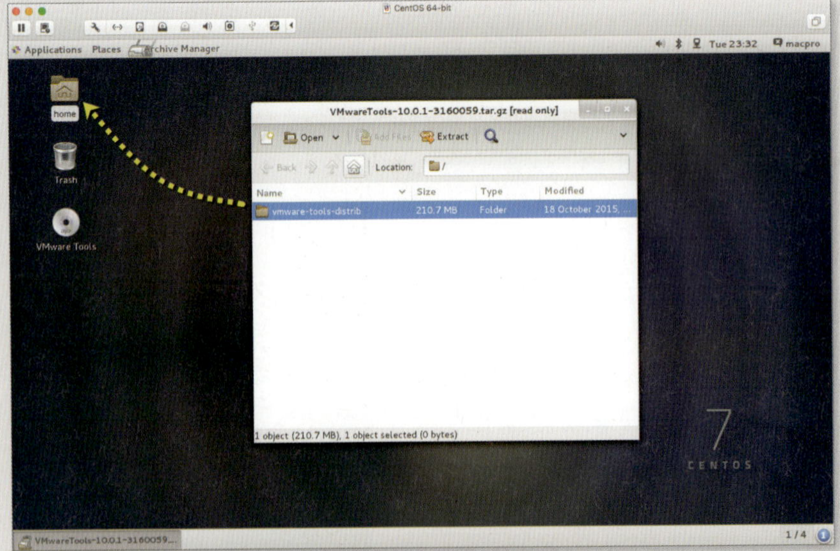

VMware Tools 드래그&드롭

04 루트 계정의 권한이 필요하므로 'su' 명령을 입력하고 루트 계정의 암호를 입력합니다. 루트 계정(관리자 계정)의 암호는 CentOS 설치 과정에서 설정한 암호를 입력합니다.

05 './vmware—install.pl' 명령을 실행하여 VMware Tools를 설치합니다. 설치 과정 중간에 여러 가지 설정을 물어 보는 항목들이 계속 표시되는데, (Return)을 눌러서 모두 기본값으로 설정해도 됩니다.

```
macpro@localhost:~/vmware-tools-distrib
File  Edit  View  Search  Terminal  Help
  MODPOST 1 modules
  CC      /tmp/modconfig-K2RM0i/vmhgfs-only/vmhgfs.mod.o
  LD [M]  /tmp/modconfig-K2RM0i/vmhgfs-only/vmhgfs.ko
make[1]: Leaving directory `/usr/src/kernels/3.10.0-229.20.1.el7.x86_64'
/bin/make -C $PWD SRCROOT=$PWD/. \
  MODULEBUILDDIR= postbuild
make[1]: Entering directory `/tmp/modconfig-K2RM0i/vmhgfs-only'
make[1]: `postbuild' is up to date.
make[1]: Leaving directory `/tmp/modconfig-K2RM0i/vmhgfs-only'
cp -f vmhgfs.ko ./../vmhgfs.o
make: Leaving directory `/tmp/modconfig-K2RM0i/vmhgfs-only'

The vmxnet driver is no longer supported on kernels 3.3 and greater. Please
upgrade to a newer virtual NIC. (e.g., vmxnet3 or e1000e)

VMware automatic kernel modules enables automatic building and installation of
VMware kernel modules at boot that are not already present. This feature can
be enabled/disabled by re-running vmware-config-tools.pl.

Would you like to enable VMware automatic kernel modules?
[no] yes

Thinprint provides driver-free printing. Do you wish to enable this feature?
[yes]

Creating a new initrd boot image for the kernel.
    Starting Virtual Printing daemon:                              done
Starting vmware-tools (via systemctl): [  OK  ]
The configuration of VMware Tools 10.0.1 build-3160059 for Linux for this
running kernel completed successfully.

Enjoy,

--the VMware team
```

터미널에서 VMware Tools 설치

04 Mac OS X 설치하기

Mac OS X 10.6 Snow Leopard까지는 오직 서버 버전만 가상 머신에 설치할 수 있었지만 OS X 10.7 Lion 버전부터는 데스크탑 및 서버 버전을 모두 설치할 수 있습니다. VMware Fusion 4 이상 버전에서 OS X 10.7 Lion 데스크탑 이상 버전의 설치를 기본 지원하며 Mac OS X 10.6 Snow Leopard의 설치는 여전히 서버 버전만 지원합니다.

OS X 10.11 엘 캐피탄을 가상 머신으로 실행한 화면

OS X 호스트 운영체제에서 가상 머신을 통하여 또 다른 OS X를 실행하는 것은 일반 사용자 입장에서 이해할 수 없는 시스템 자원 낭비로만 보일 수 있지만, 개발자에게는 여러 가지 작업을 안전하게 할 수 있는 환경을 제공해 줍니다. 특히 애플이 개발자 대상으로 주기적으로 배포하는 OS X 및 앱 베타 버전들을 가상 머신에서 실행할 수 있으므로 앱 개발 및 테스트를 보다 안전하고 편리하게 할 수 있습니다. 필자의 경우도 그동안 애플의 베타 버전의 테스트를 위해 별도의 OS X 시스템 볼륨을 여러 개 구성하고, 매번 테스트를 할 때마다 테스트용 볼륨으로 시동하는 불편함을 겪어 왔습니다. 그러나 OS X 10.7 Lion 버전부터는 데스크탑 버전도 가상 머신에 설치할 수 있어서 여러 가지 베타 테스트를 편리하게 하고 있습니다.

개발자 또는 베타 테스트용 이외에, Mac 컴퓨터를 기반한 인터넷 호스팅 서비스에서도 OS X 가상 머신은 유용합니다. 한 대의 Mac 컴퓨터에서 여러 대의 OS X 가상 머신을 실행할 수 있으므로 시스템 자원을 최대한 활용하면서 호스트 사용자에게는 완전히 독립된 OS X 환경을 제공할 수 있습니다.

① OS X 10.11 엘 캐피탄을 가상 머신에 설치하기

OS X 10.7 Lion 이상 버전을 VMware Fusion의 가상 머신에 설치할 때 설치 디스크 입수 방법은 2가지가 있습니다. 첫 번째는 Mac App Store에서 설치 앱을 다운로드 하는 방법, 두 번째는 'Recovery HD' 볼륨으로 시동한 후 설치 앱을 다운로드 하는 방법이 있습니다. 두 방법 모두 애플 서버에서 설치 앱을 다운로드 하는 것은 같지만, Mac App Store에서 다운로드 하면 필요에 따라 설치 또는 응급 복구 디스크를 별도로 만들 수 있으므로 가능하면 Mac App Store에서 설치 앱을 다운로드 하는 것이 좋습니다. 다음은 Mac App Store에서 다운로드한 설치 앱을 이용하여 가상 머신을 구성하는 방법입니다.

01 VMware Fusion에서 'File → New' 메뉴를 선택하고 'Install from disc or image'를 선택한 다음, 'Continue' 버튼을 클릭합니다.

02 'Use another disc or disc image...' 버튼을 클릭하고 Mac App Store에서 다운로드한 'Install OS X El Capitan' 앱을 선택합니다.

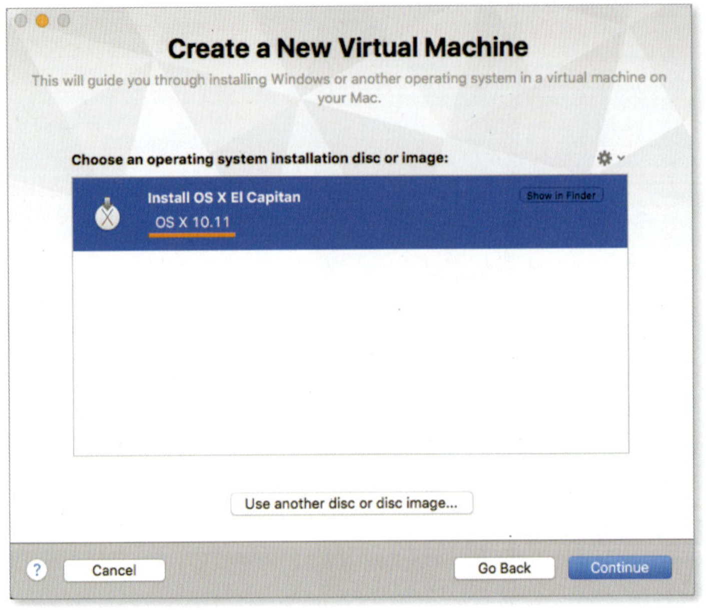

OS X 10.11 El Capitan 설치 디스크를 선택한 화면

03 운영체제 종류와 버전(OS X 10.11)을 확인하고 'Continue' 버튼을 클릭합니다. 가상 머신 요약(Finish) 단계에서 기본 설정 그대로 설치를 진행하려면 'Finish' 버튼을 클릭하고, 만약 보다 많은 시스템 자원을 할당하고자 한다면 'Customize Settings' 버튼을 클릭한 뒤 설정을 조절합니다.

04 OS X 설치를 위한 가상 디스크 저장 위치를 지정하면 곧바로 OS X 설치 과정이 진행되며, 설치 과정은 실제 Mac 컴퓨터에 OS X를 설치하는 과정과 같습니다(참고 158쪽).

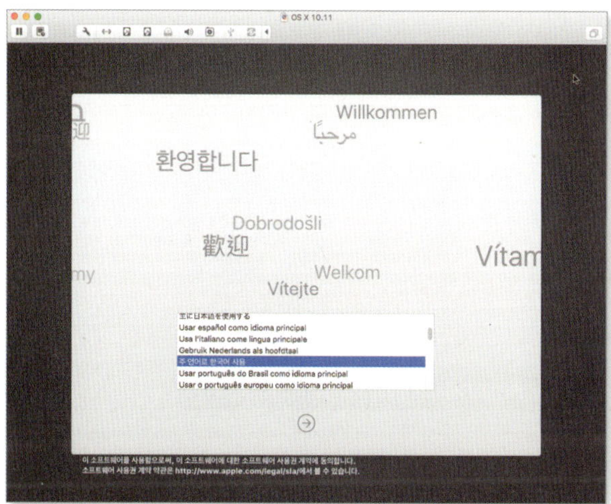

OS X 10.11 El Capitan의 설치 언어를 선택하는 단계

OS X 10.11 El Capitan이 설치되는 화면

05 OS X 설치를 완료하고 기본 환경 설정을 했으면 VMware Fusion 메인 메뉴의 'Virtual Machine → Install VMware Tools(또는 'Update VMware Tools')' 메뉴를 선택하여 VMware Tools를 설치합니다.

Finder에서 VMware Tools를 마운트한 상태

VMware Fusion의 **메인** 메뉴

VMware Fusion의 메인 메뉴는 총 7개의 그룹 메뉴(VMware Fusion, File, Edit, View, Virtual Machine, Window, Help)로 구성되어 있으며, 새로운 가상 머신을 생성하거나, 기존에 생성한 가상 머신을 관리할 수 있는 메뉴들로 구성되어 있습니다. 가상 머신의 초기 환경 설정을 비롯하여 사용 중간에 하드웨어를 임의적으로 변경할 수 있는 다양한 서브 메뉴들이 포함되어 있습니다.

01 'VMware Fusion' 메뉴

'VMware Fusion' 메뉴

① About VMware Fusion

VMware Fusion의 버전 및 라이선스 정보를 확인할 수 있습니다. 일반적인 OS X 써드파티 앱처럼 마이너 업데이트는 무료로 지원되며, 메이저 업데이트는 유료로 판매됩니다. 최신 버전 유무를 확인하고자 한다면 'VMware Fusion → Check for Updates' 메뉴를 실행합니다.

VMware Fusion의 버전 및 라이선스 정보 확인하기

② Preferences

VMware Fusion의 전반적인 환경을 설정합니다. 가상 머신의 실행에 관련된 제어 설정, 단축키 설정, 앱 연동 등을 설정할 수 있으며, Professional 버전(VMware Fusion 6 이상)은 가상 네트워크 환경을 구성할 수 있습니다.

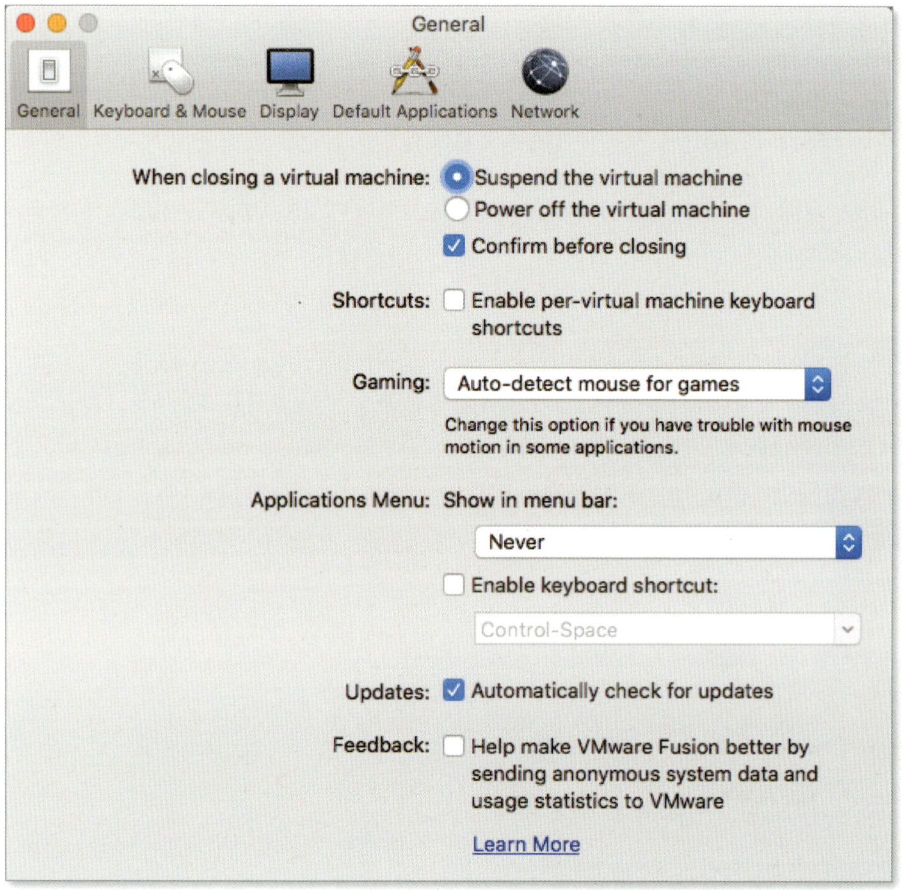

Preferences 대화상자

◉ 'General' 옵션 설정

- **When closing a virtual machine** 가상 머신 윈도우를 닫으면 자동으로 일시 중단(Suspend the virtual machine) 또는 종료(Power off the virtual machine)되게 설정할 수 있으며, 'Confirm before closing' 옵션에 체크 표시하면 윈도우를 닫기 전에 확인 대화상자를 표시합니다.

- **Shortcuts** 이 옵션에 체크 표시하면 각 가상 머신별로 키보드 단축키를 설정할 수 있습니다.

- **Gaming** 가상 머신에서 게임을 할 때 마우스 포인터가 제대로 동작하지 않으면 이 옵션을 이용하여 최적화 설정을 할 수 있습니다. 예를 들어 게임을 플레이 하면서 마우스 입력이 제대로 전달되지 않는다면 'Always optimize mouse for game(게임 최적화)'을 선택하여 문제를 해결할 수 있습니다. 참고로 그래픽 가속 기능이 없어도 무난하게 즐길 수 있는 2D 게임 외의 3D 게임은 VMware Fusion과 같은 가상 머신보다 부트캠프에서 실행하는 것이 좋습니다.

• **Applications Menu: Show in menu bar** 'Always'로 설정하면 VMware Fusion의 실행과 상관없이 항상 'Applications Menu' 아이콘을 Mac OS X 호스트의 메인 메뉴에 표시합니다. 'Never'를 설정하면 아이콘을 표시하지 않으며 'Only when Fusion is running'을 설정하면 VMware Fusion이 실행될 때만 아이콘을 표시합니다.

  – Enable keyboard shortcut : Application Menu를 호출하는 단축키를 설정합니다. 기본 단축키 목록에서 선택하거나 사용자가 직접 단축키를 눌러서 설정할 수 있습니다.

• **Updates** 'Automatically check for updates(자동 업데이트 확인)'에 체크 표시하면 VMware Fusion이 실행될 때마다 자동으로 업데이트를 확인합니다. 만약 새로운 업데이트가 있으면 알림 메시지를 표시합니다.

• **Feedback** 이 옵션을 체크 표시하면 사용하는 Mac 컴퓨터의 하드웨어/소프트웨어 정보와 VMWare Fusion의 사용에 관련된 자료를 무기명으로 VMware에 전송합니다.

◉ 'Keyboard & Mouse' 옵션 설정

Mac OS X 호스트의 단축키와 가상 머신의 단축키 및 마우스 버튼의 동작을 연동할 수 있는 옵션입니다. Mac OS X 호스트와 가상 머신에 설치된 게스트 OS 간에 단축키가 연동되도록 설정하는 것을 '키보드 매핑(keyboard mapping)'이라고 합니다. 예를 들어 복사(Command + C), 붙이기(Command + V), 오려두기(Command + X) 등의 Mac OS X 단축키를 실행하면 가상 머신에서도 같은 작업이 실행됩니다.

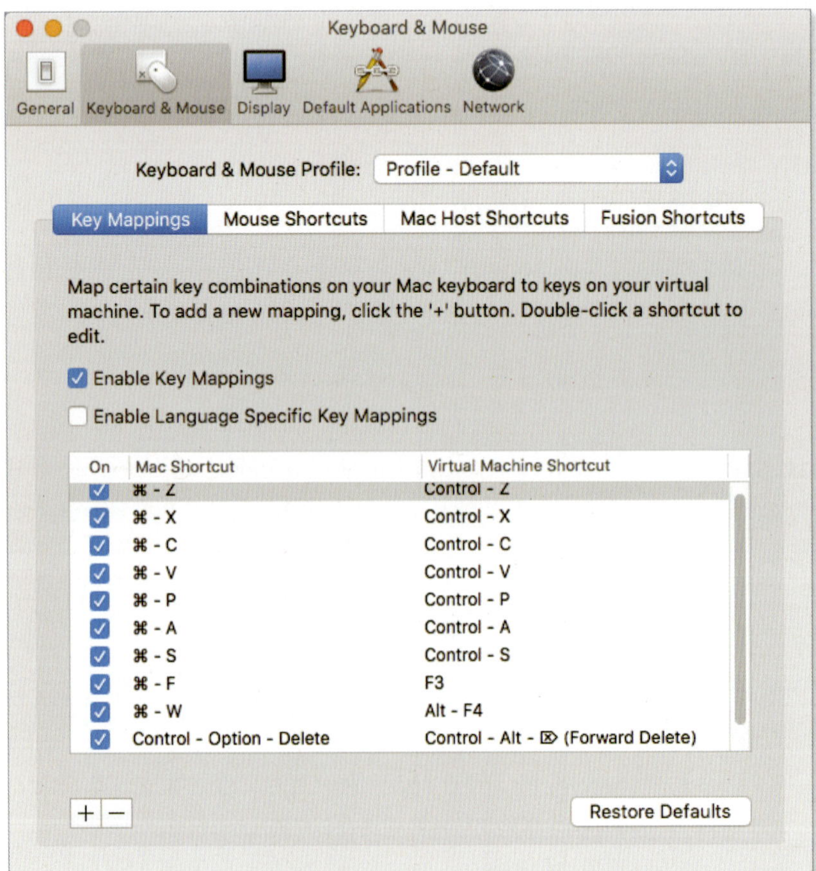

키매핑을 설정할 수 있는 옵션

- **Keyboard & Mouse Profiles** 기본 키매핑 프로파일을 수정하거나 사용자의 편의에 따라 새로운 키매핑 프로파일을 생성할 수 있습니다. 기본값인 'Profile–Default'를 클릭하고 'Edit Profiles' 메뉴를 선택하면 기본 프로파일을 수정하거나 새로운 프로파일을 생성할 수 있습니다.

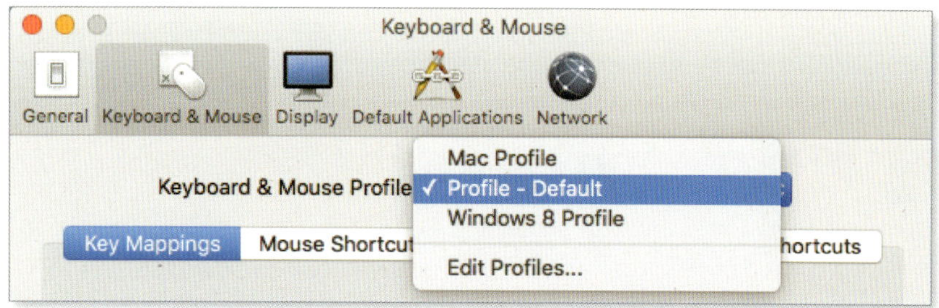

키보드와 마우스 프로파일을 수정할 수 있는 'Edit Profiles' 메뉴

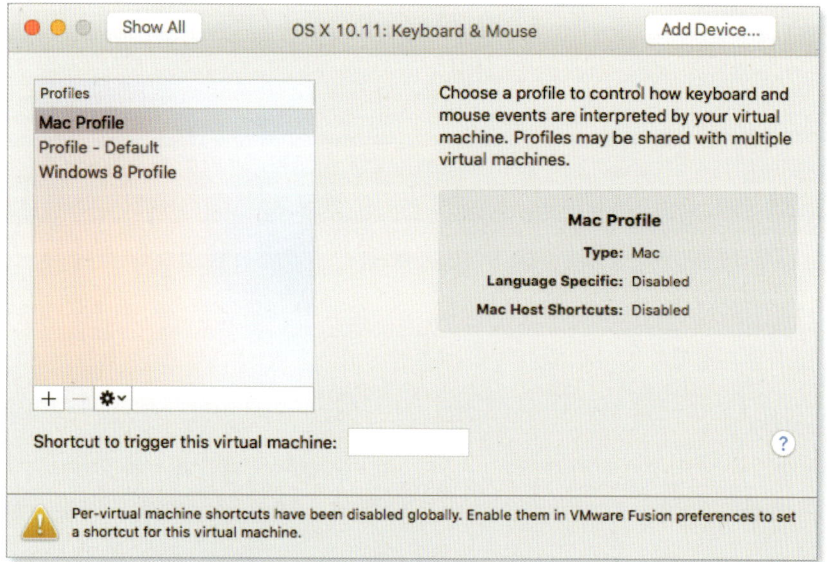

가상 머신에 설치된 게스트 OS의 종류에 따라 프로파일을 설정할 수 있는 메뉴

- **'Key Mappings' 탭**

① 키보드, 마우스 프로파일의 추가/삭제/가상 머신 지정하기

VMware Fusion에서 기본적으로 제공되는 프로파일(Mac Profile, Profile–Default, Windows Profile)의 이름을 변경하려면 해당 프로파일을 'Edit Profiles' 대화상자에서 더블클릭하고 이름을 변경합니다. 기본 프로파일을 다른 이름으로 복사(duplicate)하려면 원본 프로파일을 선택하고, 대화상자 아래쪽에 있는 톱니바퀴 모양 아이콘을 클릭한 후 'Duplicate Profile' 메뉴를 선택합니다. 새로운 프로파일을 추가하거나 기존에 설정한 프로파일을 삭제하려면 대화상자 왼쪽 아래에 있는 ⊞ 또는 ⊟ 버튼을 클릭합니다. 프로파일을 가상 머신에 지정하려면 VMware Fusion 메인 메뉴의 'Virtual Machine → Settings → Keyboard & Mouse' 설정에서 키보드 및 마우스의 프로파일을 지정합니다.

② 키매핑 추가 및 삭제하기

'Keyboard & Mouse' 대화상자의 왼쪽 아래에 있는 ⊞ 또는 ⊟ 버튼을 클릭하면 새로운 키매핑을 추가하거나 삭제할 수 있습니다. 기존에 설정된 키매핑을 수정하려면 해당 키매핑을 더블클릭하고 'Mac Shortcut'(Mac OS X 호스트 단축키)과 'Virtual Machine Shortcut'(가상 머신의 단축키)를 각각 설정합니다.

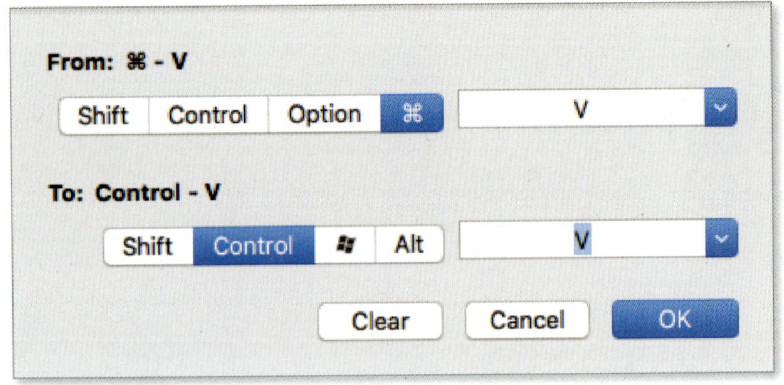

키매핑 설정 대화상자

③ Enable Key Mapping

이 옵션의 체크 표시를 없애면 키매핑 설정이 가상 머신에 적용되지 않습니다. 특별한 이유가 없다면 이 옵션은 항상 체크 표시하는 것이 좋습니다. 애플 키보드에 익숙한 상태에서 키매핑 기능을 사용하지 않으면 가상 머신에서의 단축키를 사용하는 것이 불편할 수 있습니다. 예를 들어, Mac OS X에서는 Ctrl 대신 Command 와 조합된 단축키를 주로 사용하는데, 이 옵션을 사용하면 Command 를 가상 머신에서 Ctrl 로 인식되게 합니다.

④ Enable Language Specific Key Mappings

영어가 아닌 다른 언어의 키보드 자판에서 언어 변경키를 키매핑에 포함시킵니다. 국내에서 판매되는 한/영 키보드는 지원하지 않으므로 이 옵션의 설정과 무관합니다.

⑤ Restore Defaults

키매핑을 초기 상태로 복원합니다.

• 'Mouse Shortcuts' 탭 버튼이 하나인 구형 애플 마우스 사용자를 위한 마우스 오른쪽 버튼 클릭(Ctrl + 클릭)과 중간 버튼 클릭(Command + 클릭) 등을 설정할 수 있습니다.

• 'Mac Host Shortcuts' 탭 'Enable Mac OS Keyboard Shortcuts'에 체크 표시하면 가상 머신을 전체 화면(Full Screen) 모드에서 실행해도 계속해서 Mac OS X 호스트의 앱 전환(Command + Tab), Mission Control(F3), Dashboard(F4) 등이 동작하게 합니다. 그리고 'For Windows Key, use' 옵션에서는 애플 키보드의 왼쪽, 오른쪽 또는 양쪽 모두의 Command 를 MS 윈도의 '시작(또는 윈도)' 키로 설정할 수 있습니다.

• 'Fusion Shortcuts' 탭 VMware Fusion의 자체적인 단축키를 설정합니다. 예를 들어 가상 머신의 화면 모드를 전환하거나 실행한 가상 머신들 사이를 이동할 수 있는 단축키를 설정할 수 있습니다.

⊙ 'Display' 옵션 설정

가상 머신의 해상도 조절 방식을 설정합니다. 단일 윈도우에서 'Resize the virtual machine and the window'를 설정하면, 가상 머신 윈도우의 크기를 마우스 드래드로 조절하면 그에 맞게 자동으로 해상도가 변경됩니다. 그러나 'Stretch the virtual machine in the window'로 설정하면, 해상도는 그대로 유지하면서 윈도우 크기에 따라 화면이 축소 또는 확대됩니다. 전체 화면 모드(Full Screen)에서는 자동 해상도 조절(Resize the virtual machine to fit the screen), 해상도를 유지하면서 화면 확대(Stretch the virtual machine in the screen), 스크린 해상도와 상관없이 설정된 해상도로 화면 가운데 정렬(Center the virtual machine in the screen) 옵션 등을 선택할 수 있습니다.

⊙ 'Default Applications' 옵션 설정

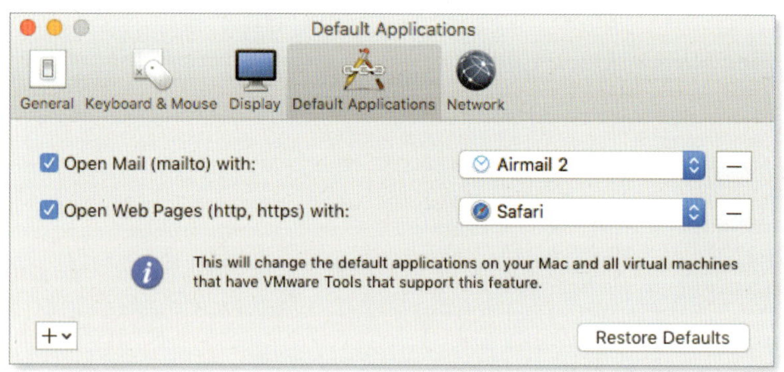

기본 프로그램 설정

- **Open Mail (mailto) with** E-mail 링크(mailto)를 클릭하면 자동으로 실행할 앱을 설정합니다. Mac OS X 호스트에 설치된 앱 또는 가상 머신에 설치된 앱 중에서 선택할 수 있습니다.

- **Open Web Pages (http, https) with** 웹사이트 링크를 클릭하면 자동으로 실행할 앱을 설정합니다. E-mail과 마찬가지로 Mac OS X 호스트 또는 가상 머신에 설치된 앱 중에서 선택할 수 있습니다.

⊙ 'Network' 옵션 설정

사설 네트워크 환경을 임의로 구성할 수 있으며 여기서 구성한 사설 네트워크는 외부 및 내부 네트워크 영역과 독립적으로 운영이 가능하며('Allow virtual machines on this network to connect external networks (using NAT) 옵션') VMware Fusion의 가상 머신을 비롯하여 Mac OS X 호스트, 다른 가상 머신 앱 등을 여기서 구성한 사설 네트워크로 연결할 수 있습니다. 또한 필요에 따라 연결된 가상 머신 또는 다른 기기에 IP 주소를 할당할 수 있습니다(Provide address on this network via DHCP 옵션). 사설 네트워크의 추가 및 제거는 대화상자 왼쪽 아래의 ⊞ 버튼(추가) 또는 ⊟ 버튼(제거)을 클릭합니다. 그리고 가상 머신을 사설 네트워크로 연결하는 방법은 VMware Fusion 메인 메뉴의 'Virtual Machine → Network Adapter' 또는 'Virtual Machine → Settings → Network Adapter' 옵션에서 새로이 구성한 사설 네트워크를 선택하면 됩니다.

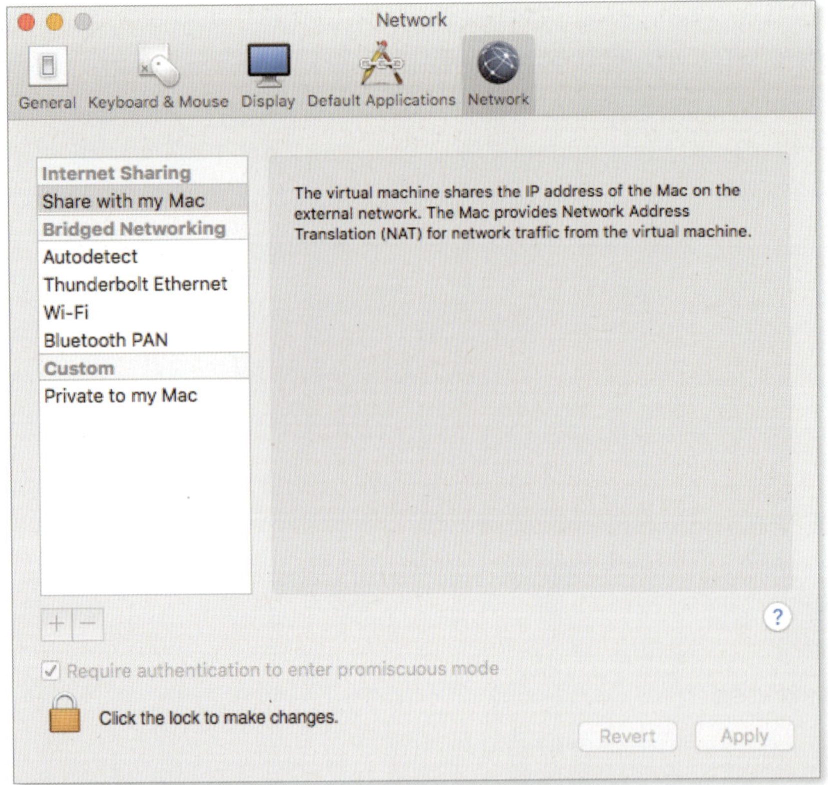

네트워크 설정 대화상자

③ License

VMware Fusion의 제품 번호를 입력하는 메뉴입니다. VMware Fusion은 시험 버전과 정식 구입 사용자 모두를 대상으로 그에 알맞은 제품 번호를 발급합니다. 시험 버전을 사용하다가 정식 버전을 구입했다면 이 메뉴에서 정식 제품 번호를 입력합니다.

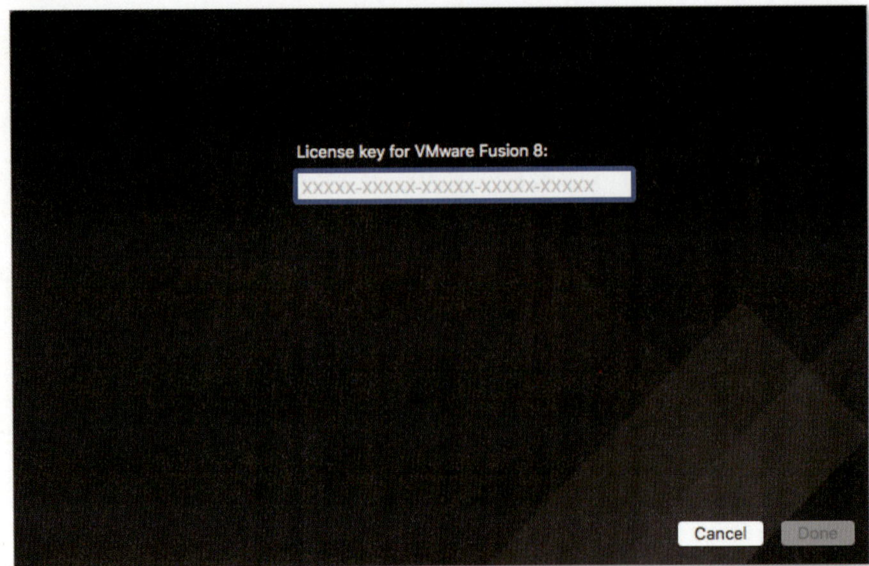

License 대화상자

④ Check for Updates

VMware 홈페이지에 접속하여 새로운 업데이트가 있는지 확인합니다. 만약 'Preferences' 설정에서 'Automatically check for updates(자동 업데이트 확인)'에 체크 표시했으면 VMware Fusion을 실행할 때마다 자동으로 새로운 업데이트를 확인하므로 별도로 이 메뉴를 사용할 필요는 없습니다.

⑤ Service, Hide VMware Fusion, Others, Show All

OS X의 모든 앱에 공통적으로 표시되는 메뉴들입니다. 시스템 전역에 걸친 서비스(Service) 메뉴를 사용할 수 있고 VMware Fusion을 화면에서 숨기거나(Hide VMware Fusion), 실행 중인 다른 앱을 화면에서 숨길 수 있습니다(Hide Other). 'Show All' 메뉴는 실행 중인 모든 가상 머신 윈도우를 화면의 전면에 표시합니다.

⑥ Quit VMware Fusion

VMware Fusion을 완전히 종료합니다. 만약 가상 머신을 실행 중이면 이 메뉴를 선택하기 전에 정상적인 방법으로 게스트 OS를 종료합니다. 정상적인 방법을 이용하지 않고 가상 머신을 강제 종료하거나 리셋(reset), 전원 끄기(power off) 등을 하면 게스트 OS가 손상될 수 있습니다.

02 'File' 메뉴

'File' 메뉴

① New

새로운 가상 머신을 구성하고, 여기에 게스트 OS를 설치합니다. 대부분의 운영체제(MS 윈도, 리눅스, Mac OS X 등)들을 설치할 수 있으며, 게스트 OS에 'VMware Tools' 프로그램을 설치하면 Mac OS X 호스트의 하드웨어 자원을 공유할 수 있습니다.

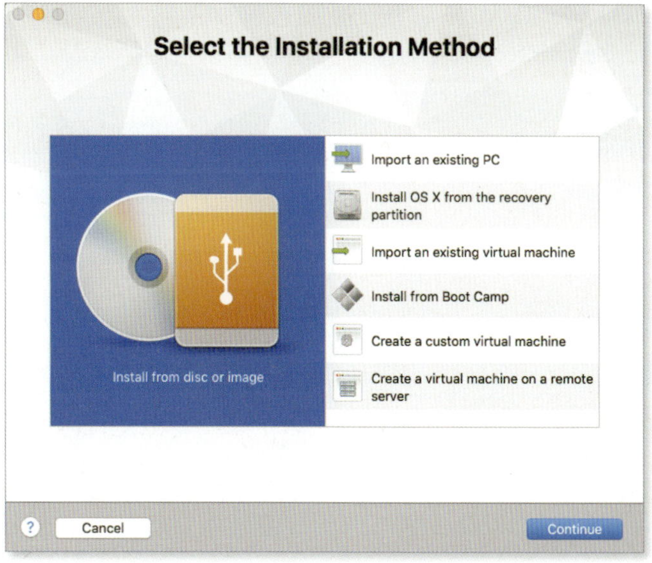

새로운 가상 머신을 생성하고 게스트 OS를 설치할 수 있는 'New' 대화상자

② **Open**

VMware의 오픈 마켓 사이트에서 VMDK(Virtual Machine Disk)를 다운로드 했거나 다른 컴퓨터에서 VMDK 디스크 이미지를 복사했으면 이를 가상 머신 라이브러리 (Virtual Machine Library)에 추가합니다.

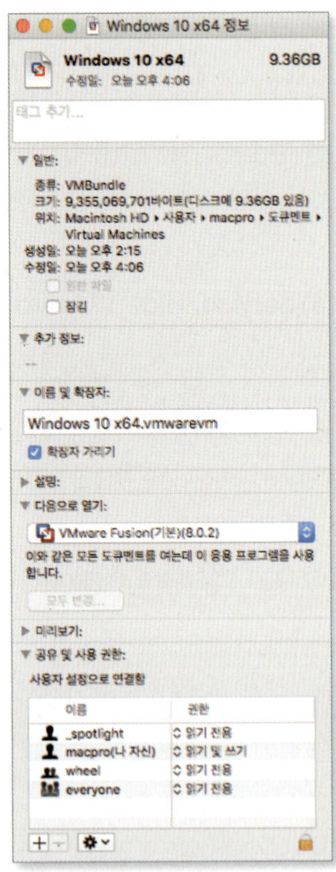

가상 머신 디스크 파일의 세부 정보

③ Open and Run

가상 머신 디스크 파일을 불러와서 곧바로 실행합니다. 신속하게 임의의 가상 머신을 실행할 때 유용합니다.

④ Open Recent

최근에 불러왔던 가상 머신의 목록을 볼 수 있습니다. 여기서 표시되는 목록 수는 OS X의 '시스템 환경 설정 → 일반'의 '최근 사용 항목' 옵션에서 설정할 수 있습니다.

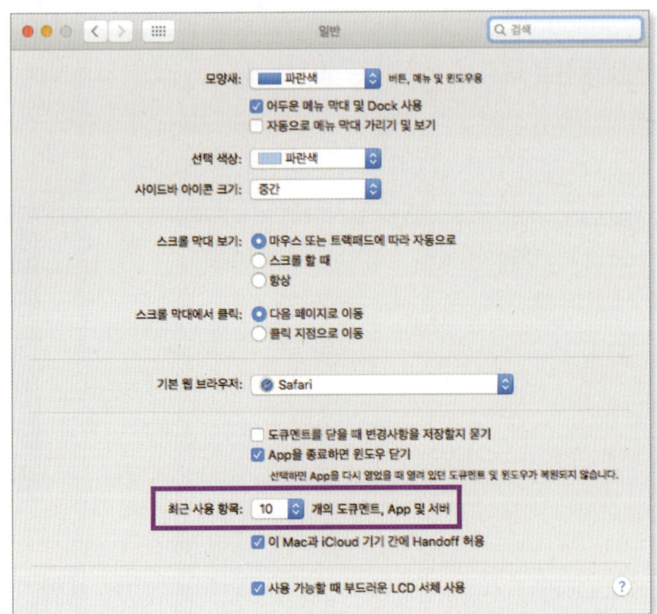

Open Recent 메뉴에서 표시될 파일의 개수는 '최근 사용 항목'에서 설정합니다.

⑤ Import

대표적인 가상 머신 앱인 Parallels Desktop 또는 MS의 Virtual PC에서 생성된 VMDK 디스크 이미지를 VMware Fusion 에서 사용할 수 있도록 변환합니다. 변환될 VMDK 디스크 이미지를 먼저 복사한 후 변환 작업을 하므로 원본 파일은 그 대로 보존됩니다. 만약 부트캠프에 설치된 MS 윈도를 이용하여 VMDK 디스크 이미지를 생성하려면 Virtual Machine Library에서 부트캠프 아이콘을 마우스 오른쪽 버튼을 클릭한 후 컨텍추얼 메뉴에서 'Import'를 선택합니다.

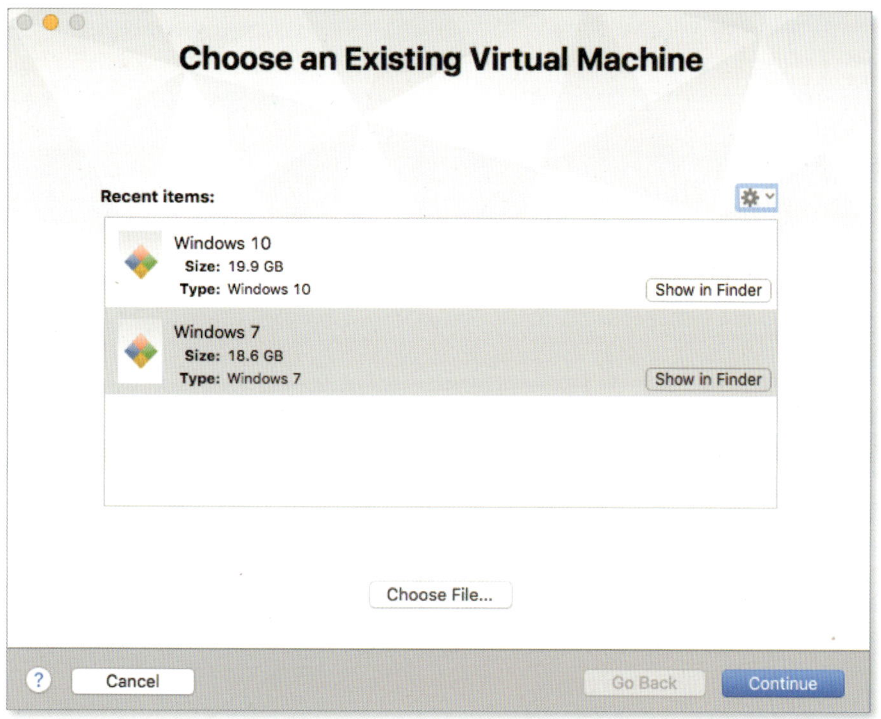

Import 대화상자

⑥ Export

설치된 가상 머신을 OVF(Open Virtualization Format) 포맷으로 내보내는 메뉴입니다. OVF 포맷은 플랫폼 독립형 포맷 으로서 가상 머신을 배포하거나 다른 컴퓨터로 보낼 때 사용되는 포맷입니다.

⑦ Migrate Your PC

VMware Fusion의 유용한 기능 중 하나로, 다른 PC에 설치된 MS 윈도를 통째로 전송 받아 VMDK 디스크 이미지로 생 성합니다. MS 윈도 운영체제를 비롯하여 설치된 모든 응용 프로그램 및 자료들을 통째로 전송 받는 것이기 때문에 편리 하게 새로운 가상 머신을 생성할 수 있습니다. 다음은 다른 PC에 설치된 MS 윈도 10을 이용하여 가상 머신을 생성하는 방법입니다.

01 MS 윈도에서 사용자 계정에 대한 암호를 설정하지 않았다면 '제어판 → 사용자 계정 → 계정 관리 → 계정 변경 → 암호 변경'에서 암호를 설정합니다.

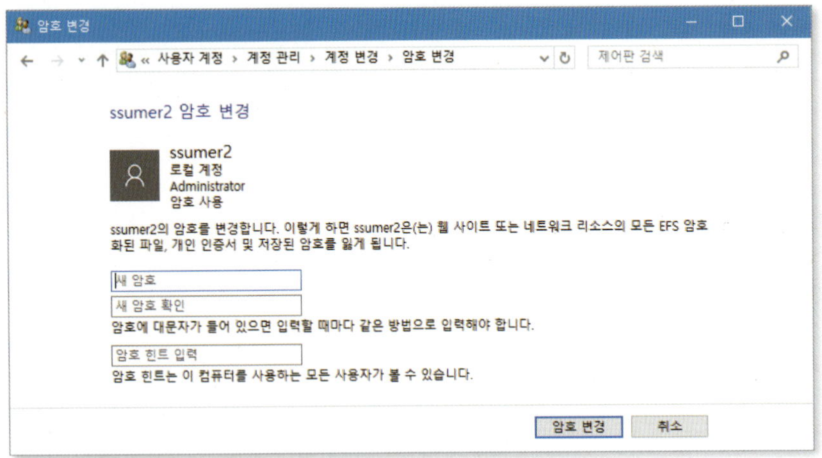

사용자 계정에 대한 암호 설정

02 VMDK 디스크 이미지로 생성하려는 MS 윈도가 설치된 PC에 VMware Fusion PC Migration Agent 를 설치합니다. 이 프로그램은 VMware Fusion 설치 디스크 또는 VMware 홈페이지(http://www.vmware.com/go/pc2mac)에서 다운로드할 수 있습니다.

VMware Fusion PC Migration Agent

03 VMware Fusion PC Migration Agent의 설치가 완료되면 VMware Fusion으로 파일 전송을 위한 암호가 발급됩니다. 대화상자를 닫기 전에 패스워드는 별도로 메모합니다. 만약 'User Account Control' 관련 에러가 표시된다면, '제어판 → 사용자 계정 → 사용자 계정 컨트롤 설정 변경'을 '알리지 않음'으로 설정하고 컴퓨터를 재시동한 뒤 'Migration Agent'를 재실행합니다.

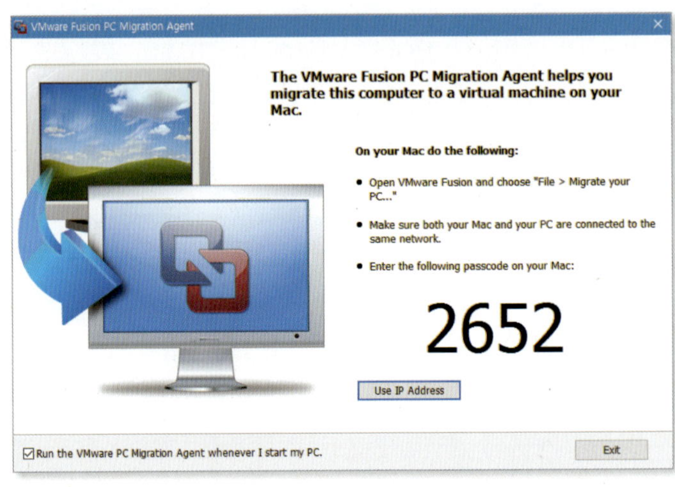

파일 전송을 위한 패스워드 발급

04 VMware Fusion에서 'File → Migrate Your PC' 메뉴를 선택하고 패스워드를 입력하는 단계에서 MS 윈도 PC에서 발급된 4자리 패스워드를 입력하고, 다음 단계에서 MS 윈도의 관리자 계정에 대한 아이디/패스워드를 입력한 뒤 'Continue' 버튼을 클릭합니다.

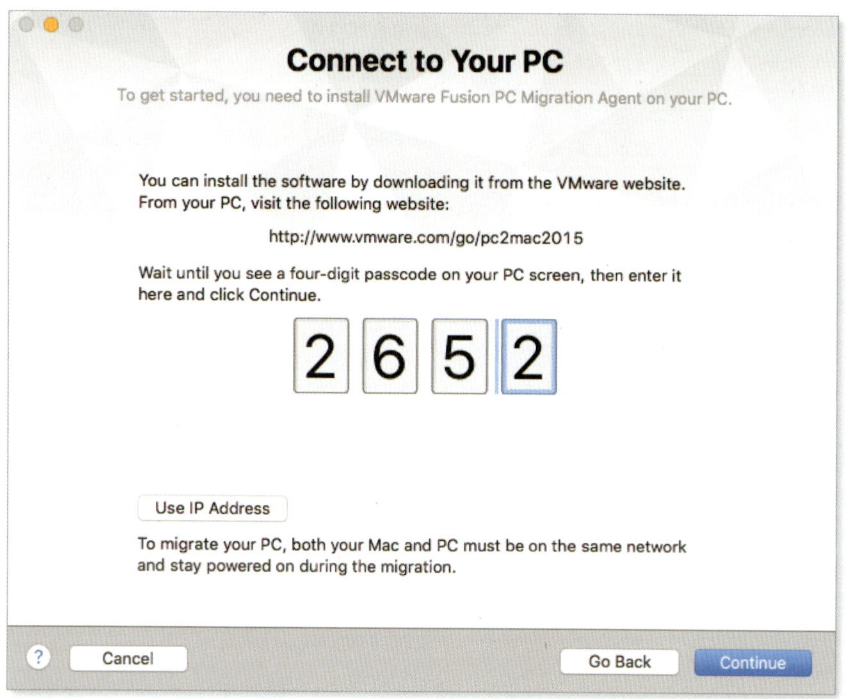

패스워드 입력

05 MS 윈도의 관리자 계정이 확인되면 가상 디스크(VMDK)를 생성하기 위한 요약 정보가 표시됩니다. 여기서 'Choose' 버튼을 클릭하여 가상 디스크가 저장될 경로를 변경할 수 있으며 'Continue' 버튼을 클릭하면 MS 윈도 PC에서 VMware Fusion으로 자료가 전송됩니다.

⑧ Connect Server

원격 서버에서 공유된 가상 머신을 사용할 수 있는 메뉴입니다. VMware Workstation, ESX, vCenter Server 등에서 공유된 가상 머신을 이용할 수 있습니다.

⑨ Connect VMware vCloud Air

VMware 클라우드 서비스에 업로드한 가상 머신을 사용하는 메뉴입니다. 클라우드 서버에 가상 머신을 업로드 하면 장소에 상관없이 해당 가상 머신을 사용할 수 있습니다.

⑩ Close

가상 머신의 윈도우 또는 가상 머신 라이브러리(Virtual Machine Library) 윈도우를 닫습니다. 닫은 윈도우는 가상 머신 라이브러리('Window → Virtual Machine Library' 메뉴)에서 다시 열 수 있습니다(컨텍추얼 메뉴에서 'Show Windows' 메뉴 선택).

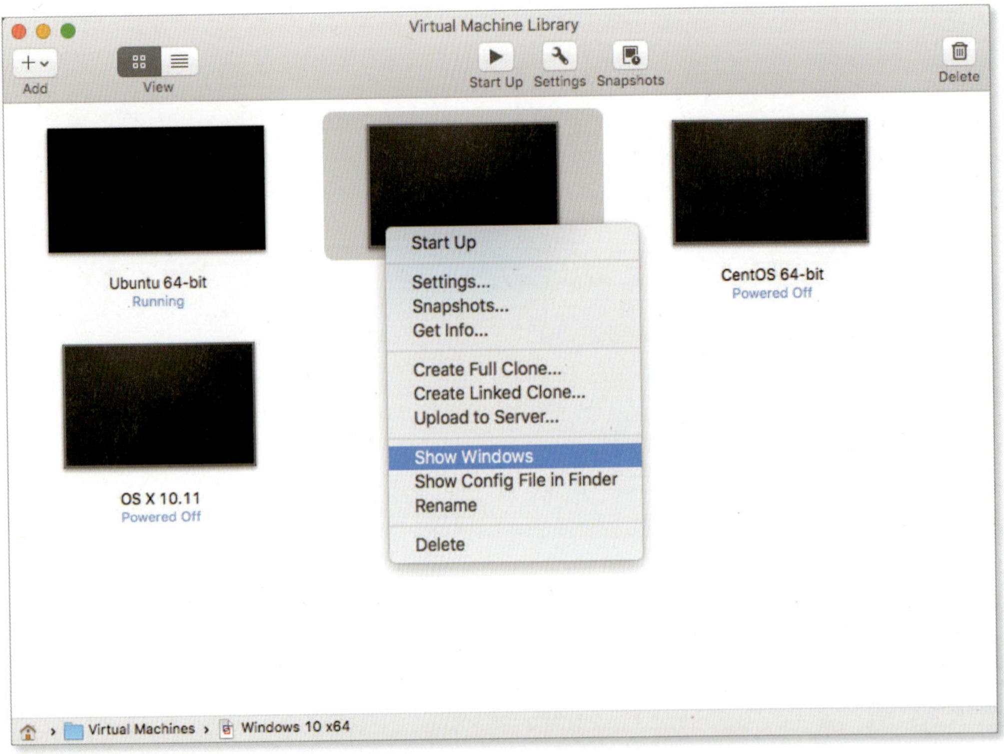

Virtual Machine Library 윈도우의 'Show Windows' 컨텍추얼 메뉴

03 'Edit' 메뉴

'Edit' 메뉴

가상 머신 라이브러리에 등록된 가상 머신의 이름에 특수 문자를 삽입하거나(Emoji&Symbols), 삭제(Delete), 전체 선택 등을 할 때 사용합니다. 특수 문자 입력 이외는 자주 사용하지 않는 메뉴입니다.

04 'View' 메뉴

'View' 메뉴

가상 머신의 화면 표시 방식을 임의적으로 변경할 수 있습니다. 가상 머신이 실행 중인 상태에서도 필요에 따라 자유롭게 단일 윈도우(Single Window), 사용자 인터페이스 단일화(Unity), 전체 화면(Full Screen) 등을 전환할 수 있습니다.

① Single Window

단일 윈도우(Single Window)에서 가상 머신을 표시합니다. 윈도우 크기를 자유롭게 변경할 수 있으며, 마치 OS X의 앱을 사용하듯 가상 머신을 단일 윈도우에서 사용할 수 있습니다. VMware Fusion의 가상 머신과 관련된 여러 가지 기능을 메인 메뉴 및 툴바에서 실행할 수 있으며(⑩ 네트워크 어댑터 변경, 공유 폴더 설정 등), Mac OS X 호스트의 파일을 가상 머신 윈도우로(또는 반대 방향) 드래그 & 드롭함으로써 파일을 전송할 수 있습니다. 전체 화면 모드(Full Screen)보다 화면 반응 속도가 약간 느리지만, 일반적으로 가장 많이 사용하는 화면 모드입니다.

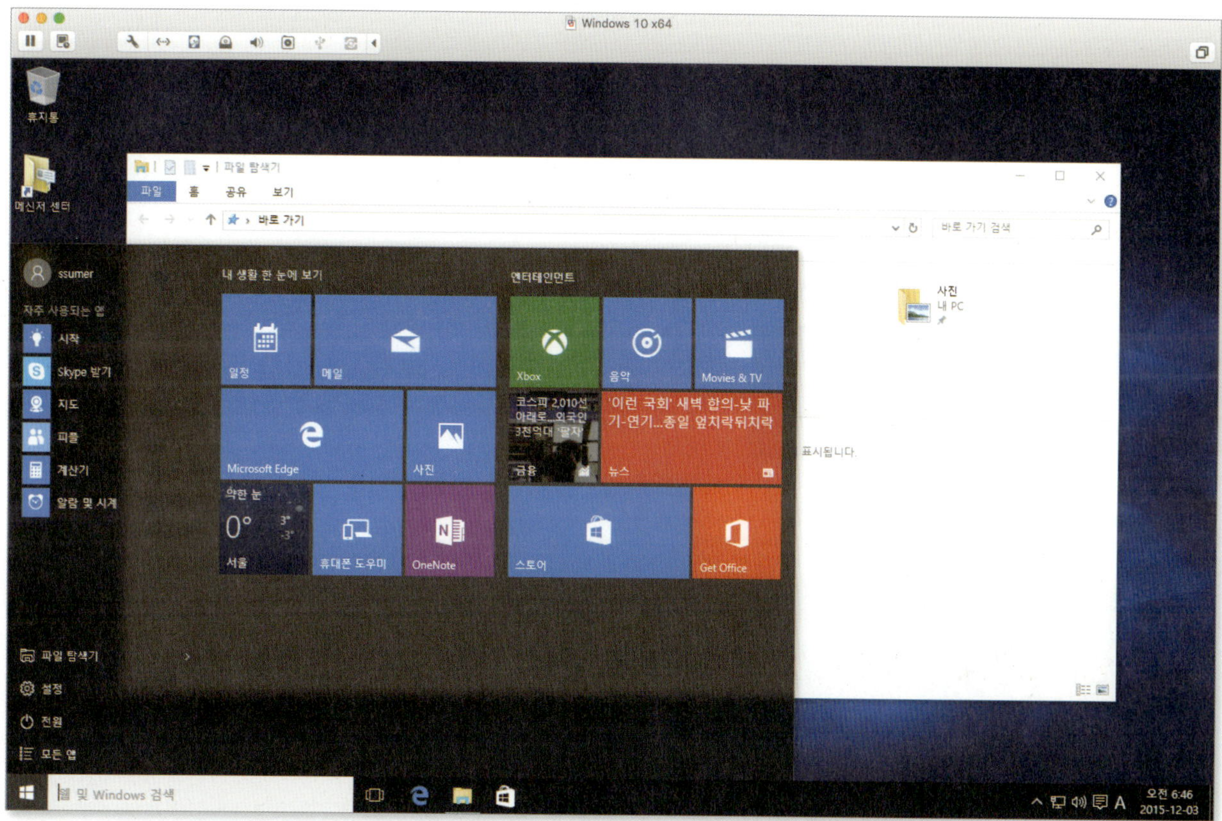

단일 윈도우 모드로 MS 윈도 10을 실행한 화면

단일 윈도우 모드의 툴바 모음

② Unity

가상 머신과 Mac OS X 호스트의 사용자 인터페이스를 하나로 단일화(Unity)해서 표시합니다. MS 윈도가 설치된 가상 머신에서만 사용할 수 있으며 MS 윈도의 바탕 화면과 작업 표시줄은 기본적으로 표시하지 않습니다. 작업 표시줄은 필요에 따라 표시할 수 있지만('View → Show Taskbar in Unity' 메뉴), Mac OS X 호스트의 Dock 위치에서 표시되므로 혼란스러울 수 있습니다. Unity 화면 모드에서 MS 윈도용 프로그램을 실행하려면 Mac OS X 호스트의 메인 메뉴에 표시되는 'Application Menu' 아이콘을 이용합니다.

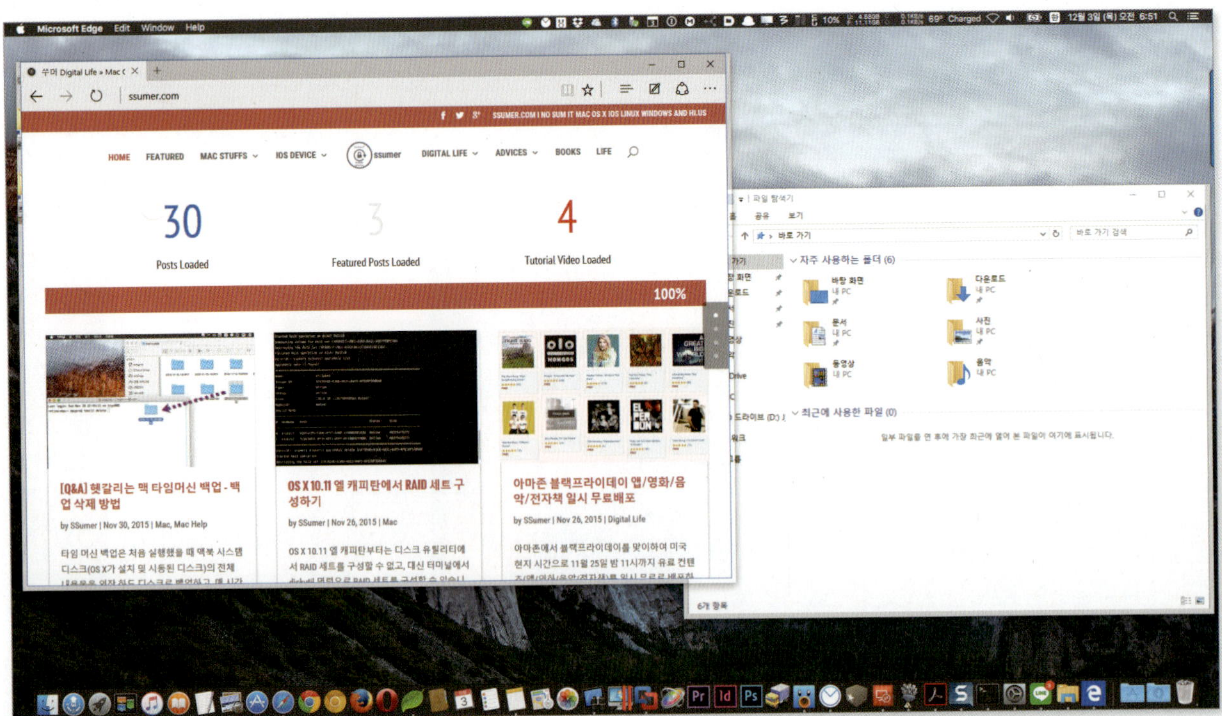

Unity 모드에서 MS 윈도용 프로그램을 실행시킨 화면

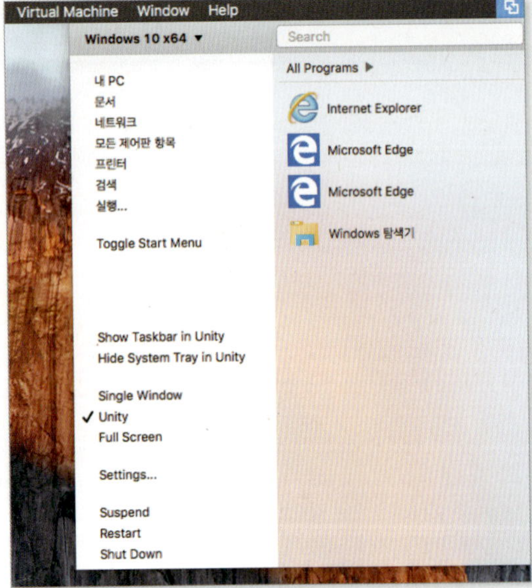

Application Menu

③ Full Screen

전체 화면(Full Screen)에서 가상 머신을 실행합니다. 화면 반응 속도가 가장 빠르고, 다른 Mac OS X 앱과 충돌 가능성이 낮은 안정적인 모드입니다. 전체 화면 모드에서도 Mac OS X 호스트의 앱 전환 단축키(Command + Tab)를 사용할 수 있으며, Alt + Tab 을 누르면 MS 윈도용 프로그램에 한해서 프로그램을 전환할 수 있습니다. 참고로 Command 를 다른 키와 조합하지 않고 그냥 누르면 '시작' 키와 동일하게 반응합니다.

④ Show(Hide) Taskbar in Unity

Unity 화면 모드에서 MS 윈도의 작업 표시줄을 항상 표시하거나 숨깁니다. 기본적으로 Mac OS X 호스트의 Dock과의 혼동을 없애기 위해 숨겨져 있지만 Dock의 표시 위치를 왼쪽이나 오른쪽 화면에 표시하고('시스템 환경 설정 → Dock') MS 윈도의 작업 표시줄을 반대 방향에 표시하면 혼동을 피할 수 있습니다.

화면 양쪽에 Mac OS X 호스트의 Dock과 MS 윈도의 작업 표시줄을 표시한 화면

⑤ Hide(Show) System Tray in Unity

Unity 화면 모드에서 MS 윈도의 트레이 아이콘을 Mac OS X 호스트의 메인 메뉴에 숨기거나 표시합니다. MS 윈도의 작업 표시줄을 표시되지 않은 Unity 화면 모드에서 트레이 아이콘을 제어하는 것은 번거로우므로 숨기는 것이 좋습니다.

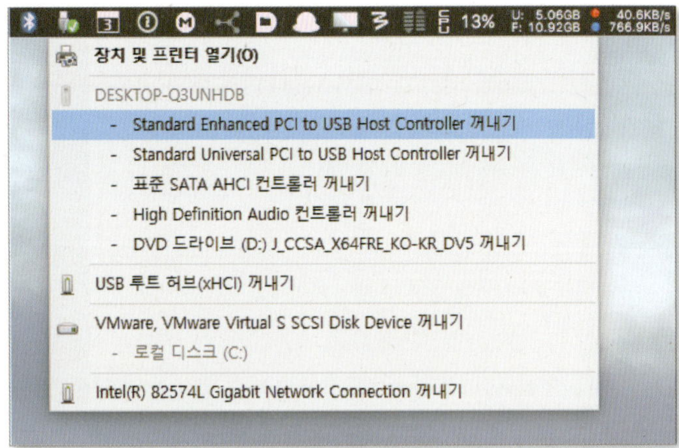

MS 윈도의 트레이 아이콘을 Mac OS X 호스트의 메인 메뉴에 표시한 상태

⑥ Full Screen Minibar

전체 화면 모드로 가상 머신을 실행하면 화면 모드 및 가상 머신을 제어할 수 있는 메뉴바가 화면 맨 위에 표시되는데 여기서 표시 방식을 설정할 수 있습니다. 'Always Show'는 메뉴바를 항상 화면의 맨 위에 표시하며, 'Automatically Hide and Show'를 선택하면 마우스 포인터가 화면의 맨 위로 이동했을 때만 메뉴바를 표시합니다. 그리고 'Always Hide'는 메뉴바를 표시하지 않으며 'Position on Screen'에서 메뉴바의 표시 위치를 맨 위(Top), 맨 아래(Bottom), 왼쪽(Left), 오른쪽(Right) 등으로 설정할 수 있습니다.

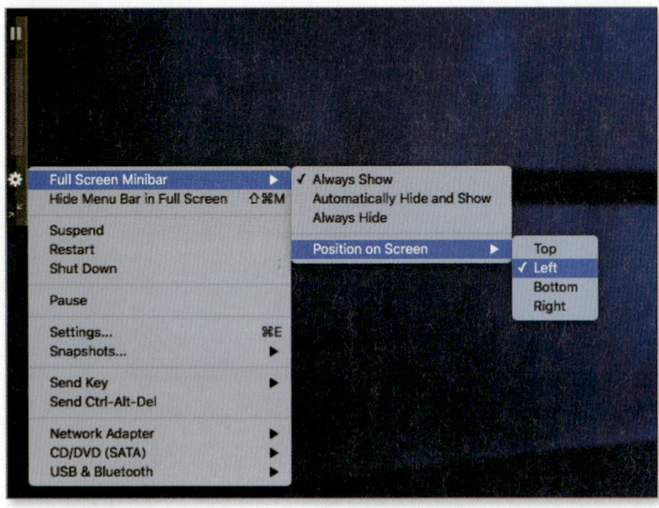

Full Screen Minibar 메뉴

⑦ Hide Menu Bar in Full Screen

이 옵션을 활성화하면 가상 머신을 전체 화면 모드로 실행할 때 마우스 포인터를 화면 위쪽으로 이동해도 OS X 메인 메뉴바가 표시되지 않습니다. VMware Fusion의 Minibar의 위치를 화면 위쪽으로 설정한 경우, OS X 메인 메뉴바와 표시 위치가 같으므로 혼동될 수 있습니다. 그러므로 이 옵션을 활성화해서 OS X 메인 메뉴바의 표시가 되지 않도록 설정합니다.

⑧ Use All Displays in Full Screen

전체 화면(Full Screen) 모드로 가상 머신을 실행할 때 Mac 컴퓨터에 연결된 모든 모니터를 사용합니다. 참고로 VMware Fusion은 연결된 모니터들을 자동으로 인식하며 최대 10대의 다중 모니터를 지원합니다.

⑨ Show(Hide) Toolbar

단일 윈도우(Single Window) 모드에서 도구 모음 아이콘이 포함된 툴바를 표시하거나(Show) 숨깁니다(Hide). 툴바에 포함된 도구 모음들은 'Virtual Machine' 메뉴에서도 실행할 수 있으므로 가상 머신의 화면을 좀 더 넓게 사용하려면 툴바를 숨기는 것이 좋습니다.

⑩ Customize Toolbar

툴바의 도구 모음 아이콘을 필요에 따라 추가하거나 제거합니다. 기본적으로 지원하는 도구 아이콘들 외에 다른 명령이나 기능을 추가할 수 없습니다.

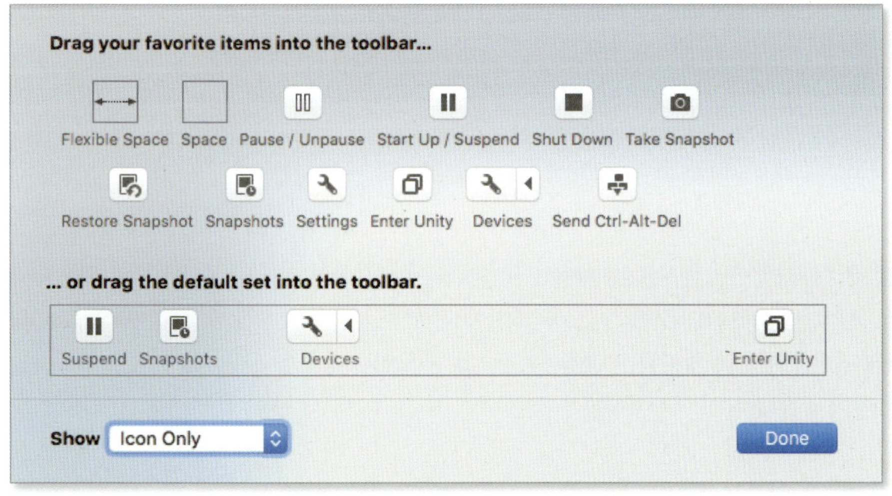

툴바에서 기본적으로 지원되는 도구 모음 아이콘

05 'Virtual Machine' 메뉴

'Virtual Machine' 메뉴

현재 실행되거나 'Virtual Machine Library'에서 선택한 가상 머신을 다양하게 제어할 수 있는 서브 메뉴를 포함하고 있습니다. 가상 머신을 종료(Shutdown)하거나 일시 중단(Suspend)할 수 있으며, 가상 머신의 하드웨어 설정도 임의로 변경할 수 있습니다.

① ... is running, off, suspended

'Virtual Machine' 메뉴의 맨 위에 활성화 된(또는 선택된) 가상 머신의 상태를 표시합니다. 예를 들어 MS 윈도 가상 머신이 실행되고 있으면 'Windows is running', 일시 중단된 상태면 'Windows is suspended', 종료된 상태면 'Windows is off'로 표시됩니다.

② Start Up, Suspend

선택한 가상 머신을 시동하거나(Start Up) 일시 중단(Suspend)합니다.

③ Restart

선택한 가상 머신을 재시동합니다. 특별한 경우가 아니면 재시동은 가상 머신에 설치된 게스트 OS에서 자체적으로 지원하는 재시동 명령을 이용하는 것이 좋습니다.

④ Shut Down

선택한 가상 머신을 종료합니다. 재시동과 마찬가지로 특별한 경우가 아니면 게스트 OS에서 자체적으로 지원하는 종료 (Shutdown) 명령을 이용하는 것이 좋습니다.

⑤ Pause

선택한 가상 머신의 실행을 일시 중지(Pause)합니다. VMware Fusion 차원에서 해당 가상 머신을 일시 중단하고 점유했던 CPU 사용과 메모리를 Mac OS X 호스트에 반환하는 것이므로, 게스트 OS 차원에서 실행을 일시 중단하는 'Suspend' 기능과는 차이가 있습니다. 여러 개의 가상 머신을 실행시킨 상태에서 CPU 및 메모리가 부족할 경우, 당장 사용하지 않는 가상 머신은 일시 중단(Pause)하는 것이 좋습니다.

⑥ Settings

가상 머신이 사용할 하드웨어의 추가 또는 제거, Mac OS X 호스트와의 폴더 공유 등을 설정할 수 있습니다. 가상 머신이 실행 중인 상태에서는 일부 하드웨어(CPU, 메모리, 하드디스크 등)는 변경할 수 없습니다. 가상 머신에 대한 환경 설정은 308쪽을 참고합니다.

⑦ Snapshots

선택한 가상 머신의 상태를 백업합니다. MS 윈도의 시스템 복원과 비슷한 기능으로, 가상 머신의 모든 환경 설정 상태와 게스트 OS의 설정 상태를 그대로 백업합니다. 예를 들어 게스트 OS를 새로운 버전으로 업그레이드하거나 내부 구조를 변경하는 소프트웨어를 설치할 때 'Snapshots' 메뉴를 이용해 미리 현재 상태를 백업하는 것이 좋습니다. 참고로 Snapshot 윈도우에서 'AutoProtect' 기능을 이용하면 설정한 시간에 따라 자동으로 백업을 실행합니다.

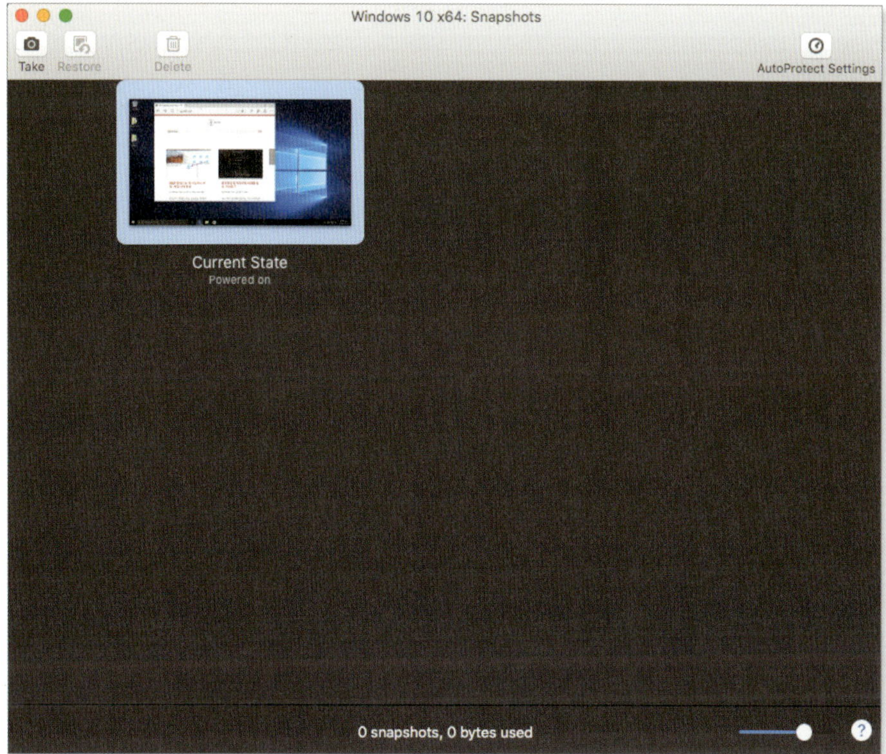

'Snapshots' 대화상자

Tip -- Snapshot 백업 관리하기

- **Take Snapshot** 새로운 Snapshot 백업을 실행합니다. 현재 실행되는 게스트 OS의 메모리 및 하드디스크 상태, 가상 머신의 환경 설정 등이 백업됩니다.

- **Delete Snapshot** 선택한 Snapshot 백업을 삭제합니다. 한번 삭제한 백업은 다시 복원할 수 없습니다.

- **Restore Snapshot** 선택한 Snapshot 백업으로 현재 상태를 복원합니다. 복원을 시작하기 전에 현재 상태를 별도의 Snapshot으로 백업할지 묻는 대화상자가 표시됩니다. 예기치 않은 문제 발생을 대비하여 별도로 백업해 두는 것이 좋습니다.

- **AutoProtect** 설정한 시간 간격으로 Snapshots 백업을 자동 생성합니다. 'Take an AutoProtect snapshot every' 항목에 자동 백업 주기를 설정하고 'Maximum number of snapshots to keep' 항목에서 최대 백업 보관 개수를 설정합니다. AutoProtect 기능을 사용하지 않으려면 'AutoProtect Settings' 옵션을 'Off'로 설정합니다.

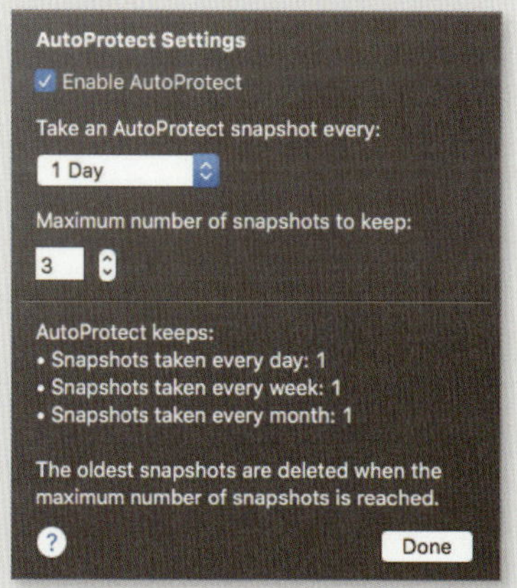

- **섬네일(Thumbnail) 슬라이더** Finder의 아이콘 크기 슬라이더와 마찬가지로 슬라이더 핸들을 왼쪽(축소) 또는 오른쪽(확대)으로 이동하여 Snapshots 백업의 섬네일 크기를 동적으로 조절할 수 있습니다.

⑧ Get Info

선택한 가상 머신의 요약 정보를 확인할 수 있는 'Settings → General' 대화상자를 표시합니다. 게스트 OS의 종류 및 점유 용량 등을 빠르게 확인할 수 있습니다.

⑨ Create Full Clone

선택한 가상 머신을 1:1로 복사합니다. 복사의 원본이 될 가상 머신은 완전히 종료된 상태이어야 하며, 복사된 가상 머신은 원본과 독립된 가상 디스크를 생성합니다. 여러 개의 같은 가상 머신을 빠르게 생성할 때 편리합니다.

⑩ Create Linked Clone

선택한 가상 머신에 대한 링크를 생성하며 복사된 가상 머신이 원본 가상 머신의 디스크를 공유합니다. 원본 가상 머신에 설치된 모든 앱을 그대로 사용할 수 있으며, 복사된 가상 머신에서 변경한 내용은 원본 디스크에 영향을 주지 않으므로 다양한 테스트를 위한 임시 가상본으로 유용합니다.

⑪ Send Key

실행 중인 가상 머신에 다양한 키보드 입력 신호를 보냅니다. 예를 들어 게스트 OS에 PrintScreen(화면 인쇄), CapsLock(대문자) 또는 ScrollLock(화면 스크롤 고정)키 신호를 보낼 수 있습니다.

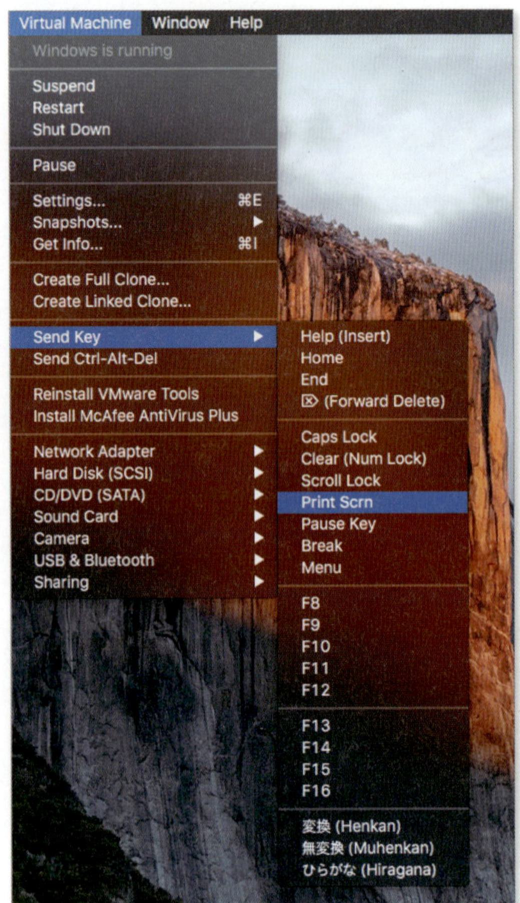

Send Key 메뉴

⑫ Send Ctrl–Alt–Del

실행 중인 가상 머신에 Ctrl + Alt + Delete 입력 신호를 보냅니다. 예를 들어 MS 윈도가 설치된 가상 머신에서 응용 프로그램이 〈응답 없음〉일 경우 이 메뉴를 이용하여 작업 관리자를 실행하여 해당 프로그램을 강제 종료할 수 있습니다.

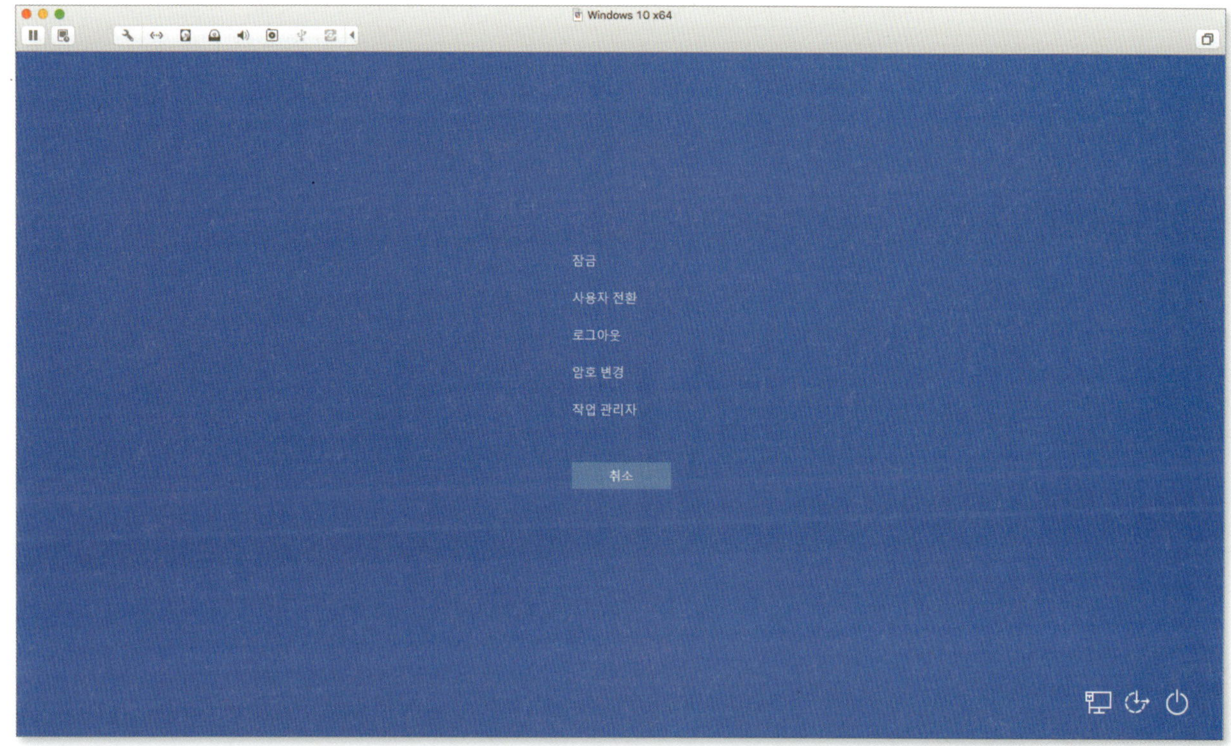

MS 윈도 10 가상 머신에서 'Send Ctrl–Alt–Del' 메뉴를 실행한 화면

⑬ Install(Reinstall) VMware Tools

실행 중인 가상 머신에 VMware Tools 프로그램을 설치(Install) 또는 재설치(Reinstall)합니다. VMware Tools 설치 프로그램에는 여러 가지 시스템 드라이버(네트워크, 사운드, 디스플레이 드라이버 등)들이 포함되어 있으며, 이를 설치하면 Mac OS X 호스트의 하드웨어 자원을 가상 머신에서 원활하게 공유할 수 있습니다. VMware Fusion이 공식 지원하는 운영체제 이외 다른 운영체제를 가상 머신에 설치할 경우 별도로 사용자가 VMware Tools를 컴파일(Compile)해야 합니다.

⑭ Install(Reinstall) McAfee VirusScan Plus

VMware Fusion에 번들로 제공되는 McAfee의 VirusScan Plus 안티 바이러스를 설치합니다. MS 윈도가 설치된 가상 머신에만 설치할 수 있으며, 12개월 동안 무료 업데이트 서비스를 받을 수 있습니다. 가상 머신에서 실행하는 MS 윈도는 Mac OS X 호스트와 별도로 보안 소프트웨어를 설치해야만 예기치 않은 해커들의 공격이나 바이러스, 악성코드 등으로부터 보호할 수 있습니다.

⑮ Network Adapter

가상 머신에서 사용하는 네트워크 어댑터의 IP 주소 할당 방식을 설정합니다. 'NAT(Network Address Translation)'을 설정하면 Mac OS X 호스트와 IP 주소를 공유하므로 가상 머신을 위한 별도의 IP 주소가 필요 없습니다. 'Bridged(Autodetect)'는 가상 머신에 독립적인 IP 주소를 할당하므로 여러 개의 IP 주소를 할당 받을 수 있는 환경에서 사용할 수 있습니다(에 네트워크 공유기 사용자). 'Host—Only'를 설정하면 오직 Mac OS X 호스트에 한해서만 네트워크 공유를 하므로 다른 컴퓨터에서 가상 머신을 직접 액세스 할 수 없습니다. 마지막으로 'Network Adapter Settings' 메뉴를 선택하면 'Settings → Network Adapter' 대화상자를 표시합니다.

⑯ Hard Disk

가상 머신이 종료된 상태에서 하드디스크 관련 설정을 합니다. 하드디스크의 용량, 버스 방식(Bus type), 용량 점유 방식 등을 설정할 수 있습니다.

⑰ CD/DVD

가상 머신에서 사용할 CD/DVD 드라이브의 설정을 변경합니다. Mac 컴퓨터의 물리적인 CD/DVD 드라이브를 직접 사용하거나 디스크 이미지(ISO, CDR 등) 파일을 가상 드라이브에 마운트할 수 있습니다. 'Connect(Disconnect) CD/DVD'를 선택하면 가상 머신에서 CD/DVD 드라이브를 활성화(Connect)하거나 비활성화(Disconnect)할 수 있으며 'Choose a disc or disc image'를 선택하면 디스크 이미지 파일을 가상 드라이브에 마운트 합니다. Mac 컴퓨터의 물리적인 CD/DVD 드라이브를 직접 사용하려면 'CD/DVD Settings' 대화상자에서 'SuperDrive'를 선택합니다.

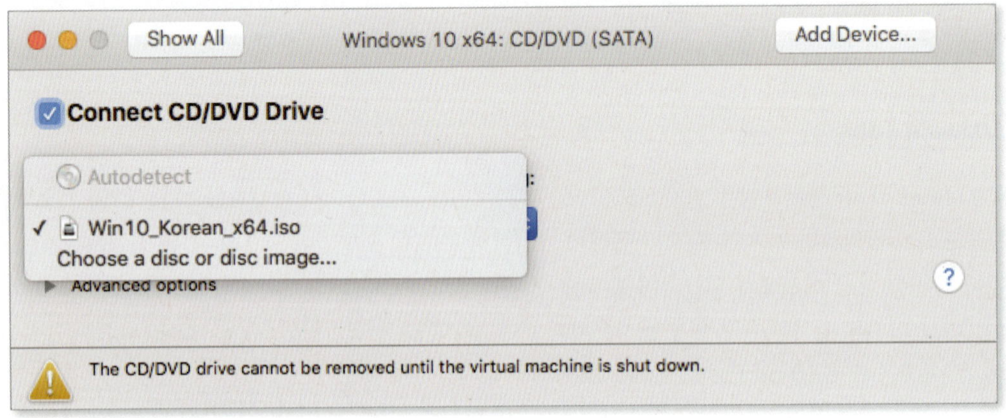

'CD/DVD Settings' 대화상자

⑱ Sound Card

가상 머신이 사용하는 사운드 카드를 연결(Connect) 또는 해제(Disconnect) 할 수 있습니다.

⑲ Camera

맥북에 자체 내장된 페이스타임 카메라 또는 USB 카메라 등을 가상 머신으로 연결합니다.

⑳ USB & Bluetooth

Mac 컴퓨터에 연결된 USB 또는 Bluetooth 장치를 가상 머신에서 직접 사용할 수 있습니다. 예를 들어 USB 헤드셋을
Mac 컴퓨터에 연결하고, 이것을 가상 머신에서 직접 사용하려면 이 메뉴에서 해당 장치를 선택합니다.

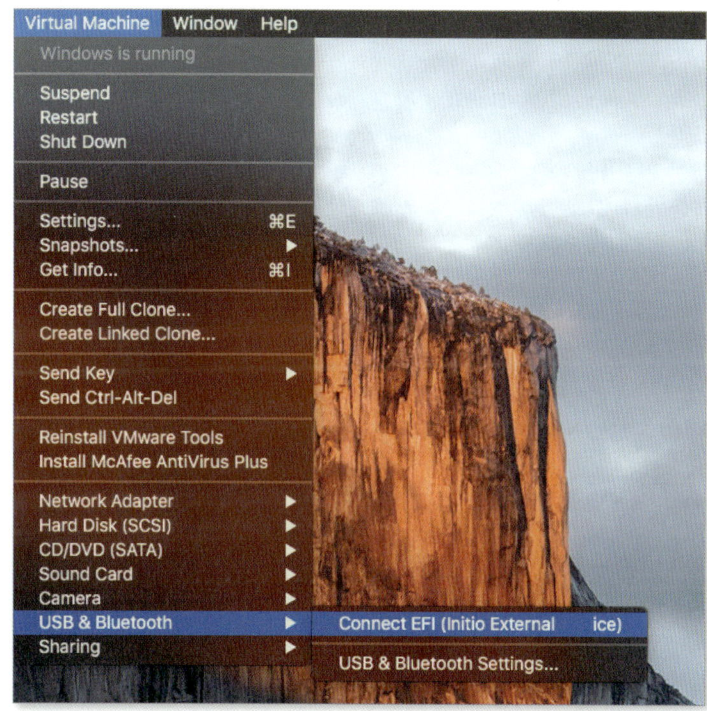

USB 외장 디스크 연결 메뉴

㉑ Shared Folders

Mac OS X 호스트와 가상 머신 간에 폴더 공유를 설정합니다. 가상 머신이 실행 중에도 임의로 공유 폴더를 추가하거나
제거할 수 있습니다.

06 'Window' 메뉴

'Window' 메뉴

실행 중인 가상 머신으로 이동하거나 윈도우 크기를 조절할 수 있으며 가상 머신 라이브러리(Virtual Machine Library) 윈
도우를 표시할 수 있습니다.

① Minimize

선택한 가상 머신의 윈도우를 최소화(minimize)합니다. 최소화된 윈도우는 'Window' 메뉴에서 다시 선택하거나 Mac OS X 호스트의 Dock 컨텍추얼 메뉴(마우스 오른쪽 버튼 클릭)에서 '모든 윈도우 보기'를 선택하여 다시 표시할 수 있습니다.

VMware Fusion의 Dock 컨텍추얼 메뉴

② Zoom

선택한 가상 머신의 윈도우를 최대 크기로 확대합니다. VMware Tools 프로그램이 가상 머신에 정상적으로 설치되었다면 화면 해상도는 변경된 윈도우 크기에 따라 자동으로 변경됩니다.

③ Bring All to Front

여러 개의 가상 머신 윈도우를 열어놓은 상태에서 이 메뉴를 선택하면 모든 윈도우를 Mac OS X 데스크탑의 전면(front)에 표시할 수 있습니다. 예를 들어 가상 머신 윈도우들 중 일부가 다른 Mac OS X 호스트용 앱의 뒤쪽에 배치되었으면 이 메뉴를 선택해서 모든 윈도우를 전면에 배치할 수 있습니다.

④ Virtual Machine Library

가상 머신 라이브러리(Virtual Machine Library) 윈도우를 표시합니다. VMware Fusion을 처음 실행하면 기본적으로 표시되는 윈도우이며, 여기서 원하는 가상 머신을 실행하거나 관리(추가, 삭제, 환경 설정 변경 등)할 수 있습니다.

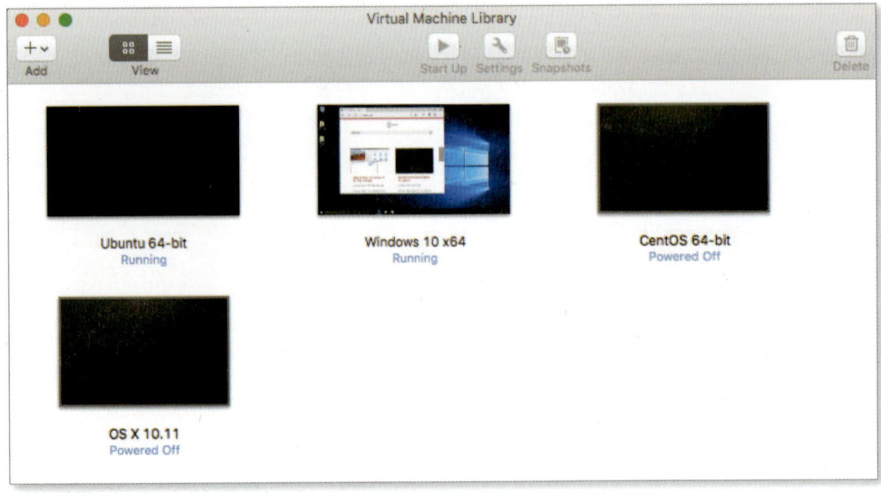

'가상 머신 라이브러리' 대화상자

- **Start Up** 가상 머신을 시동합니다.
- **Settings** 가상 머신의 환경 설정을 변경합니다.
- **Suspend** 실행 중인 가상 머신의 실행을 일시적으로 중지합니다.
- **Snapshots** 실행 중인 가상 머신의 현재 상태를 Snapshots으로 백업하거나 기존에 백업한 Snapshot으로 복원합니다.
- **Get Info** 가상 머신에 대한 요약 정보를 확인할 수 있는 'Settings → General' 대화상자를 표시합니다.
- **Create Full Clone** 선택한 가상 머신을 1:1 복사를 합니다.
- **Create Linked Clone** 선택한 가상 머신에 대한 '가상본'을 생성합니다.
- **Upload to Server** VMware Workstation, ESX, vCenter Server 등이 실행 중인 로컬 또는 원격 서버, vCloud Server 등에 선택한 가상 머신을 업로드합니다.
- **Show Windows** Mac OS X 호스트 데스크탑에 가상 머신의 윈도우를 표시합니다.
- **Show Config File in Finder** 가상 머신의 설정 파일을 Finder 윈도우에서 표시합니다.
- **Rename** 선택한 가상 머신의 타이틀을 변경합니다.
- **Delete** 선택한 가상 머신을 삭제합니다.

```
Start Up

Settings...
Snapshots...
Get Info...

Create Full Clone...
Create Linked Clone...
Upload to Server...

Show Windows
Show Config File in Finder
Rename

Delete
```

07 'Help' 메뉴

'Help' 메뉴

VMware Fusion의 모든 메뉴 및 사용 방법에 대한 도움말을 표시합니다. VMware Fusion을 사용하다가 궁금한 사항이 있거나 잘 모르는 기능이 있으면 이 메뉴를 이용해 다양한 정보를 얻을 수 있습니다. 다만 아직까지 한글 도움말은 지원되지 않습니다.

VMware Fusion 가상 머신의 **환경** 설정

가상 머신에 대한 환경 설정(Setting) 메뉴를 이용하면 가상 머신이 사용할 하드웨어 자원을 필요에 따라 변경할 수 있습니다. 예를 들어, 가상 머신의 실행 속도를 보다 빠르게 하고자 한다면, 여기서 더 많은 CPU와 메모리를 할당해 줄 수 있습니다. 또한 Mac OS X 호스트의 폴더 및 볼륨을 가상 머신에서 직접 사용할 수 있도록 공유(Sharing) 설정도 할 수 있습니다.

01 General

① Name

가상 머신의 이름을 변경하려면 가상 머신 라이브러리(Virtual Machine Library)에서 가상 머신의 이름을 선택합니다. 여기서 변경된 이름은 오직 가상 머신 라이브러리에서 표시되는 이름에만 영향을 주고 실제 가상 머신이 사용하는 디스크 이미지 파일의 이름은 변경되지 않습니다.

가상 머신 라이브러리에서 이름을 변경하는 화면

② OS

게스트 OS의 종류 및 버전에 따라 VMware Fusion은 가장 적합한 유형의 프로파일을 이용해 가상 머신을 구성합니다. 예를 들어 MS 윈도 10을 게스트 OS로 설치하면 windows.iso를 이용하고 리눅스는 linux.iso, Mac OS X는 darwin.iso 등의 프로파일을 이용합니다. 가상 머신의 기본 프로파일을 변경하려면 'Settings → General' 대화상자의 'OS' 항목에서 변경할 수 있습니다. 만약 게스트 OS와 호환되지 않는 프로파일로 잘못 변경하면 게스트 OS가 실행되지 않거나 사용할 때 에러가 발생할 수 있습니다.

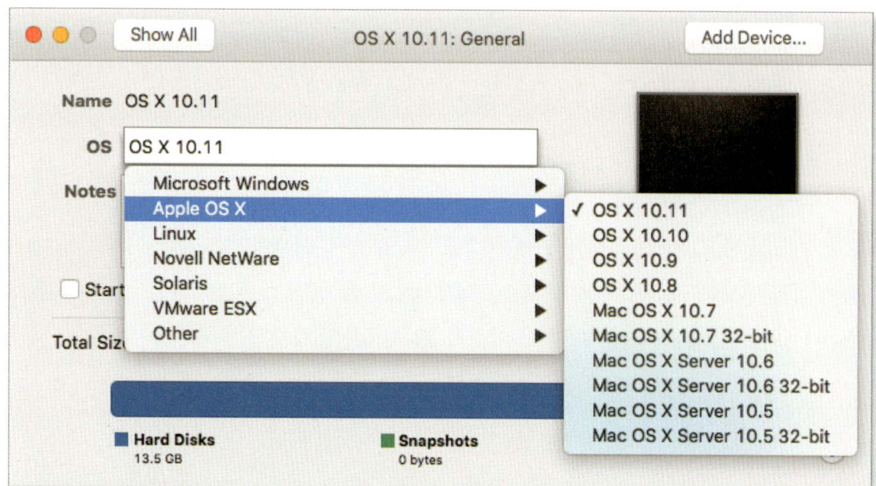

가상 머신의 프로파일 설정

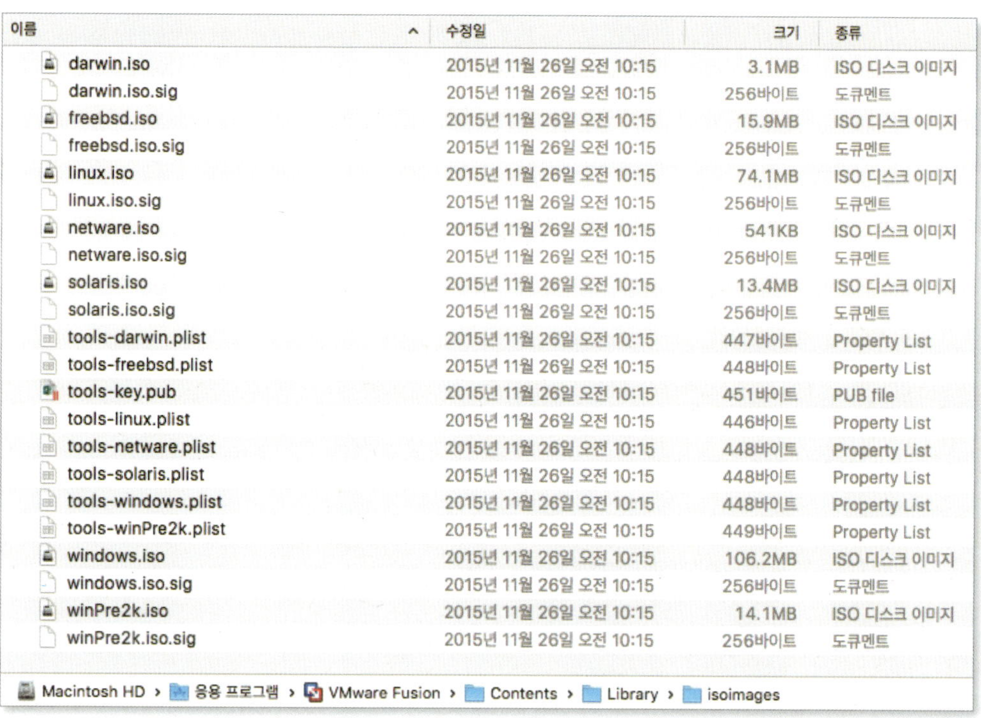

VMware Fusion 8의 프로파일 저장 폴더

③ Notes

가상 머신별로 개발용이나 업무용처럼 특이 사항을 기록할 수 있습니다. 만약 같은 게스트 OS를 여러 개 설치했으면 각 게스트 OS마다 특이 사항을 기록하여 관리할 수 있습니다.

④ Start automatically when VMware Fusion launches

이 옵션이 체크 표시된 가상 머신은 VMware Fusion 실행과 동시에 자동으로 실행됩니다.

⑤ Clean Up Virtual Machine

가상 디스크가 물리적인 디스크에서 불필요하게 점유하는 공간을 제거하고(Shrink), 분산된 파일 조각을 모아줍니다 (defragment). 가상 하드디스크의 구조 및 용량을 최적화하는 기능이므로, 주기적으로 한 번씩 실행합니다. 가상 하드디스크의 용량에 따라 다르지만 보통 10분 이상의 시간이 소요됩니다(하드디스크 기준이며 SSD에서는 훨씬 더 빠르게 실행됩니다).

02 Sharing

Mac OS X 호스트의 폴더 공유를 설정합니다. 여기서 추가한 폴더는 게스트 OS에서 직접 사용할 수 있으며, 사용자 개인 폴더들(Desktop, Movie, Documents 등)을 미러(mirror)할 수 있습니다. 공유 폴더를 추가하려면 'Shared Folders' 항목을 'ON'으로 설정하고 왼쪽 아래에 있는 ⊞ 버튼을 클릭하여 공유 폴더를 추가합니다. 이미 추가된 공유 폴더를 제거하려면 해당 폴더를 선택하고 ⊟ 버튼을 클릭합니다.

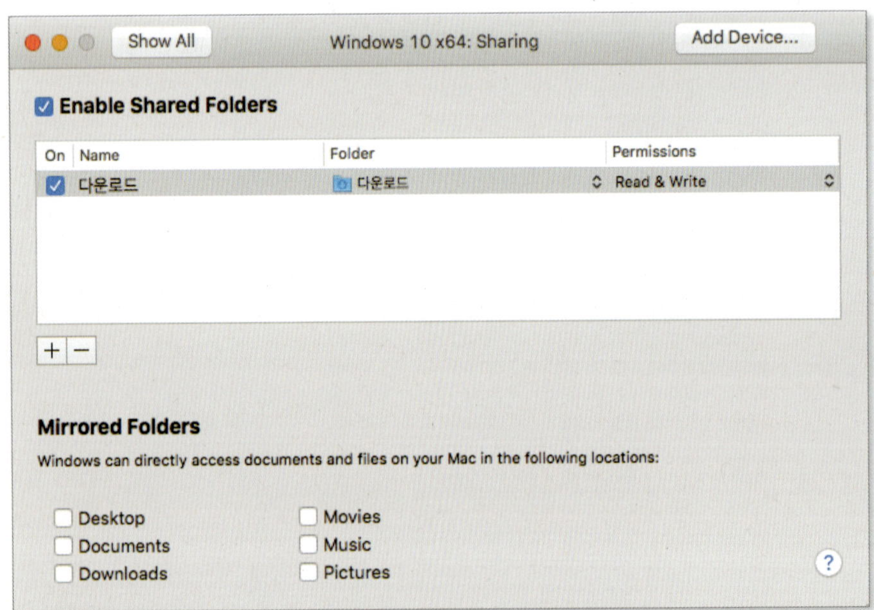

'공유 폴더 설정' 대화상자

> **Note**
>
> Mac OS X의 사용자 계정의 기본 폴더들(데스크탑, 사진, 음악, 도큐멘트 등)을 게스트 OS로 미러(Mirror)하면 자동으로 Mac OS X의 기본 폴더들을 게스트 OS의 사용자 계정 폴더들과 일치시킬 수 있습니다. 예를 들어 Mac OS X의 '사진' 폴더에 'ABC.jpg' 파일을 저장하면 MS 윈도의 '사진' 폴더에서도 해당 파일을 직접 사용할 수 있습니다. 미러 기능은 MS 윈도 10, 8, 7, 비스타, XP가 설치된 가상 머신만 지원됩니다.

03 Default Applications

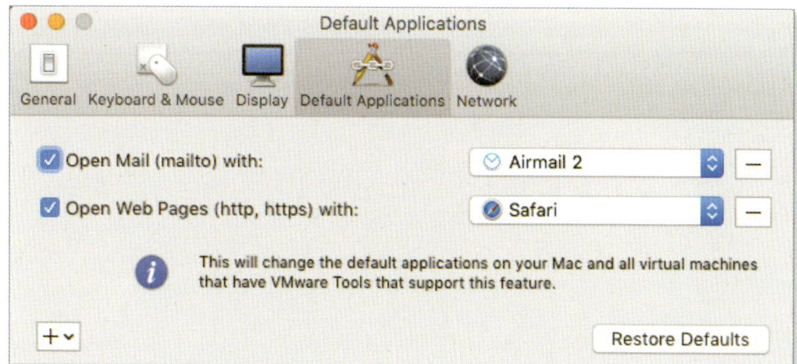

인터넷 링크의 연결 프로그램 설정

- **Open Mail (mailto) with** Mac OS X 호스트에서 메일 링크(mailto)를 클릭하면 자동으로 가상 머신에 설치된 응용 프로그램을 실행할 수 있습니다.

- **Open Web Pages (http, https) with** 웹페이지 링크(http, https)를 클릭하면 자동으로 가상 머신 또는 Mac OS X 호스트에 설치된 웹브라우저를 실행합니다.

- 메일(mailto) 또는 웹페이지 링크(http, https) 이외 다른 링크(ftp, RSS Feed 등)에 대한 기본 앱을 설정하려면 대화상자 왼쪽 아래의 ⊞ 버튼을 클릭하여 추가합니다.

04 Applications Menu

OS X 메인 메뉴에서 사용할 수 있는 VMware Application Menu에 자주 사용하는 가상 머신 앱을 등록하는 옵션입니다. ⊞ 또는 ⊟ 버튼을 클릭하여 가상 머신 앱을 추가 또는 삭제할 수 있습니다.

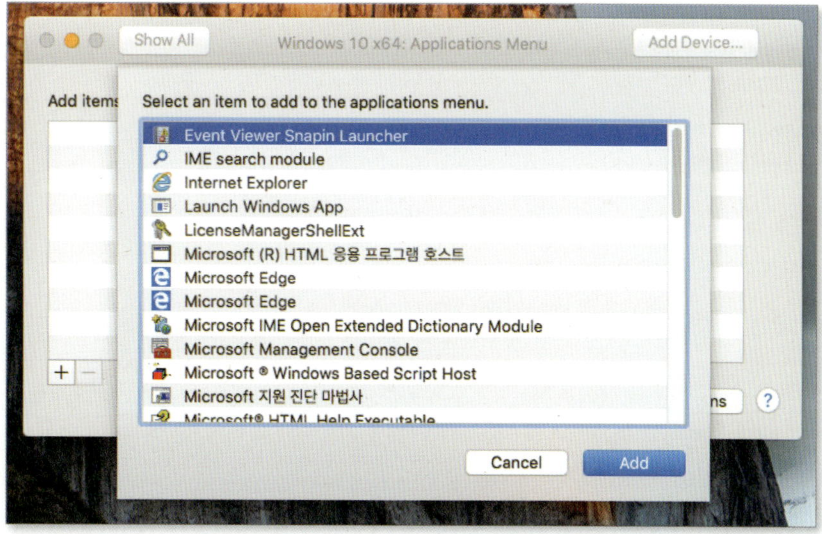

자주 사용하는 가상 머신의 앱을 Application Menu에 등록할 수 있습니다.

- **'Clear Recent Applications' 버튼** 이 버튼을 클릭하면 'Application Menu'에서 최근에 사용한 응용 프로그램들의 목록을 제거합니다.

05 Keyboard & Mouse

가상 머신이 사용할 키보드와 마우스의 키매핑 프로파일을 설정합니다. 새로운 프로파일 추가 또는 삭제, 수정에 관해서는 284쪽을 참고합니다.

06 Processors & Memory

가상 머신이 사용할 CPU의 개수와 메모리 용량을 설정합니다. CPU 개수는 사용 가능한 모든 CPU의 절반 정도를 할당하는 것이 OS X 호스트에 무리를 주지 않습니다. 메모리는 Mac 컴퓨터에 설치된 전체 메모리 용량에 따라 적당한 선에서 설정합니다. 일반적으로 전체 메모리가 4GB일 경우 MS 윈도 XP는 1GB, MS 윈도 7, 8, 10은 2GB로 설정합니다. Advanced 옵션에서는 가상 머신 내에서 Hypervisor 응용 프로그램 옵션(Enable hypervisor applications in this virtual machine) 및 코드 프로파일링 응용 프로그램 실행에 관한 옵션(Enable code profiling applications in this virtual machine)을 설정합니다. 예를 들어, Hypervisor 응용 프로그램 실행 옵션에 체크 표시하면, 가상 머신 내에서 또 다른 가상 머신 소프트웨어(例 VMware Workstation 또는 Fusion)를 설치하고, 그 안에서 새로운 가상 머신을 생성할 수 있습니다. 그리고 코드 프로파일링 옵션에 체크 표시하면 Vtune 또는 OProfile 등의 코드 최적화/디버그 프로그램을 실행할 수 있습니다.

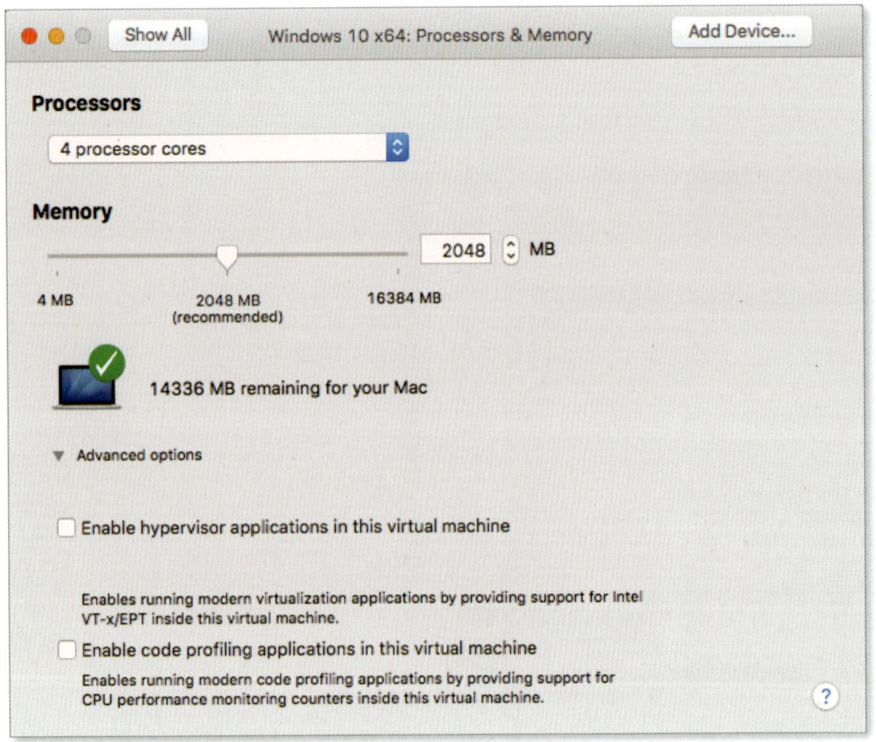

'Processors & Memory 설정' 대화상자

07　Display

MS 윈도가 설치된 가상 머신에서 3D 가속 기능 및 레티나 디스플레이 사용 설정(Use full resolution for Retina display), 인터페이스 크기 자동 조절(Automatically adjust use interface size in Windows) 등의 옵션을 설정합니다. VMware Fusion 은 DirectX 10과 함께 Open GL 3.3을 지원합니다. 그러나 MS 윈도용 3D 게임을 고품질 모드에서 즐기기에는 많은 한계 가 있으므로 실감나는 3D 게임 플레이는 부트캠프를 이용하는 것이 좋습니다.

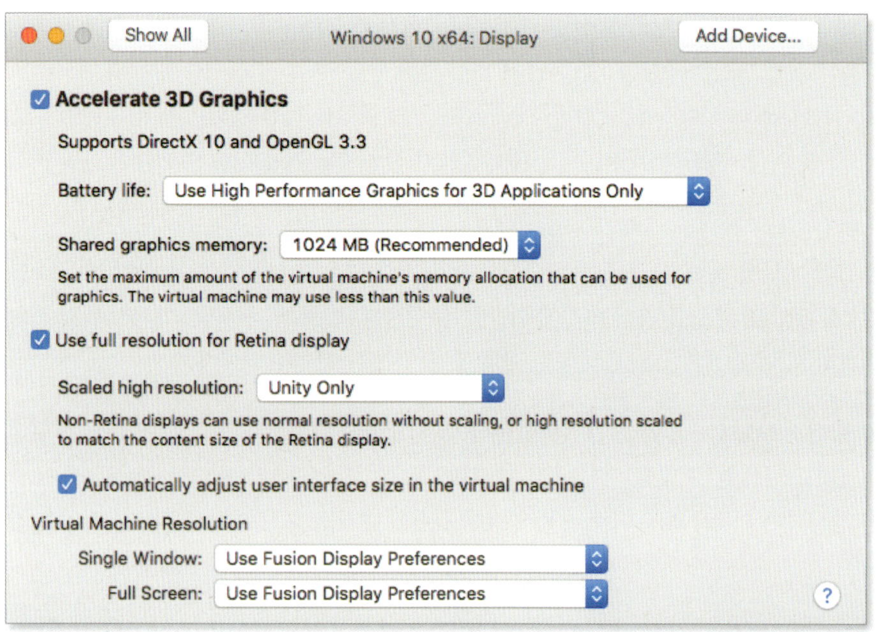

'Display' 대화상자

08　Network

가상 머신에서 사용할 네트워크 어댑터 및 환경을 설정합니다. 'Internet Sharing'의 장치를 선택하면 Mac OS X 호스트 의 IP 주소를 공유하며, 'Bridged Networking'의 장치를 선택하면 가상 머신에 독립적인 IP 주소를 할당합니다. 가상 머 신에서 인터넷 서버(䜻 웹, FTP, SSH, 이메일 서버 등)를 운영하려면 Bridge 방식으로 독립된 IP 주소를 할당하는 것이 각 서버의 환경 설정 및 외부에서의 접속을 편리하게 합니다. 단순하게 응용 소프트웨어의 실행을 위한 가상 머신일 경우 'Internet Sharing'으로 설정하는 것이 좋습니다. 인터넷 공유기를 사용하고 있다면 Bridged 방식으로 가상 머신을 설정해 도 상관없지만, 독립된 IP 주소를 가상 머신에 할당하면 다른 컴퓨터 또는 인터넷을 통한 원격 컴퓨터에 쉽게 노출되는 단 점이 있습니다. 그러므로 순수 응용 소프트웨어 실행이나 테스트가 목적인 가상 머신은 'Internet Sharing' 방식으로 설정 하는 것이 보다 안전합니다. 'Internet Sharing' 방식으로 설정하면 모든 네트워크 포트의 기본 제어권을 Mac OS X 호스트 에서 담당합니다. Custom에 속한 'Private to my Mac'을 선택하면 해당 가상 머신은 오직 Mac OS X 호스트와 네트워크 연결이 허용되며, 인터넷 연결이 필요없는 가상 머신을 실행할 때 사용합니다. 새로운 Custom 네트워크의 추가 및 삭제 는 'VMware Fusion → Preferences → Network' 탭에서 설정합니다.

- **네트워크 어댑터 추가 및 제거** 새로운 네트워크 어댑터를 추가 및 제거하려면 'Settings' 대화상자의 오른쪽 위에 있는 'Add Device' 버튼을 클릭하고 'Network Adapter'를 선택한 뒤 'Add' 버튼을 클릭합니다. 추가한 네트워크 어댑터를 제거하려면 'Settings' 대화상자에서 해당 어댑터를 선택하고 'Advanced options'를 클릭한 뒤 'Remove Network Adapter' 버튼을 클릭합니다.

- **Connect Network Adapter** 네트워크 어댑터의 연결을 활성화(ON)하거나 비활성화(OFF)합니다. 가상 머신의 모든 네트워크 어댑터를 비활성화하면 가상 머신에서 인터넷에 접속할 수 없으며 Mac OS X 호스트의 폴더도 사용할 수 없습니다.

- **Internet Sharing, Share with my Mac** 가상 머신에서 Mac OS X의 IP 주소를 공유합니다. 이 옵션은 인터넷 공유기나 DHCP(Dynamic Host Configuration Protocol) 서버가 없는 환경, 예를 들어 전화 회선을 이용한 인터넷 연결(다이얼업)이나 직접 인터넷 회선에 연결한 경우에 이 옵션을 설정합니다. 인터넷 공유기 사용자도 이 옵션을 이용하면 가상 머신의 보안 수준을 한층 높일 수 있습니다.

- **Bridged Networking, 어댑터 이름** 가상 머신에 독립 IP 주소를 할당합니다. 인터넷 공유기 사용자 또는 여러 IP 주소를 할당 받을 수 있는 네트워크 환경에서 독립 IP 주소를 가상 머신에 할당할 수 있습니다. 모든 외부에서의 네트워크 접속에 대한 제어를 할 수 있으므로 인터넷 서버(웹, FTP, SSH, 이메일 서버 등)를 운영할 때 유용합니다.

- **Custom, Private to my Mac** 가상 머신과 Mac OS X 호스트 간에만 네트워크 공유를 허용합니다. 가상 머신에서 다른 컴퓨터로 직접 접속할 수 없고 인터넷도 사용할 수 없습니다. 오직 Mac OS X 호스트와만 네트워크를 공유할 수 있습니다. 이 옵션은 가상 머신이 다른 컴퓨터나 외부로 노출되는 것을 완전히 차단할 수 있으므로 보안이 필요한 작업을 할 때 유용합니다.

- **Advanced options** 네트워크 어댑터의 MAC 주소(Media Access Control address)를 임의로 변경할 수 있습니다. 'Generate' 버튼을 클릭하면 새로운 MAC 주소가 생성됩니다.

09 Hard Disk

가상 머신이 사용할 디스크를 관리하거나 추가 및 제거할 수 있으며, 이미 추가된 가상 디스크의 용량을 변경하거나 속성 등을 지정할 수 있습니다.

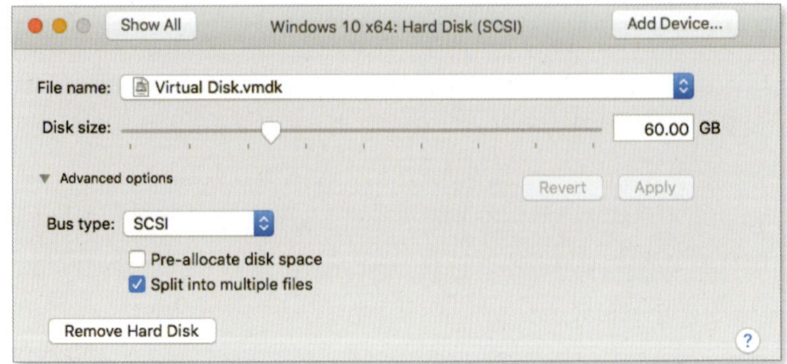

가상 머신의 'Hard Disk' 대화상자

- **디스크 추가 및 제거** 새로운 가상 하드디스크를 추가하려면 'Hard Disk' 대화상자의 오른쪽 위에 있는 'Add Device' 버튼을 클릭하고 'New Hard Disk'를 선택한 뒤 'Add' 버튼을 클릭합니다. 여기서 생성된 가상 디스크는 Mac OS X 호스트의 물리적인 하드디스크에 패키지 파일 형태(확장자 VMDK)로 저장되며, 처음 가상 머신을 설정할 때 지정한 경로에서 기본적으로 생성됩니다.

- **File name** 가상 하드디스크의 파일명을 표시하며, 새로 가상 디스크를 추가할 때 사용자가 임의로 파일명이나 생성될 경로를 지정할 수 있습니다.

- **Disk size** 가상 하드디스크의 최대 용량을 지정합니다. 여기서 용량을 충분하게 설정하고 'Pre−allocate disk space'의 체크 표시를 없애면 가상 머신이 실제로 사용한 만큼만 물리적인 디스크의 공간을 차지합니다. 그러므로 가능하면 넉넉하게 최대 용량을 설정하는 것이 좋습니다.

- **Bus type** 가상 하드디스크의 버스 유형을 SCSI 또는 IDE, SATA 방식으로 설정합니다. 기본적으로 VMware Fusion이 게스트 OS의 종류에 따라 자동으로 설정하므로 특별한 경우가 아니면 기본값 그대로 사용합니다.

- **Pre−allocate disk space** 'Disk size'에서 설정한 최대 용량을 물리적인 디스크에서 미리 점유합니다. 가상 머신이 실질적으로 사용한 용량과는 상관없이 'Disk size'에서 설정한 만큼 가상 디스크 파일의 크기가 커지므로 특별한 경우가 아니면 체크 표시를 하지 않는 것이 좋습니다.

- **Split into muliple files** 가상 하드디스크 파일을 2GB 단위로 분할하여 저장합니다. 파일의 안정성과 백업, 그리고 나중에 있을 수 있는 파일 이동 등을 고려하여 이 옵션을 체크 표시하는 것이 좋습니다.

10 CD/DVD

가상 머신의 CD/DVD 드라이브를 Mac 컴퓨터의 물리적인 CD/DVD 드라이브를 직접 사용하게 설정하거나 디스크 이미지 파일(ISO, CDR 등)을 마치 MS 윈도의 데몬 툴처럼 마운트 할 수 있습니다. 동시에 Mac 컴퓨터의 CD/DVD 드라이브 사용과 디스크 이미지 파일을 마운트하여 사용하려면 'Add Device' 버튼을 클릭하여 새로운 CD/DVD 드라이브를 추가하고, 첫 번째는 'SuperDrive', 두 번째 CD/DVD 드라이브는 디스크 이미지 파일을 마운트합니다. 새로 추가한 CD/DVD 드라이브를 제거하려면 'Advanced Options'의 'Remove CD/DVD Drive' 버튼을 클릭합니다.

'CD/DVD' 대화상자

2대의 CD/DVD 드라이브를 설정한 상태

11 Sound

가상 머신에서 사운드 장치의 사용 여부를 설정합니다. 사운드 출력(Output Device) 및 입력(Input Device)을 각각 설정할 수 있으며, 'Enable Echo Cancellation' 옵션에 체크 표시하면 스피커에서 재생된 음원이 마이크로 다시 입력되는 문제를 방지할 수 있습니다.

가상 머신이 실행 중에도 임의적으로 변경할 수 있으며, 만약 사운드 카드를 가상 머신에서 제거하려면 'Remove Sound Card' 버튼을 클릭합니다.

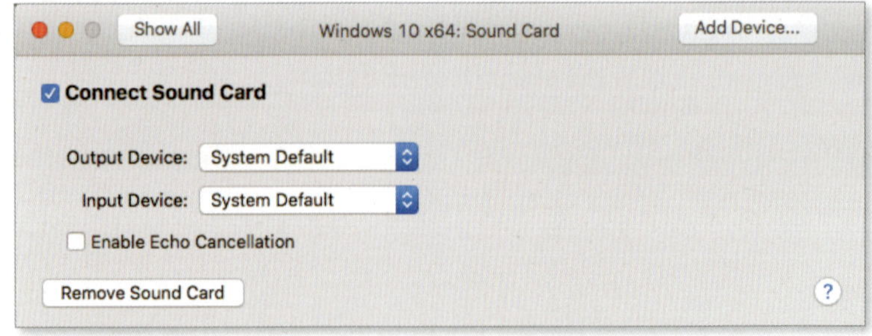

'Sound Card' 대화상자

12 USB & Bluetooth

Mac 컴퓨터에 연결된 USB 장치를 가상 머신에서 독점적으로 사용하거나 Bluetooth 장치를 가상 머신과 공유할 수 있습니다. 'Plug in Action' 항목에서 특정 USB 장치에 대해 가상 머신 또는 Mac OS X 호스트 등으로 연결 대상을 설정할 수 있으며 'Ask what to do'를 설정하면 매번 특정 USB 장치가 연결될 때마다 대상을 변경할 수 있습니다. 'USB Compatibility' 옵션에서 USB 장비의 호환성(최대 USB 3.0 지원)을 설정할 수 있으며, 'Share Bluetooth devices with Windows'에 체크 표시하면 무선 Bluetooth 장치들을 Mac OS X 호스트와 함께 공유할 수 있습니다. 만약 USB 장치를 가상 머신에서 제거하려면 'Remove USB Controller' 버튼을 클릭합니다.

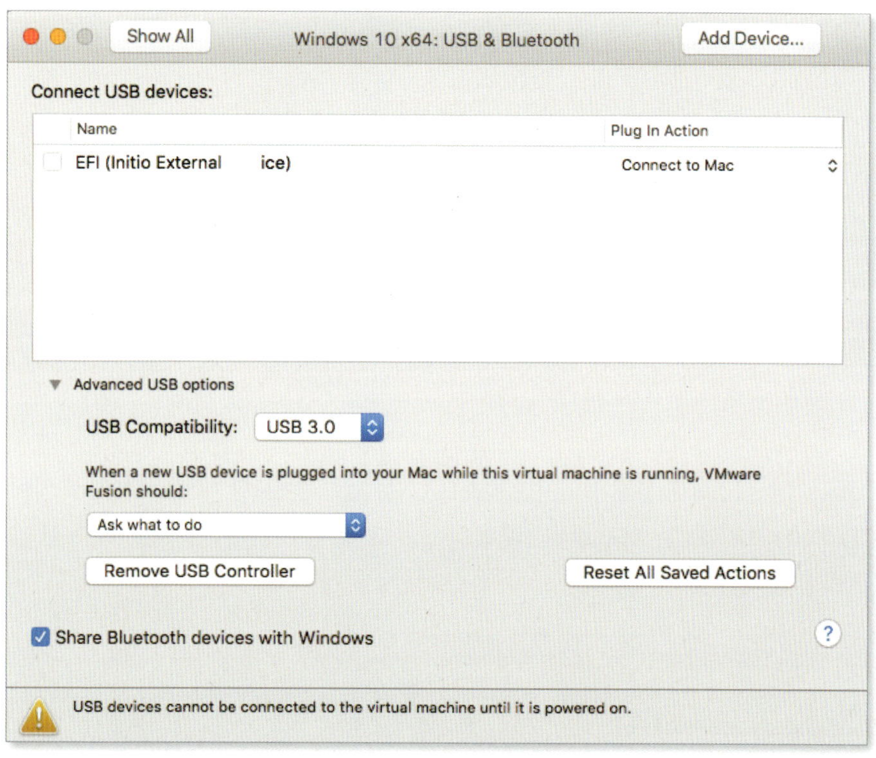

'USB & Bluetooth' 대화상자

13 Camera

맥북 또는 iMac 등에 자체 내장된 페이스타임 카메라 또는 USB 카메라 등을 가상 머신에 연결하는 옵션입니다. 사용을 원하지 않는다면, 목록에서 카메라를 선택하고 'Remove Camera' 버튼을 클릭합니다.

14 Printers

Mac OS X 호스트에 설치된 프린터를 가상 머신에서 별도의 프린터 드라이버를 설치하지 않고도 곧바로 사용할 수 있습니다. 'Share Mac printers with Windows' 항목을 체크 표시하고 'Match the default printer on the Mac'을 선택하면 Mac OS X 호스트의 기본 프린터와 게스트 OS의 기본 프린터가 동일하게 설정됩니다. 만약 가상 머신에서 별도로 기본 프린터를 지정하려면 'Allow a different default printer'를 선택합니다.

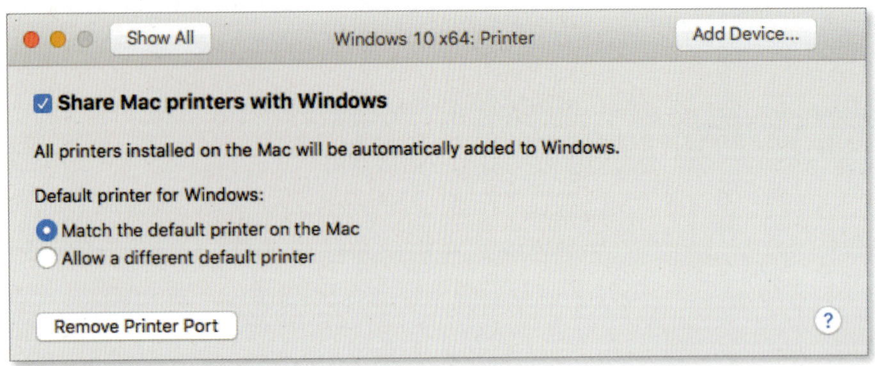

'Printer' 대화상자

15 Startup Disk

가상 머신의 시동 디스크를 설정합니다. 기본 디스크에 문제가 있거나 게스트 OS를 업그레이드할 때 CD/DVD 드라이브로 시동할 수 있습니다. 여기서 CD/DVD 드라이브는 Mac 컴퓨터의 물리적인 CD/DVD 드라이브 또는 마운트된 가상 디스크 이미지(ISO, CDR 등)를 사용할 수 있습니다.

'Startup Disk' 대화상자

16 Encryption & Restictions

가상 머신을 암호화 합니다. 이 옵션에 체크 표시하
면 암호를 설정할 수 있는 대화상화가 나타납니다.
암호 설정과 함께 'Remember Password'에 체크 표시
하면 설정한 암호가 Mac OS X 호스트의 'Keychain'
에 저장됩니다. 만약 암호를 잊어버린다면 '응용 프
로그램 ▶ 유틸리티' 폴더의 '키체인 접근'에서 다시
확인할 수 있습니다.

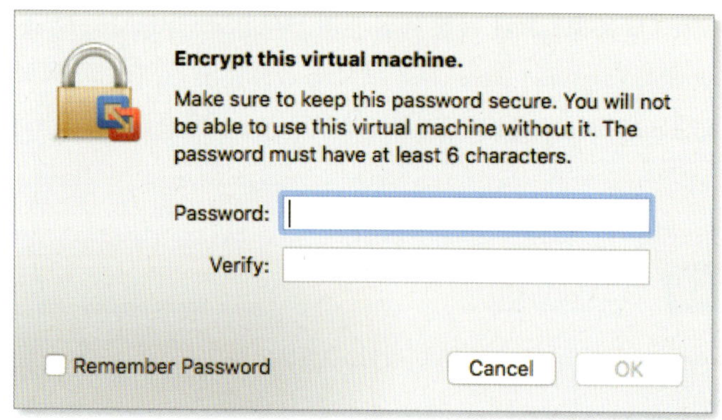

가상 머신의 암호를 설정하는 대화상자

17 Compatibility

가상 머신의 호환성을 설정합니다. 'Advanced Options'을 클릭하면 'Use Hardware Version' 항목이 표시되는데, 여기서 버
전 6~12까지 하드웨어 버전을 설정할 수 있습니다. 선택한 하드웨어 버전에 따라 왼쪽 윈도우에는 호환 제품 목록이 표
시되고, 오른쪽 윈도우에는 최대 지원 가능 하드웨어 설정(메모리, CPU 개수, 하드디스크 용량, 네트워크 어댑터 개수
등)이 표시됩니다. VMware Fusion에서 생성한 가상 머신을 다른 VMware 제품에서 사용하려면 이 설정에서 호환성을 확
인하고, 필요에 따라 하드웨어 버전을 변경합니다. 'Allow upgrading the virtual hardware for this virtual machine' 옵션에
체크 표시하면 VMware Fusion 또는 다른 VMware 제품에서 하드웨어 버전을 업그레이드할 수 있습니다.

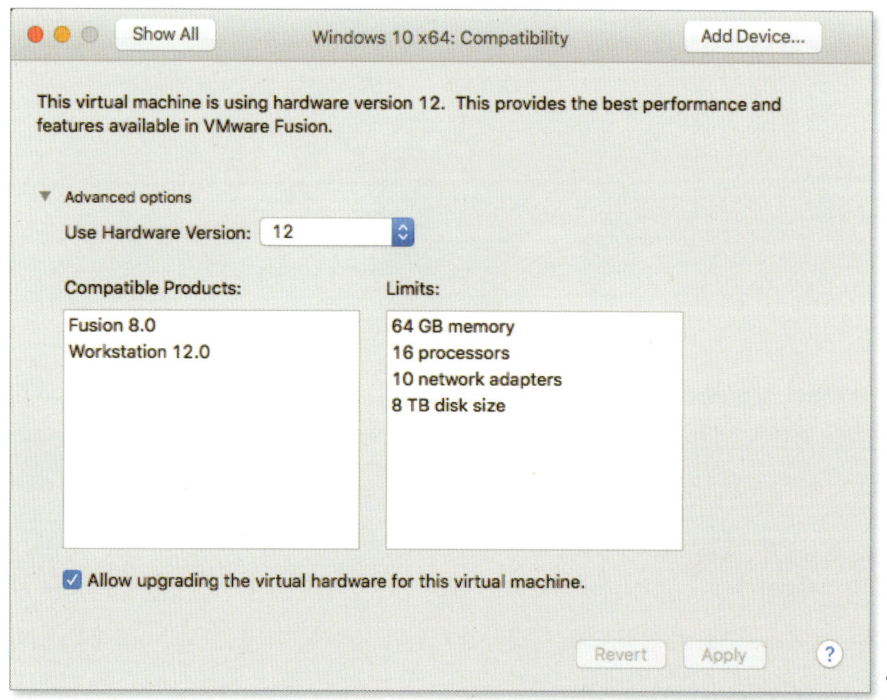

'Compatibility' 대화상자

18 Isolation

Mac OS X 호스트와 가상 머신 간의 드래그&드롭(Enable Drag and Drop)을 통한 복사 및 클립보드를 통한 복사/붙이기 (Enable Copy and Paste) 사용 여부를 설정합니다. Mac OS X 호스트와 독립적인 환경에서 가상 머신을 실행하고자 한다 면 'Enable Drag and Drop', 'Enable Copy and Paste') 옵션을 모두 끄고 실행합니다.

19 Advanced

가상 머신의 실행 환경을 변경할 수 있는 고급 옵션입니다. VNC 설정을 제외한 나머지 항목들은 특별한 경우가 아니면 기본값 그대로 사용하는 것이 좋습니다.

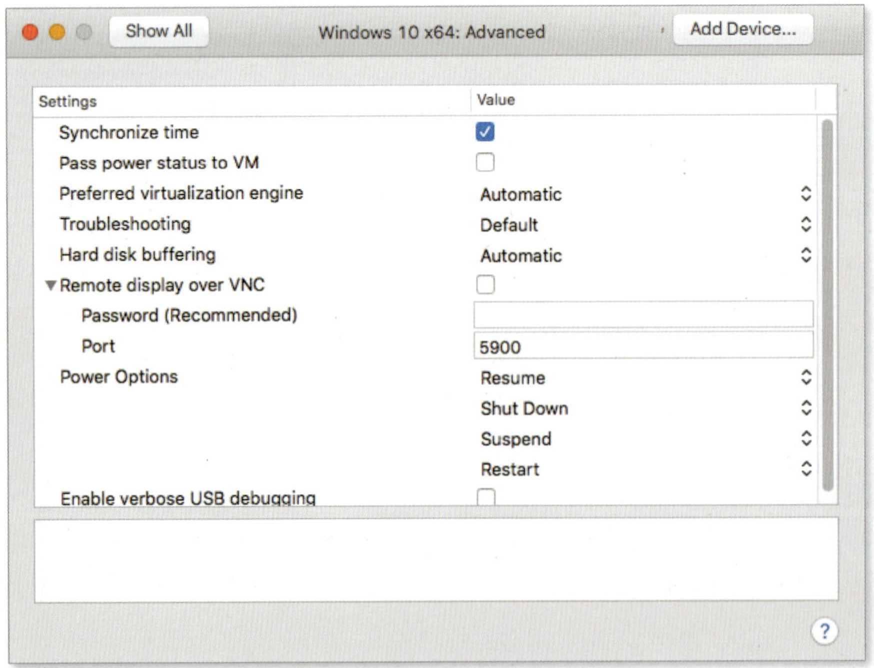

'Advanced' 대화상자

- **Synchronize time** 이 옵션에 체크 표시하면 Mac OS X의 시간과 가상 머신의 시간을 같게 설정합니다.

- **Pass power status to VM** 가상 머신에서 전원 공급 상태를 확인할 수 있는 옵션으로, Mac 노트북 사용자에게 유용합 니다. 배터리 상태를 실시간으로 가상 머신에 전달하므로 남아있는 배터리의 용량에 따라 자동으로 실행 중단(suspend) 또는 잠자기(hibernate) 모드로 전환시킬 수 있습니다.

- **Preferred virtualization engine** 기본 설정값은 '자동(Automatic)'으로 설정되어 있으며, VMware Fusion이 자동으로 게스 트 OS에 가장 적합한 가상화 엔진을 선택합니다. Mac 하드웨어에 따라 약간씩 다르지만, 모든 인텔 Mac 컴퓨터는 기 본적으로 Intel VT-x 엔진을 지원하며, Core2Duo 이상의 CPU가 장착된 모델의 경우에는 기본적으로 Intel VTx with EPT 엔진을 지원합니다. 특별한 경우가 아니면 기본값 그대로 사용합니다.

- **Troubleshooting** 가상 머신 실행에 관련된 문제를 확인할 때 사용하는 옵션입니다. Default 또는 None을 설정하면 문제 추적을 위한 별도의 정보 수집을 하지 않으므로 가장 빠르게 가상 머신을 실행할 수 있습니다. 'Hang/Crash'를 설정하면 가상 머신이 중간에 반응하지 않거나(Hang), 예기치 않게 종료(Crash)될 경우 이에 관련된 세부적인 정보를 수집합니다. 'Performance'를 설정하면 가상 머신의 실행 속도에 관한 세부적인 정보를 수집합니다.

- **Hard disk buffering** 가상 머신의 성능을 향상시키기 위해 하드디스크의 버퍼링 기능을 사용할 수 있습니다. 이 옵션도 특별한 경우가 아니면 기본값인 '자동(Automatic)'으로 설정하여 VMware Fusion이 게스트 OS의 종류에 따라 설정값을 변경할 수 있게 합니다. 참고로 MS 윈도 2000, 2003, XP, 비스타, 7, 8, 10 등에서는 하드디스크 버퍼링이 기본적으로 비활성화됩니다. 만약 사용자가 임의로 버퍼링 기능을 활성화하면 성능은 약간 개선되지만, 더 많은 시스템 메모리를 사용합니다.

- **Remote display over VNC** 인터넷이나 로컬 네트워크를 통해 가상 머신을 VNC(Virtual Network Computing) 클라이언트로 접속할 수 있습니다. 이 기능을 사용하려면 Mac OS X 호스트의 화면 공유 기능과 충돌하지 않는 다른 네트워크 포트를 설정해야 합니다(예 5901). 'Password(Optional)'에 암호를 설정하면 VNC 클라이언트로 가상 머신에 접속할 때마다 암호를 입력해야 합니다.

- **Power Options** 가상 머신에 종료(Shutdown), 일시중단(Suspend), 재시동(Restart) 등의 신호 전송을 설정하는 옵션입니다. 게이스 OS가 정상적으로 동작하지 않을 때 여기서 설정한 옵션에 따라 강제종료(Power Off)시키거나 초기화(Reset)할 수 있습니다.

- **Enable verbose USB debugging** 이 옵션에 체크 표시하면 가상 머신에 연결된 USB 장치의 세부 연결 정보를 확인할 수 있습니다.

04

Parallels Desktop 활용 가이드

지금부터는 VMware Fusion과 더불어 Mac OS X용 가상 머신 앱으로 가장 많이 사용되는 Parallels Desktop 11의 설치 순서와 여기에 MS 윈도 10 및 Ubuntu 리눅스를 설치하는 방법에 대해 차례대로 알아보겠습니다. 참고로 Parallels Desktop는 MS 윈도 10의 코타나(Cortana)를 지원하므로 동시 실행 모드에서 언제든지 코타나 가상 비서를 호출하여 말하기로 인터넷, 일정, 지도 등을 검색할 수 있습니다.

01 Parallels Desktop 다운로드 및 설치하기

Parallels Desktop은 VMware Fusion과 마찬가지로 정식으로 구입하기 전 평가 버전을 먼저 사용해 볼 수 있습니다. 그러므로 아직 Parallels Desktop을 구입 또는 설치하지 않았다면 다음 순서를 참고하여 설치합니다.

01 사파리 웹브라우저로 http://www.parallels.com/kr/products/desktop/ 에 접속하여 '지금 체험' 버튼을 클릭하여 다운로드 합니다. 'Parallels Desktop 평가 버전'은 일정 기간 동안 정식 구입 버전과 같이 모든 기능을 사용할 수 있으며, 평가 기간 내에 정식으로 구입하면 사용기간 제한을 없앨 수 있습니다.

Parallels Desktop 시험 버전 다운로드 페이지

02 다운로드한 Parallels Desktop 디스크 이미지를 Finder에서 마운트하고(더블클릭), 'Parallels Desktop' 설치 앱을 실행합니다. 설치 앱의 진행 단계에 Parallels Desktop을 설치합니다.

Parallels Desktop 디스크 이미지를 Finder에 마운트한 상태

02 MS 윈도 10 설치하기

01 Parallels Desktop을 실행한 후 '파일 → 새로 만들기' 메뉴를 선택하고 'DVD 또는 이미지 파일의 Windows나 다른 OS 설치'를 선택하고 '계속' 버튼을 클릭합니다.

'파일 → 새로 만들기' 대화상자

 CD/DVD 드라이브에 MS 윈도 설치 디스크를 삽입하고 '계속' 버튼을 클릭합니다.

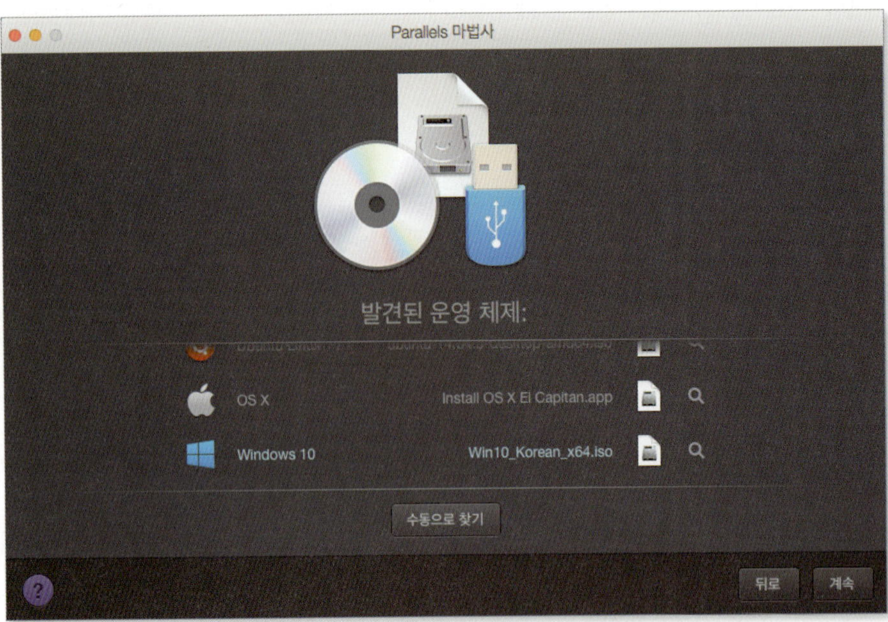

설치 선택 대화상자

03 MS 윈도 설치 디스크를 ISO나 DMG 이미지 파일과 같은 형태로 만들었거나 MSDN Technet에서 이미지 파일을 다운로드 했으면 자동으로 '발견된 운영체제' 목록에 표시되는데, 만약 설치하려는 운영체제의 설치 디스크가 표시되지 않는다면, '수동으로 찾기 → 이미지 파일'을 선택하고 설치 디스크 이미지 파일을 수동으로 선택합니다. 참고로 설치 디스크 파일이 '발견된 운영체제' 목록에 표시되기 위해서는 Mac OS X 호스트의 Spotlight 검색이 접근 가능한 폴더에 있어야 합니다.

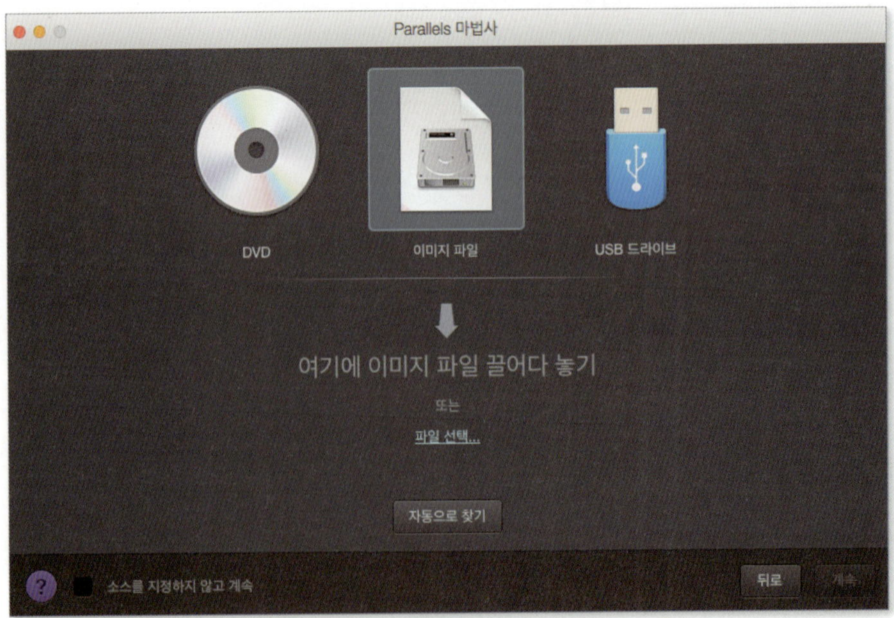

수동 설치 대화상자

04 MS 윈도 설치 디스크 또는 이미지 파일을 선택하고 '계속' 버튼을 클릭하면 Parallels Desktop이 자동으로 운영체제 버전을 탐색하고 이에 대한 '빠른 설치' 및 제품 키 입력 옵션이 표시됩니다. 이번 예제에서는 간편한 설치 과정을 위해 '빠른 설치' 옵션에 체크 표시하고, '제품 키' 항목에 MS 윈도의 제품 키를 입력한 후 '계속' 버튼을 클릭합니다.

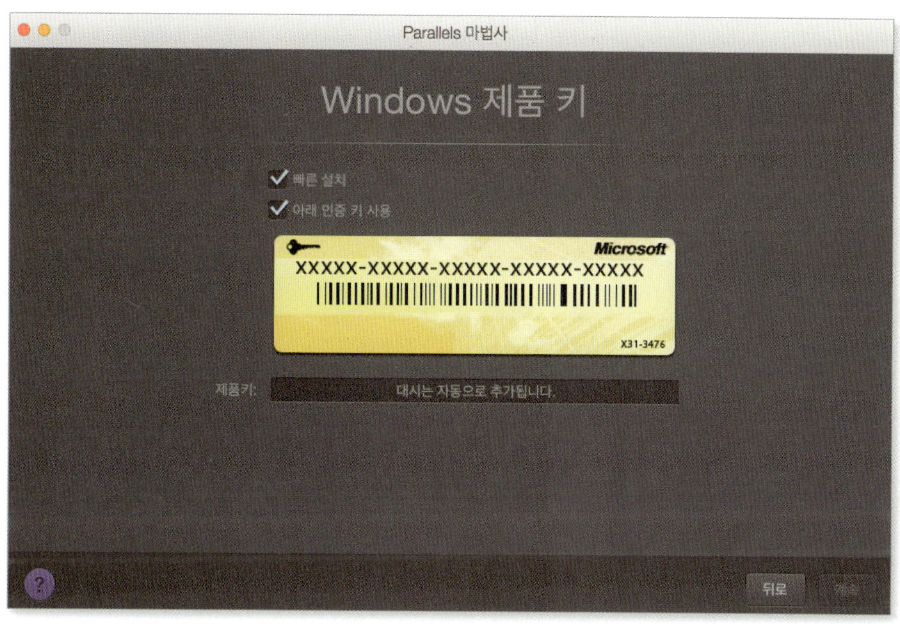

제품 키 입력 화면

05 04 단계에서 '계속' 버튼을 클릭하면 가상 머신의 용도를 설정할 수 있는 메뉴가 표시됩니다. 일반적인 인터넷, 오피스 관련 작업 위주라면 '생산성', 그래픽 작업이 주용도라면 '디자인업' 또는 '게임 전용'을 선택합니다.

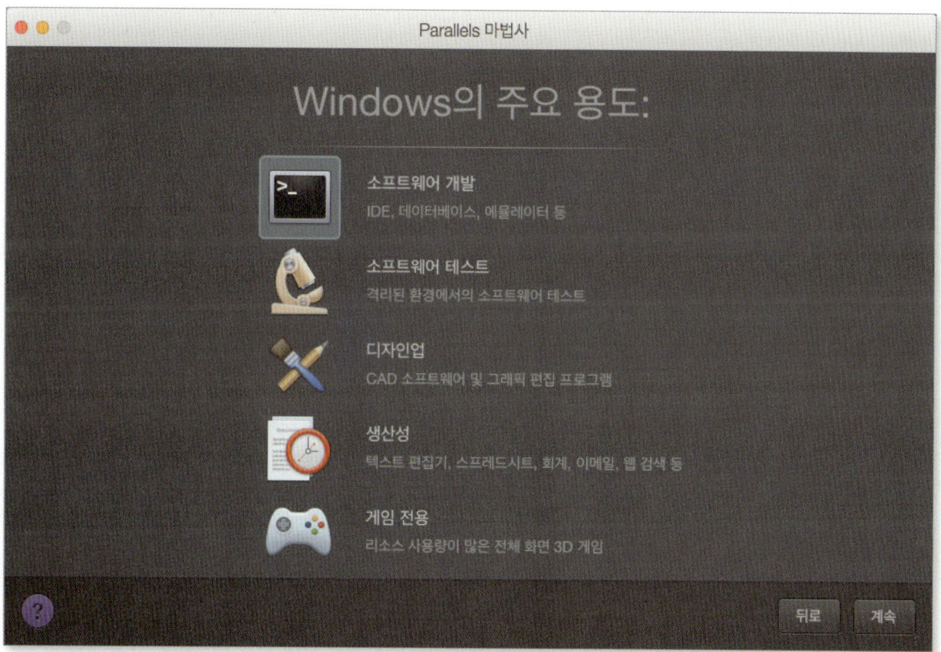

가상 머신 용도 설정 대화상자

 이름 및 위치 설정 단계에서 가상 머신의 이름과 저장 위치를 설정합니다. '설치 전 설정 사용자 정의' 항목을 체크하고 '계속' 버튼을 클릭하면 가상 머신의 하드웨어 구성을 사용자가 임의적으로 변경할 수 있습니다.

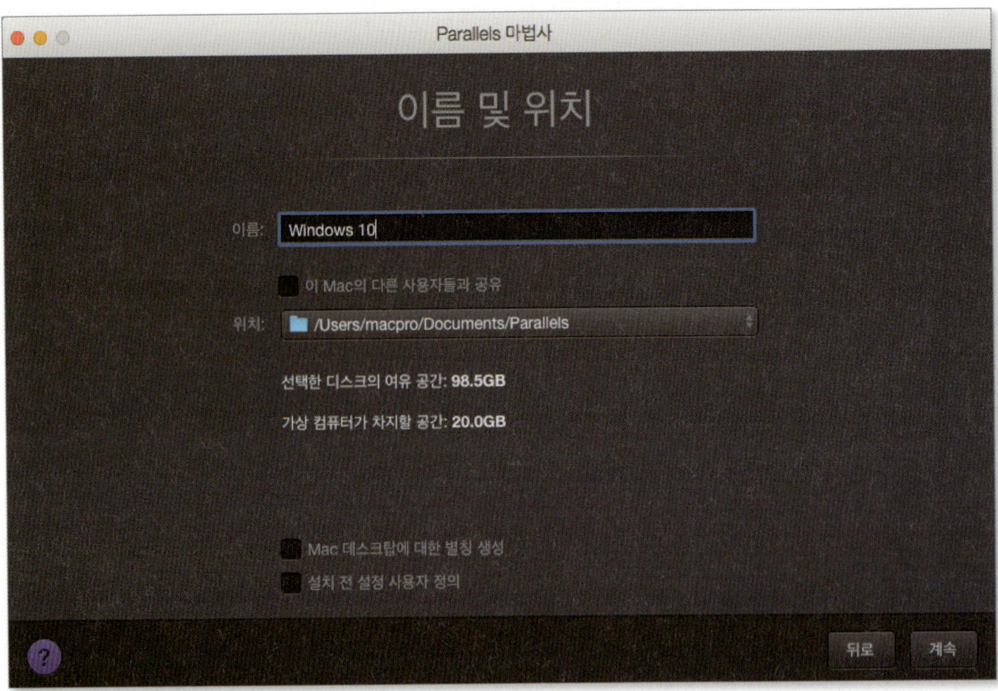

이름 및 위치 설정 대화상자

가상 머신에 대한 하드웨어 설정 대화상자에서는 MS 윈도가 사용할 CPU의 개수와 메모리 용량, 가상 디스크의 크기 등을 설정할 수 있습니다. 많은 수의 CPU와 메모리를 설정하면 보다 빠르게 MS 윈도를 실행할 수 있습니다. 참고로 시스템에 설치된 전체 메모리가 4GByte이면 2GByte 이하로, 8GByte 이상이면 4GByte 이하로 설정하는 것이 좋습니다. CPU는 특별한 사정이 없는 한, 사용 가능한 모든 CPU 및 코어를 할당해야 성능 향상에 도움이 됩니다.

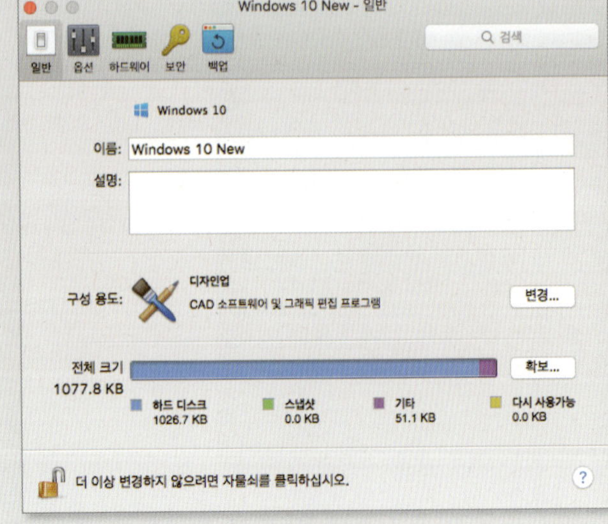

가상 머신의 하드웨어 구성 대화상자

<u>07</u> 가상 머신에 대한 옵션 및 하드웨어 설정을 하였다면 '계속' 버튼을 클릭하여 MS 윈도의 설치를 시작합니다.

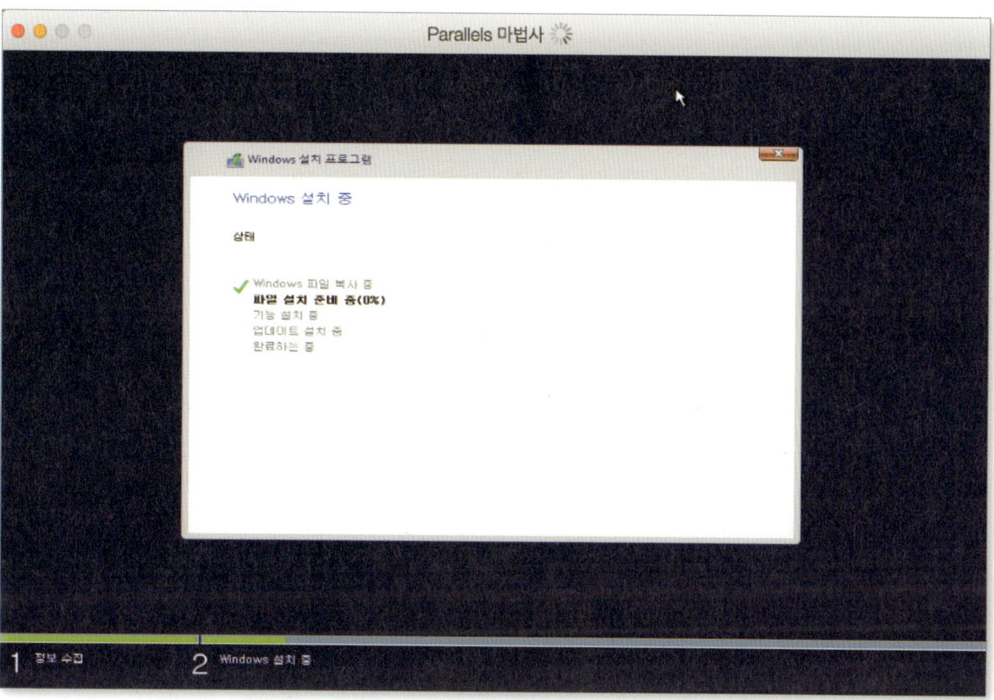

MS 윈도 10을 설치하는 화면

MS 윈도를 설치하는 동안 설치 화면에서 Mac OS X 화면으로 마우스 포인터를 이동하려면 키보드의 Ctrl + Alt 를 누릅니다. 설치가 완료된 후 Parallels Tools를 설치하면 마우스 포인터를 MS 윈도 가상 머신 화면과 Mac OS X 화면 사이에서 자유자재로 이동할 수 있습니다.

<u>08</u> MS 윈도의 설치가 완료되면 자동으로 Parallels Tools 프로그램이 설치됩니다. 이 프로그램이 설치되어야만 MS 윈도가 설치된 가상 머신에서 정상적으로 Mac OS X의 시스템 자원을 사용할 수 있습니다.

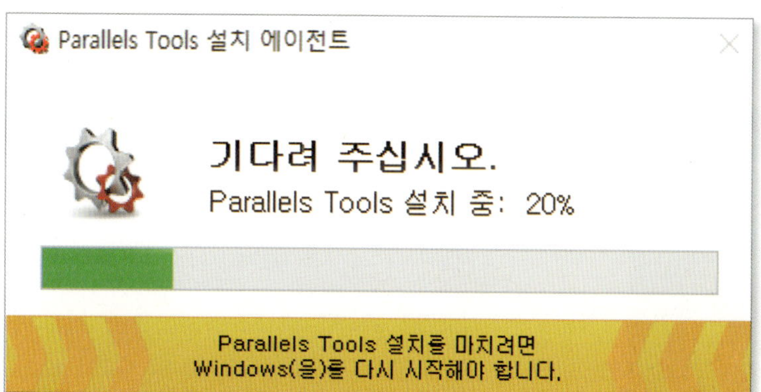

Parallels Tools 설치 화면

만약 MS 윈도를 설치한 후 자동으로 Parallels Tools 프로그램이 자동으로 설치되지 않으면 '가상 컴퓨터 → Parallels Tools 설치' 메뉴를 선택하여 Parallels Tools를 설치합니다. 일반적으로 'Parallels Tools 설치' 메뉴를 실행하면 자동으로 Parallels Tools 설치 파일이 저장된 iso 이미지 파일이 가상 머신의 CD/DVD 드라이브로 마운트 되고, 설치 프로그램이 실행됩니다. 그러나 자동 설치 프로그램이 실행되지 않는다면, 'Windows 탐색기'에서 CD/DVD 드라이브를 선택하고 'Setup.exe' 파일을 실행합니다. 참고로 게스트 OS용 Parallels Tools는 '응용 프로그램 ▶ Parallels Desktop ▶ Contents ▶ Resources ▶ Tools' 폴더에 저장되어 있습니다(Parallels Desktop 앱을 마우스 오른쪽 버튼 클릭 후 '패키지 내용 보기' 메뉴를 통하여 서브 폴더에 접근).

Parallels Tools 설치 메뉴

09 Parallels Tools 프로그램의 설치가 완료되고 MS 윈도가 재시동되면 기본적으로 '전체 화면 모드'로 실행되며 이에 대한 알림 대화상자가 나타납니다. '전체 화면'을 종료하려면 마우스 포인터를 화면 가장 위쪽으로 이동하고 이때 표시되는 메인 메뉴에서 '보기 → 전체 화면 종료하기' 메뉴(단축키 : Ctrl + Command + F)를 선택합니다.

화면 전환 메뉴

MS 윈도 10의 설치를 완료한 상태

 ## Ubuntu 리눅스 설치하기

01 Ubuntu(우분투) 홈페이지의 다운로드 페이지(http://www.ubuntu.com/download)에서 설치하려는 Ubuntu 리눅스 버전(데스크탑, 서버)을 다운로드합니다. 이번 예제에서는 64비트 데스크탑 버전(14.04LTS)의 설치 순서를 소개합니다.

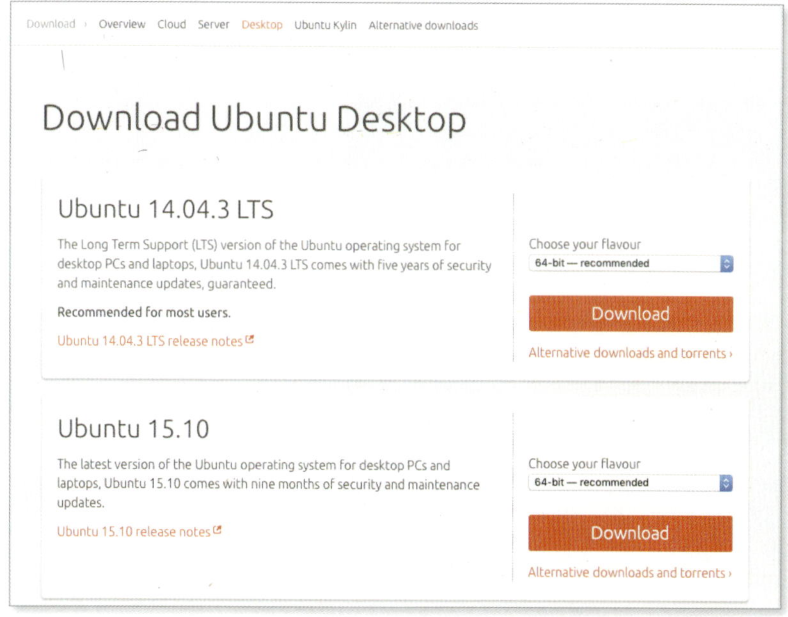

Ubuntu 리눅스 다운로드 페이지

'File' → 'New' 대화상자의 'Ubuntu 다운로드' 메뉴를 이용해도 최신 Ubuntu 리눅스 데스크탑 버전을 다운로드 할 수 있지만 Ubuntu 홈페이지에서 직접 iso 이미지 파일을 다운로드 하는 것이 훨씬 속도가 빠릅니다.

02 다운로드를 완료했으면 Parallels Desktop의 메인 메뉴에서 '파일 → 새로 만들기' 메뉴를 선택하고 'DVD 또는 이미지 파일의 Windows나 다른 OS 설치' 메뉴를 선택한 뒤 '계속' 버튼을 클릭합니다.

03 '발견된 운영체제' 목록에서 Ubuntu 리눅스의 iso 이미지 파일을 선택하고 '계속' 버튼을 클릭합니다. 만약 다운로드한 Ubuntu 리눅스의 iso 이미지 파일이 표시되지 않는다면, '수동으로 찾기 → 이미지 파일'을 선택하고 설치 디스크 이미지 파일을 수동으로 선택합니다.

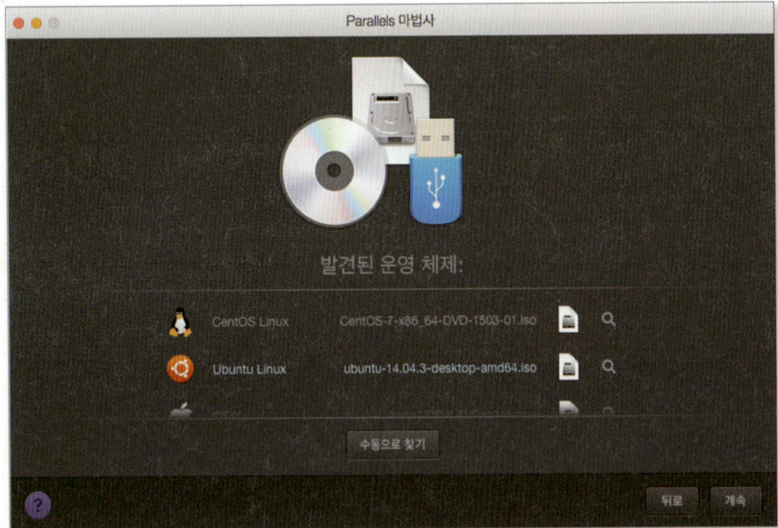

Ubuntu 리눅스 이미지 파일 선택 화면

04 'Linux 사용자 이름 / 비밀번호' 대화상자에서 사용자 이름과 비밀번호를 입력하고 '계속' 버튼을 클릭합니다. '빠른 설치' 항목을 체크하면 Ubuntu 리눅스의 가상 머신에 대한 설정을 보다 간편하게 할 수 있습니다.

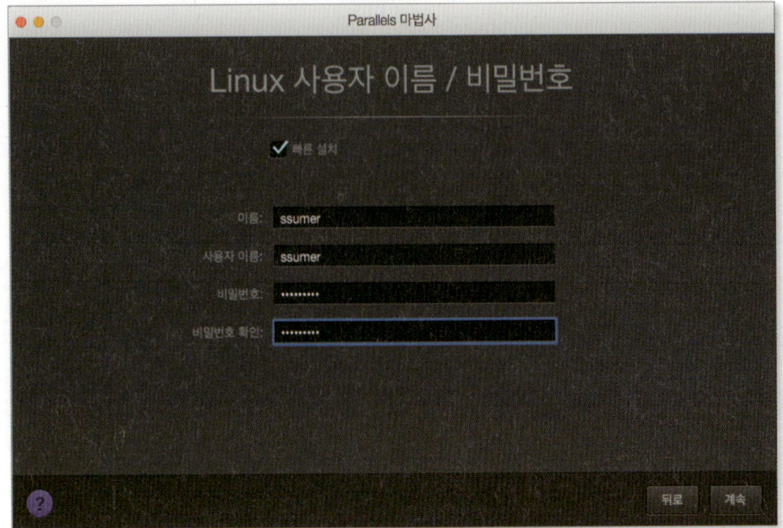

빠른 설치를 위한 기본 정보 입력 단계

05 '이름 및 위치' 대화상자에서 가상 머신의 식별 이름을 입력하고, 가상 디스크 파일이 저장될 위치를 지정합니다. '설치 전 설정 사용자 정의' 항목을 체크하면 Ubuntu 리눅스를 설치하기 전에 가상 머신의 하드웨어 설정 및 옵션을 변경할 수 있습니다. 단순히 Ubuntu 리눅스를 학습할 목적이거나 간단한 리눅스 프로그램들을 테스트할 목적이라면 별도로 하드웨어 구성을 변경할 필요는 없습니다.

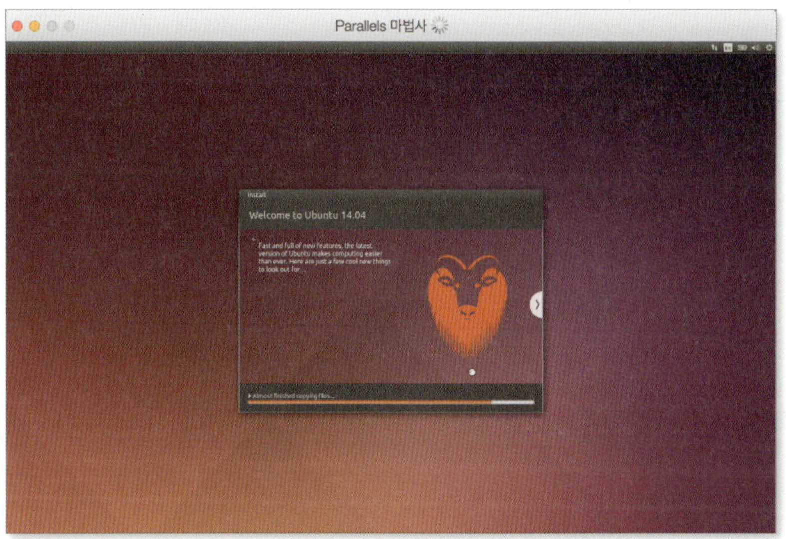

Ubuntu 리눅스를 설치하는 화면

06 모든 설치 단계는 자동으로 진행되며, 설치가 완료되면 로그인 화면이 나타납니다. **04** 과정에서 설정한 사용자 계정과 암호를 입력하면 자동으로 Parallels Tools 프로그램이 설치되며, 재시동된 이후부터 마우스 포인터의 자유로운 이동 및 화면 크기 변경 등과 같은 모든 Parallels Tools 부가 기능을 이용할 수 있습니다.

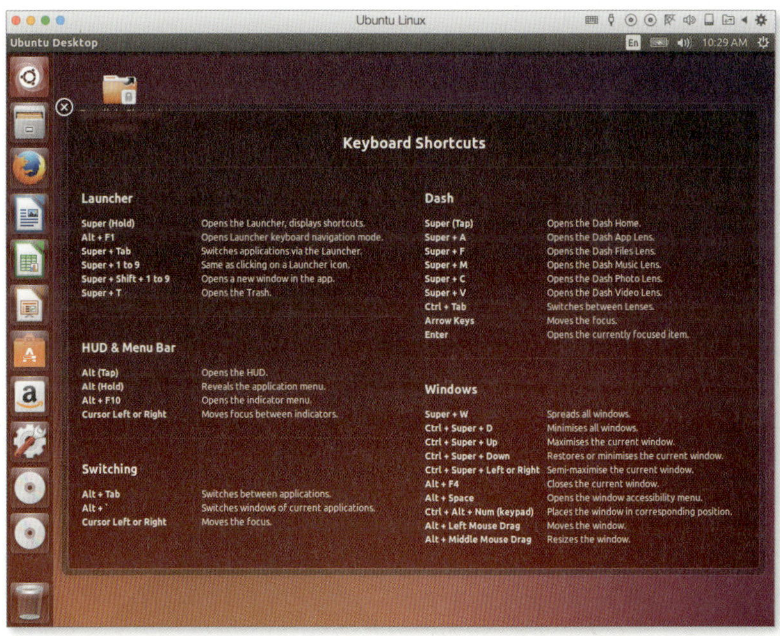

Ubuntu 리눅스 설치를 완료한 상태

Parallels Desktop의 기본 메뉴

Parallels Desktop의 메인 메뉴는 제어 센터 메뉴와 가상 머신 메뉴로 나뉩니다. 제어 센터 메뉴는 가상 머신의 관리 메뉴(추가, 삭제, 구성 변경 등)가 포함되어 있고, 가상 머신의 메뉴는 가상 머신 동작과 관련된 메뉴로 구성되어 있습니다.

01 'Parallels Desktop' 메뉴

| Parallels Desktop | 파일 | 편집 | 보기 | 창 | 도움말 |

'Parallels Desktop' 메뉴

① Parallels Deskop 정보

'Parallels Desktop 정보' 대화상자에서는 Parallels Desktop의 버전 및 빌드 번호, 라이선스 정보를 요약해서 확인할 수 있습니다. 만약 시험 버전을 사용하면 '라이선스 정보' 부분에 만기 날짜가 표시되며, 계속 사용하려면 시험 사용 기간이 만료되기 전에 정식 버전으로 교체해야 합니다.

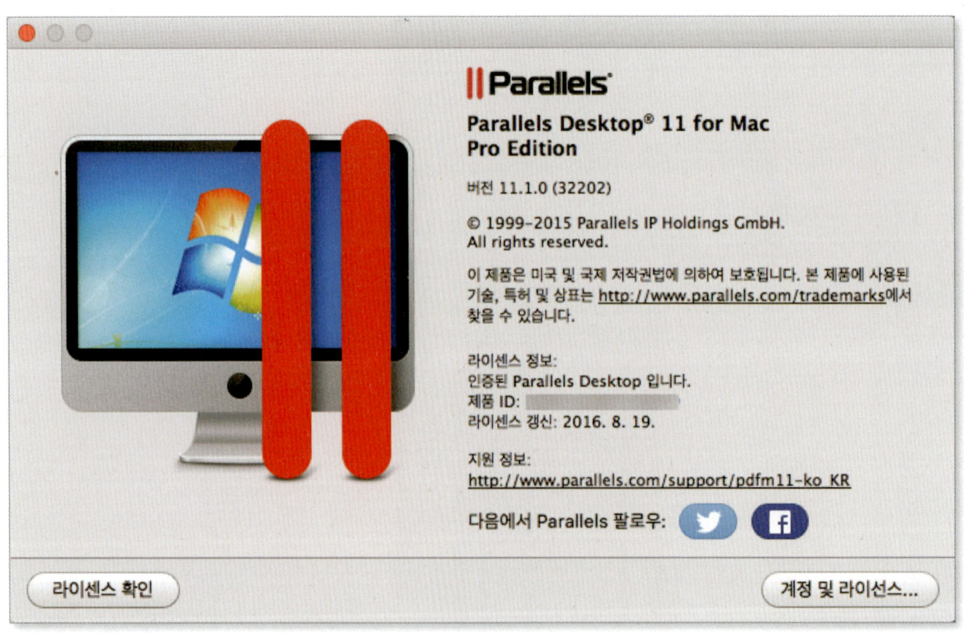

'Parallels Desktop 정보' 메뉴를 선택하면 버전 정보 및 라이선스 정보를 확인할 수 있습니다.

② 백업, 안티바이러스, Convenience Store

Parallels Desktop에 번들로 제공되는 시험 사용 소프트웨어를 설치하거나 온라인 소프트웨어 구입 페이지로 연결하는 메뉴입니다. 백업(Acronis True Image) 및 안티 바이러스(Kaspersky 인터넷 시큐리티)를 30일간 시험 사용할 수 있으며, Convenience Store를 이용하면 Parallels에서 판매하는 소프트웨어를 특별 할인가로 구입할 수 있습니다.

③ 제품 인증

Parallels Desktop의 제품 번호를 인증하고 등록하는 메뉴입니다. 업데이트 서비스를 받기 위해서는 제품 번호를 입력하여 이를 인증받아야 하며, 사용자 정보를 Parallels 사에 등록해야만 합니다.

④ 업데이트 확인

Parallels Desktop 홈페이지에 접속하여 최신 업데이트가 있는지 확인합니다. 만약 최신 업데이트가 있으면 이를 다운로드 하고, 설치할 수 있는 대화상자를 표시합니다. 참고로 'Parallels Desktop → 설정 → 일반' 탭의 '업데이트 확인' 항목에서 자동으로 업데이트를 확인하는 주기를 설정할 수 있습니다.

⑤ 설정

'설정'은 전체적인 환경을 설정할 수 있는 메뉴입니다. 이 메뉴에서는 가상 머신이 사용할 기본 하드디스크의 위치와 아이 콘 표시 방식, 단축키, Parallels Access(원격 접속 앱), 네트워크 등을 설정할 수 있으며, 여기서 설정한 옵션은 모든 게스트 OS에 영향을 줍니다.

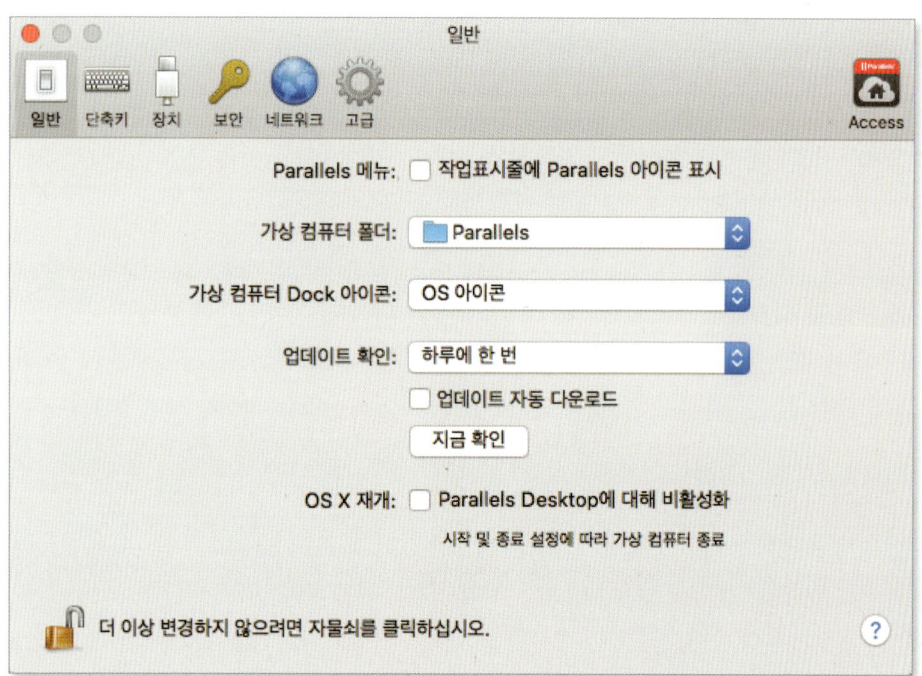

'설정' 메뉴의 '일반' 탭

- **Parallels 메뉴** '작업표시줄에 Parallels 아이콘 표시' 옵션에 체크 표시하면 OS X 메인 메뉴에 제어 센터 관련 메뉴를 사용할 수 있는 아이콘이 표시됩니다.

- **가상 컴퓨터 폴더** 가상 머신이 사용할 기본적인 하드디스크의 경로를 지정할 수 있는 옵션으로, 임의의 경로를 지정하면 이후 생성되는 모든 가상 머신의 하드디스크 이미지 파일은 기본적으로 여기서 생성됩니다. 이것은 물론 가상 머신을 생성할 때 필요에 따라 변경할 수 있습니다.

- **가상 컴퓨터 Dock 아이콘** Parallels Desktop 아이콘의 표시 형태를 지정할 수 있는 옵션입니다. '라이브 스크린샷'을 지정하면 현재 활성화된 가상 머신의 화면을 실시간으로 표시하고, OS 아이콘을 지정하면 가상 머신 아이콘 형태로 표시합니다.

아이콘 표시 방식

- **업데이트 확인** 새로운 업데이트 확인에 대한 주기를 설정하는 옵션입니다. '하루에 한 번', '일주일에 한 번' 또는 '한 달에 한 번' 등으로 지정할 수 있습니다. '지금 확인' 버튼을 클릭하면 최신 업데이트가 있는지 Parallels 사의 홈페이지에서 곧바로 확인할 수 있습니다. '업데이트 자동 다운로드' 옵션에 체크 표시하면 새로운 업데이트가 있을 때 자동으로 백그라운드에서 다운로드합니다.

- **OS X 재개: Parallels Desktop에 대해 비활성화** OS X의 '재개(Resume)' 기능의 사용여부를 설정합니다. 기본적으로 가상 머신이 실행 중인 상태에서 Parallels Desktop을 종료하면, 가상 머신은 일시 중단(Suspend)되며 나중에 Parallels Desktop을 다시 실행하면 가상 머신이 종료된 시점에서 재개(Resume)됩니다. 만약 여러 명이 Mac 컴퓨터를 공유하는 환경이라면 예기치 않은 개인 정보 유출을 방지하기 위해 이 옵션을 체크 표시하여 '재개' 기능을 비활성화하는 것이 좋습니다.

⊙ '단축키' 탭

Parallels Desktop의 자체 단축키를 비롯하여 가상 머신별 제어 단축키를 설정합니다. 게스트 OS에 따라 키보드 프로파일을 변경할 수 있으며, 필요에 따라 새로운 단축키를 추가하거나 변경할 수 있습니다. 왼쪽 사이드바에서 단축키 분류 항목(⌘ 응용 프로그램, 시스템, 마우스, 가상 컴퓨터 등)을 클릭하면 설정된 단축키 목록이 오른쪽 윈도우에 표시되며 필요에 따라 이를 변경할 수 있습니다.

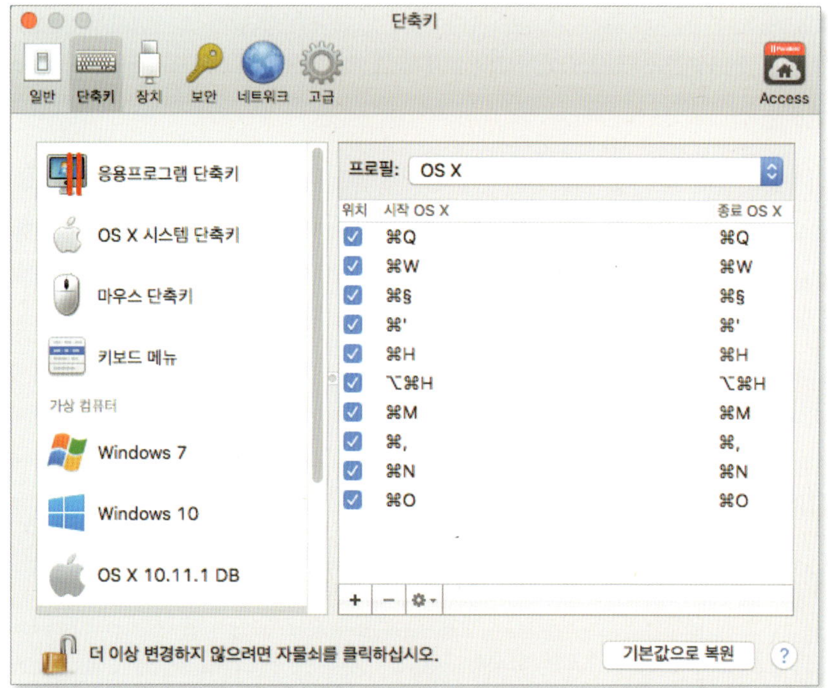

'설정' 메뉴의 '단축키' 탭

⊙ '장치' 탭

- **새 외부 장치가 발견될 경우** 새로 외부 장치가 연결될 경우 제어권의 주체를 설정할 수 있는 옵션입니다. '실행 중인 가상 컴퓨터에 연결'이나 '내 Mac에 연결' 등으로 설정할 수 있으며, 매번 외부 장치가 새로 연결될 때마다 사용자가 직접 선택하려면 '물어보기'를 선택합니다.

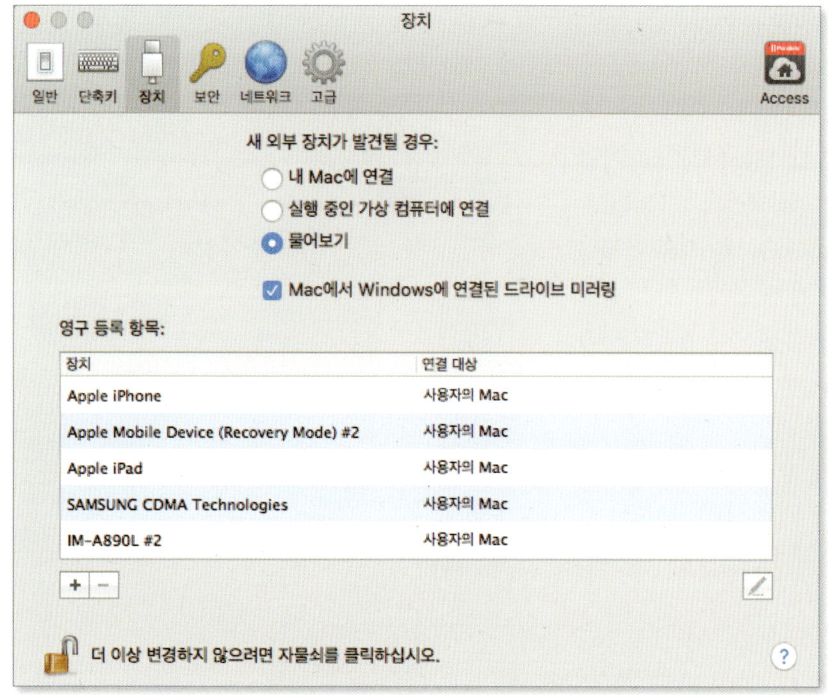

'설정' 메뉴의 '장치' 탭

- **Mac에서 Windows에 연결된 드라이브 미러링** 이 옵션을 체크 표시하면 MS 윈도 가상 머신의 모든 연결된 디스크를 Mac에서도 직접 액세스할 수 있게 마운트 합니다. 윈도가 설치된 C 드라이브를 비롯하여, 직접 연결된 USB 드라이브를 Mac과 공유할 수 있습니다.

- **영구 등록 항목** Mac 컴퓨터에 연결된 외부 장치들을 고정적으로 특정 가상 머신이 제어할 수 있게 설정합니다. 예를 들어 현재 Mac 컴퓨터에 연결된 USB 헤드셋을 윈도 10 가상 머신이 고정적으로 사용하도록 설정할 수 있습니다. 연결된 다른 외부 장치들을 고정적으로 특정 가상 머신이 사용하도록 설정하거나 기존에 설정한 항목을 제거하려면 대화상자의 왼쪽 아래에 있는 ⊞ 또는 ⊟ 버튼을 이용합니다. 그리고 기존에 설정한 항목을 수정하려면 대화상자의 오른쪽 아래에 있는 '연필' 아이콘을 클릭합니다.

◉ '보안' 탭

가상 머신 실행에 관련된 보안 옵션을 설정하는 탭입니다.

- **비밀번호 설정** Parallels Desktop을 사용하면서 특정 명령이나 메뉴를 실행할 때 관리자 암호를 요구하도록 설정하는 옵션입니다.
  - 새 가상 컴퓨터 생성 : 새로운 가상 머신을 생성할 때 관리자 암호를 요구합니다.
  - 기존 가상 컴퓨터 추가 : 가상 컴퓨터 목록('창 → 가상 컴퓨터 목록' 메뉴)에 기존에 생성한 가상 머신을 추가할 때 관리자 암호를 요구합니다.
  - 가상 컴퓨터 제거 : 가상 머신을 삭제할 때 관리자 암호를 요구합니다.
  - 가상 컴퓨터 및 템플릿을 복제 또는 변환 : 가상 머신이나 템플릿을 복사하거나 변환할 때 관리자 암호를 요구합니다.

- **암호화 엔진** 자체 내장 암호화 알고리즘이 아닌 써드파티 암호화 모듈이나 직접 제작한 암호화 모듈을 사용할 때 이 옵션을 체크 표시합니다(Parallels Virtualization SDK를 이용하면 직접 암호화 모듈을 제작할 수 있습니다).

◉ '네트워크' 탭

- **네트워크(왼쪽 사이드바)** Mac OS X 호스트의 네트워크 어댑터를 공유하여 인터넷 사용 및 다른 컴퓨터들과 네트워킹을 할 수 있는 'Shared(공유)'와 오직 Mac OS X 호스트와 네트워킹을 하는 'Host-Only(호스트 전용)'에 대한 세부 환경 설정을 할 수 있습니다. '공유'는 인터넷 연결 및 외부 컴퓨터와 네트워킹을 할 수 있기 때문에 가상 머신이 사용할 네트워크 포트도 개별적으로 할당할 수 있습니다.

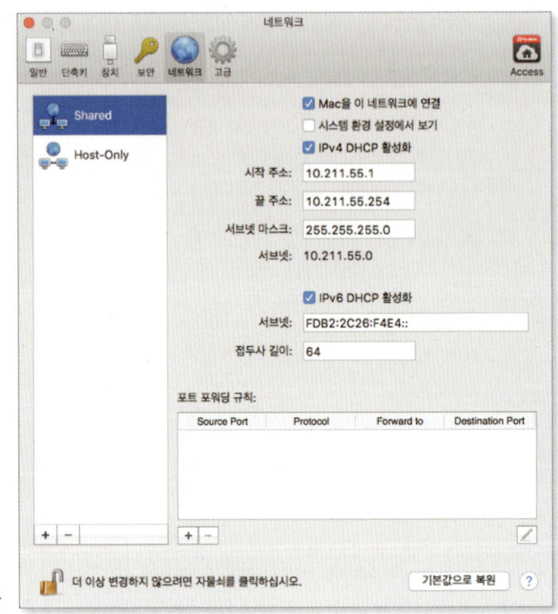

네트워크 설정 대화상자

- **Mac을 이 네트워크에 연결** 이 옵션을 체크 표시하면 왼쪽 사이드바에서 선택한 네트워크 구성에 Mac 호스트의 접속을 허용합니다. 가상 머신 단독으로 사용하는 네트워크를 구성하려면 이 옵션의 체크 표시를 없앱니다.

- **시스템 환경 설정에서 보기** Parallels Desktop의 가상 네트워크 어댑터를 Mac OS X의 '시스템 환경 설정 → 네트워크' 제어판에서 표시하는 옵션입니다. 이 옵션에 체크 표시하면 가상 네트워크 어댑터의 IP 주소, 프록시 서버 및 DNS 서버 등을 다른 네트워크 어댑터와 마찬가지로 '네트워크' 제어판에서 변경할 수 있습니다.

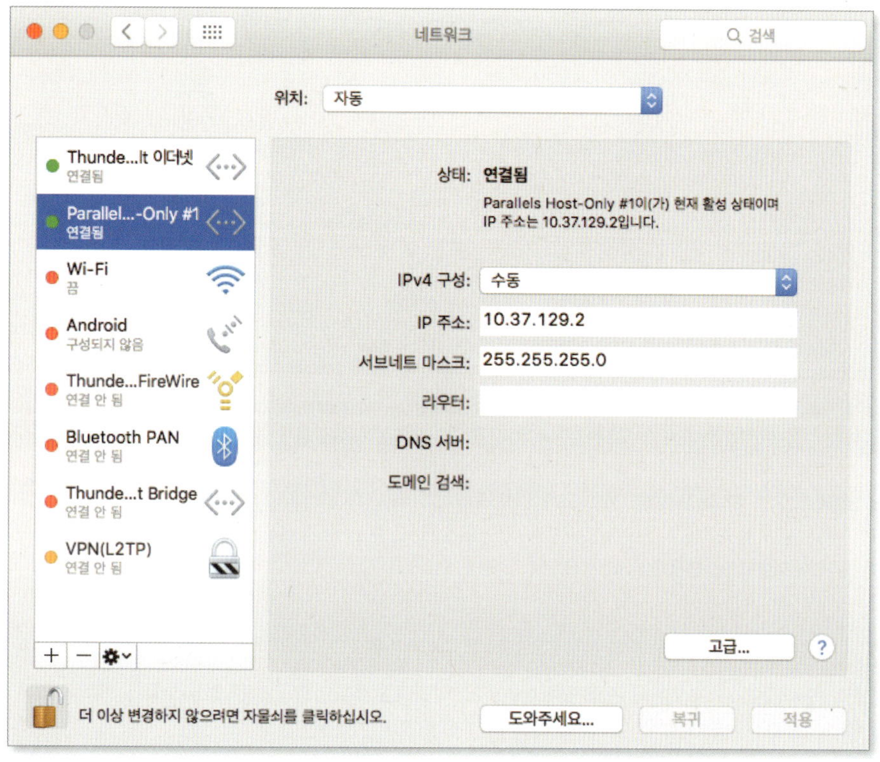

Parallels Desktop의 가상 네트워크 어댑터가 '시스템 환경 설정 → 네트워크' 제어판에 표시된 상태

- **IPv4 DHCP 활성화** 자동으로 각 가상 머신에 IP 주소를 할당하는 DHCP(Dynamic Host Configuration Protocol) 서버를 활성화합니다. DHCP 서버를 활성화하고 사용할 IP 주소 그룹을 '시작 주소', '끝 주소' 및 '서브넷 마스크'에서 각각 설정하면 '공유' 모드를 사용하는 각각의 가상 머신에 자동으로 IP 주소가 할당됩니다.

- **IPv6 DHCP 활성화** IPv6 DHCP 서버를 활성화하면 '공유' 모드를 사용하는 각각의 가상 머신에 자동으로 IPv6 주소가 할당됩니다.

- **포트 포워딩 규칙** '공유' 모드를 사용하는 가상 머신을 대상으로 Mac OS X 호스트의 특정 네트워크 포트를 포워딩(forwarding, 전달)할 수 있습니다. 예를 들어 Mac OS X 호스트의 44 포트를 가상 머신의 80포트(웹 서비스 기본 포트)로 연결시킬 수 있습니다. 이러한 포트 포워딩을 이용하면 독립적인 가상 머신들이 다양한 종류의 인터넷 서비스(웹 서버, 메일 서버, FTP 서버 등)를 각각 담당하도록 할 수 있습니다.

01 왼쪽 사이드바에서 'Shared' 항목을 선택하고 '포트 포워딩 규칙'의 아래쪽에 있는 ⊞ 버튼을 클릭합니다.

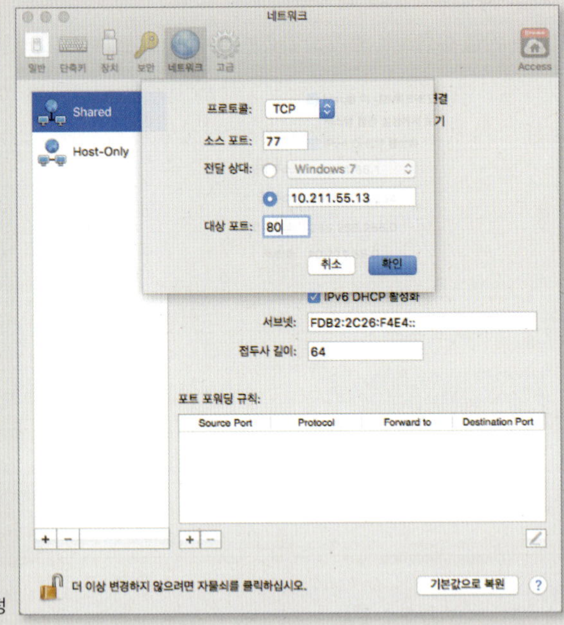

공유 네트워크의 포트 포워딩 설정

02 포트를 포워딩할 Mac OS X 호스트의 포트는 '소스 포트'에, 포트 포워딩의 목적지가 되는 가상 머신의 IP 주소와 포트는 각각 '전달 상대'와 '대상 포트'에 입력합니다. 예를 들어 Mac OS X 호스트의 77번 TCP 포트를 IP 주소 10.211.55.13이 할당된 가상 머신의 80 TCP 포트로 포워딩되도록 설정하려면 다음과 같이 설정합니다.

》 **포트 형식** : TCP
》 **소스 포트** : 77 (Mac OS X 호스트의 접속 포트)
》 **IP 주소** : 10.211.55.13 (가상 머신의 IP 주소, MS 윈도에서 IP 주소를 확인하려면 '명령 프롬프트'를 실행하고 'ipconfig' 명령을 입력합니다. 표시된 네트워크 정보 중 'IPv4 주소' 항목에 표시된 주소가 가상 머신에 할당된 IP 주소입니다.)
》 **대상 포트** : 80 (가상 머신의 포트)

위와 같이 포트 포워딩을 설정하고 사파리에서 'http://〈Mac OS X 외부 IP 주소〉:77'를 입력하면 IP 주소가 10.211.55.13이 할당된 가상 머신의 웹 서버로 자동 접속됩니다(가상 머신에서 80 포트로 웹 서버를 실행했을 경우). 참고로 가상 머신의 네트워크 방식을 네트워크 브리지(Mac 컴퓨터에 설치된 네트워크 어댑터를 직접 사용하는 방식, 독립적인 IP 주소 할당 가능)로 설정하면 이와 같은 포트 포워딩 기능이 필요 없습니다. 그러나 1개의 외부 IP 주소를 공유해야 하는 환경(예 인터넷 공유기를 사용하지 않거나 전화 모뎀을 사용하는 경우)에서는 이와 같은 방법으로 Mac OS X 호스트의 포트들을 가상 머신들로 포워딩할 수 있습니다.

◉ '고급' 탭

음성 명령을 활성화하거나, 개발자 도구를 표시할 수 있는 옵션을 설정합니다.

■ **음성** Parallels Desktop 사용에 관련된 명령을 음성(Speech)으로 실행할 수 있습니다. '음성 인식 명령 활성화' 옵션에 체크 표시하면 영어로 화면 모드 전환, 가상 머신의 시작 또는 종료 등을 음성으로 실행할 수 있습니다. 이 기능을 정상적으로 이용하려면 Mac OS X의 '시스템 환경 설정 → 받아쓰기 및 말하기 → 받아쓰기' 탭에서 '받아쓰기' 항목을 '켬'으로 설정하고, 마이크가 연결된 단자를 정확하게 설정해야 합니다.

명령어	설명
Start	가상 머신을 시동합니다.
Suspend	가상 머신의 실행을 일시 중지합니다.
Shut Down	가상 머신을 종료합니다.
Pause	가상 머신의 실행을 일시 중지합니다.
Stop	가상 머신의 실행을 중지합니다.
Reset	가상 머신을 초기화시키고 재시동 합니다.
Snapshot	가상 머신의 설정 상태를 백업합니다.
Make Screenshot	가상 머신의 화면을 PNG 이미지 파일로 캡처합니다.
Make Clip	가상 머신의 일부분을 발췌하여 오버랩시킵니다.
Switch to Coherence	가상 머신과의 인터페이스를 Mac OS X의 인터페이스로 통합시킵니다(MS 윈도에 한함).
Switch to Full Screen	가상 머신을 풀스크린 모드로 전환합니다.
Switch to Window	가상 머신을 윈도우 모드로 전환합니다.
Exit Configuration	가상 머신에 대한 환경 설정을 종료합니다.
New	새로운 가상 머신을 생성합니다.
Open	가상 머신을 Open 합니다.
Download	Parallels 홈페이지에서 가상 머신 이미지 파일을 다운로드 합니다.
About Parallels Desktop	Parallels Desktop의 버전과 라이선스 정보를 확인할 수 있는 대화상자를 표시합니다.
Install Parallels Tools	가상 머신에 Parallels Tools를 설치합니다.
Report a Problem	버그를 Parallels 사에 신고할 수 있는 대화상자를 표시합니다.
Open Directory	가상 머신 목록 윈도우를 표시합니다.

■ **피드백** '고객 경험 프로그램 참여' 항목을 체크하면 Parallels 사에 사용자의 Mac 하드웨어 사양, 소프트웨어 설치 내역(Mac OS X 버전과 기본 앱 등), 그리고 가상 머신의 환경 설정 상태 등을 자동으로 전송합니다. Parallels 사에서 자사의 소프트웨어 개발 및 기능 개선 작업의 참고 자료로 활용하기 위해 이와 같은 정보를 수집하는 것인데, 개인 정보(E-mail 주소나 전화번호 등)는 전송되지 않습니다. 만약 시스템 정보를 전송하지 않으려면 이 항목의 체크 표시를 없앱니다.

■ **모든 대화상자 경고 재설정** Parallels Desktop의 메시지 대화상자에는 대부분 '이 메시지를 다시 보지 않음' 항목이 포함되어 있는데, '경고 재설정' 버튼을 클릭하여 더 이상 표시되지 않았던 메시지들을 초기화할 수 있습니다. 이 버튼을 클릭하면 그 동안 감추어졌던 모든 메시지를 다시 확인할 수 있습니다.

■ **개발자 도구 표시** 이 옵션을 체크 표시하면 가상 머신을 SSH 또는 웹브라우저(웹서버 실행 시)로 접속할 수 있으며, 가상 머신 동작을 세부적으로 확인할 수 있는 디버깅 세션도 시작할 수 있습니다.

⊙ 'Access' 탭

iOS 기기(아이폰, 아이패드 등)에 Parallels Access 앱을 설치하면(유료 서비스: 1년에 $49.99) 원격에서도 MS 윈도가 설치된 가상 머신들을 사용할 수 있습니다. 사용방법은 iOS 기기에 Parallels Access 앱을 먼저 설치하고, Mac OS X 호스트에 Parallels Access 에이전트를 설치합니다. (Access 탭의 Mac용 Parallels Access 에이전트 설치 버튼 클릭) 설치가 완료되면, 사용자 이름(E-Mail 주소)과 비밀번호를 설정할 수 있으며, 이를 통하여 iOS 기기에서 가상 머신에 접속할 수 있습니다.

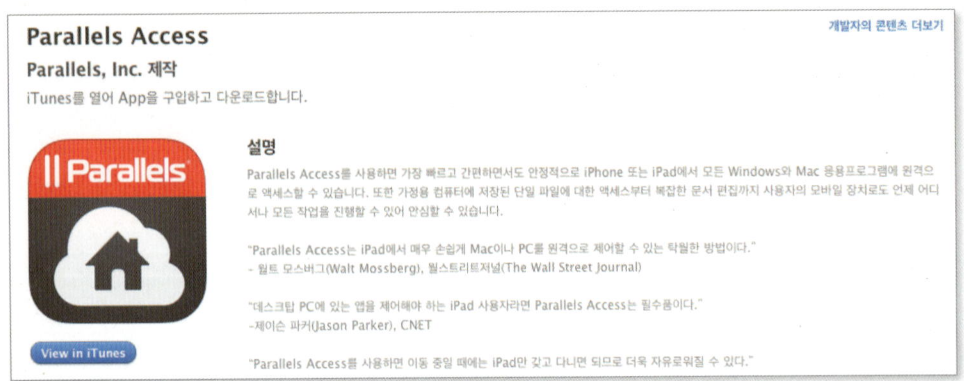

Parallels Access 앱 다운로드 페이지

⑥ 서비스, Parallels Desktop 숨기기, 다른 항목 숨기기, 모두 숨기기

Mac OS X 응용 프로그램에 공통적으로 적용하는 메뉴입니다. 이것에 대해서는 99쪽의 'Finder' 메뉴를 참고합니다.

⑦ Parallels Desktop 끝내기

Parallels Desktop을 완전히 종료하는 메뉴입니다. 만약 가상 머신에서 게스트 OS를 실행중이면 반드시 이 메뉴를 선택하기 전에 정상적인 방법으로 게스트 OS를 완전히 종료(shutdown) 할 것을 권장합니다. 정상적인 방법을 이용하지 않고 게스트 OS를 강제 종료하거나 리셋(reset)하면 게스트 OS가 손상될 수 있습니다.

02 '파일' 메뉴

'파일' 메뉴

① 새로 만들기

새로운 가상 머신을 만들고, 여기에 새로운 게스트 OS를 설치할 수 있는 메뉴입니다. 대부분의 운영체제(MS 윈도, 리눅스, Mac OS X 등)들을 게스트 OS로 설치할 수 있으며, 설치한 게스트 OS에 Parallels Tools 프로그램을 설치하면 Mac OS X 호스트 컴퓨터의 하드웨어 자원을 효과적으로 공유할 수 있습니다.

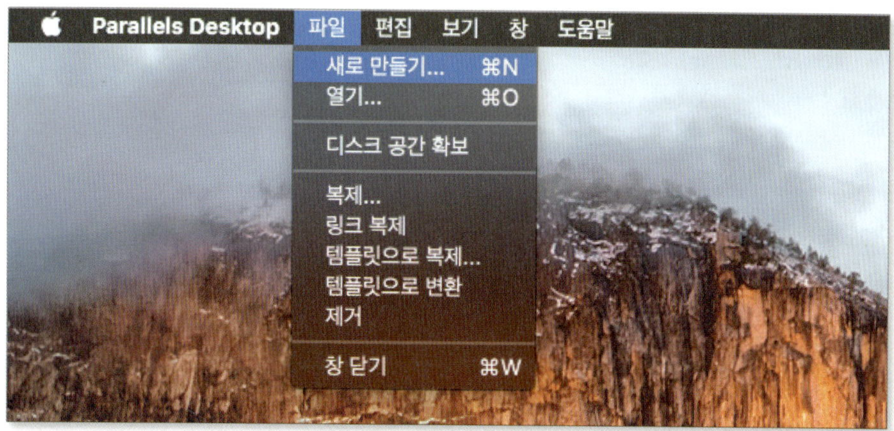

새로운 가상 머신을 생성하고 게스트 OS를 설치할 수 있는 '새로 만들기' 메뉴

② 열기

인터넷에서 PVM(Parallels Virtual Machine) 가상 디스크 이미지를 다운로드 했거나 다른 컴퓨터에서 PVM 디스크 이미지를 복사했으면 '열기' 메뉴를 이용해 Parallels Desktop의 제어 센터에 추가할 수 있습니다. 추가한 가상 머신은 환경 설정('작업 → 구성') 메뉴에서 하드웨어를 세부적으로 설정할 수 있습니다. PVM 디스크 이미지 이외에 VMware(확장자 .vmx), Virtual PC(확장자 .vmc), VirtualBox(확장자 .xml 또는 .vbox) 등의 가상 머신도 변환 후 추가할 수 있습니다.

③ 복제

선택한 가상 머신을 복제하는 메뉴입니다. 가상 머신이 완전히 종료된 상태에서만 복제가 가능하며, 개발자들이 테스트 용으로 가상 머신을 구성할 때 유용하게 사용할 수 있습니다.

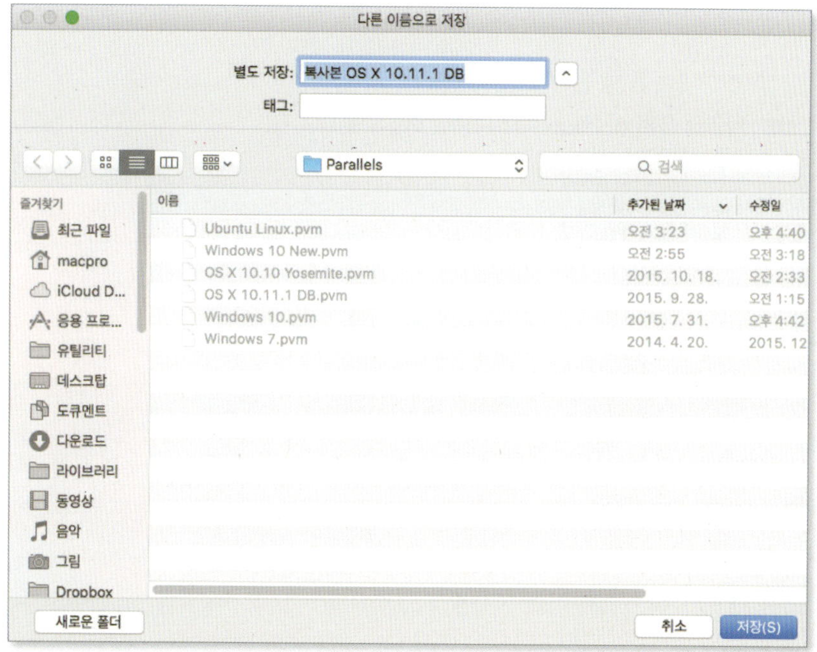

가상 머신을 복제하는 대화상자, 복제한 가상 머신의 디스크 이미지 파일이 저장될 위치를 새로 지정할 수 있습니다.

④ 템플릿으로 복제

선택한 가상 머신을 템플릿 가상 머신으로 복제합니다. 템플릿 가상 머신은 일반적인 가상 머신과는 달리 실행이 불가능하며, 원본 가상 머신의 하드웨어 설정 상태와 설치된 게스트 OS, 응용 프로그램 등의 정보만을 담고 있습니다. 가상 머신이 완전히 종료된 상태에서만, 템플릿 가상 머신으로 복제가 가능합니다. 새로운 가상 머신을 생성할 때 템플릿을 이용하면 빠르고 간편하게 가상 머신을 구성할 수 있습니다.

⑤ 템플릿으로 변환

선택한 가상 머신을 템플릿 가상 머신으로 변환합니다. 한번 템플릿 가상 머신으로 변환되면 해당 가상 머신은 더 이상 실행할 수 없으며, 다시 일반 가상 머신으로 변환하려면 가상 머신 목록('창 → 가상 컴퓨터 목록')에서 해당 템플릿을 마우스 오른쪽 버튼을 클릭하고 '가상 컴퓨터로 변환' 메뉴를 실행해야 합니다.

⑥ 디스크 공간 확보

가상 머신 디스크의 점유 공간 중 실제 사용하지 않는 공간을 반환합니다. 가상 머신의 게스트 OS에서 메이저/마이너 OS 업데이트를 했다면, 이 메뉴를 실행하여 업데이트 다운로드가 확장되었던 공간을 다시 회수 할 수 있습니다.

⑦ 제거

제어 센터의 가상 컴퓨터 목록('창 → 제어 센터')에서 삭제를 원하는 가상 머신을 선택하고 이 메뉴를 실행하면 선택된 가상 머신을 삭제합니다. 가상 머신이 완전히 종료된 상태에서만 삭제 가능하며, 만약 가상 머신 목록에서만 삭제를 하고, 실제 가상 디스크 이미지를 보존하고자 한다면 삭제 대화상자에서 '파일 보존'을 선택합니다. 보존된 가상 디스크 이미지는 언제든지 '파일 → 열기' 메뉴로 가상 컴퓨터 목록에 다시 추가할 수 있습니다.

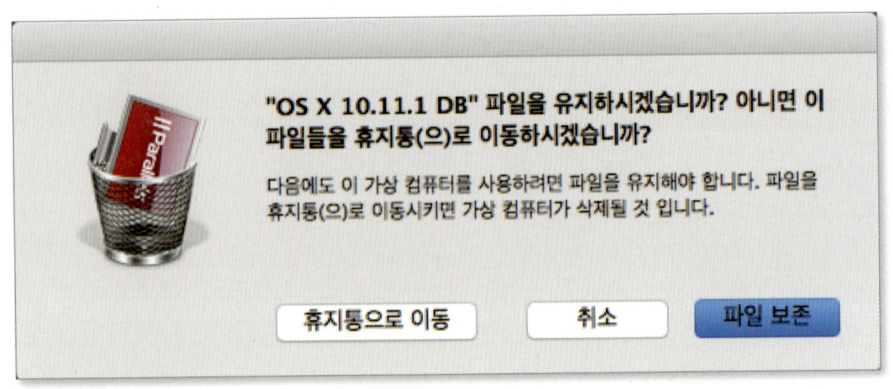

'가상 머신 삭제' 대화상자

⑧ Windows 휴지통 비우기

MS 윈도 가상 머신의 메인 메뉴에만 표시되는 메뉴이며, 휴지통(Recycle Bin)을 비웁니다.

⑨ 링크 복제

선택한 가상 머신의 링크를 생성 및 복사합니다. 링크는 실제 가상 디스크 공간을 점유하지 않는 단순한 참조 파일이며 원본의 가상 디스크를 사용합니다. 하드웨어 설정을 다양하게 변경하여 테스트할 때 유용합니다(단, 원본 가상 머신을 삭제하면, 링크 복제된 가상 머신도 사용할 수 없습니다).

⑩ 창 닫기

제어 센터 윈도우를 닫습니다. 가상 머신의 메인 메뉴에서 이 메뉴를 실행하면, 옵션 설정에 따라 '대기 모드'로 전환하거나 또는 '종료' 할 수 있습니다.

03 '보기' 메뉴

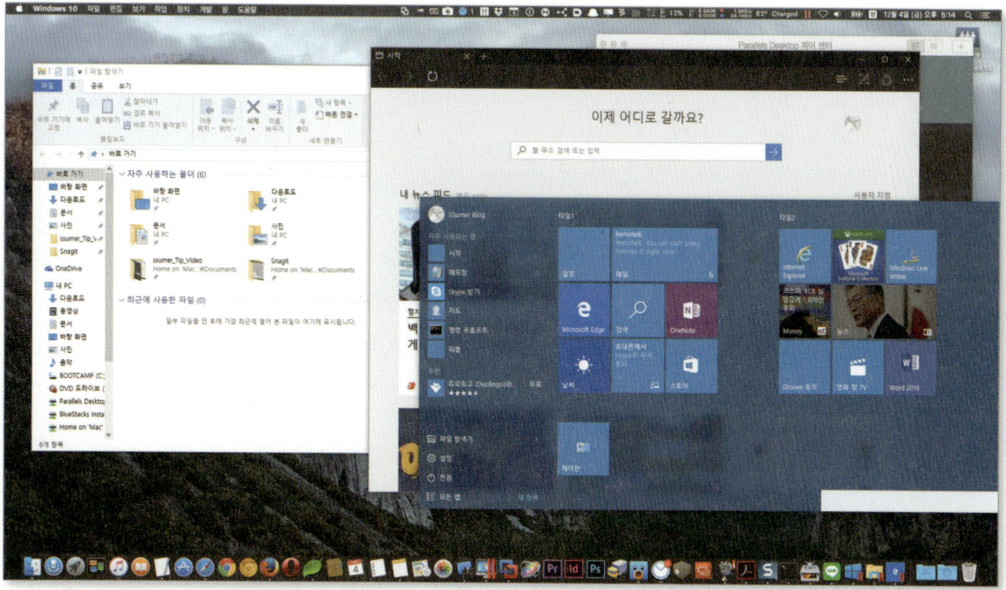

'보기' 메뉴

제어 센터의 '보기' 메뉴에는 가상 컴퓨터 목록 표시와 관련된 서브 메뉴('확장 보기', '아이콘 보기', '배열 방식 설정' 등)가 포함되어 있고, 가상 머신의 메인 메뉴에는 표시 방식을 설정할 수 있는 서브 메뉴가 포함되어 있습니다.

① 동시 실행 모드 시작하기(가상 머신 메인 메뉴)

MS 윈도를 설치한 가상 머신의 사용자 인터페이스를 Mac OS X의 인터페이스로 통합합니다. Parallels Desktop 관련 메뉴는 Mac OS X 메인 메뉴에 표시된 Parallels 아이콘을 이용하여 실행할 수 있습니다(예 동시 실행 모드 종료 및 장치 설정 등).

MS 윈도가 설치된 가상 머신의 사용자 인터페이스를 Mac OS X의 인터페이스로 통합시킨 동시 실행 모드

② 전체 화면 모드 시작하기(가상 머신 메인 메뉴)

전체 화면(Full Screen)으로 게스트 OS를 실행합니다. 다른 모드보다 상대적으로 화면 반응 속도가 빠르고, 넓은 화면에서 게스트 OS를 실행할 수 있어서 편리합니다. 만약 2개 이상의 모니터가 연결되어 있으면 한 대의 모니터는 Mac OS X를, 다른 한 대의 모니터는 순수 게스트 OS가 사용하도록 지정할 수 있습니다. 이 모드는 MS 윈도용 게임이나 그래픽 관련 프로그램을 실행할 때 편리합니다. 전체 화면 모드에서 윈도우 모드로 전환하려면 마우스 포인터를 화면의 가장 위쪽으로 이동시킨 뒤 전체 화면 종료 아이콘을 클릭하거나, '활성 화면 모서리'로 설정한 위치로 마우스 포인터를 이동시킨 뒤 전체 화면 모드를 종료시킵니다. 참고로 'Mac OS X 전체 화면 이용' 및 '활성 화면 모서리' 설정은 '작업 → 구성 → 전체 화면' 설정에서 합니다.

③ 다중 모드 시작하기(가상 머신 메인 메뉴)

게스트 OS를 섬네일 형태로 볼 수 있는 모드로, 여러 개의 게스트 OS를 동시에 실행하고, 이것을 한 번에 상태를 점검하는데 편리합니다. 예를 들어 리눅스 서버, MS 윈도 서버 등 다양한 게스트 OS를 실행하고 실행 상태를 화면 최상위 레이어에 띄워놓고 모니터링 할 수 있습니다.

다중 모드로 윈도 10과 우분투 리눅스를 실행한 화면. 섬네일 형태로 현재 실행되는 게스트 OS 상태를 한눈에 확인할 수 있습니다.

④ 전체 화면 모드에서 모든 디스플레이 사용(가상 머신 메인 메뉴)

Mac 컴퓨터에 연결된 모니터, LCD TV와 같은 모든 디스플레이 장치를 전체 화면(full screen) 모드에서 사용합니다.

⑤ 스크린샷 생성(가상 머신 메인 메뉴)

현재 활성화된 가상 머신의 화면 상태를 이미지 파일(Still Image File)로 저장합니다. 스크린 캡처된 이미지 파일은 Mac OS X의 데스크탑에 'Parallels Picture 〈번호〉.png' 형태의 파일명으로 저장됩니다.

⑥ Windows 관련(가상 머신 메인 메뉴)

MS 윈도 가상 머신을 동시 실행 모드로 사용하면 윈도의 시작 메뉴 표시, 휴지통 폴더 표시, 바탕 화면 보기, 작업 표시줄 보기 등을 OS X 메인 메뉴에서 직접 실행할 수 있습니다.

04 '작업' 메뉴(가상 머신 메인 메뉴)

'작업' 메뉴

① 시작

현재 활성화된 가상 머신을 시동합니다.

② 되돌리기 모드

가상 머신을 실행하고 필요에 따라 변동 내역을 디스크에 저장하지 않을 수 있습니다. 임시 테스트용으로 가상 머신을 실행할 때 유용합니다.

③ 여행 모드 시작

Mac OS X 시스템 리소스 사용을 최소화하여 배터리 소모 역시 최소화합니다. 배터리 충전이 제한된 장소에서 이 모드를 이용하면 배터리 사용 시간을 최대화 할 수 있습니다.

④ 일시 중지

가상 머신을 일시 정지하고, 해당 가상 머신이 점유했던 메모리와 CPU를 Mac OS X 호스트가 사용하도록 합니다. Mac 컴퓨터의 시스템 자원이 충분하지 못할 경우, 가상 머신이 점유한 CPU 및 메모리 때문에 Mac OS X 호스트의 전체적인 성능이 저하될 수 있습니다. 만약 Mac OS X 호스트 앱에서 우선적으로 작업을 처리해야 한다면 이 메뉴를 실행하여 모든 시스템 자원을 Mac OS X가 사용하도록 해줍니다.

⑤ 대기 모드

가상 머신의 전원 상태를 대기 모드로 전환합니다. MS 윈도의 절전 모드와 비슷하며, 이 메뉴를 실행하기 전의 모든 상태를 그대로 저장합니다. 대기 모드로 전환된 가상 머신은 '재개' 메뉴를 실행하면 이전 상태로 빠르게 복귀됩니다. OS X는 Mac 컴퓨터를 재시동하거나 종료하면 자동으로 MS 윈도 가상 머신이 대기 모드로 전환합니다.

⑥ 종료

가상 머신을 완전히 종료하는 메뉴로, 이 메뉴를 실행하려면 가상 머신에 Parallels Tools 프로그램이 설치되어 있어야만 합니다.

⑦ 다시 시작

가상 머신을 재시동하는 메뉴로, 이 메뉴를 실행하려면 가상 머신에 Parallels Tools 프로그램이 설치되어 있어야만 합니다.

⑧ 중지

가상 머신을 강제로 종료합니다. 일반적으로 가상 머신이 정상적으로 종료(shutdown)되지 않거나 반응이 없는 경우 '중지' 메뉴를 이용하면 해당 가상 머신을 강제 종료할 수 있습니다. 가상 머신을 강제 종료할 경우 저장되지 않은 모든 데이터는 유실되므로 반드시 필요한 경우에만 사용합니다.

⑨ 초기화

가상 머신을 초기화(reset)하는 메뉴로, 일반적인 PC의 'Reset' 버튼과 비슷합니다. 이 메뉴는 가상 머신 자체에 예기치 않은 문제 때문에 전혀 반응이 없거나 조작이 불가능한 상태일 때 사용합니다. '중지' 메뉴와 마찬가지로 저장되지 않은 모든 데이터는 유실되므로 반드시 필요한 경우에만 사용합니다.

⑩ 스냅샷 생성하기

스냅샷(Snapshot) 백업을 하는 메뉴로, 가상 머신의 하드웨어 설정 및 게스트 OS 상태를 그대로 백업합니다. 단순한 환경 설정 내용만 백업되므로 '파일 → 복제' 메뉴와는 다릅니다. 백업된 스냅샷으로 언제든지 필요에 따라 복원할 수 있으므로 새로운 프로그램을 설치하거나 테스트하기 전에 유용하게 사용할 수 있습니다. 스냅샷을 생성하기 전에 모든 작업, 즉 다운로드, 동영상/음악 재생 등과 같은 작업을 완전히 종료해야 하고, 부트캠프 볼륨을 기반으로 한 가상 머신이나 일시 중지 상태인 가상 머신에서는 실행할 수 없습니다.

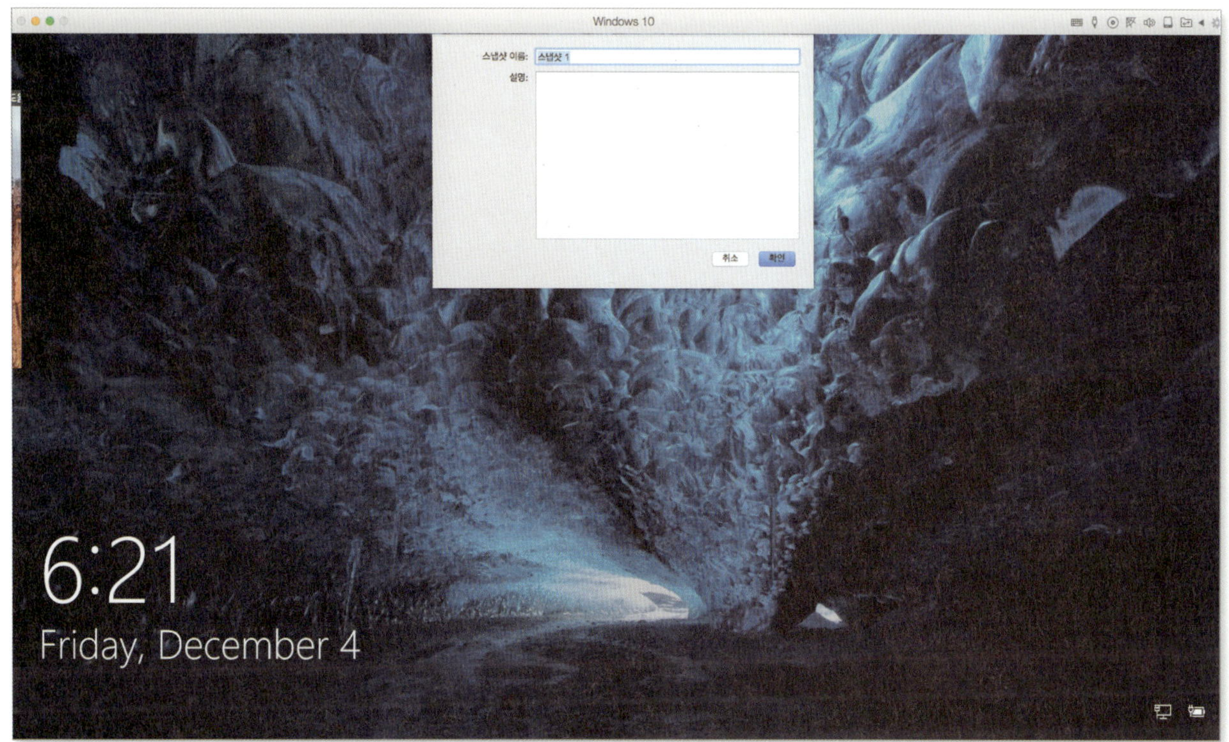

스냅샷 대화상자. 가능하면 가상 머신의 현재 상태를 자세하게 기록합니다.

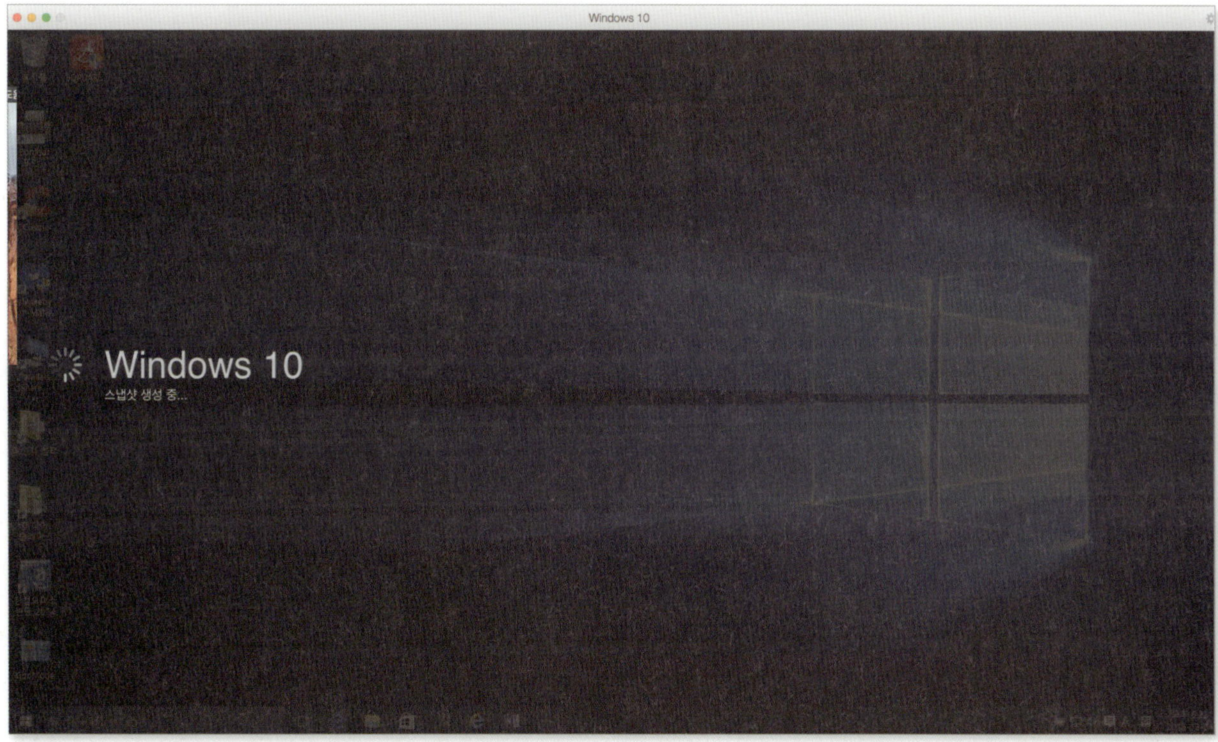

스냅샷 생성이 진행되는 상태. Mac 컴퓨터 사양에 따라 다르지만, 보통 1~5분 정도 소요됩니다.

⑪ 스냅샷 되돌리기

가장 최근에 생성한 스냅샷으로 복원합니다.

⑫ 스냅샷 관리

생성된 스냅샷을 관리할 수 있는 대화상자를 표시하며, 여기서 스냅샷을 생성하거나 기존에 생성한 스냅샷을 제거할 수 있습니다.

스냅샷 관리 대화상자

- **새로 만들기** 새로운 스냅샷을 생성합니다.
- **이동** 선택한 스냅샷으로 복원합니다.
- **편집** 선택한 스냅샷의 이름과 설명을 변경할 수 있습니다.
- **삭제** 선택한 스냅샷을 삭제합니다.
- **새 연결 복사** 선택한 스냅샷에 대한 참조 연결 복사본을 생성합니다. 가상 머신이 완전히 종료된 상태에서 생성된 스냅샷에 한해서 사용할 수 있으며 참조 복사본은 단순한 연결 정보만 포함하므로 디스크 공간을 적게 차지합니다(단, 원본 스냅샷을 삭제하면, 연결 복제된 스냅샷도 사용할 수 없습니다).

⑬ Parallels Tools 설치(재설치)

현재 활성화된 가상 머신의 게스트 OS에 Parallels Tools 프로그램을 설치합니다. Parallels Tools 프로그램에는 게스트 OS 별로 여러 가지 시스템 드라이버(네트워크, 사운드, 디스플레이 드라이버 등)들이 포함되어 있고, Mac OS X 호스트와 네트워킹을 할 수 있게 합니다. Parallels Tools를 게스트 OS에 설치해야만 정상적으로 모든 Parallels Desktop 기능을 사용할 수 있습니다. 예를 들어 윈도우 모드에서 화면 크기를 임의로 변경하거나 Mac OS X 호스트와 폴더 공유 등은 Parallels Tools가 설치된 가상 머신에서만 할 수 있습니다.

Parallels Tools 프로그램은 표준 디스크 이미지 파일(ISO 확장자)로 응용 프로그램 폴더의 'Parallels Desktop ▶ Contents ▶ Resources ▶ Tools' 폴더에 저장되어 있습니다(Parallels Desktop 앱을 마우스 오른쪽 버튼을 클릭한 후, '패키지 내용 보기' 메뉴 선택). 그러므로 초기 가상 머신을 설정할 때 자동으로 Parallels Tools 프로그램이 설치되지 않으면 이 폴더에 있는 이미지 파일 중에서 게스트 OS의 종류에 따라 디스크 이미지 파일을 마운트하여 직접 설치할 수 있습니다.

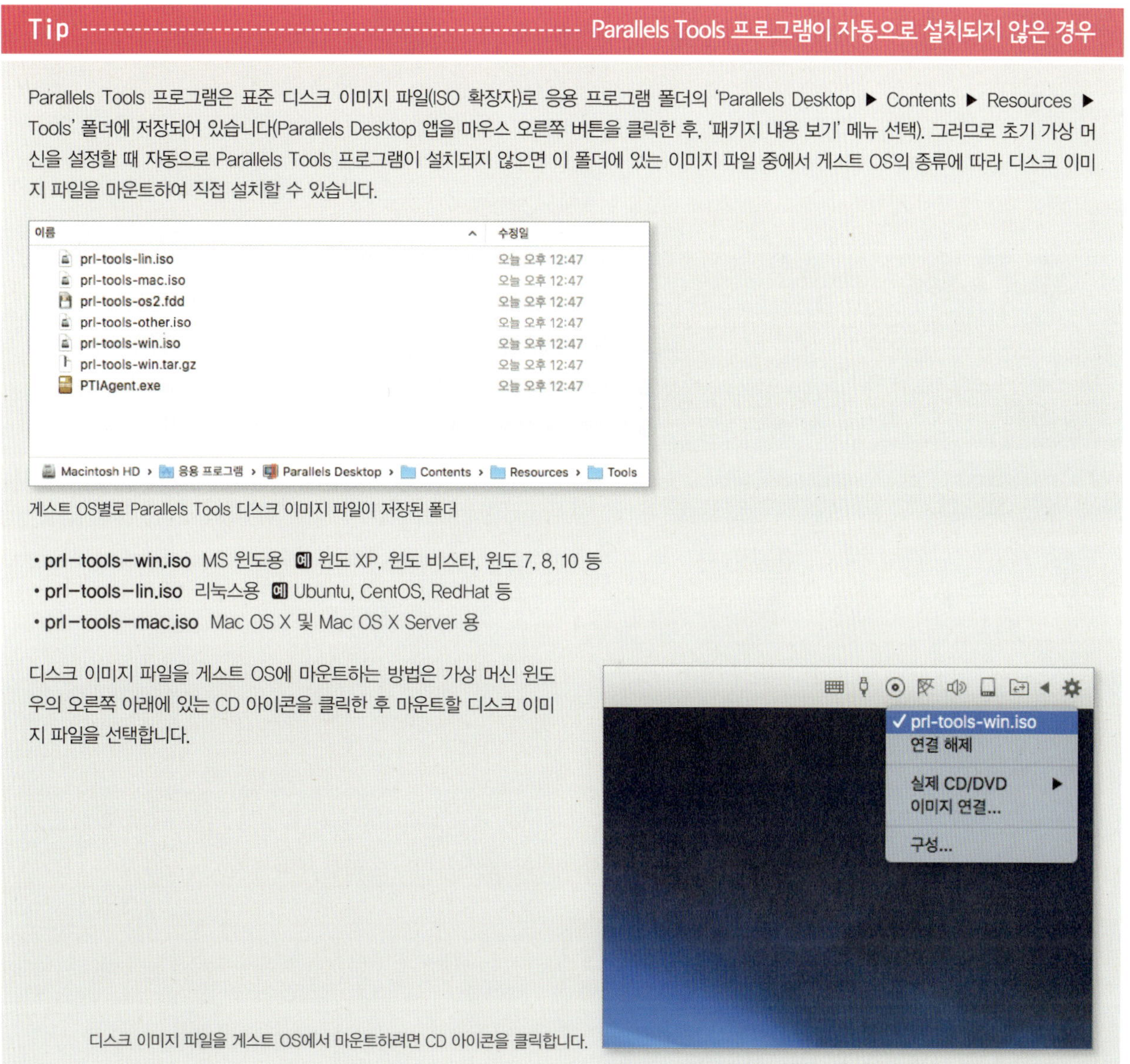

게스트 OS별로 Parallels Tools 디스크 이미지 파일이 저장된 폴더

- **prl-tools-win.iso** MS 윈도용 **에** 윈도 XP, 윈도 비스타, 윈도 7, 8, 10 등
- **prl-tools-lin.iso** 리눅스용 **에** Ubuntu, CentOS, RedHat 등
- **prl-tools-mac.iso** Mac OS X 및 Mac OS X Server 용

디스크 이미지 파일을 게스트 OS에 마운트하는 방법은 가상 머신 윈도우의 오른쪽 아래에 있는 CD 아이콘을 클릭한 후 마운트할 디스크 이미지 파일을 선택합니다.

디스크 이미지 파일을 게스트 OS에서 마운트하려면 CD 아이콘을 클릭합니다.

⑭ 구성

가상 머신의 실행 환경 및 하드웨어 옵션을 설정합니다. 이것에 대한 자세한 내용은 357쪽의 'Parallels Desktop 가상 머신의 환경 설정하기'를 참고합니다.

'장치' 메뉴(가상 머신 메인 메뉴)

① 외부 장치

Mac 컴퓨터에 연결된 외부 장치들을 게스트 OS에 직접 연결하거나 해제합니다. 게스트 OS에 직접 연결된 외부 장치는
Mac OS X 호스트에서 제어할 수 없으므로 Mac OS X 앱에서도 사용할 수 없습니다.

연결된 외부 장치들의 제어권(게스트 OS나 Mac OS X 호스트)을 변경할 수 있습니다.

② CD/DVD

Mac 컴퓨터에 내장된 물리적인 CD/DVD 드라이브를 가상 머신이 직접 제어하게 하거나('실제 CD/DVD' 메뉴) 디스크
이미지 파일(ISO, BIN, DMG 등의 디스크 이미지)을 가상 머신에 마운트('이미지 연결' 메뉴)합니다.

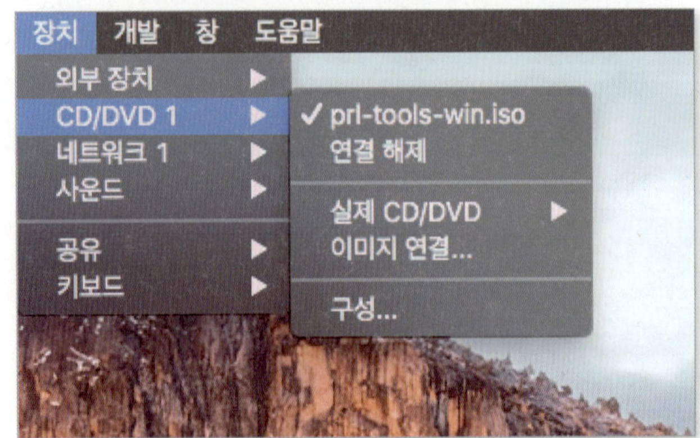

'CD/DVD' 메뉴

③ 네트워크

가상 머신이 실행 중인 상태에서도 임의로 네트워크 어댑터 관련 설정을 변경할 수 있으며, IP 주소 할당 방식을 변경하거나 '공유 네트워크' 또는 '네트워크 브리지') 네트워크 연결을 해제합니다.

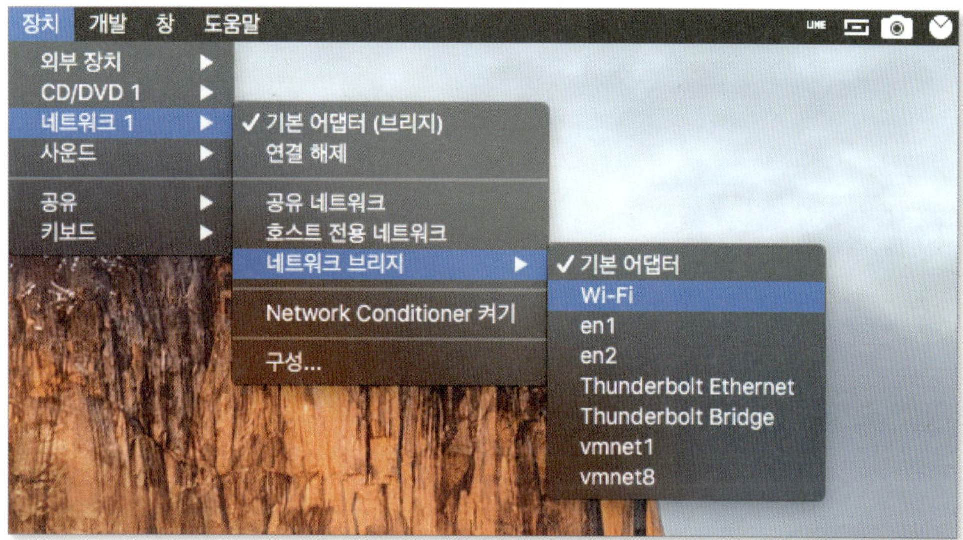

'네트워크' 메뉴를 이용하면 가상 머신의 네트워크 어댑터의 설정 방식을 변경할 수 있습니다.

④ 플로피 디스크

가상(virtual) 또는 물리적인(physical) 플로피 디스크 드라이브(FDD ; Floppy Disk Drive)를 가상 머신에 추가하거나 제거할 수 있습니다. 요즘 판매되는 모든 Mac 제품에는 FDD가 장착되어 있지 않으며, USB 메모리 디스크가 이전의 FDD 역할을 대신하고 있습니다. 그러므로 개발자용 테스트 이외에는 사용하지 않는 메뉴입니다.

⑤ 사운드

가상 머신에서 사용하는 사운드 카드의 설정을 변경합니다. 사운드 출력 장치와 입력 장치 등을 각각 설정할 수 있으며, '음소거' 메뉴를 선택하면 사운드 출력을 중단합니다.

사운드 카드의 설정을 필요에 따라 변경할 수 있습니다.

⑥ 공유

Mac OS X 호스트와 가상 머신 간에 폴더 공유를 설정합니다. 가상 머신이 실행 중인 상태에서도 '폴더 추가' 메뉴를 선택하면 임의로 공유 폴더를 추가할 수 있습니다.

'폴더 추가' 메뉴를 선택하면 공유 폴더를 임의로 추가할 수 있습니다.

⑦ 키보드

현재 활성화된 가상 머신의 게스트 OS에 다양한 키보드 입력 신호를 보낼 수 있습니다. 예를 들어 PrintScreen(화면 인쇄), CapsLock(대문자) 및 ScrollLock(화면 스크롤 고정) 등의 키 입력 신호를 게스트 OS에 보냅니다.

06 '개발' 메뉴(가상 머신 메인 메뉴)

가상 머신을 SSH 또는 웹브라우저(웹서버 실행시)로 접속할 수 있으며, 가상 머신 동작을 세부적으로 확인할 수 있는 디버깅 세션을 시작할 수 있습니다.

07 '창' 메뉴

일반적인 Mac OS X 앱 윈도우와 같이 가상 머신 윈도우를 제어합니다. 만약 여러 개의 가상 머신을 동시에 실행한 상태라면 이 메뉴를 이용해 원하는 가상 머신으로 곧바로 이동할 수 있으며 '제어 센터' 대화상자도 표시할 수 있습니다.

제어 센터의 컴퓨터 목록 대화상자, 가상 머신을 시동하거나 종료할 수 있는 컨텍추얼 메뉴가 지원됩니다.

◉ 제어 센터 가상 컴퓨터 목록의 컨텍추얼 메뉴 *(마우스 오른쪽 버튼 클릭)*

- **시작** 선택한 가상 머신을 시동합니다.
- **대기 모드** 선택한 가상 머신을 대기 모드(suspend)로 전환합니다.
- **종료** 선택한 가상 머신을 종료합니다.
- **중지** 선택한 가상 머신을 강제 종료합니다.
- **스냅샷 관리** 가상 머신의 스냅샷을 관리합니다.
- **디스크 공간 확보** 가상 머신이 불필요하게 점유하고 있는 공간을 회수합니다.
- **복제** 선택한 가상 머신을 통째로 복제합니다.
- **링크 복제** 선택 가상 머신의 참조 링크 복제본을 생성합니다. 복제 메뉴와 달리 단순한 참조 링크를 생성하는 것이므로 파일 용량이 작습니다(단, 원본 가상 디스크를 삭제하면, 링크 복제된 가상 머신도 사용할 수 없습니다).

- **제거** 선택한 가상 머신을 삭제합니다. 가상 머신 디스크는 남겨두고 목록에서만 제거하거나 휴지통으로 디스크를 이동할 수 있습니다.

- **개발** 가상 머신을 SSH, 웹브라우저 등으로 접속하거나 디버그 관련 정보를 저장할 수 있습니다.

- **구성** 선택한 가상 머신에 대한 환경 설정 대화상자를 표시합니다.

- **Finder에서 보기** 선택한 가상 머신이 사용하는 디스크 이미지를 Finder에서 표시합니다.

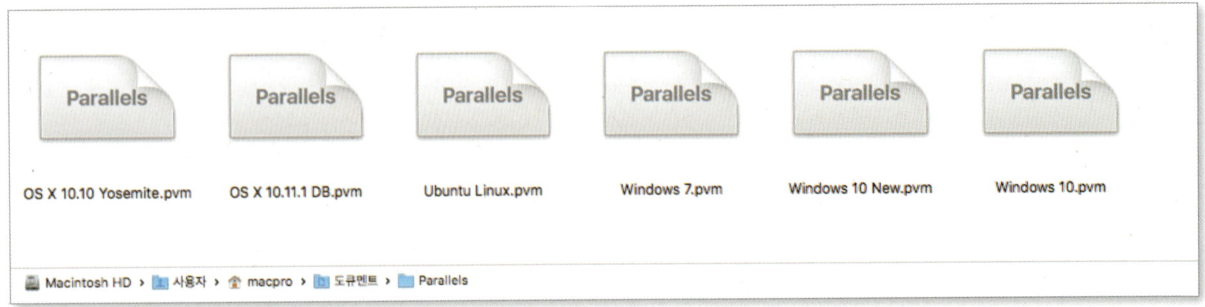

'Finder에서 보기' 메뉴를 선택한 화면

- **색상표** 선택한 가상 머신의 라벨 색상을 변경합니다. 여기서 설정한 색상은 Mac OS X의 태그 또는 꼬리표와 무관하며, 단순히 가상 머신의 구분을 보다 쉽게 하기 위해 지정하는 것입니다.

각각의 가상 머신에 색상을 다르게 적용한 상태

• **새 가상 컴퓨터 만들기, 마이그레이션, 기존 가상 컴퓨터 추가** 대화상자 오른쪽 위의 ⊞ 버튼을 클릭하면 '파일 → 새로 만들기' 대화상자가 표시됩니다.

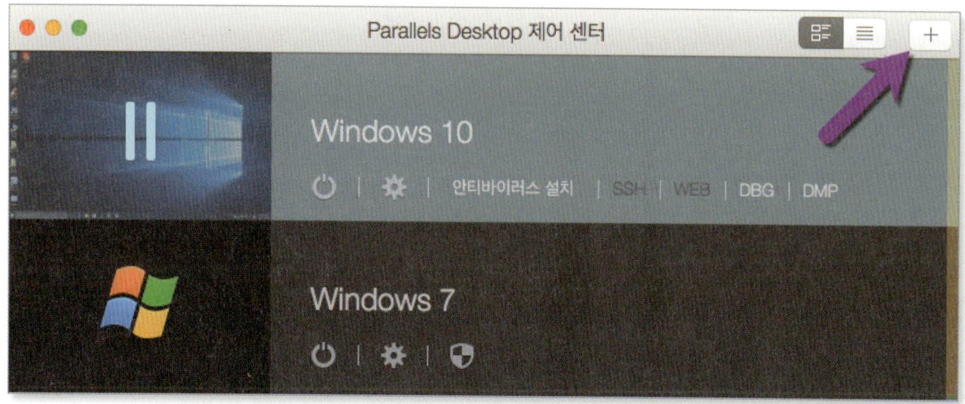

가상 머신 목록 대화상자에서 ⊞ 버튼을 클릭하면 '파일 → 새로 만들기' 대화상자가 표시됩니다.

◉ 리소스 사용률 표시

가상 머신이 점유하는 CPU 및 메모리 사용 현황을 실시간으로 확인할 수 있는 그래프가 표시됩니다. 참고로 가상 머신의 '구성 → 옵션 → 응용 프로그램' 옵션에서 '가능할 경우 Windows 일시 중지' 항목을 활성화하면, 사용자가 Mac OS X 앱을 사용하는 동안 가상 머신의 CPU, 메모리 점유는 0%가 됩니다.

08 '도움말' 메뉴

'도움말' 메뉴

Parallels Desktop에 대한 모든 메뉴 설명 및 사용 방법에 대한 도움말을 표시합니다. Parallels Desktop을 사용하다가 궁금한 사항이 있거나 잘 모르는 기능이 있으면 이 메뉴를 이용하여 다양한 정보를 얻을 수 있습니다. 다만 이 글을 작성하는 시점의 Parallels Desktop 버전 11은 아직까지 한글 도움말을 지원하지 않습니다('온라인 설명서'의 일부분은 한글로 서비스됩니다).

앞에서 설명한 Parallels Desktop에 MS 윈도를 설치하는 방법은 가상 디스크에 설치하는 방법을 설명한 것입니다. 그러나 부트캠프 볼륨에 이미 MS 윈도를 설치했다면 가상 디스크를 별도로 생성할 필요없이 곧바로 Parallels Desktop에서 사용할 수 있습니다. 기본적으로 Parallels Desktop 은 자동으로 부트캠프 볼륨에 설치된 MS 윈도를 인식하고 가상 컴퓨터 목록에 추가합니다.

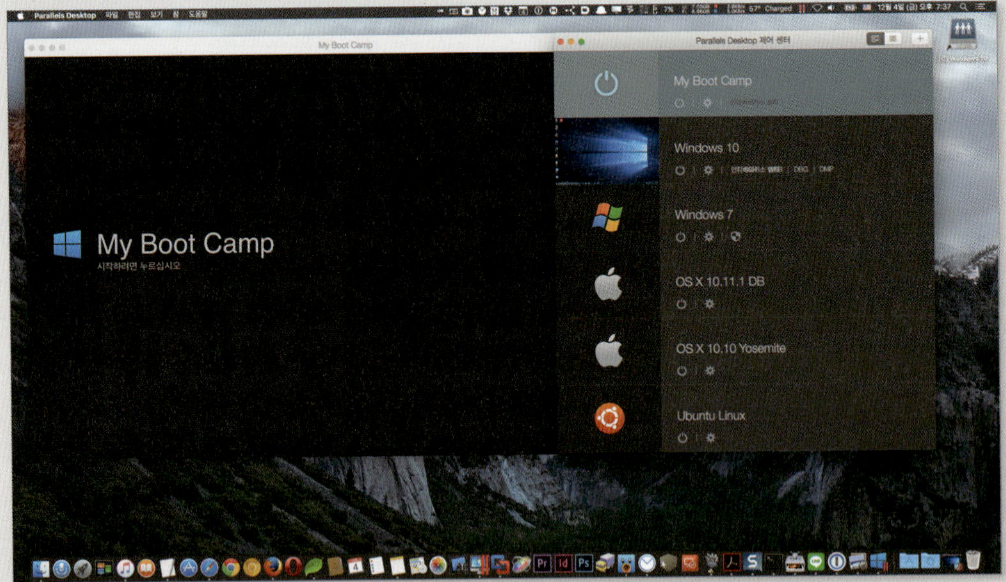

부트캠프에 설치된 MS 윈도가 자동 인식된 상태

부트캠프의 MS 윈도를 가상 머신으로 실행하면 Parallels Tools 프로그램이 자동으로 설치됩니다. 설치가 완료되면 다양한 화면 모드(전체 화면, 동시 실행. 다중 모드 등)에서 MS 윈도를 실행할 수 있습니다. 특히 부트캠프에 설치된 MS 윈도를 그대로 Parallels Desktop의 가상 머신에서 사용하는 것이므로 가상 디스크 생성을 위한 별도의 디스크 공간이 필요 없습니다. 그리고 새로 설치하거나 변경한 MS 윈도용 프로그램들을 부트캠프 볼륨으로 시동해서도 똑같이 사용할 수 있습니다. 반대로 부트캠프로 시동한 상태에서 새로 설치하거나 변경한 내용물들은 Parallels Desktop 의 가상 머신에 똑같이 적용됩니다.

Parallels Desktop 가상 머신의 환경 설정하기

Parallels Desktop의 환경 설정('작업 → 구성') 메뉴를 이용하면 가상 머신이 사용할 하드웨어 자원과 동작 방식 등을 설정할 수 있습니다. 만약 가상 머신 위주로 작업을 많이 한다면, 여기서 가상 머신이 사용할 하드웨어 자원을 더 많이 할당해 주는 것이 좋습니다.

01 '일반' 탭

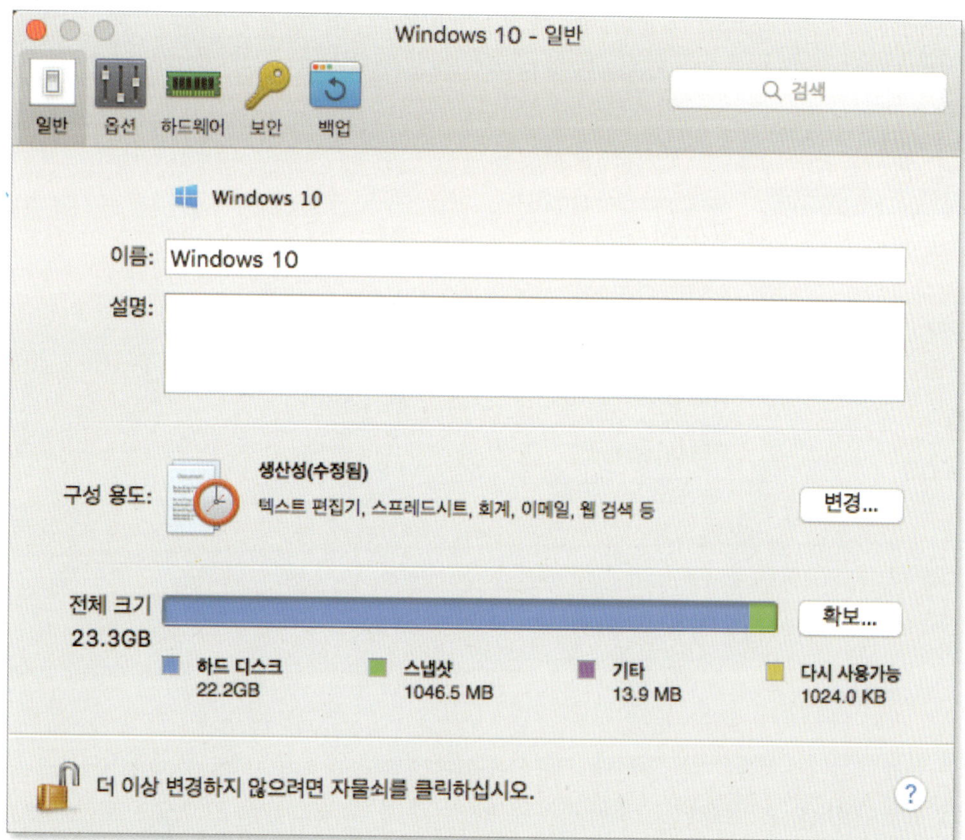

가상 머신 환경 설정 메뉴의 '일반' 탭

① 가상 머신의 유형 설정하기

처음 가상 머신을 생성할 때 게스트 OS의 종류 및 버전에 따라 Parallels Desktop은 가장 적합한 유형의 프로파일로 가상 머신을 구성합니다. 만약 설치한 게스트 OS가 제대로 동작하지 않거나 사용 중간에 자주 문제를 일으키면 가상 머신의 유형을 변경해 봅니다. 가상 머신의 프로파일을 변경하려면 게스트 OS 프로파일 항목을 선택하고 원하는 프로파일을 선택합니다. 게스트 OS와 호환되지 않는 프로파일로 잘못 변경하면 게스트 OS가 실행되지 않거나 사용 중간에 심각한 문제가 발생할 수 있습니다.

가상 머신 환경 설정의 프로파일 설정하기

② 이름

'제어 센터'의 가상 컴퓨터 목록에 표시되는 이름을 설정합니다. 여기서 지정한 이름은 오직 가상 컴퓨터 목록에서 표시되는 이름에만 영향을 주고, 실제 가상 머신이 사용하는 디스크 이미지의 이름은 변경되지 않습니다.

③ 구성용도

가상 머신의 용도를 설정합니다. 일반적인 인터넷, 오피스 관련 작업 위주라면 '생산성', 그래픽 작업이 주용도라면 '디자인업' 또는 '게임 전용'을 선택합니다.

④ 확보

가상 머신이 사용하는 가상 디스크 이미지의 방식을 '확장 디스크('작업 → 구성 → 하드웨어 → 하드 디스크' 메뉴에서 '확장 디스크'로 설정)'로 설정했으면 이 버튼을 클릭하여 불필요한 공간을 제거하고 점유한 공간을 줄일 수 있습니다. 이 기능을 실행하려면 현재 활성화된 가상 머신을 완전히 종료해야 하며, 스냅샷 백업이 없어야 합니다.

02 '옵션' 탭

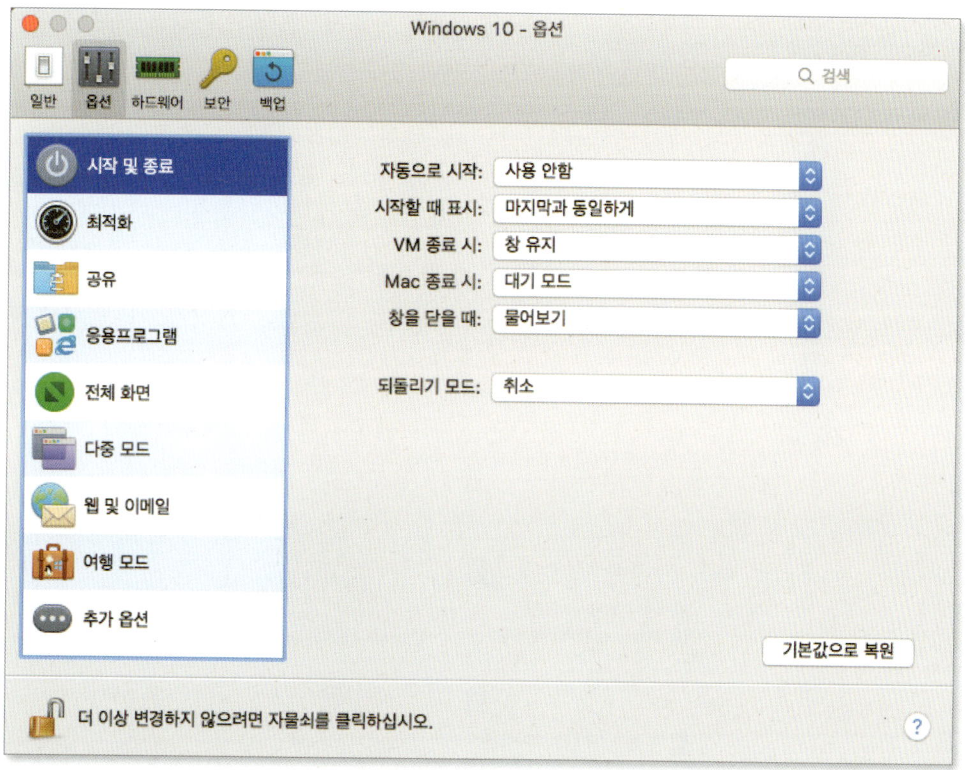

가상 머신의 최적화 설정을 위한 '옵션' 탭

① 시작 및 종료

가상 머신을 시동하거나 종료 또는 가상 머신 윈도우를 닫을 때 Parallels Desktop이 어떻게 반응할지 등을 설정합니다.

- **자동으로 시작** Parallels Desktop 앱을 실행하면 자동으로 가상 머신이 시작되게 설정하거나('Parallels Desktop이(가) 시작될 때'), 가상 컴퓨터 목록에서 가상 머신 윈도우를 열면 자동으로 실행('창이 열릴 때'), Mac OS X 호스트가 시동될 때 자동으로 실행('Mac 시작 시') 또는 '사용 안함' 중 하나를 선택합니다.

- **시작할 때 표시** 가상 머신의 초기 화면 모드를 설정합니다. '창', '동시 실행 모드', '전체 화면', '다중 모드', '헤드리스(가상 머신을 GUI 없이 백그라운드에서 실행하는 모드)' 또는 '마지막과 동일하게' 중 하나를 선택합니다.

- **VM 종료시** 가상 머신을 종료했을 때 가상 머신의 윈도우 상태를 설정합니다. '창 유지', '창 닫기' 또는 'Parallels Desktop 종료' 중 하나를 선택합니다.

- **Mac 종료시** Mac OS X 호스트를 종료했을 때 가상 머신의 종료 방식을 설정합니다. '중지', '종료' 또는 '대기 모드' 중 하나를 선택합니다.

- **창을 닫을 때** 가상 머신 윈도를 닫을 때 전환 모드를 설정합니다. '대기 모드', '종료', '강제 종료', '백그라운드에서 계속 실행', '물어 보기' 중 하나를 선택합니다.

- **되돌리기 모드** MS 윈도 가상 머신에서 프로그램을 테스트 할 때 유용한 옵션입니다. 이 옵션을 '변경 취소'로 설정하면 프로그램을 테스트하는 도중 예기치 않은 심각한 문제가 발생해도 원래 상태로 쉽게 복구할 수 있습니다('물어 보기'로 옵션을 설정하면 가상 머신을 종료할 때 변경된 설정 내용을 적용하거나, 원래 상태로 되돌릴 수 있는 옵션 대화상자가 표시됩니다).

② 최적화

가상 머신의 성능을 최적화할 수 있는 다양한 옵션을 설정합니다. 가상 머신에서 처리하는 작업 비중에 따라 CPU 사용량을 변경하는 '능동 Hypervisor 켜기' 옵션을 비롯하여 성능의 우선 대상을 가상 컴퓨터 또는 Mac OS X 호스트 중에서 설정할 수 있습니다.

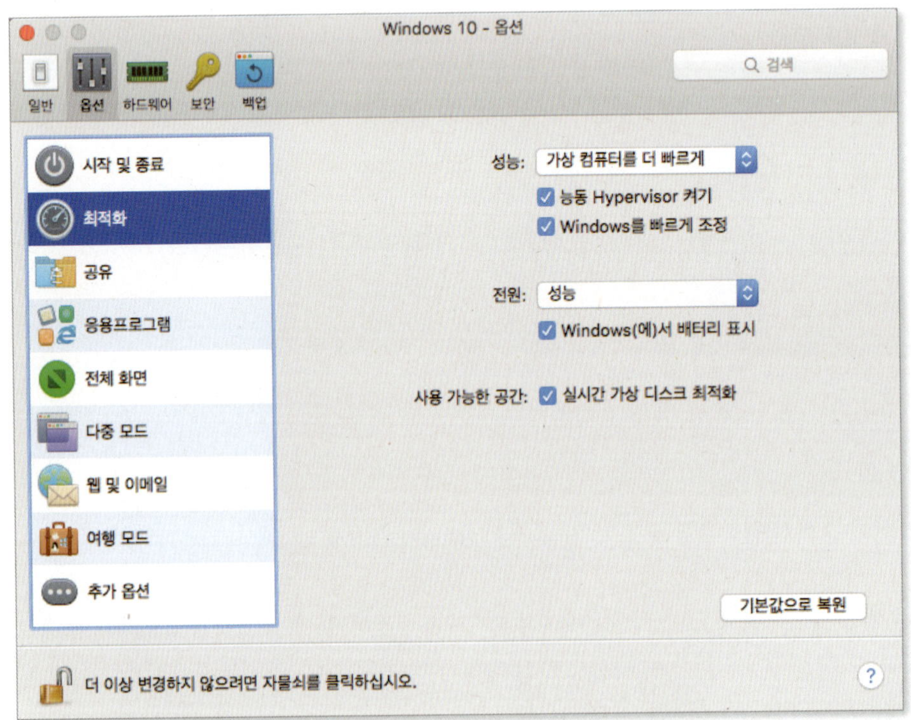

가상 머신에 대한 최적화 옵션

- **성능** CPU 사용의 우선순위를 설정하는 옵션입니다. 가상 컴퓨터 또는 Mac 호스트를 선택할 수 있으며, 가상 머신 위주로 작업한다면 '가상 컴퓨터를 더 빠르게'를 선택합니다.

– 능동 Hypervisor 켜기 : Mac OS X 호스트 또는 가상 머신 중에서 사용자가 현재 작업 중인 대상에 우선적으로 CPU 자원을 할당합니다. 이 옵션을 체크하면 효율적으로 시스템 자원을 관리해 주므로 항상 체크 표시합니다.

– Windows를 빠르게 조정 : MS 윈도가 설치된 가상 머신의 실행 속도를 더욱 향상시킵니다.

- **전원** 맥북 제품의 배터리 사용과 관련된 옵션입니다. '절전'을 설정하면 가상 머신의 하드웨어 자원 사용을 최소화해서 배터리도 그만큼 적게 사용하지만 속도는 느려집니다. '성능'을 설정하면 모든 하드웨어 자원을 사용하므로 속도는 빨라지지만, 그만큼 배터리를 많이 소모합니다. 전원을 직접 연결할 수 없는 환경에서 사용한다면 '절전'으로 설정합니다.

- **사용 가능한 공간: 실시간 가상 디스크 최적화** 가상 머신이 사용하는 디스크 이미지를 확장 디스크('하드웨어' 탭의 '하드디스크'에서 설정)로 설정하면 필요에 따라 자동으로 점유 용량이 확장됩니다. 그러나 한 번 확장되어 용량이 늘어난 디스크 이미지는 가상 머신에서 파일을 삭제해도 자동으로 축소되지 않습니다. 이 옵션을 체크하면 하루에 2번씩 불필요한 점유 공간을 확인하고, 만약 디스크 이미지의 전체 용량 중 50% 이상이 불필요한 점유 공간이라면 자동으로 파일 크기를 줄여 줍니다.

③ 공유

■ **'Mac 공유' 탭** Mac OS X 호스트의 공유 자원을 설정하는 탭입니다.

- **공유 폴더** 가상 머신과 Mac OS X 간의 공유 폴더를 설정합니다. 공유 폴더는 여기서 지정하지 않아도 '장치 → 공유' 메뉴를 이용해 실행중인 가상 머신에 새로 추가하거나 제거할 수 있습니다.

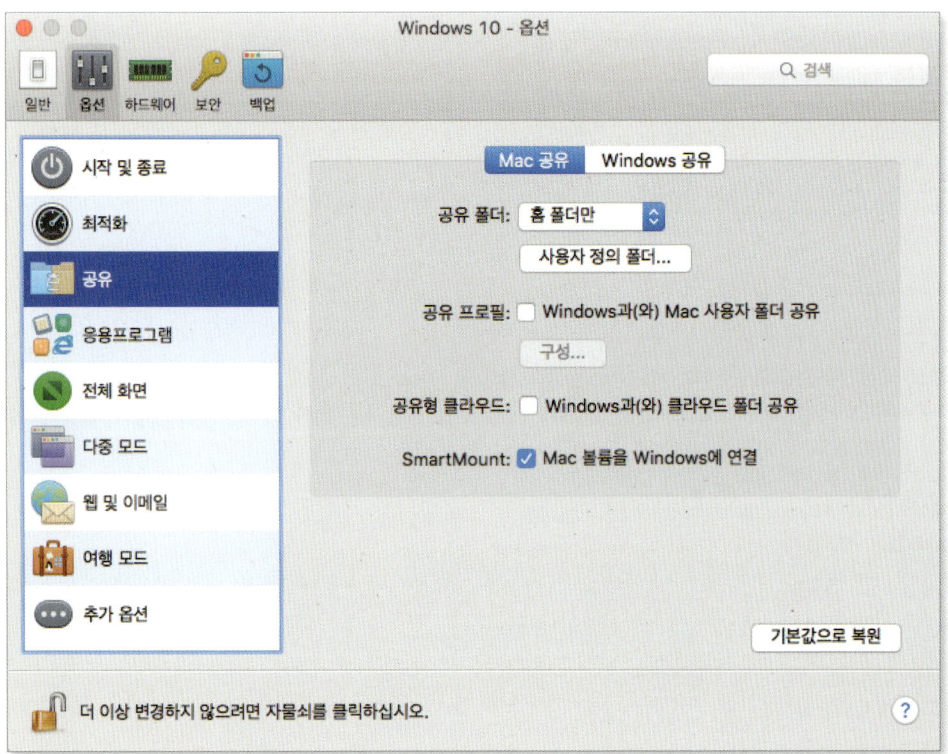

공유 옵션

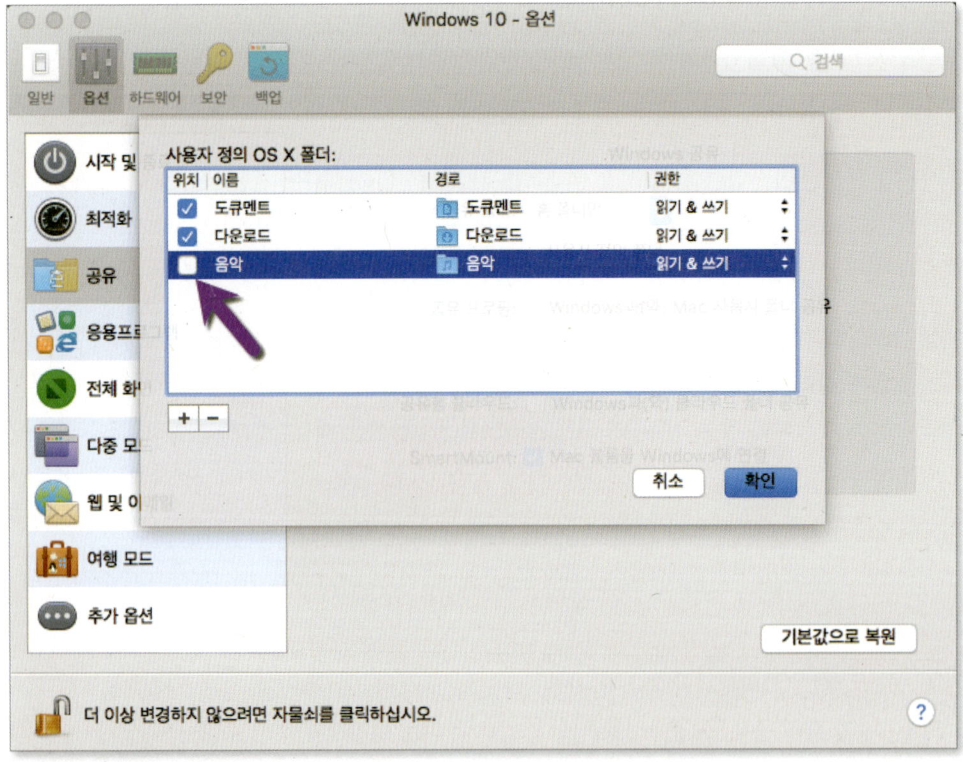

일시적으로 공유 폴더를 중단한 상태

> **Tip** ----- 공유 폴더 추가/제거하기
>
> '사용자 정의 폴더' 버튼을 클릭하고 '사용자 정의 OS X 폴더'의 아래쪽에 있는 ＋ 또는 － 버튼을 클릭하면 간단하게 새로운 공유 폴더를 추가
> 하거나 기존에 추가한 공유 폴더를 제거할 수 있습니다. 만약 기존에 추가한 공유 폴더의 공유를 일시적으로 중단하려면 '위치' 열에서 체크 표시를
> 없애고 '확인' 버튼을 클릭합니다.

- **공유 프로필** MS 윈도가 설치된 가상 머신에서 Mac OS X 호스트의 사용자 폴더들('데스크탑', '문서', '사진', '음악', '영
  화', '다운로드' 폴더 등)을 직접 액세스할 수 있게 설정하는 옵션입니다. 예를 들어 '사진' 폴더에 체크 표시하고 MS 윈도
  가상 머신의 '파일 탐색기'에서 '사진' 폴더를 클릭하면 자동으로 Mac OS X 호스트의 '사진' 폴더의 내용이 표시됩니다.

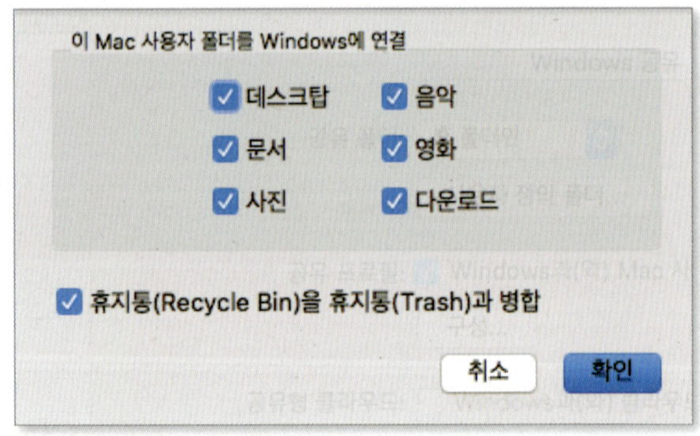

Mac OS X 호스트의 사용자 폴더들을 가상 머신에서 사용할 수 있게 설정한 상태

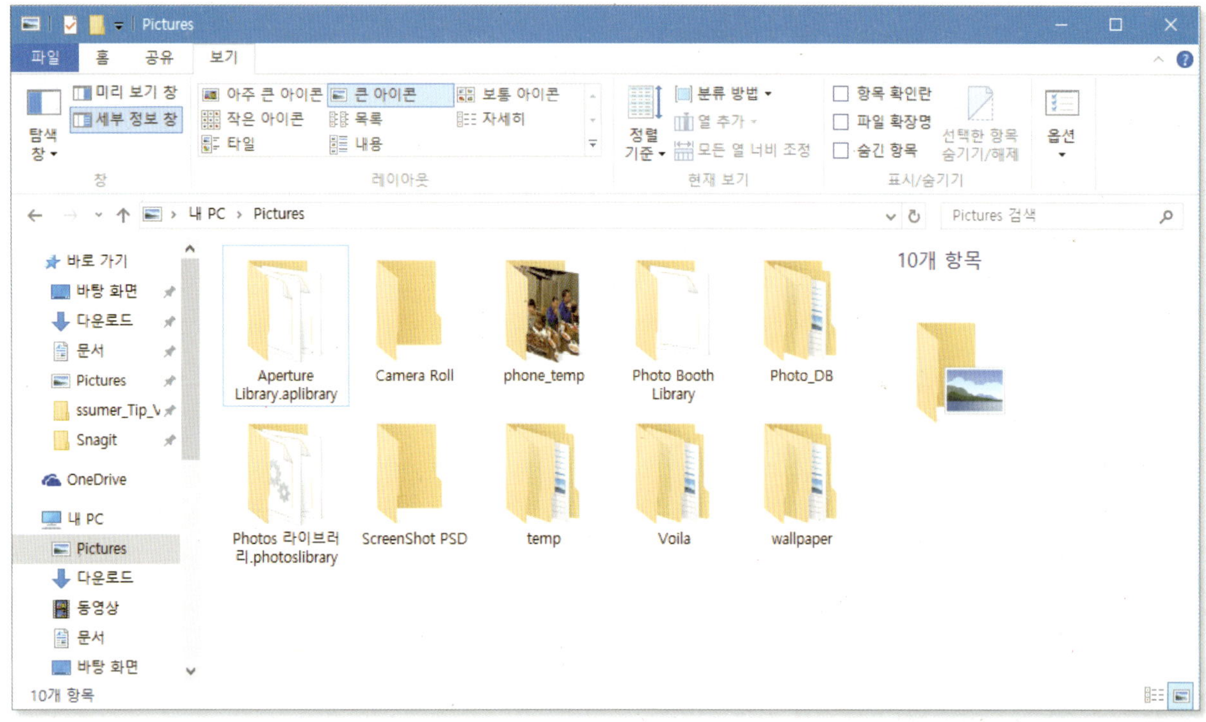

MS 윈도가 설치된 가상 머신에서 '사진' 폴더를 클릭하면 자동으로 Mac OS X 호스트의 '사진' 폴더가 표시됩니다.

- **공유형 클라우드** Mac OS X 호스트에 설정된 iCloud, Dropbox, Google 드라이브 폴더를 MS 윈도가 설치된 가상 머신과 공유합니다. 공유된 클라우드 서비스의 폴더는 자동으로 가상 머신에서 마운트되고 '파일 탐색기'에서 액세스할 수 있습니다. 가상 머신에서 클라우드 서비스 사용을 위한 공간 낭비를 없애주는 유용한 옵션입니다.

- **SmartMount** Mac OS X 호스트에 연결된 내/외장 저장 장치 또는 CD/DVD 미디어 등을 자동으로 가상 머신에서 마운트합니다. 이 옵션을 활성화한 상태에서 외장 디스크 또는 디스크 이미지 파일 등을 Finder에서 마운트하면 가상 머신에서도 곧바로 사용할 수 있습니다. 마운트 가능한 미디어는 휴대용 저장 장치, CD/DVD 드라이브, 네트워크 폴더 등이 있습니다.

- **'Windows 공유' 탭** MS 윈도가 설치된 가상 머신의 모든 볼륨 및 폴더 등을 Mac OS X 호스트에서 직접 액세스 할 수 있습니다. 'Mac에서 Windows 폴더에 접근' 옵션에 체크 표시하고 'Mac 데스크탑의 가상 디스크 바로 가기' 옵션에 체크 표시하면 가상 머신의 하드디스크 볼륨을 Mac OS X 호스트에서 직접 액세스할 수 있습니다. Mac OS X 호스트의 Finder에서 직접 액세스(파일의 복사, 삭제, 수정 등)할 수 있으므로 편리하게 가상 머신과 Mac OS X 호스트 간에 파일을 공유할 수 있습니다. 'OneDrive를 Mac과 공유' 옵션에 체크 표시하면 'OneDrive 데스크탑 앱'이 설치된 가상 머신의 OneDrive 폴더를 Mac OS X 호스트의 Finder에서 직접 액세스할 수 있습니다.

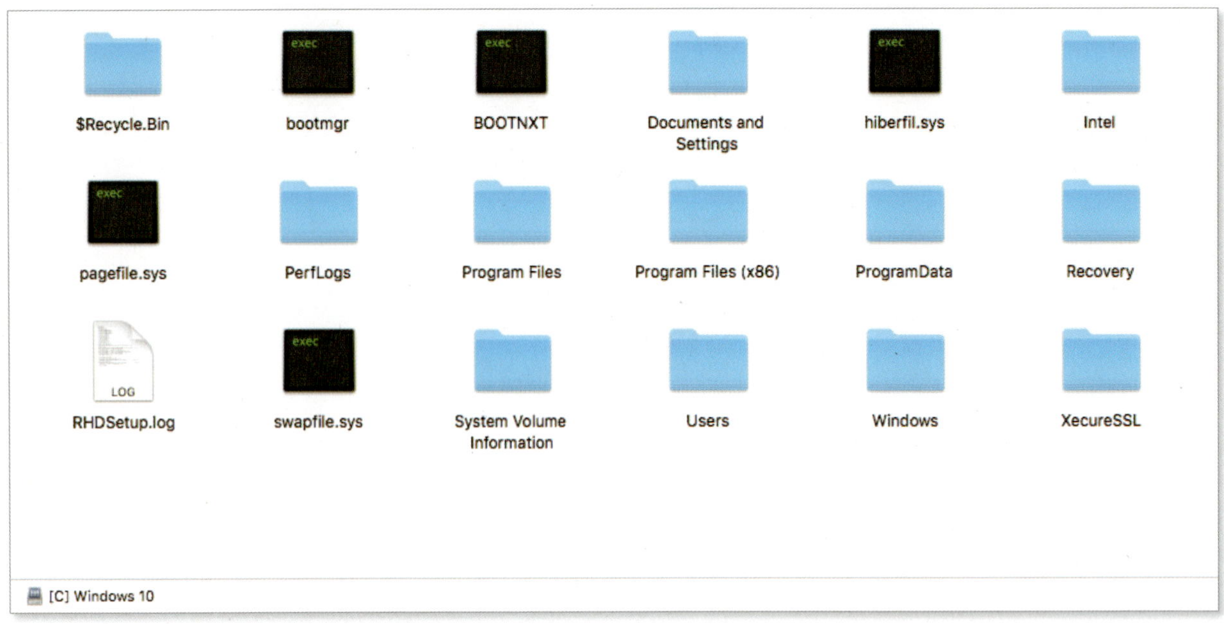

MS 윈도의 디스크를 Finder 윈도우에서 직접 액세스할 수 있습니다.

MS 윈도 가상 머신의 디스크 볼륨([C] Windows 10)을 Mac OS X 호스트에 마운트한 상태

④ 응용 프로그램

MS 윈도 가상 머신과 Mac OS X 호스트 간의 응용 프로그램 공유를 설정합니다. 여기서 지원하는 옵션들을 활성화하면 Mac OS X 호스트에서 좀 더 편리하게 MS 윈도 가상 머신에 설치된 앱을 사용할 수 있으며 가상 머신에서는 필요에 따라 Mac OS X 호스트에 설치된 앱을 빠르게 실행할 수 있습니다.

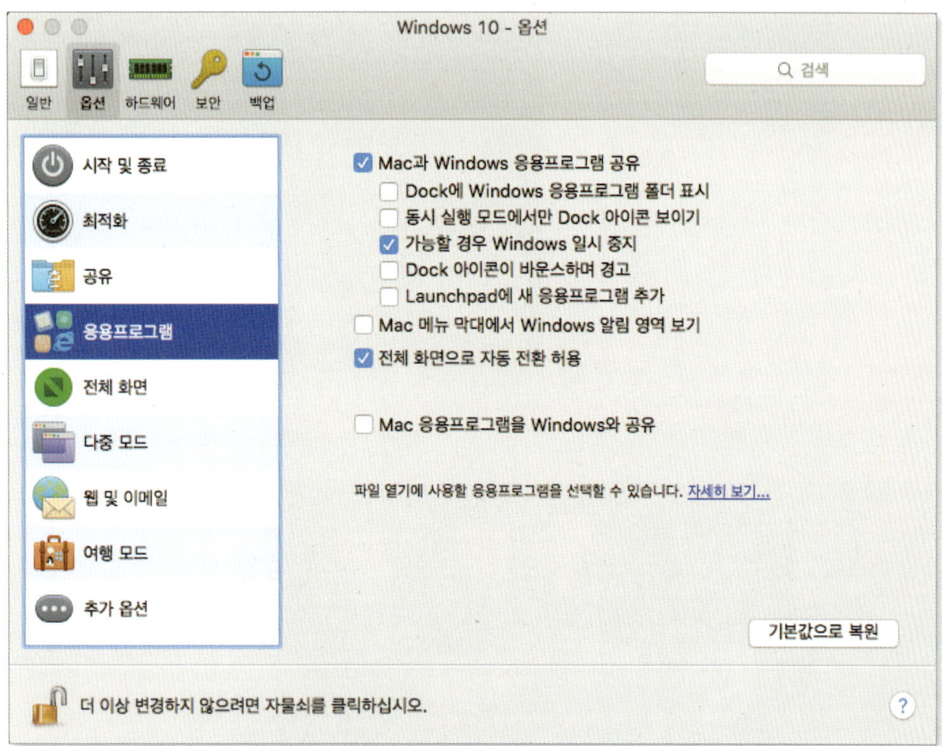

MS 윈도 가상 머신과 Mac OS X 호스트의 응용 프로그램 공유를 설정하는 대화상자

- **Mac과 Windows 응용 프로그램 공유** MS 윈도 가상 머신의 기본 프로그램 뿐만 아니라 설치된 모든 써드파티 프로그램들을 Mac OS X 호스트에서 직접 실행할 수 있습니다. 예를 들어 Mac OS X 호스트의 Finder에서 HWP 문서, WMV 동영상 등을 가상 머신에 설치된 아래 한글 또는 곰플레이어 등으로 자동 실행할 수 있습니다. 이 옵션을 활성화한 후 최소 1회 이상 MS 윈도 가상 머신을 실행해야만 정상적으로 가상 머신에 설치된 모든 앱들이 Mac OS X 호스트에 인식됩니다.

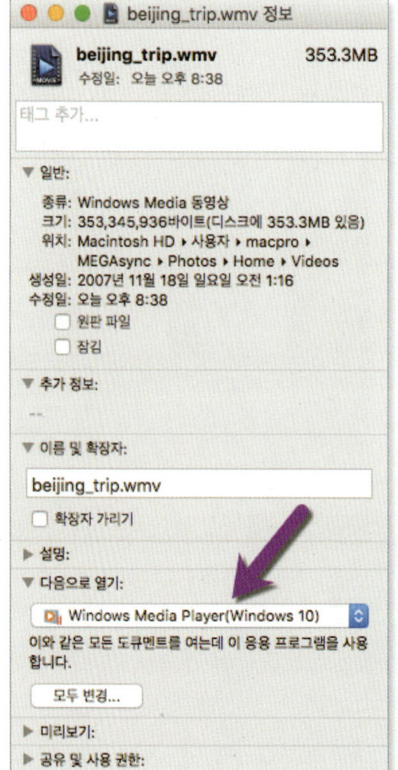

WMV 동영상 파일을 MS 윈도 가상 머신의 미디어 플레이어로 열기

– Dock에 Windows 응용 프로그램 폴더 표시 : MS 윈도 가상 머신
에 설치된 기본 프로그램 및 써드파티 프로그램들이 포함된
폴더를 Mac OS X 호스트의 Dock에 생성합니다.

Mac OS X 호스트의 Dock에 새로 추가된 MS 윈도 가상 머신의 응용 프로그램 폴더

MS 윈도 가상 머신의 응용 프로그램 폴더를 클릭한 화면

– 동시 실행 모드에서만 Dock 아이콘 보이기 : MS 윈도 가상 머신에서 실행하는 앱은 개별적으로 Mac OS X 호스트의 Dock에
서도 아이콘이 표시됩니다. 그러나 이 옵션에 체크 표시하면 오직 '동시 실행 모드'에서만 가상 머신의 앱 아이콘이 Dock
에서 표시됩니다.

- 가능할 경우 Windows 일시 중지 : 가상 머신에서 아무런 앱을 실행하지 않으면 자동으로 가상 머신을 일시 중지(pause) 상태로 전환합니다. 이 경우 가상 머신이 점유했던 메모리와 CPU를 모두 Mac OS X 호스트로 환원되므로 효율적인 시스템 자원 관리를 할 수 있습니다.

- Dock 아이콘이 바운스하며 경고 : 이 옵션에 체크 표시하면 가상 머신의 앱이 알림사항이 있을 때 해당 앱의 아이콘이 Dock에서 바운스되며 알림을 통보합니다.

- Launchpad에 새 응용 프로그램 추가 : 가상 머신에 설치된 내장 및 써드파티 앱을 Mac OS X 호스트의 Launchpad에 등록합니다. 등록된 앱은 일반적인 OS X의 앱을 실행하듯 Launchpad에서 곧바로 실행할 수 있습니다.

- **Mac 메뉴 막대에서 Windows 알림 영역 보기** MS 윈도 가상 머신의 트레이 아이콘을 Mac OS X 메인 메뉴바에 표시합니다.

- **전체 화면으로 자동 전환 허용** 전체 화면 모드에 최적화된 2D/3D 게임을 실행하면 자동으로 OS X의 전체 화면 모드로 실행합니다.

- **Mac 응용 프로그램을 Windows와 공유** Mac OS X 호스트의 기본 앱 또는 설치된 써드파티 앱들을 MS 윈도 가상 머신에서 직접 실행합니다.

⑤ 전체 화면

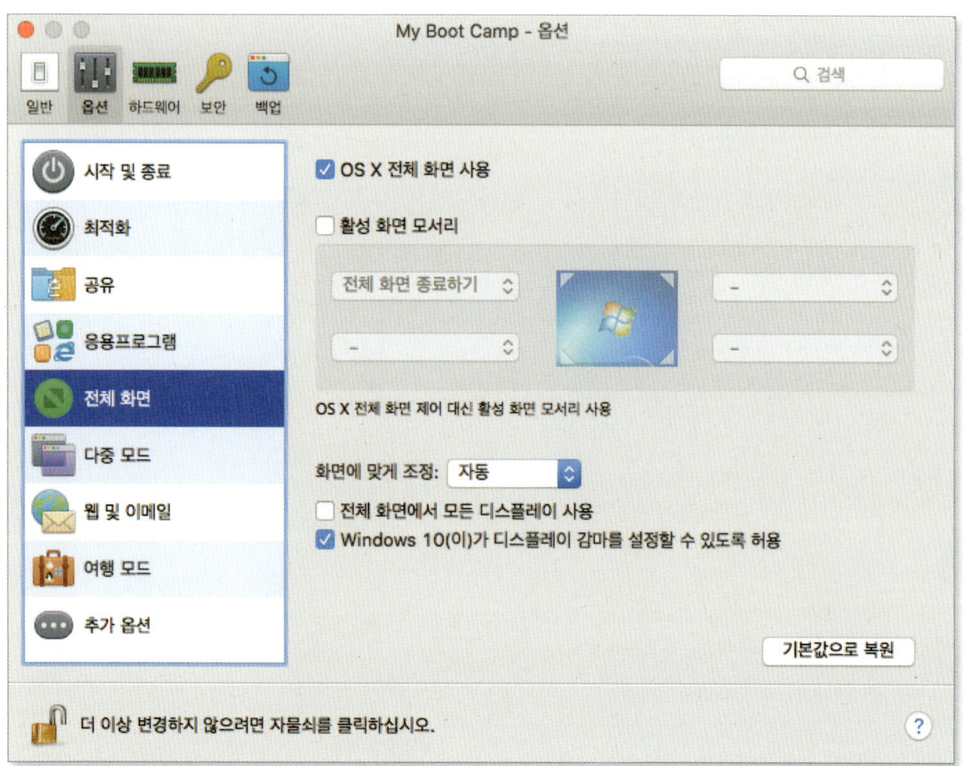

전체 화면 모드의 세부 옵션 대화상자

- **OS X 전체 화면 이용** OS X의 전체 화면 모드로 가상 머신을 실행합니다. OS X의 전체 화면 모드는 별도의 가상 작업 공간을 생성하고 공간 전체를 해당 앱이 점유합니다. 또한 필요에 따라 화면 분할(Split View) 기능도 사용할 수 있습니다. 만약 Parallels의 자체 전체 화면 모드를 사용하고자 한다면 이 옵션의 체크 표시를 없앱니다.

- **활성 화면 모서리** 전체 화면 모드에서 마우스 포인터를 화면 모서리 부분으로 이동하면 빠르게 전체 화면 모드를 종료할 수 있는 메뉴가 표시됩니다. 예를 들어 왼쪽 맨 위의 모서리를 '전체 화면 종료하기'로 설정하고 전체 화면 모드에서 마우스 포인터를 왼쪽의 맨 위로 이동하면 곧바로 전체 화면을 종료할 수 있습니다.

- **화면에 맞게 조정** 전체 화면 모드로 전환했을 때 가상 머신의 디스플레이 해상도를 자동 조절합니다. '자동'으로 설정하면 가상 머신에서 설정한 디스플레이 해상도는 무시되고 Mac OS X 호스트의 해상도에 맞게 조절됩니다. '끄기' 또는 '비율 유지'를 설정하면 Mac OS X 호스트의 디스플레이 해상도는 무시되고 가상 머신에서 설정한 해상도로 전체 화면 모드를 실행합니다. '확장'을 설정하면 가상 머신의 설정된 해상도를 유지하면서 디스플레이 공간을 모두 채우도록 표시합니다. 픽셀이 확대되어 디스플레이 공간을 채우는 것이므로 전체적으로 뿌옇게 표시됩니다.

- **전체 화면에서 모든 디스플레이 사용** Mac 컴퓨터에 연결된 모든 디스플레이 장치를 전체 화면 모드에서 사용합니다.

- **Windows 10(이)가 디스플레이 감마를 설정할 수 있도록 허용** MS 윈도가 설치된 가상 머신에서 독립적으로 화면 감마를 설정할 수 있게 허용합니다.

⑥ 다중 모드

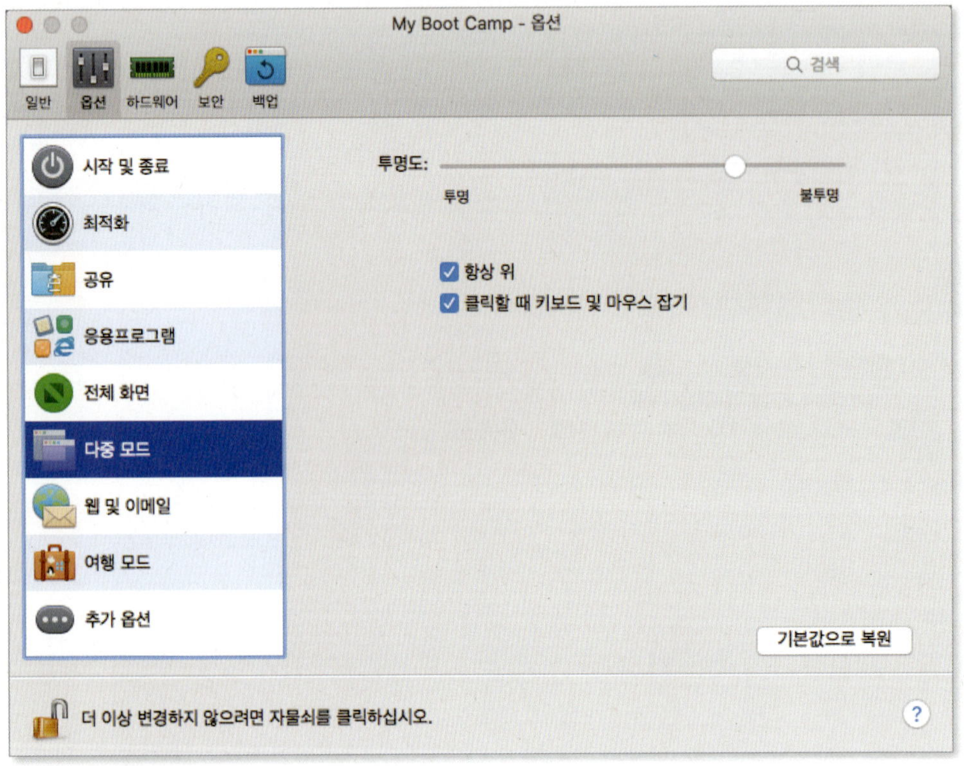

다중 모드 옵션 대화상자

작은 윈도우에서 실행중인 가상 머신들의 상태를 확인할 수 있는 다중 모드의 옵션을 설정합니다. '투명도'는 가상 머신 윈도우의 투명도를 설정하고, '항상 위'에 체크 표시하면 Mac OS X 화면 전면에 다중 모드 윈도우를 표시합니다. '클릭할 때키보드 및 마우스 잡기'는 다중 모드 윈도우를 클릭했을 때만 마우스 제어권을 가상 머신으로 이동시킵니다.

⑦ 웹 및 이메일

• **웹페이지, Safari 플러그인, 메일 주소, 응용 프로그램 더 보기** 인터넷 사용과 관련된 앱 실행을 MS 윈도 가상 머신 또는 Mac OS X 호스트에서 선택적으로 실행할 수 있습니다. 예를 들어 '웹 페이지'를 'Windows에서 열기'로 설정하면 웹페이지 파일(HTML, PHP 등의 확장자 파일)을 Finder 윈도우에서 더블클릭하면 자동으로 MS 윈도 가상 머신의 기본 웹브라우저에서 해당 파일을 표시합니다. 반대로 'Mac에서 열기'를 설정하고 MS 윈도 가상 머신에서 웹페이지 파일을 더블클릭하면 Mac OS X 호스트의 기본 웹브라우저에서 해당 파일을 표시합니다. Safari 플러그인을 설치하면 사파리 웹브라우저에 표시된 웹페이지를 곧바로 MS 윈도의 인터넷 익스플로러에 표시합니다. 국내 웹서핑 도중 사파리에서 제대로 표시되지 않는 사이트에서 유용합니다.

⑧ 여행 모드

배터리를 사용하는 맥북에서 효율적인 배터리 관리를 지원하는 옵션입니다. 가상 머신이 여행 모드로 진입하면 시스템 자원 사용을 최소화하며 공용 네트워크 접속에 최적화된 설정으로 전환합니다. 조건에 따라 자동으로 여행 모드로 전환할 수 있습니다(배터리 사용시, 배터리 잔량 기준 등).

⑨ 추가 옵션

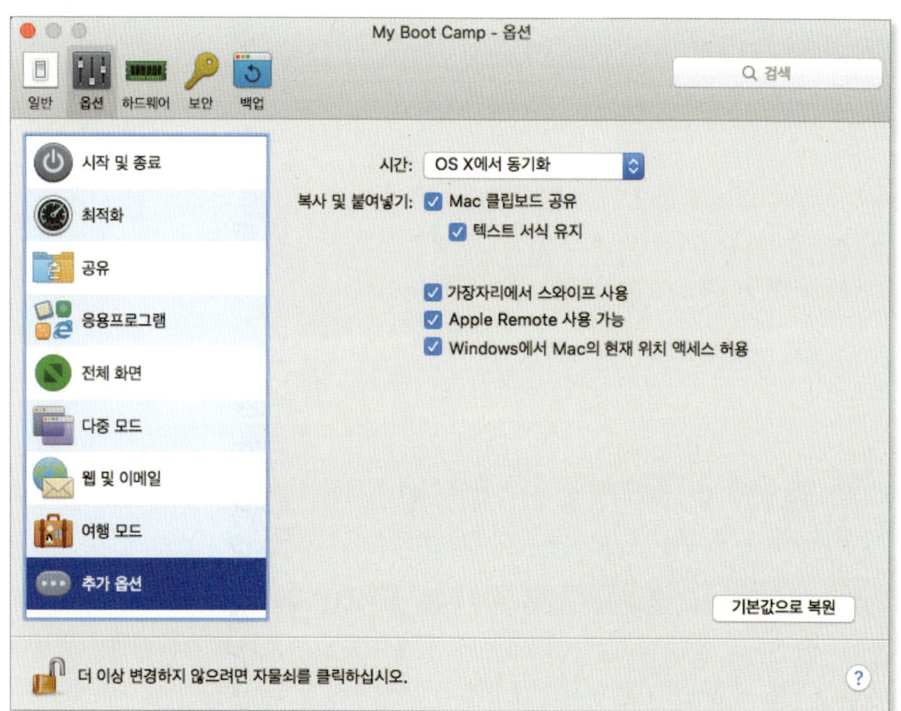

추가 옵션 대화상자

- **시간** 가상 머신의 시간을 Mac OS X 호스트를 기준으로 동기화하거나('OS X에서 동기화'), 가상 머신별로 다른 시간('동기화 안함')을 설정할 수 있습니다. '둘 중 한 OS에서 동기화'를 설정하면, Mac OS X와 가상 머신 둘 중에 어느 곳에서 시간을 변경하든지 동일하게 변경된 시간이 적용됩니다.

- **복사 및 붙여넣기** Mac OS X와 가상 머신 간에 클립보드를 공유합니다('Mac 클립보드 공유'). '텍스트 서식 유지' 항목에 체크 표시하면 글자 폰트, 크기, 색상 등도 그대로 유지하며 복사/붙이기를 할 수 있습니다.

- **가장자리에서 스와이프 사용** 이 옵션을 체크 표시하면 트랙패드의 스와이프 동작을 이용하여 Windows 8, 8.1의 Charm Bar를 호출할 수 있습니다(화면 오른쪽 모서리에 표시되는 바로 가기 아이콘 모음).

- **Apple Remote 사용 가능** 애플에서 판매하는 'Apple Remote(원격 제어 기기)'를 가상 머신에서 사용할 수 있도록 합니다. 음악이나 동영상 등을 가상 머신에서 재생시킬 때 유용합니다.

- **Windows에서 Mac의 현재 위치 액세스 허용** MS 윈도가 설치된 가상 머신에서 지도, 날씨, 로컬 뉴스 등의 앱을 실행할 때 Mac OS X 호스트의 위치 정보를 이용합니다. 가상 머신은 Wifi 무선 어댑터 대신 가상 이더넷 카드를 기본 네트워크 장치로 사용하므로 위치 정보를 직접 수집할 수 없습니다. 그러나 이 옵션을 체크 표시하면 가상 머신에서도 Mac OS X 호스트에서 Wifi 무선 어댑터를 통해 수집한 위치 정보를 사용할 수 있습니다.

03 '하드웨어' 탭

가상 머신이 사용하는 다양한 하드웨어 사양을 설정합니다. 여기서 설정하는 모든 하드웨어 구성은 실제 Mac 컴퓨터의 하드웨어와 상관 없는 가상 하드웨어이므로 개발자들의 경우 다양한 하드웨어 환경을 구성하여 프로그램들을 테스트할 수 있습니다.

① 하드웨어 추가/제거

가상 머신이 사용할 하드웨어를 새로 추가하려면 '하드웨어' 대화상자의 왼쪽 아래에 있는 ⊞ 버튼을 클릭하여 필요한 가상 하드웨어를 추가합니다. 여기에서는 CD/DVD 드라이브, 하드디스크, 시리얼 포트, 네트워크 어댑터 등을 새로 추가할 수 있습니다. 기존에 설정된 하드웨어를 제거하려면 없애려는 하드웨어 항목을 선택하고 ⊟ 버튼을 클릭합니다.

② CPU 및 메모리

가상 머신이 사용할 CPU 개수 및 메모리를 설정합니다. CPU는 사용 가능한 모든 CPU 또는 Core를 지정하는 것이 가상 머신의 성능 향상에 도움이 됩니다. 메모리는 시스템에 설치된 메모리 용량에 따라 적당한 선에서 설정해야 합니다. 일반적으로 시스템 메모리가 4GB일 경우 MS 윈도 7, 8, 10은 2GB 정도로 설정하는 것이 적당합니다.

- **중첩 가상화 사용** 이 옵션을 체크 표시하면 가상 머신 내에서 또 다른 가상 머신 소프트웨어를 설치 및 사용할 수 있습니다. Hyper-V 가상 머신을 지원하는 MS 윈도 8, 8.1, 10 또는 Windows Server 2012, 2016 등에서 가상 머신을 생성할 수 있으며, Xen 또는 KVM을 지원하는 리눅스에서도 가상 머신을 생성할 수 있습니다. 참고로 가상 머신 내의 또 다른

가상 머신이므로 속도는 다소 떨어질 수 있습니다.

- **PMU 가상화 사용** 이 옵션을 체크 표시하면 소프트웨어 개발용으로 사용하는 가상 머신에서 인텔의 VTune Amplifier 또는 OProfile 등의 코드 최적화/모니터링 도구를 사용할 수 있습니다. 참고로, 이 옵션이 활성화된 가상 머신은 속도가 느려집니다.

③ 부트 순서

시동 디스크의 사용 순서를 설정합니다. 하드디스크, CD/DVD 드라이브, 플로피디스크, 네트워크 어댑터 중에서 가상 머신이 우선적으로 사용할 시동 디스크의 순위를 지정합니다. 만약 가상 머신이 정상적으로 시동되지 않거나 사용 중간에 문제가 자주 발생하면 시동 디스크의 최상위 순위를 CD/DVD 드라이브로 설정합니다. 그리고 게스트 OS 설치 디스크로 시동하면 가상 머신이 사용하는 디스크에 문제가 있는지 빠르게 확인할 수 있습니다. '시작할 때 부트 장치 선택' 옵션을 활성화하면 가상 머신이 시동될 때마다 임의적으로 시동 디스크를 선택할 수 있습니다. (OS X 가상 머신의 Recovery HD 볼륨으로 시동하려면 이 옵션에 체크 표시하고 시동 첫 화면에서 Recovery HD 볼륨을 시동 디스크로 선택합니다.) 'EFI Boot 사용' 옵션은 확장 펌웨어 인터페이스(Extensible Firmware Interface)를 지원하는 게스트 OS를 설치하거나 테스트할 때 사용하는 옵션이며 이를 체크 표시하면 EFI 모드로 게스트 OS를 시동합니다.

④ 그래픽

가상 머신의 그래픽 카드가 사용할 메모리의 용량과 3D 그래픽 가속 지원 여부를 설정합니다. MS 윈도 가상 머신에서 원활한 그래픽 관련 프로그램을 실행하기 위해 메모리는 256MB 이상으로 설정하고, 3D 가속 옵션을 Direct10 또는 Direct9으로 설정합니다. '수직 동기화 사용' 옵션에 체크 표시하면 가상 머신에서 3D 게임을 할 때 가끔 발생하는 화면 깜박거림 현상을 방지할 수 있습니다.

⑤ 마우스 및 키보드

- **마우스** 이 옵션을 '게임의 경우 자동 감지'를 설정하면 마우스 포인터의 위치에 따라 자동으로 가상 머신 또는 Mac OS X 호스트에 마우스 제어권을 부여합니다. '게임에 적합한 최적화'로 설정하면 게임을 실행할 때 마우스 입력은 오직 가상 머신으로만 전달되게 하여 예기치 않은 마우스 제어권 전환을 방지합니다. 그리고 만약 가상 머신의 응용 프로그램에서 마우스가 이상하게 반응할 경우 '게임의 경우 최적화 안 함'으로 설정합니다.
  - 마우스 포인터가 창 끝 선에 유지됩니다 : 이 옵션에 체크 표시하면 마우스 포인터를 가상 머신 윈도우의 모서리로 이동했을 때 일시적으로 이동을 멈추게 합니다. MS 윈도 8, 8.1의 Charm Bar를 호출할 때 편리합니다.
  - 스무스 스크롤링 기능 켜기 : 이 옵션을 체크 표시하면 페이지 스크롤의 이동을 부드럽게 표시합니다.

- **키보드** 이 옵션을 '게임에 적합한 최적화'로 설정하면 가상 머신의 보조키 입력(Ctrl, Alt, Shift)을 빠르게 합니다.

- **단축키 환경 설정** 가상 머신과 Mac OS X 호스트 간에 단축키 동기화를 설정합니다. Parallels Desktop에서 기본 지원하는 운영체제별 단축키 프로파일을 수정하거나 새로 추가 및 삭제할 수 있습니다.

⑥ 공유된 프린터

가상 머신에서 사용할 프린터를 설정합니다. 'Mac 프린터를 [가상 머신]과 공유' 항목에 체크 표시하면 자동으로 Mac 컴퓨터에 연결된 모든 프린터를 가상 머신에서도 사용할 수 있습니다. '기본 프린터 동기화' 항목에 체크 표시하면 Mac OS X 호스트의 기본 프린터를 가상 머신에서도 기본 프린터로 설정합니다. '인쇄 전에 페이지 설정 옵션 표시'에 체크 표시하면 가상 머신에서 출력을 할 때 페이지 설정을 할 수 있는 대화상자가 표시됩니다. '시스템 환경 설정 열기' 버튼을 클릭하면 Mac OS X 호스트의 프린터 설정 대화상자를 표시하며, 여기서 새로운 프린터를 추가하거나 설정을 변경 또는 제거할 수 있습니다.

⑦ 플로피 디스크

가상 머신에 플로피 디스크를 추가합니다. '연결' 옵션에 체크 표시하면 가상 플로피 디스크 이미지(확장자 FDD) 또는 표준 디스크 이미지 파일(📷 ISO, DMG 파일 등)을 가상 머신에 마운트 할 수 있습니다. 주로 개발자들의 테스트용으로 사용하는 옵션입니다.

⑧ 네트워크

가상 머신이 사용할 네트워크 어댑터와 관련된 옵션입니다. 'NIC 유형' 옵션에서 가상 네트워크 어댑터의 종류를 설정하고, '원본'에서 '공유 네트워크', '네트워크 브리지' 또는 '호스트 전용 네트워크' 등을 설정합니다. DHCP(Dynamic Host Configuration Protocol) 서버가 없거나 여러 개의 IP 주소를 사용할 수 없는 환경에서는 '공유 네트워크'(Mac OS X 호스트와 IP 주소를 공유)로 설정합니다. 그리고 인터넷 공유기를 사용하거나 여러 개의 IP 주소를 할당 받을 수 있는 환경에서는 '네트워크 브리지'를 통하여 Mac 컴퓨터의 물리적인 네트워크 어댑터를 지정할 수 있습니다. 참고로 '네트워크 브리지' 방식으로 가상 머신에 독립적인 IP 주소를 할당하면 모든 인터넷 보안 관련 부분은 Mac OS X 호스트의 통제를 받지 않습니다. 그러므로 가상 머신에 인터넷 보안 프로그램을 별도로 설치하여 예기치 않은 보안 사고를 예방하는 것이 좋습니다. 'MAC 주소' 옵션에서 '생성' 버튼을 클릭하면 가상 네트워크 어댑터에 대한 MAC(Media Access Control) 고유 주소를 임의적으로 변경할 수 있습니다. 만약 인터넷 서비스 제공 회사에서 특정 MAC 주소에 대한 접속만을 허용한다면 이 옵션에서 접속이 허용된 MAC 주소로 변경합니다. 'Network Conditioner' 옵션은 네트워크 상태를 강제로 열악하게 만들 수 있는 옵션으로 개발자들이 다양한 네트워크 환경에서 테스트 할 때 주로 사용합니다.

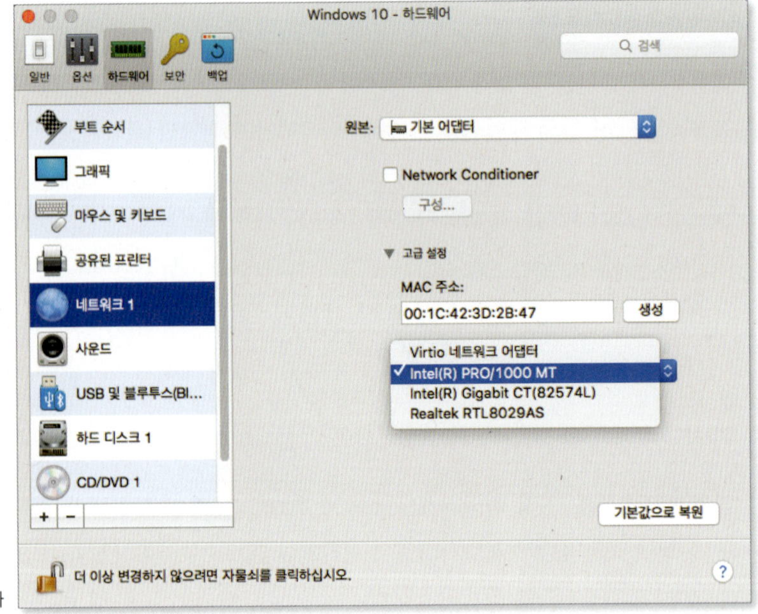

네트워크 설정 대화상자

⑨ 사운드

가상 머신이 사용할 사운드 카드의 입력(input)과 출력(output) 장치를 설정합니다. 'Mac과 볼륨 동기화' 옵션에 체크 표시하면 Mac OS X 호스트와 가상 머신의 볼륨 조절이 동기화 됩니다. 예를 들어, 가상 머신에서 사운드 볼륨 조절을 하면 Mac 호스트의 볼륨도 자동으로 조절됩니다.

⑩ USB 및 블루투스(Bluetooth)

대부분 Mac 제품에는 전면 카메라('FaceTime' 카메라)와 블루투스 장치를 내장하고 있습니다. '[가상 머신]과 Mac 카메라 공유', '[가상 머신]과 Bluetooth 장치 공유' 옵션을 체크 표시하면 가상 머신에서도 내장 카메라와 블루투스 장치를 사용할 수 있습니다. 'USB 3.0 활성화' 항목을 체크 표시하면 USB 3.0 속도로 연결된 장치를 가상 머신에서 사용할 수 있습니다. 'USB 연결 환경 설정' 버튼을 클릭하면 외부 장비 연결에 관한 설정을 할 수 있습니다.

⑪ 하드디스크

가상 머신이 사용할 가상 디스크를 설정하는 옵션으로 가상 디스크 이미지 파일(확장자 HDD)이나 부트캠프 볼륨을 직접 사용할 수 있습니다. 운영체제 종류에 따라 최대 4개의 IDE, 6개의 SATA, 15개의 SCSI 방식의 가상 하드디스크를 추가할 수 있습니다.

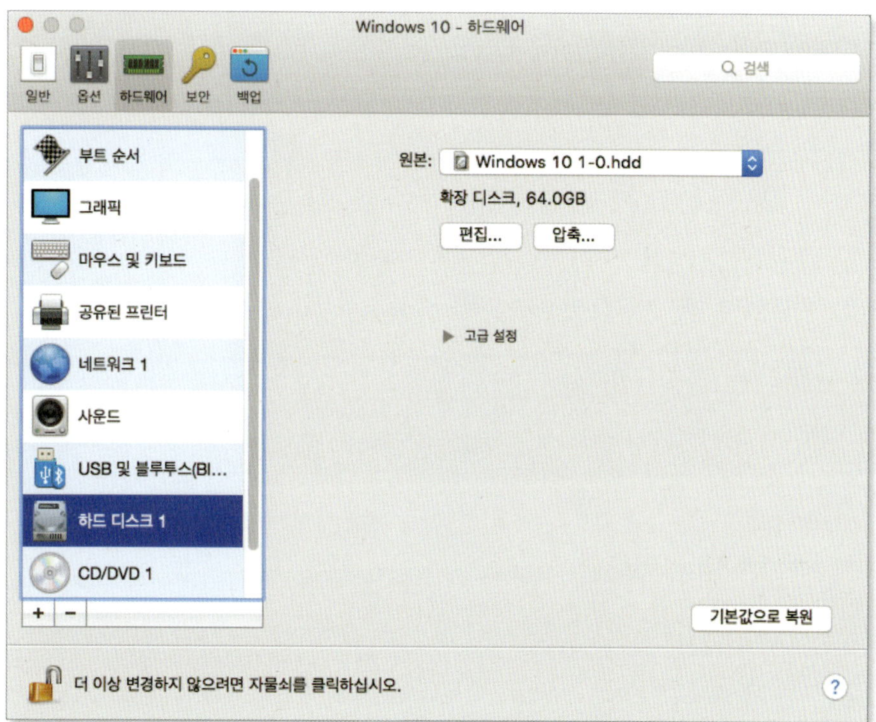

가상 디스크 설정 대화상자

- **원본** 가상 하드디스크 이미지 파일(확장자 HDD)이나 부트캠프 볼륨(FAT이나 NTFS 방식으로 포맷된 모든 디스크 볼륨)을 설정합니다.

- **편집** 가상 디스크의 용량 및 유형을 설정합니다. 가상 머신을 사용하다가 용량이 부족할 경우 이 옵션을 이용해 가상 디스크의 용량을 증설할 수 있습니다. '파일 디스크 크기 조정'에 체크 표시하면 자동으로 파티션이 재설정되어 가상 머신에서 곧바로 증설된 용량을 사용할 수 있습니다. '확장 디스크' 항목을 체크 표시하면 설정한 용량을 미리 점유하지 않고, 필요에 따라 점유 공간을 넓혀 갑니다. 불필요한 용량 낭비를 방지하기 위해 이 옵션은 항상 체크 표시하는 것이 좋습니다. '디스크 이미지를 2GB 파일로 분할' 항목에 체크 표시하면 가상 하드디스크 파일을 2GB 단위로 나누어서 저장합니다. FAT 또는 FAT32와 같이 단일 파일의 용량이 제한된 볼륨에 유용한 옵션입니다. 참고로 가상 머신이 실행 중이거나 스냅샷 백업이 저장된 경우 또는 부트캠프 볼륨을 기반한 가상 머신에서는 '편집'의 모든 옵션은 사용할 수 없습니다.

- **압축** 가상 하드디스크 파일이 점유하는 물리적인 디스크 공간 중 불필요한 공간을 확인하고 이를 제거합니다. '확장 디스크'로 가상 하드디스크를 설정하면 필요에 따라 물리적인 디스크의 점유 공간을 넓혀 갑니다. 그러나 한번 증설된 용량은 파일을 삭제해도 점유 용량이 줄지 않습니다. 그러나 이 버튼을 클릭하면 불필요한 점유 공간을 확인하고, 이를 자동으로 제거합니다. 만약 최적화 옵션에서 '실시간 가상 디스크 최적화'에 체크 표시했다면 자동으로 불필요한 공간 점유를 제거하므로 별도로 압축 작업을 할 필요가 없습니다.

- **위치** 가상 하드디스크가 연결된 인터페이스를 지정합니다. 최대 4개의 IDE 또는 6개의 SATA, 15개의 SCSI 방식의 인터페이스 중 하나를 선택할 수 있으며, 가상 머신의 사용 목적(개발용이나 테스트용)에 따라 임의로 설정할 수 있습니다.

⑫ CD/DVD

Mac 컴퓨터에 연결된 내 · 외장 CD/DVD 드라이브를 가상 머신에서 직접 사용하거나 표준 디스크 이미지 파일(ISO, DMG 등)을 가상 머신에 마운트해서 사용할 수 있습니다.

04 '보안' 탭

가상 머신을 이용하다가 발생할 수 있는 여러 가지 보안 사고를 방지하기 위한 옵션을 설정할 수 있습니다.

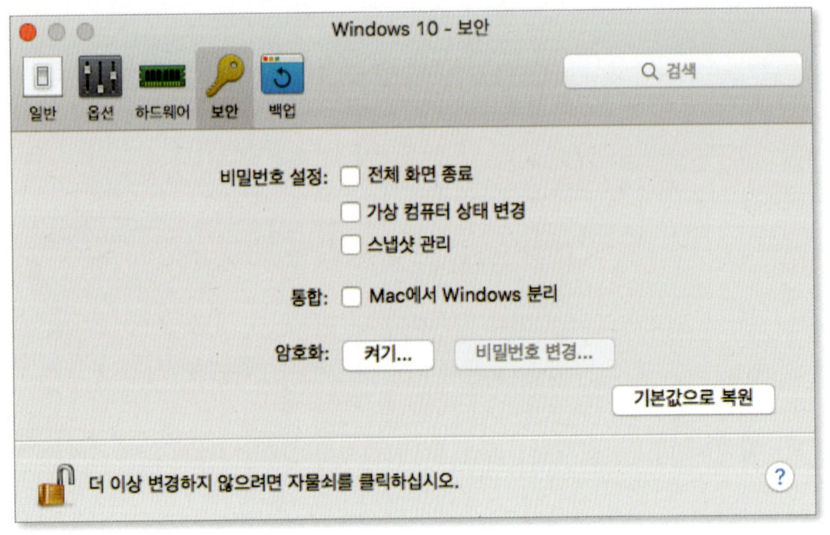

보안 설정 대화상자

- **비밀번호 설정** 전체 화면 모드에서 다른 화면으로 전환할 때 관리자 암호를 물어보거나('전체 화면 종료'), 가상 머신의 상태(시동, 종료, 대기 모드 등)를 변경할 때('가상 컴퓨터 상태 변경'), 스냅샷 백업을 관리할 때('스냅샷 관리'), 관리자 암호를 확인합니다.

- **통합** Mac에서 Windows 분리, MS 윈도 가상 머신과 Mac OS X 호스트 간에 공유되는 모든 자원, 즉 공유 폴더, 사용자 프로파일, 응용 프로그램 등의 공유를 중단하고 가상 머신이 독립적으로 실행되도록 합니다. 가상 머신에 바이러스 또는 악성코드가 감염되었다면 일시적으로 이 옵션에 체크 표시한 뒤 복구 작업을 합니다.

- **암호화** 가상 머신을 암호화시킵니다. 중요한 자료가 저장된 가상 머신이라면 이 옵션을 이용하여 가상 디스크를 암호화합니다. 설정한 비밀번호를 분실하면 복구할 방법이 없으므로 반드시 별도로 기록해 두도록 합니다.

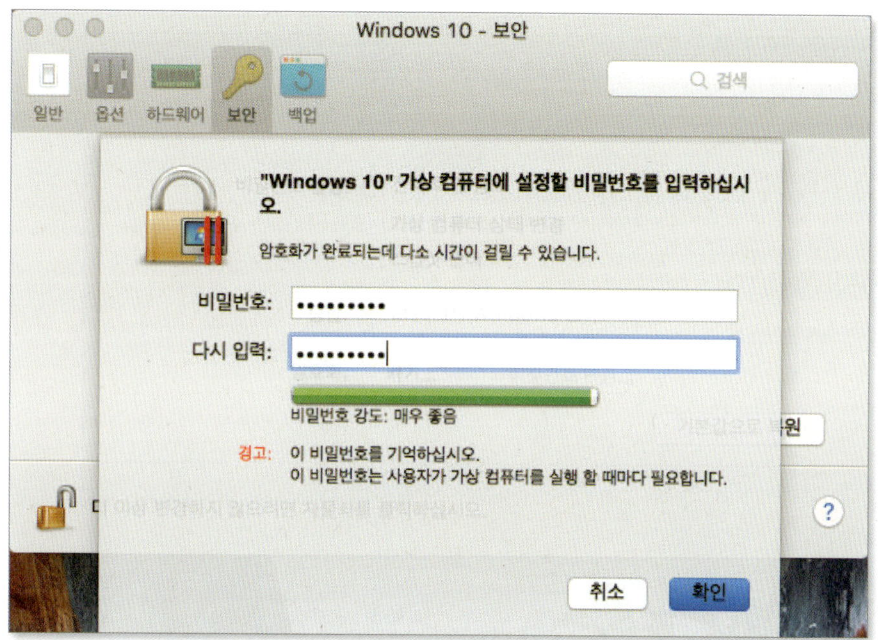

가상 디스크 암호화 대화상자

05 '백업' 탭

- **SmartGuard** 자동으로 스냅샷 백업을 생성할 수 있는 옵션입니다. 이 옵션에 체크 표시하고, '자세히' 버튼을 클릭한 뒤 'Time Machine용으로 최적화' 옵션에 체크 표시하면 Time Machine 백업이 실행될 때 스냅샷도 자동 백업됩니다. 이 옵션의 체크 표시를 없애면 사용자가 직접 '스냅샷 생성 시간' 및 '보관할 스냅샷 개수' 등을 설정할 수 있습니다.

- **Time Machine으로 백업하지 마십시오** 이 옵션에 체크 표시하면 Mac OS X의 자동 백업 기능인 Time Machine에서 가상 머신의 디스크를 제외합니다.

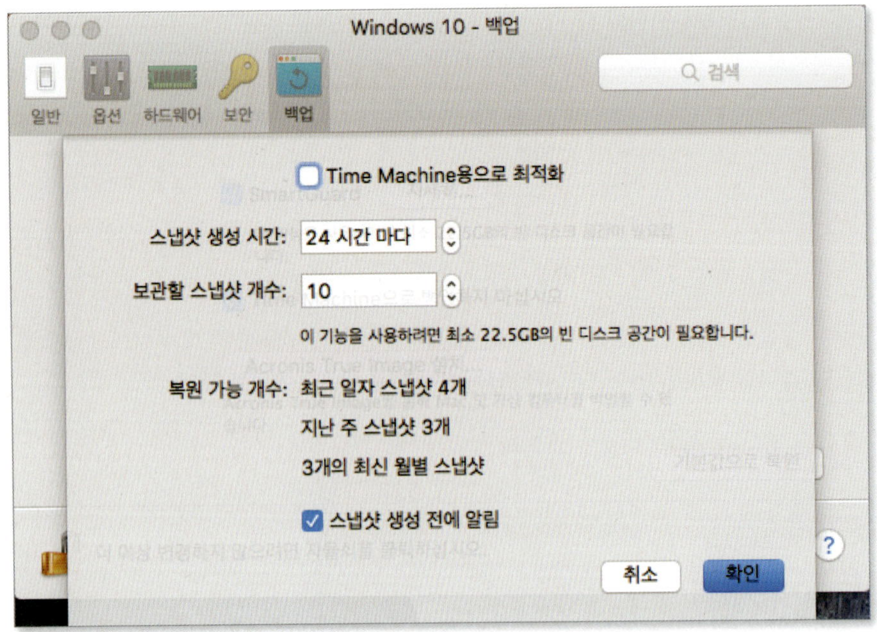

자동 스냅샷 백업 설정 대화상자

- **Acronis True Image 설치** Parallels Desktop 번들로 제공되는 MS 윈도용 백업 프로그램인 Acronis True Image를 설치합니다. 30일간 시험 사용이 가능하며, 계속해서 사용을 원한다면 정식 구입을 해야 합니다.

07

부트캠프에 MS 윈도 설치하기

Mac OS X의 부트캠프를 이용하면 MS 윈도를 설치하고 모든 하드웨어 자원을 MS 윈도가 점유 및 사용하게 할 수 있습니다. Mac 컴퓨터의 기본 운영체제이고, 다방면에서 다른 운영체제에 비해 뛰어난 Mac OS X 를 포기하고 MS 윈도를 사용하는 것이 어떻게 보면 우스운 일일 수도 있으나, 작업 내용에 따라 운영체제를 선택할 수 있는 것이 Mac 컴퓨터만의 이점이기도 합니다.

01 부트캠프로 시동이 필요한 경우

대부분의 국내 3D 온라인 게임 및 PC용 게임들은 가상 머신을 통한 MS 윈도 환경에서 실행할 수 없거나 실행되어도 고품질의 그래픽 환경에서 게임을 즐길 수 없습니다. 또한 해외 및 국내에서 많이 사용하는 3DS MAX와 같은 그래픽 프로그램들은 Mac용으로 개발되지 않고 오직 MS 윈도 버전만 지원합니다. 그러므로 가상 머신에서 실행할 수 없거나 실행되어도 제대로 된 속도로 이용할 수 없는 경우에만 부트캠프를 사용하도록 합니다.

> **Note**
>
> ### Mac OS X에서 조금 잘 안 되면 무조건 부트캠프에 MS 윈도 설치?
>
> 필자가 국내에서 Mac 컴퓨터의 활용 사례를 알아보기 위해 유명 포털 사이트 및 Mac 관련 웹사이트들의 질문과 답변을 살펴보았는데, 흥미롭게도 Mac OS X에서 조금만 잘 안 된다는 질문이 등록되면 자칭 Mac 전문가들이 이구동성으로 '부트캠프에 MS 윈도를 설치하면 다 해결된다.'는 식으로 답변하는 경우를 많이 접했습니다. 이것은 완전히 틀린 답변은 아니지만 Mac 제품과 같은 고가의 컴퓨터에 MS 윈도를 설치하라고 조언하는 자칭 Mac 전문가들의 정체를 도무지 이해할 수 없었습니다. 물론 나중에 알게 된 사실이지만 그들은 모두 Mac 초보자들을 대상으로 한 비즈니스맨들, 조금 격을 낮추면 '장사꾼들'이었습니다. 사실 진정한 Mac 전문가이고, Mac 사용자라면 본인 스스로가 Mac OS X가 MS 윈도에 비해 얼마나 편리한지 잘 알고 있기 때문에 Mac OS X에서 해결할 수 있는 방법을 조언하지, 결코 'MS 윈도를 설치하면 모두 해결된다.'라는 식의 답변은 하지 않을 것입니다. 해외의 Mac 관련 사이트에서도 A라는 사람이 B라는 사람에게 Mac OS X를 포기하고 부트캠프에 MS 윈도를 설치하라고 조언했는데, 이것을 읽어본 다른 Mac 사용자가 남겨놓은 글이 매우 인상적이었습니다. Mac OS X에서 MS 윈도로 바꾸는 것은 마치 자동차를 람보르기니에서 포드로 바꾸는 것과 같다!"
>
> 대부분의 질문자들은 Mac 제품을 구입한지 얼마 안 되었거나 Mac OS X 환경이 생소한 초보 사용자들입니다. 이러한 초보 사용자들에게 기존에 익숙한 MS 윈도를 부트캠프에 설치하고 모든 작업을 MS 윈도에서 하라고 조언하는 것은 안정성, 편리성이 뛰어난 Mac OS X를 깊이 경험할 수 있는 기회를 빼앗는 것과 같습니다. 왜냐하면 초보 사용자가 부트캠프에 MS 윈도를 설치하고 사용하기 시작하면 아주 특별한 이유가 없는 한 Mac OS X를 다시 사용할 일은 아예 없어지기 때문입니다. 초보자 입장에서는 당장 익숙한 MS 윈도 환경에서 필요한 프로그램들을 사용하게 될 것이고, 낯설은 Mac OS X는 계속해서 멀리하게 되며, 심지어는 하드디스크의 용량을 낭비한다며 Mac OS X 볼륨을 MS 윈도에서 직접 사용 가능한 NTFS 방식으로 포맷해 버리기도 합니다.
>
> Mac 컴퓨터에서 '부트캠프 마니아'가 된 사례는 필자 주위에도 많습니다. 대부분 Mac 제품을 처음 구입했을 때 Mac OS X에 제대로 적

응하지 못하고 자칭 Mac 전문가들의 권유에 따라 부트캠프에 MS 윈도를 설치하고 지금까지 사용하는 것입니다. 물론 구입한 Mac 제품을 어떻게 사용하든 구입자의 마음이겠지만, Mac 제품 구입자가 '부트캠프 마니아'가 되는 것은 바람직하지 않습니다.

부트캠프 볼륨에 MS 윈도를 설치하는 이유는 Mac OS X에서 할 수 없는 작업에 한해서 불가피하게 MS 윈도 환경이 필요한 경우를 위한 것이지, Mac을 MS 윈도 PC로 변환하기 위한 것은 아닙니다. 대부분의 MS 윈도용 응용 프로그램은 Mac OS X에서 가상 머신 환경에서 실행하고 꼭 필요한 경우, 예를 들어 Mac OS X용으로 개발되지 않은 3D 게임이나 그래픽 프로그램에 한정하여 부트캠프의 MS 윈도를 사용하는 것이 좋습니다. 그리고 가능하다면 3D 그래픽 프로그램의 경우 Mac OS X용으로 개발된 프로그램으로의 전환도 고려해 보는 것이 좋습니다. 예를 들어 3DS Max 사용자의 경우 Maya나 Cinema 4D, Houdini 등으로 변경하면 특정 프로그램의 사용 때문에 Mac OS X를 사용하다가 부트캠프로 재시동하는 불편함을 줄일 수 있습니다.

02 MS 윈도를 설치하기 전의 준비사항

부트캠프로 시동한다는 것은 'Boot Camp 지원' 앱('응용 프로그램 ▶ 유틸리티' 폴더에 위치)으로 생성한 독립적인 MS 윈도 볼륨으로 시동하여, 모든 Mac 컴퓨터의 하드웨어 제어권을 MS 윈도에게 넘겨주는 것을 의미입니다. 그러므로 일단 부트캠프 볼륨으로 시동되면 Mac OS X는 전혀 사용할 수 없으며, 맥드라이브(MacDrive)와 같은 별도의 유틸리티를 MS 윈도에 설치하지 않으면 Mac OS X가 설치된 저장 장치나 Mac 전용으로 포맷된 볼륨에는 폴더를 생성하거나 파일을 저장할 수 없습니다. 다음은 부트캠프에 MS 윈도를 설치하기 전 알아두어야 할 사항입니다.

- Mac 컴퓨터에 4GB 이상의 램(RAM)이 설치되어 있으면 MS 윈도 64bit 버전을 설치해야만 모든 메모리를 사용할 수 있습니다. 애플에서는 오직 MS 윈도 비스타 이상 버전에 한하여 64bit 시스템 드라이버를 제공하며, XP 버전은 32bit 시스템 드라이버만 지원합니다.

> **Tip**
>
> Mac 전용 포맷은 'HFS(Hierarchical File System)' 또는 'HFS+ (Hierarchical File System Plus)' 등으로 불리는 일종의 저장 장치 포맷입니다. 애플이 자체 개발했으며 Mac 컴퓨터의 모든 시스템 디스크는 기본적으로 HFS+ 방식의 포맷입니다. HFS+ 방식은 MS 윈도의 NTFS 방식과 유사하며, 최대 255개의 문자로 파일 및 폴더 이름을 지정할 수 있습니다. 단일 파일의 최대 크기 및 최대 포맷 가능한 볼륨 크기는 약 8Exbi바이트(Exbi=1024×6)까지 지원합니다.

- 부트캠프 볼륨에 MS 윈도를 설치하고 Mac OS X에서 VMware Fusion 또는 Parallels Desktop과 같은 가상 머신 소프트웨어에서 시동하면 정품 인증을 다시 받아야만 합니다. 만약 정품 인증에 실패해도 실제 부트캠프의 정품 인증은 그대로 보존됩니다.

> **Tip**
>
> EFI(Extensible Firmware Interface)는 대부분의 일반 PC가 장착하는 BIOS(Basic Input Output System)보다 확장된 개념의 시스템 인터페이스로, 하드웨어의 펌웨어와 운영체제 사이를 연결하는 인터페이스 역할을 합니다. 인텔에서 처음으로 EFI를 개발했고, 현재는 Unified EFI Forum에서 관리하고 있으며, 애플에서 판매하는 모든 Mac 제품이 내장하고 있습니다. EFI32는 32bit, EFI64는 64bit 버전입니다.

- Mac 전용 포맷인 HFS+ 방식의 저장 장치를 MS 윈도에서 읽고(Read) 쓰려면(Write) 맥드라이브(MacDrive) 또는 Paragon의 HFS+ for Windows와 같은 HFS+ 포맷을 지원하는 시스템 드라이버가 필요합니다. Mac OS X의 부트 캠프의 시스템 드라이버는 오직 HFS+ 저장 장치를 읽을 수만(Read Only) 있습니다. 그러므로 MS 윈도에서 Mac OS X가 설치된

볼륨 또는 HFS+ 방식으로 포맷된 저장 장치를 자유롭게 읽고 쓰려면 별도의 유료 시스템 드라이버를 설치해야 합니다. 참고로 OS X의 FileVault2로 암호화된 볼륨은 Mac OS X 부트캠프 드라이버 및 유료 시스템 드라이버에서 인식되지 않으며, OS X 10.8 메버릭스 버전부터 기본 논리 디스크 관리자로 설정된 CoreStorage로 설계된 볼륨은 호환되지 않습니다.

• 부트캠프의 MS 윈도 시스템 드라이버 중 그래픽 및 사운드 카드 드라이버는 부품 제조사의 홈페이지에서 제공하는 최신 드라이버를 설치하는 것이 좋습니다. 예를 들어 nVidia의 그래픽 카드를 내장한 Mac 제품이면 http://www.nvidia.com, AMD 그래픽 카드는 http://www.amd.com 사이트에서 최신 드라이버를 다운로드할 수 있습니다.

03 MS 윈도 10 설치하기

애플에서는 공식적으로 MS 윈도 7 이상 버전의 시스템 드라이버를 지원합니다. 최신 부트캠프 드라이버는 '부트캠프 지원(응용 프로그램 ▶ 유틸리티 폴더)' 앱의 설치 디스크를 만드는 과정에서 자동으로 다운로드 됩니다.

◉ 준비물

• 8GB 이상의 MS-DOS(FAT) 방식으로 포맷된 USB 플래시 또는 외장 하드디스크(부트캠프 설정의 첫 단계에서 'Windows 7 이상 버전의 설치 디스크 생성' 옵션에 체크 표시하면, 자동으로 지정한 외장 디스크를 포맷한 후 MS 윈도 설치 디스크를 복사합니다.)

• 64비트 버전의 Windows 7, 8, 8.1, 10 버전의 설치 디스크(DVD), 업그레이드용 설치 디스크는 사용할 수 없으며, 반드시 풀버전 설치 디스크이여야 합니다. 만약, MS 온라인 스토어 MS 윈도를 구입했거나 MSDN 가입자라면 보다 편리한 설치를 위해 ISO 디스크 이미지를 다운로드 합니다.

• MS 윈도 10은 MS 홈페이지에서 시험 사용 버전을 다운로드 할 수 있습니다. 윈도 7, 8, 8.1, 10 등의 정품 구입자는 설치 과정 또는 설치 후 정품 키를 입력하면 기간 제한없이 사용할 수 있습니다(윈도 10은 무료 업그레이드이기 때문에, 윈도 7, 8, 8.1 정품 키를 이용해서도 인증을 받을 수 있습니다).

– 시험 버전 다운로드 : https://www.microsoft.com/ko-kr/software-download/windows10ISO

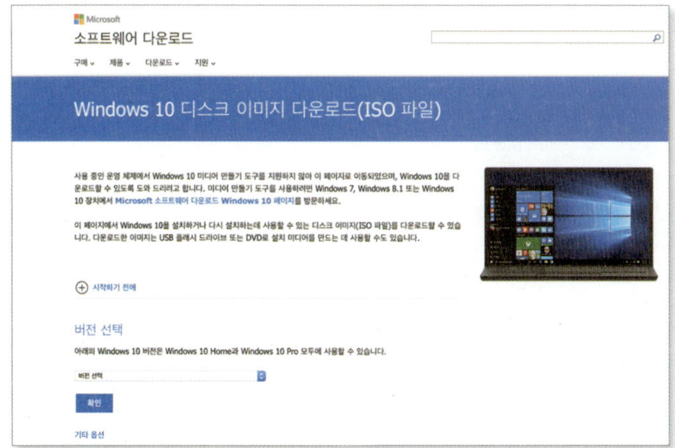

MS 윈도 다운로드 페이지

 Finder에서 '응용 프로그램 ▶ 유틸리티' 폴더에 있는 'Boot Camp 지원'을 실행합니다.

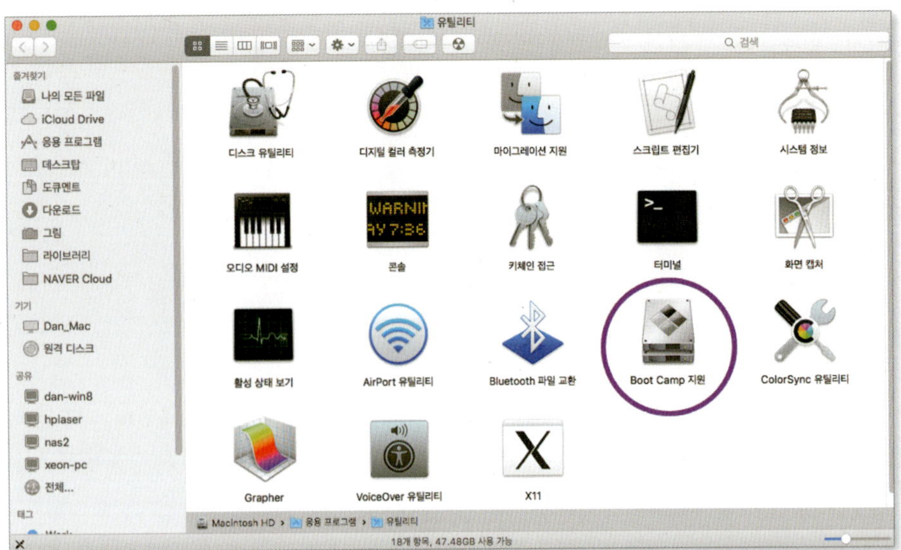

'Boot Camp 지원' 유틸리티

 'Boot Camp' 지원 대화상자에서 MS 윈도를 설치하는데 참고할 수 있는 온라인 도움말을 확인할 수 있습니다. 처음 부트캠프에 MS 윈도를 설치하는 사용자는 부트캠프 설정 도움말을 꼼꼼히 살펴본 후 '계속' 버튼을 클릭합니다.

 외장 USB 플래시 또는 하드디스크를 연결하고 'Windows 7 이상 버전의 설치 디스크 생성', 'Apple에서 최신 Windows 지원 소프트웨어 다운로드', 'Windows 7 이상 버전 설치' 옵션에 모두 체크 표시하고 '계속' 버튼을 클릭합니다. 그리고 다음 단계에서 MS 윈도 설치 ISO 디스크 이미지를 선택한 후 '계속' 버튼을 클릭하면, 연결한 USB 외장 디스크가 포맷된다는 메시지가 표시되고, 이에 대해 '계속' 버튼을 클릭하면 외장 디스크 포맷 및 애플 서버에서 최신 시스템 드라이버의 다운로드가 시작됩니다.

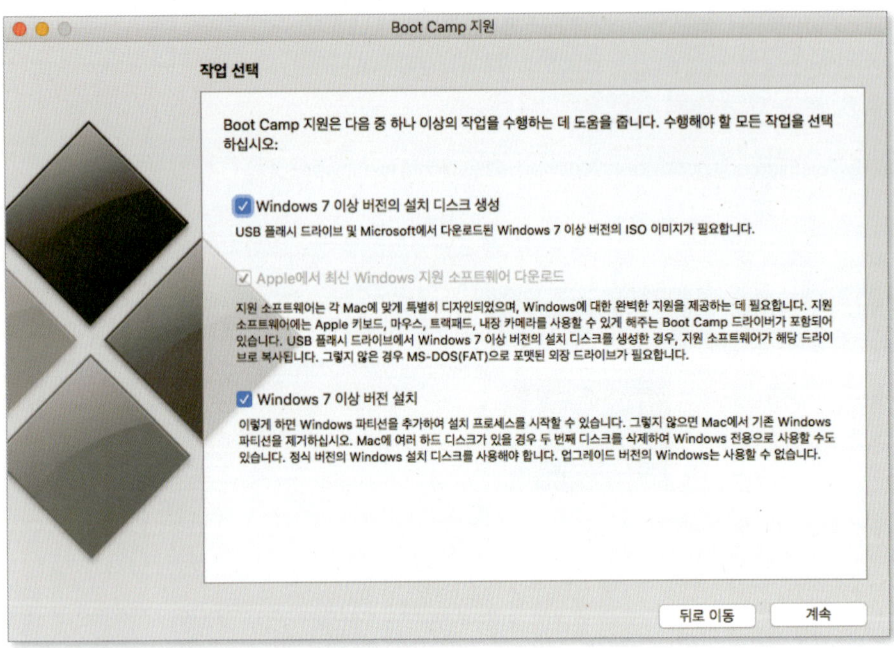

부트캠프 소프트웨어를 다운로드 할 수 있는 두 번째 단계

04 애플 서버에서 최신 MS 윈도용 시스템 드라이버의 다운로드가 완료되면 이를 포함한 MS 윈도 설치 디스크로 연결된 USB 외장 장치에 생성합니다. 설치 디스크 생성이 완료되면 부트캠프 볼륨 생성에 있어서 가장 중요한 'Windows용 파티션 생성' 단계가 표시됩니다. 여기서 MS 윈도 설치를 위한 디스크 분할 용량을 설정합니다. 대부분의 작업을 Mac OS X에서 할 예정이라면 32GB가 적당합니다. 그러나 여러 가지 PC용 게임 및 용량이 큰 2D/3D 그래픽 소프트웨어를 부트캠프에서 사용할 예정이라면 최소 100GB 이상을 설정하는 것이 좋습니다. 참고로 32GB 이상의 하드디스크 공간을 MS 윈도용 파티션으로 설정하려면 NTFS 방식으로 포맷해야 하며, Mac OS X에서 NTFS 방식으로 포맷된 볼륨을 읽고 쓰기 위해서는 별도의 시스템 드라이버를 설치해야 합니다. 보다 자세한 내용은 387쪽 'MS 윈도용 디스크 포맷(NTFS)의 호환성'을 참고합니다.

05 디스크 분할을 완료한 뒤 '설치' 버튼을 클릭하면 Mac 컴퓨터가 재시동되면서 자동으로 MS 윈도 설치 디스크로 시동됩니다.

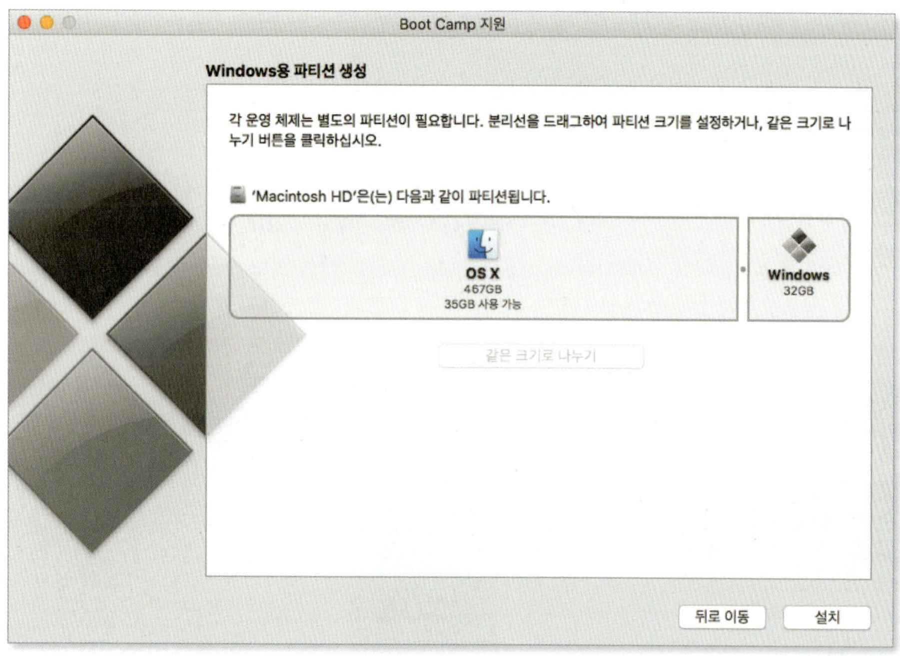

'Windows용 파티션 생성' 단계

 MS 윈도 설치를 위한 기본 프로그램들을 불러왔으면 설치 과정에서 사용할 언어와 입력 언어를 선택하는 대화상자가 나타납니다. 여기서 사용하기 편리한 언어 및 입력 언어, 키보드 레이아웃 등을 선택합니다.

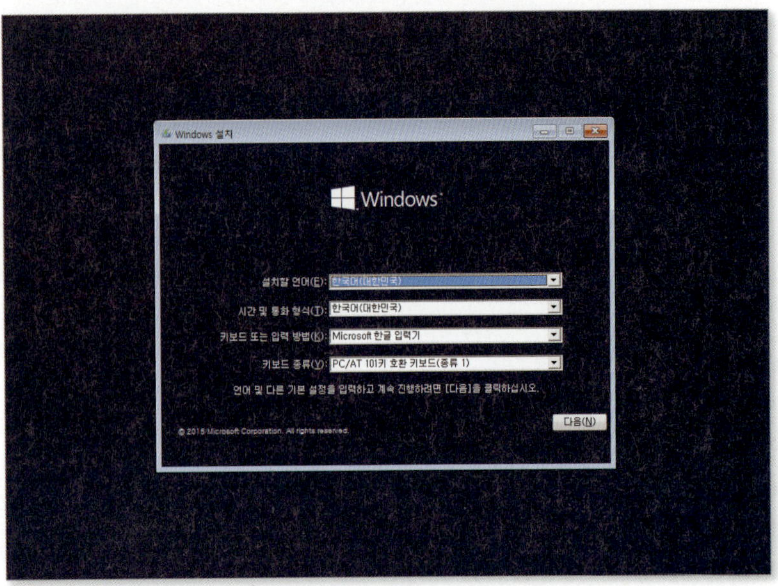

MS 윈도 설치 언어 및 키보드 선택 화면

 설치 유형 선택 단계에서 '사용자화'를 선택합니다. '사용자화' 메뉴에서는 MS 윈도를 설치할 디스크를 선택하고 파티션을 변경하거나 포맷할 수 있습니다. 'Boot Camp 지원' 앱을 이용해 새로운 파티션을 생성했으면 여러 개의 표시된 볼륨 중 'BOOTCAMP' 볼륨을 선택하고 다시 포맷합니다(32GB 미만 용량을 설정했다면, 별도로 포맷하지 않아도 됩니다). 여기서 중요한 것은 BOOTCAMP 볼륨을 제외한 나머지 볼륨('EFI'라고 표시된 200MB 용량의 파티션)들은 변경하거나 삭제 또는 포맷해서는 안 됩니다. 만약 실수로 BOOTCAMP 볼륨 이외의 다른 볼륨을 삭제하거나 변경하면 Mac OS X로 시동되지 않을 수도 있습니다.

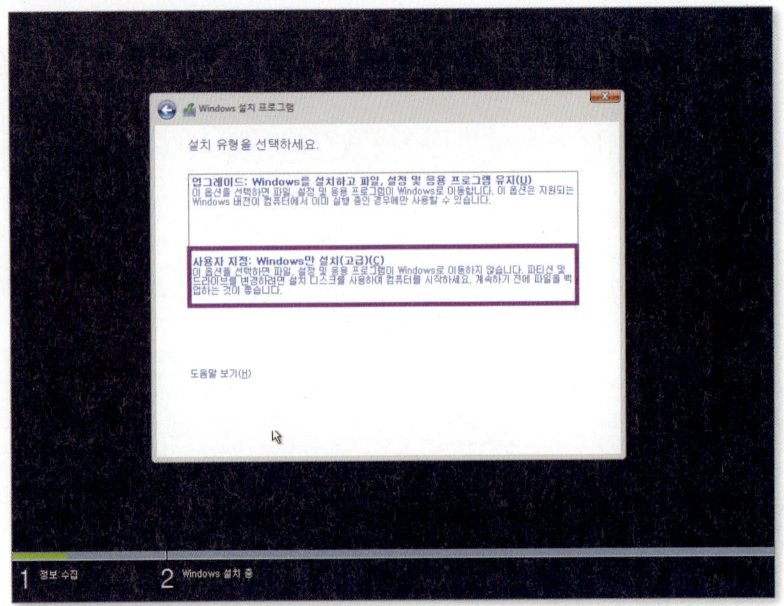

설치 유형 선택 대화상자

08   MS 윈도를 설치할 대상 디스크를 선택한 후 '다음' 버튼을 클릭하여 설치를 시작합니다. 기본 설치가 완료되면 자동으로 재시동되며 기본적인 MS 윈도의 환경 설정을 할 수 있습니다. MS 윈도 설치 과정에서 지정하는 사용자 이름 및 컴퓨터 이름은 Mac OS X와는 무관합니다. 그러나 '컴퓨터 이름'은 네트워크 환경에서 혼동을 줄 수 있으므로 Mac OS X와는 구별되게 지정하는 것이 좋습니다(**예** Mac OS X에서 컴퓨터 이름을 'Macbook'으로 했다면, MS 윈도의 컴퓨터 이름은 'Macbook-PC').

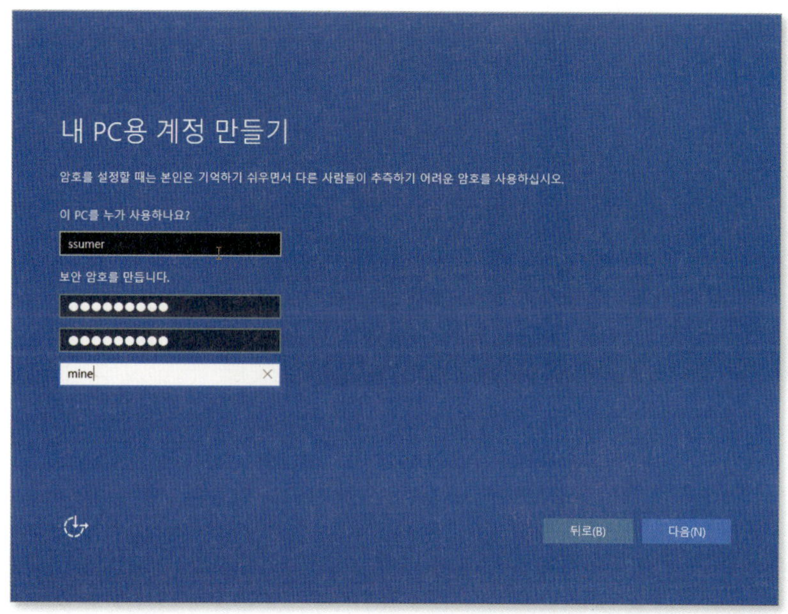

컴퓨터 이름 설정 단계

애플 키보드의 추출(Eject) 키

이 밖에 사용자 이름, 암호, 자동 업데이트 설정, 시간 및 날짜 설정 단계 등을 완료하면 MS 윈도의 초기 화면이 나타납니다. 흥미로운 것은 MS 윈도 8 또는 10 이상 버전을 설치하면 애플에서 제공하는 부트캠프 시스템 드라이버를 별도로 설치하지 않아도 대부분의 Mac 하드웨어가 정상적으로 인식됩니다. 그러나 FaceTime 카메라, 애플 키보드와 같은 특정 주변기기들은 반드시 부트캠프 시스템 드라이버를 설치해야만 합니다.

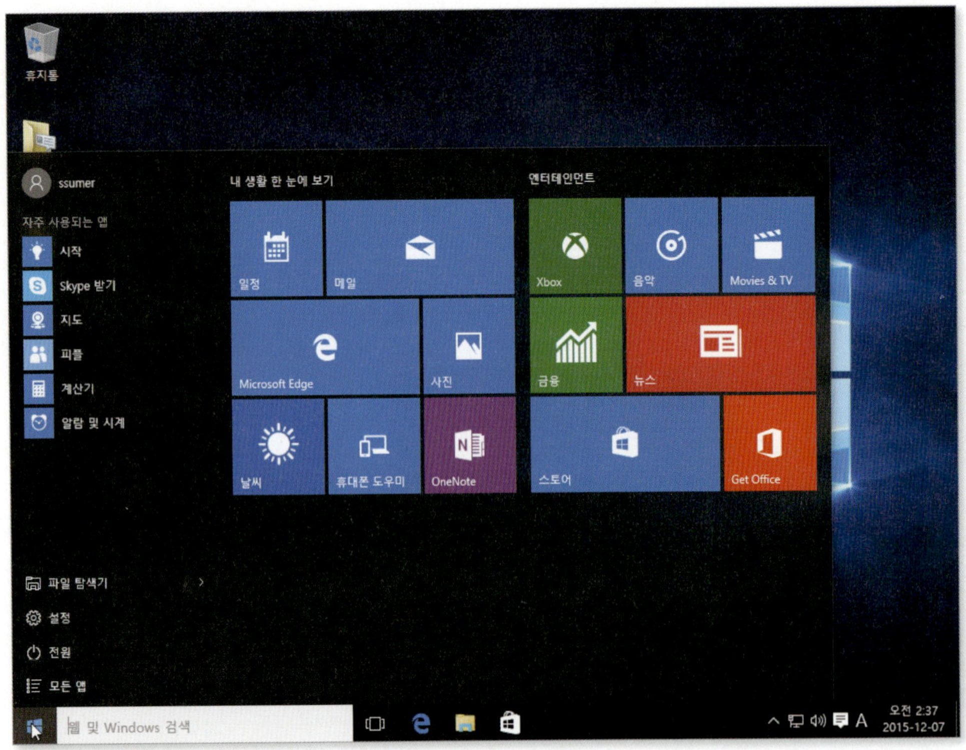

부트캠프에 MS 윈도 10 설치를 완료한 화면

04 부트캠프 시스템 드라이버 설치하기

부트캠프 볼륨에 MS 윈도를 설치하면 기본 시스템 드라이버들로 Mac 하드웨어 부품들이 자동 인식됩니다. MS 윈도에서 제공하는 기본 시스템 드라이버들만 이용해도 겉보기에는 큰 문제가 없어 보이지만, 실제로는 제대로 성능을 발휘하지 못하거나 일부 주변기기는 사용에 제약을 받습니다. 그러므로 부트캠프에 MS 윈도를 설치한 후에는 반드시 애플에서 제공하는 부트캠프 시스템 드라이버를 설치해야 합니다. 다음은 부트캠프 시스템 드라이버를 설치하는 방법입니다(만약, 'Boot Camp 지원' 앱에서 생성한 MS 윈도 설치 디스크로 설치했다면 별도로 시스템 드라이버를 설치할 필요는 없습니다. 모든 부트캠프 시스템 드라이버는 MS 윈도가 설치되면서 자동으로 설치됩니다).

01 MS 윈도용 부트캠프 소프트웨어가 저장된 외장 디스크 또는 DVD를 삽입하고 'BootCamp' 폴더의 'Setup.exe' 파일을 실행합니다. 부트캠프 소프트웨어는 'Boot Camp 지원' 앱에서 'Apple에서 최신 Windows 지원 소프트웨어 다운로드' 옵션을 통하여 다운로드 할 수 있습니다(MS–DOS/FAT 방식으로 포맷된 외장 디스크 필요).

02 부트캠프 시스템 드라이버 설치 대화상자가 표시되면 설치를 시작합니다. 설치가 완료된 후 MS 윈도를 재시동하면 Mac 컴퓨터의 모든 하드웨어와 애플의 주변 기기(FaceTime 카메라, 애플 키보드, 트랙패드 등)가 정상적으로 인식됩니다.

03 부트캠프 트레이 아이콘을 이용하면 MS 윈도에서 시동 디스크를 선택할 수 있습니다. MS 윈도를 사용하다가 Mac OS X로 시동할 때 편리합니다. 만약 부트캠프 트레이 아이콘을 이용하지 않고 Mac 컴퓨터의 초기화 과정에서 시동 디스크를 선택하려면 초기화 소리(짜~안)가 나자마자 키보드의 Option 을 계속해서 누르고 있으면 됩니다.

부트캠프 드라이버는 Mac 전용 방식(HFS+)의 저장 장치를 MS 윈도에서 읽을 수 있는 시스템 드라이버를 포함하고 있습니다. (OS X 10.8 메버릭스 이상 버전의 CoreStorage 로지컬 볼륨 매니저로 설계된 파티션은 MS 윈도에서 인식되지 않습니다. **예** Mac OS X 가 설치된 시스템 디스크) 그러나 이것은 어디까지나 '읽을 수'만 있기 때문에 MS 윈도에서 Mac에 설치된 모든 저장 장치를 완벽하게 사용한다고 볼 수 없습니다. 일반적인 Mac 사용자의 경우 한정된 내장 디스크 용량을 보충하기 위해 한 대 이상의 외장 디스크를 사용합니다. 외장 디스크 포맷 방식을 Mac OS X에서 사용하기 편리한 HFS+ 방식으로 하게 되면, 부트캠프로 시동했을 때 해당 외장 디스크를 제대로 사용할 수 없습니다. 그러나 HFS+ 포맷 방식을 읽고 쓸 수 있는 시스템 드라이버를 설치하면 부트캠프 윈도에서도 자유롭게 외장 디스크를 읽고/쓸 수 있습니다.

① Mac 전용 방식(HFS, HFS+) 지원 유틸리티

부트캠프에 포함된 HFS+지원 드라이버(AppleHFS.sys, AppleMNT.sys)는 오직 읽기(Read)만 지원합니다. (OS X 10.8 메버릭스 이상 버전의 CoreStorage 로지컬 볼륨 매니저로 설계된 파티션 및 Filevault2로 암호화된 볼륨은 제외) 그러나 MacDrive 또는 Paragon의 HFS+ for Windows를 설치하면 Mac 전용 방식으로 포맷된 저장 장치에 파일을 저장하거나 소프트웨어 등을 설치할 수 있습니다. 특히 MacDrive는 Mac OS X에서 설정한 RAID 볼륨도 MS 윈도에서 사용할 수 있습니다.

- **MacDrive 홈페이지** http://www.mediafour.com
- **HFS+ for Windows 홈페이지** http://www.paragon-software.com

② Mac에서 안전하게 MS 윈도 사용하기

국내의 많은 Mac 사용자들은 Mac OS X 대신 손에 익숙한 MS 윈도를 부트캠프에 설치하여 사용하는 경우가 많습니다. 그러나 이와 같이 Mac 컴퓨터에서 MS 윈도로 시동하여 사용할 경우 몇 가지 사항을 주의해야 합니다. 예를 들어 MS 윈도를 사용하다가 바이러스에 감염되면 MS 윈도 뿐만 아니라 Mac OS X가 설치된 시스템 디스크까지 손상될 수 있고, 시스템 최적화 앱 또는 하드디스크 파티션 프로그램을 잘못 사용하면 Mac OS X로 전혀 시동할 수 없는 경우도 발생합니다. 그러므로 MS 윈도를 부트캠프에 설치했다면 반드시 인터넷 보안 소프트웨어를 별도로 설치하고, 파티션 관리 또는 시스템 최적화 프로그램들은 사용에 주의해야 합니다.

1 보안 관련 소프트웨어는 지명도가 높은 회사의 제품을 사용합니다

MS 윈도를 대상으로 수많은 바이러스/악성코드들이 난무하다 보니 많은 소프트웨어 회사들이 앞다투어 보안 관련 소프트웨어를 판매하고 있습니다. 그러나 일부 악성 개발자의 경우, 보안 관련 소프트웨어에 오히려 바이러스/악성코드를 몰래 삽입하여 판매하는 경우도 있습니다. 그러므로 보안 관련 소프트웨어는 지명도가 높고 역사가 오래된 회사의 제품을 사용하는 것이 좋습니다(MS 윈도 8 이상 버전부터는 자체적인 안티 바이러스 기능을 내장하고 있으므로 별도의 써드파티 소프트웨어를 설치할 필요는 없습니다).

- **권장 보안 관련 소프트웨어** MS Security Essential(무료, MS 윈도 7 이하), Bitdefender, Kaspersky 등

② 최적화 소프트웨어는 일부 기능에 한해서만 사용합니다

최적화 소프트웨어도 보안 관련 소프트웨어와 마찬가지로 지명도가 높은 회사의 제품을 사용하고, 일부 기능에 한해서만 사용해야 합니다. 대부분의 최적화 소프트웨어들이 MS 윈도의 레지스트리 정리, 디스크 최적화, 시작 프로그램 정리, 부트트랙의 최적화 및 불필요한 파일 자동 삭제 등의 기능을 지원하는데, 다음의 사항을 참고하여 프로그램을 사용하도록 합니다.

- **시스템 디스크 부트트랙 최적화** 필자의 경험에 의하면 일부 프로그램에서 지원하는 부트트랙 최적화 기능은 MS 윈도의 시동 속도를 빠르게 하기 위해 시스템 부트트랙의 중요한 파티션 정보까지 MS 윈도 중심으로 수정합니다. 이와 같이 수정된 부트트랙 정보는 Mac OS X가 설치된 파티션 정보까지 삭제하거나 변경하는데 최악의 경우에는 Mac OS X로 시동할 수 없게 만들기도 합니다. 그러므로 최적화 소프트웨어에서 부트트랙을 수정하는 기능은 아예 사용하지 않는 것이 좋습니다.

- **레지스트리 정리** 일반적으로 레지스트리 정리는 불필요한 항목들을 레지스트리 파일에서 검색하여 삭제합니다. 하지만 예상치 못한 결과를 예방하는 차원에서 이 기능을 실행하기 전에 항상 현재의 레지스트리 파일을 백업한 후 실행하는 것이 안전합니다.

- **하드디스크 최적화** 디스크 최적화는 오직 MS 윈도가 설치된 볼륨에만 실행하고 Mac OS X와 공유하는 볼륨(**예** FAT32 로 포맷된 외장 디스크)은 하지 않는 것이 좋습니다. 비록 파일 및 디스크에 저장된 데이터의 조각 모음이 MS 윈도와 Mac OS X가 비슷하지만, Mac OS X는 파일을 저장할 때 여러 가지 파일 속성 데이터(메타 데이터)도 별도 저장합니다. 그러므로 MS 윈도에서 Mac OS X와 공유하는 볼륨을 대상으로 디스크 최적화를 실행하면 Mac OS X에서 저장한 파일 속성 정보가 불필요한 데이터로 취급되어 실제 파일과 동떨어진 공간으로 이동할 수 있습니다. 이 경우 Mac OS X에서 해당 파일을 사용할 때 성능이 떨어질 수 있습니다. 그러므로 MS 윈도에서 디스크 최적화를 하는 대상은 오직 MS 윈도가 설치된 볼륨이나 MS 윈도만을 위한 디스크에만 실행하는 것이 좋습니다. 하드디스크의 조각 모음은 1년에 1회 또는 최대 2회가 적당합니다. 너무 자주 하드디스크 조각 모음을 하면 하드디스크의 수명을 단축시킬 수 있습니다.

- **시작 프로그램 정리** 대부분의 시스템 최적화 소프트웨어는 MS 윈도가 시작할 때 자동으로 실행하는 서비스를 대상으로 정리합니다. 부트캠프에 MS 윈도를 설치하면 다양한 종류의 시스템 서비스가 새로 추가됩니다. 여기서 '부트캠프 관리자' 서비스는 사용자가 MS 윈도 또는 Mac OS X로 재시동이 가능하도록 해주는 서비스입니다. 그러므로 시작 프로그램을 정리할 때 이 서비스를 비롯하여 다른 애플의 시스템 서비스는 정리 대상에서 제외하도록 합니다.

③ 하드디스크 파티션 프로그램을 사용할 때 주의사항

MS 윈도용 하드디스크 파티션 소프트웨어는 다양한 제품이 있으며, MS 윈도 자체적으로도 하드디스크 파티션 및 포맷을 할 수 있는 도구를 지원합니다. 그러나 이러한 도구 및 소프트웨어들은 오직 Mac OS X가 설치되지 않은 물리적으로 독립된 저장 장치에 한해서만 사용해야 합니다. 만약 Mac OS X가 설치된 디스크를 대상으로 MS 윈도용 파티션 관리 소프트웨어를 사용하면 Mac OS X를 시동하기 위해 필수적인 GUID 파티션 테이블을 제대로 인식하지 못하거나 손상시킬 수 있습니다. 그러므로 가능하면 모든 저장 장치의 파티션 및 포맷은 Mac OS X의 자체적인 디스크 관리 프로그램인 디스크 유틸리티로 하는 것이 안전합니다.

MS 윈도 및 응용 소프트웨어들의 설치를 위한 필자의 최소 권장 용량은 32GB 이상입니다. 그러나 32GB 이상의 용량으로 분할된 볼륨은 Mac OS X가 읽고 쓸 수 있는 MS-DOS(FAT32) 방식으로 포맷할 수 없고 NTFS(New Technology File System) 또는 exFAT(Extended File Allocation Table) 방식으로 포맷해야만 합니다. 그러나 NTFS 방식으로 MS 윈도용 볼륨을 포맷하면 Mac OS X에서 제대로 인식되지 않거나 쓰기가 불가능해집니다. 그러므로 exFAT 방식으로 포맷하거나, NTFS 방식으로 포맷할 경우, 읽고/쓰기가 가능한 별도의 시스템 드라이버를 설치하는 것이 좋습니다.

Tip

- **NTFS 포맷** MS에서 개발한 파일 시스템 방식으로, MS 윈도 NT에서 처음으로 소개되어 MS 윈도 2000, XP, 서버 2003/2008, 비스타/7/8/10 제품에 이르기까지 지원하는 MS의 자체 파일 시스템입니다. Mac OS X 10.3 Panther 버전부터 NTFS 방식으로 포맷된 디스크를 인식할 수 있지만, 오직 '읽기(Read)'만 지원합니다.
- **exFAT** MS에서 기술 특허를 보유한 파일 시스템 방식으로, MS 윈도 임베디드 CE 6.0에서 처음으로 소개되어 MS 윈도 XP(서비스팩 2 이상), 비스타(서비스팩 1 이상)/7/8/10 버전 및 Mac OS X 10.6.5 이상 제품에서도 지원되는 파일 시스템 방식입니다. MSDOS(FAT32)와 같이 MS 윈도와 Mac OS X에서 동시에 읽고/쓰기가 가능합니다.

① Paragon의 NTFS for Mac OS X

- **시험 버전 다운로드** http://www.paragon-software.com/ko/home/ntfs-mac/
- **가격** 19.95 달러
- **특징** 모든 NTFS 버전(MS 윈도 NT 3.1~10, NTFS 버전 1.2, 3.0, 3.1 등)을 지원하며, 빠른 데이터의 입·출력을 지원합니다. 안정성이 뛰어나고, Mac에 설치된 모든 NTFS 볼륨을 자동으로 인식하고 마운트합니다.

② Tuxera NTFS for Mac

- **시험 버전 다운로드** http://www.tuxera.com/products/tuxera-ntfs-for-mac/
- **가격** 31.00 달러
- **특징** 'NTFS-3G' 무료 시스템 드라이버로 출발하여 Mac OS X 뿐만 아니라 리눅스, 안드로이드, 오픈 솔라리스(Open Solaris), FreeBSD, NetBSD 등 다양한 운영체제를 지원하는 멀티 플랫폼용 NTFS 시스템 드라이버였지만, 현재는 일부 운영체제에 한하여 유료 상품을 별도 판매합니다. 'Tuxera NTFS for Mac'은 NTFS-3G를 기반한 유료 상품으로서 모든 NTFS 버전을 지원하며 빠른 데이터의 입·출력을 지원합니다. 참고로, NTFS-3G는 여전히 무료로 배포되며, Mac 사용자의 경우 직접 소스 코드를 다운로드 및 컴파일하거나 Mac 포팅 채널(에 MacPorts, http://www.macports.org)을 통해 설치할 수 있습니다.

iCloud

Mac OS X 10.11 El Capitan

애플의 클라우드 서비스인 iCloud를 이용하면 여러 가지 자료를 편리하게 다른 기기와 동기화할 수 있습니다. 예를 들어 Mac 컴퓨터에서 저장된 앱 데이터(사용자 폴더 및 파일 포함), 연락처, 메일, 메모, 캘린더, 미리 알림, 키체인(인터넷 로그인 정보) 등을 iOS 기기 또는 다른 컴퓨터(Mac 또는 MS 윈도 PC)와 동기화할 수 있습니다. 이번 장에서는 iCloud의 제공 서비스들에 대해 보다 자세히 알아보도록 하겠습니다.

iCloud 소개

OS X 또는 iOS 사용자는 누구나 애플의 iCloud 서비스를 무료로 사용할 수 있습니다. 기본적으로 5GB 공간이 무료로 제공되며 필요에 따라 유료 서비스에 가입하면 더 많은 저장 공간을 사용할 수 있습니다. 여기에서는 iCloud의 전반적인 서비스 종류에 대해 알아보도록 하겠습니다.

01 iCloud 알아보기

iCloud가 나오기 전에는 여러 가지 자료를 iOS 기기(아이팟 터치, 아이폰, 아이패드 등)와 동기화하기 위해 USB 케이블로 컴퓨터에 연결해야 하는 불편함이 있었습니다. 단순히 아이폰 1대를 사용하고 있다면 약간의 불편함을 감수하더라도 USB 케이블을 이용하여 동기화 할 수 있겠지만, 예를 들어 아이폰과 아이패드 등 2대 이상의 iOS 기기를 사용하면서 집과 회사의 컴퓨터, 거기에다가 노트북까지 자료를 동기화하려고 한다면 간단한 일이 아닙니다. 그러나 iCloud를 이용하면 앱 데이터(사용자 폴더 및 파일 포함), 연락처, 메일, 메모, 캘린더, 미리 알림, 키체인(인터넷 로그인 정보) 등을 편리하게 모든 기기에서 동기화할 수 있습니다.

또한 애플의 iCloud 서비스를 이용하면 한번 구입한 앱, 음악, 동영상, 전자책 등을 여러 기기에서 동시에 사용할 수 있습니다. 예를 들어, 아이폰에서 음악을 구입하면 MP3 음악 파일이 곧바로 아이폰으로 다운로드 됨과 동시에 사용자의 iCloud에도 구입 기록이 등록됩니다. 이것은 나중에 사용자의 필요에 따라 아이패드 또는 Mac, PC 등과 같은 다른 기기

에서도 무료 다운로드가 지원됩니다. 음악 이외에 애플의 iTunes 스토어에서 구입한 모든 유/무료의 상품들도 iCloud를 이용하여 동기화 할 수 있으며 메일이나 문서, 캘린더 등도 1대의 기기에서 업데이트하면 나머지 기기는 자동으로 업데이트 됩니다.

| iCloud 서비스와 연동 소프트웨어 |

	OS X	iOS	MS 윈도	사용료
iTunes 스토어의 다운로드 목록(앱, 음악, 동영상, 책)	iTunes, iBooks(책)	App Store(앱), iBooks(책), iTunes(음악, 동영상)	iTunes	무료
iTunes 매치, Apple Music	iTunes	음악	iTunes	$24.99/1년, $9.99/1개월
@me.com 또는 @icloud.com 이메일 및 메모	Mail 및 iCloud 지원 써드파티 앱, 메모	Mail 및 iCloud 지원 써드파티 앱, 메모	Outlook	무료
캘린더	캘린더	캘린더	Outlook	무료
미리 알림	미리 알림	미리 알림	Outlook	무료
연락처	연락처	연락처	Outlook	무료
사진 스트림	사진, Aperture	사진	업로드/다운로드 폴더	무료, 최대 25,000장을 30일간 보존
iCloud 사진 보관함	사진, Aperture	사진	업로드/다운로드 폴더	iCloud 용량 제한 (기본 5GB 무료)
iCloud 드라이브	iWork(Pages, Keynote, Numbers), iCloud 지원 앱		파일 탐색기	무료, 애플의 iWork 또는 iCloud 지원 앱 필요.
책갈피(북마크), 읽기 목록, 키체인	Safari 웹브라우저	Safari 모바일 웹브라우저	인터넷 익스플로러(읽기 목록 및 키체인은 지원되지 않음)	무료
나의 Mac(또는 iPhone, iPad, iPod Touch) 찾기	iCloud 홈페이지(http://www.icloud.com)에서 위치 확인 및 메시지 전송, 원격 잠금 및 삭제 가능			
나의 Mac으로 돌아가기	같은 iCloud 계정으로 설정된 2대 이상의 Mac 컴퓨터			

OS X 또는 iOS 사용자는 누구나 iCloud 계정을 무료로 발급받을 수 있습니다. 기본적으로 5GB 용량이 무료로 제공되며 더 많은 용량이 필요하면 유료 서비스에 가입해야 합니다. iCloud의 5GB 무료 용량이 얼핏 보면 적게 느껴질 수 있지만, iTunes 스토어에서 구입한 음악, 앱, 책, TV 쇼, 사진 스트림 등은 5GB 용량에 포함되지 않으므로 실제 사용에 있어서 용량 부족 없이 사용이 가능합니다.

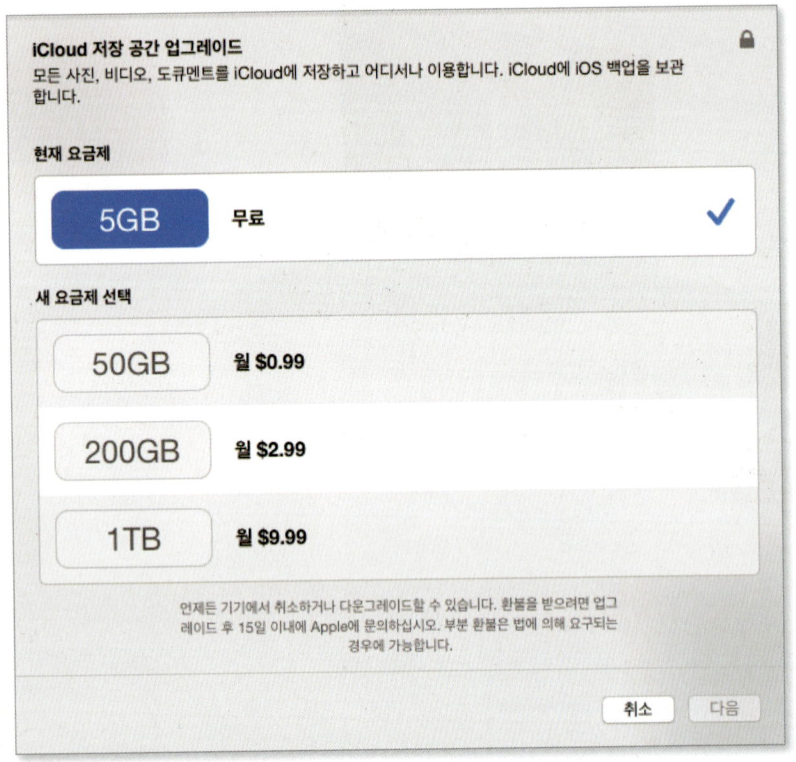

iCloud 서비스 사용료

- **iCloud 용량에 포함되는 자료** : 메일, iCloud 드라이브 저장 데이터, iCloud 사진 보관함, 계정 정보, 설정, iOS 데이터 백업(카메라 롤, 앱 관련 데이터, SMS/MMS 메시지 등)
- **iCloud 용량에 포함되지 않는 자료** : iTunes에서 구입한 음악, 앱, 책, TV쇼, 사진 스트림, 연락처, 캘린더, 책갈피(북마크), 키체인

iCloud 계정을 생성하는 방법은 2가지가 있습니다. 기존에 사용하던 애플ID를 그대로 사용하는 방법과 새롭게 iCloud의 @icloud.com 계정을 발급받는 방법이 있습니다. 기존에 사용하던 애플ID(MobileMe 계정 제외)를 사용하면 iCloud의 E-mail 서비스를 사용하기 위해서는 별도로 E-mail 주소(@icloud.com)를 발급받아야 합니다. 이럴 경우, 기존에 사용하던 애플ID와 새로 발급한 @icloud.com의 E-mail 주소가 혼동될 수 있고, 특히 iCloud 홈페이지에서 로그인을 위한 애플ID와 E-mail 서비스를 위한 주소가 다르므로 불편할 수 있습니다. 그러므로 iTunes 스토어에서 구입 내역이 얼마되지 않는다면 iCloud를 위한 독립된 애플ID(@icloud.com 계정)를 새로 발급받아 설정하는 것이 좋습니다. 참고로, 새로 애플ID(@icloud.com)를 발급받아도 기존 애플ID로 구입한 모든 앱들은 계속해서 사용 및 업데이트할 수 있습니다.

iCloud 홈페이지에 로그인한 화면

① OS X에서 iCloud 계정 생성하기

01 '시스템 환경 설정 → iCloud'에서 'Apple ID 생성' 메뉴를 클릭합니다.

iCloud 환경 설정의 로그인 대화상자

02 'Apple ID 생성' 첫 번째 단계에서 위치와 생년월일을 각각 지정하고 '다음' 버튼을 클릭합니다.

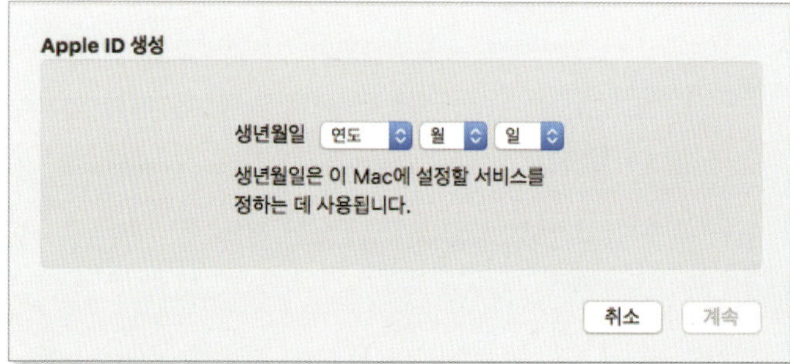

위치와 생년월일을 입력

03 iCloud에서 제공하는 모든 서비스를 혼동없이 사용하기 위해 애플ID는 별도의 @icloud.com 이메일 주소를 사용하는 것이 좋습니다. @icloud.com 이메일 주소를 만들려면 'Apple ID'를 '무료 iCloud 이메일 주소 얻기' 항목을 선택하고 원하는 이메일 이름을 입력합니다. 만약 현재 사용 중인 이메일 주소(**데** 구글 또는 한국 포털 사이트의 이메일 주소)를 애플ID로 설정하려면 'Apple ID'를 '기존 이메일 주소 사용'을 선택하고, 이메일과 암호를 입력합니다. 여기서 입력한 이메일은 iCloud 로그인을 위한 '사용자 이름'이며, 암호는 다른 이메일 서비스의 로그인 암호가 아니라 새로 생성하는 애플ID에 대한 암호입니다.

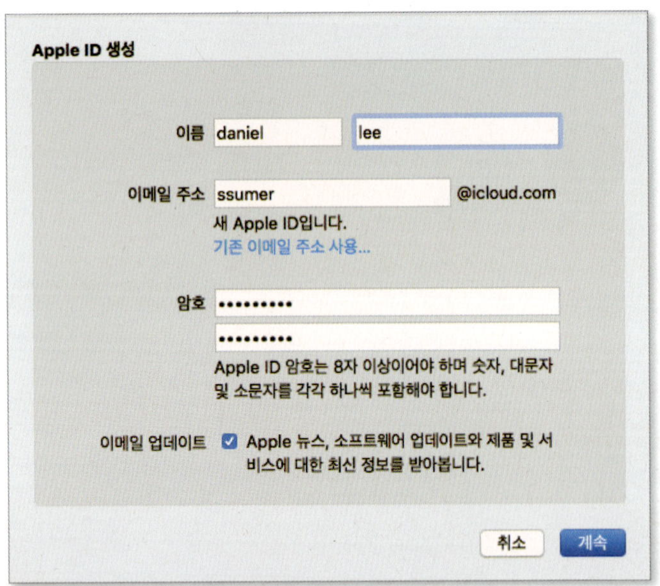

무료 @icloud.com 이메일 주소 받기

<table>
<tr><td>**Tip**</td><td>MobileMe 유료 가입자는 원래 사용하던 계정 정보(@me.com 또는 @mac.com)로 iCloud를 설정하는 것이 좋습니다. 애플에서 iCloud 서비스를 출시함에 따라 MobileMe 서비스는 2012년 6월 30일(미국시간)까지 사용할 수 있었으며, 이후부터는 iCloud 서비스로 대체됩니다. MobileMe 계정에 저장된 모든 E-mail, 연락처, 일정, 책갈피(북마크) 등은 iCloud 서비스에서 계속 사용할 수 있지만, iWeb, Gallery, iDisk 등의 서비스는 종료되었습니다.</td></tr>
</table>

04 다음 단계에서 암호 분실을 대비한 보안 질문을 설정하고, 마지막 단계에서 이용 약관에 동의하면 iCloud 계정 생성이 완료됩니다. 만약 iCloud 이메일을 생성하지 않고, 기존에 사용한 이메일 주소를 애플ID로 설정했다면, 해당 이메일 주소가 본인 소유임을 확인해야만 iCloud 계정 생성이 완료됩니다.

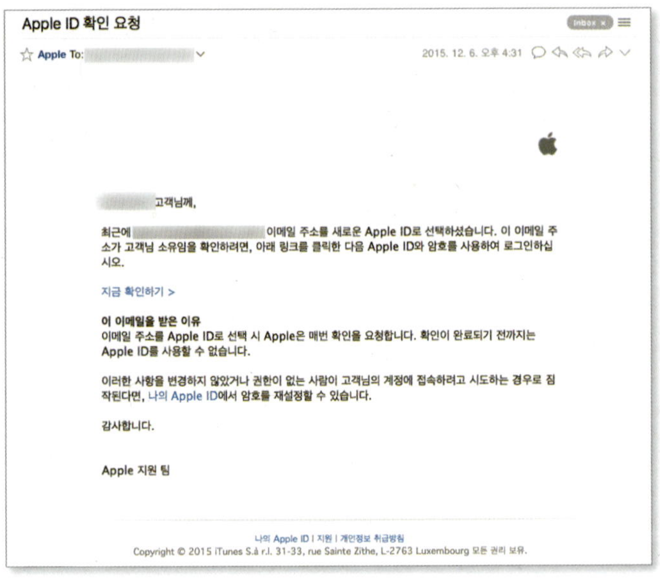

이메일 주소 확인 메일, '지금 확인하기' 링크를 클릭하여 해당 이메일 주소가 본인 소유임을 확인합니다.

② icloud.com의 무료 E-mail 주소 발급 받기

만약 icloud.com 이메일을 새로 만들지 않고, 다른 회사의 이메일 주소로 iCloud를 설정했다면 @icloud.com 이메일 주소를 필요에 따라 발급받을 수 있습니다.

01 '시스템 환경 설정 → iCloud'을 기존 애플ID로 로그인하고 'Mail' 항목을 클릭합니다.

02 사용하고자 하는 E-mail 주소를 입력하고 '승인' 버튼을 클릭합니다. 만약 다른 사용자가 이미 해당 이름을 사용하고 있으면 이에 대한 안내 메시지가 나타납니다. 다른 E-mail 주소를 입력하거나 iCloud가 제안하는 이름을 선택하고 '승인' 버튼을 클릭합니다.

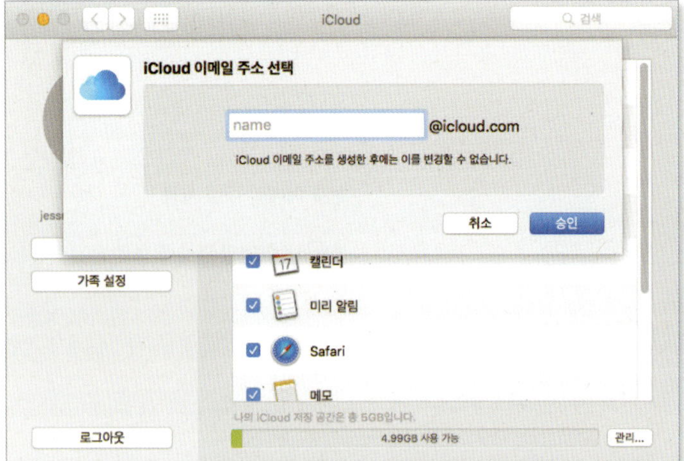

무료 @icloud.com 이메일 주소 받기

03 @icloud.com의 이메일 주소가 발급되면 자동으로 OS X의 'Mail' 앱에서도 설정됩니다. 새로 발급받은 @icloud.com의 이메일 주소를 확인하기 위해 '응용 프로그램' 폴더의 'Mail' 앱을 실행하고 'Mail → 환경 설정 → 계정'에 iCloud 계정이 추가되었는지 확인합니다.

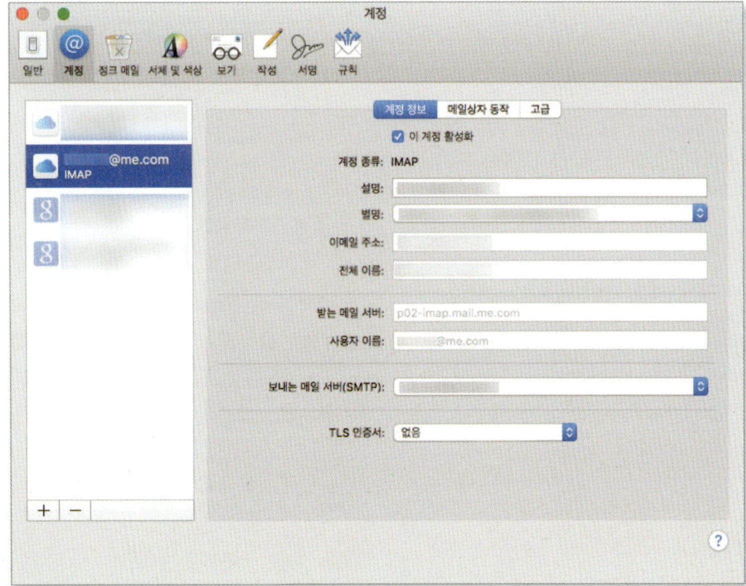

Mail의 계정 설정 대화상자

③ iOS 기기에서 iCloud 계정 생성

OS X의 iCloud 계정 생성과 마찬가지로 iOS에서도 다른 이메일 서비스 주소를 애플ID로 설정하거나 새로 @icloud.com 메일과 함께 애플 ID를 생성할 수 있습니다. 다른 이메일 서비스 주소로 iCloud를 설정하면 별도로 @icloud.com의 이메일 주소를 발급받지 않는 이상, iCloud 홈페이지에서 이메일 서비스를 사용할 수 없습니다.

01 iOS 초기 설정 단계의 애플ID 설정 화면에서 '무료 Apple ID 생성하기'를 선택 합니다.

iCloud 이메일 설정 초기 화면

02 생년월일 및 이름, 성 등을 화면 안내에 따라 입력합니다.

03 'Apple ID 생성' 단계에서 '무료 iCloud 이메일 주소 얻기'를 선택하고 '다음'을 탭합니다.

04 사용하고자 하는 E-mail 주소를 입력한 후 '다음'을 탭한 후, 암호를 설정합 니다.

이메일 주소 지정

 애플ID 또는 암호를 분실했을 때를 대비해서 보안 질문과 답변 설정 및 이후 진행되는 과정을 순차적으로 진행합니다. 그리고 iCloud 설정 화면에서 'iCloud 사용'을 선택하고, '나의 iPhone(또는 iPod, iPad) 찾기'를 사용하기로 설정합니다. 모든 설정을 완료한 후 'iPhone(또는 iPod, iPad) 시작하기'를 탭합니다.

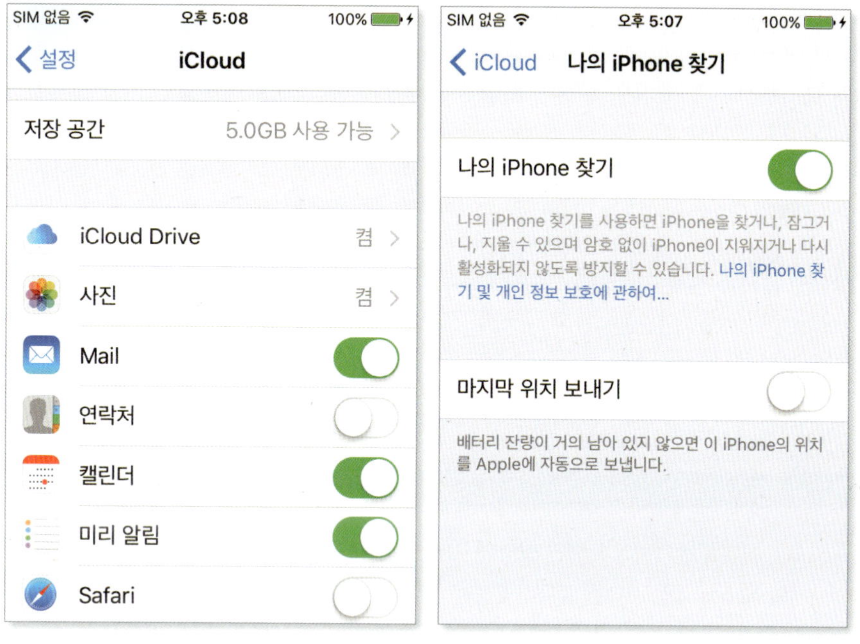

iCloud 사용 설정   아이폰의 위치 추적을 위한 나의 iPhone 찾기 서비스

03 iCloud의 동기화 서비스 종류와 사용 방법

iCloud의 전신은 애플의 유료 E-mail 및 클라우드 서비스인 MobileMe입니다. 얼핏 보면 MobileMe에서 지원했던 대부분의 클라우드 서비스(E-mail, 연락처, 캘린더, 책갈피(북마크), Back to My Mac 등)를 iCloud에서 지원하기 때문에 단순히 'MobileMe Lite 무료 버전' 정도로 생각할 수 있으나 iCloud는 몇 가지 특화된 서비스들을 추가로 지원합니다.

① iTunes 클라우드

iTunes 스토어에서 구입한 모든 음악과 동영상, 앱(App), 책 등의 동기화 서비스를 지원합니다. 구입한 제품은 자동으로 사용자의 iCloud 구매 내역에 저장되므로 iOS 기기 또는 컴퓨터(Mac, MS 윈도 PC)에서 곧바로 다운로드해서 사용할 수 있습니다(국내 iTunes 계정으로는 TV 동영상을 구입할 수 없지만, 미국 계정을 생성하면 구입이 가능합니다. 'Tip 참고'). 또한 iTunes Match 서비스(유료 : $24.99/1년 또는 Apple Music(유료 : $9.9/1개월))를 이용하면 iTunes 스토어에서 구입한 음악은 물론 음반 CD에서 복사하거나 다른 경로를 통하여 iTunes 라이브러리에 추가한 음악 컬렉션까지도 모두 iCloud에 저장할 수 있습니다. 흥미로운 것은 다른 기기(에 노트북 또는 iOS 기기)에서 iCloud에 저장된 음악을 다운로드하면 애플에서 보유하고 있는 최상급의 고음질 파일(256Kbps MP3 포맷)을 다운로드 할 수 있는 것입니다. 물론 이것은 어디까지나 iCloud에 업로드한 음악을 애플에서도 보유하고 있을 경우에만 고음질 파일을 제공 받을 수 있습니다. 애플에서 보유하고 있지 않은 음악은 사용자가 업로드한 원본 상태 그대로 다른 기기에서 다운로드 할 수 있습니다.

대한민국을 국가로 설정한 애플ID로는 iTunes 스토어의 일부 서비스(예 TV쇼, 영화, iTunes 매치, Apple Music 서비스 등)를 사용할 수 없습니다. 그러나 국가를 미국으로 설정하면 iCloud를 비롯하여 모든 iTunes 스토어의 서비스를 사용할 수 있습니다. 미국 계정 생성 방법에 대해서는 필자의 홈페이지(http://www.ssumer.com)를 참고합니다.

iTunes Match 및 Apple Music 서비스는 유료이지만, 사용자가 보유한 모든 음악 컬렉션을 각 기기마다 동기화 하는 수고로움을 없애줌과 더불어 애플에서 제공하는 최상급 음질의 음악 파일을 다운로드 할 수 있으므로 iOS 기기 사용자들에게 매우 유용한 서비스입니다.

| iCloud의 iTunes Match 및 Apple Music 서비스 지원 프로그램 |

Mac OS X	iOS	MS 윈도	기타
iTunes	iOS의 음악 앱('설정 → 음악'에서 iTunes Match 또는 Apple Music 활성화)	iTunes	업로드된 iTunes 라이브러리는 iCloud 홈페이지(http://www.icloud.com)에서 확인할 수 없습니다.

예제 1 iTunes Match 사용 방법

01 iTunes를 실행하고 '스토어 → 로그인' 메뉴를 선택하여 로그인 합니다. 그리고 컴퓨터 인증을 아직 하지 않았다면 '스토어 → 이 컴퓨터 인증' 메뉴를 선택합니다. 1개의 iTunes 계정에 대한 컴퓨터 인증은 최대 5대의 컴퓨터 또는 10대의 iOS 기기까지 인증 가능합니다(컴퓨터 5대+iOS 기기 5대=총 10대, iOS 기기 단독=10대, Mac 앱스토어는 이러한 제한이 없습니다).

컴퓨터 인증 대화상자

02 '스토어 → iTunes Match 켜기' 메뉴를 선택하고 아직 서비스에 가입하지 않았다면 'Subscribe for $24.99(1년 서비스 사용료)' 버튼을 클릭하여 서비스에 가입합니다.

03 서비스 사용료의 결재를 완료하면 iTunes 라이브러리에 포함된 모든 음악 파일 정보를 수집하며 애플이 보유하지 않은 음악은 자동으로 업로드 합니다. 수집된 사용자의 iTunes 음악 라이브러리에서 애플이 보유한 음악은 다른 기기에서 애플이 제공하는 고음질 파일(256Kbps MP3 포맷)을 다운로드 할 수 있습니다.

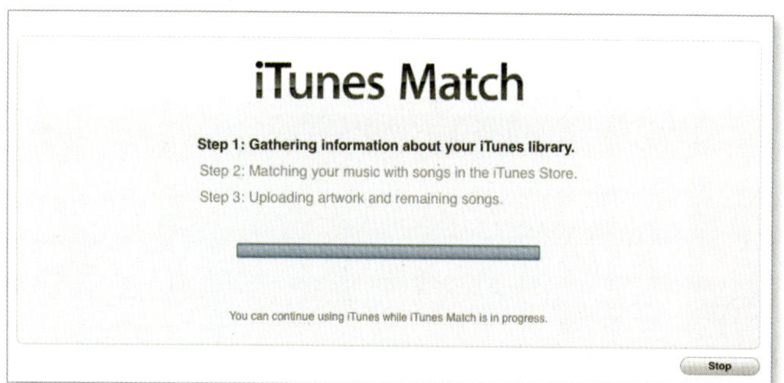

사용자의 음악 라이브러리를 수집하는 단계

04 iOS 기기에서 iTunes Match 서비스에 가입된 애플ID로 iCloud 계정이 설정되어 있는지 확인합니다('설정 → iCloud 계정').

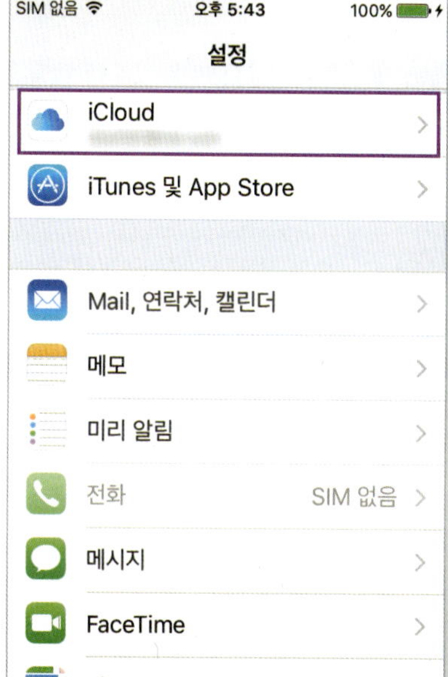

iOS의 iCloud 계정 설정

05 '설정 → 음악'에서 'iTunes Match'를 활성화하고 '음악' 앱을 실행하면 컴퓨터의 iTunes에서 수집된 재생 목록, 음악 등을 iOS 기기에서도 사용할 수 있습니다. 참고로 음악 및 동영상은 먼저 애플 서버에서 다운로드한 다음에 이용할 수 있습니다.

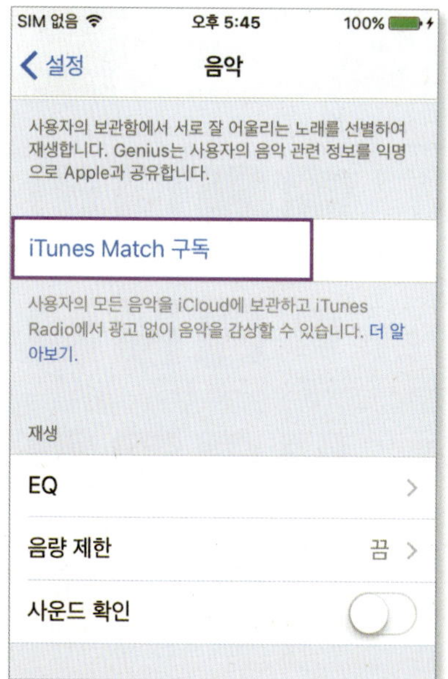

iOS의 iTunes Match 활성화

06 다른 컴퓨터(Mac 또는 MS 윈도 PC)에서 iTunes Match로 수집된 음악을 사용하려면, iTunes Match 서비스에 가입한 애플ID로 로그인한 후 '스토어 → iTunes Match 켜기' 메뉴를 선택합니다. iOS 기기와 마찬가지로 음악과 동영상은 애플 서버에서 먼저 다운로드 한 다음에 이용할 수 있습니다.

예제 ❷ iTunes Store 구입 목록 보기

01 iTunes 스토어에 아직 로그인하지 않았다면 '스토어 → 로그인' 메뉴를 선택하여 로그인 합니다.

02 왼쪽 사이드바에서 'iTunes Store'를 선택하고, 오른쪽 사이드바에서 '구입 목록' 메뉴를 클릭합니다.

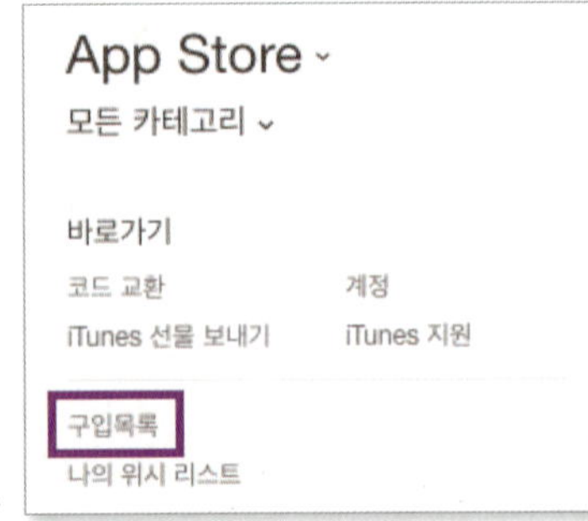

iTunes Store의 구입 목록 메뉴

03 'Apps' 또는 '책'에서 구입한(무료 제품 포함) 제품들을 확인할 수 있으며, 다시 다운로드 하려면 iCloud 아이콘을 클릭합니다. 참고로 여러 개의 애플ID에서 제품을 구입했다면 이를 다시 다운로드 하기 위해서는 각각의 애플ID로 로그인한 후 '구입 목록'에서 다운로드해야 합니다.

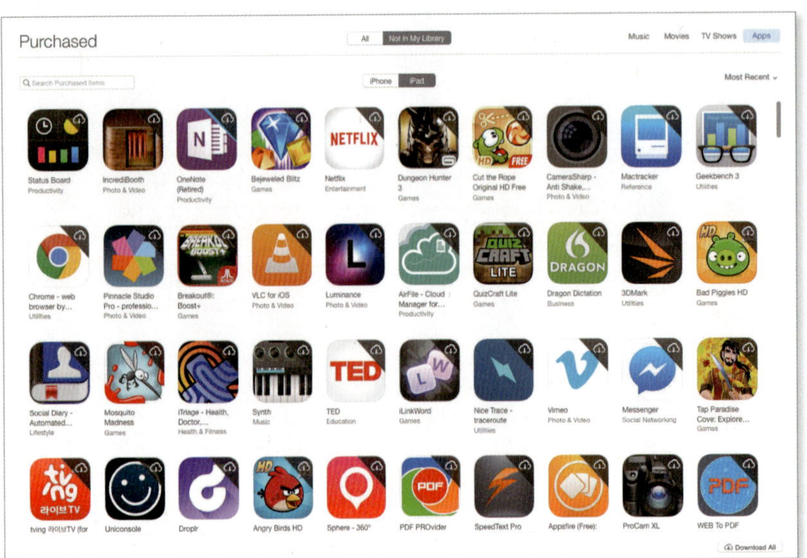

iTunes Store의 구입 목록에 표시된 앱

<u>04</u> iOS 기기에서는 'App Store → 업데이트 → 구입 목록'에서 iTunes에서 구입한 제품들을 다시 다운로드 할 수 있습니다(다른 애플 ID로 변경하려면 '설정 → iTunes 및 App Store'에서 할 수 있습니다).

국내 포털 사이트의 무료 클라우드 서비스를 이용해도 사용자의 음악 컬렉션은 여러 기기에서 동기화할 수 있습니다. 다만, iOS 기기에서 '음악' 앱을 이용한 음악 재생은 할 수 없고 'iTunes Match 또는 Apple Music' 서비스를 통한 애플의 고음질 음악 다운로드 서비스는 받을 수 없습니다. 또한 iTunes 라이브러리의 앨범 아트, 재생 목록, 재생 횟수, 선호도 등도 다른 기기와 동기화할 수 없으며 오직 포털 사이트에서 제공하는 전용 앱을 이용해서만 음악이나 동영상을 재생할 수 있습니다. 다음은 필자가 사용하고 있는 네이버의 무료 클라우드 서비스를 이용해 iTunes 음악 컬렉션을 다른 기기와 동기화하는 방법입니다.

01 Mac 앱스토어를 실행하고 검색 필드에 '네이버 클라우드'를 입력하여 앱을 다운로드 및 설치합니다.

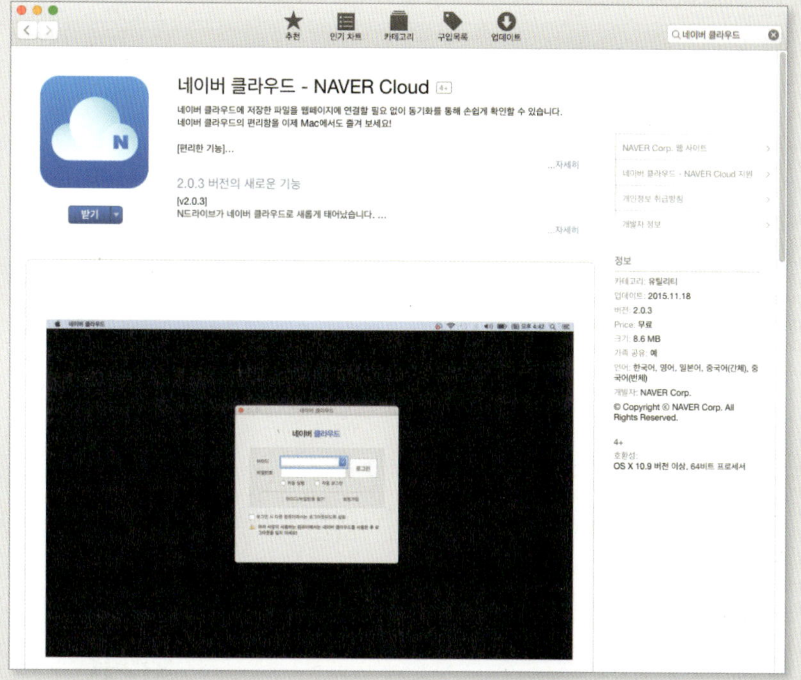

02 네이버 클라이언트 앱을 실행하고 로그인합니다.

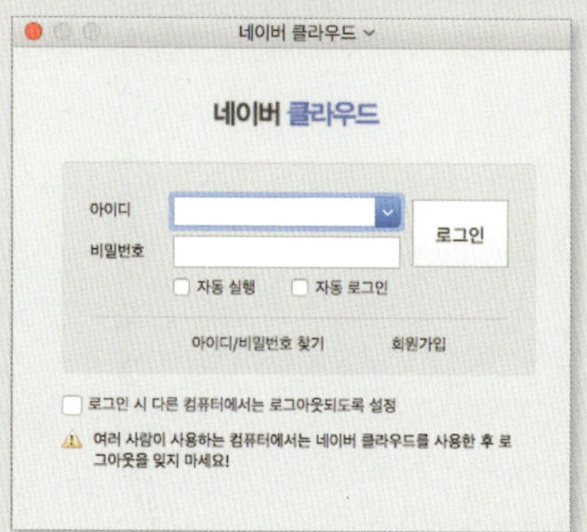

네이버 클라우드 앱의 로그인 대화상자

03 동기화 대상을 '내 네이버 클라우드의 모든 파일 및 폴더'로 설정하고 'Mac 동기화 위치' 선택 버튼을 클릭하여 네이버 클라우드 서버와 동기화할 폴더를 지정합니다(기본 위치 : 사용자 계정의 도큐멘트 폴더에 동기화를 위한 새로운 폴더가 생성됨).

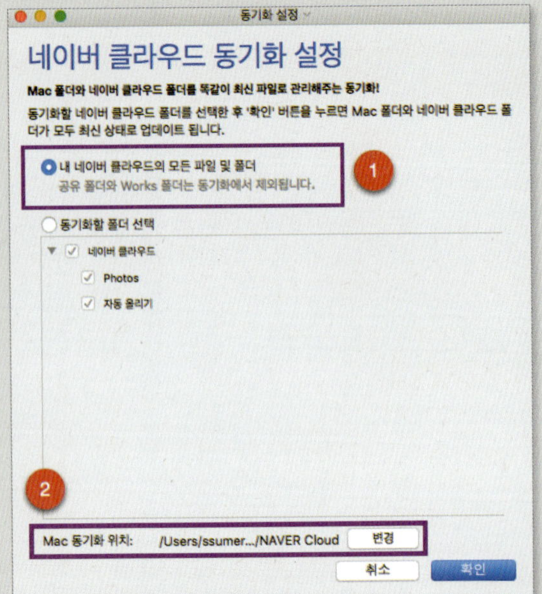

동기화 폴더 설정

04 'NAVER Cloud' 폴더에 '음악 컬렉션' 서브 폴더를 만들고, 여기에 클라우드 서버에 업로드할 모든 음악 파일을 저장합니다. 새로운 파일이나 폴더가 'NAVER Cloud' 폴더에 생성되면 자동으로 동기화가 시작됩니다.

05 iTunes를 실행하고 'iTunes → 환경 설정 → 고급' 탭에서 '보관함에 추가 시 iTunes Media 폴더에 파일 복사' 항목의 체크 표시를 없애고 '승인' 버튼을 클릭합니다.

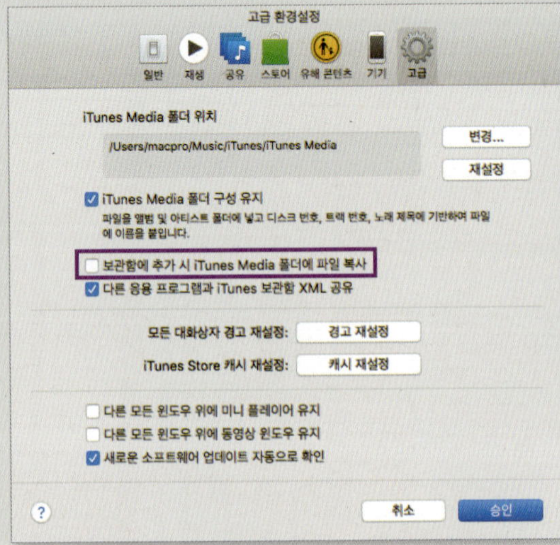

iTunes 환경 설정

06 '파일 → 보관함에 추가' 메뉴를 실행하고 'NAVER Cloud ▶ 음악 컬렉션' 폴더를 선택한 후 '열기' 버튼을 클릭합니다.

컴퓨터에 저장된 iTunes 라이브러리를 iOS 기기와 완벽하게 동기화시킬 수는 없지만 보유하고 있는 모든 음악을 어느 기기에서든지 사용할 수 있으며 여러 종류의 파일(사진, 동영상, 문서 파일 등)도 기기 종류에 관계없이 동기화할 수 있습니다.

② iCloud 사진 보관함, 사진 스트림

iOS 기기에서 촬영한 사진을 곧바로 컴퓨터 또는 다른 iOS 기기에서 볼 수 있으며, 반대로 컴퓨터에서 저장한 이미지를 iOS 기기에서 곧바로 볼 수 있습니다(자동 다운로드). 사진을 iCloud 서버에 자동 업로드하기 위해서는 OS X의 사진, iPhoto, Aperture 등의 앱에서 업로드할 사진을 사진 보관함에 추가하여 iCloud 서버에 업로드 할 수 있고, MS 윈도 PC 사용자는 iCloud의 업로드 폴더('내 PC ▶ iCloud 사진 ▶ 업로드')에 사진을 저장하여 iCloud 서버로 업로드 할 수 있습니다. 사진 파일(JPG 또는 PNG 포맷) 및 동영상 파일(MP4, MOV)만 업로드할 수 있으며 다른 파일 포맷은 업로드 되지 않습니다. iCloud 서버에 업로드한 iCloud 사진 보관함을 사용할 경우, iCloud 용량 제한(기본 5GB/무료)이 있으므로 iOS 기기에서 사진 및 동영상 촬영을 많이 한다면 일정한 주기로 다른 폴더에 이동해 두는 것이 좋습니다.

| iCloud의 사진 보관함 및 스트림의 동기화 지원 프로그램 |

Mac OS X	iOS	MS 윈도	기타
OS X 사진, iPhoto, Aperture 앱	iOS의 사진 앱	지정한 폴더에 iCloud 사진 보관함 및 스트림 다운로드와 업로드	사진 보관함 및 스트림은 iCloud 홈페이지(http://www.icloud.com)에서 확인할 수 없습니다.

예제 **1** iOS 기기에서 iCloud 사진 보관함 및 스트림 활성화하기

01 '설정 → iCloud → 사진 → iCloud 사진 보관함' 항목과 '나의 사진 스트림에 업로드' 항목을 '켬'으로 설정합니다.

02 무선 네트워크(Wifi)에 연결된 상태에서 사진을 촬영합니다. 사진은 자동으로 iCloud 서버에 업로드되며, iCloud를 설정한 다른 iOS 기기 또는 컴퓨터에 자동으로 다운로드 됩니다. 참고로 iCloud 사진 보관함 또는 사진 스트림을 켜기 전에 '카메라 롤'에 저장된 사진들은 iCloud 사진 보관함이 활성화된 다른 기기 또는 컴퓨터에서만 자동으로 동기화됩니다.

01 iCloud의 사진 보관함 및 스트림을 사용하기 위해서는 OS X 내장 사진 앱 또는 최신 버전의 iPhoto, Aperture 앱이 필요합니다. 사진 앱은 OS X 10.10 요세미티 이상 버전은 모두 자체 내장하고 있으며, iPhoto는 OS X 10.7 이상 버전 사용자는 모두 무료로 Mac 앱스토어에서 다운로드 할 수 있습니다.

02 '시스템 환경 설정 → iCloud → 사진 옵션'에서 'iCloud 사진 보관함' 및 '나의 사진 스트림' 항목을 활성화합니다.

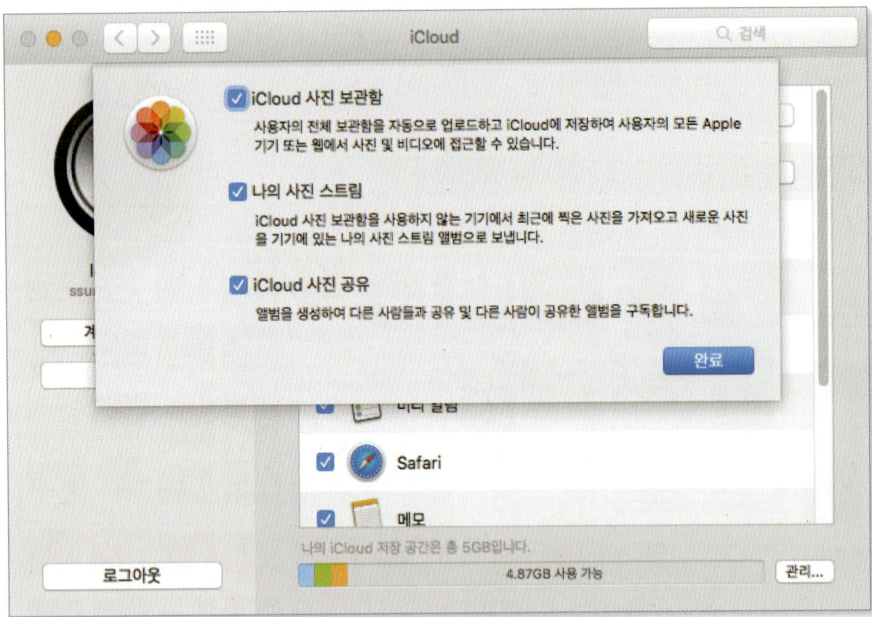

iCloud 사진 보관함 및 스트림을
활성화한 상태

03 iPhoto 또는 Aperture를 실행하고 iCloud 라이브러리를 선택하면 iOS 기기 또는 다른 컴퓨터에서 업로드된 사진들을 곧바로 다운로드 할 수 있습니다. 사진 앱에서는 '사진' 탭 페이지 아래 부분에 최근 촬영(추가)된 사진이 표시됩니다.

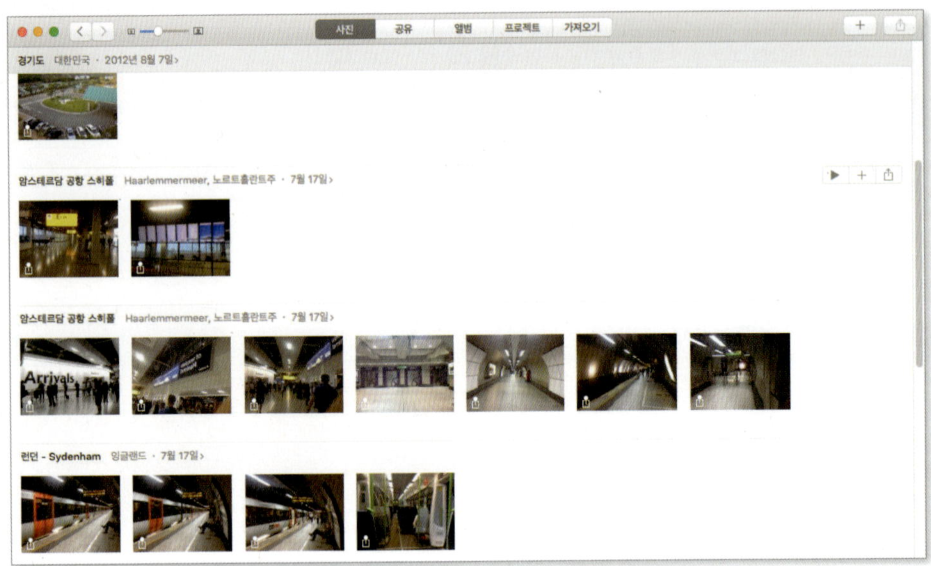

사진 스트림을 통해 자동 추가된 사진

01 'iCloud 제어판'에서 로그인하고 '사진' 항목에 체크 표시합니다. 'Windows용 iCloud 제어판'은 애플의 홈페이지(http://www.apple.com/kr/icloud/)에서 다운로드 할 수 있습니다.

02 'iCloud 사진 보관함', '나의 사진 스트림' 항목에 체크 표시하고, 다운로드/업로드/공유 폴더를 각각 설정합니다. 여기서 설정한 업로드 폴더에 새로운 사진 및 동영상을 저장하면 iCloud 서버로 자동 업로드되며, 다른 컴퓨터 또는 iOS 기기에서 자동으로 다운로드 됩니다.

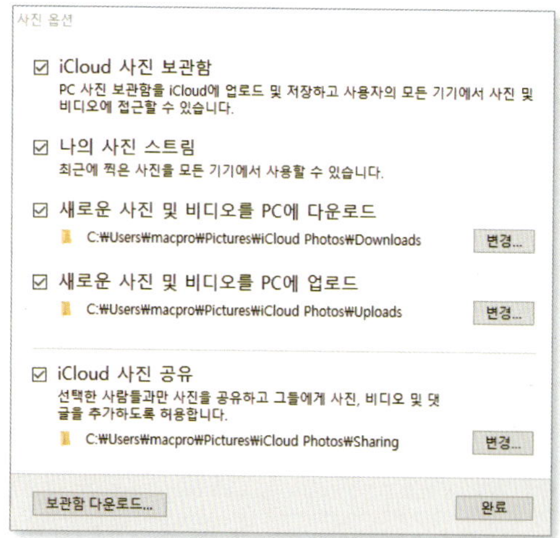

사진 옵션 설정 대화상자

③ 연락처

컴퓨터 또는 iOS 기기에 저장된 연락처를 iCloud 서버에 저장하고 이를 다른 기기들과 동기화합니다. iCloud가 설정된 기기에서 새로운 연락처를 추가하거나 기존에 등록된 연락처를 수정하면 자동으로 모든 기기에서 연락처가 업데이트 됩니다. OS X에서는 '연락처', MS 윈도에서는 Outlook, iCloud 계정을 설정할 수 없는 환경(예 안드로이드 기기 또는 리눅스 사용자)에서는 iCloud 홈페이지(http://www.icloud.com)에 접속하여 연락처를 확인하거나 관리할 수 있습니다. 참고로 iCloud 설정 대화상자(Mac : '시스템 환경 설정 → iCloud', MS 윈도 : '제어판 → iCloud')에서 로그아웃을 할 때는 컴퓨터에 저장된 iCloud의 연락처는 삭제하는 것이 좋습니다. iCloud의 연락처를 기기에 보존한 상태에서 나중에 다시 로그인하면 기존에 남아 있던 연락처와 iCloud의 연락처가 중복 저장될 수 있습니다.

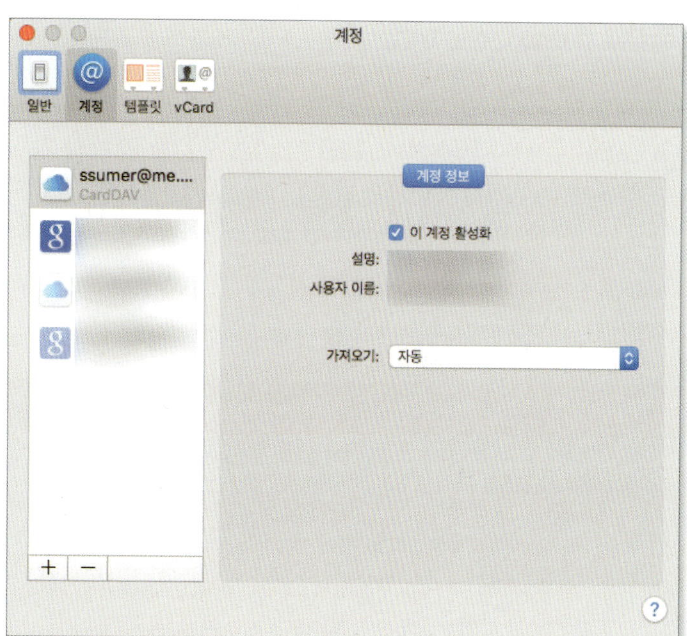

연락처에 iCloud 계정을 설정한 상태

| iCloud의 연락처 동기화 지원 프로그램 |

Mac OS X	iOS	MS 윈도	기타
OS X 연락처 앱	iOS의 연락처 앱	Outlook 연락처	연락처 앱을 사용할 수 없는 환경에서는 iCloud 홈페이지 (http://www.icloud.com)를 이용합니다.

④ 캘린더

연락처와 마찬가지로 컴퓨터 또는 iOS 기기에 저장된 캘린더를 iCloud 서버에 저장하고 이를 다른 기기와 동기화합니다. iCloud가 설정된 기기에서 새로운 일정을 추가하거나 기존에 등록된 일정을 수정하면 자동으로 모든 기기에서 캘린더가 업데이트 됩니다. OS X에서는 '캘린더', MS 윈도에서는 'Outlook', 이 밖에 다른 운영체제에서는 iCloud 홈페이지에서 캘린더를 확인하거나 관리할 수 있습니다. iCloud 계정을 로그아웃 할 때는 연락처와 마찬가지로 나중에 중복 저장되는 것을 방지하기 위해 컴퓨터에서 저장된 캘린더 데이터를 삭제하는 것이 좋습니다.

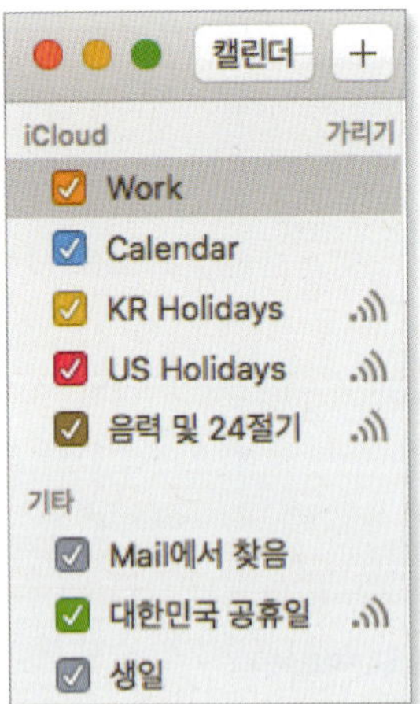

캘린더에 iCloud 계정을 설정한 상태

| iCloud의 캘린더 동기화 지원 프로그램 |

Mac OS X	iOS	MS 윈도	기타
OS X 캘린더 앱	iOS의 캘린더 앱	Outlook 캘린더	캘린더 앱을 사용할 수 없는 환경에서는 iCloud 홈페이지 (http://www.icloud.com)를 이용합니다.

⑤ 무료 @icloud.com 이메일

iCloud의 @icloud.com 이메일 계정을 컴퓨터 또는 iOS 기기에 설정하면 이메일과 메모를 다른 기기와 동기화할 수 있습니다. 메일 내용을 비롯하여 상태(예 읽지 않은 메일, 깃발 표시 등), 폴더 등이 동기화되며, 푸시 알림(Push Notification)을 지원하므로 편리하게 메일을 관리할 수 있습니다. 또한 다른 무료 이메일 서비스(예 Gmail, 야후, 국내 포털 서비스 등)와는 달리 메일에 온라인 광고가 표시되지 않습니다. OS X에서는 Mail 및 iCloud 지원 써드파티 앱, MS 윈도에서는 Outlook에서 @icloud.com 이메일을 사용할 수 있으며, iCloud 홈페이지(http://www.icloud.com)에서도 사용할 수 있습니다.

Tip --- @icloud.com 무료 이메일 발급 받기

처음 애플ID를 생성할 때 다른 회사의 이메일 주소를 사용했다면, 별도로 @icloud.com 이메일을 발급 받아야만 iCloud의 이메일 서비스를 사용할 수 있습니다.

OS X 사용자	'시스템 환경 설정 → iCloud'에서 'Mail'를 클릭하여 @icloud.com 이메일 주소 생성
iOS 사용자	'설정 → iCloud'에서 'Mail'을 활성화하고 @icloud.com 이메일 주소 생성
MS 윈도 사용자	MS 윈도에서는 @icloud.com 이메일 주소를 직접 생성할 수 없습니다.

MS 윈도의 Outlook에서 iCloud 이메일 주소를 설정한 상태

| iCloud 이메일 주소 지원 메일 클라이언트 |

Mac OS X	iOS	MS 윈도	기타
OS X의 Mail 앱 또는 iCloud 지원 써드파티 앱	iOS의 Mail 또는 iCloud 지원 써드파티 앱	Outlook 메일	메일 앱을 사용할 수 없는 환경에서는 iCloud 홈페이지 (http://www.icloud.com)를 이용합니다.

만약 iCloud를 지원하지 않는 환경에서 메일을 확인해야 한다면 iCloud 홈페이지(http://www.icloud.com)를 이용합니다.

⑥ 책갈피(북마크), 읽기 목록, 메모, 미리 알림 동기화

OS X의 Safari 웹 브라우저에 등록된 모든 책갈피(북마크)와 읽기 목록을 다른 기기와 동기화할 수 있으며 '메모' 앱 저장한 글, '미리 알림' 앱의 알림 설정 및 작업 목록 등도 동기화할 수 있습니다.

| iCloud의 책갈피, 읽기 목록, 메모, 미리 알림 지원 프로그램 |

iCloud 서비스	OS X	iOS	MS 윈도
책갈피, 읽기 목록	Safari 웹브라우저	Safari 모바일 웹브라우저	인터넷 익스플로러('읽기 목록'은 지원되지 않음)
메모	메모 앱	메모 앱	지원되지 않음
미리 알림	미리 알림 앱	미리 알림 앱	Outlook의 작업

⑦ iCloud(애플 iWork 패키지 및 iCloud 지원 써드파티 앱)

iCloud 드라이브를 지원하는 앱을 사용하면 작성한 문서를 iCloud 서버에 저장하고 이를 다른 기기와 동기화할 수 있으며, 사용자가 임의로 생성한 폴더, 파일 등도 동기화할 수 있습니다. 대표적으로 애플의 iWork 앱(Pages, Keynote, Numbers)의 경우, iOS의 iWork 앱에서 작성한 문서를 iCloud 서버에 저장하여 다른 기기와 동기화 할 수 있습니다. 단순히 문서 파일만을 여러 기기와 동기화하는 것이 아니라, 문서의 상태도 동기화 됩니다. 예를 들어 iPad에서 Keynote를 사용해 프레젠테이션을 작성하다가 세 번째 슬라이드에서 앱을 종료하면 그 상태 그대로 iCloud 서버에 저장됩니다. 이를 나중에 iPhone에서 열면, iPad에서 작업하던 그대로 세 번째 슬라이드를 화면에 표시합니다. 다만, iCloud 서버에 문서를 저장하거나 사용하기 위해서는 iCloud를 지원하는 전용 앱(예 애플의 iWork 앱)을 iOS 기기 또는 OS X에서 사용해야 합니다. 전용 앱이 없는 환경에서는 iCloud 홈페이지(http://www.icloud.com)에서 온라인 iWork 앱을 이용하여 새로 문서를 작성하거나, 편집 등을 할 수 있습니다.

| iCloud 드라이브 지원 프로그램 |

OS X	iOS	MS 윈도
iWork(Pages, Keynote, Numbers) 및 iCloud 드라이브 지원 써드파티 앱	iWork(Pages, Keynote, Numbers) 및 iCloud 드라이브 지원 써드파티 앱	파일 탐색기의 iCloud 드라이브 폴더

01 iOS 기기에서 새로운 키노트 파일을 생성하기 위해 왼쪽 위의 ⊞ 아이콘을 탭하고 다음으로 '프레젠테이션 생성'을 탭합니다.

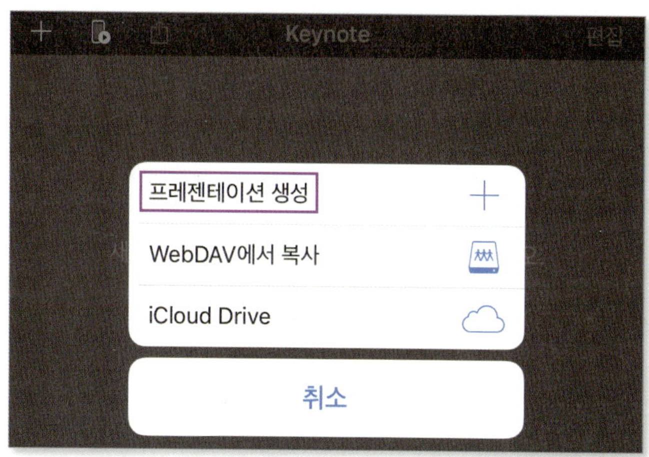

아이폰용 Keynote에서 프레젠테이션 생성

02 원하는 테마를 선택하고 이미지, 텍스트, 트랜지션 이펙트 등을 삽입합니다. 어느 정도 문서가 완성되었으면, 화면 왼쪽 위의 '프레젠테이션' 버튼을 탭합니다. 탭과 동시에 해당 파일은 iCloud 서버에 업로드 됩니다. 보다 세부적인 프레젠테이션 작성 및 편집을 위해 Mac 또는 웹브라우저로 iCloud 홈페이지 (http://www.icloud.com)에 로그인 합니다.

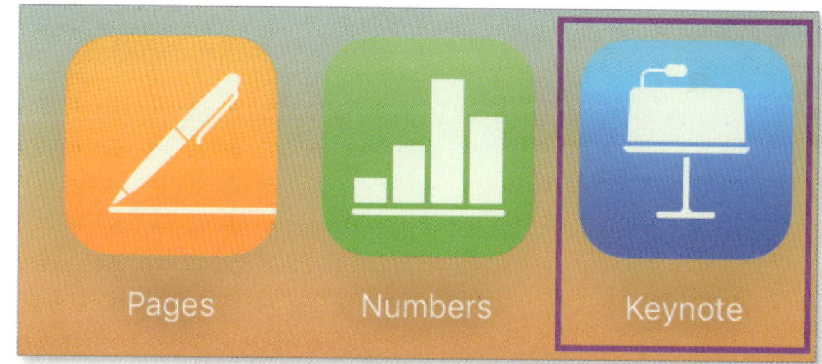

iCloud.com의 iWork 온라인 앱

03 iCloud 첫 화면에서 Keynote를 선택하면, 방금 iOS 기기에서 저장한 프레젠테이션 파일이 표시되는데 이를 더블클릭합니다. 그러면 온라인 Keynote 앱이 실행되며 계속해서 프레젠테이션을 작성하거나 편집할 수 있습니다.

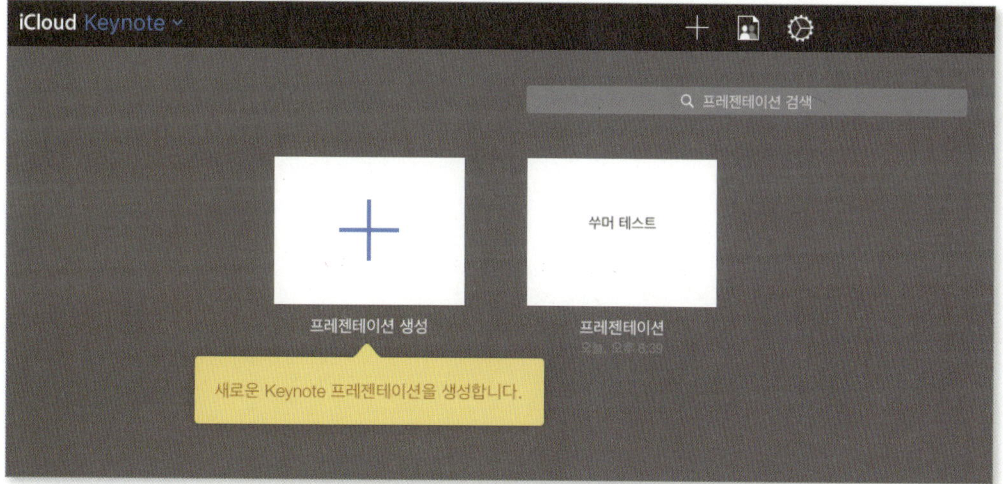

온라인 Keynote 앱

04 온라인 Keynote 앱에서 어느 정도 편집이 완료됐다면, 이번에는 OS X의 키노트 앱을 실행합니다. '파일 열기' 대화상자에서 위치를 'iCloud'로 설정하고, 방금 온라인 Keynote 앱에서 편집하던 프레젠테이션 파일을 불러와 계속해서 작업을 이어 갑니다. 이와 같이 iCloud 드라이브 서비스를 지원하는 앱을 이용하면 iOS 기기, iCloud 홈페이지, OS X 등에서 끊김없이 작업을 이어 갈 수 있습니다.

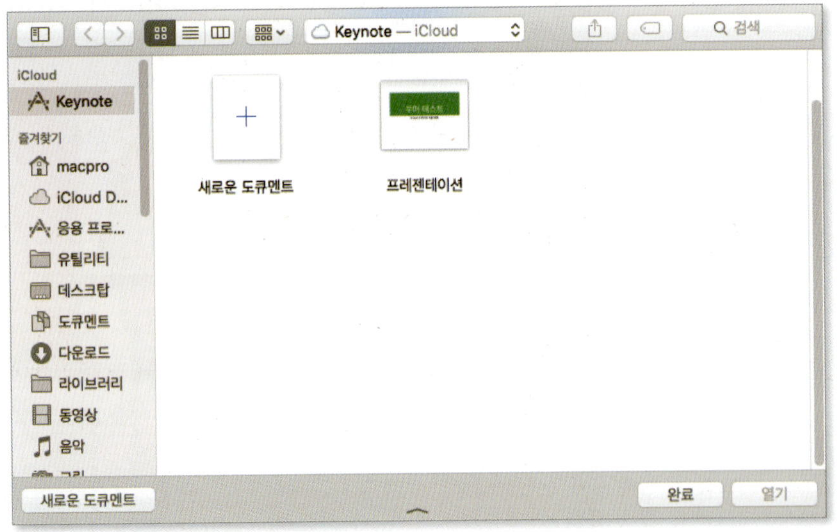

OS X용 Keynote 앱에서 iCloud에 저장된 파일을 선택하는 대화상자

⑧ 나의 Mac(iPhone, iPad, iPod Touch) 찾기

iOS 기기 또는 Mac의 위치를 검색해 주는 서비스입니다. 사용하는 기기를 분실했을 때 유용한 서비스이며 iOS 기기에서는 '나의 iPhone 찾기' 앱을, OS X 및 MS 윈도 사용자는 iCloud 홈페이지에서 등록된 기기의 위치를 지도상에서 확인할 수 있습니다. 위치 확인뿐만 아니라 원격에서 메시지를 기기에 전송할 수 있으며 필요할 경우, 원격에서 기기를 잠그거나 (Lock) 모든 데이터를 삭제(Wipe)할 수도 있습니다. 참고로, 국내에서는 지도 사용 및 위치 추적 관련 법률 문제로 인하여 기기 위치를 지도상에 표시해 주는 서비스는 지원되지 않습니다.

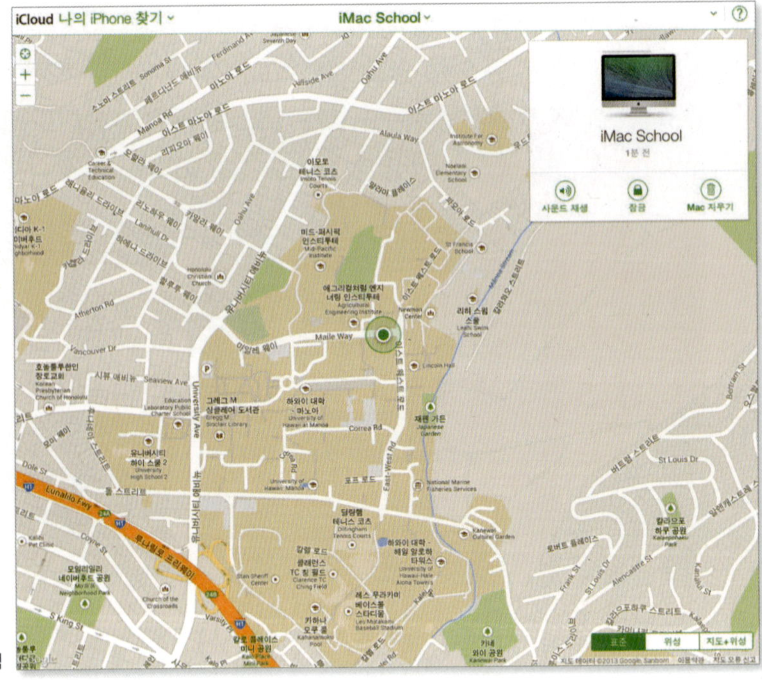

'나의 Mac(iPhone, iPad, iPod Touch) 찾기' 서비스의 위치 검색

⑨ 나의 Mac으로 돌아가기

원격에서 다른 장소에 있는 Mac 컴퓨터의 화면 또는 파일을 공유할 수 있는 서비스입니다. 이를 사용하기 위해서는 접속자와 원격의 Mac 컴퓨터가 같은 iCloud 계정으로 설정되어 있어야만 합니다. 예를 들어 회사에서 집에 있는 Mac 컴퓨터를 Finder에서 편리하게 사용할 수 있습니다.

01 '시스템 환경 설정 → 공유'에서 '화면 공유'와 '파일 공유'를 활성화 합니다.

02 인터넷 공유기 사용자는 TCP 5354, UDP 4500, 5353 포트를 Mac 컴퓨터로 포트 포워딩 시킵니다(화면 공유를 위해서는 TCP 5900 포트도 포워딩시켜야 합니다. 만약, 애플의 Airport 공유기를 사용한다면, Airport 유틸리티의 '베이스 스테이션' 탭의 '나의 Mac으로 돌아가기'에 iCloud 계정을 추가하면 자동으로 네트워크 포트가 설정됩니다).

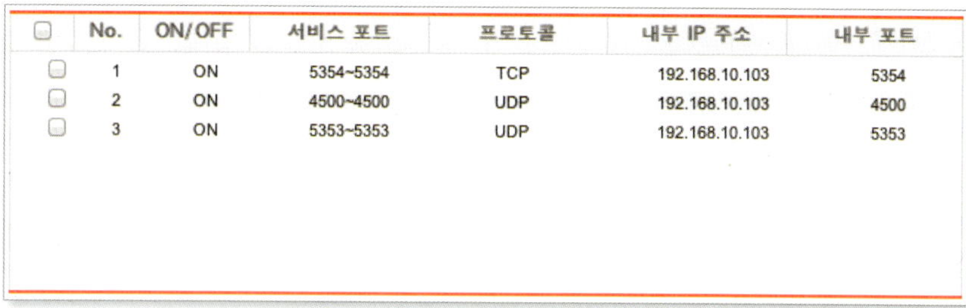

	No.	ON/OFF	서비스 포트	프로토콜	내부 IP 주소	내부 포트
☐	1	ON	5354~5354	TCP	192.168.10.103	5354
☐	2	ON	4500~4500	UDP	192.168.10.103	4500
☐	3	ON	5353~5353	UDP	192.168.10.103	5353

인터넷 공유기에서 포트 포워딩 설정

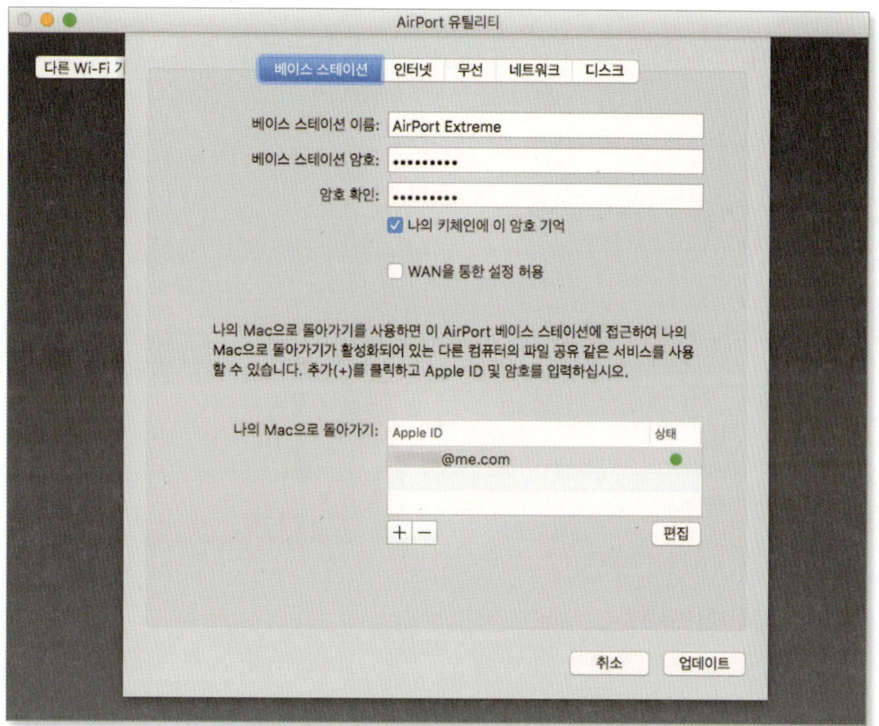

애플 Airport 유틸리티 설정 대화상자

03 '시스템 환경 설정 → iCloud'에서 '나의 Mac으로 돌아가기'를 활성화 합니다.

04 Finder의 사이드바에서 원격의 Mac 컴퓨터를 선택하면 공유된 파일을 사용하거나 화면 공유를 할 수 있습니다(원격과 클라이언트 Mac 컴퓨터는 모두 같은 iCloud 계정으로 설정되어 있어야 합니다).

Tip 원격의 Mac 컴퓨터를 제어하는 것은 OS X에서 '화면 공유'를 활성화하고 VNC 클라이언트를 사용하는 것이 보다 편리합니다. 각각의 컴퓨터에 iCloud 계정을 설정할 필요가 없으며, Mac을 비롯하여 MS 윈도, 리눅스 등에서도 화면 공유를 할 수 있습니다.

⑩ iCloud 키체인

iCloud를 통하여 웹사이트 패스워드, 신용카드 번호, Wi-Fi 패스워드 등을 다른 Mac 컴퓨터 또는 iOS 기기와 연동시킬 수 있는 기능입니다. 연동 대상 기기는 동일한 iCloud 계정으로 설정해야 하며, iCloud 설정에서 키체인 항목을 활성화시켜야만 합니다. 256비트 AES 암호화 기능으로 키체인에 입력된 정보가 저장되므로 안전하게 보호되며, 웹사이트/이메일/연락처/캘린더 등에서 로그인한 기록을 그대로 키체인에 저장할 수 있으므로 편리하게 새로운 계정 정보를 추가할 수 있습니다. 추가된 정보는 해당 웹사이트(또는 서비스)를 다시 방문하거나 사용할 때 자동으로 입력 및 로그인되므로 사용자 이름 및 패스워드를 일일이 입력해야 하는 불편함을 줄일 수 있습니다. 참고로, 여러 명이 한 대의 기기를 단일 사용자 계정에서 사용하는 환경에서는, 예기치 않은 개인정보 유출 사고 위험이 매우 높으므로 iCloud 키체인은 비활성화시키도록 합니다.

예제 | iCloud 키체인 설정하기

01 OS X의 '시스템 환경 설정 → iCloud'의 '키체인' 항목에 체크 표시하고, 이때 표시되는 애플ID 확인 대화상자에서 iCloud의 암호를 입력합니다.

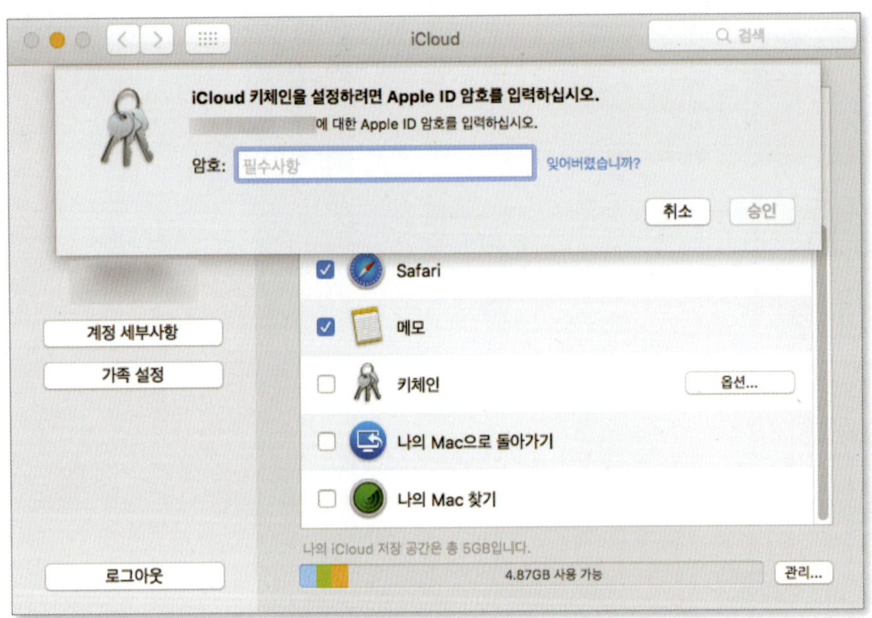

키체인 설정을 위한 암호 입력

02 보안 코드를 설정한 뒤 신원 확인을 위해 SMS 문자를 수신 받을 수 있는 휴대폰 전화번호를 입력합니다. 입력한 전화번호는 다른 기기에서 iCloud의 키체인을 설정할 때 인증 코드 발송용으로 사용되기 때문에 반드시 본인 또는 신뢰할 수 있는 사람의 전화번호를 입력해야 합니다.

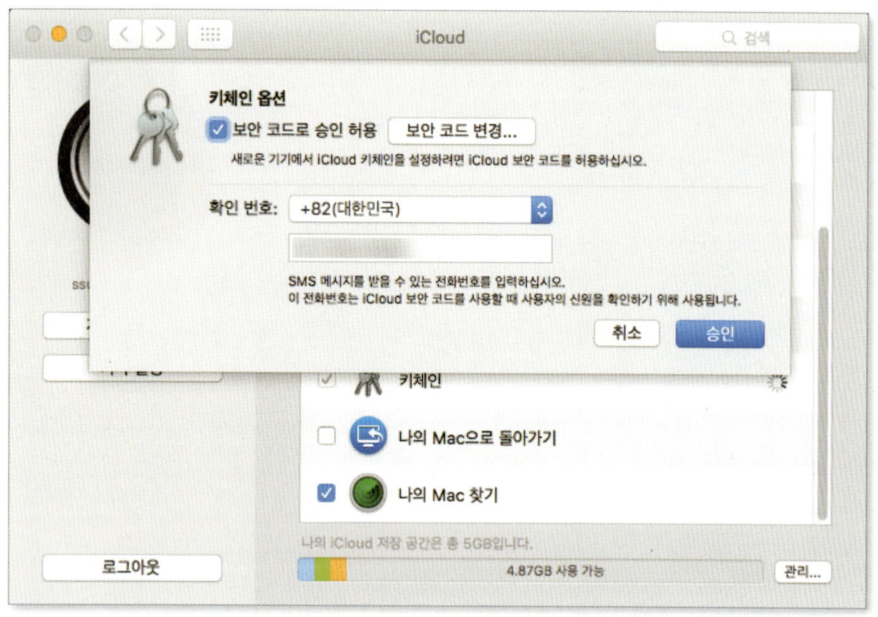

인증 코드 발송을 위한 전화번호 입력

03 다른 기기에서 iCloud 키체인을 활성화하려면, 같은 iCloud 계정으로 설정한 후 키체인을 활성화 합니다. 그러면 처음 키체인을 설정한 기기에 '승인 요청'을 보내거나 '코드 사용(휴대폰 문자 수신을 통한 인증코드 입력)'을 통하여 키체인을 활성화할 수 있습니다.

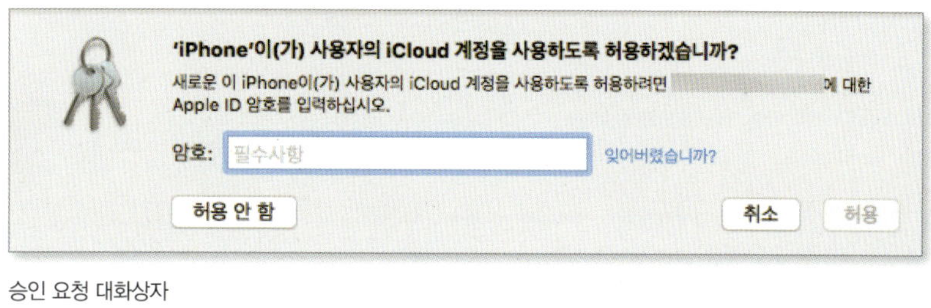

승인 요청 대화상자

아이폰에서 iCloud 키체인을 설정한 상태

A~C

D~E

F

H~I

K~M

N~O

P~R

S

T~X

ㄱ